JUSTIÇA CONSTITUCIONAL
E DIREITOS FUNDAMENTAIS

Conselho Editorial
André Luís Callegari
Carlos Alberto Molinaro
Daniel Francisco Mitidiero
Darci Guimarães Ribeiro
Draiton Gonzaga de Souza
Elaine Harzheim Macedo
Eugênio Facchini Neto
Giovani Agostini Saavedra
Ingo Wolfgang Sarlet
Jose Luis Bolzan de Morais
José Maria Rosa Tesheiner
Leandro Paulsen
Lenio Luiz Streck
Paulo Antônio Caliendo Velloso da Silveira

Dados Internacionais de Catalogação na Publicação (CIP)

J96   Justiça constitucional e direitos fundamentais / Maurício Martins Reis, Marco Félix Jobim, (organizadores); Alinne Cardim Alves ... [et al.]. – Porto Alegre: Livraria do Advogado Editora, 2015.
424 p.; 23 cm.
Inclui bibliografia.
ISBN 978-85-7348-968-2

1. Direitos fundamentais. 2. Direitos humanos. 3. Justiça. 4. Biodireito. I. Reis, Maurício Martins. II. Jobim, Marco Félix. III. Alves, Alinne Cardim.

CDU 342.7
CDD 342.085

Índice para catálogo sistemático:
1. Direitos fundamentais   342.7

(Bibliotecária responsável: Sabrina Leal Araujo – CRB 10/1507)

Maurício Martins Reis
Marco Félix Jobim
(organizadores)

JUSTIÇA CONSTITUCIONAL E DIREITOS FUNDAMENTAIS

Alinne Cardim Alves
Amparo Estefanía Palomino Doza
Denis Fernando Balsamo
Eduardo Telles de Lima Rala
José Manuel Cisneros Mojica
José Roberto Anselmo
Juliana Cristina Borcat
Marco Antonio Meneses Aguilar
Martha Cecilia Paz
Mauricio Martins Reis
Mónica Hernández Morera
Rodolfo Solórzano Sánchez
Sergio Múnera Chavarría
Xiomara Gutiérrez Cruz

Porto Alegre, 2015

© Alinne Cardim Alves, Amparo Estefanía Palomino Doza,
Denis Fernando Balsamo, Eduardo Telles de Lima Rala,
José Manuel Cisneros Mojica, José Roberto Anselmo,
Juliana Cristina Borcat, Marco Antonio Meneses Aguilar,
Martha Cecilia Paz, Mauricio Martins Reis,
Mónica Hernández Morera, Rodolfo Solórzano Sánchez,
Sergio Múnera Chavarría, Xiomara Gutiérrez Cruz
2015

Capa, projeto gráfico e diagramação
Livraria do Advogado Editora

Revisão dos textos em língua portuguesa
Rosane Marques Borba

Direitos desta edição reservados por
Livraria do Advogado Editora Ltda.
Rua Riachuelo, 1300
90010-273 Porto Alegre RS
Fone/fax: 0800-51-7522
editora@livrariadoadvogado.com.br
www.doadvogado.com.br

Impresso no Brasil / Printed in Brazil

Prefácio

Retribuir talvez seja um dos momentos mais esperados que a academia propicie para alguém que, como eu, acumula dívidas acadêmicas ao longo da vida. Por isso, poder, de alguma forma, resgatar parte delas, em especial a um amigo que tanto me auxiliou a crescer, é uma grande satisfação.

A convite do Maurício Martins Reis, deixo um pouco de lado, neste momento, a escrita formal acadêmica, e propicio a elaborar uma narrativa para prefaciar uma obra que fará história não só para o estudo da Justiça Constitucional no Brasil, mas para outros países, tendo em vista que ela será transfronteiriça, em razão do amplo e competente rol de articulistas que emprestam seus estudos para que o público leitor tenha textos que realmente tenham sido fruto de intensa pesquisa e reflexão acadêmica. E isso se consubstancia no fato de que todos os artigos ora publicados são estudos de pesquisadores que integraram o curso de Especialização em Justiça Constitucional e Tutela Jurisdicional dos Direitos Fundamentais na Universidade de Pisa.

Os temas tratados são prova do que se quis referir e devem ser noticiados nesta curta apresentação para que o leitor, curioso com os assuntos abordados, possa, com a maior brevidade possível, iniciar a leitura. Diante disso, pode-se dizer que Alinne Cardim Alves e Juliana Cristina Borcat escrevem sobre o tão polêmico tema da *Judicialização dos Direitos Fundamentais*; Eduardo Telles de Lima Rala escreve sobre *Anotações sobre o biodireito na legislação e a jurisprudência constitucional no Brasil e na Itália: o caso da reprodução medicamente assistida e fertilização "in vitro" heteróloga*; Rodolfo Solórzano Sánchez aborda os *Critéios de aplicación del aborto en Costa Rica desde la perspectiva constitucional y penal*; José Roberto Anselmo discorre sobre *Os controles de constitucionalidade brasileiro e italiano: uma análise comparativa*; Marco Antonio Meneses Aguilar traz um estudo sobre *La Justicia ordinaria en el Estado Constitucional*; Martha C. Paz estuda *Los derechos fundamentales innominados derivados de la garantía del derecho a la salud: el estado de la jurisprudencia constitucional colombiana*; Maurício Martins Reis escreve sobre *O fenômeno da difusão da aplicação da Constituição: o postulado hermenêutico da interpretação conforme em comparação ao incidente de inconstitucionalidade*; Mónica Hernández Morera redige texto sobre a *Fertilizacion in vitro: caso Costa Rica e Itália*; Amparo Estefanía Palomino Doza ortografa sobre o *Regulando el cuerpo femenino: medidas de Corte*

Paternalista y la Fertilización In Vitro; Sergio Múnera Chavarría traz texto polêmico sobre *El buen morir y la protección constitucional de la vida*; José Manuel Cisneros Mojica grafa sobre *El Control Difuso de Convencionalidad y de Constitucionalidad como Herramienta Obligatoria en el Control de Garantías: el Final de la Post Adolescencia del Estado Democrático de Derecho*; e, finalmente, Xiomara Gutiérrez Cruz destina sua escrita a falar sobre *La vinculatoriedad de la jurisprudencia y precedentes de la Sala Constitucional en caso de sentencias contradictorias: estudio de resoluciones sobre la firmeza de la sentencia penal*.

Os articulistas, caminhando numa das tradições mais renomadas que existe sobre o tema da Justiça Constitucional, sob a competente coordenação do ilustre Professor Roberto Romboli, todos vindo de diferentes contextos jurídicos, como acadêmicos do México, Colômbia, Costa Rica e do Brasil, nos brindam com esta obra densificada com profundos estudos realizados em temas de conteúdos pouca ou raras vezes explorados, demonstrando que o mercado sempre estará aberto para publicações de estudos de qualidade como o ora apresentado.

No início, referi que pagaria uma parte, mas não quitaria, a dívida acadêmica que tenho com o Maurício, mas temo que, ao finalizar a apresentação, ao ler a qualidade dos textos e ao auxiliá-lo na organização da obra, a própria dívida tenha aumentado, com juros e correção.

Parabéns aos articulistas, aos Professores do curso de Especialização em Justiça Constitucional e Tutela Jurisdicional dos Direitos Fundamentais na Universidade de Pisa, em especial ao coordenador Prof. Roberto Romboli e, mais uma vez, a toda equipe da Livraria do Advogado, que tem, sempre, apostado em estudos inovadores e de qualidade.

Prof. Dr. Marco Félix Jobim
Professor Adjunto da PUC/RS

Sumário

Apresentação – *Prof. Roberto Romboli*..9

1. **Judicialização dos Direitos Fundamentais**
   Alinne Cardim Alves e Juliana Cristina Borcat..13

2. **Regulando el cuerpo femenino: medidas de corte paternalista y la fertilización *in vitro***
   Amparo Estefanía Palomino Doza..41

3. **Sistemas de escolha dos juízes constitucionais: um estudo comparado e o sistema brasileiro**
   Denis Fernando Balsamo..59

4. **Anotações sobre o biodireito na legislação e a jurisprudência constitucional no Brasil e na Itália: o caso da reprodução medicamente assistida e fertilização *in vitro* heteróloga**
   Eduardo Telles de Lima Rala..81

5. **El control difuso de convencionalidad y de constitucionalidad como herramienta obligatoria en el control de garantías. El final de la post adolescencia del estado democrático de derecho**
   José Manuel Cisneros Mojica..109

6. **Os controles de constitucionalidade brasileiro e italiano: uma análise comparativa**
   José Roberto Anselmo...141

7. **La justicia ordinaria en el Estado Constitucional**
   Marco Antonio Meneses Aguilar...165

8. **Los derechos fundamentales *innominados* derivados de la garantía del derecho a la salud. El estado de la jurisprudencia constitucional colombiana**
   Martha Cecilia Paz...179

9. **O fenômeno da difusão interpretativa da Constituição: o mito da "lei inconstitucional no caso concreto"**
   Mauricio Martins Reis..201

10. **Fertilizacion *in vitro* caso Costa Rica e Italia**
    Mónica Hernández Morera..227

11. **Criterios de aplicación de la figura del aborto en Costa Rica desde la perspectiva constitucional y penal**
    Rodolfo Solórzano Sánchez...247

12. **El buen morir y la protección constitucional de la vida**
    Sergio Múnera Chavarría..335

13. **La vinculatoriedad de la jurisprudencia y precedentesde la Sala Constitucional en caso de sentencias contradictorias: estudio de resoluciones sobre la firmeza de la sentencia penal**
    Xiomara Gutiérrez Cruz..379

Apresentação

O presente volume congrega os trabalhos finais de alguns dos participantes da segunda edição do Curso de Altos Estudos em Justiça Constitucional e Tutela Jurisdicional dos Direitos Fundamentais, realizado na Universidade de Pisa (Itália) entre janeiro e fevereiro de 2013.

Os artigos de cada autor contemplam o momento derradeiro conclusivo no culminar de uma trajetória de reflexão experimentada no ambiente universitário pisano durante três semanas de sucessivas conferências ocorridas naquele início de ano, cujo contributo instrutivo germinou nos meses seguintes na elaboração de um trabalho de pesquisa dedicado à futura monografia para a obtenção do Diploma de Especialização em Justiça Constitucional e Tutela Jurisdicional dos Direitos Fundamentais.

O Curso de Altos Estudos – o qual ocorrerá em sua quarta edição em janeiro de 2015 – tem propiciado nos últimos anos a oportunidade para bacharéis das mais diversas nacionalidades, oriundos das mais distintas realidades jurídicas (nos moldes de uma específica legislação e estrutura institucional), depararem-se com o tema, cada vez mais relevante em nível mundial, dos direitos humanos e fundamentais e das concernentes modalidades de tutela, em especial com o foco de atenção voltado sobre o papel e as funções desempenhados pelos órgãos constitucionais para a promoção de tal fim, com particular relevo em vista da competência das Cortes Constitucionais e Internacionais.

A despeito de sua abordagem plural, o objetivo deste Curso de Especialização tem sido invariavelmente o de oferecer um arcabouço teórico basilar acerca dos princípios comuns tidos por mais nucleares na matéria, além de incentivar o debate e a discussão no campo das mais diferentes ambiências geográficas, detidamente no contexto europeu e latino-americano.

Ditos propósitos estão bem coordenados no presente volume a partir das contribuições representativas enunciadas por cada autor, cujas abordagens, apesar de ecléticas, coadunam-se como um todo à problemática dos direitos fundamentais – em particular ao tema da correspondente aplicabilidade jurisdicional (justiciabilidade) – refletindo-se nem tanto acerca de sua abstrata positividade jurídica, porém sobremaneira com o debruçar do percurso histórico de sua efetiva concretização pela sociedade através do direito.

Muitas das "monografias" publicadas nesse livro – convertidas para o formato de artigo pela necessidade editorial – abordam o assunto dos assim denominados "novos direitos" (aliás, uma constante verificada nas quatro edições do Curso realizadas até hoje), isto é, daquelas reivindicações que se radicam em torno do conceito de dignidade da pessoa humana e que muitas vezes encontram pioneira guarida graças ao empenho decisivo de juízes e tribunais; uma categoria normativa para cujo desenvolvimento – como é notório – o progresso tecnológico e científico confere um significativo impacto.

"A luta pelos direitos teve como primeiro adversário o poder religioso; depois, o poder político; e, por fim, o poder econômico. Hoje, as ameaças à vida, à liberdade e à segurança podem vir do poder sempre maior que as conquistas da ciência e das aplicações dela derivadas oferecem a quem está em condição de usá-las. Ingressamos na era que é chamada de pós-moderna e é caracterizada pelo enorme progresso, vertiginoso e irreversível, da transformação tecnológica e, conseqüentemente, também tecnocrática de mundo"; a reflexão de Norberto Bobbio (*L'età dei diritti*, Torino, 1992, 267, *A era dos direitos*, Rio de Janeiro, 96) enfatiza que o verdadeiro problema da modernidade no que concerne aos direitos fundamentais não diz respeito, como se costumava pensar, ao seu fundamento teórico, mas às condições e instrumentos para garanti-los de maneira eficaz: "O problema grave de nosso tempo relativo aos direitos do homem não é mais o de fundamentá-los, e sim o de protegê-los. É um problema não filosófico, senão político (*L'età dei diritti*, Torino, 1992, 16, *A era dos direitos*, Rio de Janeiro, 17).

E o jurista? O risco que corre é o de permanecer "no meio do caminho".

Escreveu Gustavo Zagrebelsky como a razão da temida "explosão" subjetivista da interpretação se encontra no caráter pluralista da sociedade atual e dessa sociedade específica formada pela comunidade de juristas e operadores do direito. "Esses representam 'pontos de vista' distintos que não podem deixar de refletir-se em sua atuação, sendo que essa diversidade acentua-se pela novidade dos problemas contínua e urgentemente suscitados pela evolução da ciência, da técnica e da economia. A causa da falta de certeza nos processos de aplicação do Direito não se baseia numa equívoca disposição mental dos juristas, mas de um esgotamento do quadro de princípios de sentido e de valor geralmente compartilhados" (*Il diritto mite*, Torino, 1992, 201, *El derecho dúctil*, Madri, 145-146).

Nesse sentido, o Curso de Altos Estudos em Justiça Constitucional e Tutela Jurisdicional dos Direitos Fundamentais possui a constante tarefa e vocação de oferecer para uma comunidade qualificada de operadores do direito um espaço democrático de debates livres e abertos, no qual o diálogo entre experiências individuais e profissionais distantes geográfica e culturalmente entre si torna-se a condição imprescindível para robustecer uma profícua e permanente interação entre os Tribunais de Justiça e as Cortes Constitucionais, entre a interpretação jurídica e o direito posto.

Prof. Roberto Romboli
Universidade de Pisa

—1—

Judicialização dos Direitos Fundamentais

ALINNE CARDIM ALVES[1]
JULIANA CRISTINA BORCAT[2]

Sumário: Introdução; 1. Direitos fundamentais; 2. A Constituição simbólica: normas programáticas; 3. Omissão do Estado; 4. Crise do estado de direito; 5. A judicialização dos direitos fundamentais; 6. Mecanismo de controle frente à omissão estatal; a) A arguição de descumprimento de preceito fundamental; b) Mandado de Injunção e Ação de Inconstitucionalidade por omissão; Conclusão; Referências.

Introdução

Os direitos fundamentais estão presentes em diversos ordenamentos jurídicos, sendo reconhecidos por vários países, alguns com mais intensidade do que outros. No contexto brasileiro, a questão dos direitos fundamentais é polêmica, porque a Constituição brasileira está carregada de direitos compreendidos na tarefa da redemocratização do país e sobrecarregada com as aspirações relativas à superação da profunda desigualdade social produzida ao longo da história. O desafio da redemocratização brasileira é inseparável de equalização de oportunidades sociais e da eliminação da situação de subumanidade em que se encontra quase um terço da nossa população. A marcha à desigualdade e à miséria caminham a passos curtos, porque os recursos financeiros necessários para a garantia desses direitos, muitas vezes do "mínimo" a uma vida-diga não estão disponíveis. Nessa esteira coloca-se o "Estado" em evidência, uma vez que é imperiosa a sua atuação frente a esses direitos.

---

[1] Mestre em Direito Constitucional pelo Centro de Pós-Graduação da Instituição Toledo de Ensino – ITE/Bauru. Especialista em Direito Constitucional pela Universitá Degli Studi di Pisa. Bacharel em Ciências Jurídicas e Sociais pela Faculdade de Direito de Bauru/ITE. Advogada.

[2] Mestre em Direito Constitucional pelo Centro de Pós-Graduação da Instituição Toledo de Ensino – ITE/Bauru. Bacharel em Ciências Jurídicas e Sociais pela Faculdade de Direito de Bauru/ITE. Advogada.

Para que o projeto constitucional alcance, assim, o seu grau máximo de efetividade, é imprescindível a atuação dos três Poderes – sendo que, em primeiro lugar, deve acontecer a atuação do Poder Legislativo, ao detalhar por via da legislação a vontade constitucional; e, em seguida, deve o Poder Executivo dar cumprimento à referida legislação. Quanto ao papel do Judiciário, ainda não estão completamente delineados os limites da sua atuação na efetivação da Constituição, mas a concepção aqui defendida é a de que, em que pese este ter um papel subsidiário na realização das normas constitucionais, falhando qualquer dos outros dois Poderes (por ação ou por omissão), a jurisdição constitucional – no Brasil reconhecida a toda a magistratura – tem o poder-dever de atuar para fazer valer a ordem constitucional violada.

Vivemos uma era de desrespeito à Constituição tanto por ação estatal quanto pela inércia governamental. Assim, tornou-se possível a proteção dos direitos fundamentais, progresso da jurisdição constitucional e independência do Poder Judiciário

1. Direitos fundamentais

A fundamentalidade dos direitos fundamentais, reflete a preocupação com a pessoa humana e sua dignidade, garantindo um mínimo de direitos determinados, zelando sempre pela diferença e identidade de uma comunidade.

Os direitos e garantias são um gênero do qual deriva as seguintes espécies: direitos clássicos (direitos individuais), direitos sociais, direitos políticos, chamados como um todo de direitos fundamentais.

Os direitos fundamentais constituem um conceito aberto de princípios e regras. De acordo com Vidal Serrano Nunes Júnior:[3]

> Aponta-se o sistema como aberto, uma vez que suas normas não podem ser interpretadas distanciadas do contexto político, econômico e social em que devem ser aplicadas. Na verdade, a previsão normativa encontra-se aberta aos influxos da realidade, quer para substanciar o seu conteúdo, quer para motivar a eventual ressignificação deste.

José Afonso da Silva apresenta algumas características que os identificam: "Historicidade, pois eles nascem, desenvolvem-se e desaparecem. Tal característica [...] rechaça toda a fundamentação baseada no direito natural, na essência do homem ou na natureza das coisas".[4]

Dessa maneira, para o doutrinador, o direito fundamental não é algo inato ao homem, mas uma expressão da sociedade como qualquer

---

[3] NUNES JÚNIOR, op. cit., p. 16.
[4] SILVA, José Afonso da. *Curso de direito constitucional positivo*. 21. ed. São Paulo: Malheiros, 2002, p. 178.

direito, tendo as seguintes características: *inalienabilidade*, por não poder ser valorado econômico-patrimonialmente; *imprescritibilidade*, no sentido de ser sempre exigível, bastando para tanto seu reconhecimento na ordem jurídica; *irrenunciabilidade*, devido ao fato de o mesmo poder até não ser exercido, mas jamais renunciado.

A Constituição Federal de 1988, logo no seu primeiro título, menciona o que são princípios fundamentais: tem como fundamento da República Federativa do Brasil: a soberania, a cidadania, a dignidade da pessoa humana, os valores sociais do trabalho e da livre iniciativa e o pluralismo político.

Uma breve análise do artigo 5º da Constituição Federal possibilita entender melhor a profundidade do tema. Primeiro, deve-se saber que os direitos são as disposições de conteúdo declaratório, ao passo que as garantias[5] são as disposições assecuratórias, o que se chama de "direito de proteção".

Os direitos fundamentais são encontrados na Constituição no seu título II (direitos e garantias fundamentais), que contém sete artigos, seis parágrafos e 109 incisos, sem contar os diversos direitos fundamentais dispersos em todo o texto constitucional.

Os direitos e garantias fundamentais não se encontram somente nos incisos do artigo 5º, mas também nos parágrafos do artigo 5º onde se encontram os Direitos e Deveres Individuais e Coletivos. O rol do artigo 5º é meramente exemplificativo, isso porque o § 2º do artigo 5º excepciona a existência de outros direitos e garantias decorrentes do regime e dos princípios adotados pela Constituição ou em tratados internacionais em que a República Federativa do Brasil seja parte. Esta é uma "norma de encerramento" em técnica legislativa, pois se trata de dispositivo que fecha uma enumeração identificando a sua natureza.

Ressalta-se que no cenário atual é necessária sempre uma interpretação ampliada, buscando a leitura mais favorável daquele momento em

---

[5] Há duas fórmulas para a distinção dos direitos e garantias: A primeira fórmula reúne no mesmo inciso o direito e a sua correlata garantia. O inciso IX do artigo 5º, por exemplo, declara a liberdade para a expressão da atividade artística – direito. A parte do dispositivo que declara que não é necessária a licença é uma garantia, pois proíbe a censura e a exigência de licença pelo Poder Público. Inciso XI – a casa é asilo inviolável do indivíduo – direito. Ninguém podendo nela penetrar sem o consentimento do morador – garantia. Essa segunda parte é o elemento assecuratório do Direito. Na segunda fórmula o direito encontra-se em um inciso e as garantias em inciso distinto. Inciso LXI – ninguém será preso senão em flagrante delito ou por ordem escrita e fundamentada de autoridade judiciária – direito, pois declara a liberdade das pessoas. Inciso LXII – a prisão de qualquer pessoa e o local onde se encontre serão comunicados imediatamente ao juiz competente e à família do preso ou à pessoa por ele indicada – garantia. Inciso LXV – a prisão ilegal será imediatamente relaxada pela autoridade judiciária – garantia. Essas duas garantias asseguram a liberdade da pessoa. A garantia sempre assegurará uma liberdade individual constitucionalmente prevista.

que a sociedade está vivendo. Essa nova fase tem sido chamada de irradiação dos direitos fundamentais.

Dessa forma, conforme a história se altera, a sociedade e o homem se transformam, nascendo novos direitos. Portanto, os direitos fundamentais nunca serão um rol exaustivo, admitindo adições de acordo com a necessidade do Estado e da sociedade. Assim, observa-se a admissão de uma expansão.

Isso demonstra o pluralismo da Constituição, do seu caráter marcado compromissário, uma vez que na redação final dado ao texto foram acolhidas posições e reivindicações nem sempre afinadas entre si, resultantes das fortes pressões políticas, exercidas pelas diversas tendências envolvidas no processo constituinte, o que no campo dos direitos fundamentais, que pode ser verificado com base na reunião de dispositivos, reconhecendo uma grande gama de direitos sociais, ao lado dos designados direitos políticos, direitos de liberdade, tudo a demostrar que não houve adesão a apenas uma teoria dos direitos fundamentais, que a final assumiu múltiplas funções na ordem constitucional.

O ordenamento jurídico brasileiro os criou e os reconheceu como sendo direitos, elevando-os à categoria de fundamentais, agregando a eles as seguintes características:

a) Universalidade: direito de todos, devendo ser levado em conta o gênero, e não os grupos ou classes, devendo ser atribuído a todos de maneira igual. Os direitos fundamentais são universais, pelo fato da defesa deles ser inerente à pessoa humana. Ocorre que as diversas sociedades sofrem transformações em ritmos diferentes, de acordo com a sua região, seu povo e as características de sua comunidade, devendo sempre ser analisado o prisma social da diferença apresentada nos locais, sem afirmar que se trata de discriminação; b) A autogeneratividade: os direitos fundamentais contribuem para o desenvolvimento de uma supraconstitucionalidade autogenerativa; c) Irrenunciabilidade: os direitos fundamentais são irrenunciáveis; d) Limitabilidade, os direitos fundamentais, por natureza, devem ser maximizados, interpretados de forma ampla, e não são absolutos em virtude da possibilidade de colisão com outros direitos; e) Possibilidade de concorrência: quando um indivíduo acumular a possibilidade de exercício de mais de um direito fundamental; e) Os direitos fundamentais são indivisíveis no que tange a seu conteúdo: isso significa respeito e desenvolvimento a todas as categorias dos direitos fundamentais; f) Os direitos fundamentais não se perdem no tempo: por isso, durante a vida do ser humano ele deve ter proteção e não poderá renunciá-los.

A historicidade dos direitos fundamentais decorreu da divisão de três gerações de direitos: liberdade, igualdade e fraternidade.As Liberdades Clássicas, chamadas de direitos individuais, e os direitos políticos são considerados direitos de Primeira Geração. Os direitos sociais são os direitos de Segunda Geração. Os direitos de Terceira Geração são aqueles difusos e coletivos, tendo relação com um sentimento de fraternidade entre os seres humanos.

Na lição de Jose Luis Bonzan de Morais,[6] a saúde é um direito social próprio do Estado de bem-estar social, que deve ser inserida no novo âmbito dos direitos humanos de terceira geração, ou seja, como vincula o caráter de fraternidade que os identifica.

Pode-se ir além e perceber a saúde acompanhando o desenvolvimento dos demais temas vinculados aos direitos fundamentais. Assim, é possível percebê-la como aproximada do conteúdo dos novos direitos de solidariedade e pensá-la como um interesse que incorpora um conjunto não identificável de titulares, tais quais os interesses difusos, o que seria a promoção da saúde.

Alguns autores vêm defendendo os direitos de quarta geração. O primeiro a se referir ao direito de quarta geração foi Noberto Bobbio,[7] que defende o acesso, por exemplo, de todos os seres humanos às tecnologias, independentemente de sua situação econômica (Ex.: direito à internet). Esse direito de quarta geração está consagrado na doutrina.

Essa quarta geração é perspectiva que não se exclui; pois num primeiro momento deve-se assegurar a vida das pessoas (primeira geração), com isso as pessoas têm o direito de viver de forma digna (segunda geração), dentro de um determinado meio ambiente ecologicamente equilibrado (terceira geração). São ideias que se completam.

Quanto à eficácia dos direitos fundamentais, dispõe o § 1º do artigo 5º da CF que as normas definidoras dos direitos e garantias fundamentais têm aplicação imediata. A redação desse parágrafo foi muito criticada. A crítica formal a esse parágrafo afirmava que a norma estava dizendo mais do que poderia, pois atingia mais do que o artigo 5º, mais outros direitos fundamentais que não estavam abrangidos no referido artigo. Abrangeria, por exemplo, os direitos sociais do artigo 6º da Constituição Federal.

A crítica material ou substancial a esse parágrafo dizia que muitos direitos e garantias fundamentais não possuíam aplicação imediata, por isso sua redação seria abusiva. Por exemplo: o artigo 5º, inciso XXVIII, da Constituição Federal (norma de eficácia limitada). Hoje, essa crítica material não tem mais sentido, tendo em vista que se entende que todas as

---

[6] *Apud* FIGUEIREDO, Mariana Filchtiner. *Direito fundamental à saúde*: parâmetros para sua eficácia e efetividade. Porto Alegre: Livraria do Advogado, 2007, p. 81.
[7] BOBBIO, Norberto. *A era dos direitos*. Rio de Janeiro: Campus, 1992, p. 6.

normas constitucionais terão aplicação imediata. O problema não está na imediatividade de sua aplicabilidade, mas no fato de não estarem completas.

No que se refere à eficácia horizontal dos direitos fundamentais, a doutrina clássica diz que os direitos fundamentais são elementos limitativos, ou seja, são a enunciação dos direitos fundamentais. São considerados limitativos por estabelecerem limitações ao exercício abusivo do poder pelo Estado ou por seus agentes. Eficácia horizontal dos direitos fundamentais é a possibilidade de aplicação de alguns direitos fundamentais que foram concebidos como limites estatais às relações jurídico-privadas, servindo a esses direitos como limites à autonomia da vontade dessas associações privadas. Fala-se em eficácia horizontal por ser uma nova perspectiva, tendo em vista que não foi o motivo pelo qual os direitos e as garantias fundamentais foram criados. Há uma restrição da autonomia da vontade na relação entre os particulares.

Robert Alexy,[8] em sua *Teoria dos Direitos Fundamentais*, após formular como ideia reitora a de que os direitos fundamentais "são posições tão importantes que sua outorga ou não outorga não pode recair em mãos de simples maiorias parlamentares", sustenta a existência de direitos a prestações de diferentes tipos: 1) direitos à proteção; 2) direitos a organização e procedimento; 3) direitos a prestações fáticas (prestações em sentido escrito).

Os direitos fundamentais, assim, devem ser direitos de participação, caso contrário eles não subsistem.

2. A Constituição simbólica: normas programáticas

A inclusão das normas programáticas nas Constituições se deu, sobretudo, a partir da valorização dos direitos fundamentais sociais, quando também esta nova categoria de direitos humanos passou a integrar o texto constitucional. O fenômeno da inclusão de elementos sociais nas constituições se deu com o enfraquecimento do pensamento liberal, o que fez emergir o Estado Social, pautado na inclusão da grande massa excluída que acabou não sendo beneficiada adequadamente com os postulados burgueses que permearam toda a fase constitucional liberal.

Essa ressalva na Constituição de normas programáticas, resultante, como vimos acima, de um número extenso de direitos fundamentais os quais ficaram à mercê de programas e tarefas a serem implementadas pelo poder público. As normas programáticas, para muitos, significam

---

[8] ALEXY, Robert. *Teoria de los derechos fundamentales*. Madrid: Centro de Estudios Políticos y Constitucionales, 2002, p. 419-501

meros valores ou programas que poderiam ou não ser cumpridos pelo legislador e pelos poderes públicos, eis que não há uma obrigatoriedade na concretização das diretrizes por elas traçadas. Mas verifica-se que se tratando de direitos fundamentais, isso não pode ser admitido.

José Afonso da Silva,[9] na teoria: Aplicabilidade das Normas Constitucionais, que é responsável por esta divisão quanto a sua eficácia: o doutrinador entende que elas são normas programáticas pelo fato de serem de eficácia limitada, isto é carente de normatividade ulterior integrativa a sua eficácia plena, sendo que não possuiria aplicabilidade imediata. Todavia, é preciso ter em mente que embora sejam de eficácia limitada, não quer dizer que ela não tem eficácia, fato este que será melhor compreendido adiante.

Normas programáticas, portanto, constituem um verdadeiro programa de ações (e. antes de tudo de legislação) – um programa tendo como objeto principal a disciplina das relações sociais e mais em geral da ordenação da sociedade estatal, ou seja, do estado e sentido amplo, segundo princípios democraticamente avançados e realistas. Programáticas – define em outro lugar – "são aquelas normas constitucionais com as quais um programa de ação é assumido pelo Estado e assinalado aos seus órgãos, legislativos, de direção política e administrativa, precisamente como um programa que a eles incumbe a obrigação de realizar nos modos e nas formas das respectivas atividades".[10]

O texto legal de 1988 está arraigado de normas programáticas. Neste sentido, Herrera Flores afirma que as normas são instrumentais, na medida em que prescrevem comportamentos e impõem deveres e compromissos individuais e grupais, sempre interpretados a partir dos valores vigentes.[11] O autor entende que os valores são preferências sociais que se generalizam em determinado entorno de relações, influindo no modo de acesso aos bens necessários para viver dignamente.[12] A realidade empírica, portanto, não pode ser confundida com a normativa, pois o fato de se afirmar que os direitos estão positivados não os faz existir na materialidade do contexto social.[13]

Atualmente, não se pode mais defender a ideia da existência de normas programáticas, ou seja, que a aplicação depende de planos ou programas governamentais. A norma de caráter programático vincula o

---

[9] SILVA. José Afonso da. *Aplicabilidade das normas constitucionais.* 3. ed. São Paulo: Revista dos Tribunais, 1998, p.137-138.
[10] CRISAFULLI. Vezio.
[11] *Apud* COSTA, Ana Paula Motta. *Os adolescentes e seus direitos fundamentais*: da invisibilidade à indiferença. Porto Alegre: Livraria do Advogado, 2012, p. 31.
[12] Ibidem, p. 35.
[13] Ibidem, p. 31.

Estado, que não pode se omitir de sua obrigação, caso contrário estaríamos reafirmando um Estado de Papel.

Concorda com essa linha de pensamento o Ministro Luiz Fux:[14] a Constituição não é ornamental, não se resume a um museu de princípios, não é meramente um ideário; o mesmo reclama efetividade real de suas normas. Desta forma, a Constituição não pode estar arraigada de simples declarações, deve ter efetividade, sob pena de ser apenas um instrumento com promessas não alcançadas.

As escolhas para a concretização das normas constitucionais, em especial de direitos fundamentais, se apoiam no princípio democrático, em especial no que se refere ao pluralismo político, em que as escolhas devam ser pautadas por debates públicos, e a população tenha abertura para se manifestar. Para Eurico Bitencourt Neto:

> Dito de outro modo, o princípio democrático não impõe apenas a vontade da maioria, mas, pela vertente do pluralismo político, exige que todas as decisões fundamentais sejam tomadas em processo de discussão pública entre as forças políticas representativas das diversas correntes sociais.[15]

O modelo brasileiro de Constituição social deve ser adequado ao tempo e à nova realidade, conforme afirma José Manuel Sérvulo Correia:[16]

> Os inconvenientes de ordem prática de uma solução constitucionalmente consagrada resolvem-se no fundamental pela revisão da Constituição e não pela desobediência ao nele preceituado.

Completando sua afirmação, que os inconvenientes se devam resolver, são no caso de déficit de concretização dos direitos fundamentais pelo apuramento da realização constitucional, pelo amadurecimento da sociedade e de suas instituições, não pela busca de solução que parece a mais simples – forte ativismo judicial – mas que ainda desvaloriza a democracia e pode fomentar – ainda que seus defensores não a propugnem, reconhece-se perigosa à crença em uma classe de iluminados.

Desta forma, necessita-se entender a adoção de modelos diversos de democracia pelos diferentes países, com a finalidade de respeitar as peculiaridades de cada povo e alcançar o fim social.

Todavia, o Brasil na atualidade enfrenta uma crise no Estado de Direito no que tange a efetivação de seus direitos fundamentais, por não conseguir concretizar os direitos os quais ele mesmo criou. Ocorre que

---

[14] STJ – Superior Tribunal de Justiça. *Recurso Especial n. 880955-RS*. Disponível em: www.stj.gov.br. Acesso em: 20 jun 2013.

[15] BITENCOURT NETO, Eurico. *O direito ao mínimo para uma existência digna*. Porto Alegre: Livraria do Advogado, 2010, p. 148.

[16] *Apud* idem, p. 108.

em um momento de após 20 anos de ditadura militar, para acalmar a população, lançou mais deveres que poderia suportar.

3. Omissão do Estado

Partirmos da ideia de que a Constituição, embora sendo a chave de abóboda de todo o sistema jurídico – a lei suprema do país –, não aquilo que o seu autor, o constituinte histórico, imaginou ou pretendeu que se fizesse com ela, mas o que, afinal, resultar da experiência da sua aplicação.

Entregue aos seus destinatários, tanto ao intérpretes/aplicadores oficiais quanto aos cidadãos, que orientam a vida conforme os seus ditames, a Carta Política, mas do que uma obra feita, é um projeto em constante reformulação, um experimento em marcha ou, se preferirmos, um conjunto de matérias de construção, com que se poderão erguer monumentos diversos, a depender da política constitucional que, a cada época, vier a presidir a sua utilização.[17]

Antes de abordar a Constituição brasileira, devem-se relembrar as palavras de Marshall ao dizer que a Constituição dos Estados Unidos e as leis feitas de conformidade com ela compunham a "suprema lei do país", destinada a "durar nos séculos vindouros" e, conseguintemente, a ser adaptada "às várias crises dos negócios humanos",[18] a segunda premissa a observação de Luis Recaséns Siches, a nos advertir que uma norma jurídica é aquilo que ela faz, e não aquilo que o legislador imaginou fazer.[19]

Então, relembramos a Constituição brasileira de 1988, que adveio logo após a ditadura, quando a população bradava por proteção dos direitos humanos, igualdade, liberdade. A constituição denominada por Ulysses Guimaraes fez uma profissão de fé na mudança e no futuro das instituições em seu discurso inaugural: "A nação quer mudar, a Nação deve mudar, a Nação vai mudar". Disse que ele estava ali para dar a "vontade indomável" do povo "sacramento da lei" e numa sinopse da missão que os congregava naquele recinto, ponderou: "A ampla maioria de que dispomos nesta Casa, constitui garantia bastante de que faremos uma Constituição para a Liberdade, para a justiça e para soberania nacional".

---

[17] ZAGREBELSKY, Gustavo. *El derecho dúctil*. Madrid: Trotto, 1999, p.13.
[18] MARSHALL, John. *Decisões Constitucionais de Marshall*. Rio de Janeiro: Imprensa Nacional, 1903, p.109 e 155.
[19] SICHES, Luis Recaséns. *Experiência jurídica, naturaliza de la cosa y lógica "razonable"*. México: Fondo de Cultura Económica/ UNAM, 1971, p.521.

Assim, procurava construir um estado democrático moderno e justo, "Um Estado que sirvisse o homem e não um Estado que o submeta, em nome de Projetos totalitários de grandeza". Proclamou a todos os ventos que queria um futuro digno para sua pátria.

À época, batizou-se a Constituição brasileira de 1988 de constituição coragem e de constituição cidadã, pois, se lutava aquela época em busca de: "o homem era um problema da sociedade brasileira: sem salário, analfabeto, sem saúde, sem casa e portanto sem cidadania; a constituição luta contra os bolsões de miséria que envergonham o país; diferentemente das sete constituições anteriores, começa com o homem; graficamente testemunha a primazia do homem, que foi escrita para o homem, que o homem é seu fim e sua esperança. É a constituição cidadã".

Assim, buscavam-se novos rumos para o exercício de governo, divisão de competências para abater as dificuldades. Falou em inovar, ousar em busca de uma democracia plena, baseada na igualdade, dignidade, liberdade e justiça.

Nesse sentido, a Constituição brasileira de 1988 poderia ser chamada de constituição revanche, ou ainda de uma constituição resposta, o que não apresenta nenhuma novidade, quando pensarmos que uma norma jurídica dentro do seu sistema é quase sempre uma resposta de um determinado problema social, uma solução – duradoura ou passageira –, para algo que está a demandar provimento normativo.

Ocorre que os cidadãos criaram expectativa de um futuro digno fundamentado com o surgimento da modernidade, mas a única certeza que foi consolidada é que todos os indivíduos são homens, mas poucos são cidadãos. Isso porque no ano em que se comemoram mais de 25 anos da Constituição, nos permite afirmar que é o tempo, este que nos permite dizer que há muito ainda a ser feito.

A Constituição brasileira, deveria ter sido baseada na história brasileira, sem copiar achismos e teorias estrangeiras que não terão legitimidade real. É uma Constituição analítica e sobrecarregada porque possui 345 artigos, entre disposições permanentes e disposições transitórias, e nada menos que 65 emendas, das quais 6 são emendas de revisão, o que demonstra a tentativa de abarcar todas as possibilidades do cotidiano sem eficácia.

Adverte-nos Peter Häberle que "a Constituição não é apenas um conjunto de textos jurídicos ou um mero compêndio de regras normativas, mas também a expressão de um certo grau de desenvolvimento cultural, um veículo de auto representação próprio de todo um povo, espelho de seu legado cultural e fundamento de suas esperanças e desejos".[20]

---

[20] HÄBERLE, Peter. *Teoria de la Constitución como ciência de la cultura*. Madrid: Tecnos, 2000, p.34.

Sendo assim, a Constituição poderia ter sido mais breve, porque não importa o seu tamanho, importa sim que ela olhe para o futuro do seu país bem como para suas necessidades de organização, sem constar promessas que nunca irão ser cumpridas.

Ensina Norberto Bobbio que começando pelas virtudes da Constituição Federal de 1988, impõe-se reconhecer que estamos diante de uma Constituição constitucionalmente adequada, quer dizer, uma carta política, que não contém nenhuma extravagância, nenhuma idiossincrasia, o que facilmente se comprova comparando-a com outras leis fundamentais, tanto antiga, quando recentes. Em tema de direitos fundamentais, aquilo que constituiu o núcleo essencial, a Constituição de 1988 nada fica a dever às mais modernas cartas políticas – e.g. as constituições de Portugal e da Espanha –, porque nesse particular ela avançou muito e avançou bem, ostentando um catálogo de direitos que se pode considerar temporalmente adequado, eis que, a par de reconsagrar todos os velhos direitos – os clássicos direitos civis e políticos –, ela nos garantiu também os chamados novos direitos, aqueles direitos que historicamente foram se destacando – como especificações – de uma geratriz originária, a compasso das necessidades e dos reclamos do homem concreto, daquele indivíduo que precisamente pelo fato de ser portador de carências especiais, tem que receber tratamento diferenciado. É a essa luz, portanto, que devem ser reconhecidos, como direitos autônomos, a merecer tutela diferenciada, por exemplo dos direitos das crianças, do deficiente mental, dos incapacitados e das mulheres, pessoas que passam a receber proteção específica quando se tomou consciência de que, pela sua particular fragilidade, só um favorecimento efetivo lhe faria justiça em sentido material, que é dar a cada um o que é seu.[21]

Por outro lado, esqueceram-se de calcular o custo desses novos direitos, de provisionar os direitos que estavam sendo constitucionalizados, ferindo a regra do que tange os direitos positivos os quais – não se deve prometer o que não se pode cumprir, que nada se pode fazer além do financeiramente possível, daquilo que os financistas clássicos chamariam de força do erário.

Dessa forma, houve o chamado por Celso Ribeiro Bastos de prodigalidade irresponsável, o que gera uma frustação de expectativa, inevitável, uma vez que não se criam fatos com palavras, ainda que essas palavras saiam da boca da lei.

---

[21] BOBBIO Norberto. *A era dos direitos*. Rio de janeiro: Campus, 1992, p. 62-63 e 127. Sob tal ótica, esses novos direitos humanos, a rigor, não são direitos novos, nascidos ex nihilo, mas apenas especificações de um núcleo essencial, que dialeticamente vinha se adensando e se expandindo em sempre renovadas concretizações históricas; MARITAIN, Jacques. *Los derechos del hombre*. México: fondo de cultura económica, 1949, p.70; e *O homem e o Estado*. Rio de Janeiro: Agir, 1966, p.106.

Toda essa frustação marcada pelo fracasso do Legislativo e do Executivo, que trouxeram a nosso ordenamento Estatuto do idoso, da pessoa com deficiência, da criança e do adolescente, nos permite verificar a magnitude dessas promessas, que até hoje não foram cumpridas pela falta de recursos que as tornem viáveis.

Esse "descaso do Estado" tem levado ao Poder Judiciário a discussão de diversos casos sobre direitos fundamentais, mas encontramos alguns problemas nessa usurpação de competência: O Poder Judiciário está condenado apenas a agir sobre provocação e escravizado ao princípio do pedido, apensas de todas as suas prerrogativas e do acentuado protagonismo que tem marcado as suas ações recentes.

Desta forma, deve sempre esperar que o convoquem para somente então praticar a justiça. Após uma experiência de mais de 25 anos, a Constituição brasileira encontra-se no auge da sua crise. Por isso, é hora de aceitar o novo e valer-se das experiências da humanidade.

4. Crise do estado de direito

A sociedade atual é compreendida, conforme a visão de alguns autores, como "crise da modernidade",[22] "modernidade reflexiva",[23] "pós-modernidade",[24] "modernidade líquida"[25] ou "sociedade de risco".[26]

Crise, pela raiz grega *Krísis*, significa a faculdade de escolher, julgar e decidir. Também pode ser instabilidade, estado de incerteza, desequilíbrio e desajuste. É como estar em um Estado de tensão entre o velho e novo, precisando achar uma solução melhor para o futuro.

Em traços gerais das Constituições brasileiras anteriores de 1824, 1934, 1946 e 1988 deixaram traços de funções simbólicas. Vejamos que a Constituição de 1937 e a de 1967, tiveram a novidade com os direitos sociais, embora tenham atingido apenas uma parte da população, bem como as declarações de direitos individuais e sociais não estavam de acordo com a realidade do seu momento histórico e cultural. Ademais, o chefe do Executivo estava mercê de qualquer controle ou limitação jurídico-positiva. O que se derivava na prática era a legislação, de tempos em

---

[22] SANTOS, Boaventura. *A criticada razão indolente contra o desperdício da experiência*. 3. ed. São Paulo: Cortez, 2000.

[23] GUIDDENS, Anthony. A vida em uma sociedade pós-tradicional. *In:* GUIDENS, Anthony; BECK, Ulrich; LASH, Scott. *A modernização reflexiva*. Trad. Magna Lopes. São Paulo: Universidade Estadual Paulista, 1997.

[24] MAFFESOLI, Michel. *O mistério da conjunção*: ensaios sobre comunicação, corpo e sociedade. Trad. Juremir Machado da Silva. Porto Alegre: Sulina, 2009.

[25] BAUMAN, Zigmunt. *Modernidade líquida*. Rio de Janeiro: Jorge Zahar Editor, 2011.

[26] BECK, Ulrich. *La sociedad del riesgo: hasta uma nueva modernidad*. Buenos Aires: Paidós, 1998.

tempos sendo modificada pelo poder dos governantes, ou seja, os danos do poder, o que por muito tempo e diria até nos dias atuais se transformou em um mero instrumento jurídico dos grupos políticos dominantes, que fazem de suas ambições – armas na luta do poder. Em todas as demais constituições, conseguimos indicar os pontos de discrepância entre texto e realidade e fraudes governamentais.

A Constituição carrega uma história normativa baseada em autoritarismos, golpes, onde a luta pela democracia deve ser sempre restabelecida e fortificada, o quem vem sempre tornando uma luta árdua manter-se um arcabouço jurídico legítimo e em equilíbrio com seu momento histórico.

A sociedade moderna, a qual se viu na necessidade de institucionalizar os direitos fundamentais e o estado de bem-estar, não consegue se alinhavar a limites encontrados no texto constitucional no que tange a direitos individuais, coletivos e sociais. Isso ocorre em razão da prática política e do texto serem excludentes de si mesmo.

Portanto, o texto constitucional não se concretiza satisfatoriamente como mecanismo de orientação e reorientação das expectativas normativas e, portanto, não funciona como instituição jurídica de legitimação generalizada do Estado.

A falta de concretização normativo-jurídica do texto constitucional está associada à sua função simbólica. A identificação retórica do Estado e do governo com o modelo democrático ocidental encontra respaldo no documento constitucional.

Em face da realidade social discrepante, o modelo constitucional é invocado pelos governantes como álibi: transfere-se a "culpa" para a sociedade "desorganizada e 'atrasada', descarregando-se" de "responsabilidade" o Estado ou governo constitucional. No mínimo, transfere-se a realização da Constituição para um futuro remoto e incerto. No plano da reflexão jurídico-constitucional essa situação repercute "ideologicamente" quando se afirmar que a Constituição de 1988 é mais programática entre todas as que tivemos e que se atribui sua legitimidade à promessa e esperança de sua realização no futuro: "a promessa de uma sociedade socialmente justa, a esperança de sua realização". Confunde-se, assim, a categoria dogmática das normas programáticas realizáveis dentro do respectivo contexto jurídico social, como o conceito de constitucionalização simbólica, indissociável da insuficiente concretização normativa do texto constitucional.[27]

Por um lado, é necessário tomar cuidado para que não se coloque a culpa de todos os problemas sociais na Constituição, como se ela pudesse

---

[27] FERRAZ, JR. Tércio Sampaio. *Legitimidade na Constituição de 1988*: legitimidade, vigência e eficácia, supremacia. São Paulo: Atlas, 1989, p.13-58.

solucionar todas as mazelas com emendas e revisões. O que acontece de fato é que "os problemas jurídicos e políticos que frequentemente se encontram na ordem do dia estão associados a deficiente concretização normativa-jurídico do texto constitucional, existe, ou seja, residem antes na falta de condições sociais para a realização de uma Constituição inerente a democracia e ao Estado do que nos próprios dispositivos constitucionais. No âmbito da retórica do reformismo constitucional, os programas de governo ficam reduzidos a programa de reforma da Constituição; esses são frequentemente executados (quer dizer, as emendas constitucionais são aprovadas e promulgadas), contudo as respectivas estruturas sociais e relações de poder permanecem intocáveis".[28]

Desta forma, para que o Estado Democrático de Direito se liberte dessa crise, devem surgir movimentos e organizações sociais envolvidas criticamente em valores proclamados no texto constitucional, ampliando assim, a condição de cidadania.

5. A judicialização dos direitos fundamentais

A judicialização[29] dos direitos fundamentais é um acontecimento recente no Brasil. Por judicialização deve-se entender um fenômeno amplo e diverso de reclame de bens e direitos nas cortes: são insumos, instalações, medicamentos, assistência em saúde, moradia, água potável, saneamento básico, entre outros.

A origem do fenômeno é ainda incerta, não apenas pela ausência de estudos empíricos sistemáticos e comparativos no país, mas principalmente pela amplitude da judicialização e seus diferentes níveis de expressão nas Cortes.

Em consequência, existem argumentos distintos para se analisar as implicações do fenômeno da judicialização dos direitos fundamentais no país: de um lado, é anunciada a possibilidade de efetivação do direito; mas, por outro, há o risco de a judicialização ser uma interferência indevida do Judiciário nas políticas públicas.

---

[28] NEVES, Marcelo. A *constitucionalização simbólica*, p. 67-73.

[29] "[...] Judicialização significa que algumas questões de larga repercussão política ou social estão sendo decididas por órgãos do Poder Judiciário, e não pelas instâncias políticas tradicionais: o Congresso Nacional e o Poder Executivo [...]". A judicialização, no contexto brasileiro, é um fato, uma circunstância que decorre do modelo constitucional que se adotou, e não um exercício deliberado de vontade política. [...]. Se uma norma constitucional permite que dela se deduza uma pretensão, subjetiva ou objetiva, ao juiz cabe dela conhecer, decidindo a matéria. (BARROSO, Luís Roberto. O começo da história: a nova interpretação constitucional e o papel dos princípios no direito brasileiro. *In*: BARROSO, Luís Roberto. *Temas do direito constitucional*, v. III, 2. ed. Rio de Janeiro: Renovar, 2008, p. 6) *Apud* BLIACHERIENSE, Ana Carla; SANTOS, José Sebastião dos. *Direito à vida e à saúde*. São Paulo: Atlas, 2010, p. 271.

Há quatro motivos que podem ser elencados como principais para explicar essa judicialização: o descumprimento dos direitos fundamentais pelos Poderes Executivo e Legislativo; a essencialidade dos direitos fundamentais; a maturidade e o fortalecimento do Poder Judiciário; o crescimento da consciência dos cidadãos acerca de seus direitos.

O Poder Judiciário vem assumindo um caráter emergencial em tomar decisões sobre casos delicados que envolvem direitos fundamentais, o que o levou a protagonista dessa época de luta pelos direitos não concretizados pela Constituição Federal ou Constituição de papel.

Na atualidade, a mistura das funções dos três Poderes (Executivo, Legislativo e Judiciário) tem gerado conflitos, embora suas funções específicas estejam previstas constitucionalmente. A omissão de uns tem levado a invasão do outro na esfera que fica sem proteção.

De acordo com Barão de La Brède e de Monstesquieu:

> Existe em cada Estado três espécies de poderes: o poder legislativo, o poder executivo das coisas que dependem do direito das gentes, e o executivo das que dependem do direito civil. Pelo primeiro, o príncipe ou o magistrado faz leis por certo tempo ou para sempre e corrige ou ab-roga as que estão feitas. Pelo segundo, faz a paz ou a guerra, envia ou recebe embaixadas, estabelece a segurança, previne as invasões. Pelo terceiro pune os crimes ou julga as querelas dos indivíduos. Chamar-se-á este último o poder de julgar e, o outro, simplesmente o poder executivo do Estado. [...].[30]

Se o Poder Judiciário pudesse também elaborar as leis, haveria um governo de juízes (que age como legisladores substitutos), sendo necessário observar a separação dos Poderes para que certos domínios de cada órgão não sejam invadidos.

A atuação do Poder Judiciário, nessa seara, mostra-se plausível e aceitável quando se verifica a omissão dos demais Poderes da República em concretizar o direitos fundamentais assegurados pelo texto constitucional.

A judicialização, portanto, não parte de uma premissa puramente intervencionista lastreada em um interesse escuso do Poder Judiciário em assumir uma função que não lhe cabe, mas de resguardar a ordem jurídica em consonância com a sua típica função jurisdicional.

Assim, o Poder Judiciário não cria novas políticas públicas, mas tenta fazer com que aquelas existentes sejam efetivadas, visando à proteção do núcleo dos direitos fundamentais, por isso não chega a ser uma invasão de competência. Ademais, somente atua nas decisões quando há

---

[30] *Apud* FRANCO, Lafaiete Reis. *A judicialização do direito constitucional à saúde no Brasil*: a busca pela efetivação de um direito fundamental. Disponível em: <http://jus.com.br/artigos/25377/a-judicializacao-do-direito-constitucional-a-saude-no-brasil/2#ixzz2gCwMAHoFhttp://jus.com.br/artigos/25377/a-judicializacao-do-direito-constitucional-a-saude-no-brasil/2#ixzz2fxRlFySd>. Acesso em: 12 jun 2013.

omissão do Executivo; pensando-se ao contrário leva-se ao desmoronamento do Poder Executivo.

Por isso, na falta de políticas públicas cumpridas dos ditames do Estado Democrático de Direito, surge o Judiciário como instrumento para o resgate dos direitos não realizados. Por isso a inexorabilidade desse sensível deslocamento.

Atribui-se destaque especial ao fato de que "a luta não é mais pela codificação de direitos, mas sim, pela sua efetividade, por uma leitura madura que otimize os recursos orçamentários existentes, dos direitos sociais, em geral e do direito à saúde, em particular".

Em direitos fundamentais sociais algumas situações de cunho político passam a integrar a esfera jurídica, o que ativa a tensão entre os três Poderes. Em que se pesem os três Poderes do Estado brasileiro, os mesmos se guiam pelos próprios valores e princípios.

No Brasil, uma grande parcela da população não tem acesso aos serviços básicos de saúde, que envolvem também moradia, alimentação, água potável e saneamento básico. Todas essas questões, quando se tornam emergências, têm sido levadas ao Poder Judiciário, que passa a ter o poder de decidir e influenciar em diversas áreas da economia e áreas sociais do país. Ocorre que isso pode ter um impacto positivo ou negativo.

No caso dos direitos fundamentais, a judicialização dos direitos demonstra que as decisões proferidas em definitivo deixam de pertencer somente às partes e passam a envolver vários segmentos da sociedade.

Neste caso, é necessário ter uma harmonia entre intérprete e norma, uma vez que partimos da premissa de que se alteram as formas de como se "aplicam" e como se "interpretam" as próprias demandas do estado democrático de Direito. Assim, é necessário ter cuidado para saber se a interpretação do aplicador estará adequada à Constituição, ou seja, o resultado deve ser constitucionalmente justo, como diria José Gomes Canotilho.

Portanto, quando estamos lidando com direitos fundamentais x Constituição federal, para interpretar é necessário saber o que se quer interpretar e como fazer isso se concretiza, ou seja, compreender também significa elaborar projetos.

A judicialização apresenta seus efeitos positivos e negativos, aqui sendo citados os efeitos positivos:[31]

1) Estimula a concretização do direito social previsto no artigo 6º da Constituição Federal, pois determina a outros poderes, o respeito aos

---

[31] BLIACHERIENE, Ana Carla. Direito à vida e à saúde: impactos orçamentários e judicial. *In*: BLIACHERIENE, Ana Carla; SANTOS, José Sebastião (orgs.). *Direito à vida e à saúde*: impactos orçamentários e judicial São Paulo: Atlas, 2010, p. 88.

direitos de defesa, de prestação ou de participação essenciais para a realização de um mínimo de bem-estar individual e social.

2) Desestimula o mau funcionamento do estado, sobretudo do Poder Legislativo e Executivo nas tarefas que lhe incumbem a fim de concretizar a Constituição. Como se sabe, por razões variadas – desde *lobby* até desorganização administrativa e corrupção – os Poderes Legislativos e Executivos brasileiros estão bastante aquém dos que deles se espera em matéria de atendimento das necessidades coletivas e sociais, não obstante o avanço normativo que representou a Constituição cidadã. Nesse contexto de baixa eficiência, muitos setores estatais são de extrema relevância aos estímulos judiciais em forma de determinação de ações concretas, quer para coibir erros e ilegalidades, quer para afastar omissões indevidas.

3) Coíbe o esvaziamento de investimento no setor da saúde e o respeito às regras previstas no artigo198 da Constituição, principalmente no nível municipal, em que os recursos são mais escassos – e, por isso, tanto mais importantes para as políticas de saúde – e em que o volume de ilegalidades no tocante aos gastos públicos é considerável.

4) Dificulta o retrocesso social, na medida em que veda ao Estado a criação de situações fáticas em que os direitos já conquistados pela sociedade passem a ser ignorados.

A intervenção judicial pode determinar inclusive esse redirecionamento de recursos, concorda Ricardo Lobo Torres.[32] Em princípio, a determinação judicial deve ser dirigida aos poderes políticos para que estes pratiquem os atos orçamentários cabíveis, como a abertura de créditos suplementares e especiais e a inclusão de dotação orçamentária do ano seguinte. No entanto, não se descarta a possibilidade de, em situações de urgência, o Judiciário fazer o sequestro de verbas públicas em caso de descumprimento da decisão judicial.

O julgador também não pode se esquecer de observar o princípio da máxima efetividade, extraindo das normas, ainda que de eficácia limitada, a maior e/ou melhor efetividade da norma constitucional, ainda de eficácia limitada, ou seja, a máxima efetividade possível dentro de um critério de razoabilidade.

6. Mecanismo de controle frente à omissão estatal

Tendo em vista o grande número de direitos reconhecidos pelo constituinte, estes passaram a ser controlado pela jurisdição constitu-

---

[32] TORRES, Ricardo Lobo. *O direito ao mínimo existencial*. Rio de Janeiro: Renovar, 2009, p. 96.

cional. Isso também foi decorrente a da ampliação dos instrumentos de controle de constitucionalidade e de tutela dos direitos disponibilizados pelo constituinte, a Ação Civil Pública, prevista no artigo 129, III, da CF c/c com a Lei n. 7.347/85, ação popular (artigo 5º, LXXIII, da CF/88 e Lei n. 4.717/65, mandado de segurança coletivo (artigo 5º, LXX, da CF/88), mandado de injunção (artigo 5º, LXXXI, da CF/88) e ações civis coletivas do Código de Defesa do Consumidor (Lei n. 8.078/90). Assim, as demandas de saúde, sendo entendidas no âmbito coletivo, devem ser protegidas pelo Código de Defesa do Consumidor, Lei de Ação Civil Pública e subsidiariamente o Código de Processo Civil.

a) A arguição de descumprimento de preceito fundamental

A arguição de descumprimento de preceito fundamental foi inicialmente prevista no texto original da Constituição de 1988 e foi regulamentada apenas onze anos depois, com o advento da Lei n. 9.882, de 3 de dezembro de 1999, que dispõe a respeito do seu processo e julgamento.

Em um primeiro momento, antes da promulgação da arguição de descumprimento de preceito fundamental, o Supremo Tribunal Federal se posicionava a favor da não aplicabilidade desta medida, assim este diploma legal vem a ser inserido no complexo sistema brasileiro de constitucionalidade sob o signo da singularidade, não sendo possível encontrar qualquer aproximação ou semelhança deste com outras figuras existentes no direito comparado como *writ of certiorari* do direito norte--americano, o recurso constitucional do direito alemão ou o recurso de amparo do direito espanhol.

Luís Roberto Barroso[33] explica que a ADPF nos primeiros anos, mesmo com o todo o temor inicial, não se prestou a uso análago ao da extinta avocatória prevista no direito constitucional brasileiro do regime militar.

Há um consenso na doutrina de que a Lei nº 9.882/99 não explicitou com clareza o sentido e alcance da ADPF, além de criar certas perplexidades adicionais. Ademais, não se pode olvidar do veto presidencial a dispositivos do projeto aprovado, o que se destoou da proposta original.

A questão que se impõe é que as dificuldades apresentadas no texto da ADPF e as lacunas advindas da lei transferiram para o Supremo Tribunal Federal um grande espaço de conformação deste instituto através de construção jurisprudencial.

---

[33] BARROSO, Luís Roberto. *O controle de constitucionalidade no direito brasileiro*. São Paulo: Saraiva, 2009.p. 272.

Deste modo, esse remédio constitucional pode ser alçado a uma dimensão mais elevada que supere inclusive as suas dificuldades iniciais.

Em sua acepção originária, materializada no Projeto de Lei n. 17, de 1999, ou n.2.872/97 na Câmara dos Deputados, aprovado pelo Congresso Nacional, a ADPF possuía uma dupla função institucional, assim assinalada por Luís Roberto Barroso:[34]

> (i) a de instrumento de governo, consubstanciada na possibilidade de os legitimados do art. 103 alçarem diretamente ao conhecimento do Supremo Tribunal Federal a discussão de questões sensíveis, envolvendo risco ou lesão a preceito fundamental ou relevante controvérsia constitucional (Lei n. 9.882/99, art. 1º e parágrafo único, c/c o art.2º, I);
> (ii) a de instrumento de cidadania, de defesa de direitos fundamentais, ao admitir a propositura da arguição por qualquer pessoa lesada ou ameaçada por ato do Poder Público (art. 2º, II, do PL n. 17/99). Este último dispositivo, todavia, foi vetado pelo Presidente da República, sob o fundamento de que franqueava de forma desmedida o acesso ao Supremo Tribunal Federal.

No direito brasileiro, no que se refere ao controle de constitucionalidade, a regra no direito brasileiro é a fiscalização incidental e difusa, porém, em que pesem essas considerações, a Lei n. 9.882/99 vem reafirmar uma tendência que tem se manifestado nos últimos anos que é a ampliação da jurisdição constitucional e abstrata.

Esse conflito entre as duas modalidades de controle encontra-se subjacente à discussão a respeito da constitucionalidade da lei que disciplina a ADPF, objeto de ação direta de inconstitucionalidade proposta pelo Conselho Federal da Ordem dos Advogados do Brasil que ainda esta em fase de processamento.

Em um primeiro momento em razão da pendência dessa ação, o Supremo Tribunal Federal optava por suspender o julgamento de inúmeras ADPFs, sem prejuízo de admitir liminares em certos casos.

Porém, recentemente o Tribunal iniciou o julgamento de duas arguições, que tratam da ADPF 46-DF e da ADPF 54-DF, ambas relatadas pelo Min. Marco Aurélio, cujos julgamentos foram interrompidos por pedidos de vista, o Supremo chegou a inclusive a proferir o primeiro julgamento de mérito, destacando-se que a Lei n. 9.882/99 se encontra plenamente em vigor, em que pese a impugnação de sua constitucionalidade.

A Lei nº 9.822/99 apresenta duas espécies de ADPF: a arguição autônoma, prevista em seu artigo 1º *caput*,[35] e a arguição incidental, prevista

---

[34] BARROSO, Luís Roberto. *O controle de constitucionalidade no direito brasileiro*. São Paulo: Saraiva, 2009.p. 273.
[35] Lei nº 9.822/99 artigo 1º *caput*: "A arguição prevista no § 1º do art. 102 da Constituição Federal será proposta perante o Supremo Tribunal Federal, e terá por objeto evitar ou reparar lesão a preceito fundamental, resultante de ato do poder público".

também no artigo 1º, parágrafo único,[36] combinado com o artigo 6º, § 1º, da mesma lei.[37]

No que concerne aos pressupostos de cabimento da ADPF, temos o pressuposto do descumprimento de preceito fundamental oriundo do próprio texto constitucional e outros requisitos advindos da Lei nº 9.822/99.

A questão que se impõe é que no que se refere ao pressuposto do descumprimento de preceito fundamental, nem a Constituição nem a Lei° 9.822/99 trataram de precisar o sentido e alcance do significado de preceito fundamental, deixando esta tarefa para a doutrina e a jurisprudência.

Evidente que preceito fundamental não corresponde a todo e qualquer preceito da Constituição, mas não há de se olvidar que existe uma hierarquia jurídica entre as normas constitucionais.

Não obstante a essas assertivas, é sim perfeitamente possível diferenciar os conceitos de Constituição Material e Constituição Formal, assim entende-se que a expressão *preceito fundamental* consiste no reconhecimento de que a violação de determinada norma, princípio ou regra enseja em consequências mais graves para o sistema jurídico como um todo.

Assim, extrai-se que há um conjunto de normas que devem abranger o domínio dos preceitos fundamentais, onde se enquadram os fundamentos e objetivos da república, bem como as decisões políticas estruturantes designadas como princípios fundamentais. Os direitos fundamentais também se incluem nessa categoria, abrangendo os individuais, coletivos, políticos e sociais.

Deste modo não será difícil, de uma forma argumentativa, conduzir qualquer discussão jurídica a alguma das matérias supra expostas ao rol de preceitos fundamentais, o que faz ser imperiosa a necessidade de definir elementos mais precisos para aferir o cabimento da ADPF, sob pena de segundo as palavras do professor Luís Roberto Barroso:[38] "banalizar o mecanismo, transformando-o em mais uma via para a discussão de qualquer controvérsia, de direito ou mesmo de fato".

---

[36] Lei nº 9.822/99, artigo 1º parágrafo único: "Caberá também arguição de descumprimento de preceito fundamental quando for relevante o fundamento da controvérsia constitucional sobre a lei ou ato normativo federal, estadual ou municipal incluídos os anteriores à Constituição".

[37] Lei nº 9.822/99, artigo 6º, §1º: "Se entender necessário, poderá o relator ouvir as partes nos processos que ensejaram a arguição, requisitar informações adicionais, designar perito ou comissão de peritos para que emita parecer sobre a questão, ou ainda, fixar data para declarações, em audiência pública, de pessoas com experiência e autoridade na matéria".

[38] BARROSO, Luís Roberto. *O controle de constitucionalidade no direito brasileiro*. São Paulo: Saraiva, 2009.p. 272.

Assim, a ADPF acaba não servindo para nada e para evitar isso é necessário fixar parâmetros para a sua utilização.

O presente artigo entende que para a utilização da arguição de preceito fundamental faz-se necessário que a questão constitucional discutida deva interferir com a necessidade de fixação do conteúdo e do alcance do preceito fundamental, que não possa depender de definição prévia de fatos controvertidos e que deva ser insuscetível de resolução a partir da interpretação do sistema infraconstitucional.

Em suma, a violação de preceito fundamental que autoriza a ADPF deve ser aquela que interfere de forma direta com a fixação e alcance do preceito e independe da definição prévia acerca de fatos controvertidos. Deste modo, não será possível a utilização da ADPF se a questão suscitada, apesar do rótulo que lhe for atribuída, possa ser solucionada pela interpretação do sistema infraconstitucional.

Consequentemente, o objeto da ADPF segundo a Lei n° 9.822/99 passa a ser justamente evitar ou reparar lesão a preceito fundamental, podendo assim ter caráter preventivo ou repressivo, No que se refere à arguição incidental, além da proteção do preceito fundamental, visa-se também à proteção da segurança jurídica, da ordem social ou à reparação de injustiça dramática, desde que demonstrada a importância do fundamento da controvérsia.

Citam-se alguns atos que podem ser objeto do pedido de ADPF para oferecimento de balizamentos úteis: atos do poder público e atos privados, atos normativos (atos estatais dotados de atributos de generalidade, abstração e obrigatoriedade, destinados a reger a vida social), atos administrativos, atos jurisdicionais e controle da omissão legislativa.

Portanto, para fins deste trabalho, a arguição de descumprimento de preceito fundamental, que permite o exercício de um controle concentrado de constitucionalidade, deve ser utilizada como um alargamento da jurisdição constitucional da liberdade e da igualdade social a ser exercida pelo Supremo Tribunal Federal como instrumento de proteção dos direitos fundamentais e da Constituição.

Desta forma, a lei regulamentadora da ADPF ganha contornos próprios ao adentrar no ordenamento jurídico, que possui como alicerce uma Constituição instituidora de um Estado Social Democrático de Direito, alçando portanto, um meio competente para a defesa dos direitos fundamentais e dos demais preceitos fundamentais da Constituição.

Porém, da forma em que se queda apresentada em nosso ordenamento jurídico constitucional, pode ser arguida para qualquer discussão jurídica, portanto necessário se faz a utilização dos parâmetros supracitados para não ensejar em um remédio constitucional ineficaz.

b) Mandado de Injunção e Ação de Inconstitucionalidade por omissão

Diante disso, em caso de omissão legislativa, torna-se possível recorrer-se ao mandado de injunção como instrumento adequado a compelir o legislador a cumprir com seu mister. O problema é que não há a possibilidade de o Judiciário obrigar o legislador a editar e assinar o texto legal, nem tampouco substituir o legislador editando a norma faltante, eis que se trata de atividade privativa do Poder Legislativo.

A utilização do mandado de injunção, portanto, apesar de ser o instrumento cabível, não possui a efetividade de que se espera, podendo o legislador ordinário não exercer a sua obrigação, ou editar a lei sem conferir ao direito social a amplitude que pretendia o legislador constituinte. O entendimento do Supremo Tribunal Federal acabou tolhendo a eficácia desta tutela constitucional, quando restringiu o mandado de injunção à mera declaração de omissão legislativa, conforme se vê na decisão a seguir:

Hely Lopes Meirelles,[39] ao tratar do mandado de injunção, o compreendeu como um remédio constitucional destinado a determinar ao órgão competente a expedição da norma regulamentadora faltante. A sua execução consiste na comunicação ao órgão competente da omissão. Tal comunicação equivale a ordem de execução do julgado, devendo o impetrado atender ao decidido.

O referido autor também não vislumbra o mandado de injunção como instrumento de realização do direito fundamental cuja omissão está servindo de entrave a sua concretização. Entende ele que a declaração da omissão irá obrigar o legislador a editar a norma faltante, mas jamais poderá ser utilizada enquanto instrumento de efetivação do direito sobrestado pela omissão.

O enfrentamento da questão traz à baila um aspecto de suma importância e que se refere ao alcance do mandado de injunção e até que ponto poderia ele obrigar ou, até mesmo, suprir a omissão legislativa, garantindo o gozo do direito impedido pela ausência da atividade legislativa. Como se vê, o Supremo Tribunal Federal e o Tribunal Constitucional português corroboram do mesmo entendimento quando não admitem a possibilidade do Judiciário efetivar concretamente o direito prejudicado com a omissão. Assim, não restam dúvidas de que o alcance de um entendimento que abarque os reais efeitos da inconstitucionalidade por omissão é a chave do problema relacionado à falta de concretização dos direitos fundamentais.

---

[39] MEIRELLES, Hely Lopes. Mandado de Segurança – Ação Popular, Ação Civil Pública, Mandado de Injunção, "Habeas Data". São Paulo: Malheiros Editores, 1998.

O mandado de injunção, nos dizeres de Canotilho,[40] é utilizado sempre que a falta de uma norma regulamentadora inviabilize ou impeça o exercício de direitos e liberdades. Entretanto, o reconhecimento da omissão pelo Tribunal Constitucional somente serve para dar conhecimento ao órgão competente da inconstitucionalidade por omissão. Mais adiante, reconhece o autor português que a forma utilizada pela atual Constituição de Portugal não se reveste da efetividade que existia antes, uma vez que somente prevê a possibilidade de se dar conhecimento da omissão ao órgão competente, e não mais o instituto da recomendação.

Já Gilmar Ferreira Mendes,[41] ao se deparar com a problemática acerca da omissão legislativa, sobretudo a parcial, invoca o posicionamento do Supremo Tribunal Federal acerca da inadmissibilidade da edição de normas concretas ou de normas gerais pelo Judiciário, uma vez que tal atitude revelaria uma inaceitável incompatibilidade com os princípios constitucionais da democracia e da divisão de poderes.

O constitucionalista defende, ainda, que as decisões em casos relativos à omissão legislativa tem o condão de declarar a mora do legislador em dar cumprimento à obrigação de índole constitucional. A partir daí, diferencia mandado de injunção da ação direta de controle de omissão pelo simples fato de que no primeiro existe interesse jurídico, já que se trata de instrumento destinado a proteger direitos subjetivos; enquanto no segundo caso, o que há é um controle abstrato da omissão, sem qualquer interesse jurídico específico.

Conforme se depreende da análise dos argumentos defendidos por Gilmar Mendes, o insigne constitucionalista não emprestou ao mandado de injunção a eficácia que lhe conferiu a Constituição Federal. Isto porque não há que se falar em concretização constitucional de direitos subjetivos, sem que o Judiciário não apenas constate a omissão, mas que promova sim a sua realização. De que adiantaria, então, a existência do mandado de injunção, se a sua consequência, v.g, seria a mesma da ação direita de inconstitucionalidade por omissão, diferenciando-se desta simplesmente em razão de sua legitimidade ativa.

José Afonso da Silva, por exemplo, entende que a principal finalidade do mandado de injunção é dar eficácia concreta à norma constitucional consagradora de algum direito ou prerrogativa, atuando como verdadeiro instrumento de aplicabilidade e realização do dispositivo previsto no art. 5°, § 1°. O mandado de injunção tem por objetivo "assegurar o exercício (a) de qualquer direito constitucional (individual, coletivo, político ou social) não regulamentado, (b) de liberdade constitucional, não regu-

---

[40] CANOTILHO, J. J. Gomes. *Direito Constitucional e Teoria da Constituição*. Coimbra: Livraria Almadina, 1999.
[41] MENDES, Gilmar Ferreira. *Jurisdição Constitucional*. São Paulo: Saraiva, 1998.

lamentada". Mais adiante, tecendo vigorosas críticas ao posicionamento do Supremo Tribunal Federal, o constitucionalista brasileiro assevera que "O mandado de injunção tem, portanto, por finalidade realizar concretamente em favor do impetrante o direito, liberdade o prerrogativa, sempre que a falta de norma regulamentadora torne inviável o seu exercício. Não visa obter a regulamentação prevista na norma constitucional. Não é função do mandado de injunção pedir a expedição da norma regulamentadora, pois ele não é sucedâneo da ação de inconstitucionalidade por omissão (art. 103, § 2°) (...) Não foi esta lamentavelmente a decisão do Supremo Tribunal Federal, que vem dando ao instituto a função de uma ação pessoal de declaração de inconstitucionalidade por omissão, com o que praticamente o torna sem sentido ou, pelo menos, muitíssimo esvaziado".[42]

Diante disso, não se pode falar em plena concretização de direitos fundamentais sem que haja uma realização em concreto das normas referentes a tais direitos quando dependam de uma legislação regulamentadora ainda não editada pelo legislativo. Para a solução desta questão, não há outra saída senão ampliando-se os efeitos do mandado de injunção, conferindo-lhe a capacidade de concretizar o direito social cuja execução esteja sendo impedida pela omissão legislativa.

Não há razão para equiparar o mandado de injunção à ação de inconstitucionalidade por omissão, posto que seus efeitos e objetos são distintos. Para o mandado de injunção, o que mais importa é a existência de um direito fundamental cuja dependência de legislação futura esteja impedindo o seu exercício. Assim, o titular o direito, já assegurado, diga-se de passagem, pela Constituição Federal, pode pleitear judicialmente a sua realização mesmo que na falta da lei regulamentadora. Já em relação aos efeitos, o mandado de injunção procura efetivar os direitos fundamentais, isto é, dar-lhes aplicabilidade quando o seu exercício esteja sendo prejudicado pela omissão legislativa. Pensar-se diferentemente seria o mesmo que relegar os direitos fundamentais, sobretudo os direitos sociais a meros programas ou direções a serem seguidos pelos órgãos competentes.

Não obstante o que fora dito em relação a determinadas normas veiculadoras de direitos sociais, há algumas delas, porém, que não indicam a necessidade de uma legislação posterior. Assim, vinculam os poderes públicos na promoção imediata de suas diretrizes, podendo, inclusive, invocar-se a ausência de realização de um direito social já consagrado na Constituição, recorrendo-se ao Judiciário para poder fazer valer este direito violado pelos poderes públicos.

---

[42] CFE. SILVA, José Afonso da. *Curso de Direito Constitucional Positivo*. São Paulo: Malheiros, 2000, p. 452, 454 e 455.

Neste caso, não há que se postular acerca do cabimento da declaração da omissão, seja ela legislativa ou governamental, uma vez que o direito já está consagrado na Constituição Federal e não depende de maneira alguma de legislação posterior para conferir-lhe aplicabilidade concreta. Na realidade, depara-se com normas perfeitas e acabadas de aplicabilidade direta e imediata, cuja omissão governamental se ajusta unicamente ao não cumprimento dos preceitos constitucionais.

Conclusão

Os direitos fundamentais por não serem um sistema lógico dedutivo, autônomo e autossuficiente, mas sim um sistema aberto, flexível, receptivo a novos conteúdos e desenvolvimentos está sujeito a diversas mudanças e surgimento de novos direitos, e isso tem levado esses novos direitos fundamentais ao reconhecimento do Poder Judiciário.

Os direitos fundamentais não se limitam a deveres em relação aos direitos individuais (no sentido de direito da liberdade), mas alcança deveres de natureza política, bem como deveres sociais, econômicos e culturais. Também ficou demonstrado que possuem aplicabilidade imediata, uma vez que não podem mais configurar promessas constitucionais.

O Brasil certamente é um dos países com o Judiciário mais ativista na proteção dos direitos fundamentais. Até então, o discurso predominante da nossa doutrina e jurisprudência era o de que os direitos sociais constitucionalmente consagrados não passavam de normas programáticas, o que impedia que servissem de fundamento para a exigência de prestações positivas do Estado. As interferências judiciais neste campo eram raríssimas prevalecendo uma leitura mais ortodoxa do princípio da separação dos Poderes, que via como intromissões indevidas do Poder Judiciário na seara própria do Legislativo e do Executivo decisões que implicassem controle de políticas públicas e efetivação dos direitos fundamentais.

Hoje, no entanto, este panorama se inverteu. Em todo o país, tornaram-se frequentes as decisões judiciais determinando a entrega de prestações materiais aos jurisdicionados relacionados a direitos fundamentais constitucionalmente positivados. Trata-se de uma mudança que deve ser celebrada.

O Judiciário hoje se tornou um instrumento do cidadão para lutar em face de seus direitos fundamentais. Embora, ainda o acesso à justiça no Brasil está longe de ser igualitário, uma vez que os segmentos mais excluídos da população dificilmente recorrem ao Poder Judiciário para garantir seus direitos.

Por outro lado, conforme abordado neste trabalho, deve-se entender a escassez dos recursos, pois alguns direitos, chamados de prestação positiva, demandam custos, como é caso dos direitos sociais. Cada vez que uma decisão judicial concede alguma prestação material a alguém ela retira "uma fatia do bolo" destinada a um outro grupo de pessoas ou necessidades.

Os limites econômicos para seu desenvolvimento acabam sendo impostos pelo grau de desenvolvimento do seu país. Portanto, não se resume apenas na falta de vontade política, mas sim no nível de desenvolvimento do país no que se refere aquele direito, por exemplo, não consigo exigir que o Brasil com todos os problemas culturais que enfrenta tenha o mesmo nível de saúde da Suíça.

Seria absolutamente frustrante aceitar que os direitos fundamentais, fossem inexigíveis no ponto de vista jurídico, isso seria afirmar que estamos diante apenas de um Estado Social, afirmado no artigo 1º da Constituição.

Desta forma, embora seja positivo o fato de o Judiciário estar conseguindo proteger os direitos fundamentais, é necessário ainda traçar critérios racionais para o Judiciário atuar nesse domínio.

Referências

ALEXY, Robert. Colisão de direitos fundamentais e realização de direitos fundamentais no Estado de Direito Democrático. *Revista de Direito Administrativo*. Rio de Janeiro, n. 217, p. 67-79, jul/set 1999b.

——. *Teoria de los Derechos Fundamentais*. Madrid: Centro de Estudos Políticos y Constitucionales, 2002.

BARROSO, Luís Roberto. *Temas do direito constitucional*, v. III, 2. ed. Rio de Janeiro: Renovar, 2008.

BAUMAN, Zigmunt. *Modernidade líquida*. Rio de Janeiro: Jorge Zahar Editor, 2011.

BECK, Ulrich. *La sociedad del riesgo*: hasta uma nueva modernidad. Buenos Aires: Paidós, 1998.

BITENCOURT NETO, Eurico. *O direito ao mínimo para uma existência digna*. Porto Alegre: Livraria do Advogado, 2010.

BLIACHERIENE, Ana Carla. Direito à vida e à saúde: impactos orçamentários e judicial. *In*: BLIACHERIENE, Ana Carla; SANTOS, José Sebastião (orgs.). *Direito à vida e à saúde*: impactos orçamentários e judicial São Paulo: Atlas, 2010.

BOBBIO, Norberto. *A era dos direitos*. São Paulo: Campus, 1992.

CANOTILHO, José Joaquim Gomes. *Direito constitucional e teoria da Constituição*. 7. ed. Coimbra: Almedina, 2004.

——. Fundamentos da Constituição. Disponível em: <http://www.conjur.com.br/2009-dez-10/acao-civil-publica-instrumento-protecao-aos-direitos?pagina=>. Acesso em: 20 jun de 2013.

——. *Comentários a Constituição do Brasil*. São Paulo: Saraiva/Almedina, 2013.

COSTA, Ana Paula Motta. *Os adolescentes e seus direitos fundamentais*: da invisibilidade à indiferença. Porto Alegre: Livraria do Advogado, 2012.

FIGUEIREDO, Mariana Filchtiner. *Direito Fundamental à saúde*: parâmetros para sua eficácia e efetividade. Porto Alegre: Livraria do Advogado, 2007.

FRANCO, Lafaiete Reis. *A judicialização do direito constitucional à saúde no Brasil*: a busca pela efetivação de um direito fundamental. Disponível em: <http://jus.com.br/artigos/25377/a-judicializacao-do-direito-constitucional-a-saude-no-brasil/2#ixzz2fxRlFySd>. Acesso em: 12 jun 2013.

GUIDDENS, Anthony. A vida em uma sociedade pós-tradicional. *In*: GUIDDENS, Anthony; BECK, Ulrich; LASH, Scott. *A modernização reflexiva*. Trad. Magna Lopes. São Paulo: Universidade Estadual Paulista, 1997.

HABERLE, Peter. *Teoria de la Constitución como ciência de la cultura*. Madrid. Tecnos, 2000.

KRELL, Andreas J. Direitos Sociais e controle judicial no Brasil e na Alemanha: os (des)caminhos de um direito constitucional "comparado". Porto Alegre: Sergio Antonio Fabris, 2002. *In:* MATEUS, Cibele Gralha. *Direitos fundamentais sociais e relações privadas*: o caso do direito à saúde na Constituição Brasileira de 1988. Porto Alegre: Livraria do Advogado, 2008.

LIMA, George Marmelstein. *Efetivação judicial dos direitos econômicos, sociais e culturais*. Ceará: Universidade Federal do Ceará, 2005.

LUCENA, Cíntia. Direito à Saúde no Constitucionalismo Contemporâneo. In: ROCHA, Carmem Lúcia Antunes (Coord.). O Direito à Vida Digna. Belo Horizonte: Fórum, 2004, p. 245-269. OLIVEIRA, Aluisio Santos de. O direito de morrer dignamente. *Jus Navigandi*, Teresina, ano 17, n. 3146, 11.fev.2012. Disponível em: <http://jus.com.br/revista/texto/21065>. Acesso em: 22 jun 2013.

MARSHALLl. John. *Decisões Constitucionais de Marshall*. Rio de Janeiro, Imprensa Nacional, 1903.

MAFFESOLI, Michel. *O mistério da conjunção*: ensaios sobre comunicação, corpo e sociedade. Trad. Juremir Machado da Silva. Porto Alegre: Sulina, 2009.

MENDES, Gilmar Ferreira. *Jurisdição Constitucional*. São Paulo: Editora Saraiva, 1998

MEIRELLES, Hely Lopes. *Mandado de Segurança – Ação Popular, Ação Civil Pública, Mandado de Injunção, "Habeas Data"*. São Paulo: Malheiros Editores, 1998.

MINISTÉRIO PÚBLICO. Loteamento clandestino. *Revista do Ministério Público do Estado do Rio de Janeiro*, nº 11, jan./jun. 2000. Rio de Janeiro. Disponível em: <http://www.mp.go.gov.br/portalweb/hp/9/docs/acp_-_loteamento_clandestino_-_contra_loteadores_e_municipio.pdf>. Acesso em 15 jun 2013.

MORAIS, Jose Luis Bolzan de. Direitos humanos, estado e globalização. *In*: RÚBIO, David Sánchez Rúbio; FLORES, Joaquín Herrera; CARVALHO, Salo (orgs.). *Direitos humanos e globalização*: fundamentos e possibilidades desde a teoria crítica. Rio de Janeiro: Lumen Juris, 2004.

NUNES JÚNIOR, Vidal Serrano. *A cidadania social na Constituição de 1988*: estratégias de positivação e exigibilidade judicial dos direitos sociais. São Paulo: Verbatim, 2009.

RIBEIRO, Lauro Luiz Gomes. *Manual das Pessoas com Deficiência*. São Paulo: Verbatim, 2010.

ROCHA, Júlio Cesar de Sá. *Direito à saúde*: direito sanitário na perspectiva dos interesses difusos e coletivos. 2. ed. São Paulo: Atlas, 2011.

SANTOS, Boaventura. *A criticada razão indolente contra o desperdício da experiência*. 3. ed. São Paulo: Cortez, 2000.

SARLET, Ingo Wolfgang; TIMM, Luciano Benetti; BARCELLOS, Ana Paula (orgs.). *Direitos fundamentais:* orçamento e "reserva do possível". 2. ed. rev. e ampl. Porto Alegre, 2013.

SICHES. Luis Recaséns. *Experiência jurídica, naturaliza de la cosa y lógica "razonable"*. México. Fondo de Cultura Económica/ UNAM, 1971, p.521.

TORRES, Ricardo Lobo. *O direito ao mínimo existencial*. Rio de Janeiro. Renovar, 2009.

ZAGREBELSKY. Gustavo. *El derecho dúctil*. Madrid. Trotto, 1999.

— 2 —

Regulando el cuerpo femenino: medidas de corte paternalista y la fertilización *in vitro*

AMPARO ESTEFANÍA PALOMINO DOZA[1]

Sumario: Medidas de corte paternalista; Derecho a la vida privada; Bibliografía.

La jurisdicción de los tribunales internacionales tiene un carácter subsidiario y complementário.[2] El lenguaje de los tratados internacionales trata de proporcionar a los Estados un margen de apreciación suficiente, con el propósito de mantener a los dilemas internos dentro de las fronteras nacionales. La unificación de las costumbres regionales, continentales o universales[3] se caracteriza por realidades rápidamente cambiantes y las consecuentes demandas de la sociedad civil para el reconocimiento de libertades de mayor alcance. En consecuencia, el Derecho Internacional de los derechos humanos debe responder a debates locales con efectos a nivel internacional, incluyendo las políticas públicas de los Estados soberanos sobre la vida privada de sus ciudadanos y su conformidad con los estándares de derechos humanos.

La Corte Constitucional de Colombia ha reconocido desde 1997,[4] que los jueces nacionales a menudo tienen que sopesar los derechos individuales frente a las garantías públicas o los derechos de los demás. No es común que los tribunales domésticos deban pronunciarse sobre las relaciones de los ciudadanos consigo mismos, especialmente en casos que

---

[1] Abogada de la Universidad de Los Andes con Maestría en Derecho Internacional y Resolución de Controversias de la Universidad para la Paz de Naciones Unidas. Especialista en Justicia Constitucional y Derechos Fundamentales de la Universidad de Pisa, Italia. Asociada del Programa Global de Planned Parenthood, Global Health Corps 2014-2015. Co-fundadora de la firma de interés público Ivo Legal. Visitante profesional de la Corte Inter-Americana de Derechos Humanos, 2012. Contacto: estefaniapalomino@gmail.com

[2] COLOMBIA. Corte Constitucional. Sentencia C-309/97. M.P: Alejandro Martínez Caballero

[3] Sobre la unificación de la "moralidad europea" ver: TEDH. Handyside vs. the United Kingdom, Diciembre 7 de 1976, § 48-49, Series A n. 24.

[4] Ver el pronunciamiento de la Corte Constitucional colombiana sobre el uso de cinturones de seguridad. Sentencia C-309/97. Op cit.

implican valores importantes parte de un sistema legal. El tipo de carga impuesta a una persona con el fin de que se abstenga de cierta conducta y así resguarde sus propios derechos, ha sido denominado por la Corte Constitucional colombiana como *Medida de Corte Paternalista*. Este tipo de fuerte salvaguardia ha sido aplicada a los temas que afectan a sujetos de especial protección constitucional, como a niños y niñas, la preservación del orden moral, y como respuesta a amenazas de interrupción social de co-existencia.

En noviembre de 2012, la Corte Interamericana de Derechos Humanos (en adelante, Corte Interamericana) llevó a cabo una audiencia sin precedentes en un caso relacionado con reproducción humana y salud reproductiva. En aquel litigio en contra de la prohibición de la fertilización In Vitro (en adelante, FIV) en Costa Rica, la Corte Interamericana tuvo la oportunidad de escuchar los argumentos de expertos jurídicos y médicos sobre el tema. La decisión de este órgano judicial regional en el caso Artavia Murillo y otros (fertilización In Vitro) Vs. Costa Rica (en adelante, caso In Vitro), plantearía discusiones sobre el tratamiento jurídico internacional de la infertilidad. Así mismo, el debate en curso en el Sistema Europeo de Derechos Humanos contra Italia sobre la posibilidad de dar consentimiento para donar embriones a la ciência,[5] conduce a los investigadores a preguntarse si los tribunales internacionales están haciendo suficiente énfasis en los impactos de estos casos sobre el derecho a la vida privada de las mujeres.

Teniendo en cuenta lo anterior, en este artículo analizaré la prohibición de la FIV desde una perspectiva crítica de derechos humanos, estableciendo una analogía entre la misma y otros casos en los cuales el Estado ha exigido a las mujeres abstenerse de comportamientos sobre sus propios cuerpos. En particular, haré mención a los casos de uso de vestimentas religiosas o culturales. En mi estudio emplearé el concepto de *Medidas de Corte Paternalista* y su vinculación con el derecho a la vida privada, en el sentido desarrollado por los tribunales regionales de derechos humanos, tales como el Tribunal Europeo de Derechos Humanos (en adelante "TEDH") y la Corte Interamericana. Además, voy a evaluar las restricciones a la privacidad con referencia a los tests de proporcionalidad realizados por los tribunales internacionales en los litigios sujetos de estudio. Voy a concluir este trabajo destacando algunos de los problemas sobre regular jurídicamente los cuerpos de las mujeres, y sobre los intentos de juzgar estos casos empleando un lenguaje aparentemente neutral.

---

[5] Ver caso TEDH. Parrillo *vs* Italy, n° 46470/11, 28 May 2013.

Medidas de corte paternalista

La jurisprudencia constitucional colombiana ha identificado una categoría de normas que regula la relación del individuo consigo mismo, cuyo objetivo principal es proporcionar protección estatal de una manera paternalista, incluso contraviniendo la voluntad autónoma del sujeto regulado. La Corte Constitucional denominó a este tipo de políticas como *"Medidas de Corte Paternalista"*, las cuales, si bien están sujetas a un control más estricto de constitucionalidad, no están prohibidas por el sistema jurídico en todos los casos. Este concepto extremo establece que es posible restringir los derechos de autodeterminación de una persona, incluso cuando no están siendo afectados los derechos de terceros. Estas medidas quiebran la idea de la libertad individual absoluta, en escenarios en los que el desarrollo individual puede producir lesiones al sujeto mismo. Tal tipo de regulación se refiere a la validez de la intromisión del Estado en proyectos de vida privada, con el fin de proteger y promover los valores que prevalecen en el sistema legal, tales como la preservación de la vida o la promoción de la igualdad.

La Corte Constitucional colombiana determinó, en la sentencia C-930 de 2008, que el término *Paternalista* tenía un peso semántico significativo e impactaba a ciudadanos autosuficientes desde un punto de vista ético y filosófico. Esto a su vez, hacía que las decisiones de la Corte en este sentido fuesen una protección no autorizada ya que el juez constitucional se confería un mandato autoritario, para determinar el interés del individuo y la mejor manera de cumplir con el mismo. En lo sucesivo, el tribunal Constitucional discutió a fondo la posibilidad de modificar las referencias a *paternalismo* por un lenguaje más neutral como *"medidas de protección"* o *"la protección de los intereses"*.[6]

El Tribunal ha decidido conscientemente seguir utilizando la expresión *Medidas de Corte Paternalista* hasta el día de hoy. En ese sentido, si bien admitió las implicaciones del término *"paternalismo"*, la Sala Plena de la Corte Constitucional consideró necesario dar relevancia a la cuestión de las medidas extremadamente protectoras, con el fin de justificar un escrutinio judicial más intenso sobre las intrusiones de la autoridad en las libertades civiles.[7] De este modo, dicho tribunal consideró que todas las justificaciones de las medidas paternalistas deberían basarse en una estimación constitucional cuidadosa, especialmente cuando afectaban derechos humanos fundamentales. La necesidad de una evaluación racional de estas políticas se basó considerablemente en los siguientes principios contenidos en la Constitución de Colombia: i) Art. 1 (principio

---

[6] COLOMBIA. Corte Constitucional. Sentencia C-639/10. M.P: Humberto Sierra Porto.
[7] Ibidem.

del pluralismo y autonomía personal); ii) Art. 16 (derecho al libre desarrollo de la personalidad) y iii) Artículo 9 (derecho a la autodeterminación).

La prueba que las *Medidas de Corte Paternalista* deben pasar con el fin de cumplir con los más altos estándares constitucionales es doble y, como he aclarará más adelante, bastante similar al análisis impuesto a las restricciones de las libertades por el Derecho Internacional. En primer lugar, la política debe probar que busca el bienestar y la protección de los derechos constitucionales de las personas y, en segundo lugar, la medida debe aprobar un examen de lógica y racionalidad, conocido también como proporcionalidad en sentido estricto. Este tipo de proporcionalidad reforzada contiene los siguientes elementos: a) el fin de la medida debe basarse en los principios constitucionales, b) la importancia de la restricción a la autonomía debe ser igual a la del principio constitucional a proteger; c) la medida deberá ser necesaria porque no hay otra alternativa para lograr el mismo fin, y d) su aplicación no debe implicar el sacrificio de principios o valores más importantes que los defendidos.[8]

Por el contrario, el lenguaje utilizado en el Derecho Internacional para describir las imposiciones de una autoridad pública en asuntos altamente privados, como el cuerpo o la imagen personal, es aparentemente más imparcial. Los estudiosos de Enfoques de Tercer Mundo para el Derecho Internacional (en adelante TWAIL por sus siglas en inglés) como Makau Mutua, argumentan que los derechos humanos en el contexto del Derecho Internacional son una construcción que requiere este tipo de carga semántica neutral, con el fin de legitimar propósitos mucho más oscuros como la discriminación sobre la base de género, o las limitaciones sobre la vida privada fundamentadas en prejuicios religiosos.[9] En la siguiente sección de este trabajo discutiré el trato específico que el Derecho Internacional le da a medidas que en el Derecho Constitucional colombiano se considerarían como *paternalistas*.

Con el fin de iniciar la discusión sobre la regulación de la FIV, es necesario primero definir jurídicamente este concepto. Para efectos de este trabajo he decidido tomar la definición acogida por la Corte Interamericana en el caso In Vitro, aportada por la perita Garza ante federatario público. Se trata de *"un procedimiento en el cual los óvulos de una mujer son removidos de sus ovarios, ellos son entonces fertilizados con esperma en un procedimiento de laboratorio, una vez concluido esto el óvulo fertilizado (embrión)*

---

[8] COLOMBIA. Corte Constitucional. Sentencia C-639/10. M.P: Humberto Sierra Porto.
[9] MUTUA, Makau (2002). Human Rights as a Metaphor. *Human Rights: A Political and Cultural Critique*. Penn Press. p 3.

es devuelto al útero".[10] En ese sentido, la FIV incluye 5 pasos consecutivos: inducción a la ovulación, aspiración, inseminación, observación de la fecundación y transferencia al útero de la mujer.[11] Vale la pena notar que los embriones que sean viables pueden cultivarse hasta 5 días antes de su transferência.[12] Esto es relevante ya que en el caso In Vitro el tribunal concluyó que esta técnica no implicaba una pérdida embrionaria desproporcionada ya que, tanto en la reproducción natural como en la asistida, se presentaba la muerte de embriones que jamás llegarían a término.[13]

En el caso del trato jurídico que la FIV ha recibido en Colombia es importante señalar que la técnica es permitida y avalada constitucionalmente. Los debates alrededor de la FIV no se suscitaron en torno a su prohibición sino a su exclusión del Plan Obligatorio de Salud, una decisión que se consideró por la Corte Constitucional como dentro de la potestad de configuración legislativa y afín a la necesidad de desarrollar el sistema de salud de manera progresiva.[14] No obstante, la Corte decidió algunos casos en los que, por excepción, se ordenaba la práctica de la FIV. Estas excepciones darían lugar a un listado no exhaustivo de condiciones bajo las cuales el juez de tutela debe ordenar tal procedimiento, como medida de protección al derecho a la salud.

El primer caso en el cual se concedió el amparo de un tratamiento de fertilidad se dio en la Sentencia T-572 de 2002. La Empresa Prestadora de Servicios de Salud suspendió el tratamiento de inducción a la ovulación de una mujer sin el consentimiento del médico tratante. En la Sentencia T-890 de 2009, reiterada en la Sentencia T-644 de 2010 se enumeraron algunas situaciones que dan lugar a la excepción y por ende permiten la protección constitucional de la FIV: (i) Cuando el tratamiento a pesar de haberse iniciado es suspendido por la EPS o IPS sin mediar concepto médico o científico; (ii) Cuando se requiere la práctica de más exámenes para determinar las razones de la infertilidad de la mujer; y, (iii) Cuando la infertilidad es producto de otra enfermedad que afecta al aparato reproductor y que pone en riesgo los derechos fundamentales de la demandante, tal como en el caso de la infertilidad secundaria.

Los casos de tutelas se han relacionado con alegadas vulneraciones de los derechos a la dignidad, igualdad, integridad física y a la confianza legítima en las instituciones del Estado. Debido a que no ha mediado una prohibición expresa de la técnica, la Corte Constitucional no ha realizado

---

[10] Corte IDH. Caso Artavia Murillo y otros (Fertilización in vitro) Vs. Costa Rica. Excepciones Preliminares, Fondo, Reparaciones y Costas Sentencia de 28 noviembre de 2012 Serie C N. 257. párr. 64.
[11] Ibidem.
[12] Ibidem. párr. 65.
[13] Ibidem. párrs. 305 a 313.
[14] En este sentido ver la sentencia hito de la Corte Constitucional T-1104 de 2000. De igual forma las sentencias T-512 de 2003, T-242 de 2004, T-870 de 2008 y T-424 de 2009.

un test de proporcionalidad sobre la negativa por parte de autoridades de realizar la FIV en una paciente. En ese sentido, no ha incluido las discusiones sobre la FIV dentro de su catálogo de *Medidas de Corte Paternalista,* ni ha realizado consideraciones especiales sobre cómo las mismas afectan el derecho a la vida privada.

En contraposición, la configuración legislativa en materia penal en los casos de aborto fue limitada por la Corte Constitucional a un escrutinio estricto de razonabilidad y proporcionalidad. En la sentencia C-355 de 2006 que despenalizó el aborto en tres circunstancias, el Tribunal consideró algunos límites constitucionales a la acción punitiva del Estado, considerando *"las cargas y responsabilidades económicas, sociales y sicológicas, que afecta[n] la integridad y la vida de la mujer".*[15] La Corte no realizó una argumentación en torno al carácter *paternalista* de la prohibición, ya que en este caso no consideró que se buscara un balance entre los derechos exclusivos de la mujer, sino también la protección del bien jurídico vida del nasciturus.

En esta misma línea, la Corte reconoció en la Sentencia T-605 de 2007 sobre FIV que la infertilidad tiene un impacto especial en las mujeres y citó la instrumentos internacionales como la Convención sobre la Eliminación de Todas las Formas de Discriminación contra la Mujer y el informe presentado por las Naciones Unidas en el Cairo sobre esta problemática.[16] Consideró que los derechos sexuales y reproductivos son aquellos *"cuya titularidad recae particularmente en cabeza de las mujeres, pues una adecuada atención en salud reproductiva funge como elemento clave en la construcción de equidad social".*[17] En aquella sentencia se enfatizó en los derechos individuales de la mujer por oposición a los familiares. Los tribunales regionales de derechos humanos han hecho un mayor énfasis en la vida privada de la familia y esto se evidenciará en la siguiente sección del texto.

Derecho a la vida privada

El derecho a la vida privada se puede encontrar a lo largo de varios Tratados de Derecho Internacional de los derechos humanos. Algunos estándares de privacidad se establecen en el Convenio sobre los Derechos del Niño, la Convención Internacional sobre la Protección de los Derechos de Todos los Trabajadores Migratorios y de sus Familiares, y la

---

[15] COLOMBIA. Corte Constitucional. Sentencia C-355 de 2006. M.P: Jaime Araújo Rentería y Clara Inés Vargas Hernández.
[16] Naciones Unidas. Documento A/Conf.171/13.
[17] COLOMBIA. Corte Constitucional. Sentencia T-605 de 2007. M.P: Humberto Sierra Porto.

Convención sobre los Derechos de las Personas con Discapacidad. Además, esas normas se contemplan en algunos de los principales acuerdos regionales de derechos humanos,[18] como el Convenio Europeo de Derechos Humanos, la Convención Americana sobre Derechos Humanos, y la Carta Árabe de Derechos Humanos.

Además de los Tratados y de los Convenios precedentes, podemos encontrar un catálogo de principios y directrices de Derecho Internacional que ayudan a explicar con más detalle las implicaciones concretas de la ausencia del Estado sobre la vida de los individuos. El derecho a la vida privada también se contempla en la Declaración Universal de los Derechos Humanos (artículo 12), la Declaración Americana de los Derechos y Deberes del Hombre (artículo VI), la Carta de los Derechos Fundamentales de la Unión Europea (artículo 7), la Declaración de El Cairo de los Derechos Humanos en el Islam (artículo 18.b), y la Declaración sobre los Derechos Humanos de los Individuos que no son Nacionales del País en que Viven (artículo 5).

La cláusula general que define el derecho a la vida privada, forma parte de la que sido denominada Carta Internacional de Derechos Humanos. Por lo tanto, el artículo 17 del Pacto Internacional de Derechos Civiles y Políticos (PIDCP) prohíbe *"las interferencias arbitrarias o ilegales en la vida privada, la familia o la correspondencia de una persona"*, y otorga *"el derecho a la protección de la ley contra esas injerencias"*.[19] Se ha entendido que este derecho cubre la intimidad del cuerpo, la familia, las relaciones interpersonales, la identidad personal y las expresiones relacionadas con la religión, el género, la ideología política, entre otros. No obstante, todavía hay preguntas sin resolver sobre el alcance real de la vida privada, especialmente si uno ha de considerar que las fronteras del poder legislativo del Estado no están absolutamente demarcadas.

Según el Comité de Derechos Humanos de las Naciones Unidas, las obligaciones impuestas por el artículo 17 del PIDCP deben ser aplicadas por todos los poderes públicos de un Estado[20] mediante la adopción de medidas legislativas o administrativas, dado que el Derecho Internacional no puede sustituir estos procesos.[21] El Comité ha acentuado que los Estados no sólo tienen que proteger a los individuos de las intrusiones arbitrarias por parte de sus agentes, sino que también deben prevenir, investigar y sancionar conductas en contra del PIDCP que se desarrollen

---

[18] Tener en cuenta que la Carta Africana sobre los Derechos Humanos y de los Pueblos es el único instrumento regional que no contiene disposiciones específicas sobre el derecho a la vida privada y a la obligación estatal de abstenerse de interferir en la misma.

[19] PIDCP, Artículo 17.

[20] Human Rights Committee, General Comment n. 31, Nature of The General Obligation Imposed on State Parties, U.N. Doc. CCPR/C/21/Rev.1/Add.13 (2004). para. 4.

[21] Ibidem. para. 8.

por entidades privadas o indivíduos.[22] Así, el artículo 17 del PIDCP exige a las autoridades del Estado, ya sean locales o nacionales, el llevar a cabo acciones contra intromisiones arbitrarias (como exámenes médicos innecesarios o incautación de objetos personales) y al mismo tiempo crear escenarios de protección de la intimidad en los cuales se penalice a quienes vulneren la vida privada de otros.

En el Sistema Interamericano de Derechos Humanos, *"[t]oda persona tiene derecho a la protección de la Ley contra los ataques abusivos a [...] su vida privada y familiar,"* de conformidad con la Convención Americana sobre Derechos Humanos y la Declaración Americana de los Derechos y Deberes del Hombre. Por otra parte, el derecho a la privacidad contiene elementos espaciales (domicilio y correspondencia) subjetivos (propios de la vida privada del individuo) y espirituales, que están en estrecha relación con el artículo III de la Declaración Americana.

La protección de la privacidad tiene como objeto evitar que las autoridades se inmiscuyan en ciertas esferas del desarrollo humano. Este derecho ha sido reconocido en el sentido de que conserva una parte de la vida personal fuera del alcance del Estado. Allí el ciudadano es libre de decidir y compartir con otros sus opciones dentro de lo permitido por el marco jurídico aplicable. Por lo tanto, se puede afirmar que el reconocimiento de esta garantía especial crea necesariamente lo que se puede llamar como *"zonas sagradas de privacidad"*.[23] Lo que en realidad pueda estar protegido dentro de estas zonas de desarrollo privado es el producto de un debate en curso. Los Estados-Nación han siempre reclamado tener la obligación de regular temas muy íntimos, incluyendo expresiones de orientación sexual o el consumo de sustancias legalmente permitidas, como el tabaco.

Vale la pena señalar que la existencia de un área interna para el desarrollo no intervenido no implica la obligación de esconderla de los demás. La paradoja principal en la formulación de los derechos individuales a la autonomía es que las zonas que están protegidas, por el hecho de ser privadas, se perciben como algo que el ciudadano debe mantener fuera del escrutinio público. En el caso de las expresiones de las minorías étnicas o religiosas o de comportamientos de género que desafían la dicotomía masculino/femenino, abundantes argumentos se pueden encontrar entre los conservadores más radicales para apoyar la idea de que lo privado debe mantenerse privado. En ese sentido, el derecho a la privacidad no cubriría la manifestación externa de las características per-

---

[22] Human Rights Committee, General Comment n. 31, Nature of The General Obligation Imposed on State Parties, U.N. Doc. CCPR/C/21/Rev.1/Add.13 (2004). para. 8.

[23] Esta expresión también ha sido usada en: TEDH Reporte n. 38/96 del 15 de Octubre de 1996, Caso n. 10.506, X y Y (Argentina), para. 91.

sonales que deben permanecer reservadas. A manera de ejemplo, *"por lo general, no es aceptable para los individuos con creencias religiosas privadas que se muestren abiertamente en la esfera pública, sobre todo en las escuelas públicas o mientras se trabaja en el empleo del sector público"*.[24]

Lo anterior constituye una interpretación errónea del alcance real de la protección de la vida privada, debido a que el derecho a la privacidad incluye también el derecho a establecer relaciones con el mundo exterior. Tal razonamiento aplica asimismo a la forma en la cual las personas decidan conformar su familia, por ejemplo mediante el uso de técnicas de reproducción asistida. En el caso *Niemietz Vs. Alemania,* el TEDH sostuvo que al dividir lo privado de lo público, las empresas o lugares de trabajo se pueden localizar en el lado privado y blindado del espectro, incluso cuando no se llaman "hogar".[25]

El TEDH evaluó los alegatos de un abogado cuya oficina había sido registrada sin mediar su consentimiento, y dictaminó que el artículo 8 de la Convención Europea se refiere tanto a los aspectos de la privacidad que el individuo elige libremente excluir de la opinión pública como a los que decide compartir con los demás:

(...) Sería demasiado restrictivo limitar la noción a un "círculo interno" en el cual el individuo pudiera vivir su vida personal como le plazca y excluir completamente al mismo del mundo exterior, no comprendido dentro de tal círculo. El respeto de la vida privada debe comprender también hasta cierto punto, el derecho a establecer y desarrollar relaciones con otros seres humanos.[26]

La *raison d'être* del derecho garantizado por el artículo 8 de la Convención Europea se refleja también en la redacción de las limitaciones contenidas en su páragrafo primero y, en la presencia de derechos reproductivos, puede ser necesario establecer restricciones razonables a esta libertad individual para garantizar otros valores jurídicamente válidos. Las condiciones en las que un Estado puede limitar el derecho a la intimidad se llaman *"cláusulas de excepción"* y se pueden aplicar en virtud de reclamaciones de: i) Seguridad nacional; ii) Seguridad pública o el bienestar económico; iii) La prevención de disturbios o del crimen; iv) La protección de la salud o de la moral y v) La protección de los derechos y libertades de los demás.[27]

El uso de la *cláusula de excepción* tiene que cumplir con un test paso a paso creado por el TEDH, que cubre los cuestionamientos sobre la existencia de la interferencia, la legitimidad del fin perseguido por la misma

---

[24] Marchall, J. (2008). Conditions for Freedom?: European Human Rights Law and the Islamic Headscarf Debate. *Human Rights Quarterly, 30*(3): 635.
[25] TEDH. Niemietz v. Germany, 16 December 1992, § 29, Series A n. 251-B
[26] Ibidem
[27] Convención Europea de Derechos Humanos. Artículo 8.2

y la necesidad de la medida.[28] El estudio de las restricciones se ha abordado caso por caso y se ha realizado sobre acciones del Estado que son comparables a la prohibición de la FIV, en el sentido en el que regulan el organismo de los ciudadanos o su corporalidad. Resoluciones análogas han tenido lugar en los casos de registros corporales (*Murray Vs. el Reino Unido, Chappell Vs. el Reino Unido, Funke Vs. Francia*) la difusión de imágenes de una persona condenada penalmente (*Toma Vs. Rumania*[29]) el fotografiar sin el consentimiento previo de los padres a un bebé recién nacido (*Reklos y Davourlis Vs. Grecia*[30]) la administración de un tratamiento médico forzoso, sin el consentimiento del solicitante o a pesar de una creencia cultural contraria (*Matter Vs. Eslovaquia*[31] y *VC Vs. Eslovaquia*[32]).

En el caso concreto de la FIV, el TEDH ha recibido múltiples alegatos en relación a la vulneración del artículo 8 de la Convención Europea. En el caso *Evans Vs. Reino Unido* la demandante afectada por cáncer ovárico, generó 6 embriones con ayuda de la FIV. Cuando terminó su relación, su pareja retiró el consentimiento para la implantación y por ende sometió a los embriones a una posible destrucción exigida por las leyes nacionales.[33] En este escenario, el Tribunal no encontró una violación del derecho a la vida privada y familiar puesto que nada impedía a la demandante para convertirse en madre mediante adopción o la repetición de la FIV con los gametos de otro donante.[34] La Corte reconoció entonces la colisión entre la vida privada de la mujer y de su pareja previa, estableciendo que no existe un consenso europeo sobre si el acceder a donar gametos genera la presunción del consentimiento sobre su implantación. En ese sentido, concluyó que el Reino Unido podría legislar válidamente sobre lo que sucede entre el inicio y el final de una fertilización.[35]

El caso *S.H. y Otros Vs. Austria* es el más similar en cuanto a hechos al único precedente existente en el Sistema Interamericano sobre este tema. El tribunal tuvo que pronunciarse sobre la validez jurídica de la petición formulada por dos parejas austriacas que deseaban recurrir a la FIV.[36] Ambas parejas necesitaban donaciones prohibidas en Austria: una pareja necesitaba óvulos y la otra esperma. La Corte consideró que la decisión de convertirse en padres genéticos de un bebé se encontraba

---

[28] Para ejemplos de este test en relación a grabaciones de llamadas telefónicas ver: TEDH. Klass and Others v. Germany, 6 September 1978, § 47-60, Series A n. 28

[29] TEDH. Toma v. Romania, no. 42716/02, 24 February 2009

[30] TEDH. Reklos and Davourlis v. Greece, n. 1234/05, 15 January 2009

[31] TEDH. Matter v. Slovakia, n. 31534/96, 5 July 1999

[32] TEDH. V.C. v. Slovakia, n. 18968/07, TEDH 2011 (extracts)

[33] TEDH. Evans v. the United Kingdom [GC], n. 6339/05, § 11-28, ECHR 2007-I

[34] Ibidem. párr. 72

[35] Ibidem. párr. 75 a 76

[36] TEDH. S.H. and Others v. Austria [GC], n. 57813/00, § 9-26, ECHR 2011.

dentro de la esfera de aplicación del artículo 8.[37] Sin embargo, no encontró una vulneración de esa norma debido a que determinó que la prohibición de la donación se encontraba dentro del margen de apreciación estatal.[38] De igual forma identificó que existían dos dimensiones de la obligación estatal: La obligación negativa, según la cual debía abstenerse de regular algunos aspectos de la FIV y la obligación positiva, de acuerdo a la que debía garantizar las técnicas médicas más avanzadas para lograr el deseo personal y familiar de sus ciudadanos.[39]

De igual manera, el TEDH ha estudiado el test de restricciones a la vida privada en el contexto de las técnicas de reproducción asistida. En *Costa y Pavan Vs. Italia*, el Tribunal llegó a la conclusión de que la injerencia en el respeto de la vida privada y familiar de los demandantes había sido desproporcionada.[40] La pareja, ambos portadores sanos de fibrosis quística, deseaba emplear la reproducción médicamente asistida y la selección genética, para evitar transmitir la enfermedad a sus hijos. La Corte realizó el test de proporcionalidad de la prohibición impuesta sobre la pareja, teniendo que llegar sólo hasta el segundo paso de la evaluación: el debate acerca de si la medida era necesaria.

Sobre la necesidad en una sociedad democrática, el TEDH señaló la falta de coherencia de la ley italiana ya que "por un lado se prohíbe la implantación limitada a aquellos embriones no afectados por la enfermedad de los cuales los solicitantes son portadores sanos, mientras que por otro lado permite a los demandantes a abortar un feto afectado por la enfermedad".[41] Así mismo la Corte no encontró motivos por los cuales pudiera considerarse que este tipo de decisiones privadas conducirían a la práctica generalizada de la eugenesia o de la selección caprichosa de embriones. Por el contrario, resaltó el hecho de que este tipo de prohibiciones conduciría a un mayor traumatismo de la madre y del embrión al tener que recurrir a la terminación del embarazo.[42]

Por otra parte, la prueba de la legitimidad del fin perseguido, el primer paso en el test, ha sido desarrollada por el TEDH en el pasado. Sin embargo, el análisis de la proporcionalidad de la medida no siempre ha estado relacionado directamente al artículo 8 de la Convención Europea o con debates exclusivamente reproductivos. Por ejemplo en el caso *Kokkinakis Vs. Grecia*, el TEDH determinó una violación del derecho a manifestar la religión propia, contemplado en el artículo 9 de la Con-

---

[37] Ibidem. párr. 82
[38] Ibidem. párr. 115
[39] Ibídem. párrs. 82-88
[40] TEDH. Costa and Pavan v. Italy, n. 54270/10, § 64, 28 August 2012
[41] Ibidem. párr. 57
[42] Ibidem. párr. 58

vención, cuando un testigo de Jehová fue procesado bajo la acusación de proselitismo.[43] Del mismo modo, en el caso de *Ahmet Arslan Vs.Turquía*, se encontró que la expresión pública de las creencias religiosas mediante el simple uso de turbantes no perturbaba la neutralidad religiosa del Estado.[44]

Vale la pena notar que en el caso de *Ahmet Arslan*, la Corte se refirió explícitamente a las sentencias anteriores en materia de ropa religiosas al decidir que las manifestaciones religiosas pacifistas hechas por individuos no necesariamente perjudicaban el orden público del Estado. Por lo tanto, el TEDH, en este caso particular, se ocupó de un escenario donde las decisiones propias se hicieron sólo en conformidad con una convicción personal, en consonancia con un aspecto muy privado de la vida. Esto representa un cambio de la tendencia encontrada en otros casos como *Vogt Vs Alemania*,[45] *Rekvényi Vs. Hungria*,[46] *Dahlab Vs. Suiza*[47] y *Kurtulmus Vs. Turquia*,[48] señalando la calidad de particulares de los demandantes:

> En la evaluación de las circunstancias del caso, el Tribunal nota en primer lugar que los solicitantes son ciudadanos de a pie: que no hay representantes del Estado en el ejercicio de una función pública, que se han unido a ningún estatus que le daría a sus titulares la calidad de autoridad del Estado.[49]

En contraste con estas excepciones dentro del Sistema Europeo, el artículo 11 de la Convención Americana sobre Derechos Humanos no contiene una referencia explícita a causas taxativas de limitaciones o restricciones a la privacidad. En el caso In Vitro, el Tribunal centró la mayor parte de sus esfuerzos para interpretar el concepto de la vida, como se establece en el artículo 4.1 de la Convención Americana. No obstante, realizó un esfuerzo interesante en determinar los alcances de la vida privada individual y familiar, a la luz del margen de apreciación del Estado costarricense. Tal como en el caso *S.H. y Otros Vs. Austria*, el Tribunal sostuvo que el derecho a tener hijos biológicos cae dentro de la protección de la vida privada[50] y finalmente encontró una vulneración de ese derecho.[51]

---

[43] TEDH. Kokkinakis v. Greece, 25 May 1993, § 49-50, Series A n. 260-A
[44] TEDH. Ahmet Arslan v. Turkey, n. 24739/04, § 44-53, 22 September 2009
[45] TEDH. Vogt v. Germany, 26 September 1995, § 53, Series A no. 323
[46] TEDH. Rekvényi Vs Hungary, [GC], n. 25390/94, § 43, TEDH 1999-III
[47] TEDH. Dahlab v. Switzerland (dec.), n. 42393/98, TEDH 2001-V
[48] EHCR. Kurtulmuş v. Turkey (dec.), n. 65500/01, TEDH 2006. – II
[49] TEDH. Ahmet Arslan v. Turkey, n. 24739/04, § 48, 22 September 2009
[50] Corte IDH. Corte IDH. Caso Artavia Murillo y otros (Fertilización in vitro) Vs. Costa Rica. Op cit. párr. 137
[51] Ibidem. párr. 317.

La Corte recalcó el vínculo existente entre la protección otorgada por el artículo 11 y aquella que se contempla en el artículo 7 de la Convención Americana. Esto se debe a que la vida privada y familiar entendida en el sentido amplio, debe comportar así mismo la potestad de actuar de acuerdo a las más íntimas convicciones personales.[52] La Corte reiteró su jurisprudencia al resaltar que las limitaciones a las libertades individuales deben estar contempladas en una ley en sentido formal y material, así como cumplir con los requisitos de idoneidad, proporcionalidad y necesidad.[53] Este balance fue buscado por el Tribunal solamente después de que concluyera que no existía un derecho absoluto de vida del embrión.

El juicio de ponderación llevado a cabo por la Corte Interamericana contempló los siguientes pasos:

> i) El grado de afectación de uno de los bienes en juego, determinando si la intensidad de dicha afectación fue grave, intermedia o moderada; ii) la importancia de la satisfacción del bien contrario, y iii) si la satisfacción de éste justifica la restricción del outro.[54]

Aterrizando el análisis al caso concreto, el Tribunal consideró importante evaluar:

> i) La severidad de la interferencia ocurrida en los derechos a la vida privada y familiar [...] Asimismo, esta severidad es analizada desde el impacto desproporcionado relacionado con: ii) la discapacidad; iii) el género, y iv) la situación socioeconómica. Finalmente se evalu[ó]: v) la controversia sobe la alegada pérdida embrionária.[55]

Un equilibrio con otros objetivos legítimos se ha buscado por la Corte Interamericana en juicios anteriores al aplicar disposiciones similares, relativas a las libertades individuales. Por ejemplo, en el caso Olmedo Bustos, la Corte Interamericana de Derechos Humanos se pronunció sobre la prohibición por el Consejo de Calificación Cinematográfica de Chile para exhibir la película *"La Última Tentación de Cristo"*. El Tribunal declaró, en lo que respecta a las restricciones a la libertad de pensamiento y expresión y la censura previa:

> Es importante mencionar que el artículo 13 (4) de la Convención establece una excepción a la censura previa, ya que la permite en el caso de los espectáculos públicos pero únicamente con el fin de regular el acceso para la protección moral de la infancia y la adolescencia. En todos los demás casos, cualquier medida preventiva implica el menoscabo a la libertad de pensamiento y de expresión.[56]

---

[52] Ibidem. párr. 142
[53] Ibidem. párr. 273
[54] Ibidem. párr. 274
[55] Ibidem. párr. 276
[56] Corte IDH. *"La Última Tentación de Cristo"(Olmedo Bustos y otros) v. Chile*. Fondo, reparaciones y costas. Sentencia del 5 de febrero de 2001. Serie C n. 73. Párr. 70

También es relevante en el presente análisis tener en cuenta las decisiones de la Corte Interamericana sobre la protección de la individualidad y de los proyectos de vida familiares. En el caso de Masacres de Río Negro contra Guatemala, la Corte analizó violaciones de derechos humanos contra los miembros de la Comunidad Maya, causadas por una serie de masacres perpetradas por el Ejército de Guatemala y las autodefensas entre 1980 y 1982.[57] En ese caso, el Tribunal determinó un patrón de ataques sistemáticos contra la población maya que incluían el tráfico de menores y las agresiones en contra de mujeres embarazadas, lo cual vulneraba múltiples disposiciones de la Convención Americana.

Las bases para la articulación de la vida privada se encuentran en el sistema de libertades establecido por el lenguaje de los derechos humanos. Aun cuando existe debate sobre la exagerada importancia que el paradigma liberal pone en la individualidad,[58] el derecho a la intimidad, entendido como abstención de intervención estatal, es de hecho una de las piedras angulares del actual Derecho Internacional de los derechos humanos. En términos de Amartya Sen: Si hay una afirmación ética de un valor socialmente protegido, entonces debe corresponder a una libertad o a un interés subyacente, entendido en el más amplio sentido posible[59]. En consecuencia, con el fin de establecer que una libertad está protegida por el sistema de derechos humanos, o al menos como de las facetas de un derecho reconocido, en primer lugar es necesario evaluar si la misma se encuentra dentro de la *"condición de umbral de relevancia"*.[60]

En el caso de la FIV, la condición de umbral está altamente vinculada al hecho de que las parejas que acuden a esta técnica están fuera del promedio médico en cuanto a salud general y capacidad reproductiva. Sin embargo, hay que tener en cuenta que la importancia ética y constitucional de la FIV no se deriva solamente de la protección de los derechos reproductivos, sino también de la protección de las minorías. Por lo tanto, aun cuando el escrutinio de los objetivos sociales en algunas jurisdicciones parezca excluir la FIV del ámbito de aplicación del derecho a la vida privada, la libertad de ser parte de una minoría y de expresar sus intereses, sin duda cumple con el umbral de relevancia en el Derecho Internacional.

Aunque no idéntica en todos sus elementos, la Corte Interamericana aplica una metodología de fin legítimo, idoneidad, necesidad en sociedades democráticas y proporcionalidad *stricto sensu*, en lo que res-

---

[57] Corte IDH. *Caso Masacres de Río Negro Vs. Guatemala*. Fondo, reparaciones y costas. Sentencia del 4 de septiembre de 2012. Serie C n. 250.

[58] Dembour, M.-B. (2010). What Are Human Rights? Four Schools of Thought. *Human Rights Quarterly*, 32(1), 1-20.

[59] Sen, Amartya. (2009). Human Rights and Global Imperatives. *The Idea of Justice*. Penguin. 355-387.

[60] Ibid. 366-369.

pecta a las diferencias en el tratamiento y a las interferencias en la vida privada. Por otra parte, cualquier medida de intromisión en la intimidad personal, debe responder no sólo a preferencias populares sino también a la protección de grupos tradicionalmente marginados. Lo anterior de acuerdo a la cláusula de no discriminación contenida en el artículo 1.1 de la Convención Americana. Esto cobra particular relevancia al estudiar algunas medidas referentes a la FIV constitucionalmente avaladas, las cuales si bien no prohíben explícitamente la técnica la excluyen de los planes de seguridad social públicos.

Finalmente debe entenderse que cuando se realiza la evaluación de la "proporcionalidad" de una medida, el juez debe evitar la trampa del relativismo cultural. En ese sentido, los tribunales deben evitar a toda costa dar prioridad a factores como la religión imperante en cierto Estado o su posición oficial acerca de otros derechos reproductivos, así como la anticoncepción o el aborto. Tal como se evidenció previamente, el TEDH sigue recurriendo a criterios de consenso europeo para decidir los derechos de los demandantes en temas de reproducción asistida. En ese sentido, el resultado de la evaluación de proporcionalidad, en los términos de los críticos moderados del relativismo cultural como Shestack, requeriría: i) No observar las medidas como una entidad estática y ii) Creer que los criterios nacionales sobre ciertos debates pueden cambiar a través de herramientas tecnológicas y comunicativas.[61]

Concluyo este artículo con algunas observaciones sobre la regulación de la FIV y sobre las evaluaciones realizadas por los tribunales internacionales acerca de la misma. Aun cuando ambos tribunales, domésticos e internacionales, tienen que lidiar con las limitaciones a las libertades fundamentales, los jueces del nivel local como la Corte Constitucional colombiana, han reconocido el carácter *paternalista* de tales restricciones. La teoría de las *Medidas de Corte Paternalista* inicia las aproximaciones a la autonomía desde un punto de vista más crítico, mediante el trato del mandato sobre la relación del individuo con su propio ser como una decisión no autorizada, sólo aceptable en casos excepcionales. No obstante, aún la Corte Constitucional colombiana debe desarrollar esta teoría de una manera más clara al regular los derechos reproductivos de las mujeres. Ha encontrado una colisión de intereses, entre los que cuenta los del nasciturus, dejando de lado el argumento de que algunos de estos debates solo lidian con la relación de la mujer consigo misma.

Por el contrario, los jueces que aplican el sistema internacional de derechos humanos escudriñan las restricciones a la vida privada mediante la realización de pruebas de necesidad o proporcionalidad, sin

---

[61] Shestack, J. J. (1998). The Philosophic Foundations of Human Rights. *Human Rights Quarterly*, 20(2), 228-234.

reconocer abiertamente las características políticas o económicas de sus decisiones. Ese distanciamiento aparente puede explicarse en parte, por el hecho de que los tribunales internacionales de derechos humanos evalúan las políticas nacionales de manera subsidiaria, garantizando al mismo tiempo el derecho de los Estados-Nación soberanos. Si *"[e]l subtexto de los derechos humanos es un gran relato oculto en el lenguaje aparentemente neutral y universal del corpus"*,[62] la semántica de las medidas extremadamente protectoras puede ser un ejemplo de este tipo de discursos. La Corte Interamericana en el caso In Vitro dio un paso importante al integrar los criterios de género y posición socioeconómica en su análisis de restricción de libertades. Como se evidenció en los capítulos anteriores, este tipo de argumentación no se encuentra en los fallos del TEDH.

La jurisprudencia en materia de FIV y otras técnicas de reproducción asistida sigue siendo muy poco frecuente en los tribunales regionales de derechos humanos, especialmente en el Sistema Interamericano. Casos similares no arrojan luz sobre la dirección que tomarán estos debates en un futuro próximo, si los test de proporcionalidad se tornarán más estrictos o si lentamente darán paso a las técnicas de reproducción asistida como un asunto meramente individual o familiar. En todo caso, las doctrinas constitucionales colombianas han brindado aportes sobre cómo un lenguaje más escueto, puede alertar a los operadores jurídicos sobre la intromisión del Estado en la creación de las nuevas generaciones de seres humanos.

Bibliografía

Declaraciones y Tratados:
Convención sobre los Derechos del Niño
Convención Internacional sobre la Protección de todos los Trabajadores Migratorios y de sus Familiares
Convención sobre los Derechos de las Personas con Discapacidad
Convenio Europeo de Derechos Humanos
Convención Americana sobre Derechos Humanos
Carta Árabe de Derechos Humanos
Carta Africana sobre los Derechos y el Bienestar del Niño
Declaración Universal de Derechos Humanos
Declaración Americana de los Derechos y Deberes del Hombre
Carta de los Derechos Fundamentales de la Unión Europea
Declaración de El Cairo sobre Derechos Humanos en el Islam
Declaración de los Derechos Humanos de los Individuos que no son Nacionales del País en que viven

---

[62] Mutua, Makau (2002). Human Rights as a Metaphor. *Human Rights: A Political and Cultural Critique*. Penn Press. 13.

Sentencias:

Colombia. Corte Constitucional. Sentencia C-309 de 1997. M.P: Alejandro Martínez Caballero.

Colombia. Corte Constitucional. Sentencia T-1104 de 2000. M.P: Vladimiro Naranjo Mesa.

Colombia. Corte Constitucional. Sentencia T-512 de 2003. M.P: Eduardo Montealegre Lynett.

Colombia. Corte Constitucional. Sentencia T-242 de 2004. M.P: Jaime Cordoba Triviño.

Colombia. Corte Constitucional. Sentencia C-355 de 2006. M.P: Jaime Araújo Rentería y Clara Inés Vargas Hernández.

Colombia. Corte Constitucional. Sentencia T-605 de 2007. M.P: Humberto Sierra Porto.

Colombia. Corte Constitucional. Sentencia T-870 de 2008. M.P: Manuel Jose Cepeda Espinosa.

Colombia. Corte Constitucional. Sentencia T-424 de 2009. M.P: Jorge Ignacio Pretelt Chaljub.

Colombia. Corte Constitucional. Sentencia C-639 de 2010. M.P: Humberto Sierra Porto.

TEDH. Parrillo vs Italy, n. 46470/11, 28 May 2013

TEDH. Handyside v. the United Kingdom, 7 December 1976, Series A no. 24.

TEDH. Niemietz v. Germany, 16 December 1992, Series A no. 251-B

TEDH. Klass and Others v. Germany, 6 September 1978, Series A no. 28

TEDH. Toma v. Romania, no. 42716/02, 24 February 2009

TEDH. Reklos and Davourlis v. Greece, no. 1234/05, 15 January 2009

TEDH. Matter v. Slovakia, n. 31534/96, 5 July 1999

TEDH. V.C. v. Slovakia, no. 18968/07, TEDH 2011 (extracts)

TEDH. Evans v. the United Kingdom [GC], no. 6339/05, ECHR 2007-I

TEDH. S.H. and Others v. Austria [GC], no. 57813/00, ECHR 2011

TEDH. Costa and Pavan v. Italy, n. 54270/10, 28 August 2012

TEDH. Kokkinakis v. Greece, 25 May 1993, Series A no. 260-A.

TEDH. Ahmet Arslan v. Turkey, n. 24739/04, 22 September 2009.

TEDH. Vogt v. Germany, 26 September 1995, Series A no. 323.

TEDH. Rekvényi Vs Hungary, [GC], n. 25390/94, TEDH 1999-III.

TEDH. Dahlab v. Switzerland (dec.), n. 42393/98, TEDH 2001-V

TEDH. Kurtulmuş v. Turkey (dec.), n. 65500/01, TEDH 2006. – II

TEDH. Ahmet Arslan v. Turkey, n. 24739/04, 22 September 2009.

Corte IDH. Caso "La Última Tentación de Cristo" (Olmedo Bustos y otros) Vs. Chile. Fondo, Reparaciones y Costas. Sentencia de 5 de febrero de 2001. Serie C No. 73

Corte IDH. Caso Masacres de Río Negro Vs. Guatemala. Excepción Preliminar, Fondo, Reparaciones y Costas. Sentencia de 4 de septiembre de 2012 Serie C n. 250

Corte IDH. Caso Gudiel Álvarez y otros ("Diario Militar") Vs. Guatemala. Interpretación de la Sentencia de Fondo, Reparaciones y Costas. Sentencia de 19 de agosto de 2013. Serie C n. 262

Doctrina:

Human Rights Committee, General Comment n. 31, Nature of The General Obligation Imposed on State Parties. U.N. Doc. CCPR/C/21/Rev.1/Add.13 (2004)

Charlesworth, H. 1994. What are Women's International Human Rights? Human Rights of Women, National and International Perspective. Philadelphia University of Pennsylvania Press.

Dembour, M.-B. (2010). What Are Human Rights? Four Schools of Thought. *Human Rights Quarterly, 32*(1), 1-20.

Heider, J. (2012). Unveiling the Truth behind the French Buqa ban: the unwarranted Restriction of the Right to Freedom of Religino and the European Court of Human Rights. *Indiana International & Comparative Law Review, 22,* 93

Marchall, J. (2008). Conditions for Freedom?: European Human Rights Law and the Islamic Headscarf Debate. *Human Rights Quarterly, 30*(3): 631-654.

Mutua, Makau (2002). Human Rights as a Metaphor. *Human Rights: A Political and Cultural Critique.* Penn Press. 1-31.

Sen, Amartya. (2009). Human Rights and Global Imperatives. *The Idea of Justice.* Penguin. 355-387.

Shestack, J. J. (1998). The Philosophic Foundations of Human Rights. *Human Rights Quarterly, 20*(2), 201-234.

— 3 —

Sistemas de escolha dos juízes constitucionais: um estudo comparado e o sistema brasileiro

DENIS FERNANDO BALSAMO[1]

Sumário: 1. Considerações iniciais; 2. Estado e justiça constitucional; 2.1. Justiça constitucional e controle de constitucionalidade; 2.2.1. Democracia e justiça constitucional; 3. Sistemas de escolha dos juízes constitucionais; 3.1. Sistemas de escolha no direito comparado; 3.2. O sistema brasileiro; Referências bibliográficas.

1. Considerações iniciais

Sobre o título "sistemas de escolhas dos juízes constitucionais", são cabíveis algumas explicações.

O expressão *juiz constitucional* poderia denotar várias acepções e noções. Poderia significar, em um sistema baseado no modelo norte-americano de controle difuso, todos aqueles juízes investidos de poder para declarar a constitucionalidade ou inconstitucionalidade das leis, ou interpretar a Constituição. Neste trabalho, porém, quando empregada a expressão "Juízes Constitucionais", faz-se referência aos membros dos Tribunais e Cortes Constitucionais, ou órgãos superiores da justiça ou da interpretação da Constituição. Por juiz constitucional, na linha de raciocínio de Louis Favoreau, entende-se aquele que goza de um estatuto constitucional que o orienta e o garante, determinando suas missões, e, além disso, diferenciam-se os juízes constitucionais por tomarem decisões não somente técnicas e jurídicas, mas também políticas.[2]

---

[1] É advogado, graduado em Ciências Jurídicas e Sociais pela Universidade de Ribeirão Preto – UNAERP – , pós-graduado (*Lato Sensu*) em Direito Penal e Processual Penal pelo Complexo Jurídico Damásio de Jesus, pós-graduado (*Lato Sensu*) em Justiça Constitucional e Direitos Fundamentais pela Universidade de Pisa e Mestre em Direito do Estado pela Universidade de São Paulo – USP – Largo de São Francisco.

[2] LLORENTE, Fernando Rubio (Diretor). *Tribunales constitucionales europeos y derechos fundamentales*. Madrid: Centro de Estudios Constitucionales, 1984. p. 21-22.

Frise-se, igualmente, que neste estudo, as nomenclaturas: Corte Constitucional, Tribunal ou Conselho Constitucional não são tomadas no sentido estrito. Portanto, quando se faz o uso de cada uma destas palavras, está-se fazendo referência ao órgão de determinado país responsável pela função de guarda e interpretação da Constituição.

O controle concentrado de constitucionalidade tem assumido um papel central no desenvolvimento das democracias, mormente quando o assunto é assegurar e promover direitos fundamentais de grupos minoritários. Há o aparecimento do "papel político das Cortes".

Hans Kelsen, quando "projetou" o modelo concentrado de controle de constitucionalidade, já previa uma possível crise de legitimação dos juízes constitucionais, e, por conseguinte, uma crise de legitimação das próprias decisões. Mas haveria algum sistema perfeito? Haveria, entre os modos de escolha dos juízes, nos países ocidentais democráticos ou nos orientais, algum modelo melhor que o outro? Algum sistema capaz de atender aos ideais democráticos integralmente? Haveria alguma saída para despolitizar o sistema de nomeação de juízes e ministros constitucionais? Até que ponto a despolitização é necessária? Até que ponto os outros poderes (Executivo e Legislativo) podem exercer poder sobre o processo de indicação da cúpula do Poder Judiciário?

2. Estado e justiça constitucional

2.1. Justiça constitucional e controle de constitucionalidade

Como bem destacado por Dominique Rousseau, "o século XIX foi o século dos Parlamentos, o século XX, como costuma dizer o Professor Mauro Capelletti, o da Justiça Constitucional".[3]

Repousa, sobre os sistemas constitucionais, a necessidade de garantir força e estabilidade constitucional ao Estado. Surge, pois, o controle de constitucionalidade das leis. Sem o controle, a supremacia da norma constitucional seria prescrição indicativa, sem qualquer força coativa. E que órgão deve exercer tal controle?

É certo que o poder responsável pelo controle do conteúdo constitucional, a compatibilidade do ordenamento infraconstitucional e a garantia da supremacia constitucional, figurará como privilegiado na atuação estatal e aparecerá como chave e cerne do Estado constitucional.

Há sistemas em que o controle de constitucionalidade e a interpretação da Constituição é feito por um órgão político, titular da função

---

[3] ROUSSEAU, Dominique. *La justicia constitucional em Europa*. Madrid: Editions Juridiques Associees, 2002. p. 3.

constitucional de controle de constitucionalidade.[4] Não apenas jurídico é o controle constitucional, mas político também.

Carlos Blanco de Morais aponta, como sistemas de controle político: o controle pelo órgão parlamentar (modelo político francês); a fiscalização parlamentar simples; fiscalização por uma câmara parlamentar específica; fiscalização realizada por órgão político especial; fiscalização realizada por Chefe de Estado.[5]

O controle jurisdicional, como nota a doutrina de Paulo Bonavides, nasceu nos Estados Unidos da América, sendo fruto de uma análise e reflexão acerca da supremacia da Constituição sobre as leis ordinárias. Assim, ligada umbilicalmente à ideia de supremacia da Constituição e controle de constitucionalidade. A contribuição dos Estados Unidos ao mundo foi tão importante quanto a do federalismo e a do sistema presidencialista de governo.[6]

O emblemático Marbury *vs* Madison apenas confirmou o que já se afirmava em "O Federalista", onde Marshall, provavelmente, encontrou supedâneo para desenvolver a ideia da supremacia da Constituição sobre a legislação ordinária.[7]

A doutrina clássica classifica os sistemas de controle de constitucionalidade jurisdicional em dois principais modelos: o modelo norte-americano e o sistema europeu. A par das já conhecidas sobre a divisão entre modelo americano e o modelo de Kelsen, é de se anotar a crítica de extrema pertinência e acerto, do Professor Lucio Pegoraro, da Universidade de Bologna, que, reconhecendo a importância de estabelecer a classificação dos modelos de justiça constitucional, aponta a insuficiência do método binário Kelsen/Marshall de classificação dos modelos de justiça constitucional.[8]

É imprescindível notar, como acertadamente leciona Lucio Pegoraro, que os sistemas de justiça constitucional, nos dias de hoje, não são mais "puros", isto é, não se resumem simplesmente em um modelo ou outro. As Cortes, ao redor do mundo, se utilizam de modos de controle, estranhos a uma redução classificatória, pelo menos é o que se nota no Brasil.

Pablo Pérez Tremps, com a propriedade que lhe é característica, sobre o tema, aduz que as novas configurações de sistemas de justiça constitucional inovam a classificação dicotômica Kelsen/EUA e altera a

---

[4] MORAIS, Carlos Blanco de. *Justiça constitucional*. 2. ed. Coimbra: Coimbra Editora, 2006. p. 266.
[5] Ibid. p. 272.
[6] BONAVIDES, Paulo. Curso de direito constitucional. 26. ed. São Paulo: 2011. p. 305.
[7] Ibid. p. 306.
[8] PEGORARO, Lucio. *Modelos de justiça constitucional*. II Corso di alta formazione in giutizia costituzionale e tutela giurisdizionale dei diritti. Università di Pisa. 14 de Janeiro/ 1 de fevereiro.

substância da justiça constitucional. Arremata o brilhante mestre espanhol:

> Sin embargo, en la actualidad, mantener esa dicotomía entre modelo concentrado o kelseniano, y modelo difuso o norteamericano, resulta muy difícil ya que la misma división se ha visto superada por el desarrollo de otros modelos en los que conviven técnicas procesales de control concentrado con técnicas de control difuso, y en los que órganos jurisdiccionales ad hoc conviven, y a veces se integran, con órganos judiciales ordinarios que desarrollan tareas de defensa y control de constitucionalidad. Y esa ruptura de los cánones tradicionales de la justicia constitucional se produce, muy significativamente, en América Latina, y buena muestra de ello es el caso de El Salvador, donde el órgano especializado de justicia constitucional, la Sala Constitucional, se encuentra integrada en la Corte Suprema de Justicia. La consecuencia conceptual de esta superación de la tradicional dicotomía justicia constitucional concentrada europea versus justicia constitucional difusa norteamericana es que, en la actualidad, la justicia constitucional ya no puede identificarse a partir de elementos formales o institucionales; necesariamente el concepto de "justicia constitucional" hay que entenderlo como un concepto material y sustantivo, que no es otro que el conjunto de técnicas tendentes a garantizar e interpretar la constitución mediante mecanismos jurisdiccionales, sean éstos los que sean.[9]

Mas em que consiste, fundamentalmente, a Justiça Constitucional? A esta resposta, na linha de raciocínio de Pablo Pérez Tremps, é que por mais que existam diferenças marcantes e divisoras nos sistemas de justiça constitucional, há um núcleo comum de competências que definem a justiça de constitucional. Este núcleo comum é constituído, basicamente, por: 1) controle de constitucionalidade das leis e normas com o conteúdo e forma da Constituição; 2) defesa dos direitos fundamentais (o amparo aos direitos fundamentais); 3) processos em que o Tribunal atua como árbitro de embates entre os Poderes do Estado.[10]

A interpretação que se atribui ao ordenamento jurídico e à própria Constituição faz com que a Constituição seja um ser "vivente".

2.2.1. Democracia e justiça constitucional

Os regimes mais democráticos ou menos democráticos, de acordo com Robert Alan Dahl, variam conforme a proporção da população habilitada a participar, num plano mais ou menos igual, do controle e da contestação à conduta do governo.[11]

Norberto Bobbio ressalta a necessidade de se estabelecer quem está autorizado a tomar as decisões coletivas e por quais instrumentos. O autor afirma que a decisão deve ser tomada com base em regras que legiti-

---

[9] TREMPS, Pablo Pérez. *La justicia constitucional em la actualidad*. Especial referencia a América Latina. Disponível em: http://www.idpc.es/archivo/1212593508a2PPT.pdf.
[10] Id.
[11] DAHL, Robert Alan. *Poliarquia*. Tradução Celso Mauro Paciornik. São Paulo: Edusp, 1984. p. 28.

mem os que decidirão. Deve existir, ainda, efetivamente, opções a serem escolhidas, e não somente um caminho colocado para a ratificação.[12]

Goffredo Telles Júnior atribui à democracia a definição de "regime político que assegura a permanente penetração e influência da vontade dos governados nas decisões legislativas dos governantes".[13]

O princípio democrático é um princípio de atribuição do poder. Ele responde à pergunta: a quem deve ser confiado o governo? O princípio democrático responde, em suma, que todo o povo deve participar do governo. Todo o povo há de tomar as decisões de governo.[14]

Há, na doutrina, forte posicionamento num sentido que coloca em lados opostos ou em um constante choque, a democracia e o constitucionalismo. O constitucionalismo, na medida em que promove os direitos minoritários, afrontaria a suposta regra de que a democracia se traduz no poder majoritário. Assim, se o constitucionalismo fosse real e puramente contramajoritário, retiraria da maioria a possibilidade de decidir determinadas matérias protegidas por mecanismos de contramaioria.

Acertada a proposição de Lenio Luiz Streck, em considerar a contraposição entre democracia e constitucionalismo como reducionismo. Na verdade, não há tensão entre democracia e constitucionalismo, podendo-se falar na existência desse mito e na necessidade de sua desmitificação.[15]

A questão da jurisdição constitucional, parte do constitucionalismo e de conteúdo estritamente contramajoritário, tem conteúdo democrático, igualmente. Não há conteúdo antidemocrático em promover os interesses das minorias, na medida em que democracia não é reduzir um sistema a uma ditadura da maioria, mas sintetizar e promover a convivência de interesses e desinteresses, opiniões e contraopiniões, sensos e dissensos.

Nas próprias manifestações de James Madison e Thomas Jefferson, quando da elaboração dos folhetos que se transformaram em "O Federalista", é possível encontrar lições sobre a não obstrução da democracia pela Constituição.[16]

O constitucionalismo, ademais, como afirmado por Manuel Aragón Reyes, é também uma "atitude", um modo de fazer política que obriga os homens públicos a aceitar as regras do jogo, a conduzir as contendas políticas pelos canais da Constituição. Segundo Aragón Reyes, dificil-

---

[12] BOBBIO, Norberto. *O futuro da democracia*. 6. ed. São Paulo: Paz e Terra, 1997. p. 18-19.
[13] TELLES JÚNIOR, Goffredo. *A democracia e o Brasil*. São Paulo: Revista dos Tribunais, 1965. p. 20.
[14] FERREIRA FILHO, Manoel Gonçalves. *A reconstrução da democracia*. São Paulo: Saraiva, 1979. p. 220.
[15] STRECK, Lenio Luiz. *Verdade e consenso*: constituição, democracia e teorias discursivas. 4. ed. São Paulo: Saraiva, 2012. p. 77.
[16] Ibid. 77.

mente poderia haver Estado Constitucional sem uma constitucionalização da política, e, especificamente, da política profissional.[17]

Sobre o tema, pelo brilhantismo dos ensinamentos, é oportuno transcrever a lição de Gustavo Zagrebelsky, sobre a justiça e a política:

> Estamos de novo no tema da justiça e da política; ou melhor, já que os poderes políticos hoje em dia sempre se referem à democracia, podemos dizer que estamos no tema da justiça constitucional e democracia: um tema de intensidade variável, segundo os diversos contextos históricos e jurídicos, que os juízes advertem cotidianamente, em seu trabalho, como crucial no equilíbrio dos poderes. Sabem bem que a acusação de atuar como legisladores, isto é, politicamente, em vez de como juízes, é a mais grave que lhes pode ser dirigida. [...] Se tem pensado que a chave para uma aclaração pode ser encontrada na distinção razão-paixão. As cortes seriam – melhor, deveriam ser a "aristocracia do saber", chamadas a conter a tendência da democracia a se degenerar em demagogia e a fixar um "ponto firme para o desenvolvimento da sociedade atual; uma ilha de razão no caos das opiniões". Tem-se dito também que as cortes seriam "vanguardas morais", algo similar a "Moisés secular" cuja vocação seria a de guiar o povo pelo deserto e conduzi-lo à terra prometida da vida constitucional. Escutando proposições como estas, os juízes constitucionais se retraem perplexos, percebendo um certo sarcasmo. [...] Mas, sobretudo, se dão conta que esta legitimação por excelência, uma legitimação teológica, subverteria toda distinção. As cortes, se tem dito com ironia, poderiam aspirar a ser superlegisladores simplesmente porque são super (estão por cima). Aparte de outras questões, este modo de pensar não é o da distinção de poderes, senão o da prepotência de um sobre outro.

Os juízes constitucionais desempenham papel de suma importância nos sistemas constitucionais contemporâneos, uma vez que assumem, nas palavras de Eduardo Ferrer MacGregor, a função de verdadeiros "fiéis guardiões das constituições democráticas de nosso tempo".[18]

Saulle Panizza, da Universidade de Pisa, debatendo a questão da composição das Cortes Constitucionais, computa que os requisitos de acesso às Cortes se evidenciam, sobretudo o que diz respeito à competência jurídica. Algumas Cortes no mundo há que nem a qualidade de jurista (estritamente) é necessária. Coloca em questão, a jurista, que, em alguns casos seria recomendável pelo menos o debate público sobre a indicação de determinado juiz.[19]

Já que o exercício do poder majoritário pressupõe legitimação democrática, o exercício do poder contramajoritário também demandaria democracia ou legitimação democrática? Isto é, os personagens responsáveis pelo poder contramajoritário necessitam de legitimação demo-

---

[17] REYES, Manuel Aragón. La constitucion como paradigma. (artigo). In: CARBONELL, Miguel. *Teoria del neoconstitucionalismo*. Madrid: Editorial Trotta, 2007. p. 37.

[18] ZAGREBELSKY, Gustavo. Jueces constitucionales. (artigo) In: CARBONELL, Miguel. *Teoria del neoconstitucionalismo*. Madrid: Editorial Trotta, 2007. p. 91.

[19] PANIZZA, Saulle. *Garantias constitucionais, composição das cortes e acesso à justiça constitucional*. II Corso di alta formazione in giutizia costitunionale e tutela giurisdizionale dei diritti. Università di Pisa. 14 de Janeiro/ 1 de fevereiro.

crática? Haveria contradição entre Tribunal Constitucional e o princípio democrático, uma vez que a composição desses órgãos não está diretamente ligada ao contato direto com a legitimação popular?[20]

Para que se tenha um piso mínimo para o debate da legitimação democrática dos Tribunais Constitucionais, é necessário ter em mente as funções exercidas por estes tribunais. Segundo Luis López Guerra, os Tribunais Constitucionais não mais exercem apenas o papel de "legislador negativo", como propugnado por Kelsen; que os Tribunais Constitucionais aparecem como uma expressão do princípio da separação de poderes e da democracia; que os diversos ordenamentos configuram tribunais com legitimação parlamentar e constante renovação.[21]

A esse respeito, destaca-se a lição de Pablo Pérez Tremps, sempre com precisão e competência abundantes:

> La siguiente cuestión a la que querría referirme es la del papel que la justicia constitucional representa o puede representar para legitimar el sistema democrático. [...] Lo que resulta preocupante es el hecho de que la importancia que en le proceso de legitimidad del estado democrático tiene la justicia constitucional sea, a veces, excesiva. Si esto es así no lo es por culpa de la propia justicia constitucional, sino porque ésta viene a "tapar" los huecos que otras instituciones dejan en ese proceso de legitimidad. En efecto, y como es sabido, en el estado democrático la legitimidad del sistema es, por definición, una legitimidad popular que se debe articular, sobre todo, a través de un poder legislativo elegido por el pueblo y, en los sistemas presidencialistas, por un poder ejecutivo también nacido de la urnas. Este fenómeno de la justicia constitucional como elemento legitimador del sistema tiene un lado positivo por cuanto objetivamente se contribuye a sostener el estado democrático, pero también un lado negativo porque supone forzar en cierto sentido una institución sacándola de su lugar natural, con los riesgos que ello comporta. En todo caso, la solución a estas situaciones no vendrá de modificar la justicia constitucional sino de recomponer un equilibrio institucional adecuado a base de reforzar los demás poderes del estado.

Se há resumo perfeito do conteúdo e da importância dos tribunais constitucionais para as democracias, é que na democracia, o povo é o Tribunal Supremo.[22]

3. Sistemas de escolha dos juízes constitucionais

3.1. Sistemas de escolha no direito comparado

O professor Jorge Silvero Salgado, elenca três princípios tradicionais e dois novos que orientam a nomeação dos juízes constitucionais.

---

[20] GUERRA, Luis López. Democracia y tribunales constitucionales. Disponível em: http://www.idpc.es/archivo/1212589025a1LLG.pdf.

[21] Ibidem.

[22] ROUSSEAU, Dominique. *La justicia constitucional em Europa*. Madrid: Editions Juridiques Associees, 2002. p. 3.

Entre os tradicionais: o princípio da legitimidade, dada pela participação dos outros poderes do Estado na nomeação; a independência, para que os juízes, quando nomeados, superem a dependência política da escolha e atuem de forma independente em relação a outros poderes do Estado; imparcialidade para resolver os assuntos colocados à sua consideração. Dois novos princípios mais atuais, que se somam a tais outros são: a transparência, no processo em que se toma a decisão e gênero, como igualdade de gênero ao se nomear.[23] Comentando os sistemas de nomeação da América Latina, Silvero assinala os movimentos na Argentina, que pediram mais transparência e participação ativa do povo, com postulações públicas de currículos ao cargo.[24]

Júlio Rios Figueroa anota alguns pontos em que se pode analisar ou aferir a independência dos juízes constitucionais, entre eles, o procedimento de nomeação e os órgãos encarregados de fazê-lo; o tempo de duração dos cargos dos juízes é maior ou menor que o tempo do cargo de quem os nomeia; a relação de nomeação e duração do cargo; o processo de destituição do cargo e o número de magistrados, fixado ou não pela Constituição.[25]

A Suprema Corte dos Estados Unidos da América é composta de 9 juízes, escolhidos pelo Presidente da República, sendo que esse número não é determinado na carta magna americana, podendo ser alterado por lei infraconstitucional. Não há limite de idade para aposentadoria, e os juízes ocupam o cargo "enquanto bem servirem a nação". A indicação do Presidente da República deve ser aprovada por maioria simples do Senado. O Presidente da Suprema Corte é indicado também pelo Presidente da República e tem mandato vitalício. Não há requisitos específicos para a nomeação da *Justice* da Suprema Corte americana, sendo que qualquer americano pode integrá-la. Na história americana, as nomeações restringiram-se a advogados. Exercem o cargo vitalício, porém, sujeitam-se a *Impeachment*.[26]

A Corte Suprema do Canadá é composta por 9 juízes, sendo um deles o presidente. A escolha dos juízes, inclusive do presidente da Corte, é feita pelo *Governor-in-Council* para uma investidura vitalícia com a condição de que um terço dos juízes deve proceder do Québec. Os requisitos para a escolha restringem-se ao exercício da magistratura em Cortes superiores ou o exercício da advocacia por pelo menos 10 anos. A

---

[23] *Mesa de debate: Sistemas de nomeação de juiz constitucional*. Revista Americana de Direito Processual Constitucional. n. 13. Janeiro-junho – 2010. p. 453-461.
[24] Ibidem.
[25] FIGUEROA, Julio Rios; HELMKE, Gretchen (Coodenadores). *Instituciones para la justicia constitucional em America Latina*. México: BYF, 2010. p. 53.
[26] TAVARES FILHO, Newton. *Tribunais Constitucionais*. Disponível em: http://bd.camara.leg.br/bd/bitstream/handle/bdcamara/1571/tribunais_constitucionais_tavares.pdf?sequence=4. p. 5.

aposentadoria é compulsória aos 75 anos de idade, podendo os juízes ser destituídos por incapacidade ou má conduta no cargo pelo Governador--Geral, com participação do Senado e da Câmara dos comuns.[27]

A Corte Suprema de Justiça da Nação Argentina é o órgão do Poder Judiciário responsável pelo controle de constitucionalidade das leis argentinas. Sua previsão na atual Constituição argentina de 1994 encontra--se em meios às regras do Direito Constitucional, especificamente, sobre a organização do Poder Judiciário.[28] A Corte é composta por 7 membros, sendo um Presidente e um Vice-Presidente. O processo de escolha dos juízes constitucionais da Argentina é ato complexo. Entre os requisitos para integrar a Corte de Justiça, a Constituição estabelece a condição de ter exercido a advocacia da nação por 8 anos e ter os requisitos para o cargo de Senador (idade de 35 anos, 6 anos cidadão da Nação, e ter uma renda anual de dois mil pesos fortes ou uma renda equivalente). A nomeação é feita pelo Presidente da República, com três meses de discussão e sabatina popular do nome, e, após esse período, a nomeação é submetida ao Senado, para aprovação.

A Suprema Corte de Justiça é o órgão judicial máximo do Poder Judiciário uruguaio. A Corte foi instituída com a Constituição de 1830, que previu a instalação de uma Alta Corte de Justiça como órgão máximo do Poder Judiciário. Atualmente, a Corte recebe a denominação de Suprema Corte de Justiça Constitucional.[29] A Constituição do Uruguai estabelece, como requisitos para integrar a Corte Constitucional, ter o pleiteante 40 anos de idade, cidadania natural em exercício ou legal com dez anos de exercício e 25 anos de residência no país e ser advogado com 10 anos de antiguidade ou haver exercido com essa qualidade a judicatura ou o múnus do Ministério Público, ou fiscal por 8 anos.[30] É composta por 5 membros, com um mandato de 10 anos, com o impedimento de reeleição sem o cumprimento mínimo de 5 anos do início de seu mandato, mas com o limite etário do exercício até os 70 anos de idade. Os membros são designados pelo Poder Legislativo, por dois terços do total de seus componentes. A nomeação deverá ser efetuada dentro de um prazo de noventa dias da vacância do cargo, ou, caso não se dê a designação, será automaticamente designado o membro dos Tribunais de apelação com maior antiguidade no cargo e, em caso de empate em tempo de igualdade, com a maior quantidade de anos no exercício da judicatura, do

---

[27] TAVARES FILHO, op. cit., p. 6.

[28] ARGENTINA. Constituição (1994). Disponível em: http://www.ara.mil.ar/archivos/Docs/constitucion_nacional.pdf.

[29] Disponível em: http://www.poderjudicial.gub.uy/institucional/poder-judicial/historia/194-la-republica-independiente.html. Acesso em: 01/08/2013.

[30] URUGUAI. Constituição (1967). Disponível em: http://www2.factum.edu.uy/document/constit/sec15.html. Acesso em: 01/08/2013.

Ministério Público ou como fiscal. A Constituição ainda dá margem à lei para o preenchimento das vagas que restem vazias mesmo após os procedimentos constitucionalmente estabelecidos.

O Tribunal venezuelano tem sete salas ou instâncias as quais dividem o trabalho conforme a competência. São elas a Sala Plena, Constitucional, Político-administrativa, Eleitoral, Civil, Social e Penal. Cada sala reúne cinco magistrados, com exceção da sala constitucional, que reúne sete, sendo, ao todo, trinta e dois magistrados formando o Tribunal Supremo. Os magistrados são eleitos pela Assembleia Nacional (Poder Legislativo), e a lei determina o processo de eleição. Os requisitos para ser eleito magistrado do Tribunal Supremo venezuelano são: ter nacionalidade venezuelana por nascimento e não possuir outra nacionalidade, ser cidadão ou cidadã de reconhecida honra, ser jurista de reconhecida competência, gozar de boa reputação, haver exercido a advocacia, no mínimo, por 15 anos e ter título universitário em matéria jurídica, ter sido professor universitário titular durante um tempo mínimo de 15 anos, ter sido juiz na área em que postula por um tempo mínimo de 15 anos e ter reconhecido prestígio no desempenho de suas funções, bem como demais requisitos que a lei estabelecer.[31] Os magistrados serão eleitos para um período único de 12 anos, sendo que o procedimento para a eleição será estabelecido pela lei.

A Suprema Corte de Justiça da Nação do México deriva do Supremo Tribunal de Justiça do México, este último instituído em 1814. A Corte alterou-se de acordo com os governos federais e centrais que transformaram o México. Atualmente, com a reforma constitucional de 1994, a Corte encontra-se disciplinada nos artigos 95 a 101.[32]

A Constituição boliviana de 2009 estabelece em seu artigo 179, inciso III, que a justiça constitucional será exercida pelo Tribunal Constitucional Plurinacional. O Tribunal foi criado pela reforma constitucional de 1994, tendo iniciado o trabalho de controle constitucional no ano de 1999, após sua regulamentação em 1998 com a Lei nº 1.836 (Lei do Tribunal Constitucional) e, atualmente, pela Lei nº 027 de 2010 (Lei do Tribunal Constitucional Plurinacional). As disposições que concernem ao Tribunal estão dispostas nos artigos 196 a 204 da carta boliviana.[33] A escolha dos juízes constitucionais e o exercício do cargo se dão de acordo com o que estabelecem os artigos 197 a 201. O sistema de escolha é o mesmo utilizado para o Tribunal Supremo de Justiça, de acordo com o disposto

---

[31] VENEZUELA. Constituição (1999). Disponível em: http://www.tsj.gov.ve/legislacion/constitucion1999.htm. Acesso em 01/08/2013.

[32] MÉXICO. Constituição (1917). Disponível em: http://www.oas.org/juridico/mla/en/mex/en_mex-int-text-const.pdf. Acesso em: 01/08/2013.

[33] BOLÍVIA. Constituição (2009). Disponível em: http://www.tcpbolivia.bo/tcp/content/leyes. Acesso em 01/08/2013.

nos artigos 182 e 183 da Constituição Boliviana. Os magistrados e magistradas serão eleitos por sufrágio universal. A Assembleia Legislativa Plurinacional fará a apresentação à pré-seleção dos postulantes a cada departamento e remeterá ao órgão eleitoral o nome dos pré-classificados, para que este proceda à organização, única e exclusiva, do processo eleitoral. Os postulantes não poderão fazer campanha, sendo o órgão eleitoral o único responsável pelas informações dos candidatos. Serão eleitos os candidatos com maioria simples de votos, sendo que o Presidente do Estado os empossará. Os requisitos, constantes do artigo 182, inciso VI, apontam a necessidade dos requisitos gerais para os servidores públicos. Além dos requisitos gerais, o artigo 199 exige dos candidatos haver cumprido 35 anos e ter especialização ou experiência acreditada por pelo menos 8 anos nas Disciplinas Direito Constitucional, Administrativo ou Direitos Humanos. O exercício de autoridade judiciária também constituirá critério de avaliação. Um caractere interessante do sistema de escolha boliviano é o fato de os postulantes não poderem fazer parte de organizações políticas. Tal regra impede a partidarização do Tribunal Constitucional. Os magistrados serão eleitos para um período de 6 anos e não há a possibilidade de reeleição. Os candidatos ao Tribunal poderão ser propostos por organizações da sociedade civil e das nações e povos indígenas e campesinos originários. Ademais, a participação e acesso à composição de membros da comunidade indígena e campesina é assegurada pela Constituição.

O Tribunal Constitucional da Colômbia é composto por 9 juízes, sendo nomeados pelo Senado, tirados de uma lista tríplice apresentada pelo presidente da República, pela Corte Suprema e pelo Conselho de Estado. O mandato é por 8 anos, não sendo renovável. Entre os requisitos para a investidura estão: ser colombiano nato no exercício de seus direitos, ser advogado, não ter sido condenado por sentença judicial a pena privativa de liberdade, salvo crimes culposos, ter exercido pelo menos 10 anos cargo no Judiciário, Ministério Público, advocacia ou magistério jurídico.[34]

Fundada em 1951, a Corte Constitucional da República Federal da Alemanha, que é composta por 16 juízes constitucionais, tem como objetivo principal garantir que todas as instituições estatais obedeçam à Constituição. A Corte divide-se em 2 painéis, com 8 membros cada e a competência constitucional é dividida entre os 2 painéis. Em cada senado ou painel, há 3 câmaras com 3 membros cada. No processo de controle de constitucionalidade, as câmaras determinam se o assunto é de estirpe constitucional. Dependendo do assunto, a própria câmara decide ou o

---

[34] TAVARES FILHO, Newton. *Tribunais Constitucionais*. Disponível em: http://bd.camara.leg.br/bd/bitstream/handle/bdcamara/1571/tribunais_constitucionais_tavares.pdf?sequence=4. p. 18.

assunto é passado ao correspondente senado da corte. Plenário é constituído por todos os 16 membros. A Corte Constitucional Federal da Alemanha é um corpo constitucional. Não é supervisionada por qualquer Ministério ou órgão. É administrada pelo Presidente da Corte O sistema de escolha dos juízes estabelecido no artigo 94 da Constituição alemã[35] é a eleição pelos 2 corpos legislativos (*Bundestag* e *Bundesrat*), sendo metade por um e metade por outro. A eleição do juiz se condiciona à votação de 2/3 em cada um desses órgãos. O tempo de exercício do cargo de cada juiz é de 12 anos, sendo vedada a reeleição.

Criada com a Constituição de 1948, a Corte Constitucional da Itália é prevista na Constituição italiana nos artigos 134 a 137.[36] É composta por 15 membros, sendo que, o sistema de escolha dos membros da Corte se resume a: um terço dos membros é indicado pelo Parlamento, mediante maioria qualificada; um terço pelo Presidente da República e um terço pelas "magistraturas supremas ordinárias e administrativas". Quanto à escolha pelas magistraturas supremas, 3 juízes são escolhidos pela Corte de Cassação, um pelo Conselho de Estado e outro pela Corte de Contas.[37] Os requisitos incluem a condição dos selecionáveis serem magistrados, mesmo que aposentados, das jurisdições ordinárias e superiores, professores universitários e advogados com no mínimo 25 anos de exercício profissional. O Presidente é escolhido por votação da própria Corte Constitucional, para um mandato de 3 anos. O mandato dos juízes é de 9 anos, sendo vedada a recondução. O Conselho Constitucional da França é composto por 9 membros, escolhidos pelo Parlamento e pelo Poder Executivo, além dos ex-Presidentes da República como membros natos. Os membros natos são vitalícios no cargo. Dos membros vitalícios, 3 são escolhidos pelo Presidente da República, 3 pelo Presidente da Assembleia Nacional e 3 pelo Presidente do Senado, tendo um mandato de 9 anos, vedada a recondução. Ainda há a renovação de um terço a cada 3 anos. O Presidente é nomeado pelo Presidente da República, sendo a tradição de duração de seu mandato por 9 anos.

O Tribunal Constitucional da Espanha, regulado na Constituição espanhola de 1978 nos artigos 123,[38] é composto por 12 membros, sendo nomeados pelo Rei através de Decreto Real, por proposta das Câmaras que integram as Cortes Gerais (quatro pelo Congresso e quatro pelo Se-

---

[35] ALEMANHA. Constituição (1949). Disponível em: http://www.brasil.diplo.de/contentblob/3254212/Daten/1330556/ConstituicaoPortugues_PDF.pdf. Acesso em 01/08/2013.

[36] ITÁLIA. Constituição (1948). Disponível em: http://www.cortecostituzionale.it/ActionPagina_203.do.

[37] TAVARES FILHO, Newton. *Tribunais Constitucionais*. Disponível em: http://bd.camara.leg.br/bd/bitstream/handle/bdcamara/1571/tribunais_constitucionais_tavares.pdf?sequence=4.

38 ESPANHA. Constituição (1978). Disponível em: http://www.congreso.es/consti/constitucion/indice/titulos/articulos.jsp?ini=117&fin=127&tipo=2. Acesso em 01/08/2013.

nado), do Governo (dois) e do Conselho Geral do Poder Judicial (dois).[39] O tempo de mandato de cada juiz é de 9 anos, não havendo a vitaliciedade. Os requisitos para a investidura no cargo de membro do Tribunal Constitucional espanhol incluem a cidadania espanhola, o exercício da magistratura ou do Ministério Público, de magistério universitário, funcionalismo público ou advocacia, sendo imprescindível a reconhecida competência com mais de 15 anos de exercício profissional.[40]

O Tribunal Constitucional de Portugal é composto por 13 juízes, divididos em 2 seções não especializadas e de igual hierarquia não havendo vitaliciedade. A escolha é feita mediante eleição pela Assembleia da República com a eleição de 10 membros. Três dos 10 membros da Corte são eleitos pelo próprio Tribunal. O Presidente do Tribunal é eleito pelo próprio Tribunal. Entre os requisitos para a investidura no cargo estão: para 6 dos 10 juízes designados pela Assembleia da República são escolhidos dentre juízes dos demais tribunais e os restantes, dentre destacados juristas. O mandato é exercido por 9 anos, sendo vedada a renovação.[41]

A Corte Constitucional da Turquia é composta de 11 juízes titulares e 4 suplentes. A escolha, como bem destacado por Newton Tavares Filho, é feita do seguinte modo: o Presidente da República nomeia 2 juízes titulares e 2 substitutos dentre os juízes da Corte de Cassação, 2 juízes regulares e um substituto dentre os membros do Conselho de Estado e um juiz cada dentre os membros da Corte Militar de Cassação, Alta Corte Militar Administrativa e do Tribunal de Contas. O Presidente e Vice da Corte são eleitos pela própria Corte. O exercício do cargo é vitalício até a aposentadoria, aos 65 anos de idade, podendo ser demitidos por falta que resulte de punição funcional.[42]

A Suprema Corte do Japão é a mais alta corte de justiça do sistema jurídico japonês. A Corte exerce a jurisdição de apelação e questões envolvendo *impeachment* dos Comissários da Autoridade Nacional de Pessoal. Exerce também o papel de última instância em justiça administrativa. A atuação independente do Poder Judiciário é defendida por lei no Japão. Assim, pois, reforça o papel da Suprema Corte.[43] A escolha e nomeação dos ministros da Suprema Corte é feita de acordo com o que estabelece o artigo 6º da Constituição, que dita a regra de que o Imperador deverá apontar o Ministro Presidente da Suprema Corte, após ter sido

---

[39] TAVARES FILHO, op. cit.
[40] Id.
[41] Ibid. p. 11.
[42] Ibid. p. 22.
[43] JAPÃO. Constituição (1946). Disponível em: http://www.br.emb-japan.go.jp/cultura/constituicao.html. Acesso em: 01/08/2013.

nomeado pelo Gabinete, e o Gabinete nomeará os outros 14 juízes da Corte. Para ser considerado elegível a uma nomeação, o candidato deve ser uma pessoa "de alto discernimento, grande conhecimento jurídico, e no mínimo 40 anos". Numericamente, um mínimo de 10 membros deve ser selecionado entre os notórios juízes, promotores públicos, advogados ou professores na área de direito nas universidades; os outros não precisam ser juristas. Todos os juízes da Suprema Corte se submetem à chancela popular logo em seguida a sua indicação e, depois disso, a cada 10 anos. A aposentadoria ocorre compulsoriamente aos 70 anos de idade.[44]

A Corte Constitucional da Coreia do Sul é composta por 9 juízes, sendo um deles o Presidente. A escolha é feita da seguinte forma: 3 pelo Presidente da República, 3 eleitos pela Assembleia Nacional e 3 designados pelo Presidente da própria Suprema Corte. A posse de todos é realizada pelo Presidente da República. O Presidente da Corte é nomeado pelo Presidente da República com a aprovação da Assembleia Nacional. Entre os requisitos para a investidura no cargo estão o exercício da magistratura, Ministério Público, advocacia, funções públicas com viés jurídico e professores de Direito com experiência no respectivo múnus de 15 anos. Como requisito etário, aparece a idade mínima de 40 anos e máxima de 65 anos de idade. O mandato é de 6 anos, sendo renovável por igual período.[45]

A China, uma República popular com base socialista, baseada em uma Constituição. O Tribunal Popular é o órgão máximo e principal de julgamento do país. O sistema chinês é constituído pelo Supremo Tribunal Popular, os tribunais populares de alto nível de todas as províncias, regiões autônomas e municípios, seguidos pelos tribunais populares de médio nível. O Presidente e o Vice-Presidente do Supremo Tribunal Popular são nomeados pela Assembleia Popular Nacional da China.[46]

A Suprema Corte da Índia tem origem no ano de 1950 e está localizada em Nova Déli. A Suprema Corte é composta por um Chefe de Justiça e mais outros 30 juízes, escolhidos pelo Presidente. Os requisitos para a nomeação incluem a cidadania da Índia, a judicatura em cortes superiores pelo período mínimo de 5 anos, advogado em cortes superiores por 10 anos ou ser, na opinião do Presidente, um distinto jurista.[47]

A Corte Constitucional da África do Sul é composta por 11 juízes, sendo todos nomeados pelo Presidente da República, sendo consultado o Presidente da Corte Constitucional e os líderes dos partidos políticos

---

[44] JAPÃO. Constituição (1946).
[45] Ibid. p. 20.
[46] CHINA. Constituição (1982). Disponível em: http://bo.io.gov.mo/bo/i/1999/constituicao/index.asp. Acesso em : 01/08/2013.
[47] ÍNDIA. Constituição (1950). Disponível em: http://supremecourtofindia.nic.in/history.htm.

representados no Parlamento, a partir de uma lista com 3 ou mais nomes, elaborada pela Comissão de Serviço Judicial. O mandato dos juízes dura de 12 a 15 anos, sem a possibilidade de renovação.[48]

O Tribunal Constitucional de Angola é composto por 11 juízes conselheiros, designados entre juristas e magistrados. A designação compete, nos seguintes modos: 4 designados pelo Presidente da República; 4 eleitos pela Assembleia Nacional, por maioria de 2/3 dos Deputados; 2 juízes eleitos pelo Conselho Superior da Magistratura Judicial e 1 juiz selecionado por concurso público curricular. Os requisitos e ditames a respeito da Corte são estabelecidos na Lei n° 2/08, de 17 de junho de 2008.[49]

A Austrália possui um Poder Judiciário independente tendo a Suprema Corte da Austrália como o mais alto Tribunal de Justiça. Situado em Camberra, o Tribunal foi constituído em 1903, sendo regulamentado pelo artigo 71 da Constituição australiana de 1901. O papel da Suprema Corte é interpretar e aplicar a lei da Austrália, decidir casos significantes, inclusive com envolvimento de matéria constitucional.[50] A escolha dos Ministros da Suprema Corte Australiana são apontados pelo *Governor-in-Council*. Na prática, os apontados são nomeados pelo Primeiro Ministro, por indicação do Gabinete, particularmente pelo *Attorney-General of Australia*.[51] A Constituição não estabelece requisitos específicos para a assunção do cargo, mas a própria Corte, através do *High Court of Australia Act* de 1979 estabeleceu como requisitos a prática jurídica de pelo menos 5 anos.

3.2. O sistema brasileiro

O Supremo Tribunal Federal tem origem no Decreto n° 848, de 11 de outubro de 1890, editado pelo Governo Republicano Provisório.[52] A Constituição de 1891 previa a composição por 15 juízes, dentre cidadãos de notável saber jurídico e elegíveis pelo Senado, cabendo sua nomeação ao Presidente da República.

---

[48] TAVARES FILHO, Newton. *Tribunais Constitucionais*. Disponível em: http://bd.camara.leg.br/bd/bitstream/handle/bdcamara/1571/tribunais_constitucionais_tavares.pdf?sequence=4. p. 21.

[49] ANGOLA. Lei n° 2, de 17 de junho de 2008. ART. 11.° da Lei n° 2/08, de 17 de Junho. Disponível em:http://www.tribunalconstitucional.ao/Conteudos/Artigos/detalhe_artigo.aspx?idc=149&idsc=159&idl=1. Acesso em 3 de agosto de 2013.

[50] Sítio eletrônico da Suprema Corte da Austrália. http://www.hcourt.gov.au/about/role-of-the-high-court. Acesso em: 01/08/2013.

[51] Disponível em: http://www.aph.gov.au/About_Parliament/Senate/Powers_practice_n_procedures/~/link.aspx?_id=1A4B10F0E0C645D68D16DC6953E7CE52&_z=z.

[52] MORAES, Alexandre de. *Constituição do Brasil interpretada e legislação constitucional*. 9. ed. Atualizada até a EC n° 71/12. São Paulo: Atlas, 2013. p. 1414.

A Reforma Constitucional de 1926 não alterou a sistemática de designação dos Ministros do Supremo Tribunal Federal.

A Constituição de 1934, que alterou a nomenclatura do órgão máximo do Poder Judiciário para Corte Suprema, estabelecia, em seu artigo 74, que:

> Art. 74. Os Ministros da Corte Suprema serão nomeados pelo Presidente da República, com aprovação do Senado Federal, dentre brasileiros natos de notável saber jurídico e reputação ilibada alistados eleitores, não devendo ter, salvo os magistrados, menos de 35, nem mais de 65 anos de idade.[53]

A Constituição de 1934 dispunha, também, sobre o número dos Ministros da Corte:

> Art. 73. A Corte Suprema, com sede na Capital da República e jurisdição em todo o território nacional, compõe-se de onze Ministros. § 1º – Sob proposta da Corte Suprema, pode o número de Ministros ser elevado por lei até dezesseis, e, em qualquer caso, é irredutível.[54]

A Carta de 1937, a respeito da composição do órgão judicial constitucional, estabelecia:

> Art. 97. O Supremo Tribunal Federal, com sede na Capital da República e jurisdição em todo o território nacional, compõe-se de onze Ministros. Parágrafo único – Sob proposta do Supremo Tribunal Federal, pode o número de Ministros ser elevado por lei até dezesseis, vedada, em qualquer caso, a sua redução. Art. 98 – Os Ministros do Supremo Tribunal Federal serão nomeados pelo Presidente da República, com aprovação do Conselho Federal, dentre brasileiros natos de notável saber jurídico e reputação ilibada, não devendo ter menos de trinta e cinco, nem mais de cinqüenta e oito anos de idade.[55]

A Constituição de 1946 previa:

> Art. 98. O Supremo Tribunal Federal, com sede na Capital da República e jurisdição em todo o território nacional, compor-se-á de onze Ministros. Esse número, mediante proposta do próprio Tribunal, poderá ser elevado por lei. Art. 99 – Os Ministros do Supremo Tribunal Federal serão nomeados pelo Presidente da República, depois de aprovada a escolha pelo Senado Federal, dentre brasileiros (art. 129, nºs I e II), maiores de trinta e cinco anos, de notável saber jurídico e reputação ilibada.[56]

Na Constituição de 1967:

> Art. 113. O Supremo Tribunal Federal, com sede, na Capital da União e jurisdição em todo o território nacional, compõe-se de dezesseis Ministros. § 1º – Os Ministros serão nomeados pelo Presidente da República, depois de aprovada a escolha pelo Senado Federal, dentre brasileiros, natos, maiores de trinta e cinco anos, de notável saber jurídico e repu-

---

[53] BRASIL. Constituição (1934). Disponível em: http://www.planalto.gov.br/ccivil_03/constituicao/constitui%C3%A7ao34.htm
[54] Id.
[55] BRASIL. Constituição (1937). Disponível em: http://www.planalto.gov.br/ccivil_03/constituicao/constitui%C3%A7ao37.htm.
[56] BRASIL. Constituição (1946). Disponível em: http://www.planalto.gov.br/ccivil_03/constituicao/constitui%C3%A7ao46.htm.

tação ilibada. § 2º – Os Ministros serão, nos crimes de responsabilidade, processados e julgados pelo Senado Federal.[57]

Após a Emenda nº 1 de 1969, que na verdade foi entendida como nova Constituição, o texto constitucional dispunha:

Art. 113. O Supremo Tribunal Federal, com sede na Capital da União e jurisdição em todo o território nacional, compõe-se de 11 (onze) Ministros. (Redação dada pelo Ato Institucional nº 6, de 1969) § 1º – Os Ministros serão nomeados pelo Presidente da República, depois de aprovada a escolha pelo Senado Federal, dentre brasileiros natos, maiores de trinta e cinco anos, de notável saber jurídico e reputação ilibada. (Redação dada pelo Ato Institucional nº 6, de 1969). § 2º – Os Ministros serão, nos crimes de responsabilidade, processados e julgados pelo Senado Federal. (Redação dada pelo Ato Institucional nº 6, de 1969).[58]

O Brasil segue o modelo americano de escolha dos Ministros do Supremo Tribunal Federal.

A indicação, conforme o parágrafo único do artigo 102 da Constituição da República Federativa do Brasil de 1988 é feita pelo Presidente da República e deve ser submetida à aprovação do Senado Federal, que, após a indicação, deve ser aprovada pela maioria absoluta.

Art. 101. O Supremo Tribunal Federal compõe-se de onze Ministros, escolhidos dentre cidadãos com mais de trinta e cinco e menos de sessenta e cinco anos de idade, de notável saber jurídico e reputação ilibada. Parágrafo único. Os Ministros do Supremo Tribunal Federal serão nomeados pelo Presidente da República, depois de aprovada a escolha pela maioria absoluta do Senado Federal.

A Constituição de 1988 acompanha o modelo americano, estabelecendo a prerrogativa exclusiva do Presidente da República em indicar os Ministros da Suprema Corte constitucional brasileira.

A quantidade de cadeiras de membros do Supremo Tribunal Federal, hoje fixada em 11, é também uma garantia de independência. Com uma quantidade ímpar de membros, evitam-se empates e decisões decididas por critérios de desempate menos democráticos. Bernard Schwartz já advertia sobre a insegurança causada pela falta de fixação de um número certo de membros.[59]

Nos dizeres de Alexandre de Moraes:

A previsão constitucional do número de membros do STF é tradicional em nosso direito, existindo desde a 1ª Constituição Republicana e foi saudada por Rui Barbosa como uma "superioridade, num ponto cardeal, da nossa à Constituição Americana", em defesa das garantias da magistratura. Essa mesma comparação é feita por Manoel Gonçalves Ferrei-

---

[57] BRASIL. Constituição (1967). Disponível em: http://www.planalto.gov.br/ccivil_03/constituicao/constitui%C3%A7ao67.htm.
[58] Id.
[59] MORAES, Alexandre de. *Constituição do Brasil interpretada e legislação constitucional*. 9. ed. Atualizada até a EC nº 71/12. São Paulo: Atlas, 2013. p. 1415.

ra Filho, que afirma que "entendeu o constituinte ser necessário impedir que essa composição fosse ampliada ou diminuída por motivos políticos".[60]

Pergunta que resulta da análise da quantidade de membros é a seguinte: o número de vagas de ministros do STF, de acordo com a Constituição Federal de 1988, pode ser alterado? Pode ser diminuído ou aumentado? Alexandre de Moraes, a respeito, elucida que a alteração é possível através de emenda à Constituição, mas que em caso de flagrante motivação política para a mutilação ou diminuição do Poder do Judiciário, há não apenas a inconstitucionalidade, mas também a possibilidade de configuração de crime de responsabilidade.[61]

Na história do Brasil, especificamente nas Constituições de 1934, 1937 e 1946, havia a possibilidade de aumentar, por lei, o número de membros do STF, mas tal lei era de iniciativa do próprio Tribunal, apenas.[62]

O Presidente da República, presentes os requisitos constitucionais para a investidura, escolhe livremente o candidato, que será sabatinado pelo Senado Federal, sendo a sua aprovação dependente do voto da maioria absoluta.

Alexandre de Moraes adverte sobre a necessidade de alteração no sistema de investidura dos membros do Supremo Tribunal Federal, apontando a insuficiência do modelo americano, a necessidade de participação de outros poderes na indicação e a razoabilidade e proporcionalidade nas indicações.[63]

Como nota Luis López Guerra, a previsão de mandato para os juízes constitucionais seriam o fator principal de sua diferenciação com os juízes comuns. A legitimação e democracia constitucional seriam respeitadas a cada mudança na composição dos Tribunais. Nesta linha de raciocínio, o modelo brasileiro de mandato vitalício é não só inadequado como antidemocrático.

A independência dos juízes constitucionais é assunto que se relaciona com a própria justiça de suas decisões. Segundo Júlio Ríos Figueroa, o Brasil, em um estudo realizado entre os anos de 1945 e 2005, é um dos países latinoamericanos com maior índice de independência entre os tribunais e cortes da América latina, ficando em segundo lugar no continente, perdendo apenas para a Argentina.[64]

---

[60] MORAES, op. cit., p. 1415.
[61] Id.
[62] Id.
[63] Id.
[64] FIGUEROA, Julio Rios; HELMKE, Gretchen (Coords.). *Instituciones para la justicia constitucional em America Latina*. México: BYF, 2010. p. 58.

Teoricamente, o modelo adotado no Brasil garantiria a democracia no processo de nomeação, já que a participação do Presidente e o Senado, eleitos pelo povo, seria a legitimação democrática.[65]

O Tribunal não é acessível somente em um plano de ascensão técnica, havendo a necessidade desta dita politização do processo de indicação. Louis Favoreau, sempre preciso, destaca: "os magistrados profissionais que compõem normalmente as jurisdições ordinárias não possuem um lugar natural no seio da jurisdição constitucional, ao menos a título principal".[66]

A vitaliciedade é dita como um dos principais motivos para a independência dos magistrados constitucionais. Assim propugna André Ramos Tavares. Entretanto, a fixação de mandato ou duração com termo previsto, não alteraria a independência das decisões nem vincularia os juízes ao juízo político que o nomeou. Pelo contrário e pelo que se propugna aqui, a previsão de mandato apenas democratizaria as decisões, permitindo uma maior participação do povo e alternatividade das decisões tomadas.

O *impeachment*, em casos de crime de responsabilidade, também seria fator impeditivo para condutas desviadas dos magistrados constitucionais, limitando e condicionando o exercício do cargo.

Os requisitos de acesso ao cargo de Ministro do STF, por si só, já causam certa distorção no sistema. Não há necessidade de formação técnica e carreira jurídica, apenas notável saber jurídico e reputação ilibada. Tal sistemática já permitiu a indicação, durante a vigência da Constituição de 1891, do pediatra Eduardo Ribeiro e dois generais para o Supremo Tribunal Federal.[67]

Como aponta Newton Tavares Filho, existem alguns objetivos a serem atingidos com as indicações dos Ministros e juízes constitucionais: a legitimidade e o pluralismo.[68]

Sem dúvida, o sistema brasileiro resulta numa monopolização do poder de escolha. O Presidente da República nomeia e o Senado apenas chancela a nomeação.

---

[65] FIGUEROA; HELMKE, op. cit., p. 58
[66] FAVOREAU, Louis. "La legitimité de la justice constitutionnelle", in Legitimidade e Legitimação da Justiça Constitucional – Colóquio no 10º Aniversário do Tribunal Constitucional. Coimbra: Coimbra Editora, 1995. p. 231.
[67] TAVARES FILHO, Newton. Democratização do processo de nomeação dos ministros do supremo tribunal federal. Disponível em: http://bd.camara.gov.br/bd/bitstream/handle/bdcamara/1596/democratizacao_processo_tavares.pdf?sequence=3. p. 8.
[68] Ibid. p. 11.

Há várias proposições no Congresso Nacional que se preocupam com a composição do Supremo Tribunal Federal.[69]

O papel assumido e outorgado ao Poder Judiciário em garantir a observância dos preceitos fundamentais do Estado e assegurar os direitos fundamentais dos cidadãos, faz surgir a necessidade de legitimar os atores do processo de decisão: os juízes constitucionais.

A composição das Cortes e Tribunais constitucionais está diretamente ligada à efetividade, legitimidade e democracia das decisões dos órgãos constitucionais. Garantir democracia na indicação dos juízes constitucionais é garantir legitimidade à própria justiça constitucional.

Da mesma forma que a independência dos juízes é imprescindível à lisura do processo decisório comum (que é caracterizado por um estrito tecnicismo), é também indispensável a independência democrática nos órgãos de controle constitucional, uma vez que realizam mais que a consagração de valores técnico-jurídicos.

O sistema atual de indicação, se não se pode dizer que é falho, se pode sim afirmar que é monopolizador. O Presidente da República age politicamente e compõe a Corte da maneira que melhor entender.

Para melhorar e conceder legitimidade à Justiça Constitucional de um país, é imprescindível, primeiramente, legitimar os atores e os sujeitos do processo decisório, garantindo a participação efetiva da sociedade na escolha de quem cuidará de manter "viva" a Constituição.

---

[69] TAVARES FILHO, Newton. *Democratização do processo de nomeação dos Ministros do Supremo Tribunal Federal*. Disponível em: http://bd.camara.gov.br/bd/bitstream/handle/bdcamara/1596/democratizacao_processo_tavares.pdf?sequence=3. p. 18. "PEC nº 92, de 1995, do Sr. Nicias Ribeiro, dispondo que os Ministros do STF serão escolhidos dentre os membros dos Tribunais Superiores que integrem a carreira da magistratura, com menos de sessenta e cinco anos de idade, indicados em lista tríplice pelo próprio tribunal; PEC nº 68, de 2005, do Sr. Jefferson Peres, dispondo que os órgãos de representação da magistratura, do Ministério Público e da advocacia escolherão, cada um, dois candidatos, submetendo-os ao STF. Dentre esses seis nomes, os Ministros escolherão um, por voto secreto e maioria absoluta, encaminhando-o ao Presidente da República para nomeação; PEC nº 71, de 1999, do Sr. Valdemar Costa Neto, dispondo que os Ministros serão indicados alternadamente um terço pelo Poder Judiciário dentre os Ministros dos Tribunais Superiores; um terço pelo Congresso Nacional, em sessão conjunta e por maioria absoluta de cada uma das Casas; e um terço pelo Presidente da República; PEC nº 473, de 2001, do Sr. Antonio Carlos Pannunzio, dispondo que os Ministros serão escolhidos alternadamente pelo Presidente da República e pelo Congresso Nacional, por maioria absoluta; PEC nº 546, de 2002, da Sra. Telma de Souza, exigindo quinze anos de carreira na magistratura para os Ministros, que passarão a ser indicados em lista tríplice pelo próprio STF e nomeados pelo Presidente da República, depois de aprovada a escolha pelo maioria do Senado Federal; PEC nº 566, de 2002, do Sr. Alceu Collares, dispondo que os Ministro serão escolhidos pelo Pleno do STF, depois de aprovada a escolha pelo Senado Federal, sendo: um terço dentre os juízes dos Tribunais Regionais Federais, um terço dentre os desembargadores dos Tribunais de Justiça, indicados em lista tríplice pelo próprio Tribunal, e um terço, em partes iguais, dentre advogados e membros do Ministério Público dos Estados e da União, alternadamente, indicados na forma do art. 94; PEC nº 569, de 2002, do Sr. Dr. Evilásio, exigindo quinze anos de carreira na magistratura como condição para nomeação para o STF, que passa também a depender de aprovação em concurso público de provas e títulos".

Referências bibliográficas

BOBBIO, Norberto. *O futuro da democracia*. 6. ed. São Paulo: Editora Paz e Terra, 1997.

BONAVIDES, Paulo. *Curso de direito constitucional*. 26. ed. São Paulo: 2011.

DAHL, Robert Alan. *Poliarquia*. Tradução Celso Mauro Paciornik. São Paulo: Edusp, 1984.

FAVOREAU, Louis. "La legitimité de la justice constitutionnelle", in *Legitimidade e Legitimação da Justiça Constitucional* – Colóquio no 10º Aniversário do Tribunal Constitucional. Coimbra: Coimbra Editora, 1995.

FERREIRA FILHO, Manoel Gonçalves. *A reconstrução da democracia*. São Paulo: Saraiva, 1979.

FIGUEROA, Julio Rios; HELMKE, Gretchen (Coodenadores). *Instituciones para la justicia constitucional em America Latina*. México: BYF, 2010.

GUERRA, Luis López. *Democracia y tribunales constitucionales*. Disponível em: <http://www.idpc.es/archivo/1212589025a1LLG.pdf>.

LLORENTE, Fernando Rubio (Diretor). *Tribunales constitucionales europeos y derechos fundamentales*. Madrid: Centro de Estudios Constitucionales, 1984.

MESA de debate: Sistemas de nomeação de juiz constitucional. *Revista Americana de Direito Processual Constitucional*. n. 13. Janeiro-junho – 2010.

MORAES, Alexandre de. *Constituição do Brasil interpretada e legislação constitucional*. 9. ed. Atualizada até a EC nº 71/12. São Paulo: Atlas, 2013.

MORAIS, Carlos Blanco de. *Justiça constitucional*. 2. ed. Coimbra: Coimbra Editora, 2006.

REYES, Manuel Aragón. La constitucion como paradigma. (artigo). In: CARBONELL, Miguel. *Teoria del neoconstitucionalismo*. Madrid: Editorial Trotta, 2007.

ROUSSEAU, Dominique. *La justicia constitucional em Europa*. Madrid: Editions Juridiques Associees, 2002.

STRECK, Lenio Luiz. *Verdade e consenso*: constituição, democracia e teorias discursivas. 4. ed. São Paulo: Saraiva, 2012.

PANIZZA, Saulle. *Garantias constitucionais, composição das cortes e acesso à justiça constitucional*. II Corso di alta formazione in giutizia costituzionale e tutela giurisdizionale dei diritti. Università di Pisa. 14 de Janeiro/ 1 de fevereiro.

PEGORARO, Lucio. *Modelos de justiça constitucional*. II Corso di alta formazione in giutizia costituzionale e tutela giurisdizionale dei diritti. Università di Pisa. 14 de Janeiro/ 1 de fevereiro.

TAVARES FILHO, Newton. *Tribunais Constitucionais*. Disponível em: <http://bd.camara.leg.br/bd/bitstream/handle/bdcamara/1571/tribunais_constitucionais_tavares.pdf?sequence=4>.

——. *Democratização do processo de nomeação dos ministros do supremo tribunal federal*. Disponível em:http://bd.camara.gov.br/bd/bitstream/handle/bdcamara/1596/democratizacao_processo_tavares.pdf?sequence=3.

TELLES JÚNIOR, Goffredo. *A democracia e o Brasil*. São Paulo: Revista dos Tribunais, 1965.

TREMPS, Pablo Pérez. *La justicia constitucional em la actualidad*. Especial referencia a América Latina. Disponível em: http://www.idpc.es/archivo/1212593508a2PPT.pdf.

ZAGREBELSKY, Gustavo. Jueces constitucionales. (artigo) In: CARBONELL, Miguel. *Teoria del neoconstitucionalismo*. Madrid: Editorial Trotta, 2007.

— 4 —

Anotações sobre o biodireito na legislação e a jurisprudência constitucional no Brasil e na Itália: o caso da reprodução medicamente assistida e fertilização *in vitro* heteróloga

EDUARDO TELLES DE LIMA RALA[1]

Sumário: Introdução; 2. Reprodução medicamente assistida; 2.1. Da regulamentação da reprodução humana assistida; 3. Da análise jurisprudencial a respeito da fertilização *in vitro*; 3.1. Do modelo da jurisdição constitucional no Brasil e o controle de constitucionalidade; 3.2. Do modelo da jurisdição constitucional na Itália e o controle de constitucionalidade; 3.3. Controle de convencionalidade; 4. À guisa de consideração; Conclusão; Referências.

Introdução

É abordado, no presente artigo, o tema reprodução humana medicamente assistida com a utilização da técnica de fecundação *in vitro* heteróloga. Procedemos ao estudo comparado da legislação e dos julgamentos das cortes constitucionais do Brasil e da Itália bem como das cortes supranacionais as quais estes países se submetem por força de convenções internacionais: Corte Europeia dos Direitos do Homem – CEDH – e Corte Interamericana de Direitos Humanos – CIDH.

No Brasil, a regulamentação da reprodução humana assistida é realizada por uma Resolução (na seara administrativa) emanada do Conselho Federal de Medicina (CFM).

No campo legal, no Brasil, há a previsão de reconhecimento da paternidade, quando da utilização de gametas masculinos de doador estranho ao casal (terceiro) para fertilização do óvulo feminino, desde que com a aceitação do cônjuge, através de dispositivo do Código Civil de 2002 (CC).

---

[1] Mestrando em Direito na área de Concentração "Sistema Constitucional de Garantias de Direitos" do Programa de Pós-Graduação *Stricto Sensu* mantido pelo Centro de Pós-Graduação da Instituição Toledo de Ensino de Bauru/SP. Advogado. Contato: eduardo@rala.adv.br.

Na legislação italiana pesquisada, verificamos que o procedimento de fertilização *in vitro* heteróloga é expressamente vedado.

Em decisão (*Ordinanza*) proferida em 29 de março de 2013, a I Seção Civil do Tribunal de Milão (antecedida por decisões semelhantes dos tribunais de Catânia e de Florença), reconhecendo a relevância do pedido em procedimento cautelar, encaminhou o processo para análise da Corte Constitucional italiana, para que esta se manifestasse a respeito da constitucionalidade da proibição legal em torno da utilização da técnica de reprodução humana através da fertilização *in vitro* heteróloga, no caso, com a utilização do gameta masculino, ante a evidenciada incapacidade. Em outra recente decisão, o Tribunal de Roma declarou que o direito de ter um filho é inviolável e constitucionalmente tutelado.

A jurisprudência italiana, como visto, por força do modelo de controle de constitucionalidade, em diversas decisões, incita a Corte Constitucional daquele país a se manifestar a respeito da inconstitucionalidade desta vedação. Contudo, esta ainda não se manifestou expressamente, produzindo, até aqui, uma decisão determinando a realização de um referendo a respeito da constitucionalidade e manutenção da lei, mantendo a aplicação da legislação atual.

A utilização da fertilização *in vitro* na reprodução humana é técnica utilizada desde 1978, quando, na Inglaterra, houve o nascimento da primeira bebê concebida em proveta. Ocorre que a infertilidade de um dos membros do casal ou de ambos, gera uma problemática situação, difícil de ser solucionada: a necessidade de utilização de gameta de um indivíduo estranho ao relacionamento. A religiosidade arraigada em diversos países, combinada com múltiplos padrões sociais, desde o ponto de vista sociológico, prejudica a efetiva utilização desta técnica.

Por sua vez, a lei – tal qual a consideramos, ou seja, em seu sentido estrito –, em diversos países, proíbe – com fundamento naqueles padrões sociais ou religiosos – a utilização da própria técnica de inseminação artificial *in vitro*, como também, a fecundação heteróloga –, em afronta a direitos fundamentais do ser humano.

Por sua vez, as justiças constitucionais dos países em análise se veem incitadas a decidir a respeito dos conflitos entre direitos fundamentais, tais como: liberdade de escolha, autodeterminação, procriação, planejamento familiar, vida e dignidade da pessoa humana.

No Brasil, o modelo de controle de constitucionalidade permite que qualquer juiz se pronuncie a respeito da validade constitucional de determinada lei, sendo que o Supremo Tribunal Federal, em sua função de guardião da Constituição, manifestar-se-á, em última instância, sobre a questão constitucional. A esta corte – que, ao nosso entender, não é exclusivamente constitucional – cabe, se incitada diretamente, manifestar-se a respeito da constitucionalidade de uma norma em abstrato. Assim, verifica-se, ao nosso sentir, uma jurisdição constitucional difusa,[2] que dificulta a aplicação do direito posto em certos casos (*cf.* caso dos "abortamentos" de fetos anencefálicos, Ação de Descumprimento de Preceito Fundamental nº 54-DF, Rel. Min. Marco Aurélio, j. 12.abr.2012, DJe disponibilizado em 29.abr.2013).

Na Itália, a dicção a respeito da constitucionalidade das leis é dada por uma Corte Constitucional. O julgamento de casos que dependam da análise ou não da constitucionalidade de uma norma é suspenso até a decisão deste órgão constitucional.

Na América Latina, encontramos legislação da Costa Rica no sentido de também proibir a realização da técnica de reprodução humana medicamente assistida. Através de julgamento perante a Corte Interamericana de Direitos Humanos, este país recebeu condenação, para que se procedesse à elaboração de políticas públicas e normativas a possibilitar a utilização da técnica por todos aqueles cidadãos interessados.

A Corte Europeia de Direitos do Homem, no Caso Costa Pavan *x* Itália, declarou que houve, pelo Estado italiano, a violação do artigo 8º, da Convenção Europeia de Direitos do Homem, determinando pagamento de indenização para os recorrentes.

Em ambos os casos, demonstraremos os fatos que levaram os reclamantes à litigância junto às Cortes supranacionais, demonstrando que estas decisões determinaram que se regulamentasse a questão, afastando-se a ingerência governamental na seara privada do indivíduo ou do seu planejamento familiar.

Como visto, o tema é candente, pois, a exceção do Brasil, nos países mencionados, há legislações expressas em relação à vedação da utilização da técnica de fertilização *"in vitro."*

O presente trabalho, portanto, tem por objetivo demonstrar o estado atual da legislação e da jurisprudência em torno do assunto, nestes países.

2. Reprodução medicamente assistida

De acordo com Álvaro Villaça Azevedo (1996, p. 44):

Reprodução humana assistida é a fecundação, com artificialidade médica, informada e consentida por escrito, por meio de inseminação de gametas humanos, com probabilidade de sucesso e sem risco grava de vida ou de saúde, para a paciente e para seu filho.

---

[2] O termo *difuso* foi utilizado aqui no sentido de multiplicidade, de uma justiça constitucional verticalmente descentralizada.

No Brasil, a Resolução nº 2.013/2013, do Conselho Federal de Medicina, estabelece as Normas Éticas para a Utilização das Técnicas de Reprodução Humana Assistida e na alínea 1, do seu item I, considera que: "As técnicas de reprodução assistida (RA) têm o papel de auxiliar a resolução dos problemas de reprodução humana, facilitando o processo de procriação".

A reprodução medicamente assistida, portanto, é a técnica utilizada nos casos onde há a busca pela fecundação humana, mas, em razão de uma incapacidade ou de uma impotência sexual, não há a geração do embrião naturalmente.

A fecundação humana ocorre com a implantação natural do espermatozoide (gameta sexual masculino) no útero, onde se encontra o óvulo (gameta sexual feminino) e, após a fecundação e a nidação,[3] tem-se a geração de um feto.

Esta técnica é utilizada por casais formados por um homem e por uma mulher, em uma relação heteroafetiva, que não possuem condições físicas ou fisiológicas para a fecundação.

Também, casais homoafetivos ou pessoas solteiras buscam esta técnica para produção de embriões contendo seus patrimônios genéticos (inclusive se evidenciada alguma incapacidade ou impotência, física ou fisiológica, por parte de um dos pares), com implantação em um dos pares da relação (se homoafetiva entre duas mulheres), ou implantação destes nas chamadas "barrigas de aluguel" ou gestação de substituição ou doação temporária do útero (se a relação homoafetiva se dá entre dois homens).

A fertilização *"in vitro"* é uma das técnicas de que se utiliza a reprodução humana assistida. Existem, basicamente, para fins de terapia reprodutiva humana, dois tipos de fertilização *"in vitro"*.

A primeira técnica é a homóloga, onde são utilizados gametas sexuais provenientes do próprio casal. Álvaro Villaça Azevedo (1996, p. 44) observa que:

> (...) nessa espécie, o material colhido é próprio do casal, formado pelo casamento ou pela união estável, devendo os doadores estar vivos, no momento da inseminação [...]. Essa inseminação é útil, pois, muitas vezes, o casal não é infértil, mas, por deficiências físicas ou psíquicas, ficam impedidos de fecundar naturalmente.

A inseminação heteróloga é a segunda técnica utilizada na reprodução humana assistida. Esta técnica permite que um dos gametas sexuais seja proveniente de uma terceira pessoa, em razão de alguma incapacidade fisiológica ou impotência, geralmente do homem (*v.g.* azoosper-

---

[3] Nidação é o momento em que o embrião (célula gerada pela fecundação do gameta feminino pelo gameta masculino) adere a parede do útero.

mia), ou, em uma relação homoafetiva entre duas mulheres, a utilização de um gameta masculino estranho à relação (a doutrina e a legislação não considera expressamente esta possibilidade, mas o "aluguel" da barriga para a gestação implica, muitas vezes, na doação do gameta sexual feminino – óvulo –, o que se consideraria também uma forma de fecundação heteróloga).

A reprodução humana assistida pela ciência médica é uma busca pela autonomia individual do ser humano em relação à sexualidade. Como visto, acima, possibilita ao indivíduo procriar-se sem ter que se relacionar afetivamente com outro indivíduo. Quebra, este conceito, paradigmas sociais e dogmas religiosos, pelo que o Direito deve resguardar aquele próprio direito individual à autonomia.

José Carlos Teixeira Giorgis (2013, p. 485) indica que:

> É possível que no início da humanidade não se percebesse a relação entre a sexualidade e a reprodução, mas com a evolução das ciências médicas logrou-se, em primeiro, o prazer da sexualidade sem os riscos da procriação e, depois, os prazeres da procriação sem os riscos da sexualidade; assim, a busca da reprodução por meios outros que não os da sexualidade era um sonho antigo, ocupando páginas da literatura e ocupando páginas da mitologia e originando algumas crenças religiosas, pois a incapacidade de reprodução, desde muito, se considera um mal a desgraçar a vida daquela que não logra dar descendentes ao seu marido; coloca-se em pauta, desta forma, o direito à procriação ou direito reprodutivo positivo (à possibilidade de uma reprodução sem sexualidade) já reconhecido, senão com um direito por si, mas certamente compreendido pela autonomia reprodutiva.

A legislação ou a regulamentação da técnica de reprodução humana assistida, notadamente a heteróloga, explicitamente traz regras para que os indivíduos sejam balizados a adotarem determinada conduta, frente a dogmas religiosos ou padrões sociais preestabelecidos. Embora exista a homoafetividade, por exemplo, em certos países ainda é tabu esta relação, dada a relação íntima entre o Estado e a religião. Em outros países, como a Costa Rica, a argumentação utilizada pelo país para afirmar a necessidade da legislação proibitiva à técnica, é a de que o Estado tem que resguardar a saúde do indivíduo. O ser humano, embora dotado de sociabilidade, é um indivíduo e, como tal, busca a afirmação de seus direitos individuais. O Estado não pode cercá-lo de zelo ou proibir condutas com bases morais ou religiosas.

O direito à procriação, além de ser uma terapia para os casais heteroafetivos que não podem conceber naturalmente, é uma afirmação de um direito natural ínsito ao individualismo do ser humano, que possibilita a autorização para que também casais homoafetivos (pares masculinos ou femininos) ou mesmo, indivíduos solteiros, efetivem este direito.

2.1. Da regulamentação da reprodução humana assistida

No Brasil, esta técnica está regulamentada, atualmente, pela Resolução do Conselho Federal de Medicina n° 2.013/2013, que revogou as antigas Resoluções editadas pela mesma entidade em 1992 (n° 1.358) e em 2010, esta sob n° 1.957.

Fundamenta-se esta Resolução nas Leis n° 3.268, de 30 de setembro de 1957, alterada pela Lei n° 11.000, de 15 de dezembro de 2004, regulamentada pelo Decreto n° 44.045, de 19 de julho de 1958 e, ainda, pelo Decreto n° 6.821, de 14 de abril de 2009. Estas legislações criaram e regulam o Conselho Federal de Medicina, como autarquia de regime especial, dotada de personalidade jurídica pública.

Na sempre necessária lição de Hely Lopes Meirelles (2009, p. 355), a autarquia de regime especial:

> [...] é toda aquela a que a lei instituidora conferir privilégios específicos e aumentar sua autonomia comparativamente com as autarquias comuns, sem infringir os preceitos constitucionais pertinentes a essas entidades de personalidade pública.

O Conselho Federal de Medicina é órgão supervisor da ética médica, como também, disciplinador do desempenho ético da medicina. Assim, a Lei n° 3.268, de 30 de setembro de 1967, regula o funcionamento deste Conselho, como uma autarquia de regime especial, com competências para regular a atividade médica no Brasil. Não possui esta autarquia nenhuma atividade legislativa autorizada a extrapolar os contornos da atividade médica no Brasil. Entretanto, sobre este tema, não há legislação no país disciplinando a técnica de reprodução humana medicamente assistida.

Diante desta omissão legislativa, o Conselho Federal de Medicina regula a técnica de reprodução humana assistida no Brasil desde 1992, através de Resolução que, ao menos, é um ato administrativo por natureza, que vem disciplinar matéria de competência específica do colegiado administrativo.

Explica Hely Lopes Meirelles (2009, p. 185) que:

> As resoluções normativas ou individuais são sempre atos inferiores ao regulamento e ao regimento, não podendo inová-los ou contrariá-los, mas unicamente complementá-los e explica-los. Seus efeitos podem ser internos ou externos, conforme o campo de atuação da norma ou os destinatários da providência concreta.

Álvaro Villaça de Azevedo (1996, p. 46) pontua que:

> Não havendo regulamentação da matéria, como visto, impera na respeitável classe médica, atualmente, esse sistema de normas, em muitos pontos, conflitando com o ordenamento jurídico, em geral, [...].

Destarte, a legislação brasileira, tangencia o tema inseminação artificial, ao estabelecer que, por exemplo, no artigo 5º da Lei nº 11.105, de 24 de março de 2005, é permitida a utilização de células-tronco embrionárias obtidas de embriões excedentes das técnicas de fertilização *"in vitro"*.[4] Ou, com o advento do novo Código Civil, no ano de 2002, através da Lei nº 10.406, de 10 de janeiro de 2002, onde, em seu artigo 1.597 estabeleceu que são reconhecidos os filhos havidos por inseminação artificial heteróloga na constância do casamento, desde que exista prévia autorização do marido, conforme podemos extrair da leitura do dispositivo legal:

> Artigo 1.597: Presumem-se concebidos na constância do casamento os filhos:
> I – nascidos cento e oitenta dias, pelo menos, depois de estabelecida a convivência conjugal;
> II – nascidos nos trezentos dias subsequentes à dissolução da sociedade conjugal, por morte, separação judicial, nulidade e anulação do casamento;
> III – havidos por fecundação artificial homóloga, mesmo que falecido o marido;
> IV – havidos, a qualquer tempo, quando se tratar de embriões excedentários, decorrentes de concepção artificial homóloga;
> V – havidos por inseminação artificial heteróloga, desde que tenha prévia autorização do marido.

Por sua vez, a legislação italiana (*Legge nº 40, 19 febraio 2004*) proíbe expressamente a técnica de reprodução medicamente assistida do tipo heterólogo, permitindo-a tão somente quando estabelecida a impossibilidade de ser removida a causa impeditiva da procriação e, ainda, tendo que ser circunscrita a causa de esterilidade ou de infertilidade:

> Art. 4. (Accesso alle tecniche):
> 1. Il ricorso alle tecniche di procreazione medicalmente assistita è consentito solo quando sia accertata l'impossibilitá di rimuovere altrimenti le cause impeditive della procreazione ed è comunque circoscritto ai casi di sterilità o di infertilità inspiegate documentate da atto medico nonchè ai casi di sterilità o di infertilità da causa accertata e certificata da atto medico.
> 2. Le tecniche di procreazione medicalmente assistita sono applicatein base ai seguenti principi:
> a) gradualità, al fine di evitare il ricorso ad interventi aventi um grado di invasività tecnico e psicologico più gravoso per idestinatari, ispirandosi al principio della minore invasività;
> b) consenso informato, da realizzare ai sensi dell'articolo 6.

---

[4] Artigo 5º: É permitida, para fins de pesquisa e terapia, a utilização de células-tronco embrionárias obtidas de embriões humanos produzidos por fertilização in vitro e não utilizados no respectivo procedimento, atendidas as seguintes condições: I – sejam embriões inviáveis; ou II – sejam embriões congelados há 3 (três) anos ou mais, na data da publicação desta Lei, ou que, já congelados na data da publicação desta Lei, depois de completarem 3 (três) anos, contados a partir da data de congelamento. § 1º – Em qualquer caso, é necessário o consentimento dos genitores. § 2º – Instituições de pesquisa e serviços de saúde que realizem pesquisa ou terapia com células-tronco embrionárias humanas deverão submeter seus projetos à apreciação e aprovação dos respectivos comitês de ética em pesquisa. § 3º – É vedada a comercialização do material biológico a que se refere este artigo e sua prática implica o crime tipificado no art. 15 da Lei nº 9.434, de 4 de fevereiro de 1997.

3. È vietato il ricorso a tecniche di procreazione medicalmente assistita di tipo eterologo.

Ainda, verifica-se que na Itália há a proibição da negação de paternidade e do anonimato da mãe, quando há violação à vedação da alínea 3 do artigo 4 da Lei n° 40/2004:

> Art. 9. (Divieto del disconoscimento della paternità e dell'anonimato della madre):
> 1. Qualora si ricorra a tecniche di procreazione medicalmente assistita di tipo eterologo in violazione del divieto di cui all'articolo 4, comma 3, il coniuge o il convivente il cui consenso è ricavabile da atti concludenti non può esercitare l'azione di disconoscimento della paternita' nei casi previsti dall'articolo 235, primo comma, numeri 1) e 2), del codice civile, nè l'impugnazione di cui all'articolo 263 dello stesso codice.
> 2. La madre del nato a seguito dell'applicazione di tecniche di procreazione medicalmente assistita non può dichiarare la volontà di non essere nominata, ai sensi dell'articolo 30, comma 1, del regolamento di cui al decreto del Presidente della Repubblica 3 novembre 2000, n. 396.
> 3. In caso di applicazione di tecniche di tipo eterologo in violazione del divieto di cui all'articolo 4, comma 3, il donatore di gameti non acquisisce alcuna relazione giuridica parentale con il nato e non può far valere nei suoi confronti alcun diritto nè essere titolare di obblighi.

Na Itália, portanto, a legislação expressamente proíbe tanto a utilização da técnica de fecundação heteróloga, como também, proíbe a negação da paternidade pelo cônjuge ou convivente que não tenha assinado o termo de consentimento e proíbe, ainda, o anonimato da mãe. Ainda, conforme o § 3° do artigo 9° da Lei n. 40/2004, na Itália, o doador do gameta não adquire qualquer relação de parentesco legal com a criança e não pode ser processado nem ser sujeito de obrigação.

No Brasil, a regulamentação da técnica é realizada de forma administrativa (deontológica), através de Resolução do Conselho Federal de Medicina. Por seu turno, a legislação reconhece a paternidade da criança nascida a partir da utilização desta técnica, havendo o consentimento do marido.

A Resolução n° 2.013, de 09 de maio de 2013, do Conselho Federal de Medicina (CFM), estabelece que no Brasil, nem o doador, nem os receptores devem ser identificados (IV, 2).

3. Da análise jurisprudencial a respeito da fertilização *in vitro*

A reprodução humana assistida, através da técnica de fertilização *in vitro* heteróloga, como vimos, não possui legislação específica no Brasil, emanada do Poder Legislativo. A regulação da técnica é realizada através de resolução administrativa, no âmbito do órgão regulador do exercício da Medicina.

A jurisprudência brasileira sobre este tema ainda é refratária, abordando o tema como anexo a algum outro tema de fundo.

O artigo 5º da Lei nº 11.105,[5] de 24 de março de 2005, dispõe a respeito da utilização de células-tronco embrionárias obtidas de embriões humanos produzidos por fertilização *in vitro* e não utilizados no respectivo procedimento. No Brasil, o Supremo Tribunal Federal analisou a Ação Direta de Inconstitucionalidade nº 3.510-DF (Rel. Min. Carlos Britto, j. 29.mai.2008, DJe disponibilizado em 27.mai.2010), proposta sob o fundamento de que o artigo mencionado estava eivado de inconstitucionalidade, por afrontar os direitos fundamentais à vida e à dignidade da pessoa humana.

Nesta ação, a Suprema Corte brasileira decidiu pela constitucionalidade da possibilidade de serem utilizados embriões humanos excedentários, não implantados após a fertilização *"in vitro"*, para fins de pesquisa científica em torno das células-tronco.

A interpretação neste caso foi a de que a vida não se inicia na concepção, mas sim, no nascimento, pois a lei põe a salvo tão somente o direito do nascituro. Ademais, o argumento de que o embrião possui vida, mesmo aquele produzido extraútero, foi afastado, porque o texto constitucional não trata a respeito do início da vida.

Em outro julgamento, a Corte Suprema brasileira, através da Ação de Descumprimento de Preceito Fundamental nº 54 (Rel. Min. Marco Aurélio, j. 12.abr.2012, DJe disponibilizado em 29.abr.2013), declarou que a interpretação de que a interrupção da gravidez nos casos de gestação de fetos anencefálicos, seja conduta tipificada nos artigos 124, 126 e 128, I e II, do Código Penal, é inconstitucional e, ainda, afirmou a liberdade sexual e reprodutiva da mulher como direito de autodeterminação e decorrente do princípio da dignidade da pessoa humana.

Podemos observar, inicialmente, nestas duas importantes decisões que, para a jurisprudência brasileira, a linha da interpretação sistemática da qual vem se utilizando, a fim de afirmar a concretização dos direitos individuais e fundamentais – mesmo não sendo pacífico em julgamentos anteriores, no que tangencia a caracterização de um bloco de constitucionalidade – perpassa pela análise de que no Preâmbulo constitucional

---

[5] Artigo 5º: É permitida, para fins de pesquisa e terapia, a utilização de células-tronco embrionárias obtidas de embriões humanos produzidos por fertilização *in vitro* e não utilizados no respectivo procedimento, atendidas as seguintes condições: I – sejam embriões inviáveis; ou II – sejam embriões congelados há 3 (três) anos ou mais, na data da publicação desta Lei, ou que, já congelados na data da publicação desta Lei, depois de completarem 3 (três) anos, contados a partir da data de congelamento. § 1º – Em qualquer caso, é necessário o consentimento dos genitores. § 2º – Instituições de pesquisa e serviços de saúde que realizem pesquisa ou terapia com células-tronco embrionárias humanas deverão submeter seus projetos à apreciação e aprovação dos respectivos comitês de ética em pesquisa. § 3º – É vedada a comercialização do material biológico a que se refere este artigo e sua prática implica o crime tipificado no art. 15 da Lei nº 9.434, de 4 de fevereiro de 1997.

há a existência de uma qualificação de valores supremos ("a liberdade, a segurança, o bem-estar, o desenvolvimento, a igualdade e a justiça") de uma sociedade "fraterna".

No item V da extensa ementa na ADIn nº 3-510-DF (Rel. Min. Carlos Britto, j. 29.mai.2008, DJe disponibilizado em 27.mai.2010), podemos observar o que entende a Corte brasileira:

> [...] V – OS DIREITOS FUNDAMENTAIS À AUTONOMIA DA VONTADE, AO PLANEJAMENTO FAMILIAR E À MATERNIDADE. A decisão por uma descendência ou filiação exprime um tipo de autonomia de vontade individual que a própria Constituição rotula como 'direito ao planejamento familiar', fundamentado este nos princípios igualmente constitucionais da 'dignidade da pessoa humana' e da 'paternidade responsável' [...]. A opção do casal por um processo *in vitro* de fecundação artificial de óvulos é implícito direito de idêntica matriz constitucional, sem acarretar para esse casal o dever jurídico do aproveitamento reprodutivo de todos os embriões eventualmente formados e que se revelem geneticamente viáveis. O princípio fundamental da dignidade da pessoa humana opera por modo binário, o que propicia a base constitucional para um casal de adultos recorrer a técnicas de reprodução assistida que incluam a fertilização artificial ou '*in vitro*'.

Constata-se que a jurisprudência constitucional brasileira compartimenta o entendimento a respeito do assunto "reprodução humana assistida", não tratando de outros resultados – posto ainda não provocada diretamente.

No Brasil, portanto, a jurisdição constitucional perpassa pelo tema da reprodução humana assistida de forma a, tão somente, tangenciá-lo. Efetivamente, não analisa a questão da omissão legislativa a respeito do tema.

A seguir, analisaremos os modelos de jurisdição constitucional no Brasil e na Itália, bem como, a forma de controle de constitucionalidade adotada em ambos os países, para, após, demonstrarmos a efetividade destas decisões em relação à reprodução humana assistida através da fertilização "*in vitro*" heteróloga.

3.1. Do modelo da jurisdição constitucional no Brasil e o controle de constitucionalidade

A jurisprudência constitucional brasileira não é – embora determinado na Constituição que a guarda precípua da lei maior seja do Supremo Tribunal Federal – exclusividade de uma corte constitucional, como ocorre, atualmente, na Itália ou em outros países componentes da União Europeia ou da América Latina.

Isso dificulta a análise da legislação infraconstitucional e pré-constitucional, com eficácia para todos, frente à Constituição. A interpretação do texto constitucional é de suma importância para o estabelecimento de normas gerais e para a correta observância dos direitos fundamentais.

Sabe-se que no Brasil qualquer juiz, de qualquer instância, pode declarar a inconstitucionalidade de uma norma, no chamado controle de constitucionalidade difuso. Esta decisão, entretanto, terá efeito somente entre as partes do processo.

Ao contrário do que ocorre na jurisdição constitucional em alguns países da Europa ou da América Latina, este julgador não necessita submeter a questão constitucionalmente controversa, surgida em um caso concreto a uma corte constitucional, para que esta declare ou não a constitucionalidade daquele dispositivo, para decidir o litígio entre as partes.

O modelo de jurisdição constitucional adotado no Brasil, portanto, é, por um lado, difuso – na sua perspectiva vertical –, cabendo a última palavra a respeito do assunto ao Supremo Tribunal Federal (artigo 102, *caput*, da Constituição Federal).

Entretanto, veremos que existem as ações diretas – no chamado controle abstrato de constitucionalidade (nominado ainda de controle concreto ou concentrado de constitucionalidade).

O controle abstrato das normas (concreto ou concentrado) é a forma de controle de constitucionalidade das leis onde a Corte Constitucional deve se manifestar a respeito da constitucionalidade de determinado dispositivo legal ou normativo. No Brasil, este controle concentrado pode ocorrer tanto na esfera nacional (onde se analisa normas federal ou estadual/distrital), pelo Supremo Tribunal Federal, quanto na esfera estadual e, ainda, no Distrito Federal. Nestes entes federativos, as decisões são tomadas pelos Tribunais de Justiça dos Estados e do Distrito Federal.

Lembremos que o controle de constitucionalidade surge com a efetivação da ideia de supremacia da Constituição, como norma fundamental de valoração das demais normas de um determinado ordenamento jurídico. E que esta ideia surge, mais efetivamente, pela evolução do constitucionalismo.

Vale a pena relembrar que o constitucionalismo é um movimento social, político e jurídico, iniciado, provavelmente, no século XIII, com o surgimento dos primeiros textos de regulamentação de direitos do homem em relação ao governo (*v.g. Magna Charta*). Mas sua concretização começa com as Revoluções Francesa (final do século XVIII), Industrial (final do século XVIII e início do XIX) e Russa (século XX), consequentemente com a publicação das declarações de direitos do Homem, das Constituições dos Estados Unidos da América (1786) e da Alemanha (Weimar, 1920). Juridicamente, o constitucionalismo surge como um movimento que consolida a Constituição no topo do ordenamento jurídico, a que todos os demais dispositivos legais, bem como o processo legislativo, devem observar. Tal hierarquia foi consolidada por Hans Kelsen, em sua obra *Teoria Pura do Direito*.

Lenio Luiz Streck (2004, p. 99) ainda ensina que:

> [...] à Constituição escrita se acrescentam outras duas características: *a legitimidade e a função*. A Constituição escrita sustenta sua legitimidade em dois elementos: o conteúdo mesmo de seu texto, e pelo fato de emanar de vontade do povo, seja pela assembleia constituinte, seja pelo *referendum*. Ou seja, o moderno constitucionalismo está ligado, por um lado, aos princípios jusnaturalistas com sua obra de racionalização do direito vigente, e, por outro lado, à 'revolução democrática' da segunda metade do século XVIII que, culminando o processo de secularização, não fundamenta mais, como no medievo, no direito divino do rei e nem na tradição, mas, sim, no consenso racional dos cidadãos, donde se depreende a importância das teorias contratualistas e da metáfora do 'contrato social', aparecendo a Constituição com a explicitação desse contrato. A segunda característica se refere à função, isto é, quer-se uma Constituição escrita não somente para impedir um governo autoritário e instaurar em seu lugar um governo limitado, mas, também, garantir os direitos dos cidadãos, impedindo que o Estado os viole. Para tanto, para conjugar esses fatores, a Constituição deve ser rígida e inflexível, no sentido de que suas normas não podem ser modificadas nem interpretadas pelo poder legislativo ordinário, uma vez que são hierarquicamente superiores.

A par da existência de uma Constituição, surgida da fundamentação dos direitos dos indivíduos, enquanto cidadãos em relação ao Estado, existem outros mecanismos constituídos para garantir a supremacia da Constituição e a estabilização dos direitos individuais. Um destes mecanismos é a formação e consolidação das Cortes Constitucionais.

As Cortes Constitucionais surgiram para, precipuamente, controlar a constitucionalidade das normas frente à Constituição.[6] Mas, não só. Também atuam aplicando as regras constitucionais, por exemplo, estabelecendo regulamentos e controlando as eleições, referendos, contencioso partidário etc.

Maria Benedita Urbano (2012, p. 07) ensina que:

> A justiça constitucional encontra a sua premissa teórica no constitucionalismo moderno, na medida em que tem subjacente a ideia da necessidade de estabelecer limites ao poder político como forma de assegurar o seu correto e regular exercício.

Assim, todo assunto que possui nascedouro ou fundamento em alguma norma constitucional é objeto de análise da justiça constitucional. Em alguns países, como já estabelecemos, esta justiça possui exclusividade de análise por uma corte (seja ela única, ou decorrente de uma câmara ou sala de um tribunal superior). Em outros países, a jurisdição é difusa,

---

[6] Como observa Maria Benedita Urbano (2012, p. 08): "[...] muitas vezes a sacralização da constituição é na realidade a sacralização da atividade dos juízes constitucionais, pois que algumas das 'normas constitucionais' que eles aplicam pouco ou nenhum têm no texto confeccionado pelo legislador constituinte, mais não sendo do que concretizações distantes e forçadas de princípios constitucionais excessivamente vagos".

de maneira vertical, cabendo a qualquer juiz a possibilidade de análise constitucional da matéria.[7]

3.2. Do modelo da jurisdição constitucional na Itália e o controle de constitucionalidade

Na Itália, o controle de constitucionalidade se dá através de uma Corte Constitucional. Roberto Romboli ensina que:

> La cuestión relativa a um presunto contraste entre la ley y los princípios constitucionales puede se llevada a examen de la Corte Constitucional mediante dos procedimentos: a) la vía incidental, cuando la duda es alegada por um juez ordinário en el curso de cualquier juicio, de oficio o a instancia de parte; b) la vía principal o directa, a través de la cual el Estado puede impugnar uma ley regional y la región hacer lo mismo en relación com una estatal o de outra región.[8]

Alessandro Pizzorusso, citado por Lenio Luiz Streck:

> [...] assevera que, para traçar um quadro completo das funções do Tribunal Constitucional Italiano é preciso, antes de tudo, lembrar que a Constituição lhe atribui três tipos de competências diferentes: a primeira concerne à decisão sobre 'os litígios relativos à legitimidade constitucional das leis e dos atos com força de lei, do Estado e das Regiões;' a segunda, a resolução dos 'conflitos de atribuições entre os poderes do Estado' e 'aqueles entre o Estado e as Regiões, e entre as Regiões'; e a terceira, o julgamento das 'acusações contra o Presidente da República e os Ministros'. A primeira dessas competências divide-se em um controle 'incidente', que concerne às questões de constitucionalidade das leis que a Corte deve examinar por provocação de um juiz que vai a aplicar; e um controle 'principal' que diz respeito às questões propostas pelo governo contra as leis regionais (ou das províncias de Bolzano e Trento), quando do controle preventivo delas, ou pelas Regiões ou províncias mencionadas contra as leis do Estado ou de outras Regiões ou Províncias.[9]

---

[7] Em relação às análises de Maria Benedita Urbano (2012), observamos que a autora faz uma diferenciação dos termos "justiça constitucional" e "jurisdição constitucional", até para explicar que, em alguns países, em relação ao segundo termo, há modelos de jurisdição. Um modelo unitário, onde as atribuições de uma justiça constitucional são atribuídas a um órgão já existente, por exemplo, um supremo tribunal ou um secção ou câmara especializada de um supremo tribunal. E, no modelo de separação, a opção foi dotar um novo órgão da competência e atribuições atinentes à justiça (jurisdição) constitucional, com delimitação pela lei ou pela constituição, tratando de atribuir a este órgão autonomia financeira e organizatória, através de elaboração de seu estatuto. Este segundo modelo é mais evidente em países onde já existia mais do que uma jurisdição (por exemplo, a judiciária e a administrativa). Em países como Brasil, esta possibilidade não se evidencia. Também, a autora demonstra os modelos de controle da constitucionalidade, diferenciando mais sua perspectiva política da judicial, demonstrando que, a política é mais nefasta do que a propriamente judicial, como também este não é totalmente sinônimo de independência, eficiência e eficácia. Demonstra os modelos de jurisdição de alguns países, na tentativa de explicar a convergência dos modelos tradicionais de controle de constitucionalidade (norte-americano e europeu) (URBANO, 2008, p. 11-23).

[8] ROMBOLI, Roberto. *El control de constitucionalidad de las leyes en Italia*. Tradução de Enriqueta Expósito Gómez (*Universidad de Barcelona*). 185 p. Disponível em: <http://dialnet.unirioja.es/descarga/articulo/199603.pdf>. Acesso em: 03 fev. 2014.

[9] PIZZORUSSO, Alessandro. *In*: CORRÊA, Oscar Dias. *O Supremo Tribunal Federal, corte constitucional do Brasil*. Rio de Janeiro: Forense, 1987, p. 87, *apud*, STRECK, 2004, p. 367-368. No mesmo sentido: ROMBOLI, Roberto. *op. cit.*, p. 185.

Em relação ao tema deste artigo, observamos que a Corte Constitucional italiana, em relação às decisões judiciais de primeira e segunda instâncias, que remeteram ao questionamento de constitucionalidade da proibição de fecundação *in vitro* heteróloga, proferiu uma decisão no sentido de autorizar *referendum* popular, com o objetivo de ab-rogação da Lei n° 40, de 19 de fevereiro de 2004 (*Ordinanza* n° 150/2005, Presidência Doutor Valerio Onida):

> PER QUESTI MOTIVI. LA CORTE COSTITUZIONALE. Dichiara ammissibile la richiesta di referendum popolare per l'abrogazione degli articoli, 4, comma 3; 9, comma 1, limitatamente alle parole: in violazione del divieto di cui all'articolo 4, comma 3'; 9, comma 3, limitatamente alle parole: 'in violazione del divieto di cui all'articolo 4, comma 3'; 12, comma 1; 12, comma 8, limitatamente alla parola 1, della legge 19 febbraio 2004, nº 40 (Norme in materia di procreazione medicalmente assistita); richiesta dichiarata legittima con ordinanza pronunciata il 10 dicembre 2003, dall'Ufficio contrale per il referendum costituito presso la Corte di cassazione. Così deciso in Roma, nella sede della Corte costituzionale, Palazzo della Consulta, il 13 gennaio 2005.

Esta é a única decisão da Corte Constitucional italiana a respeito do assunto, que sustenta uma provável solução para o problema. Este, naquele país, é a proibição da realização de fertilização *in vitro* fora dos casos expressamente previstos em lei. A Corte ainda não declarou diretamente a constitucionalidade ou a inconstitucionalidade desta proibição. Mesmo a lei continuando em vigor.

Em relação às recentes *ordinanzas* provenientes dos tribunais de Florença, de Catânia e de Milão, ainda não houve pronunciamento.

Em razão, portanto, desta proibição legal, bem como da omissão jurisprudencial do país, verificou-se que os casais que buscam esta técnica e não são autorizados legalmente a realizá-la, em território italiano, iniciam contendas perante a Corte Europeia de Direitos dos Homens.

3.3. Controle de convencionalidade

A verificação da compatibilidade ou da conformidade da validade de um ato em relação à Constituição de um país pode ser igual ou diferente à verificação da conformidade deste mesmo ato em relação a uma norma convencional (Direito Internacional). Ocorre um conflito, se esta verificação resultar diferente, entre as fontes utilizadas no(s) país(es) ou entre a convenção paradigma e a Constituição do país analisado.

Havendo, portanto, este conflito, há de se verificar, em sendo o país signatário daquela convenção, a prevalência do direito interno ou do seu par internacional.

Walter Claudius Rothenburg (2012, p. 335) ensina que:

O controle de constitucionalidade e o controle de convencionalidade têm algo em comum e algo de distinto. Trata-se de um mesmo fenômeno de aferição de conformidade a um parâmetro, o que, no universo do Direito, significa aferir a validade de um ato em vista dos padrões de juridicidade. O controle de constitucionalidade significa verificar se um ato é compatível com a Constituição, enquanto o controle de convencionalidade significa verificar se um ato é compatível com a convenção (tratado) internacional.

Assim, o controle de convencionalidade, a par daquele controle de constitucionalidade, é também meio de adequar a legislação interna dos países signatários de convenções garantidoras dos direitos humanos a estas convenções.

Os países signatários da convenção se submetem à jurisdição de cortes supranacionais que, após análise de casos que, internamente, foram submetidos à análise da jurisdição comum ou constitucional dos países componentes, definem algumas determinações para este Estado, como, por exemplo, elaboração de leis e reparação de danos pela infringência aos direitos fundamentais do homem elencados nestes textos internacionais.

Na América Latina, embora existam alguns blocos comunitários, ainda os países signatários dos tratados convencionais de direitos humanos, relutam em aplicar as determinações da Corte Interamericana. Várias são as condenações a que estes países têm de obedecer e fazer executar. O caso paradigmático, por exemplo, no Brasil, foi o de Maria da Penha Maia Fernandes, que culminou com a promulgação da Lei nº 11.340, de 07 de agosto de 2006, bem como, condenação ao Estado ressarcir os danos materiais e morais.

Portanto, conforme nos ensina Valério de Oliveira Mazzuolli (2011, p. 132-133):

> A compatibilidade do direito doméstico com os tratados internacionais de direitos humanos em vigor no país faz-se por meio do *controle de constitucionalidade*, que é complementar e coadjuvante (jamais *subsidiário*) do conhecido controle de constitucionalidade [...]. O controle de convencionalidade tem por finalidade compatibilizar verticalmente as normas domésticas (as espécies de leis, *lato sensu*, vigentes no país) com os tratados internacionais de direitos humanos ratificados pelo Estado e em vigor no território nacional [...], entende-se que o controle de convencionalidade (ou o de supralegalidade) deve ser exercido pelos órgãos da justiça nacional relativamente aos tratados aos quais o país se encontra vinculado. Trata-se de *adaptar* ou *conformar* os atos ou leis internas aos compromissos internacionais assumidos pelo Estado, que criam para este deveres no plano internacional com reflexos práticos no plano do seu direito interno. Doravante, não somente os tribunais internacionais (ou supranacionais) devem realizar esse tipo de controle, mas também os tribunais internos.

Vejamos alguns casos submetidos a cortes supranacionais. Na Itália, no Caso Costa e Pavan *x* Itália, o recorrente pretendia utilizar-se da técnica de diagnóstico do embrião pré-implanto, ou seja, antes de ser implantado o embrião fecundado no útero, faz-se um exame no embrião para descobrir se há alguma anomalia ou doença hereditária. Tal técnica é expressamente proibida na Itália, com base, notadamente, na temida eugenia genética, preconizada, principalmente pelo nazismo.[10]

O casal Rosetta Costa e Walter Pavan, em uma primeira gravidez, optou pelo aborto, pois o bebê foi diagnosticado ser portador de fibrose cística. Pretendendo uma nova gravidez, o casal buscou a técnica de diagnóstico de embrião pré-implanto (através da técnica de fertilização *in vitro*), técnica que lhes foi negada.

Para que o feto não portasse a mesma doença, queriam submeter-se a esta técnica, para, assim, poder optar, caso necessário, pela fertilização *"in vitro"* heteróloga. Contudo, a legislação interna da Itália (Lei nº 40, de 19 de fevereiro de 2004) proíbe esta técnica a todos. O Decreto do Ministério da Saúde italiano de 11 de abril de 2008 autoriza a utilização do procedimento de diagnóstico embrionário pré-implanto tão somente para os casos de HIV e hepatites B e C.

A Corte Europeia dos Direitos dos Homens, neste caso, condenou a Itália a indenizar, por danos morais, este casal que pretendia se submeter ao procedimento de diagnóstico embrionário pré-implanto, em razão de o cônjuge varão ser portador de fibrose cística (mucoviscidosi). A decisão baseia-se, também, nos direitos fundamentais de autodeterminação do ser humano e de que nenhuma atuação positiva do Estado pode afastar este direito, bem como aquele de procriar-se e ter uma prole saudável. Observou-se que o direito interno italiano, através de uma decisão executiva do Ministro da Saúde, permite o acesso à técnica de diagnóstico pré-implanto àqueles pares onde um dos conviventes é portador de alguma doença sexualmente transmissível. Nos demais casos, é expressamente vetado.[11]

Esta decisão é estabelecida após considerar o direito comparado, bem como outras convenções a respeito da bioética e da técnica de diagnóstico pré-implanto (Convenção de Oviedo),[12] mas também considerou

---

[10] Leis de Nuremberg. Notadamente o relacionamento entre alemães e judeus, que poderia, segundo a teoria, propiciar o surgimento de malformações genéticas e uma raça impura.

[11] 71. Stante l'incoerenza del sistema legislativo italiano in materia di diagnosi preimpianto nel senso sopra descritto, la Corte ritiene che l'ingerenza nel diritto dei ricorrenti al rispetto della loro vita privata e familiare sia stata sproporzionata. Pertanto, l'articolo 8 della Convenzione è stato violato nel caso di specie.

[12] Artigo 12: Testes genéticos predictivos. Não se poderá proceder a testes predictivos de doenças genéticas ou que permitam quer a identificação do indivíduo como portador de um gene responsável por uma doença quer a detecção de uma predisposição ou de uma susceptibilidade genética a uma doença, salvo para fins médicos ou de investigação médica e sem prejuízo de um aconselhamento genético apropriado.

precedentes em relação à fecundação *in vitro* heteróloga, adotadas em relação à Suíça e à Áustria.[13]

A decisão se deu em relação à violação do artigo 8º da Convenção Europeia de Direitos do Homem:

> Artigo 8º. Direito ao respeito pela vida privada e familiar:
> 1. Qualquer pessoa tem direito ao respeito da sua vida privada e familiar, do seu domicílio e da sua correspondência.
> 2. Não pode haver ingerência da autoridade pública no exercício deste direito senão quando esta ingerência estiver prevista na lei e constituir uma providência que, numa sociedade democrática, seja necessária para a segurança nacional, para a segurança pública, para o bem – estar económico do país, a defesa da ordem e a prevenção das infracções penais, a protecção da saúde ou da moral, ou a protecção dos direitos e das liberdades de terceiros.

Os precedentes mencionados a respeito da Áustria e a Suíça, onde se discutiu também a possibilidade, nestes países, de utilização da técnica de reprodução humana medicamente assistida, através da fertilização *"in vitro"*, sustentou a argumentação para a autorização de condenação contra a Itália em relação à verificação de violação ao artigo 8º da Convenção Europeia de Direitos do Homem.

Elena Malfatti, ao comentar a decisão, observa, brilhantemente, que:

> Il risultato che traspare, in conclusione, è quello di una singolare palingenesi della questione, sulla quale non incide più in realtà il "precedente" austriaco, almeno dal punto di vista dell'oggetto e della sua invocata violazione dell'art. 117 Cost. (parametro che infatti a sua volta, e probabilmente non a caso, sparisce dalla motivazione del provvedimento di rinvio, per ricomparire soltanto nel dispositivo), ma peseranno semmai le argomentazioni spese a Strasburgo, in rapporto agli ulteriori parametri costituzionali invocati dal giudice a quo: "ritiene il Collegio (il Tribunale di Milano) che i criteri sottolineati dalla Grande Camera, pur all'interno di una pronuncia di rigetto, costituiscano ineludibile criterio interpretativo per il Giudice delle leggi nazionali al fine di sindacare la corrispondenza della norma impugnata ai valori fondamentali della persona convenzionalmente tutelati, come richiamati (enfasi aggiunta) nella carta costituzionale italiana".[14]

---

[13] 56. Sotto il profilo dell'articolo 8 della Convenzione, la Corte ha inoltre riconosciuto il diritto dei ricorrenti al rispetto della decisione di diventare genitori genetici (Dickson c. Regno Unito [GC], n. 44362/04, § 66, CEDU 2007-V, con i riferimenti ivi citati) ed ha concluso per l'applicazione del suddetto articolo in materia di accesso alle tecniche eterologhe di procreazione artificiale a fini di fecondazione in vitro (S.H. e altri c. Austria [GC], n. 57813/00 – 334421/00 – 33221/00, § 82, CEDU 2011).

[14] MALFATTI, Elena. Ancora una questione di costituzionalità sul divieto di fecondazione eterologa, tra incertezze generate dalla Corte costituzionale (ord. n. 150/2012) ed esigenze del "seguito" alle pronunce di Strasburgo. Ancora a margine di Trib. Milano, Sez. I civ., ud. 29 marzo 2013 (dep. 9 aprile 2013), Pres. Bichi, Est. Dorigo. Disponível em: <http://www.penalecontemporaneo.it/materia/-/-/-/2252-ancora_una_questione_di_costituzio-nalit_sul_divieto_di_fecondazione_eterologa__tra_incertezze_gen-erate_dalla_corte_costituzionale_ord_n_150_2012_ed_esigenze_del_seguito_alle_pronunce_di_strasburgo/>. Acesso em: 03 fev. 2014.

Neste caminhar, Alessandro Pizzorusso (2003, p. 03), em sua magistral Conferência no *Corso di Alta Formazione in giustizia costituzionale e tutela giurisdizionale dei diritti fondamentali*, do Dipartimento di Giurisprudenza, da Università di Pisa, sustentou que:

> Al livello europeo è da segnalare tuttavia la Carta di Nizza che, dopo essere stata approvata con l'efficacia propria di una mera dichiarazione di diritti, è stata dotata degli stessi effetti propri dei trattati istitutivi della Comunità europea con l'art. 6, comma 1, del TUE. Secondo il comma 3 dello stesso, invece, *i diritti fondamentali garantiti dalla Convenzione europea per la salvaguardia dei diritti dell'uomo e delle libertà fondamentali e risultanti dalle tradizioni costituzionali comuni agli Stati membrims, fanno parte del diritto dell'Unione in quanto principi generali. In molti casi, tuttavia, esiste ormai una sovrapposizione di enunciati tendenti a realizzare la garanzia giuridica di una stessa libertà, cui ci si richiama nei casi concreti secondo opportunità.* La Costituzione italiana si avvale esplicitamente della nozione di 'diritti inviolabili', cui conseguentemente attribuisce il massimo di tutela da essa prevista, alla 'libertà personale' (art. 13), alla 'libertà del domicilio' (art. 14), alla 'libertà e segretezza della corrispondenza' (art. 15) e al 'diritto di difesa in giudizio' (art. 24, comma 2). La Costituzione (e le leggi che la attuano) impiegano tuttavia anche altre espressioni le quali, pur impiegando termini diversi, garantiscono la tutela dei diritti in casi più o meno simili a quelli cui tali articoli si riferiscono in modo esplicito (negritos nossos).

As determinações da Corte Europeia sobre o tema demonstram uma vertente mais ampla para a aplicação interna da Convenção, para quando fixada esta em relação à Constituição do país em um plano horizontal de valor, seja uma realidade entre os juízes dos tribunais.

Destarte, há um evidente caminhar jurisprudencial no sentido de se garantir os direitos fundamentais do ser humano pela aplicação das convenções internacionais, posto que ela é elaborada por força da tradição constitucional comum aos Estados-membros daquela Convenção.

Na Itália, a jurisprudência ordinária utiliza-se dos argumentos do controle de constitucionalidade para tentar revogar a legislação posta ou, ao menos, extirpá-la do ordenamento jurídico italiano, através da manifestação da Corte Constitucional, de forma mais efetiva.

Elena Malfatti pontua que:

> Vengono, di conseguenza, solo in modesta misura arricchite e prevalentemente riproposte (per larghi tratti, addirittura, con un'operazione di "copia e incolla"), le ragioni dispiegate a sostegno della questione già sollevata; sottolineandosi come la Corte europea abbia utilizzato – una volta di più – argomentazioni (pur non identiche) che sarebbero "traslabili de plano a fondamento della natura discriminatoria del divieto totale di fecondazione eterologa vigente nell'ordinamento italiano". 5. Piuttosto che il modello "triangolare" (e "verticale") della norma interposta, consegnatoci dalle sentenze "gemelle", il Tribunale di Milano sembra evocare la prospettiva intanto "orizzontale" dei rapporti tra le Carte dei diritti (e conseguentemente del "dialogo", sulle medesime, fra le Corti); offrendo così ai Giudici della Consulta una nuova occasione per intervenire – ad un tempo – in una materia delicata e

controversa e sugli aspetti di metodo che la Convenzione al cospetto della Costituzione ancora oggi impone di indagare.[15]

Nas Américas, a Corte Interamericana de Direitos Humanos, no caso Artavia Murilo *et al. x* Costa Rica, em situação onde os recorrentes buscaram a realização da técnica de fertilização *in vitro* para seus problemas reprodutivos e foram proibidos, em razão da proibição legal, decidiu-se pela determinação a Costa Rica no sentido de anular a proibição à técnica, regulando, estabelecendo critérios e forma de avaliação das condutas médicas em torno dos procedimentos, além de ter determinado indenização às vítimas, que, em muitos dos casos, tiveram seus casamentos desfeitos, por conta da proibição legal de estabelecerem seus projetos familiares.

4. À guisa de consideração

A fertilização *"in vitro"*, como técnica de reprodução humana assistida, é, atualmente, meio para que casais heteroafetivos casados possam constituir sua prole. Como visto, há a possibilidade científica de, ainda, se tentar identificar eventuais problemas genéticos ou de saúde. É o admirável mundo novo se consolidando nos dias atuais. A ciência médica é posta à disposição do bem-estar do ser humano.

O Estado não pode, portanto, se imiscuir na intimidade do indivíduo e regrar suas opções com fundamento em preceitos conflituosos com aqueles direitos individuais à autodeterminação, à saudável formação da prole, à vida e à individualidade.

Entretanto, a técnica de fertilização *in vitro* deve ser aplicada aos que convivem em união estável, nos termos do artigo 226, § 3º, da Constituição da República Federativa do Brasil, promulgada em 05 de outubro de 1998:

Artigo 226. A família, base da sociedade, tem especial proteção do Estado.
§ 1º O casamento é civil e gratuita a celebração.
§ 2º O casamento religioso tem efeito civil, nos termos da lei.
§ 3º Para efeito da proteção do Estado, é reconhecida a união estável entre o homem e a mulher como entidade familiar, devendo a lei facilitar sua conversão em casamento.
§ 4º Entende-se, também, como entidade familiar a comunidade formada por qualquer dos pais e seus descendentes.

---

[15] MALFATTI, Elena. Ancora una questione di costituzionalità sul divieto di fecondazione eterologa, tra incertezze generate dalla Corte costituzionale (ord. n. 150/2012) ed esigenze del "seguito" alle pronunce di Strasburgo. Ancora a margine di Trib. Milano, Sez. I civ., ud. 29 marzo 2013 (dep. 9 aprile 2013), Pres. Bichi, Est. Dorigo. Disponível em: <http://www.penalecontemporaneo.it/materia/-/-/-/2252-ancora_una_questione_di_costituzio-nalit_sul_divieto_di_fecondazione_eterologa__tra_incertezze_gen-erate_dalla_corte_costituzionale_ord_n_150_2012_ed_esigenze_del_seguito_alle_pronunce_di_strasburgo/>. Acesso em: 03 fev. 2014.

§ 5º Os direitos e deveres referentes à sociedade conjugal são exercidos igualmente pelo homem e pela mulher.
§ 6º O casamento civil pode ser dissolvido pelo divórcio. (Redação dada Pela Emenda Constitucional nº 66, de 2010)
§ 7º Fundado nos princípios da dignidade da pessoa humana e da paternidade responsável, o planejamento familiar é livre decisão do casal, competindo ao Estado propiciar recursos educacionais e científicos para o exercício desse direito, vedada qualquer forma coercitiva por parte de instituições oficiais ou privadas.
§ 8º O Estado assegurará a assistência à família na pessoa de cada um dos que a integram, criando mecanismos para coibir a violência no âmbito de suas relações.

Ainda, deve ser autorizada sua aplicação àqueles casais de preferência homoafetiva, sejam pares masculinos ou femininos. Veja-se excerto da ementa da decisão do Supremo Tribunal Federal (Ação de Descumprimento de Preceito Fundamental nº 132):

1. ARGUIÇÃO DE DESCUMPRIMENTO DE PRECEITO FUNDAMENTAL (ADPF) [...]. UNIÃO HOMOAFETIVA E SEU RECONHECIMENTO COMO INSTITUTO JURÍDICO [...] com a finalidade de conferir 'interpretação conforme à Constituição' ao art. 1.723 do Código Civil [...]. Direito à busca da felicidade. Salto normativo da proibição do preconceito para a proclamação do direito à liberdade sexual. [...]. Isonomia entre casais heteroafetivos e pares homoafetivos que somente ganha plenitude de sentido se desembocar no igual direito subjetivo à formação de uma autonomizada família [...]. Imperiosidade da interpretação não-reducionista do conceito de família como instituição que também se forma por vias distintas do casamento civil. Avanço da Constituição Federal de 1988 no plano dos costumes. Caminhada na direção do pluralismo como categoria sócio-político-cultural. *Competência do Supremo Tribunal Federal para manter, interpretativamente, o Texto Magno na posse do seu fundamental atributo da coerência, o que passa pela eliminação de preconceito quanto à orientação sexual das pessoas* [...]. 6. INTERPRETAÇÃO DO ART. 1.723 DO CÓDIGO CIVIL EM CONFORMIDADE COM A CONSTITUIÇÃO FEDERAL (TÉCNICA DA 'INTERPRETAÇÃO CONFORME'). RECONHECIMENTO DA UNIÃO HOMOAFETIVA COMO FAMÍLIA. PROCEDÊNCIA DAS AÇÕES. Ante a possibilidade de interpretação em sentido preconceituoso ou discriminatório do art. 1.723 do Código Civil, não resolúvel à luz dele próprio, faz-se necessária a utilização da técnica de "interpretação conforme à Constituição". Isso para excluir do dispositivo em causa qualquer significado que impeça o reconhecimento da união contínua, pública e duradoura entre pessoas do mesmo sexo como família. Reconhecimento que é de ser feito segundo as mesmas regras e com as mesmas consequências da união estável heteroafetiva. (ADPF nº 132, Relator(a): Min. AYRES BRITTO, Tribunal Pleno, julgado em 05/05/2011, DJe-198, DIVULG 13/10/2011, PUBLIC 14/10/2011, EMENT VOL-02607-01 PP-00001) (negritos nossos).

Esta decisão fomentou a produção do novo texto pelo Conselho Federal de Medicina (Resolução nº 2.013/2013), que regulamenta a técnica de Reprodução Humana Medicamente Assistida e as técnicas de fertilização *in vitro* heteróloga, doação de gametas, de óvulos etc., estendendo seus efeitos aos que convivem em uma relação homoafetiva observando-se estas regras e garantindo a possibilidade de utilização da técnica de reprodução humana assistida.

O Supremo Tribunal Federal está provocando alterações estruturais através da utilização de interpretação da Constituição, aplicando-a para concretizar direitos fundamentais do indivíduo.

Através da interpretação, notadamente aquela sistemática, temperada com a força normativa dos princípios, o Poder Judiciário brasileiro resguarda direitos e garante a consecução efetiva dos princípios fundamentais.

Os casais que não possuem condições físicas, psíquicas ou psicológicas para procriar e aqui, tratamos dos casais tanto heteroafetivos, quanto aqueles pares homoafetivos, precisam da normatividade para consecução de seus direitos. E, não estando esta normação plasmada na legislação estritamente produzida, cabe a atuação do Poder Judiciário para sanar a omissão legislativa; omissão esta, muitas vezes, inconstitucional.

Em relação à fecundação *in vitro* heteróloga, em seu texto legal, no Brasil, vincula o reconhecimento de paternidade em relação ao cônjuge (homem), em uma relação heteroafetiva, que concede seu consentimento para o uso da técnica.

Ocorre que a Resolução do Conselho Federal de Medicina autoriza o procedimento entre pares homoafetivos e mesmo em relação a doadores anônimos de gametas masculinos, e, ainda, garantem a possibilidade de doação temporária do útero, mas a legislação posta não amplia esta possibilidade.

A uma primeira vista, este dispositivo do Código Civil não autorizaria – pela legalidade estrita –, o registro do bebê, com dois pais, ou duas mães, ou mesmo, três pais/mães ante a possibilidade da paternidade/maternidade afetiva.

Mas a atuação do intérprete deve ser no sentido de aplicar – quando possível – o direito de forma independente de sua conformação estrita na lei. A interpretação sistemática, ampliando o alcance da norma escrita, baseada na garantia dos princípios fundamentais, nesta seara científica deve ser a aplicada. Portanto, a efetividade das decisões constitucionais perpassa pela criação de uma norma (de interpretação do texto constitucional) e sua consecução ao indivíduo que necessita desta jurisdição.

Se a inércia legislativa continua após a análise da constitucionalidade de uma dada norma legal (obtida através da interpretação), os órgãos administrativos devem agir e regular a matéria.

Conforme artigo de Maria Berenice Dias e Thiele Lopes Reinheimer, pares homoafetivos masculinos podem utilizar-se da gravidez por substituição ou "barrigas de aluguel", enquanto os pares homoafetivos femininos poderão utilizar-se do útero de uma e o óvulo da outra, mas a fecundação se dará com um gameta masculino de um doador anônimo. Em quaisquer das opções, haverá de ser assinado um termo de consentimento e não se poderá identificar o doador do gameta masculino.[16]

Em relação às decisões jurisprudenciais brasileiras em torno desta problemática, Maria Berenice Dias e Thiele Lopes Reinheimer relatam que:

> Em dezembro de 2008, a justiça gaúcha autorizou o registro dos filhos em nome das duas mães que haviam se socorrido da técnica de reprodução *in vitro*.[17] A justiça paulista reconheceu a dupla maternidade,[18] no caso, uma das parceiras gestou os óvulos da outra na fertilização realizada em laboratório. Nasceram gêmeos, filhos gestacionais de uma das mães e filhos biológicos da outra. Os casais masculinos têm filhos mediante a técnica de gravidez por substituição. Eles escolhem qual será o doador de sêmen e quem irá gerar a criança. Podem optar em utilizar o material genético de ambos, com o intuito de não saberem quem é o pai biológico do filho.[19] Em fevereiro de 2012 o direito ao duplo registro do filho concebido por inseminação artificial foi reconhecido pela justiça de Pernambuco.[20] O exercício da parentalidade é revelado por um cuidar, prover, educar e amar seu filho. Impedir este ato de fraternidade a quem só quer dar amor, em função da sua identidade sexual, é suprimir o conceito de humanidade, ferindo o princípio da dignidade da pessoa humana, conceito consagrado no preâmbulo da Constituição Federal.

Todas estas decisões foram adotadas em razão do julgamento em conjunto da Ação Direta de Inconstitucionalidade nº 4.227-DF e da Ação de Descumprimento de Preceito Fundamental nº 132-DF, pelo Supremo Tribunal Federal.

A efetividade desta decisão do Supremo Tribunal Federal se dá na esfera administrativa, com as decisões dos Conselhos Regionais de Medicina quando provocados a se manifestarem em pareceres deontológicos, sustentando-se a constitucionalidade – implícita – da Resolução do

---

[16] DIAS, Maria Berenice, REINHEIMER, Thiele Lopes. *A reprodução assistida heteróloga nas uniões homoafetivas*. Disponível em: <http://www.mariaberenice.com.br/uploads/a-reprodu%-E7%-E3o_assistida_heter%F3loga_nas_uni%F5es_homoafetivas_-_thiele.pdf>. Acesso em: 03 fev. 2014.

[17] Ação de declaração de união estável homoafetiva c/c alteração de registros de nascimento (Proc. nº 10802177836, 8ª Vara de Família e Sucessões, Juiz de Direito Dr. Cairo Roberto Rodrigues Madruga, j. 12/12/2008), *apud*, DIAS, Maria Berenice; REINHEIMER, Thiele Lopes. *op. cit.*

[18] Ação de reconhecimento da filiação homoparental. Os filhos concebidos por inseminação artificial, sendo que os óvulos de uma das mães foram fertilizados in vitro e implantado no útero da outra. A sentença julgou procedente o pedido determinando o registro dos filhos no nome de ambas as mães (Proc. nº 0203349-12.2009.8.26.0002, Juiz de Direito Dr. Fabio Eduardo Basso, j. 30/12/2010), *apud*, DIAS, Maria Berenice; REINHEIMER, Thiele Lopes. *op. cit.*

[19] CHAVES, Marianna. Parentalidade homoafetiva: a procriação natural e medicamente assistida por homossexuais. *In*: DIAS, Maria Berenice (coord.). *Diversidade sexual e direito homoafetivo*. São Paulo: Revista dos Tribunais, 2011, p. 363-374, *apud*, DIAS, Maria Berenice; REINHEIMER, Thiele Lopes. *op. cit.*

[20] Proc. nº indisponível, 1ª Vara de Família e Registro Civil, Juiz de Direito Clicério Bezerra e Silva, j. 28/02/2012, *apud*, DIAS, Maria Berenice; REINHEIMER, Thiele Lopes. *op. cit.*. Inteiro teor da decisão está disponível em: <http://www.jurisciencia.com/pecas/integra-da-decisao-judicial-inedita-que-concedeu-a-casal-homossexual-dupla-paternidade-de-bebe-fertilizado-in-vitro-tjpe-clicerio-bezerra-e-silva/898/>.

Conselho Federal de Medicina n° 2.013/2013, autorizando-se a realização da técnica de reprodução humana assistida em relação aos pares homoafetivos.

Conclusão

O constitucionalismo, como movimento social, jurídico e político, estabeleceu instrumentos de fortalecimento dos direitos fundamentais dos seres humanos, notadamente aqueles de primeira e segunda gerações, contra o Estado. Este não pode se imiscuir na vida privada na medida em que não pode coibir a liberdade de expressão, a liberdade de decisão, a autodeterminação e, em última instância, a dignidade da pessoa humana.

Com isso, a Constituição, como norma fundamental de um dado ordenamento jurídico, possuindo um rol de direitos e garantias fundamentais do indivíduo, deve ser fortalecida, espraiando seus preceitos a todas as legislações infraconstitucionais, bem como, aos atos da administração pública. O controle de constitucionalidade é a forma de reafirmar a primazia dos direitos do homem em relação ao Estado, bem como, a manutenção do Estado Democrático de Direito.

O controle de convencionalidade é o meio pelo qual o Estado adequa sua legislação interna em observância com os tratados internacionais, notadamente aqueles de direitos humanos. Os juízes podem fazer também a análise do fato em relação à legislação e às convenções/tratados, estabelecendo divergências, que poderão ser submetidas à análise das Cortes Constitucional e/ou Supranacionais.

A reprodução humana, através da técnica de fertilização *in vitro*, no Brasil é regulamentada por resolução administrativa e, somente em relação ao reconhecimento da paternidade, possui regulamentação por lei (Código Civil), onde se presume que o filho nascido desta técnica é do pai, desde que este subscreva termo de consentimento pela utilização de gameta masculino de terceira pessoa estranha à relação. A resolução do Conselho Federal de Medicina, por força das decisões proferidas pelo Supremo Tribunal Federal, em controle abstrato de constitucionalidade, estendeu a possibilidade, recentemente (2013), aos casais homoafetivos, que poderão utilizar-se da técnica, desde que todos os envolvidos assinem o termo de consentimento.

Na Itália, a legislação proíbe a técnica de fecundação *in vitro* heteróloga, bem como, o diagnóstico embrionário pré-implanto (o que fere, frontalmente, os direitos individuais à liberdade individual, à autodeterminação e à liberdade de planejamento familiar), mas, tanto a decisão da

Corte Europeia dos Direitos dos Homens quanto à Corte Constitucional (esta na medida em que autoriza a realização de *referendum* para decidir sobre a ab-rogação da Lei nº 40, de 19 de fevereiro de 2004), reconheceram a inconstitucionalidade e/ou a afronta à convenção europeia (Convenção de Estrasburgo).

O Supremo Tribunal Federal brasileiro sustenta análise de que no Preâmbulo constitucional há a existência de uma qualificação de valores supremos ("a liberdade, a segurança, o bem-estar, o desenvolvimento, a igualdade e a justiça") de uma sociedade "fraterna". Tais valores são aqueles que sustentam a atuação de uma corte constitucional garantidora dos direitos e garantias fundamentais, notadamente em relação àqueles ainda passíveis de regulamentação, em evidente omissão constitucional.

O Poder Judiciário, não se substituindo ao legislador, garante a consecução dos direitos fundamentais, estabelecendo interpretação conforme a Constituição, sem redução ou adição de texto, tão somente, estabelecendo critérios, muitas vezes por analogia, ou pelo afastamento de determinada interpretação.[21]

A efetividade da jurisdição constitucional ou da atuação garantidora de direitos fundamentais das Cortes Supranacionais, portanto, se encontra nas decisões administrativas (*v.g.* Resolução nº 2.013/2013, que regulamenta a técnica de fertilização *in vitro* no Brasil), posto que a resposta do legislativo é, muitas vezes, morosa e perpassa pela ubiquidade dos interesses políticos, religiosos e sociais.

Referências

ALEXY, Robert. *Constitucionalismo discursivo*. Tradução de Luís Afonso Heck. 3ª ed. rev. Porto Alegre: Livraria do Advogado, 2011.

ALMEIDA JÚNIOR, Jesualdo Eduardo. Técnicas de reprodução assistida e o biodireito no direito brasileiro. In: *Revista dos Tribunais*, vol. 838, p. 87-100. São Paulo, ago. 2005.

AMARAL JÚNIOR, José Levi Mello do. Controle de constitucionalidade: evolução brasileira determinada pela falta do *stare decisis*. In: *Revista dos Tribunais*, vol. 920, p. 133-149. São Paulo, jun. 2011.

AZEVEDO, Álvaro Villaça. Ética, direito e reprodução humana assistida. In: *Revista dos Tribunais*, vol. 729, p. 43-51. São Paulo, jul. 1996.

BAHIA, Claudio José Amaral; PANHOZZI, Aline. A ADPF e a possibilidade de antecipação terapêutica do parto: um estudo jurídico-constitucional sobre a anencefalia fetal. In: *Revista dos Tribunais*, vol. 843, p. 415-441. São Paulo, jan. 2006.

---

[21] *Cf.* ROMBOLI, Roberto. El control de constitucionalidad de las leyes en Italia. Tradução de Enriqueta Expósito Gómez (*Universidad de Barcelona*). Disponível em: <http://dialnet.unirioja.es/descarga/articulo/199603.pdf>. Acesso em: 03 fev. 2014.

BERGEL, Jean-Louis. *Teoria geral do direito*. Tradução de Maria Ermantina de Almeida Prado Galvão. 2ª ed. Coleção Justiça e direito. São Paulo: Martins Fontes, 2006.

BINENBOJM, Gustavo. *A nova jurisdição constitucional brasileira:* legitimidade democrática e instrumentos de realização. Rio de Janeiro: Renovar, 2001.

BRANCO, Paulo Gustavo Gonet; MENDES, Gilmar Ferreira. *Curso de direito constitucional*. 7ª ed. rev. e atual. São Paulo: Saraiva, 2012.

BRASIL. Conselho Federal de Medicina. *Resolução nº 2.013/2013*. Disponível em: <http://www.portalmedico.org.br/resolucoes/CFM/2013/2013_2013.pdf>. Acesso em: 03 fev. 2014.

——. SUPREMO TRIBUNAL FEDERAL. Ações Diretas de Inconstitucionalidade nº 3.510, 4.277 e Ações de Descumprimento de Preceito Fundamental nº 54 e 132.

CONVENÇÃO PARA A PROTECÇÃO DOS DIREITOS DO HOMEM E DA DIGNIDADE DO SER HUMANO FACE ÀS APLICAÇÕES DA BIOLOGIA E DA MEDICINA. Disponível em: <http://www.gddc.pt/direitos-humanos/textos-internacionais-dh/tidh-regionais/convbiologiaNOVO.html>. Acesso em: 03 fev. 2014.

CORTE EUROPEIA DE DIREITOS DO HOMEM. *Caso Costa e Pavan versus Itália*. Julgamento em 28 ago. 2012, sob a presidência do Juiz Françoise Tulkens. Disponível em: <http://hudoc.echr.coe.int/sites/eng/pages/search.aspx?i=001-115727>. Acesso em: 03 fev. 2014.

CORTE INTERAMERICANA DE DIREITOS HUMANOS. *Caso de Artavia Murillo et al. ("In vitro fertilization") versus Costa Rica*. Julgamento em 28 nov. 2012, sob a presidência do Juiz Diego García-Sayán. Disponível em: <http://www.corteidh.or.cr/docs/casos-/articulos/seriec_257_ing.pdf>. Acesso em: 03 fev. 2014.

DIAS, Maria Berenice, REINHEIMER, Thiele Lopes. *A reprodução assistida heteróloga nas uniões homoafetivas*. Disponível em: <http://www.mariaberenice.com.br/uploads/a-reprodu%E7%E3o_assistida_heter%F3loga_nas_uni%F5es__homoafetivas_-_thiele. pdf>. Acesso em: 03 fev. 2014.

FAVOREU, Louis. *As cortes constitucionais*. Tradução de Dunia Marinho Silva. São Paulo: Landy, 2004.

GAMA, Guilherme Calmon Nogueira da. A reprodução assistida heteróloga sob a ótica do Novo Código. In: *Revista dos Tribunais*, vol. 817, p. 133-149. São Paulo, nov. 2003.

——. Filiação e reprodução assistida: introdução ao tema sob a perspectiva do direito comparado. In: *Revista dos Tribunais*, vol. 776, p. 60-84. São Paulo, jun. 2000.

GIORGIS, José Carlos Teixeira. União homoafetiva estável: adoção unilateral – Inseminação. In: *Revista dos Tribunais*, vol. 932, p. 43-51. São Paulo, jun. 2013.

ITÁLIA. Corte Constitucional. Roma. *Sentenza nº 49 anno 2005*. Presidência Juiz Valério Onida. Julgamento em 28 jan. 2005.

——. Lombardia. Milão. *Tribunale di Milano. Sezione I Civile*. Processo nº 60.100/2010 R. G. *Provvedimenti Cautelativi. Ordinanza*. Disponível em: <http://www.ilsole24ore.com/pdf2010/SoleOnLine5/_Oggetti_Correlati/Documenti/Norme%20e%20Tributi/2013/04/tribunale-milano-fecondazione.pdf>. Acesso em: 03 fev. 2014.

——. Toscana. Florença. *Tribunale di Firenze*. Processo nº 7618/2010. *Ordinanza*. Disponível em: <http://www.penalecontemporaneo.it/upload/1368192960-ordinanza%20rim%20firenze%20ap%202013.pdf>. Acesso em: 03 fev. 2014.

——. Sicília. Catânia. *Tribunale di Catania*. Processo nº 953/2013. *Ordinanza*. Disponível em: <http://www.penalecontemporaneo.it/upload/1366820711Fecondazione%20-eterologa_Ordinanza%20rimessione%20Catania.pdf>. Acesso em: 03 fev. 2014.

LEAL, Roger Stiefelmann. *O efeito vinculante na jurisdição constitucional*. São Paulo: Saraiva, 2006.

LEITE, Eduardo de Oliveira. Eugenia e bioética: os limites da ciência em face da dignidade humana. *In*: *Revista dos Tribunais*, vol. 824, p. 82-95. São Paulo, jun. 2004.

MALFATTI, Elena. Ancora una questione di costituzionalità sul divieto di fecondazione eterologa, tra incertezze generate dalla Corte costituzionale (ord. n. 150/2012) ed esigenze del "seguito" alle pronunce di Strasburgo. Ancora a margine di Trib. Milano, Sez. I civ., ud. 29 marzo 2013 (dep. 9 aprile 2013), Pres. Bichi, Est. Dorigo. Disponível em: <http://www.penalecontemporaneo.it/materia/-/-/-/2252-ancora_una_questione_di_costituzio-nalit___sul_divieto_di_fecondazione_eterologa___tra_incertezze_generate_dalla_corte_costituzionale___ord___n___150_2012___ed_esigenze_del____seguito____alle_pronunce_di_strasburgo/>. Acesso em: 03 fev. 2014.

———. *L'accesso alla procreazione medicalmente assistita, tra "integrazioni" della legge e nuove aperture giurisprudenziali*. Disponível em: <http://www.forumcostituzionale.it/site/images/stories/pdf/documenti_forum/temi_attualita/diritti_liberta/0027_malfatti.pdf>. Acesso em: 03 fev. 2014.

———; PANIZZA, Saulle; ROMBOLI, Roberto. *Giustizia costituzionale*. 2ª ed. Torino: G. Giappichelli, 2007.

MAZZUOLI, Valério de Oliveira. *O controle jurisdicional da convencionalidade das leis*. 2ª ed. rev. atual. e ampl. São Paulo: Revista dos Tribunais, 2011.

———. *Tratados internacionais de direitos humanos e direito interno*. São Paulo: Saraiva, 2010.

MEIRELLES, Hely Lopes. *Direito administrativo brasileiro*. 35ª ed. atual. São Paulo: Malheiros, 2009.

MORAES, Alexandre. *Direito constitucional*. 24ª ed. São Paulo: Atlas, 2009.

———. *Jurisdição constitucional e tribunais constitucionais*: garantia suprema da Constituição. 3ª ed. São Paulo: Atlas, 2013.

NAMBA, Edison Tetsuzo. Direito à identidade genética ou reconhecimento das origens e a reprodução assistida heteróloga. *In*: *Revista dos Tribunais*, vol 905, p. 67-87. São Paulo, mar. 2011.

PASSAGILA, Paolo (org.). *La fecondazione eterologa*. Disponível: <http://www.cortecostituzionale.it/documenti/convegni_seminari/CC_SS_fecondazione_eterologa_20120702.pdf>. Acesso em: 03 fev. 2014.

PIZZORUSSO, Alessandro. *La tutela dei diritti inviolabili*. Material disponibilizado no Corso di Alta Formazione in giustizia costituzionale e tutela giurisdizionale dei diritti fondamentali, do Dipartimento di Giurisprudenza, da Università di Pisa, 2013.

RALA, Eduardo Telles de Lima. *Reprodução medicamente assistida e fertilização "in vitro" heteróloga*: breves anotações sobre a legislação e a jurisprudência constitucional no Brasil e na Itália. 57 pp. Monografia/*Tesina* (*Specializzazione*) – *Corso di Alta Formazione in giustizia costituzionale e tutela giurisdizionale dei diritti fondamentali*, do *Dipartimento di Giurisprudenza*, da *Università di Pisa*. Bauru, SP, Brasil / Pisa, Toscana, Itália, 2013.

ROMBOLI, Roberto. *El control de constitucionalidad de las leyes en Italia*. Tradução de Enriqueta Expósito Gómez (*Universidad de Barcelona*). Disponível em: <http://dialnet.unirioja.es/descarga/articulo/199603.pdf>. Acesso em: 03 fev. 2014.

ROTHENBURG, Walter Claudius. *Princípios constitucionais*. 2ª tirag. (com acréscimos). Porto Alegre: Sergio Antonio Fabris Editor, 2003.

———. Controle de constitucionalidade e controle de convencionalidade: o caso brasileiro da lei da anistia. *In*: DIMOULIS, Dimitri; PAGLIARINI, Alexandre Coutinho (coord.). *Direito constitucional e internacional dos direitos humanos*. Belo Horizonte: Fórum, 2012.

SILVA, Virgílio Afonso da. *Direitos fundamentais*: conteúdo essencial, restrições e eficácias. 2ª ed. São Paulo: Malheiros, 2011.

STRECK, Lenio Luiz. *Jurisdição constitucional e hermenêutica*: uma nova crítica do direito. 2ª ed. Rio de Janeiro: Forense, 2004.

TIGANO, Vicenzo. Il divieto della fecondazione eterologa di nuovo al vaglio della Consulta: l'ordinanza di rimessione del Tribunale di Catania. Nota a Trib. Catania, Sez. I, ord. 13 aprile 2013, Pres. Morgia, Est. Sabatino. Disponível em: <http://www.penalecontemporaneo.it/materia/-/-/-/2247-il_divieto_della_fecondazione_eterologa_di_nuovo_al_vaglio_della_consulta_l_ordinanza_di_rimessione_del_tribunale_di_catania/>. Acesso em: 03 fev. 2014.

URBANO, Maria Benedita. *Curso de justiça constitucional:* evolução histórica e modelos de controle da constitucionalidade. Coimbra: Almedina, 2012.

VERRI, Alessandra. Anche il Tribunale di Firenze, dopo quelli di Milano e Catania, rimette alla Corte costituzionale la questione di legittimità costituzionale della fecondazione eterologa. Nota a ordinanza Trib. Firenze 29 marzo 2013, Giud. Paparo. Disponível em:<http://www.penalecontemporaneo.it/materia/-/-/-/2244-anche_il_tribunale_di_firenze_dop-o_quelli_di_milano_e_catania_rimette_alla_corte_costituzionale_la_questione_di_legittimit_costituzionale_della_fecondazione_eterologa/>. Acesso em: 03 fev. 2014.

— 5 —

El control difuso de convencionalidad y de constitucionalidad como herramienta obligatoria en el control de garantías. El final de la post adolescencia del estado democrático de derecho

JOSÉ MANUEL CISNEROS MOJICA[1]

Sumario: I. Introducción; II. Objetivo general; III. Objetivos específicos; IV. Sobre el marco teórico; 1. Acerca del marco referencial o del contexto de la investigación.; 1.2. Algunas precisiones temáticas; V. Sobre el proceso metodológico.; Capitulo i. ¿Qué es el control del convencionalidad?; I. Aspectos preliminares; II. Sobre la forma en que se ejerce el control de convencionalidad, concentrado y difuso; Capitulo II. Sobre la jurisprudencia de la Corte Interamericana de Derechos Humanos; I. El caso Almonancid Arellanos y otros Vs. Chile, un caso fundacional; I.I. Antecedente histórico; I.II. Sobre la sentencia de la Corte Interamericana y sus razonamientos; II. El caso trabajadores cesados del congreso (Aguado Alfaro y Otros) Vs. Perú, algunas precisiones fundamentales; II.I. Antecedentes históricos; II.II. Sobre la sentencia de la Corte Interamericana y sus razonamientos; Capítulo III. El estado actual del control de convencionalidad y constitucionalidad en Costa Rica; I. La legislación vigente, la jurisprudencia local y los cuerpos responsables de su aplicación; Capitulo IV. ¿El control de concentrado o difuso? Nuestra lectura desde la cotidianeidad; Apuntes finales a modo conclusión; Bibliografía.

I. Introducción

I. Producto de la Investigación. ¿Qué se persigue con la presente investigación?

Mediante el examen que se emprende, se podrán observar varios objetivos, de los que hablaremos más adelante, pero la meta principal es presentar, el control de convencionalidad y de constitucionalidad difuso, como la única vía para superar el estado actual de eficacia limitada los

---

[1] Licenciado en Derecho (Universidad de Costa Rica); Master en Criminología (Universidad Estatal a Distancia de Costa Rica); Especialista en Justicia Constitucional (Universidad de Pisa); Profesor de la Cátedra de Derecho Penal Especial (UCR); Tutor de la Maestría en Criminología (Uned); Juez Penal.

derechos humanos en nuestros países y avanzar a un estadio superior de madurez, que evidentemente tendrá dos consecuencias incuestionables: La consolidación del modelo democrático y la cimentación de un paz estable y duradera.

II. Objetivo General

El objetivo principal será demostrar que el control difuso, de convencionalidad y de constitucionalidad, constituye la herramienta más eficaz en la protección de los Derechos Humanos, y que su utilización promueve la materialización de los ideales que éstos representan.

III. Objetivos Específicos

Se pretende alcanzar cuatro objetivos específicos, que favorezcan la realización del objetivo general, a saber, i. Construir un concepto de "control de convencionalidad" y sus fases concentrada y difusa. ii. Analizar la jurisprudencia de la Corte Interamericana de Derechos Humanos en relación al Control de Convencionalidad. iii. Examinar el estado actual del Control de Convencionalidad y Constitucionalidad en Costa Rica. iv. Presentar casos concretos mediante el cual se pueda observar la existencia – o no – de tesis conflictivas en el caso costarricense y la eficacia del control difuso de convencionalidad en la protección de derechos humanos.

IV. Sobre el Marco Teórico

1. Acerca del marco referencial o del contexto de la investigación

La fidelidad de los individuos a la organización social y sus reglas sólo se entiende en la esperanza de alcanzar objetivos que como individuos nos resultarían imposibles de lograr o consolidar.

Si de manera individual pudiéramos proveernos del confort y la seguridad que demandamos de nuestras sociedades, si pudiéramos alcanzar la satisfacción de nuestros requerimientos de bienes y servicios, sin tener que contar con árbitros o intermediarios, nada explicaría que renunciáramos a nuestra capacidad de defensa, de control, de dominio y se lo cediéramos a un tercero para que lo "administre".

Esa justificación, la de lograr conquistas y consolidarlas, como explicación para la existencia del Estado (en su sentido más amplio), es una hipótesis "trasversal interclase". Tanto los dueños de los medios de producción, de industrias, prestadores de servicios, banqueros y agentes de bolsa, como los obreros, operarios, dependientes, pequeños campesinos y los burócratas de todos los estratos, participan desde sus respectivas trincheras de la ilusión de que las reglas que hemos recibido, modelado y aceptado, resultan una coraza útil contra las hostilidades de los otros y para nuestro propio beneficio.

Quienes poseen los medios de producción y los capitales, asumen que la protección sobre sus posesiones será efectiva en la medida en que el Estado reprime a los que atentan contra ella. Quienes sólo cuentan con sus fuerzas, esperan recibir un tratamiento justo en el intercambio que hacen de éstas por dinero y otros bienes, que reprimirá a quienes se aprovechan de su vulnerabilidad. Mientras tanto, los grupos que tienen acceso en alguna medida a una mayor movilidad social, esperan una consolidación controlada – segura – de su situación.

En síntesis, podemos decir que, la búsqueda de "la felicidad" es la amalgama que une a unos y otros con la estructura social. Salta a la vista que, entre grupos tan diversos como los que conforman nuestra sociedad posmoderna, asegurar que la *felicidad*, tiene una doble naturaleza – como promesa del estado hacia sus súbditos y como anhelo de los administrados – puede conducirnos a dificultades principalmente semánticas en torno al término *"felicidad"* que puede evocar de manera casi automática discusiones del orden de lo emotivo, por lo que es necesario advertir que se entenderá por *"felicidad" la posibilidad de desarrollar todas nuestras potencialidades.*

Si bien puedo creer que ser campeón del mundo de atletismo en la prueba de los cien metros planos, me traerá felicidad, existen condicionantes que hacen que ni mi esfuerzo ni el esfuerzo del colectivo social lograrían producir tal hazaña – que además en mi caso tiene más tintes de capricho que de objetivo, y eso sin tomar en cuenta que ese "sueño" puede además ser compartido con otros sujetos que en principio, si no construyéramos el concepto 'felicidad' desde el materialismo, tendrían 'derecho' a que se persiga también una meta que sólo una persona podría alcanzar; sea desde mi banal ejemplo, sea desde motivos más elevados, no podríamos esperar, ni seriamente deberían ofrecernos la actividad política como el resultado de frotar *la lámpara de Aladino*.

Tampoco podemos construir el concepto desde una u otra trinchera, ya que si definiéramos la felicidad como el estado en el que un pequeño grupo de privilegiados vive, estaríamos legitimando un estilo de vida, que puede provenir del azar, de oportunidades particulares por ejemplo, pero que nunca podría ser estandarizado, entre otras cosas porque, primero, existen sujetos que estiman otros valores por encima del 'éxito' económico. Segundo porque el requeriría mayores recursos que los que el planeta ofrece, al punto que ya hoy resulta un problema sostener el estilo de vida de esa minoría. Se dirá pues que debe separarse nuestra construcción del concepto "felicidad" de la idea de tener cosas y de realizar 'sueños' o caprichos.

Resulta de la mayor importancia enfatizar pues que, existe un anhelo del individuo y una promesa del colectivo, tan fuerte que haga que incluso en contra de nuestra voluntad actuemos – o nos abstengamos de hacerlo – de determinada manera, a ello llamamos felicidad.

El individuo espera poder desarrollarse como tal, establecer vínculos, reconocerse como miembro de un grupo y ser reconocido como miembro de ese colectivo. Se trata de *ser la mejor versión de sí mismo*, contar con las herramientas necesarias para transformar su realidad, en la dirección que le dicte su conciencia.

El Estado, en representación del colectivo social ofrece, a cambio del poder que le cede el sujeto, un conjunto de condiciones para que éste logre alcanzar su realización, salud, seguridad, equilibrio ambiental, reparto justo de la riqueza, autonomía de voluntad, asegura una intervención mínima y reglada y lo más importante: pone al sujeto como centro de toda su actividad.

No puede tratarse de un contrato subjetivo de adhesión, refrendado por cada individuo, sino de una propuesta histórica de organización que aspira a equilibrar las diversas potencialidades de los ciudadanos – en el sentido más amplio del término – y que debe ser sometida a escrutinio permanente para asegurar su vigencia y éxito.

Al decir que se trata de una concepción de orden histórico, nos revela la existencia de un *momentum* que une "el anhelo individual" y "la promesa del colectivo", en un punto de la historia del Estado Moderno, en que se articuló un "estado específico" del entramado social (es decir un "estadio x" de complejidad socio cultural) con un modelo de organización política normativa (es decir un "estadio y" de madurez político normativo).

A partir de ese punto se inicia la proyección de dos vectores, uno ascendente vertical (el vector de complejidad organizacional) y otro ascendente diagonal (el vector de madurez normativa-política):

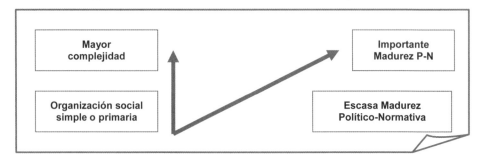

Así momentos históricos más simples demandaban una organización casi infantil, que evoluciona o debe evolucionar a una 'adultez' que responda a la creciente complejización de la sociedad. Un ejemplo de esto lo encontramos en los espacios de garantías, que según señala el Profesor Luigi Ferrajoli (2011) *"equivale al sistema de los límites y vínculos legales impuestos a los poderes públicos por los derechos fundamentales de tanto en tanto establecidos"*. Dice sobre estos el autor de cometario que, *"En el modelo liberal decimonónico del estado legislativo de derecho este espacio era mínimo, Como también era mínimo el sistema de los vínculos impuestos por la esfera pública. En primer lugar porque era mínimo el papel del estado: tutor hilarante del orden público interior, A través del derecho y la dirección penal que la certeza de las transacciones y demás relaciones civiles A través del derecho y la jurisdicción civil. En segundo lugar porque, por mucho tiempo, el estado los demás entes públicos no estuvieron sujetos a la jurisdicción, de modo que sus actos, excepción hecha de recursos previstos para los actos jurisdiccionales, no se consideraban justiciables. [...] solo lentamente se desarrolló en el siglo XIX un contencioso administrativo entre instituciones públicas y ciudadanos. Y sólo en la segunda mitad del siglo pasado hizo su aparición, en gran parte de los ordenamientos europeos, un contencioso legislativo, gracias a la introducción del control jurisdiccional de constitucionalidad sobre la legislación ordinaria"*. (Principia Iuris, Trotta, Madrid, Tomo 2, página 214).

En esta evolución crecen las obligaciones y compromisos, como lo recuerda en el caso español el Profesor Gregorio Peces-Barba (2009), *"en el sistema español se añade un precepto constitucional que fijar las obligaciones de los poderes públicos en esa materia y justifica y fundamenta la existencia que los derechos sociales. Es el artículo 9.2 de la constitución española, que afirma: 'corresponde los poderes públicos promover las condiciones para que la libertad y la igualdad del individuo y de los grupos en que se integra sean reales y efectivas; remover los obstáculos que impidan o dificulten su plenitud Y facilitar la participación de todos los ciudadanos en la vida política, económica, cultural y social' [...] este texto tiene un precedente en el artículo tercero, párrafo segundo, de la constitución italiana en 1947, Aunque este está más limitado porque sólo trata de mover los obstáculos y no de promover las condiciones Y se refiere a los ciudadanos ya los trabajadores Y no todos los individuos bien todos los grupos de que forman parte. [...] el origen histórico los derechos sociales se trataba de apoyar A quienes no podían por sí mismos alcanzar algunos aspectos de su desarrollo humano, necesidades que no estaba a su alcance. Eran, pues, derechos específicos de quienes los necesitaban Y encontraron de la resistencia de quienes afirmaron, es de un liberalismo económico y desde un 'laissez faire' radical, Que cada uno debía desarrollarse por sí mismo Y que no se debía ayudar a nadie"* (Derechos Sociales y Ponderación, Alexi Robert et al., Fundación Coloquio Jurídico Europeo, Madrid, Página 90).

Ambos ejemplos, tanto que le expuesto por el profesor Ferrajoli como el traído por el profesor Peces-Barba, nos dan cuenta, del carácter progresivo, del derecho, principalmente en su carácter de herramienta de interacción estado – individuo. No hemos querido en el presente documento referirnos a la progresividad de los derechos humanos como característica, sino más bien el interés hasta este momento se ha enfocado en advertir cómo, a mayor complejidad del entramado social, a la inclusión de más actores y espacios de interrelación, las únicas respuestas posibles para asegurar la legitimidad del estado, se traducen en el reconocimiento de nuevos derechos, garantías, y sí de manera dialéctica, nuevos espacios de interrelación.

Lo dicho nos pone enfrente de dos condiciones, la primera: en permanente examen de la vigencia de las normas que regulan nuestro colectivo; la segunda: nos coloca ante un aumento eran rigurosidad con la que se evalúa el cumplimento de las promesas y el buen uso del poder cedido al Estado. En especial esta última pone en duda, centra su crítica en la capacidad de autoevaluación, que las instituciones jurídicas del propio Estado realizan y hace necesario el establecimiento de parámetros más severos, que con los que se mide la propia sociedad local.

Se aprecia aquí sin dificultad la relevancia de las formas "convencionales" de leer la relación Sujeto-Estado. Nos ubicamos, pues, ya no en el momento histórico en que el Estado consideraba importante la suscripción de aquel pacto, de aquella convención, sino que nos encontramos ahora en un momento de complejidad distinto, un momento histórico en el cual el examen se centra en la fidelidad del cumplimiento el pacto.

Sostiene nuestra tesis que en el momento actual de complejidad social (la actual x) demanda un número mayor de mecanismos de control para poner a tono el vector diagonal que se encuentra rezagado ante la idea del control concentrado del poder. La nuestra es ante todo una propuesta histórico – crítica; Y su demostración revelará el periodo de madurez objetiva, que antecede a la síntesis dialéctica, proponiendo a su vez, como quien corre una cortina, como quien abre una ventana, una mirada hacia un nuevo momento histórico. En el que nuevas exigencias y nuevos conflictos requerirán nuevos y más democráticos espacios de debate.

1.2. Algunas precisiones temáticas

El camino emprendido, nos obliga a abordar algunas discusiones que actualmente permanecen sin resolución definitiva. Tal es el caso del cuestionamiento que surge entre la regulación del control de la Constitución y del control de los pactos y convenciones por parte de grupos privilegiados del poder (sean magistrados, altos tribunales u órganos legislativos), o por el contrario una apertura a que dichas funciones sean conferidas a todo funcionario, que el ejercicio de su cargo se encuentre entre el Estado y sus intereses y el administrado y sus derechos.

No hace falta mucha explicación, para advertir que el tema discusión no es estrictamente jurídico, ya que salta a la vista la existencia de un conflicto de poder, por hacerse con el oráculo que representa la interpretación última de las normas que no es otra cosa que la construcción de la verdad, del discurso de lo verdadero, de lo legítimo. Ya Foucault (2000) había propuesto esta matriz en su curso del College de France – 1975-1976 – cuando dijo *"tenemos ahí algo que yo calificaría de respuesta de ocasión, en fin, una respuesta inmediata, que me parece reflejada, en definitiva, por el hecho concreto Y muchos análisis actuales: el poder es esencialmente lo que reprime. Y cuando en el discurso contemporáneo encontramos esta definición machacona del poder como lo que prime, ese discurso después de todo, no inventa nada. Hegel había sido el primero en decir, Y después Freud y después Reich. [...] esa es la cuestión tradicional. Ahora bien, la que yo quería plantear es una cuestión que está por debajo, una cuestión muy fáctica en comparación con la tradicional, Noble Y filosófica. Mi problema sería, en cierto modo, el siguiente: cuales son las reglas de derecho que la relaciones de poder ponen en acción para producir discursos de verdad? O bien: cual es el tipo de poder susceptible de producir discursos de verdad que, en una sociedad como la nuestra, están dotados defectos tan poderosos? [...] no hay ejercicio del poder sin cierta economía de los discursos de verdad que funcionan en, a partir y a través de ese poder. El poder nos somete a la producción de la verdad y sólo podemos ejercer el poder por la producción de la verdad"*. (Defender la Sociedad, Fondo de Cultura económica, Buenos Aires, páginas 27-28, 33-35).

El planteamiento que nos trae Foucault, supone un paso más, dijimos que el Estado democrático requería una autocrítica más severa y rigurosa que las que sus propios agentes pueden autoimponerse, proponemos que la eficacia de esa autoevaluación participa de un carácter subjetivo, es decir nuestra tesis señala que el éxito de la actividad contralora de convencionalidad (y de constitucionalidad sin lugar a dudas) sólo puede residir en la pluralidad de sujetos por oposición a las formas concentradas, hemos señalado que la clave en la que debe leerse dicho conflicto, es en la clave del poder. Así, el texto del comentario nos propone la definición clásica de poder: lo que reprime, pero advierte un hecho esencial: para ejercer el poder, para que la actividad represora pueda ser llevada a cabo se requiere de una economía de verdad. Dos aspectos especiales, lo primero, nos permite concluir que "lo que reprime", también es un instrumento de liberación (comprendiendo esto desde la naturaleza transversal y dialéctica del poder). Lo segundo, es que el éxito de la lucha por el poder pasa necesariamente por la construcción de discursos de lo verdadero y, agregamos aquí, desde el punto de vista legal, constitucional y convencional, de lo legítimo.

También nos obligará, el presente trabajo, a realizar algunas referencias, que por cuya naturaleza angular en el tema, no podría dejarse de lado, como lo son las experiencias jurisprudenciales que le han permitido a la Corte Interamericana de Derechos Humanos, establecer la importancia de una labor de vigilia permanente de parte de los funcionarios en cuanto a las obligaciones que suscribe el Estado para el cual sirven.

Este segundo punto será fundamental en el examen en la situación jurídica costarricense. Las condiciones fácticas que contradicen el discurso oficial, en materia respeto a los derechos humanos, ponen en la palestra nuestros más importantes valores democráticos. Aunque parece una obviedad, el objeto último del control tanto del convencionalidad como de constitucionalidad, no tiene otro objetivo que el adecuar la realidad con el discurso.

V. Sobre el proceso metodológico

La propuesta que se realiza, necesariamente requiere la combinación de métodos de investigación que permitan amalgamar elementos tanto de naturaleza estrictamente jurídica, como lo son las normas que corrige el control constitucional convencional en Costa Rica, como las condiciones históricos sociológicas que representa un punto de quiebra en el discurso lo verdadero, es más, elementos extras jurídicos por naturaleza como el propio análisis del discurso de la verdad, el poder y la represión.

Siguiendo la propuesta de Enrique Herrera (1998) referiremos el uso necesario del método exegético y sus procedimientos interpretativos (gramatical, lógico y teleológico) así como el método histórico sociológico (Confrontar con Práctica Metodológica de la Investigación Jurídica, Astrea, Buenos Aires, paginas 10-13).

En virtud del aporte que para el tema expuesto ha tenido la jurisprudencia de la Corte Interamericana de Derechos Humanos, será sino la fuente única, la fuente principal, con una naturaleza transversal, que hilvanará tanto el análisis de las diversas normas, internacionales y nacionales, con la jurisprudencia constitucional y de ejecución de la pena, todas objeto de este trabajo, con la transformación de la realidad en la tutela efectiva de los derechos humanos que a partir de la última se ha producido.

Capitulo I. ¿Qué es el control del convencionalidad?

I. Aspectos preliminares

La suscripción de tratados y convenios compele a los estados firmantes su cumplimiento, esto deriva entre otras normas, de lo dispuesto por la Convención de Viena, también conocida como la Convención sobre los Tratados. Así dice dicho cuerpo normativo internacional en su numeral veintiséis, cuando señala: *"Todo tratado en vigor obliga a las partes y debe ser cumplido por ellas de buena fe"*, dando contenido al principio *pacta sum servanda*, principio que se completa con lo dispuesto en el numeral veintisiete del mismo cuerpo normativo que reza: *"Una parte no podrá invocar las disposiciones de su derecho interno como justificación del incumplimiento de un tratado"*.

A partir de la combinación resultante se observa sin dificultad el origen mismo de la fuerza que las normas convencionales tiene sobre el ordenamiento interno de cada país, el cual se ve obligado, no solo a cumplir sus compromisos sino que además renuncia a la defensa que le provee su propio ordenamiento. A esto lo podemos titular, como lo hace Néstor Pedro Sagüés (2010), como *el fundamento jurídico del control del convencionalidad*, señala Sagüés, *"las razones dadas por la Corte Interamericana para sentar el control de convencionalidad son dos, y ambas de derecho internacional: (i) las obligaciones internacionales deben ser cumplidas de buena fe; (ii) no es posible alegar el derecho interno para incumplirlas, conforme el artículo 27 de la Convención de Viena sobre el derecho de los tratados"* (página 120).

Siguiendo el razonamiento anterior, resulta necesario que las actuaciones del Estado, en principio, se ajusten al espíritu de las normas superiores a sus propio ordenamiento, así lo declara, en el caso en examen, la Convención Americana de Derechos Humanos, denominada también como Pacto de San José cuando señala en sus artículos primero y segundo, *"Los Estados Partes en esta Convención se comprometen a respetar los derechos y libertades reconocidos en ella y a garantizar su libre y pleno ejercicio a toda persona que esté sujeta a su jurisdicción, sin discriminación alguna por motivos de raza, color, sexo, idioma, religión, opiniones políticas o de cualquier otra índole, origen nacional o social, posición económica, nacimiento o cualquier otra condición social. [...] Artículo 2. Deber de Adoptar Disposiciones de Derecho Interno. Si el ejercicio de los derechos y libertades mencionados en el artículo 1 no estuviere ya garantizado por disposiciones legislativas o de otro carácter, los Estados Partes se comprometen a adoptar, con arreglo a sus procedimientos constitucionales y a las disposiciones de esta Convención, las medidas legislativas o de otro carácter que fueren necesarias para hacer efectivos tales derechos y libertades"*; a esto se denomina *"el efecto útil"* que se espera del pacto (Cf con Sagüés, 2010, página 118).

Ahora, el siguiente paso en el razonamiento completa el círculo argumentativo y será, cómo determinar el cumplimiento de las obligaciones indicadas, dónde la respuesta es: mediante el control de convencionalidad. Esto, dicho de otra manera y en palabras de Roselia Bustillos Marín, el control de convencionalidad es, *"la revisión que debe hacerse para constatar que la conducta de los órganos que son revisados está de acuerdo con el tratado internacional y demás disposiciones aplicables en el caso en cuestión"* o como lo dicen García y Morales, citados por Bustillos Marín, *"implica valorar los actos de la autoridad interna a la luz del Derecho Internacional de los derechos humanos, expresados en tratados o convenciones e interpretado, en su caso, por los órganos supranacionales que poseen esta atribución. Equivale, en su propio ámbito, al control de constitucionalidad que ejercen los tribunales de esta especialidad (o bien, todos los tribunales en supuestos de control difuso) cuando aprecian un acto desde la perspectiva de su conformidad o incompatibilidad con las normas constitucionales internas"*.

El autor Sergio García Ramírez (2011), quien además formó parte de la elaboración pretoriana del concepto, en su rol de Juez de la Corte Interamericana de Derechos Humanos, ha dicho *"El control de convencionalidad es una expresión o vertiente de la recepción nacional, sistemática y organizada del orden jurídico convencional internacional 'o supranacional"* (página 127).

En síntesis, diremos pues, que el control de convencionalidad resulta, en primer lugar, en el examen de las obligaciones de compatibilidad entre los actos del Estado y sus obligaciones convencionales y en segundo lugar un ejercicio de recepción en el orden interno, del derecho internacional. Dice Nestor Sagüés –citado por García Ramírez (2010) que, *"la doctrina del 'control de convencionalidad', bien instrumentada, puede ser una herramienta provechosa para asegurar la primacía del orden jurídico internacional de los derechos humanos, y edificar un ius commune en tal materia, en el área interamericana"*.

De lo dicho se extrae además dos conceptos adicionales, que ya han sido apuntados por Sagüés, el primero es el material controlante, que *"está conformado por las cláusulas del Pacto de San José de Costa rica, más la exégesis que de ellas ha hecho la Corte Interamericana"*, apunta el autor de comentario que, la introducción como material controlante de la exégesis de la Corte Interamericana, se produce *"una interpretación mutativa por adición realizada sobre el Pacto por la Corte Interamericana, en su condición de intérprete definitiva del mismo (art. 67). El tribunal ha agregado algo al contenido inicial del Pacto, aunque el texto literal de éste no ha variado"* (página 125). Lo que supone es que el país al aceptar la competencia de la Corte Interamericana y sus interpretaciones, acepta una condición normativa dinámica, que se produce sobre un texto estático; lo que habla, evidencia, la naturaleza progresiva que entraña el sistema interamericano de protección de derechos humanos.

II. Sobre la forma en que se ejerce el control de convencionalidad, concentrado y difuso

Ya se ha dicho claramente que entendemos por control de convencionalidad y ahora se debe profundizar en un aspecto esencial para la tesis que se propone aquí, y es ¿quién está legitimado para ejercer dicho control? La respuesta pasa por la diferencia entre la definición de control concentrado y control difuso de convencionalidad.

Para autores como García Ramírez y Néstor Pedro Sagüés debe entenderse la existencia de un control de una dimensión doble, por un lado la dimensión externa, propia u original y, por otro lado, la dimensión interna. Sobre la dimensión externa, dice el primero que, *"recae en el tribunal supranacional llamado a ejercer la confrontación entre actos domésticos y disposiciones convencionales, en su caso, con el propósito de apreciar la compatibilidad entre aquéllos y éstas – bajo el imperio del derecho internacional de los derechos humanos –, y resolver la contienda a través de la sentencia declarativa y condenatoria que, en su caso, corresponda. En definitiva, ese control incumbe, original y oficialmente, a la Corte Interamericana de Derecho Humanos cuando se trata de examinar casos de los que aquélla conoce y a los que aplica normas conforme a su propia competencia material"* (página 126), mientras que el segundo propone en sentido similar, pero bajo la denominación de "control de convencionalidad internacional". Dice Sagüés: *"[…] la Corte Interamericana hace control de convencionalidad cuando en sus veredictos ella descarta normas locales, incluso constitucionales, opuestas al Pacto de San José de Costa rica. A eso se lo ha denominado 'control de convencionalidad en sede internacional', para diferenciarlo del que imperativamente asigna a los jueces domésticos en 'Almonacid Arellano' y los demás fallos […]".*

En lo que respecta al control interno, se refiere al ejercicio reservado a los jueces y tribunales nacionales, señala Ramírez García (2011), lo siguiente, *"cuando menciono el control interno de convencionalidad me refiero a la potestad conferida o reconocida a determinados órganos jurisdiccionales – o a todos los órganos jurisdiccionales, como infra veremos – para verificar la congruencia entre actos internos – así, esencialmente, las disposiciones domésticas de alcance general: Constituciones, leyes, reglamentos, etcétera– con las disposiciones del derecho internacional –que en la hipótesis que me interesa reduciré a una de sus expresiones: el derecho internacional de los derechos humanos, y más estrictamente el derecho interamericano de esa materia"* (página 127).

En la propuesta referida (en donde existe un control externo y un control externo) tendríamos que decir, en primer lugar, que el control internacional es siempre control concentrado, mientras que en el control interno o local, se podrían presentar ambas hipótesis, de acuerdo a la legislación vigente, lo que se abordará con mayor detalle adelante por ser el centro de nuestra tesis. Sin embargo, la autora Bustillo Marín, sostiene que debe hablarse de control concentrado únicamente en aquellos casos en que es ejercido por la Corte Interamericana de Derechos humanos, reservando la denominación de control difuso para los supuestos de control interno, con independencia de quien lo ejerza. Dice la autora de comentario, *"Así, el control de convencionalidad se parte en dos tipos distintos, que son llevados a cabo por dos órganos distintos: el primero es el control concentrado de convencionalidad, que realiza únicamente la Corte Interamericana; el segundo es el control difuso de convencionalidad, que realizan los Estados, en el ámbito de sus competencias a través de todas sus autoridades."* (página 7). Esta concepción, como se verá más adelante, es cercana a lo que proponemos.

La autora recién citada agrega, que debe contemplarse además dos maneras de ejercer el control – sea concentrado o difuso – a saber *"la primera es el control "concreto" de convencionalidad; la segunda es el control "abstracto" de convencionalidad. Estas dos formas de control se dirigen a dos tipos de disposiciones: el control "concreto" se realiza sobre normas o leyes que ya han sido aplicadas a casos particulares y en los que se considera existe una violación de derechos por la aplicación de la norma; el control "abstracto" se realiza sobre normas o leyes que aún no han sido aplicadas a un caso concreto, pero que se considera violan derechos por su simple existencia"* (página 9).

La labor que realiza la Corte Interamericana de Derechos Humanos será, fuera de toda discusión, control concentrado, del orden internacional. La discusión se centra en el ámbito interno; como se expondrá la analizar las sentencias del Tribunal Internacional, se parte de que todos los jueces locales deben ajustar el examen de los asuntos sometidos a su conocimiento, al tamiz del articulado convencional y los criterios vertidos por la Corte Interamericana. Sin embargo, dicho enunciado no es del todo pacífico y plantea, desde ya y hablando desde el punto de vista formal todo un tema, dice Néstor Pedro Sagüés, en el texto "Obligaciones Internacionales y Control de Convencionalidad (2010), que, *"Cabría concluir, entonces, que en un Estado como el que aludimos, el juez del Poder Judicial incompetente para realizar el control de constitucionalidad, que considere que puede haber en un caso sometido a su decisión un problema de 'convencionalidad', deberá remitir los autos al tribunal habilitado para ejercer el control de constitucionalidad, mediante el conducto procesal adecuado, a fin de que sea éste quien realice eventualmente la simultánea revisión de convencionalidad […]"* lectura que nos cuestionamos en el presente trabajo, llevando el razonamiento al punto de decir, para el caso de la inexistencia de jueces autorizados al siguiente resultado *"si en un Estado concreto hay jueces inhabilitados por el ordenamiento local para verificar el control de constitucionalidad (y, por ende, en principio, el de convencionalidad), y no existen caminos procesales para remitir la litis a quien sí está autorizado a practicarlo, caben estas alternativas: (i) como ruta más preferible, consumar una reforma, constitucional o legislativa según el caso, para resolver el problema; (ii) mientras ella no se practique, reconocer pretorianamente a todos los jueces aptitud para instrumentar el control de convencionalidad (solución del "control difuso"), o (iii) diseñar –pretorianamente también– un mecanismo de elevación del caso al órgano constitucionalmente programado para operar el control de constitucionalidad. Estas vías pretorianas no resultan anómalas para asegurar el efecto útil (effet utile) de la Convención Americana sobre derechos Humanos, a tenor del art. 2o de la misma"* (página 122).

El examen de convencionalidad difuso, para ser ejecutado requiere una serie de pasos que son reseñado de la siguiente manera por Bustillos Marín, *"1. Partir del principio de constitucionalidad y de convencionalidad de la norma nacional; 2. Realizar la "interpretación" de la norma nacional conforme a la Constitución y a los parámetros convencionales; 3. Optar por la interpretación de la norma más favorable y de mayor efectividad en la tutela de los derechos y libertades en aplicación del principio pro homine o favor libertatis previsto en el artículo 29 de la CADH; 4. Desechar las interpretaciones incompatibles o de menor alcance protector; 5. Sólo cuando no pudiera lograrse interpretación constitucional y convencional conforme, debería desaplicar la norma nacional o declarar su invalidez, según la competencia asignada por la Constitución y las leyes nacionales"* (página 17).

Habiendo planteado, nuestra compresión del control de convencionalidad como la herramienta de optimización de los actos del Estado frente a los compromisos adquiridos frente a las corrientes ideológicas de los derechos humanos, establecido que fue que dicho ejercicio de control es realizado tanto en el ámbito internacional como nacional, mediante las formas concretas y abstractas de control concentrado y difuso y puesto sobre la mesa de trabajo que el conflicto que se examina se presenta en la actividad de control interno, sobre quién debe llevar adelante dicho ejercicio de poder, resulta conveniente revisar lo dicho por la Corte Interamericana de Derechos Humanos, en la elaboración de la doctrina del Control de Convencionalidad, para luego confrontar esto con la situación costarricense.

Capitulo II. Sobre la jurisprudencia de la Corte Interamericana de Derechos Humanos

La doctrina del control de la convencionalidad de los actos del Estado, en el contexto americano, tiene su origen en el trabajo interpretativo de la Corte Interamericana de Derechos Humanos, quien a través de su jurisprudencia la ha desarrollado, en busca de *"un dato relevante para la construcción y consolidación de ese sistema y ese orden, que en definitiva se traducen en el mejor imperio del Estado de derecho, la vigencia de los derechos y la armonización del ordenamiento regional interamericano (puesto que me estoy refiriendo al control ejercido con base en instrumentos de esta fuente) con vistas a la formación de un ius commune del mismo alcance geográfico-jurídico"* (Ramírez García, página 127).

La labor analítica que ha realizado la Corte Interamericana se basa en el fundamento jurídico recién reseñado líneas atrás y siguiendo los principios *pro homine* y de progresividad. El primero, con fundamento en el numeral veintinueve de la Convención Americana de Derechos Humanos que en lo que interesa señala: *"Artículo 29. Normas de Interpretación. Ninguna disposición de la presente Convención puede ser interpretada en el sentido de: a) permitir a alguno de los Estados Partes, grupo o persona, suprimir el goce y ejercicio de los derechos y libertades reconocidos en la Convención o limitarlos en mayor medida que la prevista en ella; b) limitar el goce y ejercicio de cualquier derecho o libertad que pueda estar reconocido de acuerdo con las leyes de cualquiera de los Estados Partes o de acuerdo con otra convención en que sea parte uno de dichos Estados [...]"*, el segundo, de progresividad, según lo dispuesto en el numero veintinueve del Pacto de San José, pero en los incisos "c" y "d" que rezan: *"c) excluir otros derechos y garantías que son inherentes al ser humano o que se derivan de la forma democrática representativa de gobierno, y d) excluir o limitar el efecto que puedan producir la Declaración Americana de Derechos y Deberes del Hombre y otros actos internacionales de la misma naturaleza."* Este último es fundamental en nuestra hipótesis inicial, que señala que la complejidad del entramado social exige una constante y ascendente línea evolutiva también del derecho.

Si bien la Corte Interamericana de Derechos Humanos ha incluido el tema del control de convencionalidad en numerosas sentencias, se pueden ubicar dos fallos que cumplen una tarea de "punta de lanza" y en los cuales ha sido el tema central al resolver la *litis*. El primero de ellos es el caso denominado por la propia Corte como Almonacid Arellanos y Otros Vs. Chile (2006) y el segundo el caso denominado como *Trabajadores Cesados del Congreso (Aguado Alfaro y otros) vs. Perú* (2006). En ambos casos se realizará una breve síntesis de los hechos que dieron origen al caso de Comisión Interamericana de Derechos Humanos, se expondrán las conclusiones a las que llega la Corte y, por último, se detallarán los aportes a la doctrina del control que venimos desarrollando.

I. El caso Almonancid Arellanos y Otros Vs. Chile, un caso fundacional

I.I. Antecedente histórico

El fallo Almonacid Arellanos y Otros Vs. Chile, se puede considerar el voto más relevante, en lo que respecta a la discusión del control de convencionalidad en el Sistema Interamericano de Derechos Humamos.

La resolución fue dada el veintiséis de septiembre de dos mil seis y su origen se encuentra en el reproche contra el Estado Chileno por parte de *"la Comisión* –Interamericana de Derechos Humanos quien – *presentó la demanda en este caso con el objeto de que la Corte decidiera si el Estado violó los derechos consagrados en los artículos 8 (Garantías Judiciales) y 25 (Protección Judicial) de la Convención Americana, en relación con la obligación establecida en el artículo 1.1 (Obligación de Respetar los Derechos) de la misma, en perjuicio de los familiares del señor Luis Alfredo Almonacid Arellano. Asimismo, la Comisión solicitó a la Corte que declare que el Estado incumplió con la obligación emanada del artículo 2 (Deber de adoptar disposiciones de derecho interno) de la Convención".* (ver Sentencia de la Corte Interamericana de Derechos Humanos del veintiséis de setiembre de dos mil seis, caso Almonacid Arellanos y Otros Vs. Chile, sección I apartado 2).

Los actos objeto de examen se refieren a la falta de investigación de la ejecución extrajudicial del Ciudadano Almonacid Arellano durante la dictadura militar, al amparo del "Decreto Ley" 2.191 de 1978 denominada "ley de amnistía", según la cual se concedió "[…]*amnistía a todas las personas que, en calidad de autores, cómplices o encubridores hayan incurrido en hechos delictuosos, durante la vigencia de la situación de Estado de Sitio, comprendida entre el 11 de Septiembre de 1973 y el 10 de Marzo de 1978, siempre que no se encuentren actualmente sometidas a proceso o condenadas"* (Artículo 1).

El periodo en cuestión da inicio con el golpe de estado del once de setiembre del año mil novecientos setenta y tres, cuando es asesinado el Presidente democráticamente electo Salvador Allende Gossens, momento en el que una junta de gobierno asume el control del país, *"dotada de 'de una suma de poderes jamás vista en Chile. Su titular no sólo gobernaba y administraba el país, sino que además integraba y presidía la Junta de Gobierno –y, por ende, no se podía legislar ni reformar la Constitución sin El– y comandaba todo el Ejército"* (Cf. Ob. cit., sección VII, apartado 82.3).

La Junta de Gobierno utilizó como herramienta política la violencia, descrita por el Tribunal Interamericano en la resolución de comentario afirmando que, *"La represión* […] –fue– *dirigida a las personas que el régimen consideraba como opositoras (infra párr. 82.6), como política de Estado, operó desde ese mismo día hasta el fin del gobierno militar el 10 de marzo de 1990, 'aunque con grados de intensidad variables y con distintos niveles de selectividad a la hora de señalar a sus víctimas'. Esta represión estuvo caracterizada por una práctica masiva y sistemática de fusilamientos y ejecuciones sumarias, torturas (incluida la violación sexual, principalmente de mujeres), privaciones arbitrarias de la libertad en recintos al margen del escrutinio de la ley, desapariciones forzadas, y demás violaciones a los derechos humanos cometidas por agentes del Estado, asistidos a veces por civiles. La represión se aplicó en casi todas las regiones del país"* (Op. cit., sección VII, apartado 82.4).

Los hechos que dieron origen al pronunciamiento internacional, tienen su génesis en el homicidio del Señor Luis Alfredo Amonacid Arellano ocurrido según tiene por acredito la Corte Interamericana *"el día 16 de septiembre de 1973 fue detenido [el señor Almonacid Arellano, de 42 años de edad,] en su domicilio ubicado en la población Manso de Velasco, por carabineros, quienes le dispararon, en presencia de su familia, a la salida de su casa. Falleció en el Hospital Regional de Rancagua el día 17 de septiembre de 1973"* (Op. cit., sección VII, apartado 82.8).

La historia procesal del antecedente puede observase en la sección VII apartado 82.9 de la sentencia de la Tribunal Interamericano, quien dice: *El 3 de octubre de 1973 el Primer Juzgado del Crimen de Rancagua inició una investigación bajo la causa n. 40.184 por la muerte del señor Almonacid Arellano, la cual fue sobreseída por este Juzgado el 7 de noviembre de 1973. La Corte de Apelaciones de Rancagua revocó tal sobreseimiento el 7 de diciembre de 1973. Desde esa fecha en adelante el caso fue sobreseído una y otra vez por el Juzgado del Crimen, mientras que la Corte de Apelaciones continuó revocando tales sobreseimientos, hasta que el 4 de septiembre de 1974 confirmó el sobreseimiento temporal de la causa"*. Posteriormente en fecha cuatro de noviembre de mil novecientos noventa y dos, se interpuso una querella ante la jurisdicción penal ordinaria que tuvo como primer efecto la reapertura de la causa, iniciando un nuevo periplo de archivos y reaperturas, incompetencias entre la jurisdicción ordinaria y militar hasta que el cinco de diciembre de mil novecientos noventa y seis la Corte Supremo resolvió que la competencia definitiva de la jurisdicción militar (Cf. Ob. cit., sección VII, apartado 82.11 a 82.18) en donde se archivó de forma definitiva el veintiocho de enero de mil novecientos noventa y siete en aplicación del decreto ley 2.191, dicha resolución fue confirmada por la Corte Marcial el veinticinco de marzo de 1998 por voto de mayoría. Esta última decisión fue recurrida ante la Corte Suprema quien declaró extemporáneo este recurso (Cf. Op. cit., sección VII, apartado 82.23).

*I.II. Sobre la sentencia de la Corte Interamericana
y sus razonamientos*

Consideró el Tribunal Interamericano que, el homicidio de Luis Almonacid Arellano constituyó un delito de lesa humanidad, que en la inteligencia de la normativa y doctrina de los Derechos Humanos "*incluyen la comisión de actos inhumanos, como el asesinato, cometidos en un contexto de ataque generalizado o sistemático contra una población civil. Basta que un solo acto ilícito como los antes mencionados sea cometido dentro del contexto descrito, para que se produzca un crimen de lesa humanidad*" (Op. cit., Sección VIII, apartado 96); sentenciando expresamente que "*existe suficiente evidencia para razonablemente sostener que la ejecución extrajudicial cometida por agentes estatales en perjuicio del señor Almonacid Arellano, quien era militante del Partido Comunista, candidato a regidor del mismo partido, secretario provincial de la Central Unitaria de Trabajadores y dirigente gremial del Magisterio (SUTE), todo lo cual era considerado como una amenaza por su doctrina, cometida dentro de un patrón sistemático y generalizado contra la población civil, es un crimen de lesa humanidad*" (Ob. cit., apartado 104); concluyó como corolario de sus valoraciones, en torno al combate contra la impunidad de delitos de tal gravedad que "*[...] los Estados no pueden sustraerse del deber de investigar, determinar y sancionar a los responsables de los crímenes de lesa humanidad aplicando leyes de amnistía u otro tipo de normativa interna. Consecuentemente, los crímenes de lesa humanidad son delitos por los que no se puede conceder amnistía*" (Ob. cit., apartado 114).

Tal y como puede apreciarse del *iter* lógico, seguido por el Órgano Interamericano, se sostiene que el asesinato del Ciudadano Almonicid Arellano es un delito de lesa humanidad y que frente a delitos de lesa humanidad no es posible brindar ningún tipo de fuero o inmunidad, la existencia, validez y vigencia del decreto ley 2.191 entonces entra en una innegable contradicción con el Pacto de San José y la jurisprudencia internacional de los Derechos Humanos.

La contradicción revelada obligó a la Corte Interamericana de Derechos Humanos a referirse a la relación que se establece en virtud de los acuerdos suscritos por los países, entre los destinatarios finales de la protección y los miembros del Estado. El razonamiento seguido sostiene que la vigencia de normativa contraria a la Convención Americana de Derechos Humanos, supone un incumplimiento del Poder Legislativo de frente a la obligación contendida en el artículo dos dicha convención ("*Si el ejercicio de los derechos y libertades mencionados en el artículo 1 no estuviere ya garantizado por disposiciones legislativas o de otro carácter, los Estados Partes se comprometen a adoptar, con arreglo a sus procedimientos constitucionales y a las disposiciones de esta Convención, las medidas legislativas o de otro carácter que fueren necesarias para hacer efectivos tales derechos y libertades*"). Esta actividad que se espera del Estado, tanto la de derogar la normativa que entre en conflicto con el bloque de convencionalidad, como la de legislar a favor de armonizar las obligaciones internacionales del Estado y su normativa, tiene un doble propósito, el cumplimiento del mandato dado en el numeral dos del Pacto San José y el segundo "[...] *facilitar la función del Poder Judicial de tal forma que el aplicador de la ley tenga una opción clara de cómo resolver un caso particular"* (Ob. cit., Sección VIII, apartado 123).

La pregunta que surge de inmediato es ¿qué pasa con los jueces cuando el poder legislativo incumple su obligación? Para la Corte Interamericana, en la sentencia de comentario, este incumplimiento en nada debilita el vínculo de responsabilidad que le compele a abstenerse de aplicar cualquier norma contraria al bloque de convencionalidad, siguiendo la inteligencia del artículo 1.1. de la Convención Interamericana de Derechos Humanos: *"Los Estados Partes en esta Convención se comprometen a respetar los derechos y libertades reconocidos en ella y a garantizar su libre y pleno ejercicio a toda persona que esté sujeta a su jurisdicción [...]"* (Cf. Ob. cit., Sección VIII, apartado 123).

El camino emprendido por el Tribunal Interamericano, conduce necesariamente al establecimiento de un mandato que obliga al aparato jurisdiccional a controlar que los actos que emanan del Estado sean acordes con lo preceptuado por el bloque de convencionalidad, obligando a los estados miembros a instaurar un "control de convencionalidad", en una manifestación de gran trascendencia señaló la Corte Interamericana de Derechos Humanos en el fallo Almonacid Arellano y otros Vs. Chile, lo siguiente: "[...] *el Poder Judicial debe ejercer una especie de "control de convencionalidad" entre las normas jurídicas internas que aplican en los casos concretos y la Convención Americana sobre Derechos Humanos. En esta tarea, el Poder Judicial debe tener en cuenta no solamente el tratado, sino también la interpretación que del mismo ha hecho la Corte Interamericana, intérprete última de la Convención Americana. En esta misma línea de ideas, esta Corte ha establecido que '[s]egún el derecho internacional las obligaciones que éste impone deben ser cumplidas de buena fe y no puede invocarse para su incumplimiento el derecho interno'. Esta regla ha sido codificada en el artículo 27 de la Convención de Viena sobre el Derecho de los Tratados de 1969"* (Op. cit., Apartado 124-125).

Así, la sentencia traída se convierte, en primer mandato concreto dentro del Sistema Interamericano dirigida a los Jueces para que, como parte de una responsabilidad estatal, coadyuven en la armonización del derecho interno con las nuevas exigencias propias del Derecho de los Derechos Humanos.

II. El caso Trabajadores Cesados del Congreso (Aguado Alfaro y Otros) Vs. Perú, algunas precisiones fundamentales

II.I. Antecedentes históricos

En fecha cinco de abril del año de mil novecientos noventa dos, a dos años de haber de asumido la presidencia de la República del Perú, Alberto Fujimori Fujimori, consideró que era necesario realizar un restructuración nacional que requería medidas de excepción, entre ellas "[...] *disolver temporalmente el Congreso de la República[, ...] modernizar la administración pública [y] reorganizar totalmente el Poder Judicial.*" Al día siguiente, con fundamento en el mencionado manifiesto, el señor Fujimori instituyó transitoriamente el llamado "Gobierno de Emergencia y Reconstrucción Nacional" (Sentencia de la Corte Interamericana de Derechos Humanos, del 24 de noviembre de 2006, Caso Trabajadores Cesados del Congreso (Aguado Alfaro y otros).

Dichas medidas, según reconoce el fallo del Tribunal Interamericano, generó un clima de inestabilidad dentro del cual se dio, el dieciséis de abril de mil novecientos noventa y dos el decreto 25438 mediante el cual se constituyó una "comisión administradora" que tendría como propósito, entre otros, adoptar las medidas administrativas y dictar las acciones de personal que fueran necesarias para la realización de los planes de restructuración del aparato estatal.

En fecha seis de mayo de mil novecientos noventa y dos, mediante el decreto ley 25477 se comunicó la creación de un plan para la racionalización del administrativa de debería tener una duración de cuarenta y cinco días, lo que incluyó el decreto ley 25640 que autorizó la aplicación de plan con el personal del Congreso de la República (Cf. Ob. cit., Apartado VII, secciones 89.7 a 89.9).

De especial relevancia para el fallo que ahora comentamos, resultan los artículos nueve y diez del decreto ley 25640 que disponía: "*Artículo 9. No procede la acción de amparo dirigida a impugnar directa o indirectamente la aplicación del presente Decreto Ley. Artículo 10. Deróganse o déjanse en suspenso según el caso, las disposiciones que se opongan al presente Decreto Ley*"; normas que a todas luces conculcaban el acceso de los Ciudadanos que podían verse afectados por las decisiones derivadas de él, para acceder a mecanismos de control jurisdiccional de dichos actos.

Para el seis de noviembre de mil novecientos noventa y dos, se dictaron las resoluciones "1303-A-92-CACL, publicada el 31 de diciembre de 1992, mediante la cual fueron cesados 'por causal de reorganización' los trabajadores que 'decidieron no inscribirse al Concurso de Méritos y/o a quienes habiéndose inscrito no rindieron los exámenes correspondientes', y b) Resolución n. 1303-B-92-CACL, publicada el 31 de diciembre de 1992, mediante la cual fueron cesados 'por causal de reorganización y racionalización' los trabajadores 'que no alcanzaron plaza vacante en el Cuadro para Asignación de Personal – CAP del Congreso de la República" (Ob. cit., sección 89.12-13). En total y como producto de dichas políticas, fueron cesados 1110 funcionarios y servidores del Congreso – entre ellos las 257 personas cuyos casos fueron conocidos por la Corte Interamericana (Cf. Ob. cit., sección 89.13).

El desarrollo de los acontecimientos llevo a los trabajadores cesados a interponer en "los primeros días de enero de 1993 algunos trabajadores cesados presentaron un recurso de reconsideración ante el Presidente del llamado Congreso Constituyente Democrático, el cual 'no fue atendido'. Posteriormente, dichos trabajadores presentaron un recurso de apelación 'que tampoco fue atendido'. Luego les fue 'ext[endida] la Resolución 1534-93-CCD/OGA-OPER y otras más, mediante las cuales se declara[ron] improcedentes sus medios impugnatorios en única y definitiva instancia, sin pronunciarse sobre el fondo de los mismos"(Cf. Ob. cit., sección 89.15-16). Tres meses más tarde, "el 23 de marzo de 1993 la Resolución n. 052-93-CD/CCD 'encargó a la Dirección Ejecutiva de Personal para que suscrib[iera], en única y definitiva instancia, las resoluciones correspondientes a los recursos impugnativos que present[ara]n los ex – servidores del Congreso de la República contra los efectos de las resoluciones emitidas por la Comisión Administradora [...] en el proceso de reorganización' [...]. La Resolución n. 840-94-CCD/G.RRHH de 26 de septiembre 1994 emitida por el llamado Congreso Constituyente Democrático, con base en la Resolución n. 052-93-CD/CCD y en los artículos 100 y 102 del Decreto Ley n. 26111 (Ley de Normas Generales de Procedimientos Administrativos), consideró que 'habiéndose declarado en forma individual la improcedencia de los recursos impugnativos planteados por el aludido grupo de ex – servidores, por encargo de la más alta instancia administrativa del Congreso Constituyente Democrático, resulta, en consecuencia, inadmisible el trámite de nuevos recursos impugnativos respecto de los mismos actos administrativos"(Cf. Ob. cit., sección 89.19).

El camino seguido por los ciudadanos afectados, resulta esencial describirlo ya que, "El 2 de marzo de 1995 veinte trabajadores cesados presentaron una acción de amparo ante el Vigésimo Octavo Juzgado Especializado en lo Civil de Lima. [...] Dicho Juzgado, mediante sentencia de 26 de junio de 1995, declaró fundada la demanda e inaplicables las Resoluciones 1303-A-92-CACL y 1303-B-92-CACL de 6 noviembre de 1992. En consecuencia, el Juzgado ordenó que se repusiera a los demandantes en los cargos que ocupaban al momento de la afectación del derecho" (Ob. cit., Secciones 89.21–22).

Esa decisión jurisdiccional, fue recurrida y "el 21 de febrero de 1996 la Quinta Sala Civil de la Corte Superior de Justicia de Lima revocó la sentencia apelada por el Procurador Público, la reformó y declaró 'improcedente en todos sus extremos la acción de amparo interpuesta' por los trabajadores cesados" (Ob. cit., Sección 89.25).

II.II. Sobre la sentencia de la Corte Interamericana y sus razonamientos

La decisión de la Corte Interamericana de Derechos Humanos, recordó que los Estados parte "[...] están obligados a suministrar recursos judiciales efectivos a las víctimas de violaciones de los derechos humanos (artículo 25), recursos que deben ser sustanciados de conformidad con las reglas del debido proceso legal (artículo 8.1), todo ello dentro de la obligación general, a cargo de los mismos Estados, de garantizar el libre y pleno ejercicio de los derechos reconocidos por la Convención a toda persona que se encuentre bajo su jurisdicción (artículo 1.1). [...] El Tribunal recuerda que el Derecho Internacional de los Derechos Humanos tiene por fin proporcionar al individuo medios de protección de los derechos humanos reconocidos internacionalmente frente al Estado" (Ob cit., Apartado VIII, Sección 106 -107).

Como parte de las contextualizaciones hechas en el fallo, se advirtió que la independencia e imparcialidad del Tribunal Constitucional, como una de las instituciones democráticas que garantizan el estado de derecho, se vieron coartadas con la destitución de algunos de sus magistrados, lo que "conculcó erga omnes la posibilidad de ejercer el control de constitucionalidad y el consecuente examen de la adecuación de la conducta del Estado a la Constitución" (Ob. cit., Sección 109); señalamiento que consideramos esencial en nuestra argumentación en contra de limitar el examen de convencionalidad a determinados Órganos por oposición al método difuso.

En su decisión manifestó el Tribunal Interamericano que, "la prohibición de impugnar los efectos del Decreto Ley n. 25640, contenida en el artículo 9 señalado, constituye una norma de aplicación inmediata, en tanto sus destinatarios se ven impedidos ab initio de impugnar cualquier efecto que estimaren perjudicial a sus intereses. La Corte estima que una normativa que contenga una prohibición de impugnar los eventuales efectos de su aplicación o interpretación no puede ser considerada en una sociedad democrática como una limitación válida al derecho a un real y efectivo acceso a la justicia de los destinatarios de esa normativa, el cual, a la luz de los artículos 8 y 25 de la Convención, en relación con los artículos 1.1 y 2 de la misma, no puede ser arbitrariamente restringido ni reducido o derogado" (Ob. cit., Sección 119).

Por último, parte de la riqueza del fallo de comentario, consiste en que reconoce la restricción efectiva de los derechos de los ciudadanos pero lo hace diciendo: *"Cuando un Estado ha ratificado un tratado internacional como la Convención Americana, sus jueces también están sometidos a ella, lo que les obliga a velar porque el efecto útil de la Convención no se vea mermado o anulado por la aplicación de leyes contrarias a sus disposiciones, objeto y fin"* (Ob. cit., sección 128), lo que constituye una ratificación de la doctrina del control de convencional pero delineando mejor sus contornos, al considerar que se trata de una actividad que está llamada a la oficiosidad cuando se requiera. Dice la Corte de seguido: *"En otras palabras, los órganos del Poder Judicial deben ejercer no sólo un control de constitucionalidad, sino también 'de convencionalidad' ex officio entre las normas internas y la Convención Americana, evidentemente en el marco de sus respectivas competencias y de las regulaciones procesales correspondientes"* (Ob. cit., sección 128, el resalto no es propio del original).

A manera de síntesis del caso, se debe indicar que este fallo ratifica la obligación de ejercer un control de convencionalidad, incluso de oficio, idea que es desarrollada a partir de esta resolución; pero mantiene un tono conservador que limita la aplicación plena de la doctrina, si bien se comprende la cautela y el cuidado con el que avanza la Corte Interamericana, como se dirá adelante resulta en un sistema de difícil acceso una limitación innecesaria para los ciudadanos. El temor de comprometer lo conseguido se sintetiza en las palabras del Juez Sergio Garcia (2011): *"Un paso en falso de la jurisdicción interna en el terreno del debido proceso —precisamente a propósito de la figura del juez natural – comprometería o dês– acreditaría el control interno de convencionalidad: más aún, incrementaría los puntos cuestionables ante la justicia supranacional; primero, la confrontación entre el acto combatido y la norma internacional, y luego la inoperancia del juzgador que se avino a ejercer, de oficio, un control de convencionalidad, cuyo primer tema es la incompetencia de quien preside la investigación y el proceso"* (página 150). Ni la tesis indicada ni el temor, lo compartimos.

Capítulo III. El estado actual del control de convencionalidad y constitucionalidad en Costa Rica

I. La legislación vigente, la jurisprudencia local y los cuerpos responsables de su aplicación

En Costa Rica, la organización judicial está estructurada de manera vertical y a partir de tres cuerpos normativos; La Constitución Política de la Republica (1949), La Ley de la Jurisdicción Constitucional (1989) y la Ley Orgánica del Poder Judicial (1993). La actividad jurisdiccional es ejercida por cuatro cámaras independientes entre sí (según sus propias competencias materiales, una sala civil, una sala social, una sala de lo penal y una sala de constitucional), cuyos miembros (veintidós en total) conforman "La Corte Suprema de Justicia" (artículo 156, Constitución Política), cuerpo de administración del que dependen todos los Tribunales y que ejerce la jurisdicción en casos excepcionales, por ejemplo en el juzgamiento de los miembros de los supremos poderes y en el establecimiento de normas prácticas para interpretación del Código Procesal Penal (Cf. Artículos 393 y 493 respectivamente del Código Procesal Penal de 1996), este órgano tuvo a su cargo además el control de constitucionalidad hasta mil novecientos ochenta y nueve, año de creación de la Sala Constitucional.

Este último tribunal, se encuentra incardinado en el Poder Judicial, integrado por siete miembros titulares y su creación es una de las grandes conquistas en aras del advenimiento del Estado Democrático de Derecho. La Carta Fundamental señala: "*Corresponderá a una Sala especializada de la Corte Suprema de Justicia declarar, por mayoría absoluta de sus miembros, la inconstitucionalidad de las normas de cualquier naturaleza y de los actos sujetos al Derecho Público [...]*" (artículo 10).

Su actividad se encuentra regulada en la Ley de la Jurisdicción Constitucional (ley 7135) y expresamente en sus disposiciones preliminares, reconoce como una de sus funciones esenciales, "[...] *garantizar la supremacía de las normas y principios constitucionales y del Derecho Internacional o Comunitario vigente en la República, su uniforme interpretación y aplicación, así como los derechos y libertades fundamentales consagrados en la Constitución o en los instrumentos internacionales de derechos humanos vigentes en Costa Rica*" (artículo 1), estableciendo como parte de su propia naturaleza el ejercicio del control de constitucionalidad y de convencionalidad.

El numeral octavo de la Ley Orgánica del Poder Judicial establece que, "Los funcionarios que administran justicia no podrán: 1. Aplicar leyes ni otras normas o actos de cualquier naturaleza, contrarios a la Constitución Política o al derecho internacional o comunitario vigentes en el país. Si tuvieren duda sobre la constitucionalidad de esas normas o actos, necesariamente deberán consultar ante la jurisdicción constitucional. Tampoco podrán interpretarlos ni aplicarlos de manera contraria a los precedentes o la jurisprudencia de la Sala Constitucional".

Como precisión debe indicarse que para los efectos del presente trabajo el establecimiento del tipo de control – sea concentrado o difuso – que debe ejercerse en Costa Rica es fundamental, toda vez que por la redacción del artículo que faculta al Tribunal Constitucional para ejercer dicho control supone que es tanto para el examen de constitucionalidad como para el examen de convencionalidad, por lo que si se entendiera que se trata de sistema concentrado, éste órgano sería el responsable último de controlar la convencionalidad de los actos del Estado.

En el año de mil novecientos noventa y cuatro, se planteó ante la Sala de lo Constitucional la discusión de manera frontal, mediante una consulta facultativa, se refería a si el párrafo final de artículo 8 de la ley 7333 resultaba contrario al planteamiento concentrado de la norma constitucional, al permitir el control del juez en caso de que no tuviera dudas de la constitucionalidad o la inconstitucionalidad de una norma dada. La consulta se evacuó mediante una importante sentencia que determinó que debía entenderse como una competencia exclusiva de la Sala el análisis de nuevos supuestos y que la jurisdicción ordinaria sólo puede ejercer alguna forma de control en aquellos casos en que la aplicación de los precedentes de la propia Sala Constitucional lo permitan (voto 1185 de la Sala Constitucional de la Corte Suprema de Justicia de las catorce horas y treinta y tres minutos del día dos de marzo de mil novecientos noventa y cinco).

De la sentencia indicada resulta destacable señalar que se trata de un voto de mayoría, en el que el voto disidente sostuvo que en nuestro país con la entrada en vigencia del artículo ocho de la ley setenta y tres treinta y tres se "[...] *establece una Justicia Constitucional difusa, paralela y concurrente con la concentrada en la Jurisdicción Constitucional, a cargo de esta Sala*" (Ob. cit., voto salvado de los Magistrados Piza Escalante y Mora Mora).

La doctrina del control concentrado, como llamaremos la posición tomada por la mayoría de la Sala, sostiene que "[...] no es inconstitucional el inciso 1) del artículo 8 de la Ley Orgánica del Poder Judicial, siempre que se interprete que veda al juez del orden común capacidad para desaplicar normas o actos inconstitucionales con carácter 'in casu et inter partes', pero permitiéndole consultar a la Sala Constitucional cuando tenga duda fundada de la constitucionalidad de la norma o acto aplicable al caso concreto. [...] Finalmente, no es inconstitucional el párrafo final del inciso 1) del artículo 8 de la Ley Orgánica del Poder Judicial, que obliga a los jueces a interpretar o aplicar normas o actos a un caso concreto, de conformidad con los precedentes o jurisprudencia de la Sala Constitucional"(voto 1185 de la Sala Constitucional de la Corte Suprema de Justicia de las catorce horas y treinta y tres minutos del día dos de marzo de mil novecientos noventa y cinco).

La doctrina del control difuso, suscrita en el voto de minoría argumenta que, "[...]no es posible entender el párrafo consultado (1 del inciso 1 del artículo 8 de la Ley Orgánica del Poder Judicial) como lo hace la mayoría, sino en su claro sentido literal, como consagraSión (SIC) de un sistema 'difuso' de control de constitucionalidad, conforme al cual todos los administradores de justicia tienen el poder-deber, no sólo de interpretar todo el ordenamiento a la luz de las normas, principios y valores que constituyen globalmente el Derecho de la Constitución, sino también de aplicar estos últimos de manera directa y normal, como sistema de normas, principios y valores jurídicos supremos, vinculantes por sí mismos para todas las autoridades y personas, públicas o privadas, incluso desaplicando, no anulando, para el caso concreto, no erga omnes, las leyes o cualesquiera otras normas o actos que consideren incompatibles con ellos". Continua el fallo disidente el exposición de sus motivos señalando que, " [...] el párrafo 2 del mismo inciso debe también entenderse y aplicarse en su sentido literal, de que los administradores de justicia deben consultar a la Sala Constitucional sobre la constitucionalidad de las normas o actos que hayan de aplicar o de los actos o conductas u omisiones que deban juzgar en los casos sometidos a su conocimiento (art. 102.1 Ley de la Jurisdicción Constitucional), cuando tuvieren 'dudas fundadas' sobre su constitucionalidad, no la 'convicción de su inconstitucionalidad', de manera que, en definitiva, lo que hace el sistema es dar al Juez las tres posibilidades que menciona la sentencia (Cons.VIII), pero que para nosotros son igualmente válidas: a) Si tiene la convicción de que la norma o acto es constitucional, debe aplicarlo, simplemente, desde luego bajo su responsabilidad y sin perjuicio de que pueda la Sala anularlo después, erga omnes, por inconstitucionalidad; b) Si tiene dudas fundadas sobre su constitucionalidad, motu proprio o porque le sean planteadas por alguna parte interesada, debe formular a la Sala la correspondiente consulta judicial; o c) Si tiene, en cambio, la certeza o la convicción de su inconstitucionalidad, sencillamente debe desaplicarlo, optando por la norma de mayor rango, que es, precisamente, la del Derecho de la Constitución" (voto 1185 de la Sala Constitucional de la Corte Suprema de Justicia de las catorce horas y treinta y tres minutos del día dos de marzo de mil novecientos noventa y cinco, voto salvado de los Magistrados Piza Escalante y Mora Mora).

El tema fue tratado nuevamente durante el año mil novecientos noventa y seis, en casos similares señalando en esas oportunidades "[...] *la Sala ha definido, con el valor vincular erga omnes de sus precedentes y jurisprudencia (artículo 13 de la Ley de la Jurisdicción Constitucional), los alcances de dicha sujeción con respecto a los tribunales de justicia, a los que corresponde el ejercicio universal y exclusivo de la función jurisdiccional (ver sentencia # 1148-90 de las 17:00 horas del 21 de setiembre de 1990), como sigue: a) El Derecho de la Constitución les vincula directamente, y así deben aplicarlo en los casos sometidos a su conocimiento, sin necesidad de leyes u otras normas o actos que lo desarrollen o hagan aplicable, lo mismo que deben interpretar y aplicar todo el resto del ordenamiento en estricta conformidad con sus normas y principios; b) Sin embargo, al hacerlo no pueden desaplicar, por su propia autoridad, leyes u otras normas que consideren inconstitucionales, en cuyo caso deberán formular ante la Sala la correspondiente consulta judicial de constitucionalidad, en la forma prevista por los artículos 102 de la Ley de la Jurisdicción Constitucional y 8° inciso 1°, párrafo 2° de la Ley Orgánica del Poder Judicial; c) Lo anterior, salvo que existan precedentes o jurisprudencia de esta Sala Constitucional, los cuales sí deberían acatar, incluso cuando para hacerlo deban desaplicar leyes u otras normas que resulten incompatibles con ellos (ver sentencia 1185-95 de las 14:33 horas del 22 de marzo de 1995, precisamente sobre la constitucionalidad del citado artículo 8 de la Ley Orgánica del Poder Judicial. Está claro que el Juez del orden común ostenta esa facultad, siempre y cuando los 'precedentes' y la 'jurisprudencia' constitucionales permitan el encuadramiento del nuevo caso sub judice, pues tal es el propósito de la norma contenida en el artículo 8.1, párrafo final, de la Ley Orgánica del Poder Judicial."* (Sentencia 3035-96 de la Sala Constitucional de la Corte Suprema de Justicia, de las diez horas cincuenta y un minutos del veintiuno de junio de mil novecientos noventa y seis, lo resaltado no es propio del original), tesis que sostuvo sistemáticamente también en los votos 3036 de 1996 y 3038 de 1996).

Por un periodo largo discusión pareció haberse zanjado por la fuerza, vinculante de la Alta Cámara, sin embargo en reciente voto, y al referirse explícitamente al control de convencionalidad ha dicho el Tribunal Constitucional que, *"En el caso de los tribunales nacionales, el control de convencionalidad les permite mantener un diálogo constante entre los sistemas nacionales de protección de derechos humanos y los sistemas internacionales. En el caso de la jurisdicción de familia, los jueces de la República, deben ejercer ese control de convencionalidad y aplicar las normas y principios contenidos en los instrumentos internacionales de derechos humanos, para que se pueda hacer efectivo el principio universal según el cual la infancia tiene derecho a cuidados y asistencia especiales y los niños deben recibir la protección y la asistencia necesarias para lograr un adecuado desarrollo de su personalidad, de manera que posteriormente puedan asumir plenamente sus responsabilidades en la comunidad, como individuos independientes, imbuidos del espíritu de paz, dignidad, tolerancia, libertad, igualdad y solidaridad [...]"* (Resolución 6120 de la Sala Constitucional de la Corte Suprema de Justicia a las quince horas cinco minutos del ocho de mayo de dos mil trece), esta nueva posición tomada con la ventajosa posición que ofrece el matiz de discutir por separado ambos controles – Constitucional y Convencionalidad y siendo posterior a los contundentes pronunciamientos de la Corte Interamericana de Derechos Humanos.

En síntesis podemos concluir que históricamente se ha interpretado que el control de constitucionalidad y convencionalidad, sólo puede ser ejercido por la Sala Constitucional y si los Jueces de la Jurisdicción Ordinaria consideran que una determinada norma es contraria a la Constitución o las Convenciones que en materia de Derechos Humanos ha suscrito el país, es menester formular consulta a dicho Tribunal, a excepción de que sea posible aplicar un precedente de esa Sala sin necesidad de hacer una nueva consulta.

Sin embargo, dicha interpretación ha sido cuestionada desde su origen y en la actualidad incluso ha sido expresamente rechazada en casos concretos – en temas de convencionalidad – como vimos recién.

Capitulo IV. ¿El control de concentrado o difuso? Nuestra lectura desde la cotidianeidad

Desde el inicio del texto hemos tomado partido, señalando que el momento histórico que se presenta hoy no admite respuestas simples y no debería tampoco contentarse con falacias de autoridad. Un entramado social que cada vez reúne mayores grupos humanos y que entre grupo y grupo aumenta los momentos de coincidencia y desencuentro, todo a la velocidad de un correo electrónico, una publicación *on line*, por ejemplo.

El control de convencionalidad es, en ese entorno, un punto de quiebra, en el cual el estado moderno se enfrenta con mucha mayor frecuencia a sus propios límites y es en el constante encuentro con dichos límites que, en nuestro juicio, se pueden producir mayores avances en la instauración de propuestas cada vez más democráticas de organización social.

De todo lo expuesto derivamos algunas premisas fundamentales; en primer lugar decimos que existe una necesidad de que el aparato jurisdiccional controle los actos del Estado a luz de aquel conjunto de normas e interpretaciones que mejor favorezca al ciudadano en su condición de individuo. Esta posibilidad supone que los conflictos sean resueltos en el extremo de mayor madurez normativa – política posible (en relación con el diagrama presentado anteriormente).

Como segunda premisa se extrae que, de las diversas formas de control de convencionalidad, el control difuso es el que mejor cumple el cometido de materializar la protección que ofrecen los derechos humanos, como proyecto ideológico, en la actividad cotidiana del ciudadano. Una característica común, entre los casos Almonacid Arellano y Otros Vs. Chile y Trabajadores cesados del Congreso Vs. Perú, es que en diversos momentos a lo largo de los años a los que se vieron obligados a litigar, las partes sometieron en diversas ocasiones sus pretensiones ante un juez que pudo haber resuelto de manera menos compleja y costosa la litis. No está demás recordar aquí que, acceder a la Corte Interamericana de Derechos Humanos no es tarea sencilla, entre otras cosas porque el acceso no es directo sino por medio de la Comisión Americana de Derechos Humanos, cuya sede se encuentra en Los Estados Unidos de America y carece de la capacidad de aceptar todos los conflictos y presentarlos ante la Corte, que también tiene una capacidad limitada de acción operativa. Sin embargo, y al final del día, para el ciudadano común en cualquier rincón de nuestra America Latina resulta impensable llevar sus conflictos al Tribunal Interamericano. En síntesis, a menor cantidad de jueces ejerciendo la vigilancia convencional, mayores posibilidades de que conflictos que debieron ser resueltos de forma inmediata al amparo del contexto amplio de protecciones que brinda el bloque de convencionalidad, se vean resueltos a la luz de perjuicios y legislaciones limitadas y no pocas veces contrarias al espíritu de los derechos humanos.

Dentro de esta segunda premisa, vale la pena mostrar el siguiente caso: en Costa Rica resulta legalmente imposible el matrimonio entre personas del mismo sexo, esto porque el Código de Familia establece que está reservado para uniones de hombre con mujeres. Esta disposición, fuera de la discusión moral o religiosa, plantea una serie de inconvenientes relacionados con el ejercicio de derechos civiles, por ejemplo el que una de las dos personas trabaje y cotice para los regímenes solidarios de salud y pensiones (obligatorios en el país), no le garantiza a la otra atención médica o derecho sobre una futra pensión. Siendo que la discusión a lo interno del país no tiene un horizonte claro, el legislador José María Villalta Florez-Estrada, solicitó introducir una modificación en un texto legislativo que tenía como propósito el llevar favorecer el reconocimiento de uniones de civiles entre personas del mismo sexo.

La ley 9155, vigente desde el ocho de julio de dos mil trece, reza en su artículo cuatro – sobre los derechos de las personas jóvenes – inciso "m" lo siguiente: *"El derecho al reconocimiento, sin discriminación contraria a la dignidad humana, de los efectos sociales y patrimoniales de las uniones de hecho que constituyan de forma pública, notoria, única y estable, con aptitud legal para contraer matrimonio por más de tres años. Para estos efectos, serán aplicables, en lo compatible, los artículos del 243 al 245 del Código de Familia, Ley n. 5476, de 21 de diciembre de 1973, y sus reformas"*. Siendo que las discriminaciones en razón de la orientación sexual son contrarias a la dignidad humana, se abrió un camino para que relaciones entre personas del mismo sexo se consideraran receptoras de los derechos propios de las parejas heterosexuales. La norma generó después polémica y pronto fueron llevados (que se hiciera de conocimiento público) al menos tres demandas requiriéndole a los jueces de familia el reconocimiento del derecho.

En el caso 13-1473-0364-FA tramitado ante el Juzgado de Familia de la Ciudad de Heredia, el Juez consideró que podrían haber roces de inconstitucionalidad y conflictos de convencionalidad ante lo cual, aceptando la tesis del control concentrado, en lugar de resolver la situación jurídica de las personas de una vez, acogiendo o rechazando su petición, eleva una consulta de convencionalidad y constitucionalidad ante la Sala Constitucional, con ello se producen varios efectos, primero se dilata la solución del conflicto, remite de manera indirecta a las víctimas a una vía sin recurso legal previsto (ya que lo resuelto por el Órgano Constitucional carece de recurso); segundo, genera que un conflicto privado sea ventilado públicamente (en virtud de la publicidad que tienen los procesos ante la sala Constitucional) y, por último, expone las pretensiones ante un tribunal al que las partes no han acudido y que en el pasado ha manifestado reiteradamente su posición contraria al matrimonio entre personas del mismo sexo.

Con independencia de lo dicho, se podría pensar que bien que mal, su asunto fue conocido y que el derecho fue discutido. Sin embargo la Sala Constitucional rechazó la consulta por considerar que el juez no había fundamentado adecuadamente su gestión (resolución número 10828 de las quince horas cero minutos del catorce de agosto de dos mil trece). Posteriormente el Juzgado rechazó la pretensión de las partes. El control interno concentrado favorece la reducción de los discursos y en algunos casos podría incluso sepultarlos. Las preguntas son ¿cuál discurso es el excluido? ¿cuál discurso es el privilegiado?

Una tercera premisa que se observa, apunta a que el control de convencionalidad (interno) concentrado, genera escudos invisibles para rehuir discusiones vigentes y esenciales de la vida democrática, reduciendo a un único actor (en Costa Rica sería la Sala Constitucional) la lectura de fenómenos que le pertenecen a una colectividad muy grande.

En este sentido, hay una sentencia especialmente relevante, dictada por un Tribunal de Apelación de Sentencia Penal, en el que se discute sobre la legitimidad de la imposición de una pena ante un hecho "de poca monta", en el que la mayoría del Tribunal sostiene su incompatibilidad con el principio de lesividad. Sin embargo mediante voto salvado o de minoría, sostiene que la resolución ingresa en un campo vedado al Juez Ordinario, ya que se trataría de un ejercicio de control difuso de constitucionalidad, diciendo que *"en este caso se está desconociendo el pronunciamiento constitucional y ejerciendo un control difuso de constitucionalidad en el tanto se desaplica el artículo 208 mencionado"* (sentencia 1588 del Tribunal de Apelación de Sentencia Penal del Segundo Circuito Judicial de San José de las nueve horas cuarenta y cinco minutos del diecinueve de julio de dos mil trece). Como puede verse, se separa un juez de garantías de la discusión sobre las garantías de un ciudadano, cuando en un estado moderno esperaríamos que el administrado tenga que acudir al menor número de instancias para ver su asunto resuelto, pero no solo con una sentencia sino con una sentencia lo suficientemente amplia – en argumentos – y remite a la falacia de autoridad que constituye en casos como éste, la Sala Constitucional.

Sin embargo resta por preguntarse si sería legítimo en Costa Rica que un juez ordinario asumiera el ejercicio en un caso concreto de hacer control de constitucionalidad y convencionalidad. Como se expuso en el capítulo precedente, si es posible. Ello por cuanto es la Sala Constitucional, quien en decisiones divididas ha establecido una interpretación contraria al control difuso. Sin embargo la ley lo avala, incluso mediante esa autorización legal, según lo entiende el voto de minoría en la decisión 1185 de mil novecientos noventa y cinco.

En materia estrictamente de convencionalidad se tiene además del argumento anterior, lo recientemente dispuesto en los votos 6120, 5949 y 12801 todos de la Sala Constitucional y todos del presente año, llegando incluso a rescatar mediante nota en el voto 12801-13, la obligatoriedad de hace el control *ex officio*.

Como tercera y última premisa, debemos decir que existe una resistencia a admitir el control difuso como un instrumento válido de limitar los actos del estado. Siguiendo la explicación que nos aporta sobre el poder, el autor francés Michael Foucault, entendemos que la primera explicación es la necesidad controlar los discursos de verdad, asegurarse el título de heraldos de la verdad, se evidencia esto en la existencia de un voto salvado tan contundente que rechaza la idea de un único control concentrado que se base en las mismas reglas que el voto de mayoría. Unas de las formas de rebatir esta posición es que el control difuso podría generar incerteza jurídica, pero ello es solo aparente. Para empezar, si se ejerce un control difuso para el caso concreto y se otorga un derecho, quien lo hace asume la responsabilidad por dicho acto, si rechaza una tesis ejerciendo dicho control causando un perjuicio, dicha decisión podría ser revisada, por lo que a criterio de quien redacta estas líneas, esta última posibilidad resultaría en la posibilidad de acudir incluso a otra instancia a discutir la fidelidad de una determinada norma al conjunto de las normas constitucionales y convencionales, favoreciendo además el diálogo interjurisdiccional.

En cuanto a la certeza jurídica que ofrece la existencia de un solo Tribunal controlante es falaz, tanto porque no existe un solo tribunal en sentido material (ya que en caso de Costa Rica la Sala Constitucional está conformada por siete magistrados titulares y doce suplentes – artículo 62 de la Ley Orgánica del Poder Judicial de la República de Costa Rica – lo que hace posible siguiendo la fórmula de Pascal un resultado igual a 7C19) y tampoco sus resoluciones se comportan como un rígido, homogéneo y coherente *corpus*, encontrando no en pocos casos resoluciones contradictorias sobre mismos temas, esto es comprensible (aunque no se justifique ni apruebe) para un tribunal que sólo entre los meses de enero a octubre ha resuelto 14.499 asuntos.

Apuntes finales a modo conclusión

De la investigación hecha, podemos arribar sin ningún temor a la conclusión de que el Estado moderno requiere mecanismos que estén en capacidad de responder de una manera eficaz a la compleja situación social que hoy vivimos. Concurren en esa actividad una serie de intereses que no facilitan el progreso de la doctrina de los derechos humanos, como propuesta cimentadora del estado democrático de derecho.

Consideramos que existen suficientes razones para justificar que, en un aparato judicial comprometido con los ideales del Estado Democrático de Derecho, se debe privilegiar el uso del control difuso de constitucionalidad y de convencionalidad como herramientas ordinarias, lo que también fortalece la creación de un *Ius cogens* armónico y más sólido en defensa del individuo frente al Estado.

Sin lugar a dudas existen más fantasmas que monstruos reales que puedan impedir un ejercicio más democrático del Control de Convencionalidad y de Constitucionalidad. Una vez que se amplíe la base de discusión, se sumen discursos y se asuman mayores compromisos a favor del ciudadano, los ideales de los derechos humanos serán cada vez más cercanos y fuertes. Sólo así podrá el estado moderno abandonar la posición defensora de grupos y perjuicios frente al hombre y la mujer de carne y hueso, sólo así logrará salir de post adolescencia en la que se halla hoy y transformarse en el adulto que requerimos.

Bibliografía

1.- Bustillo Marín, Roselia El control de convencionalidad: La idea del bloque de constitucionalidad y su relación con el control de constitucionalidad en materia electoral. recuperado del sitio web:
<http://www.te.gob.mx/ccje/unidad_de_investigacion/lineas_jurisprudenciales.html>.
2.- Ferrajoli, Luigi. Principia Iuris, Trotta, Madrid, Tomo 2.
3.- Foucault, Michel. Defender la Sociedad, Fondo de Cultura Económica, Buenos Aires, 2000.
4.- García Ramírez, Sergio. El control judicial interno de convencionalidad, IUS. Revista del Instituto de Ciencias Jurídicas de Puebla A.C., vol. 5, núm. 28, diciembre, 2011
5.- Herrera, Enrique. Práctica Metodológica de la Investigación Jurídica, Astrea, Buenos Aires.
6.- Peces-Barba, Gregorio, Derechos Sociales y Ponderación, Alexi Robert et Al, Fundación Coloquio Jurídico Europeo, Madrid.

7.- Sagüés, Néstor Pedro OBLIGACIONES INTERNACIONALES Y CONTROL DE CONVENCIONALIDAD Estudios Constitucionales, vol. 8, núm. 1, 2010, pp. 117-135, Centro de Estudios Constitucionales de Chile Disponible en: http://www.redalyc.org/articulo.oa?id=82018806005

Legislación Nacional e Internacional

1.- Código Procesal Penal de la República de Costa Rica, 1996.
2.- Convención de Viena sobre el derecho de los tratados, Viena 23 de mayo de 1969
3.- Constitución Política de la República de Costa Rica, 1949.
4.- Declaración Americana de los Derechos Humanos, 1963.
5.- Decreto Ley 2191 Ministerio del Interior de Chile. tomado de la página web de la biblioteca del Congreso Nacional de Chile: http://www.leychile.cl/Navegar?idNorma=6849
6.- Decreto Ley 25640 Autorzan a la Comisión Administradora del patrimonio del congreso a ejecutar un proceso de racionalización del personal del congreso de la república, Republica de Perú, 1992. Tomado del Sitio Web: http://www.congreso.gob.pe/ntley/Imagenes/Leyes/25640.pdf
7.- Ley de la Jurisdicción Constitucional de la República de Costa Rica, 1989.
8.- Ley Orgánica del Poder Judicial de la República de Costa Rica, número 7333, 1993.

Jurisprudencia Nacional e Internacional

1.- Sentencia de la Corte Interamericana de Derechos Humanos, del 24 de noviembre de 2006, Caso Trabajadores Cesados del Congreso (Aguado Alfaro y otros)
2.- Sentencia de la Corte Interamericana de Derechos Humanos del veintiséis de setiembre de dos mil seis, caso Almonacid Arellanos y Otros Vs. Chile
3.- Sentencia de la Sala Constitucional de Costa Rica, número 10828 de las quince horas cero minutos del catorce de agosto de dos mil trece.
4.- Sentencia de la Sala Constitucional de Costa Rica, número 6120 de las quince horas cinco minutos del ocho de mayo de dos mil trece.
5.- Sentencia de la Sala Constitucional de Costa Rica, número 12801 del veinticinco de setiembre de dos mil trece.
6.- Sentencia de la Sala Constitucional de Costa Rica, número 5949 del treinta de abril de dos mil trece.
7.- Sentencia de la Sala Constitucional de Costa Rica, numero 1185 de las catorce horas treinta y tres minutos del dos de marzo de mil novecientos noventa y cinco.
8.- Sentencia de la Sala Constitucional de Costa Rica, número 10828 de las quince horas del catorce de agosto de dos mil trece.
9.- Sentencia 1588 del Tribunal de Apelación de Sentencia Penal del Segundo Circuito Judicial de San José de las nueve horas cuarenta y cinco minutos del diecinueve de julio de dos mil trece

Sitio Web:
http://sitios.poder-judicial.go.cr/salaconstitucional/Centro%20de%20Jurisprudencia/0-ESTADISTICA%20DE%20AMPAROS%20Y%20HABEAS%20POR%20TEMAS%20ENERO-OCTUBRE%202013.html.

— 6 —

Os controles de constitucionalidade brasileiro e italiano: uma análise comparativa

JOSÉ ROBERTO ANSELMO[1]

Sumário: INTRODUÇÃO; CONTROLE DE CONSTITUCIONALIDADE; Supremacia constitucional; Diversas espécies de modelos de controle; O CONTROLE DE CONSTITUCIONALIDADE BRASILEIRO; Controle de constitucionalidade na Constituição Federal de 1988; O controle de constitucionalidade judicial brasileiro; CONTROLE DE CONSTITUCIONALIDADE ITALIANO; A Corte Constitucional; Controle pela via principal; Controle pela via incidental e atuação dos juízes; Das decisões da Corte Constitucional e seus efeitos; CONCLUSÕES; BIBLIOGRAFIA.

Introdução

O presente trabalho foi realizado com o intuito de estabelecer as relações entre os sistemas de controle de constitucionalidade brasileiro e italiano, como forma de demonstrar os pontos de contato entre as duas espécies.

Neste sentido, analisaremos o sistema brasileiro, demonstrando quais são as formas de controle de constitucionalidade utilizadas pelo Brasil, partindo da evolução histórica até chegarmos à Constituição de 1988. Posteriormente, passamos à análise do sistema italiano, implantado a partir da Constituição de 1948 e da instalação da Corte Constitucional.

Os dois sistemas derivam de modelos diferentes, constituídos a partir dos modelos americano e o austríaco. Contudo, como demonstra-

---

[1] É Doutor em Direito Constitucional pela Pontifícia Universidade Católica de São Paulo – PUC SP (2006) e mestre pela Instituição Toledo de Ensino de Bauru (2001) ITE BAURU. Atualmente, é professor titular do Centro Universitário de Bauru da Instituição Toledo de Ensino nos cursos de Direito (Direito Constituicional), Administração (Direito Tributário), Contabilidade (Direito Tributário), Comércio Exterior (Política do Comércio Exterior) e Economia (Direito Tributário) e do Programa de Pós-Graduação *Stricto Sensu* em Direito – Mestrado e Doutorado. Professor do Curso de Mestrado Minterisntitucional ITE – CIESA (Manaus). É Procurador do Município de Bauru e Advogado. (Endereço para acessar este CV: http://lattes.cnpq.br/5737676944237134)

remos, os controles de constitucionalidade brasileiro e italiano não se filiaram totalmente a esses modelos, passando a serem considerados como formas híbridas de controle.

Neste sentido, procuraremos, por meio de pesquisas na jurisprudência e na doutrina, demonstram o quanto são interessantes os dois sistemas de controle de constitucionalidade, quais são os pontos positivos e quais são os pontos que apresentam falhas.

Controle de constitucionalidade

O controle de constitucionalidade pressupõe o estabelecimento de mecanismos destinados à verificação da compatibilidade entre a Constituição e as demais espécies de normas. Assim, frente ao conflito estabelecido, há a necessidade predominância de uma das duas espécies. O constitucionalismo apontou para predominância da Constituição em detrimento das normas infraconstitucionais, ou por força do processo legislativo adotado ou pelo conteúdo contrário àquela.

Neste sentido, o controle de constitucionalidade só possível em Estados que adotem por princípio a supremacia da Constituição, visto que as normas que não respeitarem essa preeminência serão consideradas inconstitucionais.

Supremacia constitucional

O princípio da supremacia da Constituição tem fundamental importância na relação estabelecida entre essa e as leis infraconstitucionais. É a Constituição federal que determina a forma pela qual as normas infraconstitucionais devem ser elaboradas, quais as matérias ficaram reservadas a cada espécie legislativa e fixa seus parâmetros materiais e formais. Assim, o conceito de supremacia constitucional está diretamente ligado ao controle de constitucionalidade das normas.

A supremacia da Constituição pode ser analisada pelo prisma do conteúdo das normas constitucionais (supremacia material) ou pelo procedimento descrito em seu texto para a elaboração das demais normas (supremacia formal). As normas infraconstitucionais devem, portanto, encontrar fundamento de validade e existência na Constituição.

As Constituições, portanto, devem ser dotadas de mecanismos capazes de manter a sua superioridade, seja sob o aspecto dos requisitos formais (Constituições flexíveis), seja sob os aspectos formais e materiais (Constituições rígidas). Neste sentido, somente se admite a possibilidade de supremacia da Constituição quando hajam mecanismos direcionados à manutenção daquela.

Segundo Hans Kelsen,[2] uma Constituição à qual falte a garantia da anulabilidade dos atos inconstitucionais não é, no sentido técnico, obrigatória. Comparativamente, Kelsen lembra que uma Constituição que permita que leis inconstitucionais permaneçam válidas *"equivale mais ou menos, do ponto de vista propriamente jurídico, a um desejo desprovido de força obrigatória".*

A adesão aos sistemas de controle passou a ser um traço característico do constitucionalismo, sendo certo que os Estados passaram adotar, com maior ou menor variação, os sistemas que foram arquitetados, basicamente, nos Estados Unidos (*judicial review*), Áustria (Constituição 1920) e França (Constituição de 1958).

Como ficará demonstrado, ainda, é possível verificar uma via intermediária recorrente em alguns países da Europa (Itália, Alemanha e Espanha), bem como a existência de controle misto, como é o caso do Brasil.

Diversas espécies de modelos de controle

Os modelos de justiça constitucional, nas últimas décadas, vêm sendo alternados entre os mais simples e os mais complexos. Segundo Gilmar Ferreira Mendes, os controles de constitucionalidades ganharam o mundo, estando presentes hoje em número elevado de países, até mesmo naqueles que se recusavam à adoção da jurisdição constitucional.[3]

O modelo italiano, como será possível verificar, encontra-se dentro daqueles qualificados como incidental, realizado por uma Corte Constitucional, de acordo com o disposto no art. 134 da Constituição italiana de 1948.

Assim, a fim de encontramos corretamente a classificação do controle de constitucionalidade italiano, traçaremos a linha comparativa levando-se em consideração a existência de dois modelos de controle *"jurisdicional"* bem definidos: o primeiro, histórico, realizado pelos Estados Unidos a partir do caso *Marbury v. Madison*, de característica incidental; e o segundo, teórico e empírico, o *Verfassungsgerichtsbarkeit*, desenhado por Kelsen, que foi introduzido na Constituição da Áustria de 1920, modelo concentrado e que se difundiu por boa parte da Europa a ponto de ser conhecido como europeu. A esses dois modelos jurisdicionais se

---

[2] *A Garantia Jurisdicional da Constituição – A Justiça Constitucional*. Trad. Jean François Cleaver. Instituto Brasiliense de Direito Público. Revista de Direito Público nº 1 – Jul-Ago-Set/2003 – p. 126

[3] MENDES, Gilmar Ferreira; MÁRTIRES, Inocêncio; BRANCO, Paulo Gustavo Gonet. *Curso de Direito Constitucional*. São Paulo: Saraiva, 2007, p. 958.

contrapõe um terceiro, denominado de controle *político*, cuja representação encontra correspondência no sistema francês, com características mínimas de: (a) composição não neutra do órgão, (b) prevenção da fase e (c) acesso ao recurso não conexo a um caso concreto.[4]

O modelo adotado por Itália e Alemanha, que foi posteriormente introduzido na Espanha, é o que se convencionou chamar de controle de constitucionalidade incidental híbrido, visto que poderia ser considerado como uma mescla dos dois modelos.

Dessa forma, introduziremos nosso estudo comparativo, fazendo uma breve análise sobre os modelos descritos anteriormente.

Modelo americano. O sistema americano fundado a partir do julgamento do caso Marbury v. Madison, de 1803, prolatado na Suprema Corte pelo juiz John Marshall, sedimentou o *judicial review*, ou seja, a possibilidade de verificação da compatibilidade de uma lei com a Constituição. O Poder Judiciário tem a competência para a verificação da constitucionalidade das normas, muito embora tal função não se encontre descrita na Constituição americana. Assim, a posição de supremacia da Constituição aparece pelo estabelecimento de uma hierarquia das fontes normativas com a Constituição acima das demais normas.

Segundo Gilmar Ferreira Mendes,[5] o sistema americano perdeu em parte a característica de um modelo voltado para a defesa de posições exclusivamente subjetivas e adota um modelo processual que valoriza o interesse público em sentido amplo. Isso porque houve a adoção do *amicus curiae*, o que amplia e democratiza a discussão da questão constitucional. Além disso, a instituição de um procedimento especial para avaliar a relevância da questão, o *writ of certiorari*, como mecanismo de acesso à Corte e o reconhecimento do efeito vinculante das decisões por força do *stare decisis*, o que conferiu ao processo natureza objetiva.

No mesmo sentido, Jorge Miranda,[6] aponta como característica do controle de constitucionalidade americano as seguintes: (a) sistema de competência difusa de todos os tribunais, estaduais e federais; (b) todos os atos normativos, incluindo-se as emendas à Constituição e as Constituições dos Estados, estão sujeitos a fiscalização; (c) poder de fiscalização está contido na jurisdição de cada juiz; (d) o sistema funciona, predominantemente, via incidental, ressalvada a injunção e o juízo declaratório, assim, em qualquer pleito em tribunal, uma ou ambas as partes ou o próprio juiz podem argüir a inconstitucionalidade a lei aplicável, suscitando

---

[4] PEGORARO, Lucio. *A circulação, a recepção e a hibridação dos modelos de justiça constitucional*. Brasília: Revista de Informações Legislativa, a. 42, número 165 janeiro/março. 2005, p. 60

[5] Op. cit. p. 958.

[6] *Teoria do estado e da constituição*. Rio de Janeiro: Forense, 2002, p. 89.

a questão prejudicial da sua validade; (e) a lei não é anulada, mas considerada uma não lei, nula, na verdade, sequer é necessária a manifestação do Congresso.

Modelo austríaco. O modelo austríaco foi inaugurado, sob a inspiração de Hans Kelsen, na Constituição de 1920. A teoria kelsiniana trazia, também, a concepção de que a Constituição detém a superioridade das normas postas. Contudo, a verificação da conformidade das leis com aquela deveria ser confiada a um Tribunal, cuja independente estaria garantida pela inamovibilidade. A Constituição austríaca traz as previsões a respeito do Tribunal Constitucional (*Verfasfslmgsgerichtshof*) a partir do art. 137.[7]

O Tribunal Constitucional funciona, na verdade, como um legislador negativo e com atuação concentrada, ou seja, não analisa questões trazidas por meio do sistema incidental. No modelo austríaco ou europeu, o Tribunal Constitucional tem atuação vinculada à análise de casos abstratos por meio de uma ação específica.

Dessa forma, se nos Estados Unidos as questões constitucionais não são submetidas ao poder Judiciário de forma abstrata pela via direta ou principal, no sistema austríaco, criou-se um órgão destinado a analisar a inconstitucionalidade das leis de forma abstrata, desvinculados dos casos concretos. Assim, na Áustria após a reforma de 1929, o Governo Federal pode propor uma ação de inconstitucionalidade quando se tratar de impugnar leis locais e os Governos dos *Länder*.

Modelo francês. A Constituição francesa de 1958, levada pela tradição e manutenção dos dogmas relativos à divisão de poderes, optou pela adoção de um sistema político de controle de constitucionalidade. Segundo o art. 56 da Constituição da França o Conselho Constitucional compõe-se de nove membros com mandato de nove anos, não renovável. A composição do Conselho Constitucional é renovada a cada três anos, sendo que seus membros serão nomeados pelo Presidente da República, três pelo Presidente da Assembleia Nacional e três pelo Presidente do Senado. Além desses nove membros, a Constituição garantiu aos ex-Presidentes da República a participação come membros vitalícios no Conselho Constitucional. O Presidente é nomeado pelo Presidente da República, tendo direito ao chamado *voto de qualidade* em caso de empate.

Essa característica política de composição é o que difere os outros modelos, sendo certo que as discussões realizadas entre o período compreendido entre 1958 e 1971, eram em número insignificante, pois a limitação imposta pelo art. 61 da Constituição conferia o controle de

---

[7] http://www.ces.es/TRESMED/docum/aus-cttn-esp.pdf – Acessado em 16/10/2013, às 21:12hs.

constitucionalidade à iniciativa do Presidente da República, Primeiro Ministro Presidente da Assembleia Nacional e ao Presidente do Senado.

Segundo Olivier Jouanjan,[8] somente após a decisão sobre a *Liberdade de Associação*, de 16 de julho de 1971, pela qual o Conselho constitucional reconhecia o valor jurídico do preâmbulo da Constituição e alargava, dessa forma, os textos jurídicos considerados como constitucionais, englobando, também, a Declaração de 1789 e o preâmbulo da Constituição de 1946 (por força da adoção do chamado bloco de constitucionalidade),[9] não foi capaz de sozinha realizar a revolução efetivamente experimentada pelo Conselho durante os anos de 1970. Para isso, seria necessário ainda a ampliação da possibilidade de provocar esse órgão por parte da minoria parlamentar, direito esse concedido em 1974 para "aperfeiçoar o Estado de direito", como afirmava naquele momento o Chefe de Estado. Está decretado, portanto, o final da fase de Charles de Gaulle da V República, sendo certo que o Conselho Constitucional tomou uma dimensão que não estava configurada no texto inicial. A possibilidade de provocar o Conselho outorgada a sessenta deputados ou senadores – *saisine parlementaire* –, que ampliou a legitimidade do art. 61 estabelecida pelo legislador constituinte, provou o crescimento quantitativo e qualitativo do controle de Constitucionalidade.[10]

É interessante observar essa modificação contribuiu para o crescimento do direito constitucional, já que, as decisões do Conselho deixaram de ser meramente de política cotidiana, passando a ganhar um contorno jurídico, inclusive no tocante à formatação no estilo de sentença e a utilização de instrumentos processuais.

Assim, estabelecidas essas diferenças preliminares, vejamos cada um dos sistemas que foram adotados pelo Brasil e pela Itália.

O controle de constitucionalidade brasileiro

O histórico constitucional nacional demonstra que a construção do sistema de controle de constitucionalidade somente se tornou possível a partir da Constituição de 1891, muito embora, já havia um certo contro-

---

[8] *Modelos e Representações da Justiça Constitucional na França: Uma Análise Crítica*. Revista de Direito Eletrônico do Curso de Direito da PUC/Minas Gerais – Serro /MG – Brasil, pg. 2 (acesso em 12/12/13 – http://periodicos.pucminas.br/index.php/DireitoSerro/article/view/1123/1104)

[9] Conforme a jurisprudência francesa, além da Constituição, existem outros textos jurídicos que, apesar de não fazerem parte da Constituição, podem ser parâmetro para o controle de constitucionalidade, assim, textos jurídicos que se encontrem em desacordo com esses, podem ser considerados inconstitucionais. É o que os franceses chamam de bloco de constitucionalidade. Ibidem idem.

[10] PEGORARO, Lucio. *A circulação, a recepção e a hibridação dos modelos de justiça constitucional*. p. 61.

le político pelo exercício do Poder Moderador do Imperador, durante a Constituição Imperial de 1824.[11]

Assim, a Constituição de 1891, inspirada no modelo norte-americano, trouxe a possibilidade do controle difuso de constitucionalidade de lei ou ato normativo infraconstitucional. A previsão contida no art. 59, § 1º, "b", estabelecia a possibilidade de recurso em último grau das decisões das justiças Estaduais, quando houvesse contestação da validade de leis ou de atos dos Governos dos Estados em face da Constituição.

A Constituição de 1934 trouxe em seu texto, além do sistema de controle difuso, a instituição da representação interventiva perante à Corte Suprema, sempre que houve a violação aos princípios sensíveis do art. 7º.

Posteriormente, a Carta Constitucional de 1937, de inspiração nazi-fascista, apresentou duas singularidades, uma relativa ao processo legislativo e outra referente ao controle de constitucionalidade. A primeira previa que o Presidente da República poderia expedir decretos-leis sobre todas as matérias enquanto não se reunisse o Parlamento Nacional. Com relação ao controle de constitucionalidade, sempre que houvesse a declaração de inconstitucionalidade de uma norma, a juízo do Presidente da República, caso fosse necessário ao bem-estar do povo, à promoção ou defesa de interesse nacional de alta monta, poderia submetê-la novamente ao exame do Parlamento e, se houvesse a confirmação, por dois terços de votos de cada uma das Casas, ficaria sem efeito a decisão do Tribunal e, consequentemente, emendada a Constituição.[12]

Após a Segunda Guerra Mundial, a Constituição de 1937 não tinha mais qualquer espaço, pois sua inspiração fascista não combinava com a nova ordem mundial. Entrou em vigor, então, em 18 de setembro de 1946, uma nova Constituição Federal. Em 26 de novembro de 1965, durante o regime militar, a Constituição foi emenda (Emenda Constitucional nº 16), para o fim de ser instituída a ação genérica de inconstitucionalidade (art. 101, inciso I, letra "k").

Depois de 20 anos de ditadura militar, o Brasil retomou o caminho da democracia, sendo promulgada em 5 de outubro de 1988 a atual Constituição.

---

[11] Segundo Clèmerson Merlin Clève, independentemente do dogma da soberania do Parlamento, alguns fatores influenciaram o aparecimento de uma fiscalização de constitucionalidade no período imperial do Brasil. Um desses fatores seria a existência do Poder Moderador exercido pelo Imperador, que lhe atribuía a função de coordenação. Assim, competia àquele (art. 98) manter *a independência, o equilíbrio e a harmonia entre os demais poderes*. Neste sentido, entende o autor, que o papel constitucional atribuído ao Poder Moderador, *chave de toda a organização política* nos termos da Constituição, praticamente inviabilizou a função de fiscalização constitucional pelo Judiciário, já que cumpria ao Imperador solucionar os conflitos envolvendo os Poderes, e não ao Judiciário. (*A fiscalização abstrata de constitucionalidade no direito brasileiro*. 2ª ed., São Paulo, RT, 2000, p. 63-64)

[12] MENDES, Gilmar Ferreira; MÁRTIRES, Inocêncio; BRANCO, Paulo Gustavo Gonet. *Curso de Direito Constitucional*. p. 159.

Controle de constitucionalidade na Constituição Federal de 1988

A Constituição de 1988 trouxe notável ampliação do controle da constitucionalidade, atribuindo ao Supremo Tribunal Federal a competência para processar e julgar, originariamente, a Ação Direta de Inconstitucionalidade de lei ou ato normativo federal ou estadual, a Ação Declaratória de Constitucionalidade de lei ou ato normativo federal (art. 102, I, *a*) e a Arguição de Descumprimento de Preceito Fundamental, que por meio da Lei nº 9.882/99 ganhou contornos de controle de constitucionalidade. Além disso, o sistema constitucional brasileiro manteve a possibilidade de controle de constitucionalidade de maneira difusa e concreta.

Atualmente, o controle constitucionalidade no Brasil permite a verificação da sua ocorrência por omissão e por ato comissivo (ação) do Poder Público.

No caso do controle por omissão, o Poder Público tinha o dever de atuação, mas se omitiu, abrindo, dessa forma, espaço para a falta de efetividade de dispositivo constitucional. As normas que necessitam de complementação legislativa infraconstitucional e que a omissão se torna relevante ao ponto de violar a Constituição são as chamadas de normas constitucionais de eficácia limitada, ou seja, aquelas cuja eficácia e aplicabilidade fica na dependência da emissão de uma normatividade infraconstitucional futura.

Para Canotilho,[13] enquanto a inconstitucionalidade por ação pressupõe a existência de normas inconstitucionais, a inconstitucionalidade por omissão pressupõe a "violação da lei constitucional pelo *silêncio legislativo* (violação por omissão)".

A inconstitucionalidade por ação ocorre por força da atuação do Poder Público, que edita ato incompatível com a Constituição Federal, o que enseja a deflagração do controle de constitucionalidade. A inconstitucionalidade, neste caso, pode ocorrer, por *vício formal* ou por *vício material*, de forma *total* ou *parcial*. No caso do vício formal, a inconstitucionalidade decorre de afronta ao processo legislativo estabelecido na Constituição Federal. Neste sentido, a violação ao padrão constitucional de elaboração das normas infraconstitucionais configura vício formal de inconstitucionalidade. No tocante ao *vício material*, o conteúdo da norma infraconstitucional não se compatibiliza com a Constituição Federal. Assim, a comparação entre o texto constitucional e os seus valores com a norma infraconstitucional pode revelar que o legislador infraconstitu-

---

[13] CANOTILHO, J. J. Gomes. *Direito Constitucional e Teoria da Constituição*. Portugal, Lisboa: Almedina, 1999. p. 153

cional foi além do que lhe permitido, o que revela a inconstitucionalidade material.

Com relação ao conteúdo, é importante lembrar que a inconstitucionalidade pode ser *total* ou *parcial*. Assim, será considerada total quando toda a norma infraconstitucional for incompatível com o texto constitucional, o que ocorre, por exemplo, nos casos de reconhecimento de vício formal de inconstitucionalidade ou quando todo o seu texto é incompatível com a Constituição. Por outro lado, haverá a inconstitucionalidade *parcial*, quando esta recair apenas sobre um ou alguns dos dispositivos, palavras ou partes do texto da norma infraconstitucional.

O controle de constitucionalidade judicial brasileiro

Jürgen Habermas[14] critica a posição de controle de normas pelo Poder Judiciário. Para o autor, o papel do órgão judicial acarretaria a invasão da normatividade estatal ao *mundo da vida (lebenswelt)*. Além disso, o sociólogo também critica a forma pela qual o órgão julgador, por meio do processo interpretativo das normas infraconstitucionais, usurpa a função legiferante incumbida ao Poder Legislativo, que é constituído por representantes legitimamente eleitos pelo povo.[15]

No federalismo, muito mais que nos Estados Unitários, o controle das normas infraconstitucionais é vital para o funcionamento e a existência dessa forma de Estado. Por esse motivo, o controle de constitucionalidade acabou surgindo nos Estados Unidos da América, a partir da criação do federalismo moderno.

O controle de constitucionalidade é contemporâneo ao constitucionalismo escrito e rígido, evoluindo do seu surgimento na forma de controle político dos fins do século XVIII para um poderoso controle jurídico da constitucionalidade das leis, que foi obra da jurisprudência da Suprema Corte norte-americana, que elaborou a *"American doctrine of judicial supremacy"*.[16] Cabe observar, que o controle político nas federações, geralmente, pode levar ao estabelecimento de conflitos, ante a existência de diversidade de interesses entre o poder central e os poderes regionais. Assim, antes de preservar as autonomias regionais o poder político pode

---

[14] *Uma conversa sobre questões de teoria política*, Cebrap – Novos Estudos, n° 47, março de 1997, p. 100. Apud. ZIMMERMANN, Augusto. *Teoria Geral do Federalismo Democrático*. Rio de Janeiro: Lumen Juris. 1999.

[15] ZIMMERMANN, op. cit., 98.

[16] Raul Machado Horta observa que antes da "American doctrine of judicial" a finalidade do controle tinha sido pressentida no "Sénat Conservateur", que foi o embrião desse controle de constitucionalidade. Sieyès foi o autor da proposta de criação de um colegiado com 180 membros que seriam escolhidos pela Assembléia. A proposta de Sieyès não foi aceita, mas em seu lugar surgiu o Senado Conservador, que era um órgão político de controle de constitucionalidade. HORTA, Raul Machado. *Direito Constitucional*. p. 134.

produzir verdadeira deturpação do federalismo, aumentando o poder central. Os criadores das normas seriam os encarregados da observância dos limites do federalismo, o que, evidentemente, poderia não ser obedecido. Por esses motivos, o Poder Judiciário, tradicionalmente, passou a ser o encarregado do controle de constitucionalidade, que está pautado pelo princípio da supremacia da Constituição e, conseqüentemente, por todos os valores nela inseridos.

No ponto, cumpre observar que, quanto ao momento, a Constituição Federal de 1988 estabeleceu a possibilidade da existência de dois controles de constitucionalidade: o *preventivo*, que é realizado durante o processo legislativo, por meio das comissões e do veto presidencial, e o *repressivo*, realizado pelo Poder Judiciário, de forma difusa e concentrada.

No caso do controle difuso (via de exceção), o sistema brasileiro, o modelo americano, permite que o controle seja incidental, realizado por qualquer juízo ou tribunal frente a uma situação concreta. O controle difuso produz resultado apenas entre as partes, contudo, caso o pronunciamento ocorra no Supremo Tribunal Federal, haverá a possibilidade de o Senado Federal suspender a aplicabilidade da norma, conforme dispõe o art. 52, inciso X, da Constituição Federal.

O controle concentrado de constitucionalidade, por sua vez, é exercido apenas pelo Supremo Tribunal Federal e pelos Tribunais de Justiças de cada uma das unidades da federal, sempre por meio de uma ação específica que entrega ao Tribunal a análise em abstrato da norma colocada sob suspeita de ser inconstitucional.

O sistema brasileiro de controle concentrado prevê a possibilidade de interposição, por legitimados específicos definidos no art. 103,[17] das seguintes ações: (a) *Ação Direta de Inconstitucionalidade* (art. 102, I, "a"), que visa ao controle de leis ou atos normativos federais ou estaduais, a fim de combater a inconstitucionalidade formal ou material dessas normas; (b) a *Ação Direta de Inconstitucionalidade por Omissão* (art. 103, § 2º) destinada a expurgar do ordenamento jurídico não uma lei ou ato normativo inconstitucional, mas sim um comportamento negativo inconstitucional daquele que deveria praticar certo ato e não o fez; (c) *Ação Direta de Inconstitucionalidade Interventiva* (art. 36, III), que só pode ser proposta pelo Procurador-Geral da República e que tem o intuito de manter a integridade do Estado; *Ação declaratória de constitucionalidade* (art. 102, I, *a*)

---

[17] Art. 103. Podem propor a ação direta de inconstitucionalidade e a ação declaratória de constitucionalidade: I – o Presidente da República; II – a Mesa do Senado Federal; III – a Mesa da Câmara dos Deputados; V – a Mesa de Assembléia Legislativa ou da Câmara Legislativa do Distrito Federal; V – o Governador de Estado ou do Distrito Federal; VI – o Procurador-Geral da República; VII – o Conselho Federal da Ordem dos Advogados do Brasil; VIII – partido político com representação no Congresso Nacional; IX – confederação sindical ou entidade de classe de âmbito nacional.

de lei ou ato normativo federal; e (d) *Ação de argüição de descumprimento de preceito fundamental* (art. 102, § 1º) que com a regulamentação pela lei 9882/99 ganhou a possibilidade de controle de constitucionalidade quando for relevante o fundamento da controvérsia constitucional sobre lei ou ato normativo federal, estadual ou municipal, incluídos os anteriores à Constituição.

A declaração de inconstitucionalidade ou de constitucionalidade de uma norma, na via concentrada, retira a vigência daquela que deixa de ser aplicada imediatamente, dessa forma, o efeito da decisão é *erga omnis*. No sistema brasileiro, é interessante observar ainda, que a declaração de inconstitucionalidade produz efeitos temporais que devem ser fixados pelo Supremo Tribunal Federal. Dessa forma, tendo em vista razões de segurança jurídica ou de excepcional interesse social, poderá o Supremo Tribunal Federal, por maioria de dois terços de seus membros, restringir os efeitos daquela declaração ou decidir que ela só tenha eficácia a partir de seu trânsito em julgado ou de outro momento que venha a ser fixado. Vale dizer, portanto, que é possível a produção de efeitos *ex tunc* ou *ex nunc*, contudo esses efeitos podem ser *modulados*.

Outra técnica importante utilizada no sistema brasileiro consiste na chamada *"interpretação conforme à Constituição"*, ou seja, a fim de preservar o dispositivo, sempre que duas ou mais interpretações se mostrarem possíveis, deverá o Tribunal ou juiz optar pela que se mostre mais compatível com a Constituição. Assim, o Tribunal declarará que a norma é legítima desde que seja interpretada em conformidade com o texto constitucional.

É interessante observar que o Supremo Tribunal Federal pode decidir pela declaração de inconstitucionalidade sem pronunciar a nulidade, suspendendo, dessa forma, a aplicação da lei e de processos em curso, em prazo razoável que permita a atuação do legislador, para sanar a situação de inconstitucionalidade (*declaração de inconstitucionalidade sem pronúncia da nulidade/restrição de efeitos*).

Além disso, o sistema de decisões conferido ao Supremo Tribunal permite a declaração de inconstitucionalidade sem redução de texto, ou seja, a inconstitucionalidade, se revela em uma determinada hipótese de aplicação da lei, sem que haja a modificação do texto da norma.

Em suma, o controle de constitucionalidade no Brasil encontra-se estruturado sob um amplo sistema que possibilita ao controle na via difusa e na via concentrada, o que demonstra que não houve a adoção de um modelo específico, mas, sim, um com características híbridas, a exemplo do que ocorre no sistema italiano.

Controle de constitucionalidade italiano

É interessante observar que durante os trabalhos da Assembleia Constituinte que culminaram com a entrada em vigor da Constituição de 1948, parecia clara a possibilidade de caracterização de um juízo constitucional dirigido à tutela dos valores e das normas constitucionais e, em consequência, a anulação das leis ou atos com força de lei que lhes eram contrários, ou bem, sobre todo, como garantia e tutela dos direitos fundamentais dos cidadãos acolhidos na Constituição.

Neste período, o modelo austríaco de controle de constitucionalidade, adotado na Constituição de 1920, posteriormente reformado em 1929, arquitetado por Hans Kelsen, apresentava-se como uma alternativa ao modelo americano da *judicial review*. Essa situação levou as discussões para o campo da escolha entre a adoção do modelo concentrado austríaco, no qual um Tribunal é constituído para avaliar de forma especializada a constitucionalidade das normas, ou um de tipo difuso, simbolizado pelo controle americano, que permite a cada juiz a realização do controle de constitucionalidade, já que, tendo em vista a sua função de aplicação das normas, lhe é permitido declará-las nulas e ineficazes.

Segundo Roberto Romboli, foi descartada a solução a favor do sistema difuso, já que a natureza fortemente inovadora do texto constitucional a respeito da legislação ordinária infraconstitucional herdada do regime fascista, vigente em sua grande maioria por ineficiência do Parlamento, levou ao temor de que haveria um verdadeira explosão normativa da Constituição, o que implicava uma excessiva exposição política da magistratura, que havia acabado de atuar como "contrapeso" das decisões políticas do Parlamento. Além disso, não havia valores vinculantes a precedentes no ordenamento italiano, o que poderia causar, em um primeiro momento, situações de incertezas perigosas.[18]

Assim, a eleição de um sistema concentrado (modelo austríaco), com competência exclusiva para uma Corte Constitucional, foi atenuada com a previsão de uma iniciativa de nível difuso atribuída a qualquer juiz que, no âmbito de sua jurisdição, poderia ter dúvidas a respeito da conformidade entre as leis que obrigado a aplicar e os princípios constitucionais.

Na definição dos requisitos para implantação da Corte Constitucional, foi descartada a possibilidade de recurso direto por parte do cidadão, isoladamente ou como um portador de um interesse qualificado, minoria parlamentar ou de um procurador da Constituição.

---

[18] ROMBOLI, Roberto. El Control de Constitucionalidad de las Leyes en Itália. UNED. *Teoría y Realidad Constitucional*. n. 4, 2° semestre, 1999, pg. 180

O novo sistema apostava na sensibilidade dos juízes em relação aos novos valores constitucionais, pois a sua indiferença a esses valores poderia produzir conduzir ao esvaziamanto do juízo de constitucionalidade.

Contudo, a Corte Constitucional somente iniciou seu funcionamento em 1956. Assim, entre 1948 e 1955, de acordo com a Disposição Transitória VII, as funções da Corte foram desempenhadas pelos juízes ordinários, já que não havia regulamentação de seu funcionamento. Neste período, portanto, estabeleceusse um verdadeiro sistema de controle difuso de constitucionalidade das leis, o que gerou dúvidas a respeito da adesão ao efeito da *derrogação* ou da *declaração de inconstitucionalidade*, fato esse que se que se refletiu durante o funcionamento da Corte.[19] Dessa forma, caso houvesse a opção pelo sistema derrogatório, a Constituição seria considerada como direito superveniente (*ius superveniens*) que, em conflito com as disposições anteriores, prevaleceria em virtude do princípio da temporalidade. No caso da opção pelo efeito da declaração de inconstitucionalidade, a avaliação se daria a partir do conceito de superioridade da Constituição.

A adesão à tese da derrogação significava, também, a Corte Constitucional deveria se ocupar somente das leis posteriores à Constituição, sendo que, com relação às leis anteriores, restaria apenas a análise do juiz ordinário, com efeitos *inter partes*. Eventualmente, o abandono da teoria da superioridade da Constituição, poderia configurar o desaparecimento de seus efeitos e a distinção entre Constituição rígida (como é a italiana) e Constituição flexível.

A terceira situação está relacionada ao conteúdo das normas, o efeito derrogativo por incompatibilidade (*derrogação implícita*) conduzia a reconhecer esse efeito apenas para as normas de redação mais concisa e de aplicação imediata, negando-se àquelas que continham princípios, inclusive excluindo os efeitos de orientar a atividade interpretativa do juiz.

No período entre 1948 e 1955, quando vigorou o controle difuso realizado pelos juízes ordinários, tendo em vista a acomodação política da época e o procedimento de gradual atuação da Constituição, a magistratura achou por bem adotar o critério da derrogação.

O balanço relativo à atividade interpretativa da Constituição pelos juízes ordinários no controle difuso é considerado como negativo, tendo em vista as consequências acarretadas para aplicação de valores e dos princípios constitucionais.[20]

---

[19] Op. cit. p. 181.
[20] Ibidem, idem.

A Corte Constitucional

Durante os trabalhos da Assembleia Constituinte, após longos debates, o texto aprovado era favorável à ideia de uma composição com uma Corte mista, com nomeações presidenciais, legislativas e judiciais, e com prazo de mandato dos juízes não coincidente com a duração das câmaras.[21]

Assim, a Constituição de 1948 acabou criando um órgão de controle de constitucionalidade de natureza político-jurídica, cuja composta por quinze juízes, um terço nomeados pelo Presidente da República, um terço pelo Parlamento em sessão conjunta e um terço pelos tribunais supremos comuns e administrativos entre os magistrados, que tenham acento nos tribunais superiores comuns e administrativos, professores de universidades nas áreas de direito e advogados, após 20 anos de exercício. O mandato dos juiz é de nove anos, com início em cada um deles a partir do dia do juramento, e não podem ser reconduzidos.

No caso de processo de *impeachment* contra o Presidente da República, além dos juízes ordinários da Corte, dezesseis membros escolhidos por sorteio de uma lista de cidadãos qualificados para a eleição para o Senado, o Parlamento prepara cada nove anos através de eleição, utilizando os mesmos procedimentos como aqueles para a nomeação de juízes comum.

A composição mista, o que confere ao órgão uma natureza política-jurídica, não está vinculado a qualquer um dos Poderes, o que confere a autonomia necessária para a análise das questões inseridas dentro de sua competência.

No tocante à competência, a Corte Constitucional está apta a julgar, além dos litígios relacionados à legitimidade constitucional das leis e atos, com força de lei, do Estado e das Regiões, os conflitos de competência entre os poderes do Estado e aqueles entre o Estado e as Regiões e entre as regiões, e as acusações feitas contra o Presidente da República, de acordo com Constituição.

A regulamentação da Corte Constitucional foi realizada pela Lei nº 87, de 11 de março de 1953,[22] que tratou da constituição da Corte, nomeação dos juízes e do seu funcionamento, bem como os procedimentos relativos à competência, passando a ser o marco

---

[21] SILVESTRE, Gaetano. *Genesi ed evoluzione dei sistemi di giustizia costituzionale Italia, Francia e Spagna. Alle origini del modello italiano di giurisdizione costituzionale*. Istituto Italiano di Scienze Umane. Università degli Studi di Napoli Federico II. Jovene Editore, 2012, p. 102.

[22] http://www.governo.it/Presidenza/USRI/magistrature/norme/L87_1953.pdf

procedimental para o controle de constitucionalidade na vida principal e na incidental.

Controle pela via principal

O controle pela via principal acontece nos conflitos de competências entre os poderes do Estado e as Regiões, cumpre lembrar, que a Itália adotou a forma unitária de Estado, descentralizada em Regiões, dotadas de competências administrativas e legislativas ordinárias, o que caracteriza os chamados Estados Regionais. Neste sentido, a Corte Constitucional, sempre que houve conflitos de competências entre o Estado e as Regiões e entre essas, poderá ser acionada pela via direta para solucionar a questão.

Segundo a Constituição italiana (art. 127), o Governo, quando considerar que uma lei regional excedeu os poderes da Região, poderá arguir uma questão de constitucionalidade perante a Corte Constitucional no prazo de sessenta dias a partir da sua publicação. No mesmo sentido, é deferida às Regiões, que considerarem que uma lei ou um ato com força de lei do Estado ou outra Região for prejudicial à sua esfera de competência, a possibilidade de aguir a questão da constitucionalidade perante a Corte Constitucional, no prazo de sessenta dias após a publicação da lei ou ato com força de lei.

Como se percebe, trata-se da hipótese de controle de constitucionalidade pela via direta, com uma ação de objeto específico e a finalidade de analisar em tese a existência de inconstitucionalidade de uma lei ou ato com força de lei.

Controle pela via incidental e atuação dos juízes

Como já foi mencionado anteriormente, o sistema italiano negou a possibilidade de um controle difuso, estabelecendo que os juízes que, ao exercerem sua jurisdição, sentirem razoáveis dúvidas a respeito da constitucionalidade das leis ou atos com força de lei, devam aplicar o caso concreto.

O funcionamento do sistema depende da conjugação de dois fatores, necessários à elevação da dúvida à Corte Constitucional: (a) o juiz, após o requerimento de uma das partes, deve ter dúvidas da constitucionalidade a respeito de uma determinada disposição e que essa dúvida seja fundada; e (b) deve-se tratar de uma norma a qual o juiz repute necessária e indispensável para a solução do processo ou de algum momento processual. A esses dois requisitos a jurisprudência vem indicando um outro, que trata da obrigação do juiz ter esgotado, previamente, todas as possibilidades de interpretação adequada, visando a eliminar as suas eventuais dúvidas.[23]

A Lei nº 87, de 1953, estabelece o procedimento para a arguição da inconstitucionalidade, prevendo que no curso de um processo uma das partes ou o Ministério Público pode levantar a questão da constitucionalidade de um pedido específico, devendo indicar: a) as disposições de lei ou do ato com força de lei do Estado ou de uma região, que afirma ser inconstitucional; b) as disposições da Constituição ou as leis constitucionais, que tenham sido violadas.

Segundo Roberto Romboli[24] a aceitação da dúvida relevante (não a manifestamente infundada) pelo juiz tem um duplo efeito: suspender o processo em curso até que haja a decisão da Corte Constitucional e de inicial, com a fixação do *thema decidendum*, o juízo de constitucionalidade.

O Presidente da Corte, após a recepção do processo em que se questiona a constitucionalidade da lei ou ato com força de lei, determina a publicação no Diário Oficial da Itália ou da Região, quando for o caso, a fim de dar conhecimento a todos de que a lei está sendo questionada perante a Corte, o que permite aos demais juízes a possibilidade de suspender o curso de processos semelhantes, encaminhando àquela os seus questionamentos e alegações. Posteriormente, o Presidente da Corte nomeia o juiz-relator, que promoverá a instrução processual, convocando a Corte para a discussão e decisão no prazo de 20 dias, caso não haja intervenção dos órgão e pessoas notificadas.[25]

Dessa forma, nesta fase, as discussões sobre a constitucionalidade ou inconstitucionalidade se encaminham para a questão relativa aos efeitos e consequências do julgamento.

Das decisões da Corte Constitucional e seus efeitos

As decisões da Corte italiana podem ser analisadas pelo prisma *processual* e de *mérito*, ou seja, as decisões podem se fundamentar em um aspecto formal ou na questão de fundo do direito posto ao controle da Corte. No primeiro caso, a Corte se limita a observar que razões processuais que a impedem de analisar a questão de constitucionalidade, como

---

[23] *El Control de Constitucionalidad de las Leyes en Itália.* p. 187
[24] Ibidem.
[25] Art. 26. Trascorso il termine indicato nell'articolo precedente il Presidente della Corte nomina un giudice per la istruzione e la relazione e convoca entro i successivi venti giorni la Corte per la discussione. Qualora non si costituisca alcuna parte o in caso di manifesta infondatezza la Corte può decidere in camera di consiglio. Le sentenze devono essere depositate in Cancelleria nel termine di venti giorni dalla decisione

seria a falta de uma dúvida fundada. Por outro lado, superada a fase processual e aceita a questão a ser analisada, a Corte trata de considerar o mérito da questão de constitucionalidade, com concessão de uma decisão de procedência ou rejeição.[26]

As decisões processuais podem ser: (a) *as decisões de devolução ao juízo a quo*, neste caso a devolução ocorre porque não foram considerados fatores que se tivessem sido levado em consideração resolveriam a dúvida levantada, ou ocorre situação superveniente capaz de modificar a dúvida suscitada, como é o caso, por exemplo, da modificação da norma (*jus superveniens*); (b) *as decisões de inadmissibilidade*, a Corte não analisa a questão por uma série de fatores, tais como: falta de relevância do assunto ao processo principal; a elevação de uma questão fundamentada em ato desprovido de força; a existência de uma decisão anterior de admissibilidade sobre o mesmo assunto; etc.; (c) *as decisões de extinção do processo principal ou cessação da questão colocada em disputam*, como ocorre na extinção do processo onde se originou o incidente ou a alteração ou cessação da competência no caso de conflito de competência entre Regiões ou entre essas e o Estado.

As decisões de mérito proferidas pela Corte Constitucional podem ser classificadas em: (a) *sentenças interpretativas;* (b) *manipulativas;* (c) *declaração de ilegitimidade superveniente;* e (d) as *aditivas de princípios.*

É comum que a Corte rejeite uma dúvida de constitucionalidade, não porque haja falta de fundamento, mas porque a interpretação que foi realizada pelo juiz pode ser alterada para o fim de eliminar o vício. A Corte, portanto, não está vinculada à interpretação conferida pelo juiz no momento em que suscita a dúvida.

Neste sentido, a primeira possibilidade de decisões são aquelas que rejeitam a questão de constitucionalidade elevada pela via incidental pelo juiz. Essas decisões ficaram conhecidas como *"pronunce di rigetto"* (sentença de rejeição). As sentenças de rejeição são dotadas de carga interpretativa, mas quando tiverem por fundamento uma "dúvida não fundada", nada impede a realização de nova análise pela Corte.[27]

As decisões de rejeição estão fundamentadas, na maioria das vezes, no fato de que o juiz não realizou uma correta interpretação da norma, elevando à questão de constitucionalidade alguma disposição que não oferece qualquer dúvida de inconstitucional – muitas vezes, apenas uma divergência jurisprudencial –, o que obriga a Corte a interpretar a

---

[26] Il quadro delle tipologie decisorie nelle pronunce della Corte costituzionale. Quaderno Predisposto in Occasione Dell'incontro di Studio con la Corte Costituzionale di Ungheria. Palazzo della Consulta, 11 giugno 2010. Coordenado por M. Bellocci e T. Giovannetti. p. 4. http://www.cortecostituzionale.it

[27] Corte Costituzionale. *Che Cose à La Corte Costituzionale.* p. 37

disposição para rejeitar a arguição. Neste caso, a Corte determina que o juiz deverá realizar uma interpretação correta a respeito dos dispositivos constitucionais.

Essas decisões registram um conteúdo de interpretação, sendo conhecidas como sentenças interpretativas, fundadas na circunstância de que uma disposição pode ser compreendida de maneiras diversas, e o critério a ser utilizado é o que mais se conforma com a Constituição.

Cumpre observar que o juiz não perdeu a capacidade de interpretação da norma, devendo, caso não haja o que a doutrina italiana chama de *diriti viventi* (ou seja, uma consolidada jurisprudência adotada pelos juízes ordinários e pela Corte de Cassação), buscar uma interpretação possível para a norma frente ao caso concreto, antes de elevar o caso à Corte Constitucional.

Roberto Romboli lembra que a Corte tem sustentado que o juiz deve sempre buscar uma interpretação adequada entre a disposição de lei conforme os princípios constitucionais. Assim, a Corte tem entendido que o juiz deve utilizar-se do recurso da interpretação conforme a Constituição, deixando claro que uma lei não é declarada inconstitucional porque seja possível dar-lhe interpretação inconstitucional, mas, sim, porque é impossível dar-lhe uma interpretação constitucional.[28]

A interpretação não vincula os demais juízes, mas somente aquele que tenha levantado a questão de inconstitucionalidade. Neste sentido, os demais juízes podem continuar a aplicar as disposições da norma de forma independente. Normalmente , no entanto, eles se adequam as interpretações oferecidas pela Corte, a fim de evitar que a lei assuma um significado inconstitucional.[29] A decisão da Corte, portanto, serve ao juiz apenas de maneira persoasiva, sendo certo que caso não queria seguir a interpretação conferida

Dessa forma, caso a sentença seja de rejeição (*pronunce di rigetto*), a norma permanece em vigor. Porém, a decisão não possui efeito geral e definitivo, tendo em vista que a questão pode ser objeto de nova arguição em outro momento.[30]

Observa-se, também, que a Corte Constitucional tem buscado o máximo de aplicação do ordenamento aos princípios constitucionais, no sentido de que seja mantida, desde que possível a sua existência, já que o

---

[28] *El Control de Constitucionalidad de las Leyes en Itália*. p. 187.

[29] Corte Costitucionale. *Che Cose à La Corte Costituzionale*. p. 38

[30] Assim, por exemplo, a sentença nº 64 de 1961, havia declarado a constitucionalidade do crime de adultério da mulher, não do marido; contudo, pela sentença nº 126 de 1968, houve a declaração de inconstitucionalidade baseada na violação do princípio de igualdade entre os cônjuges, determinada no art. 3º e no art. 29 da Constituição. (Corte Costitucionale. *Che Cose à La Corte Costituzionale*. p. 38)

vazio normativo que, frente à inércia do legislador ordinário, poderia ser mais prejudicial do que benéfico.[31]

Ao ser proferida pela Corte Constuticional um decisão a respeito da inconstitucionalidade, segundo a legislação que regulamenta o seu funcionamento (Lei nº 87, de 11 de março de 1953), deverá ocorrer o pronunciamento a respeito da extensão dessa declaração, ou seja, quais os dispositivos foram atingidos, inclusive os relativos a outras leis, que possam ser atingidas pela declaração.

A sentença de procedência, que declara a inconstitucionalidade da lei, produz o efeito automático de retirar-lhe a eficácia, a partir do dia seguinte ao da públicação no Diário Oficial, conforme determina o art. 136 da Constituição italiana. Dessa forma, a sentença produz um efeito geral e definitivo retirando a lei do ordenamento jurídico.

É interessante observar, que o Parlamento pode aprovar outra lei em substituição àquela que foi declarada inconstitucional, contudo, não com o mesmo conteúdo. A superação da inconstitucionalidade pode ser operada pelo Parlamento, caso haja a alteração da Constituição.[32]

É possível, no sistema italiano, assim como no brasileiro, a declaração de inconstitucionadalide parcial. Dessa forma, caso haja eliminação de parte do texto, o seu restante continuará a ter vigência. Essa declaração parcial pode estar ligada à redução do texto ou sem a redução do texto.

No ponto, é interessante observar, que a Corte justamente para minimizar os efeitos do vácuo legislativo produzido por suas decisões de inconstitucionalidae, nos seus acórdãos define a parte da lei destinada deixar de produzir efeitos e, às vezes, identifica o padrão que irá substituí-lo, extraindo-o da Constituição ou do ordenamento jurídico. Assim, por exemplo, caso determinada norma seja declarada inconstitucional a Corte pode determina que será aplicada outra norma em seu lugar ou que seja aplicado um dispositivo ou princípio constitucional. Essa técnica é conhecida como *"sentenze manipulative"*, porque, de alguma forma, se reescreve a lei para torná-lo compatível com a Constituição. As sentença manipulativas podem ser divididas em dois grupos: as *aditivas*, que

---

[31] ROMBOLI, Roberto. *El Control de Constitucionalidad de las Leyes en Itália*. p. 191

[32] Art. 138. Le leggi di revisione della Costituzione e le altre leggi costituzionali sono adottate da ciascuna Camera con due successive deliberazioni ad intervallo non minore di tre mesi, e sono approvate a maggioranza assoluta dei componenti di ciascuna Camera nella seconda votazione. Le leggi stesse sono sottoposte a *referendum* popolare quando, entro tre mesi dalla loro pubblicazione, ne facciano domanda un quinto dei membri di una Camera o cinquecentomila elettori o cinque Consigli regionali. La legge sottoposta a *referendum* non è promulgata, se non è approvata dalla maggioranza dei voti validi.Non si fa luogo a *referendum* se la legge è stata approvata nella seconda votazione da ciascuna delle Camere a maggioranza di due terzi dei suoi componenti. Art. 139. La forma repubblicana non può essere oggetto di revisione costituzionale.

correspondem àquelas pelas quais a Corte insere um novos elementos na lei, que foi omitido – sempre derivada da Constituição ou outras leis – necessário para adaptá-la aos princípios constitucionais; e as *substitutivas*, quando a norma previu algo ao invés de prever outra coisa.[33]

Como exemplo de sentença aditiva, temos a que ocorre na decisão n° 190, de 1970, que declarou inconstitucional a disposição que exigia a presença do Ministério Público para o interrogatório do acusado. No caso, a inconstitucionalidade não estava na exigência da presença do membro do Ministério Público, mas, sim, pela falta da previsão da presença do defensor durante o mesmo interrogatório. A Corte introduziu a presença daquele defensor como forma de resolver a inconstitucionalidade. No caso das decisões substitutivas aparece, por exemplo, o julgamento n. 168, de 2005, que declarou a inconstitucionalidade o art. 403, primeiro e segundo parágrafos, do Código Penal, na parte em que previa os crimes contra a religião católica com desprezo daqueles que a professam ou a um ministro do culto, a pena de prisão até dois anos, respectivamente, e um para três anos, ao invés da pena prevista no artigo 406 do mesmo Código, é menor, e que trata do vilipendio a outros cultos que não o católico.[34]

Em geral, os efeitos da decisão que declara a inconstitucionalidade podem ser *ex tunc* ou *ex nunc*, cabendo à Corte a declaração em cada caso.

Roberto Romboli[35] lembra que é possível à Corte decidir sobre os efeitos temporais das suas decisões limitando a retroatividade de suas decisões declaratórias de inconstitucionalidade, bem como no tocante a atrasar de maneira proposital a declaração para dar tempo ao Parlamento a fim de intervir. Assim, a Corte tem encaminhado avisos ou advertências ao legislador para que haja a modificação da norma sobre à qual pesa a eventual inconstitucionalidade. Lembra ainda, que no tocante à retroatividade, é possível a diferenciação entre *declaração de inconstitucionalidade superveniente*, que devem ter seus limites estabelecidos a partir do momento em que ocorreu a inconstitucionalidade, e a declaração de inconstitucionalidade originária, sendo que, neste caso, há a necessidade da valoração dos efeitos negativos que possam advir da retroatividade, limitando-se o tempo a partir do qual a disposição impugnada deve ser considerada inconstitucional.

---

[33] ROMBOLI, op. cit., 191
[34] *Il quadro delle tipologie decisorie nelle pronunce della Corte costituzionale*. p 15. http://www.cortecostituzionale.it
[35] ROMBOLI, op. cit., p. 193

Conclusões

O estudo comparativo realizado entre o modelo brasileiro de controle de constitucionaliade e o modelo italiano revela uma série de distinções entre os dois e permite a verificação dos pontos em que os dois sistemas apresentam certos pontos de contato.

O sistema brasileiro misto mantém a possibilidade de duas espécies de controle o concentrado, realizado pelo Supremo Tribunal Federal em relação às leis ou atos nomativos federais e estaduais em confronto com a Constituição Federal e, em nível abaixo dentro do Estado federal, cada um dos Tribunais de Justiça dos Estados membros da federação em relação às leis estaduais e municipais em confronto com a Constituição dos Estados.

Essa espécie de controle é similar a que acontece no caso italiano, no qual se verifica o controle direto ou principal, que é realizado no tocante ao conflito de atribuições entre os poderes do Estado e entre o Estado e as Regiões e entre essas.

Ao contrário do que ocorre no Brasil, onde o órgão de controle é o Supremo Tribunal Federal e os Tribunais de Justiça, portanto, dentro das atribuições do Poder Judiciário, o que aproxima o sistema brasileiro do *judicial review* do modelo americano, na Itália, o constituinte de 1948 optou pelo sistema, que se aproximou do modelo autríaco (preconizado por Kelsen e adotado na Constituição da Áustria de 1920), onde se nega a possibilidade de controle difuso feito pelos juízes, reservando-se a competência a uma Corte com composição híbrida e distante de quaquer um dos Poderes do Estado.

O sistema brasileiro, na medida que prevê a existência das duas espécies de controle, o difuso e o concentrado, estrutura-se em engenharia jurídica extremamente complexa, já que permite que na via incidental qualquer tribunal ou juízo de forma difusa possa declarar, com efeitos entre as partes, a inconstitucionalidade uma lei ou ato normativo (federal, estadual ou municipal). Por outro lado, na via direta e concentrada, a Constituição Federal de 1988 estabeleceu que apenas determinadas pessoas ou órgãos possuem legitimidade ativa para ingressar naquela via (art. 103 da Constituição Federal de 1988). Nesta última espécie de controle, a decisão proferida faz coisa julgada *erga omnes* elimina a norma do sistema jurídico.

A adoção pela Itália do sistema concentrado de constitucionalidade, realizado por uma Corte Constitucional, fez dos juízes ordinários e a Corte de Cassação, os legitimados para realizarem o papel de elementos de ligação entre o Judiciário e aquela, sendo assim, incumbe ao juiz ou à Corte de Cassação suscitar a dúvida, sempre que houver uma dúvida manifestamente fundada, para que a Corte possa ser acionada.

Por tudo isso, é interessante observar que o sistema brasileiro e o italiano não se fecharam em torno de um modelo específico (americano ou austríaco), passando a se constituírem forma híbrida ou mista de controle de constitucionalidade.

Essa adoção híbrida está ligada, evidentemente, a uma série de fatores políticos, econômicos, sociais e jurídicos, que representam o retrato de momento de cada um desses dois Estados, na construção do sistema de controle.

Finalmente, cumpre observar que tanto no Brasil quanto na Itália os sistemas adotadas produzem resultados satisfatórios de acordo com o momento político e social de cada um dos citados Estados.

Bibliografia

ANSELMO, José Roberto. *O papel do Supremo Tribunal Federal na concretização do federalismo brasileiro*. Tese de doutorado Pontifícia Universidade Católica – São Paulo: 2006.

ARAUJO, Luiz Alberto David e NUNES JÚNIOR, Vital Serrano. *Curso de Direito Constitucional*. São Paulo: Ed. Saraiva, 2010.

BELLOCCI, M. e GIOVANNETTI, T (coordenadores). *Il quadro delle tipologie decisorie nelle pronunce della Corte costituzionale*. Quaderno Predisposto in occasione dell'incontro di Studio com La Corte Costituzionale di Ungheria. Palazzo della Consulta, 11 giugno 2010.

BONAVIDES, Paulo. *Curso de Direito Constitucional*. 12ª ed. São Paulo: Malheiros, 2002.

CANOTILHO. J. J. Gomes. *Direito Constitucional e Teoria da Constituição*. Portugal, Lisboa: Livraria Almedina, 1999.

CLÈVE, Clèmerson Merlin. *A fiscalização abstrata de constitucionalidade no direito brasileiro*. 2ª ed., São Paulo, Revista dos Tribunais, 2000.

CORTE COSTITUCIONALE. *Che Cose à La Corte Costituzionale*. Roma 2002. 4ª edizione. Roma 2012

FERREIRA FILHO, Manoel Gonçalves. *Curso de Direito Constitucional*. 34ª Ed. São Paulo: Saraiva, 2008.

GARCÍA-PELAYO, Manoel. *Derecho Constitucional Comparado*. Espanha, Madri: Alianza Editorial, 1984.

HABERMAS, Jürgen. *Uma conversa sobre questões de teoria política*. Cebrap – Novos Estudos, nº 47, março de 1997.

HORTA, Raul Machado. *Direito Constitucional*. Minas Gerais: Belo Horizonte: Del Rey, 2002.

KELSEN, Hans. *Teoria Pura do Direito*, 6ª ed. São Paulo: Martins Fontes, 1998.

——. *A Garantia Jurisdicional da Constituição – A Justiça Constitucional*. Trad. Jean François Cleaver. Instituto Brasiliense de Direito Público. Revista de Direito Público nº 1 – Jul-Ago-Set/2003 – p. 126.

LASSALLE, Ferdinand. *Que é uma Constituição*. São Paulo: Edições e Publicações Brasil, 1933.

——. *A essência da Constituição*. Rio de Janeiro: Editora Lumen Juris, 2001.

MENDES, Gilmar Ferreira; MÁRTIRES, Inocêncio e GONET BRANCO, Paulo Gustavo. *Curso de Direito Constitucional*. São Paulo: Saraiva, 2007.

MIRANDA, Jorge. *Teoria do estado e da constituição*. Rio de Janeiro: Forense, 2002.

PALU, Oswaldo. *Controle de Constitucionalidade*. São Paulo: Revista dos Tribunais, 2001.

PEGORARO, Lucio. *A circulação, a recepção e a hibridação dos modelos de justiça constitucional*. Brasília: Revista de Informações Legislativa, a. 42, número 165 janeiro/março. 2005.

ROMBOLI, Roberto. *El Control de Constitucionalidad de las Leyes en Itália*. UNED. Teoría y Realidad Constitucional. n. 4, 2º semestre, 1999

SCHMITT, Carl. *Teoria de La Constitución*, trad. Francisco Ayala. Espanha, Madrid: Alianza Universidad Textos, 1996.

SILVESTRI, Gaetano. Genesi ed evoluzione dei sistemi di giustizia costituzionale Italia, Francia e Spagna. Alle origini del modello italiano di giurisdizione costituzionale. Istituto Italiano di Scienze Umane. Università degli Studi di Napoli Federico II. Jovene Editore, 2012.

STRECK, Lenio. Jurisdição Constitucional e Hermenêutica. Uma nova crítica ao Direito. Porto Alegre: Livraria do Advogado, 2002.

ZAGREBELSKY, Gustavo. *El direcho dúctil. Ley, derechos e justicia*. Espanha: Editorial Trotta, 2011.

ZIMMERMANN, Augusto. *Teoria Geral do Federalismo Democrático*. Rio de Janeiro: Editora Lúmen Júris. 1999.

Endereços eletrônicos pesquisados:

http://www.ces.es/TRESMED/docum/aus-cttn-esp.pdf
http://periodicos.pucminas.br/index.php/DireitoSerro/article/view/1123/1104
http://www.governo.it/Presidenza/USRI/magistrature/norme/L87_1953.pdf
http://www.consiglioveneto.it
http://www.cortecostituzionale.it
http://www.cortecostituzionale.it/actionRicercaMassima.do

— 7 —

La justicia ordinaria en el Estado Constitucional

MARCO ANTONIO MENESES AGUILAR[1]

Sumario: Presentación; I. Estado Constitucional como cambio de paradigma jurídico; Del imperio de la ley al derecho; II. El rol de la función judicial ordinaria en el Estado Constitucional; III. Las características de la jurisdicción en el Estado Constitucional; IV. Un idea en torno al perfil del juez ordinario; Bibliografía.

Presentación

El paradigma jurídico denominado Estado Constitucional se caracteriza por el sometimiento de la ley a la Constitución entendida como ordenamiento fundante y supremo; por lo tanto, la validez de la ley no sólo depende de que derive de autoridad legalmente competente y de su proceso de creación, sino de su conformidad con la Constitución, en especial, con las normas de principio en ella inmersas, comprendidas como *"la formulación sintética, privada casi de significado desde el punto de vista del mero análisis del lenguaje, de las matrices histórico-ideales del ordenamiento"*.[2] Entonces, el elemento central de tal forma de Estado es el citado ordenamiento supralegal, pues se instituye como marco de referencia de lo que es constitucional o no.

Como es sabido, el surgimiento de tal tipo de Estado implicó el desarrollo de la denominada justicia constitucional que, originalmente, se desplegó mediante dos modelos de jurisdicción: el concentrado o europeo y el difuso o americano. El primero con su característico tribunal especializado en el control de constitucionalidad de leyes, distinto al se-

---

[1] Licenciado en Derecho (Escuela Libre de Derecho de Puebla, México), cursó Maestría en Derecho Procesal Constitucional (Universidad Panamericana, México), con especialidad en Justicia Constitucional y Derechos Fundamentales (Universidad de Pisa, Italia) y Argumentación Jurídica (Instituto Tecnológico Autónomo de México-ITAM-, México). Secretario de Tribunal del Poder Judicial de la Federación de México.

[2] ZAGREBELSKY, Gustavo, *Historia y Constitución*. Madrid: Trotta, 2005, p. 89.

gundo, en el que la totalidad de los juzgadores quedaron facultados para ejercer dicho control.

Sin embargo, hoy en día tal clasificación se ha matizado o entremezclado; pero al margen de esto, dada la importancia y fortalecimiento del texto constitucional, los juzgadores, es decir, la función judicial en general, se tornó eje central en el respeto irrestricto de dicha norma fundante, pues en principio debe acatar los mandatos derivados de ella, especialmente aquellos vinculados a derechos humanos, por lo que aun cuando en el caso de la justicia ordinaria, la decisión que se adopte en esa sede, no constituye la última palabra respecto a la connotación y alcance que se advierta o atribuya a esa clase de normatividad, lo cierto es que construyen el primer acercamiento sustantivo a los valores que la cimientan; de ahí su relevancia, de la que poco se ha hablado.

No se soslaya que el tema de derechos humanos se ha expandido al grado de que de algunas décadas a la fecha son regulados también en distintos instrumentos internacionales, lo que en comunión con la propia Constitución de los países que los suscriben, conforma una masa o bloque de prerrogativas fundamentales al que los órganos del Estado parte quedan vinculados y en específico, los órganos que ejercen la judicatura, dado su trascedente papel como núcleo protector de aquéllos. Pero por ahora me enfoco al papel que el juez ordinario tiene en el Estado Constitucional, en atención a su propio ordenamiento supremo, a fin de vislumbrar su relevancia, en principio, en el derecho interno, como constructor y artífice del mismo.

Por lo tanto, en líneas subsecuentes se resalta la importancia del rol que el poder judicial adquirió a partir del cambio de paradigma jurídico identificado como Estado Legislativo al diverso de Estado Constitucional. Priorizo destacar las características de estos últimos y cómo a través de éstos evolucionó la perspectiva del derecho y con ello la de la función jurisdiccional en general y, en especial, la ordinaria, a efecto de advertir su progreso y la expectativa que de ella se tiene como garantía efectiva de la Constitución. Finalmente, esbozo una idea del perfil del juzgador en esa categoría.

I. Estado Constitucional como cambio de paradigma jurídico

Del imperio de la ley al derecho

El final del siglo XVIII fue testigo de dos grandes revoluciones, primero la americana y posteriormente la francesa, que condujeron a profundos cambios sociales y jurídicos en esas latitudes y a la postre, en gran parte de los continentes Americano y Europeo. Las transformaciones derivadas de aquellos movimientos sociales tuvieron el objetivo fundamental de la restructuración de las instituciones públicas y una nueva visión del orden jurídico, forjando así una renovada base del denominado Estado de Derecho, una de las expresiones, en palabras de Zagrevelsky, *"más afortunadas de la ciencia jurídica contemporánea"*.[3]

En efecto, la revolución de los Estados Unidos de América, en términos generales, se originó sobre la exigencia de los colonos americanos del respeto a la constitución por parte de la ley parlamentaria, ante la injusta tasación que el parlamento inglés les había impuesto, haciendo valer la antigua fórmula *no taxation without representation* inserta en la base del constitucionalismo anglosajón;[4] esto es, ejerciendo el poder constituyente pusieron de relieve la oposición y superioridad de la constitución respecto de las disposiciones ordinarias, adelantándose así a lo que en el futuro se denominaría *control de constitucionalidad*.

La revolución francesa, por su parte, en general tuvo la finalidad de echar abajo las instituciones del viejo régimen absolutista y dar pie a una nueva forma de ejercer el poder mediante su limitación, a fin de reivindicar los derechos y libertades de los ciudadanos.

Esas formas de concebir al Estado de Derecho (cada una con sus propios matices), como cambio de paradigma de la época, tuvieron la finalidad de encontrar y robustecer un ordenamiento jurídico que diera cohesión social, como regulador de facultades y prescripción de conductas, y fortaleciera las formas de organización política.

De manera que, considerando esencialmente el caso de Europa continental, por Estado de Derecho se entendió "cualquier ordenamiento en el que los poderes públicos son conferidos por la ley y ejercitados en las formas y con los procedimientos legalmente establecidos" (Ferrajoli),[5] esto es, nos encontramos ante la expresión Estado de Derecho en un "sentido débil o formal". Conceptualización que para el caso estadounidense no sería encuadrable porque como quedó de relieve, su revolución tuvo como eje central el respeto de la Constitución por parte del parlamento como legislador ordinario; esto es, ya se avizoraba la sumisión de la propia ley al ordenamiento fundante y supremo.

Con esa precisión, el Estado de Derecho en su concepción formal dio cabida en Europa al denominado *Estado Liberal de Derecho* o *Estado Legislativo de Derecho*, el cual, evidentemente, conforme a lo antedicho, se caracterizó por el nacimiento del Estado como ente monopólico en la

---

[3] *El derecho dúctil, Ley, derecho y justicia*. 7ª ed. Madrid: Trotta, 2007, p. 21.

[4] *Cfr.* FIORAVANTI, Maurizio. *Los derechos fundamentales, Apuntes de historia de las constituciones*. 5ª ed. Madrid: Trotta, 2007.

[5] *"Pasado y futuro del Estado de Derecho"*, ensayo compilado por Carbonell, Miguel (Coordinador), *Neoconstitucionalismo(s)*. 3ª ed. Madrid: Trotta, 2006, p. 13.

producción jurídica, teniendo así como norma de reconocimiento de derecho válido, el principio de legalidad, de modo que la ley valía independientemente de su contenido o del valor que expresara; en consecuencia, *"una norma es válida no por ser justa, sino exclusivamente por haber sido 'puesta' por una autoridad dotada de competencia normativa"*,[6] identificándose a la ley con el derecho mismo. Por ello, la actividad judicial quedó limitada a su mera aplicación en tanto cumpliera con dos requisitos formales: que proviniera de órgano competente y su elaboración fuera conforme al procedimiento establecido.

Al término de la Segunda Guerra Mundial, con motivo de los juicios de Núremberg en Alemania, se reflexiona en torno al concepto de derecho y ley. Se pensó que para la validez de la ley no era suficiente que contara con los extremos formales de referencia, pues en el caso alemán su ordenamiento jurídico, cumpliendo esas exigencias, resultó injusto.

Surge así un nuevo cambio de paradigma, una refundación del concepto de Estado de Derecho, una transformación genética basada en la idea esencial del sometimiento de la propia legislación a la Constitución como ordenamiento jerárquicamente superior a la ley y, por tanto, norma de validez de esta última. De manera que la Constitución ya no es vista sólo como documento político, sino como ordenamiento *"general de las relaciones sociales y políticas"*,[7] conformada tanto por preceptos de índole sustantiva como formal, los primeros constituidos por los derechos fundamentales, entendidos como *"normas que ordenan que algo sea realizado en la mayor medida posible, dentro de las posibilidades jurídicas y reales existentes"*;[8] y, los formales relacionados con la parte organizativa del Estado y el mecanismo de producción de la ley.

Este nuevo paradigma jurídico fue concebido como *Estado Constitucional*, modelo al que le corresponde una comprensión del concepto de Estado de Derecho en sentido sustancial o *"fuerte"*, pues sólo pueden considerarse como tal *"aquellos ordenamientos en los que todos los poderes, incluido el legislativo, están vinculados al respecto de principios sustanciales, establecidos por las normas constitucionales, como la división de poderes y derechos fundamentales"*.[9]

Con una Constitución así, esto es, capaz de condicionar a la legislación, a la actuación de la jurisdicción, a la actividad política y a las relaciones sociales, el tipo conceptual de Estado en cita ha llegado a un punto denominado *"constitucionalización del ordenamiento jurídico"*, esto

---

[6] FERRAJOLI, Luigi, *Op. cit.*, p. 16.
[7] FIORAVANTI, Maurizio. *Constitución, de la antigüedad a nuestros días.* Madrid: Trotta, 2007, p. 11.
[8] ALEXY, Robert. *Teoría de los Derechos Fundamentales.* Madrid: Centro de Estudios Políticos y Constitucionales, 2002, p. 86.
[9] FERRAJOLI, Luigi, *Op. cit.*, p. 13 y 14.

es, *"un proceso de transformación de un ordenamiento, al término del cual, el ordenamiento en cuestión resulta totalmente 'impregnado' por las normas constitucionales"* (Ricardo Guastini).[10] Se trata además de un proceso graduado porque el ordenamiento puede ser constitucionalizado en mayor o menor medida, pero sin poder prescindir de: *garantía jurisdiccional de la constitución*, esto es, un mecanismo de control de constitucionalidad, encargado generalmente a los órganos judiciales.[11]

Con motivo de esto último, la jurisdicción ordinaria asume un nuevo rol en el Estado Constitucional que, en mi opinión, actualmente la instituye como pieza base o inicial en la construcción del mismo que, sin duda, encuentra su fortalecimiento, como complemento o fase terminal (desde el punto de vista del derecho interno o nacional), en la actividad de los llamados tribunales constitucionales, lo cuales tienen a su cargo de manera especial la máxima protección y desarrollo de los derechos de los ciudadanos, frente al poder público, aunque les es dable también determinar los supuestos en que de manera excepcional algunos de ellos pueden restringirse. Pero por ahora me centraré en el ámbito de la justicia ordinaria, materia de análisis.

II. El rol de la función judicial ordinaria en el Estado Constitucional

El Estado Constitucional, como quedó de manifiesto, volcó las condiciones de validez de la ley, pues ésta quedó sometida a la Constitución, lo que inevitablemente modificó el desarrollo de la jurisdicción, esencialmente porque esa nueva perspectiva trajo consigo el denominado *control de constitucionalidad*, que implica precisamente verificar la conformidad de la ley con la Constitución como garantía de vigencia de ésta y, principalmente, como límite al poder público, en especial al poder legislativo. A consecuencia de ese novedoso parámetro jurídico, el ámbito judicial varió tanto en el plano estructural como en su quehacer diario.

En lo estructural, porque surgió propiamente la idea de justicia constitucional que habrían de operar tanto jueces ordinarios como una nueva construcción de jurisdicción, los llamados tribunales constitucionales. En ese contexto, se configuran inicialmente dos sistemas de control: el llamado sistema americano o de control *"difuso"* y el sistema europeo o *"concentrado"*, siendo característica del primero, en cuanto a su funcionamiento, que todos los órganos jurisdiccionales puedan ejercerlo; en tanto que al segundo se le identifica porque lo ejerce un solo órgano.

---

[10] *Estudios de teoría constitucional*. México: Distribuciones Fontamara, 2003, p. 153.
[11] Cfr. GUASTINI, R., *op. cit.*, p. 154 a 163.

Sin embargo, al devenir de los años esos sistemas, si bien fueron acogidos en distintos países, también lo es que adquirieron diversos matices, incluso en algunos lugares se fusionaron dando nacimiento a sistemas mixtos. Sólo como ejemplo, tenemos el sistema que Pedro Sagüés denomina de *"control judicial difuso con más control concentrado en un órgano no especializado en lo constitucional, del poder judicial (Corte Suprema)"*.[12] En éste, por regla general, hay control difuso, pero determinados procesos constitucionales son competencia exclusiva y por tanto, se trata de control concentrado, de una Corte Suprema sin que ésta sea un tribunal constitucional en estricto sentido (tal es el caso de México).

En tal esquema, la actividad judicial común también varió, pues ahora le corresponde, idealmente, actuar conforme a los valores de la Constitución, aunque es verdad que, dependiendo el tipo de sistema de control constitucional que se adopte, será el alcance de las decisiones que el juzgador ordinario emita en torno a la supremacía de aquélla; pero estimo que como un mínimo o si se quiere, como una máxima, en todo Estado Constitucional es menester que el juez ordinario, aun cuando no tenga facultades para declarar la inconstitucionalidad de la norma secundaria en cuestión (característico del modelo concentrado, máxime si sus efectos son generales), debe, en casos en que advierta la contradicción de ésta con la Constitución, preferir esta última, inaplicando aquélla al asunto concreto o bien, previo a resolver, someter el problema de constitucionalidad al tribunal competente.

Así, todo Estado que se adjetive como constitucional, por las propias características de tal concepción, lleva implícita la idea de un juez racional, lo que quiere decir que su actividad ya no es meramente de aplicación de la ley y en última instancia, de mero intérprete gramatical de la misma sin importar la relevancia de su contenido; ahora debe atender en principio lo dispuesto en la Constitución y en consecuencia, como cuestión previa, en cada caso le es dable (según sea el tipo de sistema de que se trate) realizar un test de constitucionalidad de la ley, esto es, enjuiciar a la ley misma mediante su interpretación, al grado de poder rechazarla en caso de que sea contraria al supraordenamiento en cita; como lo sostiene Ferrajoli, *"la relación entre el juez y la ley, ... ya no consiste, como en el viejo paradigma iuspositivista, en sujeción a la letra de la ley sin importar cuál fuera su significado, sino antes que nada en sujeción a la constitución, que impone al juez la crítica de las leyes inválidas a través de su reinterpretación en sentido constitucional o de la denuncia de su inconstitucionalidad"*.[13]

---

[12] *El sistema de derechos, magistratura y procesos constitucionales en América Latina*. México: Porrúa, 2004, p. 35.

[13] *Democracia y garantismo* (edición de Miguel Carbonell). 2ª ed. Madrid: Trotta, 2010, p. 31.

En suma, el Estado Constitucional como cambio normativo que fractura el orden jurídico,[14] dadas las aludidas características que lo representan y porque rompe con el antiguo modelo de Estado Legislativo de Derecho, transformó el rol del poder judicial, elevándolo a la mayor importancia, pues lo coloca como operador del mecanismo de control en comento y de esta forma como institución que contribuye de manera primordial a mantener la hegemonía de la Constitución y su plena observancia. Valioso papel que ciertamente vuelve a la función jurisdiccional, sea constitucional u ordinaria, más compleja dado que se posiciona, a decir de Taruffo, en el punto neural de la protección de los derechos y se convierte en el punto esencial de su tutela.[15]

III. Las características de la jurisdicción en el Estado Constitucional

Dada la citada relevancia del rol de la actividad jurisdiccional en el Estado Constitucional, ésta adquirió mayores responsabilidades no sólo con los particulares que acuden al juez para solucionar los conflictos acaecidos entre ellos, vertiendo su confianza en que obtendrán una solución real, objetiva y apegada a la verdad, como fin último de la justicia que esperan de ella –mayormente cuando se trata de procesos del orden penal-; sino también con el Estado mismo, pues todo juez debe hacer frente a los intereses que representan sus diversas instituciones, a la vez que en la medida en que sus decisiones encuentren la mejor justificación, basados en la reglas del debido proceso y la sana crítica, fortalecen al propio Estado ya que, de ese modo, coadyuvan a que el ciudadano crea en él y lo mejor de todo, acaten seriamente sus decisiones.

Así, pues, la función judicial (ordinaria o constitucional) puede caracterizarse, *grosso modo*, de la siguiente manera:

a) Es de *carácter racional*, lo cual, como lo expresa Zagrevelsky, es verificable en dos momentos: en la categorización del caso sometido a conocimiento del juez *"a la luz de los principios"* y en *"la búsqueda de la regla aplicable al caso"*,[16] pues es razonable la categorización de los hechos que considera los principios en juego, máxime que de ello también depende la identificación del sentido de los datos fácticos proporcionados y por tanto, la verdadera comprensión de los intereses en pugna; y, es razonable la regla tomada del ordenamiento jurídico aplicable, que responde a

---

[14] Cfr. COSÍO, José Ramón. *Cambio social y cambio jurídico*, México: Porrúa y el Instituto Tecnológico Autónomo de México (ITAM), 2008, p. 223 y 224.
[15] Cfr. *Proceso y decisión, Lecciones mexicanas de Derecho Procesal*. Madrid: Marcial Pons, 2012, p. 30.
[16] *El derecho dúctil*, p. 147.

las exigencias del asunto. Dicho de otro modo, el juez debe actuar de manera razonable en la adecuación de los casos y la norma aplicable.

b) Es *valorativa*, no sólo de aplicación lógica, porque derivado de la racionalidad que se exige de su actuar, debe ponderar los principios constitucionales implicados en el asunto que se analice, mismos que como se vio, representan los valores base de la sociedad.

c) Es *creadora de derecho*, dado que el juzgador, al ser intérprete de la ley (orientado por los principios constitucionales), el significado que de ésta obtenga, como dice Zaccaria,[17] lo introduce en el *"sistema jurídico global"* y en el ámbito *"histórico-cultural"* al que pertenece.

d) Implica *constante fricción con la sociedad y el Estado*, en virtud de la posición intermedia que el juez ocupa entre ellos. Fricción con el Estado que surge cuando el juzgador aplica la ley –producto del poder estatal-, porque de ser el caso, le es dable inaplicarla, denunciarla o declararla inconstitucional (según el sistema de control adoptado), máxime cuando de ello dependen incluso políticas públicas; en tanto fricción con la sociedad, porque el juez, al interpretar y aplicar la ley, puede que su fallo resulte impopular.

e) Requiere de *máxima prudencia* dada su creatividad y fuerza vinculante, por lo que el juez no debe extralimitarse en el sentido de establecer reglas cerradas extraídas de la constitución, eliminando la ley (según las facultades con que cuente el juzgador) que no sea acorde a la misma, pues ello es en demérito de la función del legislador, quien se vería reducido a mero espectador en la formación del ordenamiento jurídico.

f) Otorga *legitimación*, puesto que en la actividad jurisdiccional, según se ejerza correctamente, el juez se verá, valga la redundancia, legitimado.

Como se aprecia, la actividad judicial ciertamente adquirió relevancia y al mismo tiempo se volvió más compleja dado el papel medular que le corresponde, al constituir una garantía para el respeto de los derechos fundamentales y con ello, se itera, de equilibrio social y político, propio del Estado Constitucional.

IV. Un idea en torno al perfil del juez ordinario

La expuesta complejidad del accionar judicial en el Estado Constitucional, exige de operadores calificados para su desempeño. En este apartado no pretendo llevar a cabo un análisis minucioso en torno al

---
[17] *Razón jurídica e interpretación* (trabajos compilados por Ana Messuti). España: Thomson-Civitas, 2004, p. 134.

ideal de juez, únicamente realizaré un breve esbozo de lo que estimo constituyen algunas directrices en busca de su perfil, esto, en atención a la jurisdicción ordinaria –que como se ha visto, en la clase de Estado en cuestión su participación es de mayor peso y sustancia-, partiendo de su tarea diaria: juzgar.

Bien, existen diversos autores versados sobre el tema, quienes han hecho especial énfasis en dos características esenciales que todo juzgador debe tener: *imparcialidad* e *independencia*.

Imparcialidad no sólo con los gobernados que acuden a él para resolución de sus disputas, sino también con el resto de actores institucionales del propio proceso, pues de ello depende, en gran medida, la confianza de estos respecto de la administración de justicia y del propio Poder Judicial, pues ciertamente el juez es una suerte de *"espejo"* del mismo, de manera que de conducirse con parcialidad, será un aspecto negativo reflejado en aquél como institución.[18]

E independencia como presupuesto esencial de la imparcialidad, dado que el juez que sólo se sujeta al ordenamiento jurídico, como garante de los derechos fundamentales, sin permitir la interferencia de cualquier influencia externa, particularmente de quienes ostentan alguna forma de poder, o bien interna, esto es, proveniente de la propia judicatura; podrá ejercer su función con objetividad tanto en el conocimiento de los hechos en torno a los que decidirá, como en la determinación de la norma por aplicar.[19]

Por tanto, no cabe duda que todo juez debe contar con tales cualidades, pues le otorgan autoridad frente a las partes en colisión, dada su posición de mediador y resolutor de conflictos.

Máxime, porque la función jurisdiccional ordinaria (al igual que la constitucional), como quedó de manifiesto es, esencialmente, de carácter racional, de valoración, creadora de derecho, de constante fricción con la sociedad y el Estado, de máxima prudencia y legitimadora del rol del juez, pues en la medida en que éste la desempeñe correctamente, justifica su posición de centro de tutela de los derechos de la colectividad. En esas condiciones, el accionar del juez penetra no sólo en el ámbito de los particulares que acuden a él para solución de sus conflictos, sino también, por un lado, en la sociedad en su conjunto, al trascender a ella en cuanto pone de relieve que prevalece el ordenamiento jurídico como regla de orden, sana convivencia y castigo, de ser necesario, para quienes lo

---

[18] Cfr. JIMÉNEZ ASENCIO, Rafael. Imparcialidad judicial: su proyección sobre los deberes (Código de Conducta) y derechos fundamentales del juez; trabajo compilado en *Los derechos fundamentales de los jueces*, obra dirigida por Saiz Arnaiz, Alejandro. Madrid: Marcial Pons, 2012, p. 36.
[19] Cfr. IBÁÑEZ, Perfecto Andrés. La independencia judicial y los derechos del juez. trabajo compilado en *Ídem*, p. 48 y 49.

infringen; y, por otro, en las entrañas del orden político, dado que *el "dinamismo de la sociedad compromete la capacidad ordenadora del legislador"*,[20] lo que en consecuencia amplía el papel del juez, pues con motivo de los asuntos propuestos por los ciudadanos inconformes, será quien nutra de contenido al mandato legal y de ese modo, lo aplicará en determinado sentido, incluso estimándole, de ser factible, según el sistema de control constitucional que rija, contrario a los valores en que se cimienta el orden constitucional.

Por ello, la imparcialidad y la independencia son las características que deben considerarse como presupuestos indispensables para conformar el perfil ideal del juez ya desde su connotación primaria, esto es, de autoridad judicial con mayor contacto con la ciudadanía y órganos públicos, como es el juez ordinario.

Ahora bien, es menester que tales cualidades no sólo sean apreciadas de manera genérica, sino además como ejes rectores de los distintos rubros que giran alrededor de la figura de aquél, pues como se ha venido diciendo, al ser tan compleja la actividad jurisdiccional, se vuelve necesario que, al menos en los Estados democráticos constitucionales, tengan la virtud de contar con recursos adicionales al conocimiento jurídico; se requiere que sus argumentos expresados a manera de justificación de sus decisiones, tengan también como base el conocimiento del contexto en que se desarrolla cada caso y la apreciación a conciencia de las distintas materias que en él convergen; sólo así forjan la confianza de los ciudadanos hacia ellos y logran el equilibrio social y político del sistema en que se desenvuelven, porque de ese modo demuestran que sus resoluciones son completas, exhaustivas y sensibles a los diferentes temas y sujetos que estén involucrados.

En ese sentido, esas dos cualidades deben verificarse en tres rubros: el personal, el profesional y el cultural.

En cuanto al ámbito personal del juzgador, cabe mencionar que aun cuando pareciera un aspecto de sentido común, es importante tomar en consideración, como una cuestión predecesora a cualquier otra, que el juez debe contar con suficiente solvencia moral, que le permita fluir en su desempeño de manera firme y demuestre que él mismo respeta su investidura. Porque si una persona común que en su vida privada desatiende el ordenamiento jurídico, demostrando su rechazo al mismo, no podría calificar la conducta de los demás, menos aún el juez, pues cómo el gobernado aceptaría que un individuo que rompe con las reglas que aplica, le sancione o imponga determinada carga. Si bien es dable que ello ocurra, es innegable que de ser así, inhibe al ciudadano a que en lo

---

[20] BÁÑEZ, Perfecto Andrés. Para un ética positiva del juez, artículo compilado en: *En torno la jurisdicción*. Buenos Aires: Editores del Puerto, 2007, p. 41.

sucesivo concurra ante la autoridad judicial, incluso le invitaría al desacato, es más, preferirá solucionar sus problemas por cualquier otra vía, no obstante el juez sea erudito en la materia, pues esto se vería empañado a la vista de los ciudadanos, que si algo les incentiva es la autoridad moral y pulcritud de quien frente a ellos debe decidir sobre aspectos que les repercutirá en su persona. Dicho de otro modo, es necesario que el juez cuente con buena reputación, es decir, que su honorabilidad y honestidad tanto en su vida privada como pública, no estén en entredicho o bajo sospecha, porque lógicamente ello demerita la seguridad de los actores particulares y públicos de que se conduzca de modo imparcial e independiente al juzgar; de ahí que ha de controlar escrupulosamente sus actos, porque lo que *"en otros puede considerarse de falta, en él debe considerarse indecoroso"*.[21] Entonces, una mala persona difícilmente podrá ser un buen juzgador. Este sería el primer requisito que alguien que aspira a ser juez, debe cumplir.

En el rubro profesional, el juez requiere de dinamismo, en tanto habrá de estar en constante actualización no sólo en los temas jurídicos, sino en diversas materias técnicas que inciden en su función. Será cada asunto el que lo inste a involucrarse en tópicos no propiamente de derecho (ecología, cuestiones de género, hacienda pública, desarrollo social, entre otros), pero que es indispensable los atienda, al margen de poder ser auxiliado por peritos en el particular, pues a final de cuentas él es quien toma la decisión. Y aquí es donde además el juez debe ser un profesionista racional, habituado y, por tanto preparado, para lidiar con problemáticas que incluyan aspectos de otras materias, a afecto de conducir por los mejores cauces el proceso que está bajo su tutela y a la postre llevar a cabo la correcta ponderación probatoria que lo acerque lo más posible a la realidad y le permita tomar decisiones con el menor rango de error que, cabe decir, siempre existe.

Perspectiva que incide directamente en la decisión judicial y, por ende, se puede decir que para mejor decidir, la formación profesional del juez debe ser tal que le otorgue:

1. Capacidad analítica para comprender la problemática puesta a su consideración, esto es, identificar los valores en tensión, encontrar el sentido de los hechos conocidos mediante el conjunto probatorio, pues de todo ello depende la elección de la norma jurídica que servirá de fundamento de la decisión y su aspecto consecuencial.

2. Capacidad de argumentación y motivación, esto es, exponer clara y congruentemente los razonamientos que justifiquen el fallo.

---

[21] ALSINA, Hugo. Fundamentos de derecho procesal, de la serie *Clásicos de la teoría general del proceso*, vol. 4. México: Jurídica Universitaria, 2003, p. 394.

3. Capacidad de ponderación, pues en caso de fricción entre principios, será menester evaluar de manera exhaustiva todas las circunstancias que giran en torno al asunto, para así apreciar correctamente los intereses en conflicto y sopesarlos *"no a luz de su consciencia,... sino atendiendo a la ideología jurídico-política cristalizada en el texto constitucional"*.[22]

4. Prudencia, porque debe ser consciente que su actividad no es ilimitada; habrá de actuar conforme a los preceptos constitucionales, su propio criterio judicial formado durante su desempeño, la jurisprudencia y la doctrina, que dan equilibrio y coherencia al sistema jurídico de que se trate, a más de que su función se rige por el principio de certeza jurídica.

5. Capacidad, incluso, de dirección para el correcto, eficaz y ágil desempeño de las diligencias judiciales; y, carácter de mando, a fin de mantener el control de sus colaboradores, mediante el respeto y la motivación a la superación constante, a efecto de que el trabajo en conjunto fluya de manera adecuada.

Sin duda, tal clase de formación proporciona confianza y seguridad al juzgador en la toma de sus decisiones, que lo hace poco propenso a verse influenciado interna y externamente, pues en la soledad de sus pensamientos en torno al sentido en que habrá de resolver, estará consciente de los intereses en juego, de las repercusiones y no obstante ello, tendrá la fuerza suficiente para someterse al ordenamiento jurídico en la justa dimensión de los derechos fundamentales a los que está llamado a defender, a hacerlos coexistir cuando entran en pugna y poner de relieve su vigencia; cuestiones que tienen que ver precisamente con su independencia e imparcialidad.

Y en el rubro cultural, se destaca que, si como ya se dijo, el juez requiere de mayor expansión en sus conocimientos técnicos, también lo es que requiere de una educación *"intercultural"* que fomente actitudes positivas que combatan los prejuicios raciales y culturales;[23] a menudo los jueces tienen en sus manos asuntos relacionados a temas de discriminación a las personas en razón de su sexo, preferencia sexual, por su género, condiciones económicas, o bien porque se trata de determinadas comunidades en las que ciertos derechos, como el vivienda digna, salud,

---

[22] PRIETO SANCHÍS, Luis. *Interpretación jurídica y creación judicial del derecho*. Lima-Bogotá: Palestra-Temis, 2007, p. 250.

[23] José Sanmartín Esplugues refiere que por educación intercultural debe entenderse una educación *"universalizadora"*, en el sentido de ponderar el hecho humano por encima de sus modismos: *"valorarlo en su conjunto antes de comenzar a resaltar sus peculiaridades locales"*. Asimismo, sostiene que: *"Se sabe que las actitudes son predisposiciones evaluativas aprendidas para responder consistentemente de un modo favorable o desfavorable en determinadas circunstancias... La educación intercultural debe fomentar la empatía, la capacidad de ponerse en el lugar de otro"*. En *No violencia, cultura y diversidad*, ensayo compilado por el citado autor et al, en *Reflexiones sobre la violencia*. México: Ed. Siglo XXI Editores en coedición con el Centro Reina Sofía, 2010, p. 435.

se ven reducidos a mera expectativa, por lo que el juez debe ser consciente de todos esos aspectos y aun contando con sus propias creencias, será menester que apoyado en su profesionalismo, así como de los valores que emerjan del ordenamiento jurídico fundante y con conocimiento del contexto intercultural que revista el asunto, tome de manera objetiva e imparcial, su decisión.

En mi opinión, el conjunto de características vinculado a los comentados rubros, hace que el juzgador también cumpla la responsabilidad política, jurídica y social derivada de su función, pues lo concientizan del significado de la misma. En efecto, en torno su compromiso político será sabedor de que en un Estado democrático le compete un *"desempeño activo"* en la protección de los derechos fundamentales;[24] en cuanto a su responsabilidad jurídica, sabrá la importancia y trascendencia de sus decisiones, y que puede hacerse acreedor a correcciones disciplinarias o a responsabilidad civil, incluso penal; y respecto a lo social, entenderá que en todo momento debe actuar con transparencia, pues está sujeto a rendición cuentas, a la crítica y al escrutinio de la opinión pública.[25]

En síntesis, la tarea jurisdiccional es ardua, compleja y de sacrificio, pero es así por su importancia en el Estado Constitucional, en el que se requiere, para el adecuado desarrollo de la jurisdicción, de operadores capaces, astutos, íntegros, independientes, profesionales, imparciales, prudentes, incluso versados en materias no jurídicas, es decir, contar con formación técnica interdisciplinaria que les permita comprender y lidiar con información económica, social y cultural derivada de la propia Constitución y del gran cúmulo de leyes que la desarrollan. Cualidades con las que tampoco se pretende la existencia de un *"juez Hércules"*,[26] sólo intento dejar de manifiesto que quienes tienen a su cargo la tarea de administrar justicia deben, al menos como ideal de juez, contar con la suficiente astucia y capacidad para seleccionar principios y objetivos a partir de los asuntos concretos y con base en ellos construir racionalmente sus decisiones, a fin de cumplir con la expectativa que de los mismos tiene la sociedad y lo que además constituye la base de su razón de ser: actuar como protectores de derechos.

---

[24] Cfr. GONZALES MANTILLA, Gorki. *Los jueces, Carrera judicial y cultura jurídica*. Lima: Palestra, 2009, p. 85.

[25] Cfr. FERRAJOLI, Luigi. *Derecho y razón, Teoría del garantismo penal*. 5ª ed. Madrid: Trotta, 2001, p. 595.

[26] En concepto de Dworkin es juez Hércules quien dispone de dos elementos característicos de un saber ideal, uno es conocer la totalidad de los principios válidos y todos los fines que son necesarios para determinada justificación y otro, contar al mismo tiempo con una perfecta visión global de la *"densa red"* de elementos entrelazados por *"hilos argumentativos"* de que está conformado el ordenamiento jurídico vigente con el que se enfrenta. Citado por HABERMAS, Jürgen, en *Facticidad y Validez*. 5ª ed. Madrid: Trotta, 2008, p. 282.

Bibliografía

ACKERMAN, John M. (Coord.). *Más allá del acceso a la información*. México: Siglo XXI Editores en coedición con el Instituto de Investigaciones Jurídicas de Universidad Nacional Autónoma de México et al., 2008.

ALEXY, Robert, *Teoría de los derechos fundamentales*. 3ª reimp. Madrid: Centro de Estudios Políticos y Constitucionales, 2002.

ANDRÉS IBÁÑEZ, Perfecto. *En torno a la jurisdicción*. Buenos Aires: Editores del Puerto, 2007.

CARBONELL, Miguel. *Neoconstitucionalismo(s)*, 3ª ed. Madrid: Trotta, 2006.

COSSÍO, José Ramón, *Cambio social y cambio jurídico*, 1ª reimp. México: Porrúa, 2008.

DWORKIN, Ronald. *El imperio de la Justicia*, 2ª reimp. Barcelona: Gedisa, 2005.

FERNÁNDEZ SEGADO, Francisco, *La justicia constitucional ante el siglo XXI: la progresiva convergencia de los sistemas americano y europeo-kelseniano*. México: Instituto de Investigaciones Jurídicas de la Universidad Nacional Autónoma de México, 2004.

FERRAJOLI, Luigi. *Derecho y razón, Teoría del garantismo penal*. 5ª ed. Madrid: Trotta, 2001.

FIORAVANTI, Maurizio. *Constitución, de la antigüedad a nuestros días*, 1ª reimp. Madrid: Trotta, 2007.

——. *Los derechos fundamentales, apuntes de historia de las constituciones*, 5ª ed. Madrid: Trotta, 2007.

GUASTINI, Riccardo. *Estudios de teoría constitucional*. México: Fontamara, 2003.

HABERMAS, Jürgen. *Facticidad y Validez*. 5ª ed. Madrid: Trotta, 2008.

HAMILTON A.; MADISON J.; JAY J. *El federalista*, 2ª ed. México: Fondo de Cultura Económica, 2006.

MALEM, Jorge *et al*, *La función judicial*. Gedisa: Barcelona, 2003.

—— *¿Pueden las malas personas ser buenos jueces?* Biblioteca Jurídica Virtual del Instituto de Investigaciones Jurídicas de la Universidad Nacional Autónoma de México.

PIETRO SANCHÍS, Luis. *Interpretación jurídica y creación judicial del Derecho*. Lima: Palestra Editores y Editorial Temis, , 2007.

SAGÜÉS, Néstor Pedro. *El sistema de derechos, magistratura y procesos constitucionales en América Latina*. México: Porrúa, 2004.

SAIZ ARNAIZ, Alejandro (coord.). *Los derechos fundamentales de los jueces*. Madrid: Marcial Pons, 2012.

TARUFFO, Michele. *Proceso y decisión, Lecciones mexicanas de Derecho Procesal*. Madrid: Marcial Pons, 2012.

ZACCARIA, Giuseppe. *Razón jurídica e interpretación* (trabajos compilados por Anna Messuti), Editorial Aranzadi (Thomson-Civitas), Navarra, 2004.

ZAGREBELSKY, Gustavo. *El derecho dúctil, Ley, derecho, justicia*. 7ª ed. Madrid: Trotta, 2007.

——. *Historia y constitución*. Madrid: Trotta, 2005.

— 8 —

Los derechos fundamentales *innominados* derivados de la garantía del derecho a la salud. El estado de la jurisprudencia constitucional colombiana

MARTHA CECILIA PAZ[1]

Sumario: I. Prolegómeno; II. Esquema del derecho a la salud en Colombia; III. Los clásicos derechos innominados; 1. El derecho al diagnóstico: una propuesta dentro de las garantías del derecho a la salud; 2. El derecho al consentimiento informado: una aproximación bioética en clave constitucional; 3. El derecho a obtener la historia clínica por parte de familiares y terceros ante el fallecimiento de un familiar: el recorrido de un derecho innominado. III. Conclusión; Bibliografia.

I. Prolegómeno

Los temas propuestos se analizarán desde la mirada transversal que hoy supone la relación entre el derecho y la medicina, a luz de los nuevos dictados del derecho a la autonomía del paciente y la redefinición del paradigma paternalista de la figura del médico hipocrático. La primera afirmación que ambienta el tema propuesto tiene que ver con la concepción de derechos fundamentales en el contexto colombiano. La Corte Constitucional Colombiana desde sus primeros pronunciamientos, ha indicado que la Constitución Política de 1991 estableció un *catálogo abierto* de derechos fundamentales de manera tal, que puede hablarse de derechos señalados expresamente como fundamentales, por ejemplo los del artículo 85 por ser de aplicación inmediata; los del Capítulo 1, Título II y de otros, que por remisión de los artículos 93 y 94 no se encuentran

---

[1] Magistrada Auxiliar de la Corte Constitucional Colombiana. Master en Derechos Fundamentales de la Universidad Carlos III de Madrid; Egresada del Programa P.I.L. de la Universidad de Harvard en derecho constitucional y jurisprudencia; Master en Filosofía de la Universidad Javeriana y Docente en la Universidad del Rosario en Bogotá en el área de interpretación constitucional, líneas jurisprudenciales y acción de tutela.

en la lista de derechos fundamentales *expresos e incluidos*, pero por vía de jurisprudencia han adquirido esa especial categoría.

II. Esquema del derecho a la salud en Colombia

La jurisprudencia colombiana en efecto, ha diseñado varios criterios de *fundamentalidad* para identificar un derecho desde esa noción: (i) derechos de aplicación inmediata enunciados en el artículo 85 de la Constitución, entre los cuales están los derechos a la vida, integridad personal, a la igualdad, intimidad, honra, buen nombre, libre desarrollo de la personalidad, expresión e información, petición, etc; (ii) los contenidos en el Capítulo 1, Título II de la Carta; (iii) derechos fundamentales por expreso mandato de la Constitución como los derechos de los niños del artículo 44; (iv) los derechos que integran el bloque de constitucionalidad; (v) *los derechos innominados* que no se encuentran consagrados en la Carta Fundamental pero que han sido reconocidos jurisprudencialmente por estar implícitos en el ámbito de protección de distintas disposiciones fundamentales y (vi) los derechos fundamentales por conexidad.

En lo que toca al *derecho a la salud*, la jurisprudencia de la Corte Constitucional ha manejado por tres vertientes diferentes su *ius fundamentalidad* :

1. Tesis de la conexidad. En la época temprana, año 1991 cuando se promulgó la vigente Constitución Colombiana, la Corte Constitucional mantuvo la tesis de *la conexidad* según la cual, el derecho a la salud como perteneciente a la categoría de los económicos, sociales y culturales, era considerado fundamental sólo cuando aparecía *vinculado* de manera inescindible a un principio o derecho fundamental como la vida, la dignidad humana o la integridad personal. Lo anterior, por cuanto en el ordenamiento jurídico colombiano se hacía la distinción por una parte entre derechos civiles y políticos entendidos como fundamentales y derechos sociales, económicos y culturales de contenido prestacional, por otra, para cuya realización era necesaria una acción legislativa o administrativa. Frente a los primeros, la protección a través del mecanismo de tutela constitucional operaba de manera directa, mientras que frente a los segundos, era necesario que el peticionario demostrara que la vulneración de ese derecho conllevaba a su vez el desconocimiento de un derecho fundamental.[2]

2. Fundamentalidad por grupo poblacional: El segundo escaño de protección del derecho a la salud y vigente hasta hoy, lo califica como

---
[2] Sentencias de la Corte Constitucional en relación con los derechos conexos: T-597-93, T-075-96, SU-225-98, T-286-98, T-421-01, T-1081-01, T-850-02, T-666-04, T-935-05, T-845-06, T-631-07.

fundamental para efecto de la procedencia via acción de tutela, cuando dentro de la controversia planteada ante la jurisdicción constitucional se encuentra un sujeto de especial vulnerabilidad y protección constitucional (población carcelaria, población desplazada, mujeres embarazadas, adultos mayores, personas en estado de discapacidad física y mental) pues ello activa la garantía inmediata del derecho para ser reconocido y protegido como *derecho fundamental autónomo*.[3]

3. **Fundamentalidad autónoma de conformidad con el contenido esencial**: El *íter* se consolida en los años 2007 y 2008, cuando el derecho a la salud se reconoce de manera autónoma en virtud de su *contenido esencial*, el cual está dado no sólo por las leyes y reglamentos que crean y regulan el Sistema General de Seguridad Social en Salud, sino también por la Constitución, los precedentes de la jurisprudencia constitucional y los estándares derivados de los instrumentos internacionales de derechos humanos. El tránsito de la tesis de la *conexidad* a la de la *fundamentalidad* tuvo como soporte la égida de dos importantes postulados: (i) que un derecho es fundamental cuando esté funcionalmente dirigido a lograr la dignidad humana y (ii) que un derecho prestacional se transmuta en uno subjetivo cuando se define de forma concreta y clara su contenido.

La jurisprudencia apreció como *"artificioso"*[4] continuar con el criterio de conexidad para amparar el derecho constitucional a la salud, visto como una especie de DESC, y en general consideró un tanto inane predicar la exigencia de conexidad respecto de derechos fundamentales, porque en últimas, todos –unos más que otros– tienen una connotación prestacional innegable. Por tanto, cuando se trate de requerimientos, cirugías, tratamientos, drogas, etc, solicitados al juez constitucional e incluidos claramente dentro de los planes de salud, la protección a éste derecho se hará de manera directa sin necesidad de invocar conexidad con un derecho de los catalogados como de aplicación inmediata. Es decir, si una entidad aseguradora de la prestación de los servicios de salud, no brinda los medicamentos o niega procedimientos previstos en cualquiera de los planes obligatorios, incurre en una violación al *derecho fundamental a la salud*.

A pesar de que así ha sido registrado por la doctrina de los jueces constitucionales, el trasfondo invisible que subyace hacia la meta del derecho a la salud como fundamental *per se*, podemos circunscribirlo realmente a la importancia que le confirió la Corte Constitucional al postulado-principio de la dignidad humana como fundante del Estado Social de Derecho. Fue especialmente en las sentencias T-016 de 2007 y

---

[3] Sentencias de la Corte Constitucional en relación con el derecho a la salud como fundamental *per se* : T-881-02, T-859-03, T-538-04, T-736-04, T-133-06, T-837-06, T-631-07, C-811/07, T-076-08.

[4] Sentencia de la Corte Constitucional T-760 de 2008

T-760-08, donde se indicó con precisión, que siempre debían evaluarse las circunstancias particulares de cada caso para poder definir la vulneración cierta de un derecho fundamental y si esa afectación infringía la dignidad de la parte que solicitaba la protección constitucional. Fue a partir de estos hitos de la jurisprudencia cuando se empezó a reconocer la dignidad humana como el eje a partir del cual construir y sistematizar el concepto de la salud como derecho fundamental. En esa línea de pensamiento, el derecho a la salud parece haberse engrosado como un *derecho abanico, complejo y de extensas aristas,* al punto que desde su contenido esencial se han levantado otros derechos que con arraigo en la dignidad humana bien podrían clasificar a la categoría de los fundamentales *implícitos, sin nombre, no* enumerados o innominados, pero que por ahora, casi que en una prudente *moratoria constitucional,* se 8mantienen como parte del contenido esencial del derecho a la salud y como una de sus tantas garantías.

III. Los clásicos derechos innominados

Como se anotó, en Colombia, siguiendo pautas del constitucionalismo moderno, el elenco de derechos fundamentales no obedece a un *numerus clausus* que restrinja la inclusión de otros que anclados en la dignidad humana o en otras cláusulas de libertad o autonomía, no puedan protegerse por los jueces constitucionales. El artículo 94 de la Constitución Colombiana prevé una cláusula general y abierta de consagración de derechos al establecer que la *"enunciación de los derechos y garantías contenidos en la Constitución y en los convenios internacionales vigentes, no debe entenderse como negación de otros que siendo inherentes a la persona humana, no figuren expresamente en ellos".* Igualmente, una prescripción especial consagrada en el artículo 2°.del Decreto 2591 de 1991, reglamentario del proceso de tutela en Colombia, indica también que la Corte Constitucional debe dar prelación a la revisión de sentencias de tutela[5] referidas a derechos no señalados en la Constitución como fundamentales.

---

[5] Las decisiones de la Corte Constitucional son básicamente de dos tipos: las sentencias de constitucionalidad, o de control abstracto de las leyes,cuya numeración se inicia con una "C", y las decisiones de tutela, el nombre que se ha asignado en Colombia al recurso de amparo o de protección, que son aquéllas que se inician con una "T". Las sentencias de constitucionalidad son pronunciadas por la Sala Plena de la Corporación, integrada por 9 magistrados, mientras que, por lo regular, las sentencias de tutela son expedidas por las distintas Salas de Revisión existentes, integradas cada una de ellas por 3 magistrados, salvo cuando se decide unificar la doctrina constitucional en tutela, caso en el cual conoce también la Sala Plena. En esos eventos, las sentencias se denominan "SU". Las sentencias de esta Corte Constitucional se identifican entonces por tres elementos: el encabezado, ("C", "T" o "SU") que indica el tipo de proceso y decisión; un primer número,que corresponde al orden secuencial en un año determinado; y un segundo número, que especifica el año.Así, la sentencia T-002/92 es la segunda sentencia emitida por la Corte en 1992, y corresponde a una tutela, decidida en una Sala de Revisión de tres magistrados.

La clausula abierta y permisiva, que invita a otros derechos no es propia del constitucionalismo colombiano actual; otros ordenamientos la consagran bajo el mismo *telos:* permitir que aquellos contenidos que se refuercen en la dignidad humana tengan por igual su ascenso a la categoría superior y puedan aspirar a un alto grado de justiciabilidad para ser protegidos y amparados en sedes judiciales. Así por ejemplo, ordenamientos como el de Argentina, Uruguay y Ecuador prevén unos derechos *más allá de la Constitución* que no pueden ser menoscabados so pretexto de su falta de consagración expresa en el texto superior. Por su parte, la Constitución Española reconoce, en su artículo 3, una *"enumeración abierta"* de derechos fundamentales que, sin estar en el texto de la Constitución, surgen de la dignidad del hombre, o de los principios de soberanía del pueblo, del Estado democrático de derecho o de la forma republicana de gobierno.

En la Constitución Portuguesa es conocida la *cláusula abierta o de no tipicidad* de los derechos fundamentales. El artículo 16 en efecto, apunta a un sentido material de los derechos fundamentales para significar que éstos no son solamente los que las normas constitucionales formalmente enuncien, sino que son o pueden ser también, derechos provenientes de otras fuentes en la perspectiva más amplia de una Constitución material. En el mismo sentido de normas abiertas, el artículo 50 de la Constitución Venezolana, el artículo 5 de la Constitución del Brasil y el artículo 55 de la Constitución rusa entre otros. El Pacto de San José, por igual en su artículo 29 también amplía el compendio de derechos, señalando como pauta de interpretación que ninguna disposición de ese instrumento internacional pueda ser interpretada en el sentido de *"excluir otros derechos y garantías que son inherentes al ser humano o que se deriven de la forma democrática representativa de gobierno".*

De tales enunciados surgen los llamados *derechos fundamentales innominados,* cuyos ejemplos clásicos y paradigmáticos en el sistema constitucional colombiano, dibujados desde la jurisprudencia y creados por el juez constitucional, han sido los derechos al mínimo vital, a la dignidad humana, a la estabilidad laboral reforzada, el derecho al olvido y el derecho a la seguridad personal; otros ordenamientos como el peruano, por ejemplo, consagran igualmente derechos que sin estar a nivel positivo, caen en la categoría de *"otros derechos",* como pueden ser el derecho al agua, el derecho a la objeción de conciencia y el derecho a la verdad. La doctrina especializada confirma también que los derechos no se agotan en el catálogo escrito, puesto que fuera de él la Constitución les *"depara hospedaje en la medida en que su sistema axiológico sea democráticamente generoso".* En clave de *derechos emergentes,* es igualmenete consolidada la opinión de que su fundamento está anclado (i) en el dinamismo de la sociedad contemporánea; (ii) en las necesidades y reinvindicaciones de cada tiempo y (iii) en la elasticidad de la noción de dignidad humana que ha permitido incorporar progresivamente nuevas prioridades humanas.

En el escenario de la salud, podríamos aventurar un catálogo de derechos *implícitos, innominados o emergentes* que colindan con la bioética y que claramente hacen parte de los diálogos que hoy entrelazan a la medicina con el derecho. La medicina y el derecho convocan actualmente al juez constitucional y al médico, en la medida en que ambos teleológicamente apuntan a fines comunes: la dignidad del ser humano, su bienestar y goce efectivo. Nadie duda que la Bioética y los derechos humanos constituyen dos realidades en constante evolución. Frente a la tensión que se advierte entre progreso tecnológico y valores éticos, se vislumbra que los nuevos derechos dimanan de esas actuales valoraciones éticas. La Constitución Colombiana de 1991 no escatima su dimensión garantista a través de un nutrido catálogo des derechos fundamentales y de allí que su basamento gire en torno a la persona humana y al reconocimiento y respeto de su dignidad, valor e individualidad. No en vano se ha dicho, que ese estatuto *constitucionaliza* el concepto de persona, justificando su articulado en el derecho fundante de la vida. Por su parte, la bioética médica avanza a signos agigantados para llenar de contenido ético tanto los nuevos avances en la medicina como el rol tradicional del binomio médico-paciente.

La Corte Constitucional en Colombia ha dado muestras de esa *conversación* entre médico y juez, estableciendo estándares jurisprudenciales entorno a los principios deontológicos de la medicina que van, desde el amparo de los derechos a la autodeterminación en materia de aborto, derechos reproductivos, decisiones sobre el propio cuerpo e intimidad genética, hasta la protección de personas en estado de discapacidad y vulnerabilidad por enfermedades catastróficas, ruinosas, psiquiátricas, degenerativas y de difícil pronóstico médico.

1. El derecho al diagnóstico: una propuesta dentro de las garantías del derecho a la salud

En el campo de la salud podríamos entonces lanzar *el derecho al diagnóstico* como un buen ejemplo de fundamental innominado. En los desarrollos primigenios de la jurisprudencia constitucional, bajo la vigencia de la nueva Constitución de 1991, quien solicitaba a las entidades de salud la realización de un diagnóstico como supuesto previo a cualquier intervención, patología o procedimiento médico, se veía frustrado por una negativa rotunda del cuerpo médico al estimar que la falta de un diagnóstico no infringía ningún derecho fundamental por tratarse de una opinión coyuntural que muchas veces estaba sujeta a una cadena de consultas sobre el mismo tema y frente a diferentes especialistas en medicina. Sin embargo, en sede de revisión constitucional de juicios de tutelas y bajo el entendido de que a la base de la protección a la salud en todas sus dimensiones, física, psicológica, emocional y sexual, siempre permanece el imperativo de la dignidad como elemento axial del Estado Social, el *derecho a obtener un diagnóstico* empezó a formar parte integral del núcleo esencial del derecho fundamental a la salud.

La jurisprudencia se inclinó por indicar que cuando las entidades encargadas de prestar los servicios de salud niegan a sus afiliados la posibilidad de ser diagnosticados, se infringen los derechos fundamentales a la salud, vida digna e integridad personal, pues se dilata sin razón la determinación de una enfermedad y por lo tanto, el inicio del tratamiento médico adecuado para la recuperación del estado de salud del afectado. Se dispuso que la vulneración de los derechos constitucionales por la negación del *derecho al diagnóstico* no sólo ocurre cuando éste se niega, sino cuando no se practica oportunamente, complicando en algunos casos el estado de salud del paciente hasta el punto de llegar a ser irreversible su cura. Ambas situaciones la *negativa y la dilación,* afectan gravemente la dignidad humana poniendo al paciente a sufrir de manera interminable las afecciones propias de una enfermedad.

La madurez de este giro jurisprudencial calificó el *derecho a un diagnóstico* como elemento cardinal en la satisfacción del derecho a la salud y como parte del contenido del mismo derecho, configurándose indefectiblemente como un supuesto necesario para garantizar al paciente la consecución de los siguientes objetivos: (i) establecer con precisión la patología que padece, lo cual revela a profundidad su importancia, en la medida en que es un verdadero presupuesto para la adecuada prestación del servicio de salud; (ii) determinar con el máximo grado de certeza permitido por la ciencia y la tecnología el tratamiento médico que asegure de forma más eficiente el derecho al más alto nivel posible de salud e (iii) iniciar dicho tratamiento con la prontitud requerida por la enfermedad sufrida por el paciente. De acuerdo con esto, el derecho a un efectivo diagnóstico comporta dos perspectivas: la primera, se contrae a dilucidarlo como medio necesario para identificar la enfermedad del paciente y la segunda, alude a la prescripción de un tratamiento o al suministro de medicamentos requeridos como parte de una opción terapéutica derivada de la identificación concreta de la patología.

La jurisprudencia[6] ha sostenido igualmente que el derecho al diagnóstico forma parte del principio *de calidad* en la prestación del servicio de salud, pues su contenido normativo se refiere a que las empresas prestadoras del servicio están obligadas a determinar la condición médica de sus usuarios. En este contexto, siendo el diagnóstico un componente

---

[6] Sentencia de la Corte Constitucional T- 055 de 2009.

esencial en la realización efectiva del derecho a la salud, debe protegerse judicialmente en cada caso concreto cuando se desconozca al paciente la práctica de todas aquellas actividades, procedimientos e intervenciones tendientes a demostrar la presencia de la enfermedad, su estado de evolución, sus complicaciones y consecuencias presentes y futuras. Incluso, tal amparo debe otorgarse indistintamente de la urgencia de su práctica, es decir, no simplemente frente al riesgo inminente que pueda sufrir la vida del paciente, sino también frente a patologías que no comprometan directamente ésta.

En contraste con países en donde el sistema de salud tiene previsto el señalamiento de un diagnóstico con especialista hasta en 80 días[7] *el diagnóstico en el tiempo* también ha sido preocupación de la jurisprudencia colombiana, al punto de establecerse una tripleta en el amparo constitucional: (i) es preciso *ordenar* que se realice el diagnóstico a tiempo; (ii) que se *mantenga* en el tiempo de ser necesario y (iii) que se *continúe* con él cuando sea menester. La sentencia T- 020 de 2013 en relación con esta arista, dispuso que el derecho al diagnóstico es un aspecto integrante del derecho a la salud por cuanto es indispensable para lograr la recuperación definitiva de una enfermedad y por lo tanto el *aplazamiento injustificado* de la prestación del servicio de salud que requiere una persona para determinar su diagnóstico, le genera una prolongación del dolor e impide que pueda vivir dignamente.

Nuevas sentencias de la Corte Constitucional Colombiana han señalado, que debe existir *continuidad e*n el diagnóstico emitido por el médico tratante y sólo puede modificarse cuando se justifique: i) en la opinión científica de expertos dentro de la respectiva especialidad y ii) cuando la historia clínica del paciente indique los efectos que concretamente tendría el cambio del tratamiento o el medicamento en el paciente. En otras palabras, es necesario que los cambios en el diagnóstico tengan como fundamento el criterio de un especialista y se soporten en las condiciones de salud y calidad de vida del paciente, por lo cual, en caso de cambios, remplazos o sustituciones médicas, el profesional que asuma el cuidado del enfermo avanzadas ya las etapas de medicación puestas en marcha por quienes lo hayan antecedido, no puede ignorar la integralidad de los antecedentes clínicos en punto a los diagnósticos emitidos en el caso.[8]

Parte esencial del contenido del derecho a la salud, manifestación de éste derecho y componente esencial en su realización efectiva, son los calificativos dados por la Corte Constitucional Colombiana al *derecho al diagnóstico* que en sentencia reciente T- 033 de 2013, lo ubica incluso dentro de los *"niveles esenciales"* que de manera forzosa debe garantizar

---

[7] El País-España, noviembre 22 de 2012
[8] sentencia de tutela número T-770 de 2011.

el Estado en el caso del derecho a la salud, señalando que su importancia adquiere particular dimensión porque su eventual vulneración obstaculiza el acceso a los servicios de salud. No obstante, no ha sido referido expresamente por la jurisprudencia como un derecho fundamental innominado, pese a que da cuenta la casuística revisada ante esta Corporación de innumerables casos en los cuales el amparo constitucional es solicitado directamente por violación del derecho al diagnóstico y su justiciabilidad y satisfacción han sido similares a la de un derecho de protección inmediata; aún así, la Corte ha preferido mantenerse en la línea del amparo al diagnóstico pero en su faceta de *protección del derecho a la salud*.

Entendidos de esta forma los contornos del derecho al diagnóstico, bien haría la jurisprudencia en decantarse finalmente por considerarlo como un verdadero derecho fundamental *innominado*, justiciable por vía de tutela, por ser un derecho básico para garantizar las condiciones de respeto al derecho a la salud y a la vida y por ende, inherente a la persona humana como lo prescribe el artículo 94 de la Constitución Política Colombiana. Mantengo el criterio de que la costumbre, un tanto manía, de atar los derechos innominados a los derechos fundamentales *per se*, podría encubrir en el campo de la salud una denegación de justicia y del derecho mismo, al esquivar una protección propia que puede gravitar claramente sobre situaciones especificas. Comprensible en todo caso que se haya dilatado u omitido tal calificación por parte de la Corte, si al uso de la jurisprudencia su trato es el de un verdadero derecho fundamental innominado.

2. El derecho al consentimiento informado: una aproximación bioética en clave constitucional

El principio de autonomía del paciente, es el eje fundamental de la construcción teórica de la figura del consentimiento informado que ha removido los supuestos mismos de la concepción paternalista en la relación médico-paciente. El fundamento del consentimiento informado se encuentra en la *libertad de autodeterminación* considerada como derecho constitucional fundamental en casi todas las constituciones modernas.

Desde hace tiempo médicos y psicólogos investigan métodos que mitiguen las repercusiones negativas que sobre los pacientes tiene la enfermedad que padecen. Una de las estrategias más utilizadas habitualmente es la preparación psicológica. Dicha preparación busca conseguir el bienestar del enfermo a través de la información. Diversos estudios muestran, además, que la cantidad y la calidad de la información transmitida a los enfermos y sus familias reduce su ansiedad con lo que, en general, se consigue una mejor y más rápida recuperación así como una mayor colaboración durante el periodo de tratamiento (Ortigosa; Méndez, 2000).

La toma de conciencia de que la información aumenta la calidad de vida, ha llevado a pacientes y familiares a exigir una más completa información sobre su estado de salud con el objetivo de no ver comprometida su dignidad y compartir, si procede, el proceso de toma de decisiones en asuntos que les afectan de forma directa: *"El usuario espera ... una información asequible y veraz que le permita afrontar su proceso con dignidad, la eliminación o paliación del dolor y el sufrimiento evitables, la sensación de que cada actuación, cada prueba, cada intervención, son justificables en función de sus propias necesidades y no de cualquier otro factor, ... la garantía de que recibe asistencia en condiciones de equidad y, de manera muy especial, que se respete su derecho a adoptar decisiones acerca de su propia vida, su propio dolor, su propia enfermedad. El paciente quiere, necesita y espera que se le trate como a un enfermo y no como a una enfermedad"* (Hernández, 1998).

Frente a los avances científicos y los nuevos procedimientos médico-quirúrgicos, así como el empleo de nuevos medicamentos y procedimientos para solucionar los diferentes problemas de salud y enfermedades que aquejan hoy al ser humano, la jurisprudencia constitucional colombiana ha previsto que el paciente, que en tantas ocasiones es sujeto activo en los procesos de amparo constitucional conocido como "acción de tutela", tiene el derecho a conocer de manera preferente y de manos de su médico tratante la información concerniente a su enfermedad, a los procedimientos y/o a los medicamentos que podrán ser empleados para el mejoramiento de su estado de salud. Ello con el fin de que pueda contar con los suficientes elementos de juicio que le permitan, en uso de sus derechos a la libertad, a la autodeterminación y a la autonomía personal, otorgar o no su asentimiento a cerca de las actuaciones médicas que incidirán en su salud y en su propia vida. En consecuencia, como una exigencia constitucional, como parte del ámbito de protección del derecho a la dignidad y a la salud, como un derivado de la autonomía personal y del pluralismo en una sociedad democrática y como aplicación del principio *pro libertate*, ha sido señalada esta prerrogativa del paciente que se concreta para el galeno en un elemento configurador de su *lex artis* y un deber del cuerpo médico en general.

Con todo, a diferencia del planteo anterior en relación con el derecho al diagnóstico, la discusión sobre si el consentimiento informado es realmente un derecho fundamental de protección inmediata y susceptible de amparo constitucional, sí es un debate que camina en el mundo y Colombia no ha escapado del mismo. La jurisprudencia de la Sala Primera del Tribunal Supremo Español por ejemplo, ha catalogado el consentimiento informado como *"un derecho humano fundamental, un derecho a la libertad personal, a decidir por sí mismo en lo atinente a la propia persona y a la propia vida y consecuencia de la auto disposición sobre el propio cuerpo*. Y entiende, además, *que es "consecuencia necesaria o explicitación de los clásicos derechos a la vida, a la integridad física y a la libertad de conciencia*.[9]

Algunos han advertido la necesidad de matizar esta afirmación en el terreno constitucional español, por los posibles problemas de interpretación que podrían suscitarse en la medida en que la calificación del consentimiento informado como derecho humano fundamental puede inducir a error al no quedar claro si con ello se pretende otorgarle la misma categoría que los llamados derechos fundamentales y libertades públicas consagrados en la Constitución Española y que están sujetos por tanto a regulación por Ley Orgánica, amparados con una tutela específica por los tribunales ordinarios y en última instancia, garantizados a través del recurso de amparo ante el Tribunal Constitucional. Ello se acompasa con la última sentencia del Tribunal Constitucional Español que parece haber zanjado la discusión al estimar que desde la perspectiva constitucional, el derecho al consentimiento informado *"puede ser considerado un mecanismo de garantía para la efectividad del principio de autonomía de la voluntad del paciente, y por tanto, de los preceptos constitucionales que reconocen derechos fundamentales que pueden resultar concernidos por las actuaciones médicas y señaladamente, una consecuencia implícita y obligada de la garantía del derecho a la integridad física y moral, alcanzando así una relevancia constitucional que determina que su omisión o defectuosa realización puedan suponer una lesión del propio derecho fundamental"*.[10]

Un sector de la doctrina española sin embargo, se inclina por pensar que " para una efectiva protección de los derechos de los pacientes , no es preciso, ni jurídicamente posible crear un nuevo soporte jurídico, es decir, otro derecho fundamental denominado consentimiento informado, ya que en sí mismo no es un derecho, sino un procedimiento, un mecanismo...El consentimiento informado, más que un derecho fundamental autónomo , es un instituto cuya finalidad es conferir a los derechos garantizados la fuerza que le es propia. Es decir un mecanismo jurídico de seguridad que hace plenamente normativos, efectivos los preceptos que reconocen los derechos de nuestro texto constitucional y que el legislador está obligado a concretar para salvaguardar y defender la ingtegridad del valor normativo, en este caso los derechos del paciente".[11]

Por su parte, la jurisprudencia colombiana, también en aras de precisar esta categoría de matices médico-jurídicos, ha dispuesto que en la puesta en práctica del consentimiento informado se tensionan varios

---

[9] Sentencias del Tribunal Supremo de España del 12 de enero de 2001 y 11 de mayo de 2001
[10] Sentencia del Tribunal Constitucional de España número 37 de 28 de marzo de 2011
[11] ROVIRA, Antonio. *Autonomía Personal y Tratamiento Médico*. Una aproximación constitucional al consentimiento informado . Editorial Thomson Aranzadi, 2007.

principios alrededor de la ética médica que tienen soporte en instrumentos internacionales de derechos humanos, son ellos: (1) el deber del médico de contribuir al bienestar de su paciente y de abstenerse de causarle daño –principio de *beneficencia*–; (2) el principio de *utilidad*, el cual supone que, para el desarrollo de la ciencia médica son necesarias la investigación y la experimentación, en favor de la población futura; (3) el principio *de justicia*, que supone una igualdad de acceso de la población a los beneficios de la ciencia; y (4) el principio *de autonomía*, según el cual el consentimiento del paciente es necesario para poder practicarle cualquier intervención sobre su cuerpo.

De esta manera, cuando la realización de un procedimiento médico implica la intervención o manipulación del cuerpo del paciente, el médico o médicos que hayan intervenido o participado en la elaboración de propuestas médicas que buscan solucionar los problemas de salud involucrados en una causa, deberán suministrar al interesado la información suficiente que se ajuste a la realidad científica y fáctica que rodea el caso en particular y permita que el paciente, haciendo uso de su autonomía individual, asienta sobre el procedimiento a él propuesto y acepte en consecuencia, someterse o no al mismo en aras de mejorar su estado de salud, o en el caso extremo, el de salvaguardar su propia vida.

Ha avanzado el juez constitucional colombiano señalando, que la *colateralidad* también es objeto de información en aquellos casos de *riesgos invisibles*, afecciones cercanas, derivadas o anejas que pueden ser aliviadas o minimizadas con la realización de un procedimiento médico encaminado a solucionar la enfermedad principal; todos los médicos que por razones propias al estado de salud del paciente hayan tenido que rendir concepto en alguna de las etapas de su evolución médica , o que dada su especialidad puedan dar con mayor exactitud una opinión acerca de las patologías principales y colaterales , deberán informar al paciente de los *síntomas secundarios* que aquel tratamiento pueda tener en su salud y en su vida, indicándole acerca de los verdaderos efectos que dicho procedimiento médico tendrá de manera concreta en las patologías derivadas de la enfermedad principal y en su salud en general.[12]

Similar importancia ha merecido la *disyuntiva médica:* la existencia de dos o más tratamientos para definir el que más convenga a la salud del paciente también ha estado permeada por esta figura y la Corte Constitucional ha dispuesto que el médico, previo consentimiento informado, debe proceder a efectuar el tratamiento elegido por el interesado.[13]

Similares consideraciones se predican de las intervenciones o tratamientos de carácter invasivo, riesgoso, experimental o de incertidumbre

---

[12] Sentencia de la Corte Constitucional T- 1229 de 2005
[13] Sentencia de la Corte Constitucional T- 216 de 2008

científica; en ellos se exige un *"consentimiento informado, cualificado y persistente"* en donde la información libre e informada debe ser detallada, formalmente suministrada, sopesada y mantenida durante cierto tiempo.[14] Lugar especial en la jurisprudencia constitucional también es el del *consentimiento informado sustituto* para el caso de los menores de edad que se enfrentan a situaciones médicas en donde los padres deben consentir por ellos, tanto el diagnóstico como el pronóstico de la enfermedad, tratamiento o medicación.[15]

La *habilidad en el lenguaje*, la capacidad de intercomunicación y la forma de transmitir los juicios y valoraciones médicas, han sido también aristas tratadas por la jurisprudencia colombiana en torno al consentimiento informado. Ha entendido la Corte que a la luz del derecho a la dignidad de la persona, la información que ofrezca el médico para obtener el consentimiento del paciente debe ser clara, auténtica, completa y humana, como corresponde a algo tan trascendental como son las decisiones en las que puede estar afectada la vida. La información médica no puede ser ambigua, sesgada ni engañosa; no debe dejar espacio a zonas grises, ni limitarse, como antaño, a órdenes y fórmulas estandarizadas de difícil comprensión para los legos en ello. Señaló la Corte en un caso en el que se concedió el amparo a la salud por la falta de claridad en la información suministrada frente al tratamiento de un menor, que *"los médicos no pueden continuar aplicando el supuesto de que los pacientes no entienden los diagnósticos y que por ello es inútil proporcionarles la información general que un criterio racional exige. Debido a la mejora del nivel cultural de la población, a la creciente facilidad de acceso a la información y a la diversidad de los medios de comunicación, la posibilidad de acceder a informaciones relativas a la medicina es más amplia y puede ser aprovechada por un mayor número de personas. Luego, en un lenguaje sencillo y comprensible el médico debe dar a los pacientes o a sus allegados la información oportuna, general, clara y suficiente sobre su estado de salud, los servicios que reciben o pueden recibir y la posible evolución del mismo".*[16]

El contra-relato del derecho al consentimiento informado es obviamente el *derecho* a *no consentir,* tratado en la jurisprudencia colombiana especialmente para el caso de la muerte digna. En efecto, la Constitución Colombiana no sólo protege la vida como un derecho sino que además la incorpora como un valor que implica competencias de intervención, e incluso deberes para el Estado y para los particulares. La Constitución de 1991 comporta efectivamente un deber del Estado de proteger la vida, pero no puede cumplir esa obligación desconociendo la autonomía y la

---

[14] Sentencia de la Corte Constitucional T- 1390 de 2000
[15] Sentencia de la Corte Constitucional T- 412 de 2004.
[16] Sentencia de la Corte Constitucional T- 762 de 2004

dignidad de las propias personas. Por ello, ante la doctrina constante e imperante de la Corte Constitucional de que todo tratamiento, cirugía o terapia deben contar con el consentimiento informado del paciente, también existe quien pueda rehusar determinados tratamientos que objetivamente podrían prolongar la duración de su existencia biológica, pero que el paciente estima incompatibles con sus más hondas convicciones personales.[17]

En suma, el balance en la dinámica real de la jurisprudencia constitucional colombiana arroja resultados congruentes con la retórica y la práctica de esta herramienta jurídica. Efectivamente, en materia de juicios de tutela referidos a tratamientos, intervenciones médicas, diagnósticos, suministro de drogas, etc, la exigencia del consentimiento informado, se edifica como parte tanto de la protección del derecho a la salud, como de la corrección en la prestación del servicio solicitado. En el 75% de los casos decididos por la Corte Constitucional Colombiana en punto a los temas señalados, ha estimado la jurisprudencia que la garantía del derecho a la salud no se agota en la simple prestación del servicio sino que incluye el derecho esencial de información y el consiguiente derecho a consentir.

Desde una concepción propedéutica que por igual le compete a la jurisprudencia constitucional, el consentimiento informado representa también una práctica pedagógica en tanto busca, a través del dictado del juez constitucional, educar a la comunidad médica en el ejercicio de la voluntad y del propio criterio del paciente; por ello, en la garantía de multiniveles de protección que suscita el derecho a la salud, el derecho al consentimiento informado se une a otros estadios propios también de la protección en salud dentro de los amparos constitucionales como son los de la prevención y acompañamiento interdisciplinario.

En consecuencia, el consentimiento informado en la doctrina sentada por la Corte Constitucional Colombiana, es parte de la protección del derecho a la salud, un valor agregado en las ordenes que emite la Corte Constitucional al revisar los fallos de tutela, una garantía que claramente se sitúa en el ámbito de protección del derecho a la dignidad, a la autonomía y a la salud y que igualmente apunta a la salvaguarda de la dignidad de la persona según las voces del artículo 94 de la Constitución Colombiana. Lamentamos que la Corte Constitucional se haya acercado solo tímidamente a categorizar el consentimiento informado como un verdadero derecho fundamental innominado, justiciable, de protección inmediata y de contenido esencial propio, que incluso pueda ser objeto de vulneración directa. Complace sin embargo, que sólo sea una laguna normativa que no axiológica, porque no hay duda de que estamos ante

---

[17] Sentencia de la Corte constitucional C- 239 de 1997

un dispositivo que protege la autodeterminación y que nos envía a la dignidad personal, pese al silencio normativo y a no inclusión en el texto superior.

Así entonces, la regla generalizada en el escenario de la jurisprudencia vigente, es que el consentimiento informado[18] continúa moviéndose como un condicionamiento en el marco de la protección en materia de tutelas para que el procedimiento médico se realice con plenas garantías de autonomía y libertad; no alcanza a ser un presupuesto *sine qua non*, pero sí una exigencia ética para los médicos, una garantía para los pacientes, mas no un derecho que se proteja de manera autónoma e inmediata. Da cuenta la jurisprudencia colombiana de un caso único en el que se calificó *ober dicta*, al consentimiento informado como un *verdadero derecho fundamental*,[19] pero en el nivel de justiciabilidad no se registra ningún caso en el cual se hubiese protegido como un derecho fundamental *per se*, amén de que sí es copiosa y reiterada la revisión de casos que condicionan los amparos médicos a la existencia del consentimiento informado del paciente previa información proporcionada por el médico.

3. El derecho a obtener la historia clínica por parte de familiares y terceros ante el fallecimiento de un familiar: el recorrido de un derecho innominado

La Ley 23 de 1981 reguladora de la profesión médica en Colombia dispone, que la historia clínica es el registro obligatorio de las condiciones de salud de un paciente. Se indica que es un documento privado sometido a reserva, que únicamente puede ser conocido por terceros previa autorización del paciente o para los casos previstos en la ley. Por su parte, el Decreto 3380 de 1981, reglamentario de la Ley 23 de 1981 estipula que el *"conocimiento que de la historia clínica tengan los auxiliares del médico o de la institución en la cual éste labore, no son violatorios del carácter privado y reservado de éste".*

La Resolución 1995 de 1999 emitida por el Ministerio de Salud en Colombia, en su artículo 14, preceptúa que "podrán tener acceso a la información contenida en la historia clínica, en los términos previstos en la Ley: 1. El usuario. 2. El Equipo de Salud. 3. Las autoridades judiciales y de salud en los casos previstos en la Ley. 4. Las demás personas determinadas en la Ley. Parágrafo:. El acceso a la historia clínica, se entiende en todos los casos, única y exclusivamente para los fines que de acuerdo a la ley resulten procedentes, debiendo en todo caso, mantenerse la reserva legal." Además, en el artículo 1 literal c), se define a los equipo de

---

[18] Sentencia de la Corte Constitucional relacionada con el consentimiento informado C- 574 de 2011.
[19] Sentencia de la Corte Constitucional T- 762 de 2004

salud como aquellos " Profesionales, Técnicos y Auxiliares del área de la salud que realizan la atención clínico asistencial directa del usuario y los Auditores Médicos de las Aseguradoras y Prestadores responsables de la evaluación de la calidad del servicio brindado".

Así las cosas, una primera mirada desde la perspectiva legal, nos daba el siguiente panorama: la historia clínica era un documento privado sobre el cual pesaba una reserva de carácter legal que contenía detalles íntimos sobre aspectos físicos, psíquicos y sociales del paciente, así como información personal y familiar. De allí que, en principio, se predicara la imposibilidad para terceras personas de acceder a la información contenida en ella, porque los datos correspondían a *"información reservada"* y ello significaba que, en principio, sólo podía ser obtenida por voluntad de su titular o por orden de autoridad judicial en el cumplimiento de sus funciones.

La jurisprudencia constitucional se alineó con estos dictados legales en sus primeros pronunciamientos: en la sentencia T-413 de 1993 consideró, que sólo con la autorización del paciente podía revelarse a un tercero el contenido de su historia clínica y en caso de haberse levantado la reserva, su uso debía limitarse al objeto y al sentido de la autorización dada por el paciente, de lo contrario, los datos extraídos sin su autorización no podían ser utilizados válidamente como prueba en un proceso judicial. La jurisprudencia entendía, sin ningún matiz, que las personas tenían derecho a mantener en reserva la información relativa a su estado de salud bajo la prerrogativa enmarcada en el *"derecho a la intimidad en materia médica"* o *"protección de la reserva del dato médico"*. Todo lo cual tenía como fundamento el orden constitucional y la necesidad de garantizar el respecto por la dignidad humana y la autonomía de las personas, en tanto que la divulgación de la situación clínica de un individuo podía someterlo a discriminaciones y obstaculizar el libre desarrollo de su personalidad. En el año 1999 señaló igualmente la doctrina constitucional que el derecho a conocer y solicitar la documentación contenida en la historia clínica, no se ubicaba dentro del espectro del artículo 74 constitucional, sino dentro del ámbito del derecho a la intimidad del artículo 15 de la Carta Política.

El artículo 74 de la Constitución Colombiana indica, que toda persona tendrá derecho a acceder a los documentos públicos salvo los casos que establezca la ley; el artículo 15 prescribe que todas las personas tendrán derecho a su intimidad personal y a su buen nombre y el Estado debe respetarlos y hacerlos respetar. La afirmación derivada de la jurisprudencia de los años 1993 a 1999, estaba soportada en el hecho de que la historia clínica contenía una información privada, que sólo concernía a su titular y excluía a otras personas, así fueran sus propios familiares. Estimó la Corte en ese período, que la autorización para levantar la reserva de la historia clínica era de aquellos derechos que la doctrina llama *de la personalidad*, es decir, derechos inseparables de la persona, intransmisibles, con carácter extra pecuniario y de orden moral no estimable en dinero. Por ello, a la letra de esa jurisprudencia, con la sola causa del fallecimiento del titular del derecho, no desaparecía la reserva de su historia clínica.

La rigidez de estos brotes de la jurisprudencia *juvenil* de la Corte, tuvieron escasa vocación de permanencia y la misma Corporación por medio de *sub reglas* sentadas para cada caso, fue flexibilizando el derecho que tienen los familiares y terceros para tener acceso a la historia clínica de quien hubiere fallecido. En una sentencia de 2006,[20] señaló que la imposibilidad para los familiares y terceros interesados en tener acceso a la historia clínica del paciente fallecido no era *absoluta*, y, en consecuencia, no se podía oponer tal condición como una barrera infranqueable a los parientes próximos de quien muere. En efecto, esta Corporación haciendo una *interpretación por armonización concreta de derechos* señaló que cuando el individuo que solicita la copia de la historia es un familiar de la persona que falleció, particularmente con el fin de evaluar la posibilidad de ejercer acciones legales frente a las circunstancias en las que murió su ser querido, se genera una colisión de tres derechos de rango fundamental: por un lado, los derechos a la información y la posibilidad de acceder a la administración de justicia de aquél que reclama conocer el contenido de la historia clínica de su pariente fallecido y, por el otro, *"un diluido derecho a la intimidad"* de la persona que murió.

Consideró la jurisprudencia, que siempre que del análisis del caso concreto se llegase a la conclusión que, so pretexto de proteger el derecho a la intimidad de quien había fallecido se vulneraba el derecho de sus familiares y terceros interesados en la información y acceso a la administración de justicia, debía levantarse la reserva legal que pesaba sobre la historia clínica y acceder a la petición de quien la solicitaba, siempre que fuera con fines judiciales. La Corte juzgó necesario levantar la reserva legal de la historia clínica de un paciente que había muerto presuntamente por negligencia u omisión de la entidad hospitalaria y conceder el amparo del derecho a acceder a la información contenida en dicha documentación. Era evidente que la información se requería para determinar posibles responsabilidades contractuales y extracontractuales.

Es jurisprudencia más reciente,[21] la Corte ha vuelto sobre la reserva legal de la historia clínica de quien fallece fijando nuevos criterios que buscaban la laxitud en el alcance de la misma frente a los familiares más

---

[20] Corte Constitucional. Sentencia T- 834 de 2006.
[21] Sentencias de la Corte Constitucional referidas a la historia clínica: T- 772 de 2009, T- 343 de 2008 y T- 1563 de 2000.

próximos del fallecido, en aras de garantizar y proteger los derechos a la intimidad familiar, el libre acceso a la administración de justicia, a la información y a la verdad. Consideró la siguiente pos última jurisprudencia que si bien la reserva legal de la historia clínica de quien había fallecido era un derecho que se ubicaba en los linderos del artículo 15 constitucional, también lo era que el mismo fuese inoponible a los parientes más cercanos del occiso, ya que entre dichas personas existía *"el más estrecho lazo de confianza, de amor, de proximidad en las relaciones familiares y quienes podrían resultar potencialmente afectadas con la información contenida en la historia clínica, en un mayor grado"*,[22] lo que justificaba que frente a las mismas se predicara *"una situación especial en relación a la intimidad que se pretende proteger mediante la reserva de la historia clínica"*.[23]

En este orden de ideas se aclaró, que la imposibilidad para acceder a la información contenida en la historia clínica del paciente no tiende exclusivamente a proteger el derecho a la intimidad de quien muere, sino la de todo su núcleo familiar; cuestión que permite desvirtuar el carácter de documento privado sometido a reserva legal frente a sus familiares más próximos, con el fin de garantizarles sus derechos fundamentales al libre acceso a la administración de justicia, a la información, intimidad familiar y a la verdad. De igual manera, consideró la nueva doctrina constitucional que el fundamento para hacerse a la historia clínica de quien fallece por parte de sus familiares más próximos se encuentra en el derecho que les asiste de acceder a una información vital, dado que de esa manera se les garantiza la protección de otros derechos fundamentales tales como: el derecho a conocer la verdad acerca de las circunstancias en que murió su ser querido y el derecho a la vida en condiciones dignas, en el sentido de tranquilidad moral y mental.

Por otro lado se precisó, que diferente era la situación de los terceros interesados en obtener la información contenida en la historia clínica de quien había fallecido, pues frente a ellos sí era oponible el carácter reservado de dichos documentos toda vez que los mismos no ostentaban un interés legítimo que justificara abolir la reserva. En ese sentido, se consideró que en tales eventualidades esas personas debían iniciar un proceso judicial para obtener la documentación requerida. Y ello por cuanto que la situación en la que se encuentran otros sujetos que eventualmente pudieran tener interés en conocer la historia clínica, no es equiparable a la que viven los familiares más próximos. Mientras los primeros pueden argüir intereses de índole económica, patrimonial o incluso meramente informativo, los parientes del difunto, además de vivir el duelo que con-

---

[22] Corte Constitucional. Sentencia T- 158 A de 2008
[23] Corte Constitucional. Sentencia T- 343 de 2008

lleva la pérdida de un ser querido, conservan un interés especial frente a otros, en razón del vínculo afectivo que mantenían con esa persona.[24]

Por consiguiente, el derecho a obtener información contenida en historias clínicas se perfila también como un claro *derecho fundamental innominado* que protege en últimas la dignidad de los familiares más cercanos del fallecido por existir entre ellos un estrecho lazo de confianza y amor, no pudiendo predicarse lo mismo de todos aquellos terceros interesados en tener acceso a dicha información, pues al no existir un interés legítimo que justifique levantar *ab initio* la reserva, es necesario acudir ante las autoridades competentes para que sean éstas quienes determinen el acceso a dicha documentación. De tal manera, que por vía de amparo constitucional se protege el derecho a la intimidad de quien fallece así como también el derecho a la intimidad familiar, libre acceso a la administración de justicia, a la información y a la verdad de su núcleo familiar.

Dentro del acervo de la jurisprudencia en la materia, no se constata la calificación de derecho fundamental innominado en escenarios constitucionales como los descritos, pero sí se registran numerosos casos[25] de solicitud de amparo judicial para proteger el derecho a obtener la historia clínica, siendo asumido en la práctica como un derecho autónomo, de protección inmediata, pero formalmente inmerso dentro del ámbito de protección del artículo 15 constitucional referido al derecho a la intimidad.

III. Conclusión

La lección constitucional que se destaca con la noción de los derechos innominados, para este caso específico los implícitos en los derechos a la salud y a la vida, nos enseña, de la mano del profesor Bidart Campos, a no clausurar los derechos en casilleros rígidos, porque los derechos nuevos y *"los contenidos nuevos en derechos viejos, precisan que la interpretación de la Constitución y la interpretación de sus lagunas normativas escarben en profundidad y sin hermetismo las implicitudes de la constelación de principios y valores."*

En la actualidad, los principios del Estado Social de Derecho en Colombia no sólo permiten sino que obligan a la apertura del diámetro de derechos fundamentales. La dignidad de la persona, la verdad, el libre desarrollo de la personalidad, e incluso normas generales de libertad y autonomía implican ya no sólo límites para el Estado, sino un compromiso de éste con todos los ciudadanos. Las previsiones constitucionales

---

[24] Corte Constitucional. Sentencias T- 158 A y T- 1051 de 2008
[25] Corte Constitucional Sentencia T- 119 de 2009

expresas no siempre pueden satisfacer las más elevadas necesidades de un pueblo ni protegerlo de imponderables impulsos humanos, de ahí la importancia del reconocimiento de nuevos derechos y la posibilidad de que se extiendan las garantías de los que gozan de fundamento constitucional.

En suma, al margen de la consagración expresa de un derecho como fundamental autónomo, los derecho emergentes o innominados obligan al juez constitucional a interpretarlos haciendo uso del marco categorial, esto es, desde los derechos vecinos a su protección, como son en este caso, la salud, la dignidad, la autonomía y la libertad. Cuando por un razonamiento axiológico el juez constitucional concluye que se trata en los casos específicamente mencionados, de un derecho encaminado a realizar valores como la dignidad, la igualdad y la convivencia, advierte que está ante un derecho fundamental y debe actuar por lo tanto con coherencia en la interpretación y eficacia para su concreción frente a eventos determinados. En el plano médico y de salud, se avizoran claramente más derechos innominados y emergentes que aún no han tenido el suficiente desarrollo jurisprudencial; no más pensar en la intimidad genética, en el derecho a poner límites a la excesiva medicalización de los pacientes, el derecho a negarse a la vacunación masiva, el derecho a controlar el uso de la *neuroimagen* (escáner cerebral) etc Pese a su inminencia, se llama a la mesura y la cautela en la aplicación de la cláusula de *derechos innominados* o *no enumerados* para no utilizarla indiscriminadamente; por más nobles que sean las intenciones del intérprete, sería opuesto a la naturaleza expansiva de los derechos fundamentales y podría devenir en una afectación del principio de seguridad jurídica, imaginar una intermitencia en el reconocimiento de un derecho fundamental.

Bibliografia

Bidart Campos Germán. *"Los derechos no enumerados"*. http://www.bibliojuridica.org/libros/1/342/6.pdf.

Galán Cortés Julio Cesar. Responsabilidad médica y consentimiento informado.

Guerro Zaplana José. "El consentimiento informado, su valoración en la jurisprudencia", en Lex nova, 2004.

Lain Entralgo P. *"La historia clínica"*, en Ed. Tricastela, España, 1998.

Hernández Yáñez, Juan (1998). "La calidad como impertaivo ético". En: *Congreso Mayores, empleo y gestión*. Bilbao: Cáritas: Fundación Aspaldiko, p. 1–13. <http://www.sc.ehu.es/svwkalit/Documentos/La%20calidad%20como%20imperativo%20etico.pdf>.

Marmolejo Giraldo, Carlos, *"Consentimiento informado- Responsabilidad médica"*.Editorial Kimpres, 2006.

Mosset Iturraspe Jorge. *"Derechos del Paciente"*. Editores, Buenos Aires, 2011.

Ortigosa Quílez, Juan Manuel; Méndez Carrillo, Francisco Xavier (eds.) (2000). *Hospitalización infantil: repercusiones psicológicas. Teoría y pràctica*. Madrid: Biblioteca Nueva.

Peces-Barba, G. "La dignidad humana" en Asis R, Bondia D, Maza E, "Los desafíos de los derechos humanos hoy, Dykinson, Madrid, 2007.

Rodríguez Merino, José María. *"Bioética y Derechos emergentes"*. Dykinson., 2011.

Rovira, Antonio. Autonomía Personal y Tratamiento Médico. Una aproximación constitucional al consentimiento informado . Editorial Thomson Aranzadi, S. A. primera edición, 2007.

Saura Estapá, J. *"La universalización de los derechos humanos"* en Bonet-Sánchez, Els drets humans al segle XXI.

Vásquez Ferreyra R. Historia clínica. *"Problemas jurídicos. Daños y perjuicios en el ejercicio de la medicina"*, e. Hammurabi, Buenos Aires, 1992: 222-238.

— 9 —

O fenômeno da difusão interpretativa da Constituição: o mito da "lei inconstitucional no caso concreto"

MAURICIO MARTINS REIS[1]

O tema escolhido para a realização da monografia de especialização em justiça constitucional (Pisa, Itália) – aqui transformada em artigo – adere às pesquisas por mim realizadas durante a pós-graduação no Brasil (UNISINOS, Rio Grande do Sul), culminadas com o título de Doutor em Direito no ano de 2009:[2] trata-se da hermenêutica constitucional, mais especialmente da abordagem da interpretação conforme a Constituição. Durante a especialização realizada em janeiro de 2013, irrompeu-se confirmada esta presumida escolha a partir da palestra proferida pela Professora Elena Malfatti, quando, em dado momento de sua fala, ela sublinhou a diferença entre interpretação da Constituição (ou interpretação constitucional, em termos aqui tidos como análogos) e controle de constitucionalidade, por ocasião do incidente de inconstitucionalidade.

Diante de atos legislativos (leis e atos normativos), objeto escolhido de parâmetro comparativo perante o texto constitucional, especialmente em virtude de vícios de natureza material ou substancial, surge, perante o juiz ordinário, ao aplicar a norma ao caso concreto, um impasse interpretativo complexo no tocante ao problema da inconstitucionalidade. Com a finalidade de bem especificar o foco de nossa pesquisa, não estamos a falar de lacunas do legislador, tampouco de omissões regulamentadoras no dever de precisar norma constitucional carente de integração.

---

[1] Doutor e Mestre em Direito (Universidade do Vale do Rio dos Sinos, Brasil), com Especialização em Justiça Constitucional e Direitos Fundamentais (Universidade de Pisa, Itália). Possui Licenciatura em Filosofia (Universidade do Vale do Rio dos Sinos, Brasil). Doutorando em Filosofia (PUCRS, Brasil). Professor universitário e advogado (mauriciomreis@terra.com.br).

[2] Tese publicada em 2012, sob o título "A Legitimação do Estado Democrático de Direito para além da Decretação Abstrata de Constitucionalidade: O valor prospectivo da Interpretação conforme à Constituição como desdobramento concreto entre a lei e o direito", Editora IMED, 410 p., cujo exemplar deixamos em mãos do Professor Roberto Romboli em janeiro de 2013, ao término da especialização em Justiça Constitucional e Direitos Fundamentais.

O magistrado, em contrapartida, resulta em inequívoco confronto com norma jurídica aplicável à situação sob exame.

Nesses termos, discorrer sobre a inconstitucionalidade implica segmentar duas diversas hipóteses: a) o controle de constitucionalidade propriamente dito (que preferimos chamar de concreto, para não confundir a disparidade procedimental entre regimes difusos e incidentais), responsável por escrutinar o ato normativo na sua conformidade abstrata à luz da Constituição; b) a modulação hermenêutica ou interpretativa de aplicação concreta da lei em virtude de dúvidas ou antinomias que caracterizam a eventual inconstitucionalidade por ocasião de um determinado sentido (significado) correspondente ao dispositivo ora concretizado para o caso concreto.

A diferença entre fiscalização difusa e incidental é a mesma que explica, respectivamente, o procedimento existente no Brasil e na Itália. No sistema brasileiro, todo o juiz é competente para realizar o controle de constitucionalidade, ou seja, ele próprio é capaz (autônomo) de recusar a aplicação de lei ao caso concreto por considerá-la inconstitucional, independentemente de juízo outro. Curiosamente, é possível cogitar uma situação anômala (jamais abordada especificamente pela bibliografia especializada no Brasil[3]) segundo a qual uma decisão prolatada por juiz

---

[3] Em nossa tese comentamos esta bisonha situação. Há livros que apenas constatam, sem aprofundamento crítico, esta situação: "Em primeiro grau de jurisdição, o magistrado realiza sozinho esse procedimento de filtragem constitucional" (por exemplo, POGLIESE, Marcelo Weick. *Incidente de argüição de inconstitucionalidade em tribunal*. Salvador, JUSPODIVM, 2008, p. 161). Por sua vez, há obras que tão-só catalogam o fato de a cláusula de reserva de plenário, incidente no artigo 97 da Constituição brasileira (segundo a qual os tribunais apenas podem julgar a inconstitucionalidade de ato normativo mediante seu órgão plenário – ou especial, que lhe faça as vezes), não recair sobre a figura do juiz singular, o que, de fato, ocasiona o seguinte embaraço: ou o magistrado de primeira instância pode livremente dispor dessa prerrogativa (o artigo 97 somente se aplica a colegiados judiciários, sendo, pois, indiferente ao juízo ordinário), ou então eventual decisão sua no sentido da inconstitucionalidade requer reexame necessário pela aplicabilidade cogente daquele dispositivo do Texto Maior (o artigo 97 somente se aplica a colegiados judiciários, cabendo-lhes a última palavra). O magistério de Pedro Lenza aponta para essa lacuna (com arrimo em julgamento do Habeas Corpus 69.921 pelo STF, 1ª Turma, DJ 26.03.1993, Relator Ministro Celso de Mello), sem respondê-la, contudo, afirmando apenas que a cláusula de reserva de plenário não se aplica à decisão de juízo monocrático de primeira instância (*Direito Constitucional Esquematizado*. São Paulo: Saraiva, 2012, p. 273-274). Por sua vez, a explicação fornecida por Lenio Streck sobre o ponto não convence e apenas se desvia do problema. Segundo o autor, "o juiz singular não declara a inconstitucionalidade de uma lei, apenas deixa de aplicá-la, isso porque somente na forma do art. 97 da CF é que pode ocorrer a declaração de inconstitucionalidade" (*Jurisdição constitucional e decisão jurídica*. São Paulo: Revista dos Tribunais, 2013, p. 527). Essa distinção terminológica entre a recusa de aplicação e o juízo de inconstitucionalidade não pode ser reivindicada quando o objeto de análise contempla o vício objetivo (ou abstrato) de inconstitucionalidade de lei ou de ato normativo: quando o fundamento de recusa da aplicação recair na inconstitucionalidade abstrata, igualmente um juiz de primeiro grau terá a competência prática de promover o controle de constitucionalidade difuso. É de fundamental importância sublinhar, contudo, que a recusa de aplicação ou o fato de o magistrado deixar de aplicar a lei não implicará, necessariamente para todos os casos, ter havido o juízo de inconstitucionalidade da norma jurídica pertinente. Isto porque há situações em que a recusa de aplicação de lei conformará o desempenho de decisões interpretativas, oportunidade em que terá ocorrido não propriamente uma recusa de aplicação de ato normativo, mas uma recusa de aplicação de um sentido recorrente

singular, onde tenha ocorrido o juízo de inconstitucionalidade da norma jurídica aplicável ao caso, pode transitar em julgado sem ter passado por tribunais, muito menos pelo Supremo Tribunal Federal. Por outro lado, a distância do Atlântico, o juiz italiano é incompetente para ele próprio efetuar tal apreciação de inconstitucionalidade:[4] o incidente conexo ao vício carece da remessa da questão ao Tribunal Constitucional, a que compete resolver este prévio impasse normativo, ou seja, se a lei merece ou não ser aplicada. Daí dizermos que em sistemas como o italiano o regime de apreciação merece ser chamado de incidental, e não difuso. No Brasil, em suma, o juiz ordinário não é o porteiro que leva a querela ao tribunal especializado, mas o juiz decisor sobre a validade do direito ao caso concreto.[5]

A modulação interpretativa (b) na Itália não constitui controvérsia nova, na medida em que há muito se debate sobre a vinculação do juiz ao Tribunal Constitucional no que toca a uma decisão desestimatória interpretativa pela Corte, ou seja, uma decisão que não acolhe a inconstitucionalidade do ato normativo mediante a produção de um sentido (interpretação) que o conforme segundo o ordenamento constitucional.[6] Nas palavras de Carnelutti, "quanto alla interpretazione della legge il

---

– normalmente aquele derivado de uma interpretação literal da norma jurídica – daquele dispositivo legal. Nesse aspecto se justifica a crítica à Súmula Vinculante n. 10, cuja redação universaliza equivocadamente – de modo a coincidir reciprocamente – a recusa de aplicação da lei por força do prévio juízo de inconstitucionalidade. Relembre-se que todo o juízo de inconstitucionalidade da lei oportunizará por certo a recusa de aplicação daquele ato normativo (hipótese em que a distinção promovida por Streck, supra, carece de utilidade ou guarida); porém, a recusa de aplicação de lei nem sempre será fundamentada em juízo abstrato de inconstitucionalidade normativa.

[4] Apesar de a questão de constitucionalidade na Itália poder ser suscitada de ofício pelo juiz ou tribunal com competência para julgar a causa de onde decorre o incidente (PIZZORUSSO, Alessandro. *Lecciones de Derecho Constitucional. Volumen II*. Traduzido por Javier Jimenez Campo. Madrid: Centro de Estudios Constitucionales, 1984, p. 38).

[5] Aparentemente, o critério adotado no Brasil poderia ensejar, sobre a mesma norma jurídica, várias decisões conflitantes sobre a sua validade diante do texto constitucional, em virtude de diferentes juízes poderem proferir, com independência, tal formulação. Trata-se de uma apressada conclusão, pois o regime de recursos haveria de ensejar uma necessária uniformização interpretativa acerca da questão de se saber se dada norma jurídica discrepa, ou não, dos ditames constitucionais. Não à toa ganha força nesse país e noutros, como Portugal, a tese de eficácia automática *erga omnes* das decisões de inconstitucionalidade proferidas pelo Tribunal Constitucional, à revelia da resolução do Senado (Brasil) e do regime de generalização dos efeitos (Portugal).

[6] Sentença desestimatória interpretativa é distinta da desestimatória pura e simples, quando nesta o Tribunal Constitucional apenas desacolhe o incidente de inconstitucionalidade, sem modular interpretações conexas condicionadoras da constitucionalidade do dispositivo impugnado. Neste caso, existe significativa controvérsia doutrinária na Itália sobre a vinculação erga omnes deste juízo incontestе de constitucionalidade, a saber, se ele proibiria futuras impugnações da mesma norma e, ainda, se por trás do juízo puro de conformidade da lei à Constituição residiria um regime de interpretação autêntica da lei, no mesmo passo semântico das palavras usadas pelo legislador (questões semelhantes emanam do direito brasileiro, por ocasião de norma expressa que reconhece o juízo de constitucionalidade como de valia autônoma ao lado da decisão de inconstitucionalidade: mais do que isso, há legislação expressa que deduz da improcedência de inconstitucionalidade uma afirmação de constitucionalidade).

giudice a quo dipende dalla Corte Costituzionale o la Corte Costituzionale dipende da lui?".[7]

Entretanto, o problema se põe antecipadamente: porventura, o juiz ordinário italiano pode efetuar decisões interpretativas alheio à confrontação do Tribunal Constitucional? Ou sua independência funcional, do ponto de vista interpretativo, decorre da manifestação do Tribunal Constitucional, ou seja, o magistrado apenas poderá enjeitar interpretações após o proferimento do incidente de inconstitucionalidade pelo TC?[8] Em suma, as decisões interpretativas podem ser efetuadas pelo juiz singular italiano a) antecipadamente à necessária manifestação do TC ou b) autonomamente e alheio ao filtro do TC ou c) após a manifestação do TC, num indispensável diálogo argumentativo institucional? Dependem elas (as decisões interpretativas), pois, de confrontação pelo TC? Ocorreria fenômeno semelhante ao Brasil, quando para este país se defende a tese segundo a qual juízos interpretativos (interpretação conforme e nulidade parcial sem redução de texto) não importam em controle de constitucionalidade e, por isso, se eximiriam de apreciação pela incidência obrigatória de regras específicas?

Se é certo, conforme leciona Azzariti, que não se pode declarar a ilegitimidade constitucional de uma disposição legislativa somente porque ela pode se prestar a uma interpretação contrária aos preceitos constitucionais,[9] o critério adotado pelo juiz para efetuar uma interpretação conforme, ou seja, para imunizar a norma jurídica do incidente de inconstitucionalidade e, portanto, para evitar o envio do preceito ao escrutínio do Tribunal Constitucional, nem sempre será uma alternativa hermenêutica invencível imune a controvérsias. Em outros termos, ao efetuar a interpretação conforme e, pari passu, verificar se existem ou não os pressupostos para elevar a questão de inconstitucionalidade pe-

---

[7] Poteri della Corte costituzionale in tema di interpretazione della legge impugnata, *Riv. Dir. Proc.*, 1962, p. 349.

[8] Tais indagações pressupõem a relevância do incidente de constitucionalidade, superada, então, a prévia análise dos requisitos de admissibilidade da questão a ser submetida ao Tribunal Constitucional pelo magistrado. O artigo 111.1 da Constituição italiana prescreve que os autos de remissão mediante os quais o juiz translada a questão de inconstitucionalidade ao Tribunal Constitucional deverão ser motivados pela parte interessada, o que estipula a competência de o juízo *a quo*, nos casos de manifesta justificação infundada, explícita falta de fundamentação ou de pretensão destituída de *fumus boni iuris*, indeferir o pedido formulado, para evitar que o incidente seja empregado como instrumento meramente protelatório (PIZZORUSSO, Alessandro. *Lecciones de Derecho Constitucional. Volumen II*. Traduzido por Javier Jimenez Campo. Madrid: Centro de Estudios Constitucionales, 1984, p. 34-36). O indeferimento do incidente, por si só, não justifica a interposição de recurso para novamente se postular a questão de constitucionalidade, salvo se a parte demonstrar que a procedência do mérito do recurso, em favor de sua pretensão de direito material, dependa da resolução prejudicial atinente à norma cuja conformidade constitucional se controverte (PIZZORUSSO, 1984, p. 38).

[9] *Apud* MARTÍN DE LA VEGA, Augusto. *La sentencia constitucional em Italia*. Madrid: Centro de Estudios Políticos y Constitucionales, 2003, p. 208.

rante a Corte,[10] é possível cogitar de eventual subtração ao TC de uma interpretação "aparentemente" conforme a Constituição, forçada ou destituída de razoabilidade, tida pelo magistrado como legítima e de natureza desestimatória para homenagear o postulado da presunção de constitucionalidade e da supremacia constitucional.

Ao abordar a instância do "direito vivo" (direito jurisprudencial), Augusto Martín de La Vega examina a compatibilidade deste com o princípio da interpretação conforme. Ou seja, verifica-se o eventual conflito para o magistrado entre aplicar o sentido abstrato e (supostamente) constitucional da norma jurídica, através do recurso da interpretação conforme, sem submeter, pois, o respectivo juízo para a Corte Constitucional, ou promover uma aplicação dita "não convencional" (leia-se, refratária à mera revelação semântica) do texto normativo, sob o ânimo fundamentado de uma filtragem hermenêutica a afastar dada inconstitucionalidade concreta e, pois, com vistas a consolidar ou inaugurar um precedente constitutivo do direito jurisprudencial, hipótese esta última de remessa obrigatória da questão de inconstitucionalidade para a Corte Constitucional.[11] O autor menciona julgados da Corte italiana dando primazia ao desempenho hermenêutico da interpretação conforme, sempre que o magistrado acolhe a constitucionalidade da interpretação abstrata do dispositivo sob exame como diretriz concretizadora ao deslinde do feito; por sua vez, a preferência pelo direito jurisprudencial (uma interpretação ativista, por exemplo, não subsumida do léxico normativo) se justificaria mediante a convicção, a ser confirmada via questão de inconstitucionalidade pela Corte Constitucional, de que o sentido adotado, a afastar a aplicação literal pelo viés da inconstitucionalidade concreta ou interpretativa, seria o único possível frente ao caso concreto originário.[12]

É hora, pois, de nos debruçarmos topicamente sobre o problema da manutenção dos efeitos entre as partes dos provimentos de inconstitucionalidade em controle concreto de fiscalização normativa com filtro no Texto Maior. Realizaremos tal intento reflexivo por ocasião de artigo específico de autoria do Professor Carlos Blanco de Morais acerca do tema, quando ali se refere, anunciando já no título, as insuficiências dos efeitos inter partes das decisões de inconstitucionalidade em controle concreto na ordem jurídica portuguesa.[13] O problema que se coloca é comum aos

---

[10] MARTÍN DE LA VEGA, Augusto. *La sentencia constitucional em Italia*. Madrid: Centro de Estudios Políticos y Constitucionales, 2003, p. 209.

[11] *Idem*, p. 210.

[12] *Idem, ibidem*.

[13] Insuficiências dos efeitos inter partes das decisões de inconstitucionalidade em controle concreto na ordem jurídica portuguesa. In *Perspectivas de Reforma da Justiça Constitucional em Portugal e no Brasil*. São Paulo: Almedina, 2012, p. 53-61.

ordenamentos de Brasil e de Portugal: seria reivindicável autonomamente a atribuição de eficácia contra todos de desvalor de inconstitucionalidade proferido em sede de fiscalização concreta de constitucionalidade?

Vamos nos apropriar do texto em questão para retomar alguns argumentos já explicitados em outro lugar,[14] com a finalidade de sinalizar uma proposta afirmativa no tocante à pergunta antes indagada, isto sem pressupor a necessidade de uma reforma legislativa constitucional, tampouco forçando uma linha interpretativa de mutação constitucional para além dos limites semânticos de norma fundamental expressa (a saber, na Constituição brasileira, o artigo 52, inciso X). É de se frisar, de plano, para não perder a oportunidade, que não adotamos a premissa hermenêutica segundo a qual existiriam cânones interpretativos peculiares relacionados à interpretação constitucional, um deles patrocinando limites textuais no ato de aplicar o próprio texto fundamental. Pensa-se em direção oposta, para afirmar a suscetibilidade de, em situações limítrofes controversas – onde está em jogo a busca da resposta constitucionalmente adequada ou mais razoável –, a Constituição poder ser interpretada numa perspectiva sistemática, dialética e autorreferenciada do ponto de vista argumentativo.

A responsabilidade de uma posição desse jaez, para equilibrar uma suposta abertura hermenêutica de caráter relativista (de modo a se defender da crítica mais comum), recai na obrigação de impor ao intérprete o ônus de alicerçar a sua fundamentação. Não se aceita, pois, que a literalidade *ex ante* suplante a problemática decidenda capaz de desenvolver argumentos em prol do desenvolvimento judicial do direito, entendido este não por um desempenho autoritário (ou isoladamente monástico) dos juízes, senão através de uma teia concatenada de múltiplo protagonismo argumentativo, onde o judiciário apenas culmina uma complexa rede de interpretações comungada por tantos outros atores do processo judicial.

Há confusões em demasia no trato do controle de constitucionalidade, mais ainda no âmbito das decisões interpretativas. Numa denominação geral, entenda-se por decisão interpretativa aquela cuja pronúncia não pressupõe o escrutínio abstrato de inconstitucionalidade de determinado ato normativo. Isto quer dizer que toda a decisão interpretativa não ensejará um julgamento de inconstitucionalidade sobre o texto normativo cuja aplicação resultará necessariamente recusada para o caso concreto e para todos os demais casos, num consectário lógico invencível. A saber, um pronunciamento de inconstitucionalidade por ocasião

---

[14] REIS, Mauricio Martins. *A legitimação do estado democrático de direito para além da decretação abstrata de constitucionalidade: o valor prospectivo da interpretação conforme à constituição como desdobramento concreto entre a lei e o direito.* Passo Fundo: IMED Editora, 2012.

da aplicação do direito ao caso concreto (fiscalização concreta, seja em termos difusos ou incidentais) toma por base capital a impossibilidade de aplicação da lei pelo seu divórcio perante o ordenamento constitucional. Dele se subsume geneticamente a generalidade de seus efeitos para toda e qualquer situação análoga reivindicadora da incidência daquele dispositivo confrontado, quer a legislação assim o preveja ou não, eis que o resultado decorre da hermenêutica da própria ontologia ínsita ao julgamento tendente àquele vício.[15]

Note-se que a inconstitucionalidade requer a recusa de aplicação da lei ou o afastamento de sua incidência[16] como desdobramento lógico; contudo, é importante frisar, o comportamento judicante (do magistrado) ou postulatório (dos contendores num processo litigioso ou legitimados num processo objetivo onde não há partes) de recusa de aplicação, nem sempre é o sucessivo de uma anterior (e supostamente necessária) pronúncia de inconstitucionalidade da lei.[17] O que significa aplicar a lei? O que acarreta incidir o dispositivo em certa situação de fato submetida a juízo? Há uma miríade de hipóteses nas quais as interpretações fundamentam novas possibilidades – sempre de acordo com o Texto Maior – de atribuição de sentido ao texto legal (seja incrementando, seja supri-

---

[15] Os autores que insistem com a tese de que o controle difuso apenas alcança o caso concreto, ou seja, de que a inconstitucionalidade verificada se faz como questão incidental apenas, e não em termos abstratos ou objetivos perante a lei impugnada, advertem que a alternativa para se exarar interpretação vinculante seria por meio de súmula (dentre outros, RAMIRES, Maurício. *Crítica à aplicação de precedentes no Direito Brasileiro*. Porto Alegre: Livraria do Advogado, 2010, p. 82). O problema está em registrar que o regime da inconstitucionalidade de atos normativos não pode pender com eficácia provisória, na medida em que as súmulas vinculantes podem ser igualmente revogadas pelo STF através do mesmo procedimento que as criou. A inconstitucionalidade abstrata consiste em estado definitivo na perspectiva processual de coisa julgada. Questão diversa, porque concernente ao debate prático acerca da independência e harmonia entre funções estatais, é aquela que diz respeito à elaboração de uma nova lei pelo Poder Legislativo com conteúdo idêntico ao versado em preceito julgado inconstitucional pela Suprema Corte.

[16] A incidência é aqui tomada na sua modalidade hermenêutica situacional de aplicação, o que não implica afirmar que este é o significado exclusivo ou autêntico desta qualidade (de incidir) atribuída às normas jurídicas. Adriano Soares da Costa, por exemplo, com assoalho em Pontes de Miranda, segrega a incidência da aplicação da norma jurídica: "É pela incidência, no mundo do pensamento, que se dá a objetivação conceptual, simbólica, do processo de juridicização; é pela aplicação da norma jurídica que incidiu que se dá sua objetivação social na concretude da vida" (*Teoria da Incidência da Norma Jurídica. Crítica ao realismo lingüístico de Paulo de Barros Carvalho*. São Paulo: Malheiros, 2009, p. 53-54); mais adiante, refere, criticando o realismo jurídico (de autores como Paulo de Barros Carvalho), o equívoco em limitar o fenômeno jurídico ao ato de autoridade, quando "apenas seria Direito o que as autoridades dizem que é, no ato de aplicação da norma" (p. 55), ao excluir fatos cotidianos do universo jurídico pela circunstância de se coadunarem às leis vigentes, "simplesmente porque houve atendimento à norma jurídica – o que os tornaria irrelevantes para o Direito" (p. 57).

[17] Em sentido contrário, há aqueles que pensam ser equivocado o argumento que não faz derivar necessariamente o julgamento de inconstitucionalidade da negativa de aplicação de lei ou ato normativo do poder público, de modo a defender a ideologia que subjaz a súmula vinculante n. 10 do Supremo Tribunal Federal: "a aplicação é negada porque há prévio juízo de inconstitucionalidade (o que, insista-se, em tribunais, requer manifestação do plenário ou do órgão especial" (AMARAL JÚNIOR, José Levi Mello do. Comentários ao artigo 97. *In Comentários à Constituição Federal de 1988*. Rio de Janeiro: Forense, 2009, p. 1220).

mindo, seja substituindo conteúdos de ordem prática em nome da justa composição do problema normativo, há de se temperar bem cada contexto em sua especificidade decisória concretizadora).

As decisões interpretativas, em alguma medida extrema e complexa, nada mais implicam do que a contingência de uma norma jurídica poder ser recusada na sua aplicação semântica sem com isso sepultarmos a constitucionalidade abstrata do texto normativo cuja recusa literal possibilitou a construção de um significado concreto mais consentâneo à Constituição nas virtualidades específicas do precedente eventualmente firmado. Não à toa é salutar o discernimento de interpretações conforme ao estilo mais dogmático, onde se procriam alternativas hermenêuticas cogitáveis em abstrato (à luz da literalidade disponível e, portanto, mais conectadas à expressão mais fielmente consignada nos critérios usuais de exegese jurídica) e outras mais vinculadas ao denominado direito jurisprudencial, quando a literalidade deixa de ser um marco regulatório invencível e anteposto como prévia medida responsiva ao problema decidendo.[18] Referida sistemática é benéfica ao sistema constitucional propício à concretização de direitos fundamentais: a uma, porque não estrangula a hermenêutica jurídica com esteio em fórmulas prévias de inequívoca eficiência serial quanto à conversão do direito em álgebra; a duas, em vista de não escamotear soluções aparentemente construtivistas; finalmente, em terceiro lugar, em virtude de conceder ao direito o melhor antídoto contra possíveis arbitrariedades, a saber, a prudência e dialética de lidar com o próprio problema.

Pretendemos, portanto, rechaçar a possibilidade de consentir com categorias jurídicas do tipo "leis-inconstitucionais-só-no-caso-concreto",[19] porquanto ou a lei é inconstitucional para este e qualquer outro

---

[18] É o caso do abismo que separa a interpretação conforme como decisão manipulativa ou como decisão interpretativa: "(...) com a interpretação conforme a Constituição tomada em seu sentido estrito ou originário, o Tribunal não adiciona sentido ao texto legal. Limita-se a escolher as opções constitucionais entre as interpretações alternativas emergentes do texto legal, dando origem à sentença interpretativa de improcedência (no Brasil, de constitucionalidade). Quando o Tribunal, com base na Constituição, adiciona sentido ao texto legal (ou o reduz ou o substitui) está em realidade ditando uma sentença manipulativa. Essa sentença também parte da interpretação conforme (lato sensu), mas vai mais além, porque modifica o próprio conteúdo normativo complexo do preceito. E isso pode se refletir, eventualmente, numa indevida invasão de competência de outro órgão de soberania, mais especificamente do Poder Legislativo" (BRUST, Leo. A interpretação conforme a Constituição e as sentenças manipulativas. *Revista Direito GV* 5 (2), São Paulo, julho-dezembro 2009, p. 512).

[19] ALBUQUERQUE JÚNIOR, Raimundo Parente de. *Juridicidade contra legem no processo administrativo. Limites e possibilidades à luz dos postulados da razoabilidade e da proporcionalidade*. Porto Alegre: Livraria do Advogado, 2010, p. 306-307. O autor, aliás, se embaralha com o que ele alega ser a utilização da equidade para corrigir a lei (em sua aplicação) em determinados casos concretos, conformando-a à luz da recusa de aplicação da regra injusta ao caso. Ora, se a regra é injusta, incorre-lhe mácula substancial de inconstitucionalidade a prevenir sua incidência a todo e qualquer caso concreto superveniente ao seu reconhecimento judicial, e não só-no-caso-concreto; concluir assim implica dizer que a inconstitucionalidade normativa somente pode ser reconhecida caso a caso, numa

caso a demandar-lhe incidência, ou determinadas interpretações dela (e não a própria fonte normativa) é que o são, aí sim a depender do contexto aplicativo onde se colhem as devidas especificidades. Muitas vezes os exemplos tomados confirmam a improcedência da tese postulada, quando numeram-se situações nas quais a lei resultou inaplicada em vista das especificidades do caso concreto, não tendo sido ela objeto de impugnação por hipotético divórcio abstrato perante o Texto Maior.[20] Se pudéssemos sugerir terminologia assemelhada, diríamos que se trata de "interpretações-inconstitucionais-só-no-caso-concreto", estas sim evidenciadas caso a caso, numa sucessiva hermenêutica digna de tratamento mediante o regime de precedentes judiciais.

Em outras palavras, dissente-se do posicionamento segundo o qual a constitucionalidade da lei em controle difuso "é examinada em relação às particularidades que o caso concreto apresenta", ou seja, que o STF "não aprecia a inconstitucionalidade em abstrato da lei, mas, sim, a inconstitucionalidade advinda da aplicação da lei ao caso concreto".[21] Não é inédita a terminologia "controle concreto concentrado" para demonstrar, em sistemas onde o incidente de inconstitucionalidade da lei surge por ocasião do exame de um caso concreto, a viabilidade de acesso ao tratamento abstrato de inconstitucionalidade por ocasião do exame de um litígio entre partes.[22] Preferimos dizer que a inconstitucionalidade

---

dependência burocrática e morosa incompreensível se confrontada aos ditames constitucionais de uma prestação de justiça eficiente e célere, inclusive incompatível com a própria posição do autor, que aspira à condução espontânea do controle de constitucionalidade pelos agentes públicos ("não só o juiz, mas, igualmente, o administrador estão autorizados a aplicar a equidade e, por conseguinte, a não aplicar leis-inconstitucionais-só-no-caso-concreto", conforme p. 307): por acaso o autor endossa o coro no sentido da generalização dos efeitos na decretação difusa de inconstitucionalidade depender de manifestação do Senado da República?

[20] Veja-se o exemplo citado: "Julgou-se recurso administrativo apresentado em face de decisão da Delegacia da Receita Federal do Brasil em Belém, que não conhecera de pedido de restituição/compensação de valores pagos a título do extinto Imposto sobre o Lucro Liquido, sob o argumento de que o requerente renunciara ao processo administrativo, ao propor ação judicial com idêntico objeto, conseqüência essa havida em decorrência do disposto no art. 38 da Lei n. 6.830, de 22 de setembro de 1980. (...) Apreciando a controvérsia, o voto condutor do Acórdão assim decidiu a questão: 10. (...) Ao que tudo indica, portanto, a regra em comento (...) encontra na espécie todas as condições para sua aplicabilidade. O que não se quer dizer que a sua conseqüência (a renúncia à instância administrativa) será aplicada. 11. Tal conclusão se impõe tendo em conta as especificidades do caso presente, porquanto não se vislumbra periclitância do fim visado pela regra em testilha (...). Tal risco aqui não se cogita. De fato, o requerente comunicou à autoridade recorrida, antes mesmo desta apreciar e decidir o pedido repetitório, que desistira do processo judicial em que pleiteava o reconhecimento do direito à compensação, e o juízo do feito a homologou por sentença que veio a transitar em julgado (...)" (ALBUQUERQUE JÚNIOR, op. cit., p. 307-308). Não se trata de lei inconstitucional no caso concreto, mas de pronúncia interpretativa que recusou a aplicação de preceito legal (de constitucionalidade incontroversa) para afugentar específica inconstitucionalidade hermenêutica derivada de sua aplicação literal inconcussa.

[21] ABBOUD, Georges. *Jurisdição constitucional e direitos fundamentais*. São Paulo: Revista dos Tribunais, 2011, p. 315.

[22] No próprio direito brasileiro existem vozes manifestando, com acerto, a adesão de nosso texto constitucional ao modelo do incidente de inconstitucionalidade típico de países onde existe Tribunal

advinda da aplicação da lei ao caso concreto afina-se mais e melhor com o esquadro das decisões interpretativas, aquelas nas quais a inconformidade com a Constituição possui natureza interpretativa ou hermenêutica (seu escrutínio socorre-se dos sentidos advindos da lei).

Por outro lado, o regime de inconstitucionalidade abstrata da lei em decorrência de controle difuso de constitucionalidade jamais escapa à faticidade uma vez empreendida adequada modulação interpretativa acerca do que se decidiu, tendo em vista a incontornável direção transitiva do processo hermenêutico direcionado à indagação concreta de sentido e ao âmbito das respectivas formulações prescritivas[23] em nome da justiça material almejada caso a caso. Veja o exemplo citado por Ramires para injustamente acossar a autoridade geral contra todos (sem a interveniência do Senado da República) dos julgamentos de inconstitucionalidade proferidos pelo STF em regime de fiscalização concreta: diante de julgado da Corte, ao julgar procedente pedido de determinada editora, em prol da inconstitucionalidade de artigo de lei estadual a instituir a tributação de mídias que acompanhem revistas e livros, mesmo gratuitas, outra editora, por intermédio de reclamação constitucional motivada pela improcedência da demanda em juízo de primeiro grau que aplicou aquela legislação de modo a tributar o produto comercializado (revista de uma página acompanhada de um DVD musical de cantora famosa), resolve fazer valer a tese da inconstitucionalidade abstrata, clamando para si a recusa de aplicação daquele preceito normativo tributário. O autor indaga se a segunda decisão (do juiz monocrático que aplicou a lei) teria contrariado a autoridade decisória do STF: a resposta negativa,

---

Constitucional para autonomamente fiscalizar, segregando do caso concreto ensejador do controle difuso de constitucionalidade, a conformidade abstrata dos dispositivos legais em face da Constituição: a cláusula de reserva de plenário (artigo 97) seria a prova derradeira de que o nosso ordenamento constitucional reivindica o tratamento abstrato – com uniforme vinculação – para a pronúncia de inconstitucionalidade de ato normativo cuja aplicação se recusa por ocasião da análise de determinado caso concreto, o qual seria o veículo ou pretexto para o exame objetivo de referida mácula. Observem-se as ponderações de José Levi Mello do Amaral Júnior: "a decisão plenária é tomada em abstrato, porque não se ocupa do caso concreto em que surgiu. Ademais, a decisão plenária transcende os autos em que foi proferida, pois deve ser observada em todos os demais casos concretos subseqüentes que tragam a mesma questão constitucional. Há, assim, um efeito vinculante interno ao tribunal, entre pleno e órgãos fracionários. (...) O mecanismo descrito (fundado na regra do *full bench*) – conquanto seja interno a tribunal e possua efeito a ele limitado – lembra o incidente de inconstitucionalidade existente na Europa entre os juízos ordinários e o Tribunal Constitucional." (Comentários ao artigo 97. In *Comentários à Constituição Federal de 1988*. Rio de Janeiro: Forense, 2009, p. 1218). Ao mesmo tempo, verificam-se algumas contradições no sistema brasileiro de fiscalização difusa de constitucionalidade: juízes de primeira instância podem recusar a aplicação de lei em face de pretensa inconstitucionalidade, sem com isso demandar-se o reexame necessário ou uma causa de recurso obrigatório pelo Ministério Público (por exemplo), além do fato de a regra de reserva de plenário, atualmente posta, reivindicar uma espécie de uniformização hermenêutica fraca, pois apenas interna aos tribunais de onde ela emanou, o que nem sujeita o exame do precedente pelo Supremo Tribunal Federal, tampouco exige coerência interpretativa perante outros tribunais locais.

[23] Conforme MARTINS, João Zenha. Neoconstitucionalismo e interpretação conforme. In *Teoria da Argumentação e Neo-Constitucionalismo*. Coimbra: Almedina, 2011, P. 204.

de incontroversa justeza, não afeta o regime abstrato de inconstitucionalidade no controle difuso, porquanto a incidência da tributação neste segundo caso derivaria da própria Constituição Federal, que assegura imunidade de livro, conceito normativo que não se aplicaria ao fato sob exame. Ou seja, não houve desrespeito ao julgado do STF, porque o julgamento explicitou contrário senso a regra constitucional de imunidade, ao simplesmente deduzir que ato normativo cuja disciplina aponta para a tributação de "livro" (ou congênere, conforme entendeu ser o caso, livro acompanhado de um CD-ROM grátis) é inconstitucional. Ou seja, a incidência da tributação decorre de uma regra constitucional que atribui imunidade a livro, cujo conceito não se amoldou, no entanto, ao segundo caso concreto (revista com uma página e DVD de cantora). Note-se então que a inconstitucionalidade objetiva da lei estadual em fiscalização concreta, com efeito para todos os contribuintes, não incapacitaria o exercício da jurisdição constitucional interpretativa, especialmente quando se trata de fundamentá-la com assoalho nas razões de decidir.[24]

O juízo interpretativo de inconstitucionalidade, destarte, combina com o regime de precedentes judiciários obrigatórios, o qual, diversamente do pensamento acalentado por muitos, se afina com o modelo contemporâneo de hermenêutica jurídica de índole jurisprudencial.[25] A obrigatoriedade requer a existência de pronunciamento paradigma do Supremo Tribunal Federal acerca das questões constitucionais pertinentes ao caso examinado, bem como de julgado modelo do Superior Tribunal de Justiça sobre matéria de natureza ordinária (garantida a competência do STJ nesse caso, ou seja, ultrapassada a controvérsia sobre a suposta constitucionalidade da matéria em debate). Evidentemente que os precedentes judiciais não dependem, para sufragar a sua validade, de confirmação por parte dos tribunais superiores, ou seja, não deixam de vincular por conta de pendência de julgamento em sede de recurso

---

[24] A tese de Luiz Guilherme Marinoni se fundamenta nisto, na eficácia vinculante dos motivos determinantes (seja para alcançar eficácia contra todos na decretação de inconstitucionalidade proferida pelo STF em controle difuso, seja nas decisões desta Corte que intervêm no espancamento de dúvidas acerca de um critério normativo ou tese jurídica controversos), no sentido de os precedentes constitucionais do Supremo Tribunal Federal serem obrigatórios: "a eficácia vinculante é instituto que, antes de se relacionar com o controle objetivo, advém da necessidade de dar força obrigatória aos fundamentos determinantes da decisão, e, assim, da circunstância de as decisões do Supremo Tribunal Federal terem passado a ser vistas como precedentes constitucionais. Assim, chega-se ao momento em que é possível definir o significado de se atribuir efeito vinculante às decisões tomadas em recurso extraordinário" (*Precedentes obrigatórios*. São Paulo: Revista dos Tribunais, 2010, p. 459).

[25] Uma hermenêutica de cunho jurisprudencial, numa linha de raciocínio sistemática e coerente, sem quebras ou compartimentos de "livre contradição", pode ser pensada a partir de alguns filósofos do século XX, como Hans-Georg Gadamer, António Castanheira Neves, Arthur Kaufmann e Ronald Dworkin, a partir dos quais, pensando-se o tema dos precedentes, poder-se-iam entabular alguns referenciais básicos, como por exemplo, "cada caso é um caso", "o mesmo texto pode comportar mais de um significado", "o direito não se esgota na lei", "normas e textos são entidades distintas, embora correlatas", "existem respostas adequadas para casos concretos decidendos", dentre outros.

especial e extraordinário. Decisões locais, uma vez uniformizadas, igualmente se revestem dessa condição, porém em caráter ainda persuasivo, o que não autoriza o mero afastamento (por convicção pessoal) por parte de juízes singulares e órgãos fracionários daqueles tribunais.

O direito de não acatar um precedente ainda existe quando ele é persuasivo, desde que haja persistência argumentativa de acatar tese contraposta ao seu critério normativo, aliada à fundamentação dos motivos pelos quais aquela referência judicativa não merece guarida em virtude de não ser a melhor resposta ao caso exemplarmente tutelado (e análogo ao feito de exame sucessivo). O direito de discordar fundamentadamente de um precedente deixa de existir quando ele emana de um tribunal de estrito direito (obrigatório). É preciso detalhar as conseqüências dessa intencionalidade uniformizadora. Em primeiro lugar, haveremos de pressupor um conceito de precedente (obrigatório) digno de objetividade mínima: trata-se de uma decisão de tribunal superior (STJ ou STF) que estipula determinado critério normativo culminado com a deliberação interpretativa que o acolheu em prejuízo dialético de outras tantas possibilidades, todas elas identificáveis ou dedutíveis no esquadro constitucional do devido processo legal e da fundamentação decisória (artigos 5º, inciso LV, e 93, inciso IX, da Constituição de 1988).

Isto posto, em segundo passo, haveremos de dizer que a obrigatoriedade de seguir o precedente em nada sepulta a lógica implacável – porque de natureza hermenêutica – do raciocínio basilar responsável pela sobrevivência e desenvolvimento da cultura dos precedentes, a saber, sua instância de transitividade ou abertura para os casos concretos futuros. "É, portanto, o juiz do caso sucessivo que estabelece se existe ou não existe o precedente", nas palavras de Michele Taruffo,[26] o que significa dizer que a condição de possibilidade do precedente (e de sua eventual supremacia) é a própria manifestação do novo sobre o qual irá (ou não) prevalecer. Bem, mas se é assim, qual a valência dessa obrigatoriedade? Ela não se impõe pela supressão absoluta autoritária de julgamentos discrepantes, mas vale na medida em que o caso sucessivo será confrontado pela impossibilidade de ele simplesmente acolher outra questão jurídica (critério normativo) cujo convencimento restou preterido na argumentação processual verificada no precedente. Defender a obrigatoriedade dos precedentes rima, inclusive, com a possibilidade de se postular a reiteração de critério normativo alternativo ao longo do tempo por intermédio

---

[26] Precedente e jurisprudência. Traduzido por Arruda Alvim, Teresa Arruda Alvim Wambier e André Luis Monteiro. *Revista de Processo*, Ano 36, n. 199, setembro de 2011, p. 143. Conclusão semelhante é adotada por Jerzy Wroblewski, ao afirmar que somente a prática judicial posterior tem a capacidade de determinar se dada decisão prévia pode ser qualificada como precedente para o caso sob exame (*Sentido y hecho en el derecho*. Traduzido por Juan Igartua Salaverria e Francisco Javier Ezquiaga Ganuzas. San Sebastián: Universidad del País Vasco, 1989, p. 223).

de interpretações recidivas, cuja teimosia em dado momento histórico poderá se transformar em persistência na hipótese de um olhar retrospectivo sobre o fenômeno do *overruling* (revogação de precedente).

O fato é que não podemos desbaratar a fórmula dos precedentes obrigatórios mediante o mau emprego de compreensão de institutos íntimos às oscilações e uniformidades jurisprudenciais. Por exemplo, o precedente obrigatório jamais vinculará fatos ou casos que não lhe dizem respeito, apesar de aparentemente a questão jurídica ser a mesma (ou, em sendo a mesma, suas repercussões supostamente serem idênticas), isto é, as potencialidades distintivas típicas de um *distinguishing* não visam a se descosturar de um precedente, mas apenas a justificar ao caso presente uma interpretação proporcionalmente peculiar. Assim sendo, não nos parece adequado dizer que houve recusa de aplicação a um precedente quando este não se conforma ao caso em debate;[27] recusa há propriamente dita quando se subtrai o tratamento jurídico do precedente a caso sucessivo de análoga correspondência normativa (o que se pode visualizar nas hipóteses diacrônicas de um sobrepujamento de critério com a alteração de contexto histórico de aplicação).

Atente-se para o seguinte aspecto: a técnica do distinguishing ou distinguish (distinção) não confronta a justiça da regra do precedente, pois combina com "uma diferenciação ou distinção de casos (...) voltada a permitir a aplicação dos precedentes", para o fim "de se subordinar, ou não, o caso sob julgamento a um precedente".[28] De se observar que os fundamentos para empreender a distinção judicial interpretativa atestam, em situações de êxito na diferenciação, o pressuposto da intangi-

---

[27] É o que diz Maurício Ramires, ao afirmar que "é eventualmente possível ao julgador negar a sua aplicação, caso entenda que o caso presente não se identifica suficientemente com o precedente" (*Crítica à aplicação de precedentes no Direito Brasileiro*. Porto Alegre: Livraria do Advogado, 2010, p. 73). Devemos igualmente dizer que a possibilidade de novos juízes darem novos sentidos ao mesmo texto merece ser temperada à luz do regime dos precedentes, porquanto eventual sentido (enquanto critério normativo ou questão jurídica) já acatado pelos tribunais superiores, com o concomitante afastamento argumentativo de variantes hermenêuticas, não poderá ser desatendido pelo sucessivo juízo quando se tratar de mesma hipótese fática de incidência. Mesmo o vislumbre de uma recalcitrância interpretativa em homenagem à busca da revogação do precedente deverá ser proposto com ressalvas de um consenso padronizador digno de isonomia decisória, ou seja, menos com o propósito de povoar inúmeras interpretações isoladas distintas da do precedente, e mais com o ânimo de possibilitar, no âmbito dos plenários dos tribunais locais (por intermédio da cláusula de reserva de plenário), uma inconformidade hermenêutica ordenada aos tribunais de Brasília capaz de subsidiar uma superveniente interpretação de caráter igualmente vinculante (como novo precedente).

[28] MARINONI, Luiz Guilherme. *Precedentes obrigatórios*. São Paulo: Revista dos Tribunais, 2010, p. 326. E prossegue: "De modo que o *distinguishing* revela a demonstração entre as diferenças fáticas entre os casos ou a demonstração de que a *ratio* do precedente não se amolda ao caso sob julgamento, uma vez que os fatos de um e outro são diversos" (*Idem, ibidem*). Logo, não se poderia cogitar da recusa (ou afastamento, ou desobediência) de um precedente quando o fundamento para sua não aplicação repousa na incompatibilidade de situações em confronto, ainda que a distinção fática seja empreendida argumentativamente para efeito de represar, enfim, a aplicação do dispositivo legal ao caso em tela.

bilidade do caso problemático em relação aos motivos ou fundamentos (*ratio decidendi*) norteadores do critério normativo estipulado no precedente. Situações nas quais se verifica a colisão com o fundamento de justiça do precedente, no sentido de o caso problematizar a constitucionalidade do prévio critério para dele se afastar, mesmo sob o argumento de ser aquele fato uma exceção anteriormente não reconhecida,[29] mereceriam ser classificadas sob a técnica do *overruling*, e não do *distinguishing*. A denominada aplicação da técnica da distinção (ou diferenciação) por redução teleológica, quando se estabelece uma exceção na hipótese de incidência de um determinado precedente, para o fito de se diminuir o universo de situações compreendidas no seu âmbito normativo originário, se conecta mais coerentemente, portanto, ao instituto do sobrepujamento (*overruling*), ora porque almeja retificar a injustiça do precedente pela sua condenável generalidade,[30] ora porque afeta o princípio constitucional da igualdade de tratamento.[31] O *distinguish*, pois, não afeta o postulado da igualdade, na medida em que se situa por ocasião de um fato novo não antevisto pelo precedente (ou não debatido nos seus fundamentos), embora o caso guarde relação de pertinência com o critério normativo

---

[29] Thomas da Rosa de Bustamante qualifica o *distinguish* como "um tipo de afastamento do precedente judicial no qual a regra da qual o tribunal se afasta permanece válida mas não é aplicada com fundamento em um discurso de aplicação em que, das duas, uma: (1) ou se estabelece uma exceção anteriormente não reconhecida – na hipótese de se concluir que o fato *sub judice* pode ser subsumido na moldura do precedente judicial citado; ou (2) se utiliza o argumento a contrario para fixar uma interpretação restritiva da ratio decidendi do precedente invocado na hipótese de se concluir que o fato sub judice não pode ser subsumido no precedente" (*Teoria do precedente judicial. A justificação e a aplicação de regras jurisprudenciais*. São Paulo: Noeses, 2012, p. 473). Como se disse, entendemos que o primeiro fundamento mais se aproxima de um *overruling*, até mesmo porque o autor, logo adiante, afirma que "no primeiro caso (redução teleológica) opera-se a exclusão de determinado universo de casos antes compreendidos no âmbito de incidência da norma apontada como paradigma" (*Idem, ibidem*); todavia, se o caso restava originariamente compreendido no âmbito material do precedente, como poderia ser depois considerada uma exceção não reconhecida? Talvez a resposta seja porque somente depois o caso passou a ser reconhecido como uma exceção (antes não o era, depois passou a ser, numa notória reconfiguração interpretativa): ora, isto outra coisa não é do que a mudança no próprio critério de julgamento (ou de sua extensão, seja ela quantitativa ou qualitativa), mais afim, portanto, ao instituto do sobrepujamento do precedente (*overruling*), mesmo na modalidade parcial (a retirar uma hipótese de incidência antes contida no precedente originário). Veja que nesta situação confrontamo-nos com o problema da modulação dos efeitos, porquanto resta atacado o princípio da isonomia, na medida em que no passado vários casos supervenientemente tidos como excepcionais (agora isentos da incidência do julgado) sofreram a aplicação do precedente. Uma outra hipótese é aquela concernente à exceção não prevista no próprio precedente, isto é, quando um fato novo nele aparentemente enquadrado em vista do critério normativo ali veiculado resulta diferenciado: esta situação – talvez não propriamente chamada de exceção (porque exceções tidas como tais necessariamente comungam da simultaneidade em vista do estabelecimento da regra geral, ou seja, elas jamais surgem supervenientemente e à revelia das razões fundamentadoras da regra estabelecida com a qual se confrontam) – é perfeitamente correspondente à causa geral da técnica da distinção (*distinguishing*), vale dizer, ao segundo fundamento acima expresso, este sim adequado à técnica aqui em debate.

[30] BUSTAMANTE, Thomas da Rosa de. *Teoria do precedente judicial. A justificação e a aplicação de regras jurisprudenciais*. São Paulo: Noeses, 2012, p. 474.

[31] *Idem*, p. 486.

ali previsto, ou na hipótese de um caso que, apesar de sua aparência enquanto objeto de subsunção, realmente não se enquadra na hipótese fática do julgamento referencial.[32]

A nossa divergência com autores como Adriano Soares da Costa reside em capital aspecto: ela aponta para a sua conotação essencialmente subjetiva ou tendente ao arbítrio (ou ao ceticismo interpretativo, como o próprio Soares prefere denominar em certas partes do livro aqui citado) de trabalhos doutrinários especializados em hermenêutica jurídica (como é o caso de Humberto Ávila no seu livro *Teoria dos Princípios*) nem um pouco conducentes à alegada "conexão axiológica" derivada de "sentimentos subjetivos do próprio intérprete".[33] Adriano Soares se mostra arbitrário ao estabelecer uma fronteira de legitimidade entre o seu pensamento e o de Ávila: a injustiça não resulta flagrada no cotejo de suas linhas, cujas lições efetivamente acalentam oposição discursiva de um malgrado relativismo hermenêutico, mas na grosseira (e errônea) suposição (nem sequer se trata de uma construção argumentada) de que o constitucionalista do Rio Grande do Sul inflaciona o conceito de interpretação como produto da subjetividade de quem aplica o direito, eximindo o intérprete de pôr à prova tal experiência hermenêutica mediante "controle objetivo ou mesmo intersubjetivo".[34]

Jamais Humberto Ávila corroborou – nem mesmo é verossímil entrever tais assertivas de suas teses (tal ilação é "sem noção": paradoxal, a leitura neste caso de Soares é rigorosamente o produto intocado da interpretação isolada de um indivíduo) – com afirmativas do tipo "os sentidos são construídos pelo intérprete através de suas conexões axiológicas pessoais",[35] para efeito de "tentar justificar as decisões judiciais, qualquer que seja a interpretação proposta a um texto legal".[36] Até mesmo em trabalhos posteriores ao livro "Teoria dos Princípios" procurou Ávila

---

[32] O pensamento de Francisco Rosito aponta para o mesmo caminho, ao conceituar a diferenciação como "técnica utilizada (...) para demonstrar que os fatos do caso concreto sob julgamento são diferentes dos fatos que geraram o precedente, razão pela qual este não deve ser aplicado àquele", com a importante ressalva metodológica no sentido de que, no *distinguishing*, "a norma jurídica do precedente não é tida como incorreta", pela inocorrência do mesmo "substrato fático" (*Teoria dos precedentes judiciais: racionalidade da tutela jurisdicional*. Curitiba: Juruá, 2012, p. 300). Mais adiante, o autor utiliza uma comparação interessante para efeito de, ao nosso juízo, discernir a não aplicação (pela inadequação material ou falta de pertinência substancial entre o caso sucessivo em debate e os motivos determinantes do precedente) da recusa de aplicação (quando se procura superar o precedente ao ir de encontro ao seu conteúdo de justiça): "o *distinguishing* equivaleria à clássica regra de interpretação de que a *lex specialis* não revoga ou afasta a incidência da regra geral" (*Idem*, p. 301).

[33] *Teoria da Incidência da Norma Jurídica. Crítica ao realismo lingüístico de Paulo de Barros Carvalho*. São Paulo: Malheiros, 2009, p. 17.

[34] *Teoria da Incidência da Norma Jurídica. Crítica ao realismo lingüístico de Paulo de Barros Carvalho*. São Paulo: Malheiros, 2009, p. 18.

[35] *Idem, ibidem*.

[36] Idem, p. 19.

robustecer o seu conceito não relativista de interpretação.[37] O fato de o texto legal comportar um significado provisório ou *prima facie* à espera de significados a serem reconstruídos no ato de aplicação a casos concretos (premissa aceita pelo próprio Soares e por tantos autores a quem ele recorre para subsidiar um fictício contraponto ao pensamento de Ávila) em momento algum abona (ao contrário, abomina) a impossibilidade de encontrarmos respostas corretas (quanto mais as erradas!), isto é, o relativismo, o ceticismo ou a liberalidade hermenêutica na aplicação do direito.

Não se controverte ser a significação "uma construção intersubjetivamente vivenciada e controlada";[38] a possibilidade de construirmos sentidos supervenientes ao conteúdo expresso no texto legal (muitos tidos como *contra legem*) – com o qual inevitavelmente temos de lidar na sua "istidade" sob pena de sequer ser compartilhado na sua compreensão comunicacional – não implica o arbítrio (salvo se considerarmos legítima apenas aquela decisão deduzida da malha vocabular dos preceitos normativos). Alguém que defende a possibilidade de interpretações conforme à Constituição através do impacto das decisões manipulativas, as quais suplantam via argumentativa o código lexical das normas jurídicas diante da excepcionalidade fundamentada de casos concretos especiais, jamais pretende se livrar da chamada "coisidade do texto"; afinal de contas, ele (o texto) precisa ser compreendido na sua significação compreensiva e efetivamente é ele o responsável por chancelar o critério do seu próprio sobrepujamento interpretativo no caso concreto, como aliás nos adverte Ávila. Mas o pressuposto maior nos é dado por Castanheira Neves, ao assimilar para a interpretação jurídica uma vocação voltada para o problema normativo (justo decidir), à sombra do qual se coloca o problema hermenêutico (de compreensão do significado da norma jurídica).

> Pois, seja embora possível uma prévia determinação do sentido normativo da norma (sobretudo em função do problema jurídico que lhe vai pressuposto) e compreendendo normativamente a solução que lhe é prescrita, imediatamente com fundamento teleológico na sua particular *ratio legis*, mas mediata e decisivamente com fundamento axiológico-sistemático na *ratio iuris*, o certo é que esse sentido tem apenas um valor hipotético e irá ser submetido como que a uma experimentação problemático-decisória em referência à relevância jurídica material do caso concreto. E para se concluir ou por uma possível assi-

---

[37] Por exemplo, ao falar sobre a segurança de aplicação das normas jurídicas, oportunidade em que demanda, para além da segurança das normas – nos termos de sua acessibilidade e inteligibilidade enquanto conteúdo manifestado gramaticalmente – a existência de critérios objetivos e uniformes para uma adequada justificação e fundamentação das respectivas interpretações (*Segurança Jurídica. Entre permanência, mudança e realização no Direito Tributário*. São Paulo: Malheiros, 2011, p. 142): nada disso combina com uma validação subjetiva de caráter pessoal, como sugere Soares da Costa.

[38] *Teoria da Incidência da Norma Jurídica. Crítica ao realismo lingüístico de Paulo de Barros Carvalho*. São Paulo: Malheiros, 2009, p. 36.

milação dessa relevância por aquele sentido hipotético (...), ou por uma possível analogia teleológica-normativa entre a solução oferecida por esse sentido e a solução exigida pelo problema concreto, ou afinal por uma inadequação normativo-jurídica entre ambas – o que, recusando então a norma como critério jurídico para a decisão concreta, exigirá uma autónoma constituição da solução jurídica.[39]

Não se consegue, portanto, vislumbrar a inflacionada arbitrariedade contida em Ávila sem contaminar, tomados os mesmos pressupostos, a própria doutrina de Adriano Soares da Costa, ao ratificar frases como "a interpretação/aplicação de um texto ocorre sempre na intimidade dos paradigmas predispostos pelo diálogo no qual estamos sempre já inseridos na comunidade do discurso da qual participamos";[40] "não se pode compreender com ingenuidade a afirmação que fizemos anteriormente segundo a qual o sentido se contém no texto";[41] "é certo que a significação se contem no texto, mas não apenas nele, justamente porque há texto e há contexto, com sua historicidade, valores e fins que se matizam na fusão de horizontes";[42] "quando advertimos que os textos trazem sentidos embutidos, quisemos significar não propriamente que dentro do suporte físico do texto haja um espírito ou significação cativo, mas sim que a vivência da comunidade do discurso cria sentidos que impregnam os significados";[43] "a norma jurídica é a significação construída dialogicamente pela comunidade do discurso a partir do texto positivo".[44] Uma singela apreciação literal das assertivas há pouco referidas autorizam-nos a concluir pelo consenso entre as duas concepções interpretativas, ambas a conduzir para um processo hermenêutico de construção argumentativa de significados (o que não implica dizer, colocando Dworkin na sala, que ambos concordarão pelas mesmas respostas concretas a problemas práticos de controvérsia significativa).

Georges Abboud, por exemplo, apesar de homenagear o direito jurisprudencial em vários trechos de sua obra, por exemplo, quando se

---

[39] CASTANHEIRA NEVES, António. Entre o "legislador", a "sociedade" e o "juiz" ou entre "sistema", "função" e "problema" – os modelos actualmente alternativos da realização jurisdicional do direito. In Digesta. Escritos acerca do Direito, do Pensamento Jurídico, da sua Metodologia e Outros. Volume 3. Coimbra: Coimbra Editora, 2008, p. 194-195. Daí se explica a resistência de Castanheira Neves para com a demarcação apriorística entre casos fáceis e difíceis, porquanto, segundo ele, somente existiriam casos jurídicos. "Em todos casos jurídicos concorrem o mesmo tipo de fundamentos e de argumentos normativos próprios do juízo jurídico e exigem-no, já que só pela sua específica problematicidade concreta, pela mediação do seu sempre novum normativo-problemático, poderão ser judicativamente decididos" (Pensar o Direito num Tempo de Perplexidade. In Líber Amicorum de José de Sousa Brito em Comemoração do 70º Aniversário. Coimbra: Almedina, 2009, p. 24-25).

[40] Teoria da Incidência da Norma Jurídica. Crítica ao realismo lingüístico de Paulo de Barros Carvalho. São Paulo: Malheiros, 2009, p. 37.

[41] Idem, ibidem, p. 37.

[42] Idem, p. 38.

[43] Idem, ibidem, p. 38.

[44] Idem, p. 186.

solidariza com a lição segundo a qual "a norma surge da problematização do caso concreto",[45] isto para criticar os limites clássicos textuais apontados para a interpretação conforme, escorrega na tentativa de abordar a faticidade dos problemas surgidos no Brasil diante do cenário das decisões interpretativas, isto quando não é tentado a contraditoriamente soerguer modelos explicativos abstratos para discernir as complexas incidências de caráter hermenêutico a partir do texto legal e coloridas pelo marco da Constituição. Por exemplo, ele afirma que a súmula vinculante número 10, pela jurisprudência uníssona do STF, celebra "a desnecessidade de aplicação da reserva de plenário (art. 97 da CF/1988) quando ocorrer a simples interpretação conforme à Constituição".[46] Prossegue ele, numa tautológica tentativa de elucidação, ao afirmar que a "simples interpretação conforme (...) não pode ser manejada para afastar a incidência de determinada lei, mas apenas para lhe conferir a interpretação mais adequada à Constituição Federal, mas não para afastar sua incidência".[47]

Mas afinal, o limite da interpretação conforme é a lei na sua incidência (o que rima com a sua textualidade ou genealogia volitiva remissiva ao legislador), conforme quer Nelson Nery Jr. (um de seus orientadores do trabalho em questão) ou a problemática do caso concreto para além dos rastros gramaticais (como entrevê Castanheira Neves, a quem igualmente este autor alude, numa tentativa de concerto entre doutrinas díspares)? Não esqueçamos, ainda, que Lenio Luiz Streck,[48] de quem Abboud retira basilares fundamentos para sua tese, afirma – ao nosso ver com razão – rigorosamente o oposto: que a interpretação conforme é uma das possibilidades, dentre outras, de se afastar a incidência da lei ou de recusar a sua aplicação, legitimamente.[49] Sem esquecer que a aplicação dos princípios constitucionais, para Streck, incorre em outra possibilidade de a norma jurídica poder ter a sua literalidade

---

[45] ABBOUD, Georges. *Jurisdição constitucional e direitos fundamentais*. São Paulo: Revista dos Tribunais, 2011, p. 191.

[46] *Idem*, p. 203.

[47] *Idem*, p. 203-204.

[48] Lenio Streck, por exemplo, aceita a tese de que a aplicação principiológica justifica a não aplicação da regra a determinado caso (*Verdade e Consenso*. São Paulo: Saraiva, 2011, p. 557, embora tenha deixado de nominar esta hipótese no rol das demais modalidades que justificam a recusa de aplicar a lei ao caso concreto, à página 606, tal qual o fez no artigo *Aplicar a letra da lei é uma atitude positivista?*, Revista NEJ, Eletrônica, Vol. 15, n. 1, jan-abr 2010, p. 171-172, disponível em <www.univali.br>.

[49] O próprio autor se encarrega de registrar ditas hipóteses, fato que não abranda a contradição aqui verificada (*Jurisdição constitucional e direitos fundamentais*. São Paulo: Revista dos Tribunais, 2011, p. 315, p. 454, ao citar a nominata incompleta de Streck, pois congraça cinco possibilidades dentre seis, e em *Introdução à teoria e à filosofia do direito*, obra coletiva com OLIVEIRA, Rafael Tomaz de e CARNIO, Henrique Garbellini. São Paulo: Revista dos Tribunais, 2013, p. 398, quando aqui se completa o acervo com a inclusão da hipótese em que a regra contraria os princípios constitucionais, listagem igualmente verificada em STRECK, Lenio e ABBOUD, Georges. *O que é isto – o precedente judicial e as súmulas vinculantes?* Porto Alegre: Livraria do Advogado, 2012, p. 43).

recusada.[50] Para Abboud, a interpretação conforme utilizada para afastar a lei do caso concreto, mesmo em razão de outros princípios constitucionais, enseja a aplicação da cláusula de reserva de plenário.[51] Em outras palavras, ele abona a ideologia da súmula vinculante n. 10 em direção a uma "simples" (seja lá o que isso signifique) interpretação conforme, que não recuse a aplicação de lei, porquanto isso ensejaria uma decisão de inconstitucionalidade passível de sujeição do disposto no artigo 97 da Constituição brasileira.[52]

A dubiedade se intensifica na medida da apresentação de outro expediente, a nulidade sem redução de texto: nesse caso, o autor mesmo ao novamente sugerir um prenúncio de direito jurisprudencial ("a norma não deve mais ser confundida com o texto legal"),[53] incorre numa contradição aos termos antes propostos, pois consente, inclusive para a interpretação conforme, uma declaração de inconstitucionalidade não inescapavelmente do texto legal, porém sobre suas variantes interpretativas. A não ser que o autor subscreva a tese segundo a qual a interpretação conforme somente exime a reserva de plenário na hipótese de salvaguarda constitucional de um dos sentidos ressonantes do texto normativo em sua expressão semântica (o que apenas deslocaria a carga de contradição interna para uma contradição performativa, pois o autor erige metodológica e epistemologicamente o seu raciocínio com forte em cânones fortes da hermenêutica filosófica, veja Gadamer e Figal por exemplo, e jurídica, por todos a referência a Castanheira Neves), ele se desmente logo em seguida. A incoerência reside em aceitar a dispensa do incidente de inconstitucionalidade (aplicação da cláusula de reserva de plenário) nos casos de sentenças interpretativas que corrigem normas sem alteração do texto legal,[54] mais especificamente na interpretação conforme, quando antes afirmara que a súmula vinculante n. 10, dela não discordando, reivindica o teor do artigo 97 para qualquer supedâneo de decretação de inconstitucionalidade, isto é, para qualquer interpretação

---

[50] Conquanto para Streck princípios constitucionais sejam aqueles nominalmente congraçados pela Constituição da República, ou ainda, sejam aqueles considerados por ele, em detrimento de tantos outros princípios cuja atuação resulta criticada em virtude de uma alegada arbitrariedade. Ao nosso ver, o debate sobre quais princípios resultam legítimos ou meros receptáculos superficiais de retórica, como não poderia deixar de ser, recai na fundamentação da juridicidade dos correspondentes argumentos a partir dos quais uma pretensa interpretação intenta prevalecer. Não esqueçamos, destarte, que o ordenamento constitucional brasileiro abraça importante catálogo aberto de direitos fundamentais (e, pois, de normas protetivas desses direitos, conforme artigo 5º, parágrafo primeiro), previsão que solapa a tentativa de se enclausurar finita a extensão do acervo principiológico constitucional.

[51] ABBOUD, Georges. *Jurisdição constitucional e direitos fundamentais*. São Paulo: Revista dos Tribunais, 2011, p. 206.

[52] *Idem*, p. 207.

[53] *Idem*, p. 207, *in fine*.

[54] *Idem*, p. 208.

conforme "rebelde" ou cujo adjetivo não caiba no parâmetro por ele denominado "simples".

Para tentar corrigir (ou aperfeiçoar, sistematizando, a sua ótica), Abboud constrói frases de difícil compreensão e concatenação recíprocas: primeiramente, ao abordar a nulidade sem redução de texto, afirma que "não deve ser suscitado o incidente de inconstitucionalidade, desde que a declaração de inconstitucionalidade de um dos sentidos da lei não implique na declaração de inconstitucionalidade de uma das hipóteses de incidência prevista no próprio texto da lei e conseqüentemente, a desaplicação da lei ao caso concreto".[55] Depois, ao dizer: "a reserva de plenário não poderá ser dispensada se a argüição de nulidade, ao declarar inconstitucional um dos sentidos da lei, culminar na não aplicação da lei ao caso concreto, quando a própria lei previa sua aplicação ao caso".[56] A pergunta teórica consiste no seguinte: quando a inconstitucionalidade de um dos sentidos da lei (interpretativa) deixa de culminar na recusa de aplicação da lei ao caso concreto? Nossa resposta, jamais! Se o filtro interpretativo repudia um dos seus sentidos, é porque, em se tratando de um significado virtual da própria lei, em alguma medida a lei será desaplicada! O próprio Abboud corrobora tal afirmativa, pois atesta não poder ser dispensada a reserva de plenário "sempre que houver desaplicação da lei nas hipóteses fáticas em que ela deveria incidir (porque o próprio texto legal assim determina)".[57] Em suma, a interpretação (norma) que não se coaduna ao texto legal, ou o descumprimento da incidência diante de uma hipótese fática prevista na lei (seja por supressão, ao deixar de aplicar a uma situação literalmente prevista, ou por acréscimo, ao incidir o critério normativo por analogia a uma situação gramaticalmente não prevista), segundo o autor, importam em juízo de inconstitucionalidade suscetível do incidente previsto no artigo 97. Ainda, ao imaginar uma problemática hipótese geral variante, surge um outro impasse à doutrina proposta: se uma lei apresenta artigos cujas hipóteses de incidência são construídas pela jurisprudência (para diferenciar de outra lei cujas hipóteses são textualmente previstas e cuja recusa de aplicação enseja indomável inconstitucionalidade a ser filtrada pelo incidente), por que se falar em "interpretação literal"[58] da mesma lei de maneira a visualizar tais hipóteses de aplicação se elas resultam em produto interpretativo? A interpretação, se tributária do teor literal, conecta-se indissociavelmente a uma hipótese de incidência entrevista pelo legislador, mesmo de modo implícito, a ocasionar, na lógica de Abboud, uma vez desatendida

---

[55] ABBOUD, Georges. Op. cit., p. 207.
[56] Idem, p. 208.
[57] Idem, p. 212.
[58] Idem, ibidem.

esta hipótese, obrigatória incidência da regra de reserva de plenário. Não funciona, destarte, esta ambivalência absoluta entre tudo ou nada correspondente à existência (ou não) de hipóteses textuais de aplicação previstas no dispositivo legal, para as quais, respectivamente, aplica-se o texto tal qual (cuja interpretação a transcender as fronteiras da gramática normativa pressupõe prévio juízo de inconstitucionalidade da lei e, pois, incidência da reserva de plenário) ou, em nada havendo, transmuda-se o programa normativo para produto da interpretação dos tribunais.[59]

É impossível cindir interpretação do texto da lei e aplicação (concreta) de seu conteúdo. Por isso é que sugerimos o distanciamento da decretação abstrata de inconstitucionalidade de todas as demais repercussões – por nós consideradas interpretativas e para as quais a cláusula de reserva de plenário se desonera pelo prisma (equivocado) de ter havido ali controle estrito de constitucionalidade e se obriga sob o viés da uniformidade decisória emanada dos tribunais superiores. Em outras palavras: é necessário pensar a cláusula de reserva de plenário como um mecanismo a endossar o regime dos precedentes obrigatórios, cuja vigência perdura hermeneuticamente, acomodando espaços de distinção e desenvolvimento autônomo do próprio direito. Cogitar um quadro teórico para as decisões interpretativas é contraproducente e prejudicial à hermenêutica jurídica, salvo por uma necessidade pedagógica de catalogação propedêutica infensa a reducionismos e generalizações.

A interpretação jurídica como um problema antes normativo (justa decisão) do que hermenêutico (adequada compreensão dos termos legais) consolida uma marca inequívoca do jurisprudencialismo de Castanheira Neves, ao inaugurar um cenário transitivo (e aberto ou encerrado *prima facie*) em nome da responsabilidade de quem interpreta o direito (e não apenas de quem o decide por último) a depender das próprias razões e argumentos capazes de sufragar diferentes sentidos para um mesmo texto de lei e, pari passu, ultimar respostas adequadas sincrônicas ao seu tempo histórico. Não por outro motivo é fácil visualizar contradições ou incompletudes nos discursos daqueles que intentam amarrar o jurídico a premissas demasiado sólidas. Se é procedente, por exemplo, o juízo de alta insegurança jurídica diante do fenômeno da recusa de aplicação de regras em nome de princípios mais importantes, isto em qualquer caso e para qualquer situação, não se pode descurar da hipótese problemática em que a aplicação da regra por subsunção acarreta conseqüências incompatíveis com algum princípio constitucional decisivo para o caso concreto.[60] A premissa metodológica da precaução

---

[59] ABBOUD, Georges. Op. cit., p. 213.
[60] A ressalva da insegurança jurídica para a tese da recusa de vigência de lei e o concomitante reconhecimento de situações limítrofes problemáticas dignas de consideração não constituem outra coisa senão uma incoerência, cuja solução não se obtém com a criação de compartimentos teóricos,

em nome da segurança jurídica não opõe a possibilidade de alcance de exceções fundamentadas: trata-se da exceção cuja juridicidade argumentativa constitucional somente viria a confirmar a fortaleza da premissa geral.

Ponderar regras, ou apenas princípios, não nos parece um dissídio fundamental capaz de fornecer o critério por excelência no bojo da interpretação jurídica. Veja a solução dada por Virgílio Afonso da Silva,[61] por exemplo, para criticar a proposta de Humberto Ávila:[62] nem ela consegue reduzir a problemática decidenda[63] a um juízo de consenso sobre a capacidade de serem ponderadas tanto as regras quanto os princípios. No específico, ao albergar, em princípio, a tese de Robert Alexy, para quem as regras não seriam sopesáveis, senão o princípio no qual a regra, em conflito com outro princípio, se baseia, o que se chamaria de ponderação da regra (na concepção de Ávila), para efeito de alcançar uma consequência não antevista na literalidade do correspondente dispositivo – embora compatível com a Constituição em algum de seus princípios fundamentais –, seria uma criação ou desdobramento de um novo critério (ou nova regra) que institui exceção ao comando genérico previsto pelo legislador. Ou seja, para Afonso da Silva, as regras permaneceriam entrincheiradas na qualidade de serem subsumidas ou não e jamais ponderadas! Tanto é assim que ele chama esta excepcionalidade – a criação de uma nova regra que institui exceção à regra geral concessiva ou proibitiva – de uma forma de interpretação (e não de aplicação)[64] decorrente da ponderação en-

---

para efeito de escapar dos conflitos entre regras e princípios, com os quais a figura da ponderação (sopesamento) é absolutamente compatível (como ignora, no tocante à colisão entre regras e princípios, SILVA, Virgílio Afonso da. *Direitos fundamentais: conteúdo essencial, restrições e eficácia*. São Paulo: Malheiros, 2010, p. 51-56).

[61] *Direitos Fundamentais: conteúdo essencial, restrições e eficácia*. São Paulo: Malheiros, 2010, p. 56-64.

[62] *Teoria dos Princípios*. São Paulo: Malheiros, 2011. Nem esta proposta consegue ser absolutamente pacífica, até mesmo porque o autor, na 12ª edição da obra, alerta para o fato de que nem mesmo os princípios possuem uma inerente ponderabilidade (quanto menos as regras).

[63] Problemática essa tão só fartamente refletida, ao nosso ver, por Castanheira Neves, pela circunstância elementar de o filósofo conimbricense ter investido no caso concreto como especulação ontológico-dialética para a investidura de um sistema jurisprudencial (em especial, *O Actual Problema Metodológico da Interpretação Jurídica*. Coimbra: Coimbra Editora, 2003).

[64] "(...) o sopesamento, aqui, não é uma forma de aplicação, mas uma forma de interpretação. O sopesamento tem como finalidade definir se o fato se enquadra na norma. Em caso afirmativo, a regra deve ser aplicada; em caso negativo, não. Como se vê, a estrutura da regra permanece intacta" (*Direitos Fundamentais: conteúdo essencial, restrições e eficácia*. São Paulo: Malheiros, 2010, p. 59). Ora, mas esta distinção entre interpretar e aplicar não sonega a origem aplicativa da exceção da regra: regras que foram criadas para excepcionar o comando normativo genérico nasceram da aplicação jurisprudencial, como por exemplo, "é permitido o levantamento dos valores da conta do FGTS para o tratamento de saúde de dependentes do titular nos casos em que esses sejam portadores do HIV" (a Lei 7.670/88 somente autorizava o levantamento em benefício do titular da conta, se este fosse portador da doença): o próprio Virgílio acusa isto, ao dizer que "a partir de determinado momento os juízes passaram a se deparar com pedidos de levantamento dos valores para o pagamento de tratamento de seus dependentes" (*Idem*, p. 55). Assim sendo, para manter a tese de que as regras se mantêm incólumes na sua estrutura de aplicação "tudo-ou-nada", insuscetíveis, portanto, de ponderação, o

tre o princípio da regra e o princípio sacrificado no caso concreto: "uma vez consolidado o entendimento em determinado sentido, cria-se uma regra que institui exceção à regra (...)".[65] Eventual caso de modificação interpretativa do teor literal das normas jurídicas (regras), a tal ponto de poder ser classificada como uma decisão contrária à lei (*contra legem*), não seria fruto de uma ponderação da regra propriamente dita, senão de uma operação prévia interpretativa, na qual sopesam-se razões para verificar se o fato se enquadra ou não na norma jurídica.[66]

As coordenadas da jurisprudência a servirem como parâmetro interpretativo da hermenêutica jurídica devem ser consideradas como o exemplar prático da conversão filosófica operada da "interpretação da verdade" para a "verdade da interpretação". Nietzsche proferira a frase da solidão interpretativa, quando fatos inexistiriam por si sós, apenas as interpretações projetadas para o indivíduo que postula a compreensão do mundo ao seu redor. O direito brasileiro – mediante o módulo da nova hermenêutica jurídica – recepcionou esse veredicto em termos práticos no final dos anos 1990 sob o pálio da diferença ontológica (significativa) entre texto normativo e norma da interpretação.

---

autor cria uma ficção de cindibilidade entre interpretar e aplicar: não é porque o sopesamento ou ponderação não se repete a cada decisão que se pode ignorar ter sido a regra, no que podemos denominar de julgamento paradigma (aquele originário ou instituidor da regra-exceção), ponderada (ou interpretada por outros meios que não a subsunção) pela vez primeira por decorrência de uma genuína *applicatio*. Logicamente, os julgamentos posteriores serão mais simples (ou menos complexos), ante a repetição do que restou problematizado na origem (típico caso em que um caso difícil se torna fácil: mas nem por isso a aplicação pioneira posteriormente se torna interpretação, seja porque o precedente merece ser confirmado por convicção fundamentada, seja porque ele pode ser ultrapassado ou mesmo distinguido do sucessor).

[65] *Direitos Fundamentais: conteúdo essencial, restrições e eficácia*. São Paulo: Malheiros, 2010, p. 55.

[66] O exemplo escolhido é o HC 73.662, no qual o STF relativizou a regra do artigo 224 do Código Penal, hoje revogado, que afirmava existir presumida violência nos crimes contra os costumes quando a vítima tem idade inferior a 14 anos. Ora, o requisito normativo estava presente no caso concreto – a vítima era menor de 14 anos – e, ainda assim, entendeu-se por não configurado o tipo penal, por circunstâncias não relevadas pela norma legal (aquiescência da ofendida e aparência física e mental de pessoa mais velha). Afonso da Silva, na tentativa de criticar a posição de Ávila (sobre a ponderação que teria sofrido esta regra), intenta despistar ou tergiversar sobre o problema hermenêutico em jogo; diz ele, "se o tipo penal não se configurou, a regra nem poderia ser aplicada. Se o tipo penal se tivesse configurado, sem dúvida teria sido ela aplicada, por subsunção (*Direitos Fundamentais: conteúdo essencial, restrições e eficácia*. São Paulo: Malheiros, 2010, p. 59). Ora, a recusa de aplicação da figura da presunção de violência (regra do 224 do Código Penal) no caso em que a vítima contava com menos de 14 anos ostenta necessariamente a qualidade de uma aplicação da qual se pode predicar tudo, menos a qualidade de subsuntiva: não é que se tenha deixado de configurar o seu suporte fático, porque ele de fato aconteceu, senão que houve argumentos para a recusa de aplicação desse dispositivo no caso concreto, nada obstante a sua plena aplicabilidade na típica descrição dos seus componentes de fato e de direito (não é gratuito que o próprio autor não descarta incorrer esta interpretação numa modalidade *contra legem, idem*, p. 58). Nas palavras de Ávila: "a decisão a respeito da incidência das regras depende da avaliação das razões que sustentam e daquelas que afastam a inclusão do conceito do fato no conceito previsto na regra. Se, ao final, pode-se afirmar que a decisão é de mera subsunção de conceitos, não se pode negar que o processo mediante o qual esses conceitos foram preparados para o encaixe final é da ordem da ponderação de razões" (*Teoria dos Princípios*. São Paulo: Malheiros, 2010, p. 55).

Ocorre que a distância entre o enunciado lingüístico proveniente do ato normativo (texto) e o produto da interpretação das palavras contidas na lei (norma), enquanto afirmada como pressuposto hermenêutico dos novos cânones de interpretação, demonstra-se insuficiente para prover uma reviravolta completa com a legítima feição de uma mudança paradigmática afim ao panorama jurídico. Ou seja, o grito de independência das novas escolas da interpretação jurídica apenas se aperfeiçoa, de modo a completar-se o círculo da interpretação, compreensão e aplicação, uma década depois, no fim da primeira década dos anos 2000, com a escolta da responsabilidade promovida pela bibliografia (esclarecida) dos precedentes obrigatórios. Dizer que a norma não equivale ao texto ou, ainda, que o caso concreto problemático consiste no genuíno caudatário da interpretação do direito, nada mais disseminaria, portanto, senão o eco multiplicador de milhares de interpretações (diferentes) reivindicadoras de uma autonomia empírica cuja procedência estatística (de fato) nem sempre mereceria proporcional guarida hermenêutica de juridicidade – sendo esta promovedora de um juízo passível de esclarecimento e crítica pela razão prática intersubjetiva.

O insulamento do caso concreto, então, é o representante do abismo do texto para com a norma, ou desta para com outras normas (de interpretação) que aplicam os mesmos dispositivos legais ou se confrontam com semelhante espectro problemático oriundo do mundo da vida. Nesses termos, pode-se dizer que é apenas com o complemento das coordenadas de jurisprudência que a hermenêutica jurídica efetivamente se emancipa do veredicto de Friedrich Nietzsche, adentrando na reviravolta paradigmática de Martin Heidegger e Hans-Georg Gadamer a culminar com a abrangência da universalidade hermenêutica. A quadratura do círculo como esforço filosófico para o fito de acomodar a unidade na multiplicidade e a multiplicidade na unidade, saliente-se, não adveio de Nietzsche, o qual estilhaçou a razão com tamanha impetuosidade a ponto de simplesmente inverter a ampulheta metafísica do confinamento para o destino do ser numa solidão niilista do porvir histórico. Substituir os fatos pelas interpretações é como inverter os termos de uma frase metafísica: e a mera inversão remanesce na metafísica como a agrura do pensamento que procura alcançar o fundamento último e decisivo do mundo.

Referências bibliográficas

ABBOUD, Georges. *Jurisdição constitucional e direitos fundamentais*. São Paulo: Revista dos Tribunais, 2011.

ALBUQUERQUE JÚNIOR, Raimundo Parente de. Juridicidade contra legem no processo administrativo. Limites e possibilidades à luz dos postulados da razoabilidade e da proporcionalidade. Porto Alegre: Livraria do Advogado, 2010.

AMARAL JÚNIOR, José Levi Mello do. *Comentários ao artigo 97*. In *Comentários à Constituição Federal de 1988*. Rio de Janeiro: Forense, 2009.

ÁVILA, Humberto. *Teoria dos Princípios*. São Paulo: Malheiros, 2011.

BLANCO DE MORAIS, Carlos. Insuficiências dos efeitos inter partes das decisões de inconstitucionalidade em controlo concreto na ordem jurídica portuguesa. *In Perspectivas de Reforma da Justiça Constitucional em Portugal e no Brasil*. São Paulo: Almedina, 2012.

BRUST, Leo. *A interpretação conforme a Constituição e as sentenças manipulativas*. Revista Direito GV 5 (2), São Paulo, julho-dezembro 2009.

BUSTAMANTE, Thomas da Rosa de. Teoria do precedente judicial. A justificação e a aplicação de regras jurisprudenciais. São Paulo: Noeses, 2012.

CARNELUTTI, Francesco. Poteri della Corte costituzionale in tema di interpretazione della legge impugnata, Riv. dir. proc., 1962.

COSTA, Adriano Soares da. Teoria da Incidência da Norma Jurídica. Crítica ao realismo lingüístico de Paulo de Barros Carvalho. São Paulo: Malheiros, 2009.

MARINONI, Luiz Guilherme. *Precedentes obrigatórios*. São Paulo: Revista dos Tribunais, 2010.

MARTÍN DE LA VEGA, Augusto. *La sentencia constitucional em Italia*. Madrid: Centro de Estudios Políticos y Constitucionales, 2003.

MARTINS, João Zenha. Neoconstitucionalismo e interpretação conforme. *In Teoria da Argumentação e Neo-Constitucionalismo*. Coimbra: Almedina, 2011.

NEVES, António Castanheira. O problema da constitucionalidade dos assentos (Comentário ao Acórdão n. 810/93 do Tribunal Constitucional). Coimbra: Coimbra Editora, 1994.

——. *O Actual Problema Metodológico da Interpretação Jurídica*. Coimbra: Coimbra Editora, 2003.

——. Entre o "legislador", a "sociedade" e o "juiz" ou entre "sistema", "função" e "problema" – os modelos actualmente alternativos da realização jurisdicional do direito. *In Digesta. Escritos acerca do Direito, do Pensamento Jurídico, da sua Metodologia e Outros*. Volume 3. Coimbra: Coimbra Editora, 2008.

——. Pensar o Direito num Tempo de Perplexidade. *In Líber Amicorum de José de Sousa Brito em Comemoração do 70º Aniversário*. Coimbra: Almedina, 2009.

PIZZORUSSO, Alessandro. *Lecciones de Derecho Constitucional. Volumen II*. Traduzido por Javier Jimenez Campo. Madrid: Centro de Estudios Constitucionales, 1984.

POGLIESE, Marcelo Weick. Incidente de argüição de inconstitucionalidade em tribunal. Salvador, JUSPODIVM, 2008.

RAMIRES, Maurício. *Crítica à aplicação de precedentes no Direito Brasileiro*. Porto Alegre: Livraria do Advogado, 2010.

REIS, Mauricio Martins Reis. A legitimação do estado democrático de direito para além da decretação abstrata de constitucionalidade: o valor prospectivo da interpretação conforme à constituição como desdobramento concreto entre a lei e o direito. Passo Fundo: IMED Editora, 2012.

ROMBOLI, Roberto; MALFATTI, Elena; PANIZZA, Saulle. *Giustizia Costituzionale*. Torino: G. Giappichelli Editore, 2011.

ROSITO, Francisco. Teoria dos precedentes judiciais: racionalidade da tutela jurisdicional. Curitiba: Juruá, 2012.

SILVA, Virgílio Afonso da. Direitos fundamentais: conteúdo essencial, restrições e eficácia. São Paulo: Malheiros, 2010.

STRECK, Lenio Luiz. Aplicar a letra da lei é uma atitude positivista?, Revista NEJ, Eletrônica, Vol. 15, n. 1, jan-abr 2010.

——. *Jurisdição constitucional e decisão jurídica*. São Paulo: Revista dos Tribunais, 2013.

——; ABBOUD, Georges. *O que é isto – o precedente judicial e as súmulas vinculantes?* Porto Alegre: Livraria do Advogado, 2013.

TARUFFO, Michele. *Precedente e jurisprudência*. Traduzido por Arruda Alvim, Teresa Arruda Alvim Wambier e André Luis Monteiro. Revista de Processo, Ano 36, n. 199, setembro de 2011.

WROBLEWSKI, Jerzy. *Sentido y hecho en el derecho*. Traduzido por Juan Igartua Salaverria e Francisco Javier Ezquiaga Ganuzas. San Sebastián: Universidad del País Vasco, 1989.

ZAGREBELSKY, Gustavo. "Processo costituzionale". *In Enciclopedia de diritto*. Volume XXXVI. Milão, 1987.

— 10 —

Fertilizacion *in vitro* caso Costa Rica e Italia

MÓNICA HERNÁNDEZ MORERA[1]

Sumario: Introduccion; CAPÍTULO PRIMERO; Inferencias del porqué analizar el caso costarricense y el caso italiano respecto al tema de la fertilización *in vitro*; Análisis de los cuerpos normativos que le dan origen a las sentencias de la Corte Interamericana y el Tribunal Europeo; Italia con la Ley n° 40 del 19 de febrero de 2004; Costa Rica con el Decreto Ejecutivo n° 24029-S del 3 de febrero de 1995; CAPÍTULO SEGUNDO; Referencias del caso italiano; Derechos reproductivos; Los términos de "concepción, persona y en general" a que hace referencia la Convención Americana de Derechos Humanos; Discusión sobre la perdida de embriones; Importancia de la sentencia; CAPÍTULO TERCERO; Referencias del caso costarricense; Derechos reproductivos; Los términos de "concepción, persona y en general" del artículo 4.1 de la Convención Americana sobre Derechos Humanos; Discusión sobre la pérdida de embriones; Importancia de la sentencia; SITUACIÓN ACTUAL DE COSTA RICA.

Introduccion

En la presente investigación se llevará a cabo una exploración sobre los aspectos más importantes referidos a las sentencias de la Corte Interamericana de Derechos Humanos y el Tribunal Europeo de Derechos Humanos.

Lo anterior relacionado al tema de la Fertilización *in vitro*. Para ello se hará un desarrollo de la normativa interna que le dio origen a las sentencias de la Corte Interamericana de Derechos Humanos en el caso de Costa Rica y la del Tribunal Europeo de Derechos Humanos con relación a Italia. Así como, un análisis de cada sentencia emitida por las magistraturas internacionales, para llegar a un estudio comparado de las respectivas sentencias en vista de que cada país presenta sus propias características sobre un tema en común.

---

[1] Licenciada en Derecho (Universidad Fidélitas, Costa Rica) con especialización en Justicia Constitucional y Derechos Fundamentales (Universidad de Pisa, Italia).

Capitulo primero

Inferencias del porqué analizar el caso costarricense y el caso italiano respecto al tema de la fertilización in vitro

Es interesante analizar como la Corte Interamericana de Derechos Humanos (CIDH) abordó el tema de la fertilización in vitro (FIV), siendo un tema realmente importante ya que el fallo no es vinculante solo para Costa Rica sino para todos los países que reconocen la jurisprudencia de la CIDH en materia de derechos humanos. Recordar que Costa Rica se encontraba dentro de los países con legislación más restrictiva junto con Italia, Alemania, Austria y Suiza que priorizan la protección del embrión desde su inicio y los intereses del niño que está por nacer, de ahí nace la iniciativa de realizar un estudio comparado de las sentencias emitidas por las diferentes magistraturas una la Corte Interamericana y otro el Tribunal Europeo.

No obstante habiendo diferencias esenciales entre las legislaciones costarricense e italiana, ambas coinciden en el derecho a tener hijos; por ejemplo en la sentencia del TEDH ese derecho invocado por los demandantes de "tener un hijo sano" el Tribunal lo interpretó como el derecho de acceder a las técnicas de reproducción asistida y el diagnostico genético pre-implantacional de poder dar a luz un niño que no sufra de la enfermedad de la que los padres son portadores sanos, analizando también el concepto de vida privada[2] de forma amplia y el derecho al desarrollo personal así como el derecho al respeto de la decisión de ser o no ser madre; en este sentido la sentencia de la CIDH analizó[3] el concepto de libertad en un sentido extenso como la capacidad de hacer y no hacer todo lo que esté lícitamente permitido, lo que constituye el derecho de toda persona de organizar –de acuerdo con la ley– su vida individual y social conforme a sus propias opciones y convicciones. Asimismo, se resaltó el concepto de libertad y la posibilidad de toda persona de auto-determinarse y escoger libremente las opciones y circunstancias que le dan sentido a su existencia.

Hay que tener claro que la vida privada incluye la forma en que el individuo se ve a sí mismo y cómo decide proyectarse hacia los demás y es una condición indispensable para el libre desarrollo de la personalidad; además la Corte señaló que la maternidad forma parte esencial del libre desarrollo de la personalidad de las mujeres, es así que, la decisión de ser o no madre o padre es parte del derecho a la vida privada e incluye la decisión de ser madre o padre en el sentido genético o biológico, así mismo, en el caso italiano los recurrentes alegaban el derecho de tener un hijo sano, pero también el TEDH analizó el derecho de los recurrentes de tomar la decisión de ser padres genéticos, sin entrar nunca a analizar el tema del embrión.

---

[2] En relación con el artículo ocho de la Convención.
[3] Interpretación del artículo siete de la Convención Americana de Derechos Humanos

En relación con el derecho a la vida privada y libertad reproductiva –Costa Rica– y la vida privada y familiar –Itália– ambas concuerdan; ya que no guardan relación en el caso italiano del deseo de tener un niño sano no se ve afectado por ser portadores de una enfermedad genética ya que la reproducción asistida y el diagnóstico genético pre-implantacional forma parte de ese derecho. En el caso costarricense ese derecho guarda relación con el derecho de acceder a la tecnología médica necesaria para ejercer dicho derecho de ser madre o padre, pero también amplia la Corte que ese derecho a la vida privada se relaciona con la autonomía reproductiva y el acceso a los servicios de salud reproductiva la que comprende el derecho a acceder a la tecnología médica que necesiten para ejercer ese derecho, por lo que analizó que los derechos a la vida privada y a la integridad personal se hallan directa e inminentemente relacionados con la atención a la salud.

Por lo que, concluye la Corte en considerar que el caso particular acá analizado se trata de una combinación específica de diferentes aspectos de la vida privada, que tiene relación con el derecho a fundar una familia, el derecho a la integridad física y mental y puntalmente los derechos reproductivos de las personas.

En conclusión, luego de realizar el estudio de las sentencias emitidas por las pertinentes magistraturas internacionales vemos como hay más semejanzas que diferencias en relación con los derechos desarrollados de los demandantes, salvo que en el caso de Costa Rica, la CIDH analizó más allá que el derecho de los demandantes, ya que se adentró en investigar a fondo un tema controversial como es el estado jurídico del embrión y llegó a la conclusión de que *"el embrión no puede ser entendido como persona para efectos del artículo 4.1"* de la Convención que indica "Toda persona tiene derecho a que se respete su vida. Este derecho estará protegido por la ley y, en general, a partir del momento de la concepción. Nadie puede ser privado de la vida arbitrariamente" y añadió que el término *"concepción"* en el sentido de ese artículo *"tiene lugar desde el momento en que el embrión se implanta en el útero"* por lo que *"la protección del derecho a la vida con arreglo de esa disposición no es absoluta, sino es gradual e incremental según su desarrollo"*, en el caso del TEDH solamente analizó los derechos de los demandantes y ni por asomo trató el tema del embrión.

Análisis de los cuerpos normativos que le dan origen a las sentencias de la Corte Interamericana y el Tribunal Europeo

Basados en los parámetros de comparación entre las normativas que regulan las técnicas de reproducción mediante asistida encontramos que Italia posee una ley, que según la pirámide de Kelsen se ubica en el tercer lugar de preferencia y estando sobre ella solo los Tratados o Convenios Internacionales y la Constitución Política; mientras que en Costa

Rica, como veremos más adelante se regula mediante un Decreto que no es más que un acto administrativo, emanado por el Poder Ejecutivo que, generalmente posee un contenido normativo reglamentario por lo que su rango es jerárquicamente inferior a las leyes, ocupando de esta forma, el cuarto lugar en la pirámide de Kelsen.

Italia con la Ley n° 40 del 19 de febrero de 2004

En el caso Pavan v.s Italia (caso n° 54270/10), sentencia de 28 de agosto de 2012, la pareja demandante había tenido una hija con fibrosis quística y, habiéndose enterado de que eran portadores sanos de esta enfermedad, alegan que la ley italiana viola su derecho a la vida privada y familiar, porque ésta sólo admite el acceso a las técnicas de reproducción medicamente asistidas a parejas infértiles (y por decreto ministerial también en los casos en que el hombre es portador de VIH, hepatitis B y C) y prohíbe el diagnóstico genético pre-implantacional, de modo que la única vía para ellos de tener un hijo no afectado por la enfermedad es la interrupción médica del embarazo previo diagnóstico prenatal (la pareja ya había recurrido previamente a un aborto).

La Corte reconoce a la pareja demandante el derecho a que se respete su decisión de ser padres genéticos y poder acceder a la técnica del diagnostico genético pre-implantacional en virtud del numeral ocho de la Convención.

Argumenta además que el sistema legislativo italiano carece de coherencia ya que, por una parte, prohíbe la implantación limitada sólo a los embriones no afectados por enfermedad previo diagnostico genético pre-implantacional y, por otra parte, les permite abortar un feto afectado por la misma enfermedad, razón por la cual considera que la injerencia en el derecho de los demandantes al respeto de su vida privada y familiar ha sido desproporcionado.

La situación en la mayoría los países latinoamericanos es bastante particular porque en la práctica se llevan a cabo las distintas técnicas de reproducción humana asistida pero sin ningún tipo de regulación por parte del Estado, lo que obliga a los centros privados y públicos a autorregularse en la materia, con todas las implicancias que esto tiene en sociedades donde estos temas son altamente sensibles y difíciles de consensuar, y que además están enfrentadas a problemas de acceso justo a estos tratamientos.

En el caso específico de la Ley n.° 40 ésta no ha sufrido reforma alguna hasta la fecha, no obstante un intento por modificarla en el referéndum de junio del año 2005.[4]

---

[4] La consulta se refería a la experimentación con embriones (con células estaminales y embriones crioconservados), la clonación con transferencia de núcleo, la crioconservación, la eliminación del

Antes de la aprobación de la ley, las técnicas de reproducción asistida ya se realizaban en Italia, pero sólo estaban normadas en el sector público, por lo que el gobierno dictó una serie de ordenanzas en la materia desde 1985 hasta el año 2001. En 1985 el Ministerio de Salud emitió una circular relativa a los límites y condiciones de legitimidad de los servicios de inseminación artificial en el ámbito del Servicio Sanitario Nacional. Sus disposiciones eran aplicables en el sector público, no privado, quedando estos últimos en libertad de acción. Se exigía a los usuarios de las técnicas ser cónyuges no separados, con gametos propios; sólo se podía fecundar los óvulos que se iban a transferir de manera inmediata, y se prohibía la crioconservación de embriones para uso industrial, de investigación o de transferencia sucesiva. En 1997, el ministerio por medio de ordenanzas prohibió la comercialización y publicidad relativa a gametos y embriones humanos y la clonación humana o animal. El 25 de julio de 2001 otra ordenanza prohibió la importación y exportación de gametos y embriones humanos.[5]

Por medio de la ley de marras la regulación se extiende también a la esfera privada, quedando estas prácticas reglamentadas homogéneamente en todos los centros de medicina reproductiva del país. Al generalizar la regulación de las técnicas de reproducción asistida el legislador reconoce en el artículo primero de la ley el derecho de las parejas estériles o infértiles de acceder a las técnicas, y reconoce al embrión como sujeto de derecho de la vida humana desde la concepción con base en la sentencia del Tribunal Constitucional 35/1997 donde argumenta el artículo 2 de la Constitución italiana señala: *"La República reconoce y garantiza los derechos inviolables del hombre, ora como individuo, ora en el seno de las formaciones sociales donde desarrolla su personalidad, y exige el cumplimiento de los deberes inexcusables de solidaridad política, económica y social"*, además dicha sentencia se remite a la Declaración universal de los derechos del niño que otorga a la "falta de madurez física e intelectual" un mayor derecho a la protección "tanto antes como después del nacimiento".[6] La ley italiana de reproducción asistida respetó a su vez el Convenio Europeo sobre Derechos Humanos y Biomedicina (denominado de Oviedo) que impone a la ley la obligación de garantizar una adecuada protección al embrión.

---

límite máximo de tres óvulos a fecundar por ciclo, el diagnóstico genético pre-implantacional, la fecundación heterogénea y la aplicación de las técnicas a personas que no sufran de esterilidad o infertilidad (como aquellas portadoras de enfermedades genéticas). Sin embargo, el referéndum fracasó al no lograr la votación necesaria del 50% más uno. Sólo el 25,9% de los italianos votó y la consulta fue declarada nula.

[5] Casini, Carlos; Marina Casini y María Luisa Di Pietro: La legge 19 de febbraio 2004, n° 40, Norme en materia di procreazione medicalmente assistita, commentario, 2004.)

[6] Eusebi, Luciano, "Problemas Jurídicos de la Fecundación Humana Extracorpórea: La Normativa Italiana", 2006

De haberse tomado otra decisión "se habrían planteado razones de inconstitucionalidad en el caso de que la Ley n° 40-2004 que hubiera realizado elecciones de fondo distintas (especialmente en relación con la posible cosificación de la vida humana en su fase precoz y la posible incidencia de las coincidencias genéticas sobre la titularidad de los derechos humanos)".[7]

Si bien el primordial principio que determina las estipulaciones de la ley es el reconocimiento de los derechos de los sujetos involucrados – de las parejas con problemas de esterilidad o infertilidad y del embrión–, el carácter supletorio de las técnicas de reproducción asistida, la tutela de la familia y el derecho de los hijos a tener como padres a sus verdaderos progenitores son también bienes acogidos por la Ley n° 40-2004.

Antagónicamente, la ley italiana tiene un solo objeto: facilitar la procreación humana cuando parejas heterosexuales no pueden lograrlo en forma espontánea. Para ello establece una serie de exigencias y prohibiciones.

La ley exige que el usuario sea una pareja estable con problemas de esterilidad o infertilidad, que haya certeza en la imposibilidad de remover de otra forma la causa que haga imposible procrear espontáneamente, que no existan otros métodos terapéuticos eficaces para remover la causa de esterilidad o infertilidad y que se tenga conocimiento cierto de Ella.[8] Estas pretensiones implícitamente están excluyendo de la posibilidad de acceder a una técnica a las parejas fértiles pero portadoras de enfermedades genéticas, con el fin de evitar la transmisión de esas enfermedades. Expresamente prohíbe las prácticas heterólogas y excluye a las parejas en que ambos sean del mismo sexo.[9]

La mencionada ley prohíbe todas aquellas prácticas que de alguna forma desligan a la técnica de la reproducción humana, tales como la producción de embriones con fines de investigación, experimentación o para cualquier fin distinto al de procreación humana, y prohíbe la selección eugenésica de embriones y de gametos destinada a alterar el patrimonio genético (a excepción de aquellas intervenciones que tengan fines diagnóstico o terapéuticos).[10]

Costa Rica con el Decreto Ejecutivo n° 24029-S del 3 de febrero de 1995

Como preámbulo se puede decir que la excepción a la tendencia desregulatoria han sido Brasil y Costa Rica (actualmente la situación

---

[7] Ibídem
[8] Artículos 1.2, 4.1 y 5.1 de la Ley n.° 40-2004
[9] Artículos 12.1 y 12.2 de la Ley n.° 40-2004
[10] Artículo 13.3, inciso a y b de la Ley n° 40-2004

cambió con el fallo de la Corte Interamericana de Derechos Humanos la cual condenó al Estado costarricense y dentro de las Reparaciones debe tomar las medidas apropiadas para que quede sin efecto con la mayor celeridad posible la prohibición de practicar la FIV y para que las personas que deseen hacer uso de dicha técnica de reproducción asistida puedan hacerlo sin encontrar impedimento al efecto como era su Decreto anulado por resolución de la Sala Constitucional de la Corte Suprema), aunque ambos países con normativas de rango inferior al legal, ya que en el caso costarricense quiso regular la aplicación de la técnica mediante un decreto ejecutivo a diferencia del caso italiano que si lo hizo mediante una ley de la república.

Por su parte, Costa Rica dictó en 1995 un Decreto (n° 24029-S) que, siguiendo la línea de las legislaciones europeas más restrictivas como dijimos anteriormente, permite acceder a los tratamientos de reproducción medicamente asistida sólo a las parejas matrimoniales (artículo 1 del Decreto) y de modo excepcional autoriza la fecundación con gametos donados; además, obliga a transferir todos los óvulos fecundados –siendo un máximo de seis a la cavidad uterina–[11] en un ciclo de tratamiento, prohibiendo desechar o eliminar embriones, la criopreservación de éstos y toda forma de experimentación del código genético y toda forma de experimentación sobre los mismos;[12] además en el artículo doce prohíbe toda clase de comercio de las células germinales –ovulos y espermatozoides para ser destinados a los tratamientos de pacientes que desean la técnica sea homólogas o heterólogas. Al poco tiempo de entrado en vigencia este Decreto, se presentó un recurso de inconstitucionalidad en su contra bajo el argumento de que la FIV y la transferencia embrionaria violan el derecho a la vida y la dignidad del ser humano.

La Sala Constitucional de Costa Rica, en sentencia n° 2000-02306 de 15 de marzo de 2000, acogió favorablemente el recurso y declaró inconstitucional el Decreto, argumentando que *"la aplicación de la técnica de la FIV importa una elevada pérdida de embriones, que no puede justificarse en el hecho de que el objetivo de ésta es lograr un ser humano, dotar de un hijo a una pareja que de otra forma no podría tenerlo"*; y, dadas estas condiciones, la Sala concluye en su fallo que *"cualquier eliminación o destrucción de concebidos –voluntaria o derivada de impericia de quien ejecuta la técnica o de la inexactitud de ésta– viola el derecho a la vida"* consagrado en el artículo 21 de la Constitución Política de Costa Rica y 4° de la Convención Americana sobre Derechos Humanos (CADH). En la práctica se concluye en Costa Rica por prohibir la FIV y la inseminación artificial con donante, autorizándose sólo la inseminación homóloga.

---

[11] Artículos 9 y 10 del Decreto Ejecutivo n° 24029-S del 3 de febrero de 1995.
[12] Artículo 11 del Decreto

La Comisión Interamericana de Derechos admite en el 2001 una petición en contra de Costa Rica por haber prohibido a presuntas víctimas tener acceso a la FIV en aquel país. En su Informe 85/10 de 14 julio de 2010, la Comisión recomienda a Costa Rica levantar la prohibición de la FIV mediante los procedimientos legales correspondientes, asegurar que la regulación de la FIV que se dicte sea compatible con el derecho a la vida privada (artículo 11.2 CADH), el derecho a fundar una familia (artículo 17.2) y el derecho a la igualdad ante la ley e igual protección de la ley (artículo 24), y por último, reparar íntegramente a las víctimas por el daño material y moral.

Tras vencerse los plazos para que el Estado adoptara las recomendaciones, ingresa la demanda (*Caso Artavia Murillo y otros ["fecundación in vitro"] vs. Costa Rica*) a la Corte Interamericana de Derechos Humanos que finalmente dictó sentencia el 28 de noviembre de 2012, declarando a Costa Rica responsable internacionalmente por haber vulnerado el derecho a la vida privada y familiar y el derecho a la integridad personal en relación con la autonomía personal, a la salud sexual, el derecho a gozar de los beneficios del progreso científico y tecnológico y el principio de no discriminación, consagrados en los artículos 5.1, 7, 11.2 y 17.2 en relación con el artículo 1.1 de la Convención Americana. Es importante detenerse en los fundamentos del fallo de la Corte por las implicancias que tiene para el resto de Latinoamérica.

La Corte Interamericana de Derechos Humanos argumentó su fallo, en primer término, determinando el alcance del derecho a la vida privada y familiar frente a las injerencias arbitrarias del Estado,[13] diciendo que este derecho se relaciona con la autonomía reproductiva[14] y el acceso a servicios de salud reproductiva, lo que implica el derecho a acceder a la tecnología necesaria para ejercer ese derecho.[15] Además, señaló que la posibilidad de procrear es parte del derecho a fundar una família.[16]

Consideró luego que las expresiones de la Sala Constitucional de condicionar el uso de la FIV a no tener pérdida embrionaria implica en la práctica una prohibición absoluta, que significó para las víctimas interrumpir sus tratamientos y para otras la obligación de viajar a otros países para acceder a la FIV, interfiriendo en la vida privada y familiar de las víctimas. A continuación, la Corte, frente a la interpretación del artículo 4.1 de la Convención (derecho a la vida) por la Sala Constitucional en virtud de la cual exigía una protección absoluta del embrión como persona, indicó que ella es la intérprete autorizada de la Convención, lle-

---

[13] Artículo 11.2 de la Convención Americana de Derechos Humanos
[14] Derecho a la libertad personal, artículo 7
[15] Párrafos 141 a 150 de la sentencia
[16] Artículo 17.2, párrafo 145

gando a la conclusión de que "el embrión no puede ser entendido como persona para efectos del artículo 4.1".[17]

Añadió que el término "concepción" en el sentido de este artículo "tiene lugar desde el momento en que el embrión se implanta en el útero". Y agrega que por las palabras "en general" de este mismo artículo se debe entender que "la protección del derecho a la vida con arreglo a esta disposición no es absoluta, sino es gradual e incremental según su desarrollo".

Finalmente, la Corte concluyó que "la Sala Constitucional partió de una protección absoluta del embrión que, al no ponderar ni tener en cuenta los otros derechos en conflicto, implicó una arbitraria y excesiva intervención en la vida privada y familiar que hizo desproporcionada la interferencia. Asimismo la interferencia tuvo efectos discriminatorios"[18] indirectos en relación con la discapacidad de las víctimas por su infertilidad, el género (efecto desproporcionado sobre las mujeres), y la situación económica de las víctimas que no contaban con recursos económicos para recurrir a la FIV en el extranjero.[19]

Capítulo segundo

Referencias del caso italiano

El Tribunal Europeo de Derechos Humanos (TEDH), por sentencia de la Cámara (2da sección, 28 de agosto de 2012) halla que hubo violación del numeral ocho de la Convención Europea de Derechos Humanos que protege el derecho a la vida privada y familiar. En el fallo *Costa y Pavan vs. Italia* se examina la razonabilidad de realizar un diagnostico pre-implantacional para comprobar si el feto es sano, dado que Italia autoriza el aborto en las mismas circunstancias.

Los demandantes la señora Rosetta Costa y el señor Walter Pavan nacieron respectivamente en 1977 y 1975 y residen en Roma. Seguido del nacimiento de su hija, en 2006, los demandantes descubrieron que eran portadores sanos de la mucoviscidosis, también llamada "fibrosis quística". En febrero de 2010, ante un nuevo embarazo, los demandantes, deseando procrear un niño que no estuviera afectado por la enfermedad de la cual son portadores, realizaron un diagnóstico prenatal que indicaba que el feto estaba afectado por la fibrosis quística. Así que deciden efectuar una interrupción médica del embarazo. Los demandantes buscan acceder a las técnicas de procreación médicamente asistida (PMA) y a un diagnóstico genético pre-implantacional del feto, antes de que

---

[17] Párrafo 264 de la sentencia
[18] Párrafo 135 de la sentencia
[19] Párrafos 285 a 313 de la sentencia

la demandante quedara nuevamente embarazada. Sin embargo, en los términos de la Ley n.° 40 del 19 de febrero de 2004, las técnicas de PMA no son asequibles sino a las parejas estériles o infértiles. El diagnóstico genético pre-implantacional del feto no está permitido a toda categoría de personas. El 11 de abril de 2008, el Ministerio de la Salud extendió el acceso al PMA a las parejas dónde el hombre se encontraba afectado por enfermedades virales de transmisión sexual (tales como el virus del VIH, la hepatitis B y C) con el objeto de permitirles procrear sin el riesgo de transferir la enfermedad viral a la mujer y/o al feto.[20]

En el presente caso, el Tribunal expone que, dado que la sentencia del Tribunal de Salerne fue emitida por una instancia de primer grado (y que no fue confirmada por una jurisprudencia ulterior), no constituye más que una sentencia aislada. Tampoco se puede reprochar a los demandantes no haber presentado una demanda tendiente a la obtención de una medida al respecto cuando el Estado reconoce explícitamente la prohibición absoluta por parte de la ley.[21]

Derechos reproductivos

Clamando el numeral ocho de la Convención, los demandantes se quejan de la violación de su derecho en relación a la vida privada y familiar ya que sólo pueden aspirar a un embarazo por las vías naturales y no pueden proceder a una interrupción del embarazo cada vez que fuera afectado por un diagnóstico prenatal sobre el feto.[22] El Tribunal determina que, a modo de establecer la compatibilidad *ratione materiae* del daño invocado por los demandantes sobre el numeral ocho de la Convención, es fundamental definir su alcance. El Estado alega que los demandantes se quejan sobre una violación a un "derecho a tener un niño sano", mientras que el Tribunal comprueba que se trata de la posibilidad de acceder a las técnicas de la procreación asistida y a un diagnóstico genético pre-implantacional. Por lo que, en el caso particular, el mencionado diagnóstico no lograría descartar otros factores que pudieran comprometer la salud del niño por nacer, como por ejemplo, la presencia de otras patologías genéticas o de complicaciones derivadas del embarazo.[23] El Tribunal recuerda que la noción de "vida privada", en el sentido del numeral ocho, es una noción amplia que comprende, entre otras cosas, el derecho del individuo de desarrollar sus relaciones con sus semejantes, el dere-

---

[20] Sentencia del Tribunal Europeo de Derechos Humanos del 28 de agosto de 2012, párrafo 7 a 12.
[21] Ibíd. párrafos 37 a 40.
[22] Ibíd. párrafo 41.
[23] Ibíd. párrafos 52 a 54.

cho a un "desarrollo personal" e, incluso, a la autodeterminación.[24] Los elementos como la identificación, orientación y la vida sexual relevan también una esfera personal protegida por el numeral ocho.[25] A la vez, se protege la decisión de convertirse o no en padres.

En consecuencia, el Tribunal reconoce el derecho de los demandantes de ver respetada su decisión de ser padres genéticos y la aplicación del artículo en cuestión, en materia de acceso a las técnicas de procreación artificial y a los fines de FIV.[26] El Tribunal razona que el deseo de los demandantes de procrear un niño que no sea afectado por la enfermedad genética de la cual son portadores y de recurrir por ello a la procreación asistida y al diagnóstico genético pre-implantacional, halla protección en el numeral ocho al ser una expresión de su vida privada y familiar.[27]

Los términos de "concepción, persona y en general" a que hace referencia la Convención Americana de Derechos Humanos

Evidentemente es un tema que solo desarrolla la sentencia en el caso costarricense, no hay desarrollo similar en la sentencia del TEDH ni tampoco alguna referencia similar con relación al desarrollo realizado en cuanto a la interpretación de la Convención Europea de Derechos Humanos.

Discusión sobre la perdida de embriones

En cuanto al acceso al diagnóstico genético pre-implantacional, el Gobierno examina expresamente que el acceso a dicho diagnóstico está prohibido en el derecho interno. Esta prohibición constituye una injerencia en el derecho de los demandantes al respecto de su vida privada y familiar.[28] El Gobierno razona que dicha medida sirve para proteger la salud del "niño" y de la mujer, la dignidad y la libertad de conciencia de los profesionales médicos y el interés de evitar el riesgo de derivaciones eugenésicas.[29] El Tribunal no coincide con estos argumentos y aclara que la noción de "niño" no puede ser equiparada a la de "embrión", y señala que no ve cómo la protección de los intereses invocados por el Estado se acomodan con la posibilidad abierta a los demandantes de proceder a un

---

[24] "Niemietz vs. Alemania", 16 de diciembre de 1992, § 29, serie A n.° 251-B; "Bensaïd vs. Reino Unido", n.° 44599/98, § 47, CEDH 2001-I; "Pretty vs. Reino Unido", n.° 2346/02, § 61, CEDH 2002-III.
[25] "Dudgeon vs. Reino Unido", 22 de octubre de 1981, § 41, serie A n.° 45; "Laskey, Jaggard y Brown vs. Reino Unido", 19 de febrero de 1997, § 36 Repertorio 1997-I.
[26] "Dickson vs. Reino Unido [GC]", n.° 44362/04, § 66, ECHR 2007-V; S.H. y otros vs. Austria [GC], n.° 57813/00, § 82, ECHR 2011.
[27] Sentencia del Tribunal Europeo de Derechos Humanos del 28 de agosto de 2012, párrafos 55 a 57.
[28] Ibíd. párrafo 58.
[29] Ibíd. párrafos 60 a 61.

aborto terapéutico cuando el feto esté enfermo, teniendo en cuenta las derivaciones que tendría para el feto, cuando el desarrollo es más avanzado que el de un embrión, y para la pareja, en especial la mujer. El Gobierno no explica el riesgo de consecuencias eugenésicas y de afectación a la dignidad y la libertad de conciencia de los profesionales médicos en el caso de una ejecución legal de una interrupción médica del embarazo.

Para el Tribunal, el sistema legislativo italiano en la materia carece de coherencia, ya que por un lado, prohíbe la implantación de los embriones no afectados por la fibrosis quística de los portadores sanos, por otra parte, autoriza a abortar un feto afectado por la misma patología.[30] Si para Grégor Puppinck, Director del Centro Europeo para el Derecho y la Justicia (ECLJ), organismo que intervino en dicho caso en calidad de *amicus curiae*, el fallo del Tribunal Europeo constituiría un "derecho a la eugenesia",[31] para el Tribunal no se trata de tal derecho a "tener un niño sano" sino de identificar las patologías con anticipación. El TEDH explicita, que en dicho caso sólo se intentaría de evitar que el embrión sea afectado por la fibrosis quística de la que son portadores los progenitores. Lo cual, no podría evitar cualquier otra enfermedad genética que lo alterase. Para otros teóricos,[32] aquello que justifica la condena a Italia no es la falta de acceso al diagnóstico genético pre-implantacional sino la falta de coherencia del sistema legislativo italiano en la materia dado que, por un lado, prohíbe la implantación limitada a los embriones no afectados por la fibrosis quística, y por el otro, faculta el abortar al feto afectado por la misma patología.

La Corte ya habría señalado que, en materia de fecundación artificial, el margen de valoración de los Estados no puede limitarse de manera categórica. El Tribunal vislumbra que se debería modificar la ley con vistas a suplir la prohibición del diagnóstico genético pre-implantacional por un acogimiento reglamentario en ciertos casos. En conclusión, considera que la injerencia en el derecho de los demandantes respecto de su vida privada y familiar es desproporcionada.[33]

Importancia de la sentencia

El Tribunal Europeo afrontó una disyuntiva que era el proyecto de los padres de desear evitar el nacimiento de un niño con una enfermedad

---

[30] Ibíd. párrafo 64.

[31] Puppinck, Gregor, "Diagnóstico genético preimplantacional: CEDH censurar el legislador italiano" http://www.zenit.org/fr/articles/diagnostic-preimplantatoire-la-cedh-censure-le-legislateur-italien

[32] Hervieu, Nicolas, "Bioética (art. 8 CEDH) Las incertidumbres europeas "el derecho de un niño sano" a través del diagnóstico genético preimplantacional" http://revdh.org/2012/08/29/bioethique-droit-a-un-enfant-sain-diagnostic-genetique-preimplantatoire/

[33] Sentencia del Tribunal Europeo de Derechos Humanos del 28 de agosto de 2012, párrafos 67 y 70.

especialmente grave, la cual acortaría tanto su esperanza de vida, como la calidad de la misma. Pero dicha ambición podría ser comparada o confundida con una práctica eugenésica.[34] Así que, el Gobierno Italiano, argumenta la prohibición en los casos en que el hombre de la pareja no sea portador de una enfermedad de transmisión sexual, arguyendo que de otra forma sería eugenésico. Sin embargo, consiente la realización de un aborto terapéutico al momento de constatar que el feto se halla afectado por dicha patología con resultados más importantes que la selección de un embrión sano mediante un diagnóstico genético pre-implantacional. Por lo que se trata, de una contradicción en el derecho interno que no encuentra sustento alguno.

CAPITULO TERCERO

Referencias del caso costarricense

La Corte Interamericana de Derechos Humanos (CIDH) emitió el pasado 28 de noviembre de 2012 la sentencia en el caso *Artavia Murillo y otros contra Costa Rica* en el caso de fertilización in vitro (FIV).

Lo anterior en vista de los efectos de la sentencia[35] emitida por la Sala Constitucional de la Corte Suprema de Justicia de Costa Rica, al declarar inconstitucional el Decreto Ejecutivo n° 24029-S[36] mediante el cual se regulaba la técnica de FIV en Costa Rica. La sentencia determinó que se prohibiera la aplicación de esa técnica en Costa Rica, en particular estipuló que algunas personas interrumpieran el tratamiento médico que habían iniciado, otras se vieron obligadas a viajar a otros países con el fin de tener acceso a la FIV.

El caso ya había sido analizado en el seno de la Comisión Interamericana de Derechos Humanos, la cual indicó que el caso se relacionaba con invocadas violaciones de derechos humanos que habrían ocurrido como consecuencia de la sentencia de la Corte Suprema. Dentro de su razonamiento la Comisión determinó que la prohibición absoluta de la técnica de fertilización in vitro constituyó una injerencia arbitraria en los derechos de las víctimas, en tanto, que el Estado de Costa Rica impidió el acceso a un tratamiento que les hubiera permitido superar el inconveniente respecto a la posibilidad de tener hijos biológicos.

En vista de que el Estado costarricense no atendió a lo dicho por la Comisión, ésta solicitó a la CIDH que declarara la responsabilidad del

---

[34] Ver Borillo, Daniel; Fassin, Eric et Hennette-Vauchez, Stéphanie, "La bioéthique en débat: angles vifs et points morts", Raison-publique.fr, 15 mai 2012.
[35] Sentencia n° 2000-02306 de las 15:21 horas del 15 de marzo de 2000, expediente 95-001734-0007-CO.
[36] Publicado en el Diario Oficial La Gaceta n.° 45 del 3 de marzo de 1995.

Estado costarricense por la violación a los artículos 11.2, 17.2 y 24 de la Convención Americana de Derechos Humanos en relación con los artículos 1.1 y 2 de dicho cuerpo normativo.

Luego de un análisis detallado, de realizar consultas y recibir muchos *amicus curiae*, la Corte emitió su sentencia en noviembre de 2012, la cual tiene grandes alcances, ya que implica el reconocimiento y protección de los derechos a la integridad personas, libertad personal y vida privada de aquellas parejas que por problemas de infertilidad estaban en proceso o listas de espera para que les practicaran una FIV, la cual no se podía llevar a cabo después de la sentencia n.° 2000-02306 de la Sala Constitucional costarricense. Si bien la sentencia de la Corte es sobre un caso concreto, el significado de la misma se extiende hacia todos los Estados del continente americano, por lo que habrá un antes y un después de la mismas.

Esta afirmación se fundamenta en la relevancia de ciertos temas y conceptos relacionados con las técnicas de reproducción asistida, que desde tiempo atrás han desatado polémica entre los países de la región tanto a nivel doctrinal, legislativo como jurisprudencial. Esta situación ha producido debates que pueden ser calificados interminables y que giran en torno al contenido de los derechos reproductivos.

Derechos reproductivos

Todas las personas tienen derecho a reproducirse y éste forma parte de su derecho a tomar decisiones vitales y a organizarse familiarmente. Por su parte, los poderes públicos desempeñan un papel pasivo que consiste en abstenerse de imponer límites o interferir o controlar este tipo de decisiones, salvo situaciones extremas. Sin embargo, podemos hacer las siguientes preguntas: ¿si se trata de un derecho subjetivo, entonces puede exigirse el cumplimiento a la administración pública?, ¿o más bien se trata de un derecho en sentido propio como una expresión de la libertad personal configurada como libertad de procreación? La respuesta sería que se configura como una facultad, la de decidir tener o no hijos y el espaciamiento temporal entre ellos.

Se debe tomar en cuenta que los derechos a la reproducción, además de ser un derecho fundamental a la libertar, protegen al mismo tiempo otros derechos como son la intimidad personal y familiar, el derecho a fundar una familia y el derecho a la salud en su línea reproductiva; los cuales son protegidos de forma precisa y enlazada por la sentencia de la Corte.

Tomando en consideración que ese derecho o libertad a la procreación natural, es casi absoluta para las parejas sin problemas de fertilidad, tomando en cuenta que existe un gran porcentaje de la población mundial que tiene problemas de infertilidad; considerada por los organismos internacionales como una incapacidad de tener un embarazo después de tener relaciones sexuales sin protección por más de doce meses. La infertilidad definida como una afectación de la salud, no es un problema menor. Según la profesora Ana Julia Antonio Suárez, de la Facultad de Medicina de la Universidad Nacional Autónoma de México (UNAM) a nivel mundial entre el 15 y 20 por cierto de las parejas presentan infertilidad, además agregó que el 40% de los casos diagnosticados el problema se atribuye a la mujer, un 40% al hombre y un 20% no se sabe con exactitud el origen (Pulso).

En el caso de las personas con problemas de infertilidad, el derecho a la procreación adquiere matices diferentes; no se trata solo de un derecho o una libertad que se pueda ejercer casi de manera ilimitada, sino que el derecho a la procreación artificial, debido a la complejidad y a los riesgos asociados a las técnicas de reproducción asistida y de todos los intereses y derechos de los involucrados en su aplicación, debe ser atendido por los Estados de manera distinta. Se puede afirmar que bajo el derecho a la procreación artificial, se encuentra el principio de la autonomía, el cual concede a las personas la posibilidad de disponer si quieren o no acceder y hasta preferir alguna de las técnicas de reproducción asistida de acuerdo con sus propios valores, ideas y creencias; por lo que, es diferente los que tienen la posibilidad de la procreación natural a las personas que tienen el derecho de reclamar al Estado que no se les limite o liquide su derecho sin al menos una justificación fundada, legítima y proporcional.

Las personas que sufren de infertilidad y quieran tener hijos deben contar con la posibilidad de acceder a las diversas técnicas para lograr la gestación que anhelan, de las varias técnicas las más conocidas son la inseminación artificial y la fertilización in vitro; por lo que el Estado no debería de entorpecer el acceso –obligación negativa–, sino más bien, debe facilitar el acceso a la técnica deseada –obligación positiva–, ya que es obligación del Estado brindar a sus habitantes los servicios de salud reproductiva entre los cuales se incluye el derecho de acceder a la tecnología médica para ejercer su derecho.

De tal manera que, la sentencia de la Corte que se examina decidió proteger a las personas que en uso de su libertad de autodeterminación y de acuerdo con sus condiciones de salud especiales y sus ideologías habían decidido someterse a procedimientos de FIV; estas parejas no debieron ser despojadas del ejercicio de su libertad y se les reprimió el libre desarrollo de su personalidad. Obviamente que las condiciones médicas de cada pareja (infertilidad) que reclamó la intervención de la CIDH no fueron creadas por el Estado, pero éste al interrumpir la posibilidad del tratamiento médico imposibilitó que ellas tuvieran acceso a las técnicas de fertilización asistida asequibles en ese momento.

Los términos de "concepción, persona y en general" del artículo 4.1 de la Convención Americana sobre Derechos Humanos

El artículo 4.1 de la Convención Americana sobre Derechos Humanos nos dice: "Toda persona tiene derecho a que se respete su vida. Este derecho está protegido por la ley y en general a partir del momento de la concepción...". Estos términos han sido usados desde la promulgación de la Convención por numerosas decisiones judiciales a todo nivel, por ejemplo en proyectos de ley y en doctrina; en consecuencia, cada tribunal o agrupación que hace uso de esos términos les ha dado un sentido que se ajuste a sus intereses, creando una gran confusión.

Visto que, la Corte es la única autorizada para hacer la autentica interpretación de la Convención, ha emitido la sentencia donde hace el análisis de esos términos, por lo que, no podrán ser ignorados por todos aquellos que intenten aplicar el artículo 4.1. Es importante hacer referencia de la cantidad de *amicus curae* que hicieron llegar sus aportes y puntos de vista a la Corte, desde especialistas en derechos reproductivos hasta especialistas en derechos humanos, además de universidades de diversas tendencias y grupos conservadores como Vida y Familia; con toda esa participación se demuestra que los integrantes de la Corte tuvieron a su alcance para analizar diversos razonamientos de lo que se debe entender del término *persona, concepción* y *en general*.

Realizado el análisis de los argumentos la Corte se inclinó por las explicaciones científicas, de las cuales hay dos posiciones con respecto al término *concepción*. La primera entiende el término *concepción* como el momento del encuentro o fecundación del óvulo por el espermatozoide, de la fecundación se genera la creación de una nueva célula llamada cigoto; cierta prueba científica considera al cigoto como un organismo humano que alberga las instrucciones necesarias para el desarrollo del embrión. La segunda posición entiende la *concepción* como el momento de implantación del óvulo fecundado en el útero materno facultado la conexión de la nueva célula, el cigoto, con el sistema circulatorio materno que le permite tener acceso a todas las hormonas y otros elementos necesarios para el desarrollo del embrión, sólo en ese momento es que el cigoto tiene posibilidad de evolucionar hasta convertirse en un niño o niña.

Para establecer el momento de la *concepción*, es decir del comienzo de la nueva vida humana, la CIDH considera que se trata de una cuestión valorada de diversas formas desde una configuración biológica, médica, ética, moral, filosófica y religiosa y coincide con tribunales internacionales y nacionales en que no existe una definición consensuada sobre el inicio de la vida. Sin embargo, para la Corte queda claro que hay juicios que confieren ciertos atributos metafísicos a los embriones. Estas posiciones no pueden justificar la prevalencia de cierto tipo de literatura científica al momento de interpretar el alcance del derecho a la vida consagrado en la Convención Americana, pues ello significaría imponer un tipo de creencias específicas a otras personas que no las comparten.

En el caso del análisis del término *persona* que es utilizado en varios instrumentos internacionales, llegó a la conclusión de que no es posible sostener que el embrión sea titular que pueda ejercer los derechos consagrados en tales instrumentos, ya que los Estados participantes en documentos internacionales no han pretendido tratar al nonato como persona ni otorgarle el mismo nivel de protección que a las personas nacidas.

Por último, concluye la Corte después de una interpretación sistémica e histórica el término *en general* en el numeral 4.1 de la Convención intenta hacer un balance entre posibles derechos en conflicto. Por un lado, se reconoce el legitimo interés en proteger la vida prenatal pero éste interés debe ser armonizado con los derechos reconocidos a otras personas, en especial los de la madre; no puede alegarse la protección absoluta del embrión, si con ello se anulan otros derechos.

Discusión sobre la pérdida de embriones

La Sala Constitucional argumentó que con la práctica de la FIV se desechaban y perdían embriones, por lo que no tenía justificación querer generar la posibilidad de una vida a costa de otras. En este particular, la Corte sostuvo sus conclusiones en pruebas y dictámenes especiales, entre ellas del perito Seguers Hold Hochschild, quien señaló que existe una diferencia entre el significado de *proteger el derecho a la vida y el de garantizar el derecho a la vida de estructuras celulares que se rigen por una matemática y una biología que trasciende cualquier regulación social o jurídica*. Es cierto que durante los procedimientos de FIV, se pueden malograr embriones, sin embargo, esto no ocurre como resultado directo de la técnica sino que sobreviene como parte del proceso con que se expresa nuestra naturaleza.

Nadie puede garantizar que el óvulo fecundado natural o artificialmente logre llegar al nacimiento, pero corresponde a los Estados, a través de la legislación pertinente, proveer las mejores condiciones con que cuenta el conocimiento médico y científico para que los gametos y embriones cumplan su potencialidad de llegar a ser persona. Tomando en cuenta esa valoración, en el tema de reparaciones, la sentencia establece que el Estado deberá regular los aspectos que considere necesarios para la implementación de la FIV y establecer sistemas de inspección y control de calidad de las instituciones o profesionales calificados que desarrollen este tipo de técnica de reproducción asistida.

Importancia de la sentencia

Es común mencionar la tergiversación que existe en el continente americano respecto a las direcciones que han tomado las discusiones sobre las técnicas de reproducción asistida, especialmente los países latinoamericanos carecen de leyes sistemáticas sobre el tema. En la mayoría de los casos sólo existen algunos principios generales aplicables a tales técnicas que figuran en los códigos civiles, penales o en leyes relacionadas con el sector salud; además en varios Estados los procesos para legislar sobre reproducción asistida han sido extremadamente lentos o incluso han empleado técnicas dilatorias para detenerlos. Costa Rica es un ejemplo de este tipo de técnicas dilatorias, estando con el tiempo encima para aprobar el proyecto de ley y cuando los legisladores de distintas fracciones políticas lograron un texto de consenso este jueves,[37] el quórum se rompió y el Congreso no pudo continuar con el trámite y votación de la iniciativa y los diputados se fueron a un receso de 46 días sin aprobar el proyecto de ley que regula la técnica de fecundación in vitro en el país, a pesar del plazo que fijó la Corte al Estado costarricense de hacerlo a más tardar el día 20 de diciembre de 2013.[38] También es un problema que vive Argentina en donde se han elaborado más de veinte proyectos de ley de los que no se ha aprobado ni uno por que hace casi un año obtuvo media sanción por unanimidad en la Cámara de Diputados de la nación y no logra ser aprobada en el Senado. A fin del mes de mayo de 2013, en la sesión de la cámara alta, el bloque de Frente para la Victoria, que redactó e impulsó este proyecto de ley en Diputados, propuso modificaciones y así postergó su aprobación.[39]

El tema de "reparaciones" contenido en la sentencia puede que rompa el atasco generado a lo largo del continente, ya que la interpretación de los términos como *persona*, *concepción* y *en general* del artículo cuarto de la Convención, así como el reconocimiento de los derechos que van ligados a los derechos reproductivos, a la integridad personal, libertad personal y vida privada o como a la no discriminación, no deberán ser desconocidos por los legisladores que intenten crear nuevas leyes. Tampoco se puede dejar de lado el espíritu democrático y laico que inunda toda la sentencia; ya que en forma democrática los integrantes de la Corte escucharon las posturas presentadas por grupos conservadores religiosos, pero la Corte se dio cuenta de que el ámbito de la toma de decisiones sobre la reproducción es crucial para el ser humano y suponen una libertad que sólo puede ser ejercida en un Estado laico, el cual no admita imposiciones no trabas religiosas a las decisiones de cada persona.

---

[37] 18 de diciembre de 2013
[38] Nota tomada de www.ameliarueda.com
[39] Diario La Nación de Argentina www.lanacion.com

En vista de estas consideraciones, los integrantes de la Corte tomaron la decisión de sustentar la sentencia en criterios científicos despojados de cualquier ideología o religión.

Situación actual de Costa Rica

Proyecto de ley expediente n° 18.824

Como se indicó líneas atrás Costa Rica perdió la oportunidad de aprobar el proyecto de ley que se encontraba en la corriente legislativa, y visto que ya había realizado modificaciones al presentado en primera instancia, veamos la propuesta que se tenía y como pretendían aprobarla.

Indica la presentación del proyecto "El presente proyecto busca establecer un marco general que no interfiera con el goce del derecho fundamental, sin crear injerencias abusivas o arbitrarias, persiguiendo un fin legítimo y cumpliendo con los requisitos de idoneidad, necesidad y proporcionalidad. Sin embargo, le corresponderá al Poder Ejecutivo y sus dependencias, así como a la Caja Costarricense de Seguro Social, garantizar el acceso real a la técnica de reproducción de Fecundación In Vitro, y desarrollar la presente ley de conformidad con los parámetros y el tiempo límite establecido por la Corte Interamericana de Derechos Humanos./ Por tanto, atendiendo a la obligación que asume el país de cumplir con lo establecido en la sentencia del Tribunal Internacional de Derechos Humanos, y asumiendo la cuota de responsabilidad que le corresponde a este Parlamento, someto a la consideración de la Asamblea Legislativa el presente proyecto de ley para su estudio y aprobación por las señoras diputadas y señores diputados".[40]

La propuesta consta de cuatro artículos, donde responsabiliza al Ministerio de Salud como el rector en materia de salud pública para que establezca sistemas de inspección, control de calidad y requisitos mínimos de funcionamiento de las instituciones o profesionales calificados que desarrollen este tipo de técnica de reproducción asistida. Para ello deberá de coordinar estrechamente con la Caja Costarricense de Seguro Social la creación e implementación de dichos mecanismos.

Además indica que se prohíbe la implantación de más de tres embriones en el útero de la mujer y que esos embriones que no se utilicen se podrán congelar y ser implantados posteriormente en el útero de la misma mujer objeto del tratamiento, además que bajo ninguna circunstancia se permite la donación o comercialización de embriones.

---

[40] Proyecto de Ley n° 18824, Ley Marco de Fecundación In Vitro, publicado en La Gaceta n.° 162 del 26 de agosto de 2013, iniciativa del Diputado Luis Fishman

Pero luego del consenso entre las diferentes bancadas resultó que el texto que no se aprobó propone la fecundación de hasta 8 óvulos, permite la donación de gametos y la implantación de hasta dos embriones. La propuesta no prohíbe la práctica vientre de alquiler, pero aclara que debe reglamentarse.

Del mismo modo, se notó fue la falta de relevancia que le dio el estado costarricense a una cuestión tan importante, que en primera instancia quiso regular la técnica mediante un Decreto Ejecutivo y no mediante ley, además ahora que la Corte Interamericana de Derechos Humanos lo condenó no cumplió en el plazo otorgado la emisión de las regulaciones respectivas ya que los Diputados de la Asamblea Legislativa rompieron el quórum y se fueron a receso 46 días, lo que significa que hasta el año 2014 volverán a sesionar; al analizar el proyecto de ley propuesto vemos que es muy escueto y pretende que la técnica de FIV se regule mediante reglamentos.

Por esa falta de aprobación del proyecto de ley las parejas afectadas en el caso costarricense interpondrán un recurso de amparo ante la Sala Constitucional por incumplimiento por parte del Estado costarricense, el objetivo del recurso es que los magistrados determinen responsabilidades, con nombres y apellidos, de quienes no están acatando la orden de la CIDH.

La Sala Constitucional prohibió la fecundación in vitro en el país en 2000. Ya no queda ninguno de los magistrados que redactaron el fallo en aquel momento, ahora depende de los nuevos magistrados hacer un cambio en este tema. También solicitarán a la CIDH que acuda ante la Organización de Estados Americanos (OEA) para que dicte sanciones políticas contra el país y solicitaran a la Fiscalía General de la República que acelere el trámite de una denuncia que interpusieron a principios del mes de diciembre de 2013, contra los 57 diputados por incumplimiento de labores al no aprobar el proyecto de ley.[41]

Así las cosas, Costa Rica incumplió con el plazo otorgado por la Corte, por lo que resta esperar a ver qué sucederá luego de que los abogados de las partes presenten los diferentes recursos en las sedes correspondientes y estas resuelvan.

---

[41] Ver http://www.ameliarueda.com/nota/abogado-de-parejas-demandantes-por-caso-fiv-acudira-a-la-sala-iv

— 11 —

Criterios de aplicación de la figura del aborto en Costa Rica desde la perspectiva constitucional y penal

RODOLFO SOLÓRZANO SÁNCHEZ[1]

Sumario: Contexto teórico; Sujetos de investigación; ¿Qué significa aborto?; Marco teórico; Definición de concepto-variable; 1. Planteamiento del problema; 2. Objetivos; Introducción; Capítulo I – El aborto en la doctrina, la legislación y la jurisprudencia costarricense; Seccion I – El aborto; Secccion II – El aborto en la jurisprudencia; Seccion III – El aborto desde la perspectiva médica; Capítulo II – El aborto desde la perspectiva de la Sala Constitucional costarricense y la Corte Interamericana de Justicia; Seccion I – La posicion de la Sala Constitucional costarricense; Seccion II – La posición de la Corte Interamericana de Derechos Humanos; Conclusiones; Bibliografia; Anexos.

Contexto teórico

En la presente investigación, abordaremos el tema del aborto, con un criterio temporal de cuarenta y tres años, o sea nuestro objeto de estudio se circunscribirá, desde los años ochenta a el año dos mil trece; espacialmente lo ubicamos en Costa Rica, América Central. Nuestro objeto de estudio, estará enfocado principalmente a los esquemas legislativos, así como a la jurisprudencia de nuestra Sala Constitucional y algunas recomendaciones de la Corte Interamericana de Justicia.

Sujetos de investigación

Nuestro propósito, es investigar cuales han sido los criterios dominantes, tanto en la legislación así como en la jurisprudencia tanto de la Sala Constitucional, como de la C.I.D.H., con relación al aborto, para a partir de

---

[1] Master en Administración de Justicia por la Universidad Nacional de Costa Rica. Especialista en Ciencias Penales por la Universidad de Costa Rica y Licenciado en derecho por la Universidad de Costa Rica. Especialista en Derecho Constitucional por la Universidad de Pisa.

ese hallazgo, poder hacer comparaciones con otros cuerpos legales y jurisprudencias, que nos permitan finalmente concluir, cual es el mejor camino para este fenómeno social y cuál podría ser la respuesta del sistema de justicia. Exponemos como una limitación de la investigación, el no poder comparar cifras de los procesos judiciales en donde se discute el aborto con los datos oficiales que tiene nuestro sistema de salud, sobre todo porque no se cuentan con cifras confiables, que nos permitan con el objeto de estudio, al menos obtener algunas aproximaciones reales del fenómeno.

¿Qué significa Aborto?

Es importante primeramente poder recopilar el concepto etimológico de la palabra, según la cual: "Etimológicamente la palabra aborto, deriva del latín abortus: ab significa privación, y ortus quiere decir nacimiento, por lo cual su traducción literal es: privación de nacimiento".[2]

La doctrina, en el tema del aborto no es pacífica, existen diversas posiciones que no permiten la univocidad del término. Así las concepciones más conservadoras nos indican:

Desde hace milenios, la palabra aborto significa el asesinato de un feto. Hablar de aborto como "interrupción del embarazo" es tan ridículo, como definir al homicidio por "cese de respiración". En realidad, el embarazo es un estado fisiológico concomitante a la existencia del embrión: de modo tal que sin embrión no hay embarazo. Por ello, la interrupción del embarazo requiere previamente la destrucción del embrión y ese es el acto criminal: suprimir una vida inocente.[3]

Por otro lado, otra corriente de pensamiento plantea el fenómeno del aborto, como una construcción ideológica y señalan:

La penalización del aborto y las normas constitucionales que protegen la vida, son una construcción ideológica artificialmente elaborada para justificar el aborto, y ocultar las relaciones asimétricas del poder entre la mujer y el no nacido. Para tal efecto, dichos argumentos son identificados y sometidos a un análisis crítico, que demuestra su carácter puramente emotivo y falto de fundamentos.[4]

Como se observa claramente en las dos definiciones que hemos tomado como punto de partida, son diametralmente opuestas y ponen de manifiesto las dos principales orientaciones que tiene el tema, una muy matizada por la influencia religiosa, en donde de buenas a primeras se ve

---

[2] http://deconceptos.com/ciencias-naturales/aborto
[3] SCALA (Jorge). *El Aborto*. Página 20
[4] ESCOBAR GARCIA (Claudia). Aborto, Derecho e Ideología. *Revista de Derecho Ius Humani*, Vol. 1 (2008/2009), enero 2008, págs. 9.

este fenómeno como un delito y por el otro una construcción ideológica y crítica, en donde afloran juicios políticos y de género, que intentaremos analizar más adelante. Lo importante acá es que solo en la delimitación del tema encontramos desde su inicio estos matices, que no avizoran un tema álgido en cuando a la asunción de posiciones.

La corte interamericana de derechos humanos, siguiendo lo que al respecto ha dispuesto el Tribunal europeo de derechos humanos, ha asumido una posición más acorde con ese pronunciamiento, pues ya no se le da al feto o al por nacer, una protección total y absoluta, sino que, queda limitada a aspectos científicos, que para los casos especialmente estudiados, contribuye a su realización como ser humano, así lo describe en su sentencia contra Costa Rica por no aprobar la fertilización in vitro, nos dice:

> La antigua Comisión Europea de Derechos Humanos y el Tribunal Europeo de Derecho Humanos (en adelante el "TEDH") se han pronunciado sobre el alcance no absoluto de la protección de la vida prenatal en el contexto de casos de aborto y de tratamientos médicos relacionados con la fecundación in vitro.[5]

Desde el punto de vista jurídico, para nuestro caso se conceptualiza del aborto, en nuestro ordenamiento jurídico, en dentro del Libro Segundo, Título I correspondientes a los Delitos contra la vida,[6] en donde el bien jurídico tutelado es la Vida, nuestro máximo bien jurídico; desde ahí el código penal, asume la línea del código civil, que estima a los fetos, como personas y desde una construcción jurídica lo protege, para todo lo que le favorezca hasta trescientos días antes de su nacimiento. De esa manera el Código Penal contiene una de las posiciones más conservadoras que en la actualidad se mantienen con vigor.

Esto es así y se refleja en el tratamiento que nuestra legislación penal le da al aborto, éste es tratado con rigor para todos los intervinientes, desde el sujeto activo, la persona que lo practica, desde la persona que como sujeto pasivo –mujer– se lo practica, desde las causas de justificación y hasta desde la culpa. Con ese panorama tan extensivo podemos entonces ubicar nuestra concepción de aborto, dentro de la más conservadora y matizada por una enorme carga religiosa, que en adelante analizaremos.

Marco teórico

Es sobradamente conocido, que el tema del aborto no es un tema pacífico, sobre todo porque se encuentra tridimensionalmente impreg-

---

[5] Corte IDH. Caso Artavia Murillo y otros (Fertilización in vitro) Vs. Costa Rica. Excepciones Preliminares, Fondo, Reparaciones y Costas Sentencia de 28 noviembre de 2012 Serie C No. 257.
[6] Código Penal de Costa Rica. Ley No. 4573. Publicado en La Gaceta No. 257. El quince de noviembre de mil novecientos setenta. Imprenta Nacional.

nado de cargas de diferente naturaleza, emocional, cultural, religiosa y legal. Todas ellas con visiones diferentes sobre un mismo fenómeno, lo que hace que el acuerdo resulte una tarea titánica, pues las concepciones fuertemente arraigadas nos alejan de una solución racional y pacífica para este tema tan controvertible. Si apuntamos desde lo emocional, la opinión resulta ser muy frágil porque depende muchísimo de la persona, mujer que se encuentre en estado de gravidez; son variadísimas, sobre esto se nos dice: "Sí, el aborto provoca serios problemas emocionales como: Remordimientos – La mayoría de las mujeres que abortaron tuvieron sentimientos de remordimiento por la falta del hijo que "debería haber dado a luz".

La salud psicológica y física de la mujer se ve afectada por el aborto de aquel que siempre será para ella, a lo largo de toda su vida, su propio hijo, haya o no nacido.

Los síntomas clínicos del remordimiento que ello provoca, varían y perduran hasta muchos años después del horrendo crimen.

La Dra. Marie A. Peeterers-Ney afirma: "En la literatura aparecen síntomas tales como (...) el del aniversario de la fecha del aborto o de las fecha en que hubiese nacido el bebé, con motivo del cual la mujer tiene dolores abdominales, migraña, afecciones psicológicas o disfunciones sexuales". El aborto marca para siempre, como lo confirman numerosos testimonios: "No sé por qué lo hice," declaró una mujer, "pero de lo que sí estoy segura es que aún no me recupero de esa experiencia. Las pesadillas no me dejan vivir en paz."

Ansiedad y depresión – Las adolescentes son más propensas que las mujeres adultas a sufrir las secuelas psicológicas. Aunque la primera reacción puede ser de alivio por no estar más embarazada, la ansiedad, la depresión y el sentimiento de culpa, aparecen pronto.

Síndrome post-aborto – No cabe duda que la práctica del aborto provoca graves tensiones. La mujer posee un instinto materno dado por la misma naturaleza. Violentarlo significa acumular traumas que a veces se manifiestan poco después, pero en otras ocasiones quedan latentes y explotan años más tarde, en las formas más inesperadas como patologías y reacciones psicológicas anómalas.

Es cada día más evidente que, en algunos casos, la respuesta de la mujer a ese trauma es similar a la neurosis post-traumática ("post traumatic stress disorder") de algunos veteranos de guerra.

Algunos de estos reflejos son: angustia, ansiedad, uso de drogas, pérdida de la autoestima, sentimiento de culpa, insomnio, pesadillas aterradoras, abuso de fármacos, afecciones psicosomáticas, agotamiento, dificultad de concentración, misantropía y depresión".[7]

Otra cita sobre esta particular situación nos dice: "Los estudios realizados y la bibliografía existente hasta el presente nos permiten identificar tres cuadros clínicos que dan cuenta de las consecuencias psicológicas del aborto en la mujer (Cassadei, 1996): psicosis post- aborto, síndrome post- aborto y estrés post- aborto".

El grado de impacto psicológico y de desestructuración que tales cuadros tienen sobre la personalidad se corresponde con el orden dado a su descripción, ya que la gravedad de una psicosis es mayor a la de un síndrome psicológico y a la de una situación de estrés.

La psicosis post- aborto remite a un cuadro de naturaleza predominantemente psiquiátrica, que surge luego e inmediatamente al aborto y puede durar por un término de 6 meses. Es el trastorno de mayor compromiso psicológico y afecta severamente la personalidad de la mujer.

El cuadro de estrés post-aborto surge entre los 3 y 6 meses del hecho del aborto y representa el trastorno más leve observado hasta el momento.

Finalmente, el síndrome post- aborto (PAS) es un cuadro que puede surgir tanto luego e inmediatamente al aborto como permanecer la tente por un largo tiempo, manifestándose sus síntomas en modo diferido. Se considera que al cabo de 5 o 6 años se puede observar su manifestación clínica de modo acabado (Rue- Speckhard, 1996). Es el cuadro más discutido –y paradójicamente más relevante– en la comunidad científica, pues recibe de ella mayor atención y ocupa el mayor espacio en la bibliografía existente".[8] De igual manera nos dice la misma autora: "Finalmente, creemos que la manifestación de los síntomas descriptos, su intensidad y el momento en que surjan, dependerá de varios factores que hacen a la constitución de la personalidad de la mujer: a) número de pérdidas anteriores, b) fortaleza yoica, c) habilidad para racionalizar o negar sus sentimientos, d) determinación por suprimir y evitar todo tipo de intención por parte de otras personas de traer a luz los conflictos ocasionados, e) Estructura de personalidad de base".[9] De igual manera tenemos que este fenómeno también produce efectos en el ámbito cultural, que inciden de manera directa en el desarrollo y desempeño de la mujer, sobre ese particular se nos dice: "Hay varios efectos que se manifiestan luego de que una mujer sufre de un aborto, no importa si este sea inducido o espontâneo".

---

[7] http://www.fadm.org.ar/biblioteca/familia/aborto/aborto12.htm
[8] http://www.uca.edu.ar/uca/common/grupo49/files/Trabajo_de_Investigaci-n._Lic.pdf
[9] Ibid. Pág. 5.

– Disminución de la capacidad de trabajo: Las mujeres que sufren un aborto, buscan lugares solos, en donde puedan enterrar sus más negros pensamientos y recuerdos sobre lo que les ha sucedido. Por eso, las áreas de trabajo son lugares en donde las mujeres tienden a faltar por la gran cantidad de personas que hay y el estrés que les genera.

– Perdida de interés en el sexo: Ellas, le cogen miedo al sexo, pensando que pueden volver a quedar embarazadas y temen así tener que volver a tener la decisión de la absorción.

– Sentimientos de ser explotadas: Después de hacerse el aborto, estas personas comienzan a sentir que el mundo se les cae arriba, tratan de buscar una manera de salir del arrepentimiento o de cualquier el sentimiento que tengan, pero no lo encuentran y sienten que todas las personas tratan de hacerlas sentir mal.

– Sentimiento de deshumanización: La mujer piensa en el error que cometió, o tal vez en como acabo con una vida inocente, y comienza a sentirse mal por lo que cometió o eligió.

– Deseo de acabar con la relación con la pareja: Se siente culpable sobre lo sucedido, y cree que si no sigue con su pareja, tal vez el sentimiento se vaya, y pueda volver a seguir viviendo como antes.

– Aislamiento: La persona se aísla, pierde comunicación con las personas que están ahí para ayudarlas y que se suponen que son a quien ella más ama. Pierde comunicación con lo que sucede a su alrededor, encerrándose en una burbuja cubierta con sus problemas. Existen más efectos que son sufridos por las mujeres en el mundo, algunas sufren varios al mismo tiempo, mientras otra tal vez uno, pero cada una de ellas, termina al final manifestándolos".[10]

Podemos además señalar, como aspectos relevantes desde el punto de vista legal, de como se observa el fenómeno del aborto, de la siguiente manera: "La mayor parte de las legislaciones reguladoras, tanto las permisivas como las restrictivas, distinguen entre: aborto terapéutico y aborto electivo".

Aborto terapéutico: Es el que es justificado con razones médicas: para salvar la vida de la madre, cuando la continuación del embarazo o el parto significan un riesgo grave para su vida; para salvar la salud física o mental de la madre, cuando éstas están amenazadas por el embarazo o por el parto; para evitar el nacimiento de un niño con una enfermedad congénita o genética grave que es fatal o que le condena a padecimientos o discapacidades muy graves, o para reducir el número de fetos en embarazos múltiples hasta un número que haga el riesgo aceptable.

---

[10] http://infoaborto.blogspot.com/2008/11/algunos-efectos-sociales-del-aborto.html

Para la Organización Mundial de la Salud, este tipo de aborto debe estar autorizado por la legislación de cada país, con el fin de evitar las miles de muertes de personas producidas anualmente: "Aborto legal para no morir".

Los objetores aducen que no es ético sacrificar a unos para salvar a otros. Aborto electivo: El realizado por otras razones. Cuando el embarazo es el resultado de un delito de naturaleza sexual (violación) o de la aplicación de una técnica de reproducción asistida no consentida por la madre.

También se incluyen, como razones: la minoría de edad de la madre, la incapacidad para cuidar a un hijo por razones económicas o sociales y el deseo de ocultar el estigma que representa en ciertos contextos sociales un embarazo fuera del matrimonio.

Circunstancias sociales. Amnistía Internacional respalda la despenalización del aborto para garantizar que las mujeres tengan acceso a servicios de salud cuando surgen complicaciones derivadas del aborto, y para defender el derecho de las mujeres al aborto –dentro de los límites razonables que impone la gestación cuando su vida o su salud corran peligro.

Su postura ha sido cuestionada tanto por personas como por organizaciones tales como la Iglesia Católica, los cuales sostienen que, si Amnistía Internacional se opone a la pena de muerte, no es congruente que acepte su aplicación a lo que entienden como un menor de edad inocente. El problema, aquí, es el debate que se ha generado en cuanto a la definición de "menor de edad" y a la definición precisa del inicio de la vida (las definiciones de "individuo" y "persona"), pues quienes están a favor de la despenalización del aborto se preguntan: ¿Se trata realmente de una persona? ¿Cuándo, a partir de cuánto tiempo puede considerarse que el producto de la fecundación de un óvulo por un espermatozoide es ya una persona, un individuo? ¿Es acaso a partir del momento en que ya se formó completamente el sistema nervioso central, pues es éste el que nos da conciencia de nuestros pensamientos, de nuestros sentimientos, de nuestras sensaciones físicas, del dolor?

El aborto inducido ha sido y es diversamente considerado en distintas sociedades: para algunos, un procedimiento habitual para la limitación de la progenie; para otros, un crimen castigado con la pena de muerte; para unos, una práctica éticamente neutra; para otros, un pecado merecedor del estigma social y/o eclesiástico.[11]

Tal y como podemos observar del recuento, de estos tres tipos de enfoque del aborto, no es posible encontrar un punto en donde exista acuerdo, más que el enfoque del aborto permitido por ley, que es cuando se encuentre en grave peligro la salud o la vida de la madre.

---

[11] http://seccionabortiva.blogspot.com/2008/09/implicaciones-legales-del-aborto.html

Por ello nuestro interés, en abordar el fenómeno del aborto, desde el punto de vista exclusivamente del derecho constitucional y examinar y evaluar si nuestra carta magna, así como nuestra jurisprudencia y la de la C.I.D.H. son congruentes no solamente con los cuerpos legales que los rigen, sino con la realidad de nuestro país.

Definición de concepto-variable

Pretendo en la investigación analizar el aborto, primeramente desde la perspectiva o el concepto médico, para posteriormente entrar en el análisis de los conceptos que recoge tanto nuestra constitución, así como la legislación; lo cual necesariamente hay que contraponer en evaluación a lo que ha resuelto nuestra Sala Constitucional con relación al tema que nos ocupa. Con este análisis lo que se pretende es establecer si se ha producido algún cambio en cuanto a la concepción tradicional que se tiene sobre el aborto, si hay interpretaciones que de alguna manera podamos comprender como aportadas por la modernidad, o si por el contrario, todo se mantiene incólume y de ser así bajo cuales teorías o bajo cuales institutos. Todo este trabajo nos permitirá conocer, los nuevos aportes y la dirección que tiene un tema tan candente como lo es el aborto.

1. Planteamiento del problema

Con todos los datos recopilados sobre el tema del aborto, surge el planteamiento de nuestro problema, en este caso de la siguiente manera: *¿Cuales son los criterios de aplicación del aborto en Costa Rica, desde la perspectiva constitucional y legal?*

Se pretende investigar cuales son los criterios que se han venido manejando, tanto a nivel legal, reflejado en el sistema de justicia ordinario, penal y también cuales criterios ha seguido la Sala Constitucional y si estos se encuentran en armonía; a efectos de determinar si existen o no incongruencias entre estas dos materias del sistema de justicia, que atienden desde ángulos diferentes el mismo fenómeno.

2. Objetivos

GENERAL: CARACTERIZAR LOS CRITERIOS DE APLICACIÓN DEL ABORTO EN COSTA RICA, EN LA SEDE CONSTITUCIONAL Y PENAL.

ESPECIFICOS: 1. Describir la importancia de los valores que recoge nuestra constitución, en especial la vida. 2. Describir la importancia de los valores que recogen las leyes penales con relación al aborto y a la vida. 3. Caracterizar el trabajo del Tribunal Constitucional y del Tribunal Penal Supremo, Sala Tercera con relación al tratamiento del fenómeno del aborto. 4. Analizar el trabajo del Tribunal Constitucional y del Tribunal Penal Supremo, con relación a la resolución de los conflictos en donde se discute el fenómeno del aborto. 5. Caracterizar y clasificar las principales resoluciones del Tribunal Constitucional, así como del Tribunal Penal Supremo.

Introducción

El tema del Aborto que he elegido, es sin lugar a dudas uno de los más polémicos, no ahora sino desde siempre, puesto que pone de relieve una serie de valores, principios y bienes, que resulta muy difícil de colocar en línea con ideas afines de diferentes sectores que componen la sociedad; suponer un acuerdo sobre el aborto, parece imposible. Así tenemos que en el transcurso de nuestra investigación nos hemos encontrado con las diversas posiciones; se reconocen representativamente al menos dos corrientes, que enfocan de manera particular el fenómeno del Aborto. La denominada corriente pro-life y la corriente pro-choice, en donde se le da énfasis en uno a la vida y en la otra a la elección de la mujer. Para nuestro caso en particular de Costa Rica tenemos que, la Sala Tercera de la Corte Suprema de Justicia encargada de lo penal, ha seguido el criterio recogido en el código civil patrio, que dice que el feto es persona y se le reconoce como tal hasta trescientos días antes de su nacimiento, de igual manera nuestra Sala Constitucional, ha avalado y sellado tal criterio señalando en sus últimos votos, que la vida humana es inviolable y que la misma recibe protección desde el momento de su concepción, entendiendo por concepción la fecundación del espermatozoide y el óvulo; contraria a esa posición recientemente la Corte Interamericana de justicia indico que: considera que el embrión humano no es persona bajo el sistema interamericano, a pesar de que el artículo 4 de la Convención Americana habla de que el derecho a la vida está protegido desde la concepción, entendiendo el término "concepción" referido al inicio de la vida humana, como equivalente a implantación o anidación. Hace la diferenciación entre vida y vida humana, lo cual se encuentra en línea con lo que prescribe nuestra Carta Magna que protege la vida humana, no la vida, como lo entiende la Sala Constitucional. Por ello se afirma que el embrión humano concebido fuera del seno materno no sería persona si no está implantado porque fuera del seno materno no tiene posibilidad de vida. Como vemos dos posiciones antagónicas y ambas con fuerza vinculante erga omnes para la Sala Constitucional y para los Estados en el caso de la Corte Interamericana.

Se produce pues a nuestro juicio, un choque entre lo que la Sala Constitucional patria ha entendido que dice nuestra Constitución indica con relación a la vida humana, la cual se protege desde su concepción, y con un concepto simplemente de vida, fundamentado en los instrumentos internacionales, con el criterio o la sentencia de la Corte Interamericana que representa el ordenamiento de carácter supra nacional y obliga a hacer ajustes no solamente en nuestra legislación sino en la interpretación constitucional. De manera elocuente la Sala Constitucional y los tribunales penales exponen la tesis representada por la corriente pro life y la sentencia de la Corte Interamericana de Derechos Humanos recoge la tesis representada por la corriente pro choice, que yo diría que modulada, para los casos en que la aplicación de la técnica de la FIV resulte necesaria.

Pretendemos caracterizar los enfoques doctrinarios que existen del aborto, cual ha sido su tratamiento en la ley y en la jurisprudencia y con ello poder hacer un análisis de cómo han abordado y resuelto el tema tanto la Sala Constitucional, como la Corte Interamericana de los Derechos Humanos, apoyándonos también en los nuevos criterios científicos que con relación al aborto han venido abonando las diversas Ciencias.

La investigación pone de relieve también dos encuentros no pacíficos, entre el tema de la ética y los valores, con el tema científico, estos son los manantiales que dan vida a ambas corrientes. Se espera en el transcurso de la investigación, no solamente exponer como se han desarrollado ambas tesis en Costa Rica, sino asumir una posición en cuanto a cuál es la mejor de las decisiones jurídicamente formuladas.

La presente investigación consta de un Título único, denominado Criterios de Aplicación del aborto en Costa Rica desde la perspectiva Constitucional y Penal, cuenta además con dos capítulos, en el primero analizamos el aborto en la legislación, la doctrina y la jurisprudencia, conceptualizando el aborto, analizando sus características y formas de aplicación; en una sección segunda analizamos el aborto en la jurisprudencia primero en la sede penal y luego en la sede constitucional, con el objetivo de caracterizarla y poder ir conociendo nuestro objeto de estudio mucho mejor. Analizamos también cual ha sido la visión que desde la ciencias medica han venido promoviéndose en cuanto al aborto, con el objetivo de afincar fuertemente los pasos del embarazo y poder construir una opinión informada con relación a este ciclo biológico.

En el capítulo segundo analizaremos el aborto desde la perspectiva de la Sala Constitucional y de la Corte Interamericana de Derechos Humanos, analizando primero las resoluciones más relevantes sobre el aborto de la Sala Constitucional, con el fin de caracterizar esas resoluciones, para posteriormente en otro apartado, analizar la jurisprudencia a partir de esa caracterización y con el acopio de los elementos ya estructurados analíticamente. En una sección segunda de este capítulo analizaremos la resolución de la Corte Interamericana de Derechos Humanos sobre la Fecundación in Vitro, con el objetivo primeramente de caracterizarla y posteriormente en otra sección analizar la jurisprudencia que esa decisión sienta jurídicamente y en nuestro Estado.

Capítulo I – El aborto en la doctrina, la legislación y la jurisprudencia costarricense

Hemos querido en este primer acercamiento con el tema en concreto en Costa Rica, hacer un repaso rápido pero necesario, sobre cuales han sido los enfoques tanto de la doctrina, como de la legislación, así como de la jurisprudencia para poder ir construyendo el contexto en que nuestro tema se desarrolla.

Resulta importante anotar, que las voces más fuertes de la doctrina nacional, se inclinan por la posición pro vida y yo agregaría para Costa Rica, con visión civilista, también influida por la tradición religiosa-católica, que visualiza el aborto como un crimen; esta es la posición más fuerte y marcadamente los autores lo reconocen como tal y solamente a regañadientes reconocen únicamente el aborto terapéutico. Pero también empieza a darse a conocer aunque de manera más incipiente, otra tendencia que se inclina porque el aborto es una elección de la mujer, la cual en nuestro país no es de recibo por las mayorías, aunque sus fundamentos resultan ser bastante racionales para los supuestos que lo permiten, asunto que estudiaremos adelante.

Tomamos en cuenta también lo que ha venido señalando la jurisprudencia, en este caso la jurisprudencia de nuestra sala penal, la sala tercera; la cual ha asumido la posición de defensa de la vida desde su concepción entendiendo por concepción la fecundación, analizaremos en adelante también esta posición. Dentro de este acápite no estudiaremos la jurisprudencia constitucional que la reservamos para un análisis junto con la última decisión de la Corte Interamericana de Justicia que sostienen posiciones totalmente diferentes.

Seccion I. – El aborto

A. CONCEPTO.

De buenas a primeras parece que el concepto, sería como lo más fácil de definir, diciendo que el aborto es, según la Real Academia:

"Interrupción del embarazo por causas naturales o deliberadamente provocadas".[12] Pero desde la misma definición se plantean una serie de temas, que deben ser abordados por el derecho como ciencia, para dar solución a un posible conflicto sobre sus componentes. Entre ellos podemos citar, que hay dos tipos de aborto, uno el aborto natural, en el cual el derecho penal no interviene y otro el deliberadamente provocado, en donde corresponde analizar dichas conductas, para tener noticia cierta si le corresponde al derecho penal investigarla y eventualmente sancionarla.

En Costa Rica esta definición necesariamente hay que contraponerla a lo que prescribe nuestra carta magna cuando señala:

"ARTÍCULO 21. La vida humana es inviolable".[13]

Y ya acá inicia el debate de ¿qué es la vida humana?, ¿a partir de cuándo se puede decir que inicia la vida humana?, adelante detallaremos más sobre este tema, lo importante por el momento es tener claro el mandato constitucional que nos indica que la vida humana es inviolable, por ello no es posible por ejemplo establecer en nuestro país la pena de muerte, o tratos degradantes u humillantes contra cualquier ser humano. Por otro lado entra en juego un área de la ciencia, la Bioética que necesariamente debe de intervenir, para poder acuñar una definición muy informada de que es la vida, sin dejar de lado los valores que como sociedad hemos ido abonando a este valor supremo.

Desde la Constitución, podemos decir que el aborto en términos absolutos es una violación al valor supremo vida y en términos relativos habría que considerar específicamente para cada caso en concreto, si efectivamente ese bien jurídico supremo fue vulnerado. En este particular sentido hay diversas opiniones, por ejemplo, para el autor Jorge Scala:

la palabra aborto significa el asesinato de un feto. Hablar de aborto como "interrupción del embarazo" es tan ridículo, como definir al homicidio por "cese de respiración". En realidad, el embarazo es un estado fisiológico concomitante a la existencia del embrión: de modo tal que sin embrión no hay embarazo. Por ello, la interrupción del embarazo requiere previamente la destrucción del embrión y ese es el acto criminal: suprimir una vida inocente.[14]

La definición anterior a mi juicio está inscrita dentro del concepto absoluto de violación al valor o bien jurídico vida, es una definición válida, sin embargo deja por fuera elementos importantes y novedosos que

---

[12] http://buscon.rae.es/drae/srv/search?id=3NnaYC6S0DXX2N5leX24
[13] Constitución Política de Costa Rica, 7 de noviembre de 1940. Imprenta Nacional. San José Costa Rica. 2010.
[14] SCALA (Jorge). El Aborto en preguntas y respuestas. San José, Costa Rica. 5° edición. Ediciones Promesa. 2005.

ha venido incorporando la ciencia, como por ejemplo los ciclos del embarazo y a partir de cuándo podemos decir que hay vida.

Otra autora considera que:

> El aborto suele definirse como la interrupción del embarazo antes de que el feto sea viable, es decir, que esté capacitado para la vida extrauterina. La viabilidad del feto o el embrión fue definida por la Organización Mundial de la Salud hasta las 22 semanas de embarazo, momento en el cual el peso fetal es de aproximadamente 500 gramos (Faúndes; Barzelatto, 2005).[15]

Como se puede observar dos posiciones diametralmente opuestas, por un lado se señala que el aborto es un crimen a una vida humana inocente y por otro lado se nos indica en la otra posición, que es la interrupción del embarazo; solo y solo, cuando el feto sea viable, en el útero de la madre, señalándose acá veintidós semanas desde la concepción. Las posiciones son irreconciliables, a mi juicio ambas tienen un poco de razón en lo que formulan, por un lado la tesis pro life, nos dice que es un ser humano al que se le está quitando la vida. Y aquí es en donde entra en juego el artículo 21 de nuestra Constitución Política, que nos dice que la vida humana es inviolable; en nuestro país el encargado de interpretar la Constitución por mandato supremo lo es la Sala Constitucional, que en varias acciones de inconstitucionalidad y recursos de amparos ha sostenido, que la protección de la vida se produce desde la fecundación; así lo ha señalado en diferentes votos.[16]

A mi juicio el voto más significativo en el tema del aborto, es la resolución 2792 del año 2004, de la Sala Constitucional, de las catorce horas con cincuenta y tres minutos del diecisiete de marzo del dos mil cuatro, en el la Sala asume la posición que hasta el momento ha sido inquebrantable, en donde avaló la visión civilista del concepto de vida, en línea con lo que prescribe nuestro Código Civil en su artículo 31, exactamente la Sala indicó:

> **La protección del derecho a la vida y la dignidad del ser humano en la legislación costarricense:** Legalmente, el artículo 31 del Código Civil establece que la existencia de la perso-

---

[15] MAROTO VARGAS (Adriana). Despenalización del aborto en Costa Rica: argumentos para los supuestos de violencia sexual y malformación incompatible con la vida extrauterina / Adriana Maroto Vargas; Paola Brenes Hernández. – San José: Asociación. Colectiva por el Derecho a Decidir, 2008.

[16] "Para el ser humano, la vida no sólo es un hecho empíricamente comprobable, sino que es un derecho que le pertenece precisamente por estar vivo. El ser humano es titular de un derecho a no ser privado de su vida ni a sufrir ataques ilegítimos por parte del Estado o de particulares, pero no sólo eso: el poder público y la sociedad civil deben ayudarlo a defenderse de los peligros para su vida (sean naturales o sociales), tales como la insalubridad y el hambre, sólo por poner dos ejemplos. La pregunta ¿cuándo comienza la vida humana? tiene trascendental importancia..."La aplicación de la Técnica de Fecundación In Vitro y Transferencia Embrionaria, en la forma en que se desarrolla en la actualidad, atenta contra la vida humana"... "El ser humano tiene derecho a que nadie atente contra su vida, a que no se le prive de ella –formulación negativa-, pero también a exigir de otras conductas positivas para conservarla. Esta conducta puede ser reclamada a profesionales o instituciones dedicadas al cuidado de la salud y a quien tenga incluso un deber genérico de asistencia" Sentencia 2306-00

na física comienza al nacer viva, pero inmediatamente indica que se le considera *"nacida para todo lo que la favorezca, desde 300 días antes de su nacimiento"*, con lo cual se le está reconociendo desde ese momento (la concepción) su status de persona.[17]

Teniendo ya este panorama, en cuanto a lo que nuestra legislación dispone con relación al aborto y las opiniones doctrinarias, podemos ya acuñar para nuestro país una primera aproximación de lo que es el aborto. Ésta acción está tipificada en el código penal patrio de diferentes maneras, pero en general, persigue castigar la muerte de un feto, desde el momento de su concepción. Y la persecución de estas conductas abarca tanto las dolosas como las culposas.

La interpretación hecha, es una construcción lógica por derivación, en donde se concluye que el feto es una persona, y para tal efecto se le considera sujeto de derechos hasta trescientos días antes de su nacimiento; lo cual encuentra apoyo principalmente en el artículo 21 de nuestra carta magna, integrado para interpretación con el artículo 31 de nuestro código civil.

B. CARACTERISTICAS.

Como lo apuntamos antes es muy amplia la variedad de tipificaciones que tiene el aborto en nuestro país, a saber nuestro Código Penal sanciona el delito de aborto (artículos 118 a 121). En concreto los tipos penales exactamente indican:

Artículo 118. Aborto con o sin consentimiento.
El que causare la muerte de un feto será reprimido:
1) Con prisión de tres a diez años, si obrare sin consentimiento de la mujer o si ésta fuere menor de quince años. Esa pena será de dos a ocho años, si el feto había alcanzado seis meses de vida intrauterina;
2) Con prisión de uno a tres años, si obrare con consentimiento de la mujer. Esa pena será de seis meses a dos años, si el feto no había alcanzado seis meses de vida intrauterina.

En los casos anteriores se elevará la respectiva pena, si del hecho resultare la muerte de la mujer."

Artículo 119. *Aborto procurado.*
Será reprimida con prisión de uno a tres años, la mujer que consintiere o causare su propio aborto. Esa pena será de seis meses a dos años, si el feto no había alcanzado seis meses de vida intrauterina.

Artículo 120. Aborto honoris causa.
Si el aborto hubiere sido cometido para ocultar la deshonra de la mujer, sea por ella misma, sea por terceros con el consentimiento de aquélla, la pena será de tres meses hasta dos años de prisión.

---

[17] SALA CONSTITUCIONAL DE LA CORTE SUPREMA DE JUSTICIA. San José, a las catorce horas con cincuenta y tres minutos del diecisiete de marzo del dos mil cuatro. Resolución 2004-02792.

Artículo 121. *Aborto impune.*
No es punible el aborto practicado con consentimiento de la mujer por un médico o por una obstétrica autorizada, cuando no hubiere sido posible la intervención del primero, si se ha hecho con el fin de evitar un peligro para la vida o la salud de la madre y éste no ha podido ser evitado por otros medios.

Artículo 122. Aborto culposo.
Será penado con sesenta a ciento veinte días multa, cualquiera que por culpa causare un aborto.[18]

La legislación con relación a la conducta de aborto es sumamente amplia, el catálogo de sanciones comprende no solamente a la mujer que se lo practica, sino también a quien lo practica, inclusive para los galenos que lo practican, podría acarrear una pena accesoria de suspensión del ejercicio de la profesión, igual suerte correría la obstetra si fuere su caso. Inclusive la legislación prevé el aborto culposo, que pone de manifiesto el interés del Estado en regular detalladamente este tipo de conductas.

La única causa de justificación que prevé nuestra legislación, es cuando el aborto se realice, para evitar el peligro de la vida o de la salud de la madre; pero a la vez la legislación le exige a los profesionales, que debieron de haber agotado todas la posibilidades para que ello no suceda de esa manera y si agotada esas posibilidades, subsiste el peligro, entonces si se autoriza el aborto.

Por otro lado tenemos, que al mismo tiempo que se sanciona tan severamente el aborto, también se deja abierta la posibilidad de que la persona pueda ser eximida de cumplir la pena, mediante el perdón judicial, específicamente nos dice la ley lo siguiente:

ARTÍCULO 93. Perdón Judicial.
También extingue la pena, el perdón que en sentencia podrán otorgar los jueces al condenado, previo informe que rinda el Instituto de Criminología sobre su personalidad, en los siguientes casos:
4) A quien haya causado un aborto para salvar el honor propio o lo haya producido con ese fin a una ascendiente o descendiente por consanguinidad o hermana;
5) A la mujer que hubiere causado su propio aborto si el embarazo ha sido consecuencia de una violación.[19]

El Perdón judicial incorpora un supuesto más aparte del permiso del tipo penal permisivo, en este caso que por salvar el honor propio para la mujer y también para sus ascendientes y descendientes por consanguinidad; nos parece que es un artículo hecho muy a la medida de un sector específico de la sociedad, que puede tener los recursos para recurrir al aborto, expresamente las personas con un poder económico importante,

---
[18]Código Penal de Costa Rica. Ley n. 4573. Publicado en La Gaceta n. 257. El quince de noviembre de mil novecientos setenta. Imprenta Nacional.
[19] id.

que por un desliz de una miembra de la familia ponga en entredicho el honor de esa familia. La norma me parece absolutamente discriminatoria y plantea claramente el doble discurso con relación al tema del aborto y que es tratado en nuestra legislación fraccionariamente.

Con el anterior elenco de tipos penales y su análisis, podemos decir en esta caracterización, primeramente, que el Código Penal costarricense, data del año 1970, una época en la cual la ciencia no se encontraba tan avanzada como el día de hoy, para poder comprender detalladamente, el embarazo y sus ciclos; por ello contempla el aborto en el sentido amplio, como un delito contra la vida, y sanciona con penas de cárcel que van desde los seis meses hasta los tres años para la mujer que consienta su aborto y de seis meses hasta diez años para la persona que le asista. La edad gestacional del feto funciona como una atenuante, si éste tenía menos de seis meses de gestación.

Podemos caracterizar la legislación, como sumamente represiva, en el sentido de que se castiga todas las formas de aborto, es una concepción extrema de pro-life; sin embargo existen excepciones con características tendenciosas y muy particulares.

La excepción a este tipo penal es la interrupción del embarazo que se realiza para salvar la salud o la vida de la mujer, conocido en la doctrina como aborto terapéutico o interrupción terapéutica del embarazo. No obstante, a pesar de que existe esta figura de aborto impune, su práctica reportada en los centros de salud es prácticamente nula. Según datos de la Caja Costarricense del Seguro Social (CCSS), en todo el país se realizaron 26 abortos terapéuticos entre el 2002 y el 2006.[20]

Con ello ponemos de relieve nuestra crítica en el sentido de que la legislación fue hecha a la medida para la elite social de nuestro país.

La otra figura que contempla nuestro Código Penal que permite de alguna manera salir exento de responsabilidad, lo es el Instituto del perdón judicial, que funciona ex post para quien haya causado un aborto, para salvar el honor propio o lo haya producido con ese fin a una familiar y también para la mujer que hubiere causado su propio aborto si el embarazo ha sido consecuencia de una violación. Como se observa en los dos casos extremos, en donde el aborto tiene un fuerte fundamento humano, como lo es salvar la vida de la madre o que el mismo sea producto de una violación, siempre se procesa el caso judicialmente, hay sentencia, solamente que existe el instituto del perdón judicial, que funciona como válvula de escape de estos casos, pero en el filtro inicial del proceso, este no se detiene, sino hasta que se ha producido la condena.

---

[20] Departamento de Estadísticas de Salud, CCSS. http://www.ccss.sa.cr/html/organizacion/gestion/gerencias/medica/dis/dep_estadistica/des/publicaciones.html

Existe otro elemento caracterizador de como se ha abordado en nuestro país el aborto, cuando aplicamos el instituto del perdón judicial, la eximente de cumplimiento de la pena; es que en el se discuten elementos subjetivos muy particulares y fuertes, en concreto elementos de orden moral, como el daño al honor propio y especialmente al honor familiar. En estos casos, el derecho a la vida del feto, depende mucho de quien sea la persona que lleva en su vientre el mismo, y si este es de tutelar, efectivamente se le da la garantía de que pueda optar por el perdón judicial, como salida "decorosa" del proceso. La legislación parece hecha a la medida para una cierta élite que si puede acceder a ese beneficio.

Otro elemento caracterizador, es para el galeno que participa en el aborto, se le puede imponer además una pena accesoria, que es la inhabilitación en el ejercicio de su profesión; otra caracterización que pone muy de manifiesto cual es la posición de nuestro país con relación al tema del aborto.

Por otro lado debemos de tener en cuenta, que nuestro Código Civil de 1888, establece un concepto de persona, que también sirve de fundamento a la Sala Constitucional para definir cuando el feto es sujeto de derechos y de protección en este caso por parte del derecho civil.

Exactamente nos dice el Código Civil lo siguiente:

Artículo 31. Existencia de las personas.
La existencia de la persona física principia al nacer viva y se reputa nacida para todo lo que la favorezca desde 300 días antes de su nacimiento. La representación legal del ser en gestación corresponde a quien la ejercería como si hubiera nacido y en caso de imposibilidad o incapacidad suya, a un representante legal.[21]

Es importante señalar, que para nuestro Código Civil, el artículo se encuentra enmarcado dentro del Libro I denominado De las personas, en el título I denominado Existencia y capacidad jurídica de las personas y en su capítulo I denominado Existencia de las personas.

A pesar de que el Código Civil ha sufrido varias reformas desde entonces, este artículo en particular no ha sido reformado, por lo que es conveniente, analizar en primer lugar su ubicación dentro de este cuerpo legal. Vemos que se encuentra en el Libro de las personas, por lo que para empezar en la ubicación concibe el feto como una persona, nada más que en el lenguaje civil denominada como "no nacida" y la reputa como persona con derechos que deberá de ejercer quien los tenga que ejercer, los padres o representantes legales, como si hubiera nacido dice el código. Esta es otra caracterización importante, que le da vida o existencia y además le otorga capacidad jurídica a través de la persona que le representa.

---

[21] Código Civil de Costa Rica, promulgado por decreto n. 30 de 19 de abril de 1886. Entró a regir en Enero de 1888. Ley n. 63 de 28 de Setiembre de 1887. Editorial Juritexto. San José, Costa Rica. 1999.

En mi opinión sin lugar a dudas este es un texto de vieja data, que desconoce los avances más representativos de la ciencia, con relación a la concepción y la vida que desarrollaremos adelante; pero si es menester reconocer que la legislación obedece a una realidad de los años de mil ochocientos y no se ajusta a las del presente siglo veintiuno.

Secccion segunda – El aborto en la jurisprudencia

Luego de analizada el concepto del aborto en la legislación, analicemos como la jurisprudencia ha venido aplicando la normativa, con el objetivo de caracterizar las resoluciones judiciales más importantes sobre el aborto, específicamente en el campo penal.

La posición de la Sala Tercera penal ha sido clara, con su línea jurisprudencial enmarcada dentro de lo que el código civil refiere como persona, en una de las resoluciones más destacadas nos dice:

"ÚNICO MOTIVO POR EL FONDO: Errónea aplicación del artículo 128 del Código Penal. El imputado acusa en su primer agravio (como una cuestión por el fondo) que el fallo de instancia inobservó la norma sustantiva que arriba se cita. Su disconformidad se basa en que se le condenó por el delito de homicidio culposo a pesar de que se tuvo por demostrado que el producto de la gestación murió dentro del seno materno. Siendo ello así, más bien estaríamos ante la figura del aborto culposo, por lo que el recurrente solicita que se corrija la calificación jurídica de los hechos. *La queja no es de recibo*. De acuerdo con el contenido del fallo de instancia, si bien es cierto –tal y como se alega en el recurso– se tuvo por demostrado que la conducta culposa del acusado produjo como resultado que el menor ofendido muriese *dentro* del seno materno, es decir, *antes* de su expulsión, no podría perderse de vista que ello ocurrió cuando ya había dado inicio el proceso de parto, es decir, cuando el producto de la gestación ya había adquirido la madurez necesaria para nacer. En cuanto a dicho aspecto el fallo refiere lo siguiente: "... El veintitrés de febrero del año dos mil a eso de las veintidós horas, la señora Sidey Navarro Mora ingresó al hospital de Ciudad Neilly con cuarenta y un semana (sic) de embarazada y dolores de parto, siendo remitida a la sección de emergencia de dicho hospital por parte del doctor Pizarro para que fuera atendida por Albino Patricio Cruz Cruz, enfermero obstetra de dicho nosocomio, de la sala de partos, y a quien le correspondía la valoración de la paciente, haciéndole saber la señora Navarro que su primer parto había sido por cesárea y en el segundo habían tenido muchas complicaciones, solicitándole su atención médica debida para que el parto presente fuera satisfactorio. 2. El imputado Cruz Cruz, incumpliendo con los deberes de cuidado debidos como enfermero obstetra, no hizo valoración adecuada de los riesgos con base en los antecedentes por cesárea previa, ni tomó en cuenta el riesgo acerca del tamaño de la pelvis de la madre con respecto del feto ... realizando incluso maniobras de expulsión contraindicadas en estos casos. 3. Resultando del actuar culposo del imputado Cruz Cruz, la señora Navarro Mora sufrió una ruptura uterina con muerte de quien llevaría por nombre Innominado Navarro Mora, (sic) al darse una desproporción cefalopélvica (entre la cabeza del feto y el canal del parto materno). 4. El día siguiente, veinticuatro de febrero de 2001 (sic) a eso de las siete de la mañana, nace el producto por medio de una cesárea practicada a su madre, realizándose maniobras médicas de resucitación, con resultados negativos ya que el acusado había remitido a la paciente a sala de maternidad donde pasó toda la noche sin su debida supervisión, siendo que cuando comunicó lo sucedido ya era demasiado tarde para salvar la vida del menor ... Esto hace que las conclusiones de la autopsia tengan aún más trascendencia en el sentido de que hubo ruptura uterina con muerte de feto ... Quien fallece cuenta con cuarenta y un semanas de gestación y muere en el seno materno ..." (cfr. folio 167, línea 14 en adelante; folio 195, líneas 2 y 3; y folio 196, líneas 17 y 18). Como se colige de lo transcrito, es claro que en la sentencia de mérito se tuvo por acreditado, a partir de la prueba testimonial y de las conclusiones que se plasmaron en la pericia médico legal (autopsia), que a consecuencia de la conducta violatoria del deber de cuidado en la que incurrió el acusado, el menor ofendido falleció durante el proceso de parto, ello *antes* de salir del claustro materno. Tan cierto es lo anterior, que en la sección del fallo destinada al análisis de derecho y tipicidad, el propio tribunal expuso las razones jurídicas a partir de las cuales estimaron que, no obstante tal circunstancia, en este caso el ofendido debe ser considerado como "persona" y, por ello, la acción calificaría entonces como un delito de homicidio culposo. Al respecto, el órgano de mérito señaló: "... El nasciturus en nuestro medio es considerado persona. Para dejar claro este punto hay que hacer referencia al concepto de persona y de vida. Dentro de nuestro ordenamiento y con un rango superior a la ley, la Convención Interamericana de Derechos Humanos dispone en su artículo 4.1: "... toda persona tiene derecho a que se respete su vida. Este derecho estará protegido por la ley y, en general, a partir del momento de la concepción. Nadie puede ser privado de la vida arbitrariamente...". La consideración del no nacido como persona, a efectos de determinar la presencia de ese elemento de la tipicidad objetiva, no sólo deriva de dicha norma del derecho Internacional de los Derechos Humanos, sino de la contemplada en otros instrumentos de igual rango, sino también de la jurisprudencia vinculante de la Sala Constitucional. Concretamente del voto 2306-2000 de quince y veintiuna horas del quince de marzo de dos mil, luego de concluir que todo concebido es persona y por tanto la tutela del derecho a la vida le cubre, sostiene: "El ser humano tiene derecho a que nadie atente contra su vida, a que no se le prive de ella –formulación negativa–, pero también a exigir de otros conductas positivas para conservarla. Esta conducta puede ser reclamada a profesionales o instituciones dedicadas al cuidado de la salud y a quien tenga incluso un deber genérico de asistencia ..." (cfr. folio 1967, línea 18 en adelante). Conforme se puede inferir de lo expuesto, en el presente caso se plantea la discusión entre el concepto de "persona" que por un lado maneja la Convención Interamericana de Derechos Humanos, y la que a su vez incorpora el Código Penal (y la doctrina que lo informa), siendo claro que con respecto a la primera, el segundo es una norma de rango inferior. En este sentido se advierte que los artículos 111, 117, y 118 a 122, todos del Código Penal, parten de una clara distinción entre los conceptos de "persona" (sujeto pasivo de la figura de homicidio, ya sea doloso o culposo), y de "feto" (sujeto pasivo de las figuras de aborto, en sus distintas modalidades). La diferencia entre ambos conceptos no fue resuelta por el legislador, de tal manera que a dichos efectos el operador jurídico deberá echar mano a varias herramientas herméuticas, entre las cuales obviamente se encuentra la doctrina que informa esas normas penales sustantivas. Ésta, por su parte, establece dicha distinción a partir de varios criterios, todos los cuales indican que el feto (que no por ello pierde la calidad de "ser humano") no va a adquirir la condición de persona sino a partir del nacimiento. En realidad, este último concepto es el que no resulta pacífico en la doctrina, pues al respecto existen varias posiciones. En este sentido se ha dicho "... En lo atinente al sujeto pasivo del delito, la doctrina ha discutido sobre a partir de cuándo es que se puede decir que existe un ser humano, lo que es importante para determinar si se está ante un homicidio o ante un aborto. Al respecto existen varios criterios. Unos indican que es homicidio, y no aborto, la muerte de la criatura durante el nacimiento, sea cuando comienzan los dolores del parto; se inicia el procedimiento artificial para inducirlo, o se extrae quirúrgicamente al niño (así Peña Cabrera ... Cuello Calón ... Ranieri ... Breglia y Gauna ... Núñez ... Maggiore ... Soler ... Fontán ... Creus ... Laje Anaya ... Manigot ... Acevedo Blanco ... Martínez Brenes ... Rojas Sánchez y otros. Debe tenerse en cuenta que las dos últimas investigaciones citadas son de autores costarricenses). Esta posición es dominante en Argentina... Una segunda posición exige para la existencia de homicidio la total separación del claustro materno evidenciada por el corte del cordón umbilical (así: Muñoz Conde...). Una tercera señala que lo decisivo es que la criatura haya salido totalmente del claustro materno, independientemente de que se haya cortado el cordón umbilical... El bien jurídico protegido en los delitos de aborto es la vida del producto de la concepción. La protección a través del delito de aborto se extiende desde la concepción hasta la expulsión del seno materno, a partir de este último momento la protección es por medio del delito de homicidio..." (Rivero Sánchez (Juan Marcos) u otro, *"Comentarios al Código Penal"*, editorial Juriscentro, San José. 1ª edición, 1989, págs. 1, 2, 71 y 72). Esta sería la posición que parece defender el impugnante, quien argumenta que en vista de que el ofendido falleció dentro del seno materno (cuando aún no había sido expulsado ni separado completamente de la cavidad uterina), no llegó a adquirir la condición de "persona", de tal manera que por tratarse de un "feto" no estaríamos ante un delito de homicidio culposo sino a lo sumo ante la figura del aborto culposo. Si bien dicho planteamiento (seguido también por los autores citados) es respetado por esta Sala, la misma no lo comparte, pues más bien se ha inclinado por la tesis que impera en Argentina, la que lleva la protección jurídico penal un poco más atrás, al entender que –a efectos de determinar la correcta calificación jurídica del hecho– existe nacimiento desde aquel momento en que, habiendo adquirido el producto de la gestación la madurez necesaria, se da inicio al proceso de alumbramiento. En este sentido debe aclararse que el nacimiento no es un acto único, concreto y determinado, sino todo un *proceso* que da inicio cuando el infante ha adquirido la madurez necesaria y se presentan las contracciones uterinas; cuando éstas se inducen artificialmente; o cuando se da inicio al proceso de extracción quirúrgica. Lo anterior implica que la figura del infanticio que prevé el artículo 113 inciso c) del Código Penal no tiene por qué partir de un análisis teórico diverso a éste, como el que propugnan los autores que se comentan (cfr. ibid, pág. 2), ya que esta última ilicitud no establece ni exige que el cómputo de los tres días dentro de los cuales debe haberse producido la muerte del infante, deba empezar a correr a partir de que el proceso de alumbramiento haya finalizado (con la expulsión del claustro materno), pues los mismos corren a partir del momento en que dio inicio el nacimiento. Es ésta la tesis ha sido aceptada por la jurisprudencia de la Sala Penal: "... Se reprocha en este motivo que para que surja a la vida jurídica el delito de Homicidio culposo, se debe de matar a *una persona* y los hechos tenidos por probados – ahogamiento del producto de la concepción que estaba en el útero de la ofendida – no acreditan que la conducta desplegada por el doctor (...) ocasionara la muerte de una persona, por lo que el resultado causado está fuera del ámbito de protección del artículo 117 del Código Penal. En este caso no se mató a una persona, sino al producto de la concepción – feto – que no tuvo vida independiente, por lo que no había adquirido la categoría jurídico penal de persona, resultando los hechos atípicos ... la norma contenida en el numeral 122 ejusdem se refiere al que por culpa causare un aborto, entendiendo por ello la muerte de un feto, como producto de la concepción, desde que pasa el período embrionario *hasta el momento del parto*. No cabe en consecuencia duda alguna, contrario a lo que señalan los recurrentes, que en la especie, el actuar culposo del imputado, *segó la vida de una persona, de un niño*, desconociéndose en los motivos invocados, la personalidad jurídica del menor ..., pese a que su muerte, ciertamente, se dio dentro del útero de su madre, de allí que no resulten de recibo los alegatos expuestos en cuanto a la pretendida atipicidad en la conducta desplegada. Si bien es cierto, la doctrina diferencia el concepto de Aborto, desde la óptica penal, de la concepción meramente médica, para los efectos penales, el aborto puede definirse como la interrupción violenta e ilegítima de la preñez, mediante la muerte de un feto inmaduro, dentro o fuera del útero materno – ver Maggiore, Giusseppe. Derecho Penal. Parte Especial. Tomo IV. Reimpresión de la tercera edición. Editorial Temis. Bogotá, Colombia, 1989, página 140 – Esta definición es importante para comprender los alcances de la figura penal de Aborto, a efecto de poder distinguirlo del Homicidio; así, el primer elemento que caracteriza al delito de Aborto es *la interrupción del embarazo o gestación*, en donde la mujer pare *antes del tiempo en que el feto puede vivir*, de modo que si el embarazo está completo, el proceso gestativo ha concluido, el feto está maduro e inicia el proceso de parto, su muerte con relevancia penal, no puede ser considerada como Aborto, sino que constituye un Homicidio, ya sea de carácter doloso o culposo. La doctrina, entre la que se incluye la italiana, argentina y parte de la española, perfectamente aplicable en nuestro medio contrario a lo que señalan los recurrentes, establece que la línea que divide el ámbito de protección entre el homicidio y el aborto, debe trazarse *en el comienzo del nacimiento*, extendiéndose en consecuencia la protección del homicidio y las lesiones a aquellas acciones que producen su resultado durante el nacimiento, es decir, que la protección de la vida de las personas después de ese hecho es más amplia – Bacigalupo, Enrique. Los delitos de Homicidio. Monografías Jurídicas. Editorial Temis. Bogotá. Colombia, 199. Reimpresión, pp. 6 y 7 – El inicio del nacimiento principia con las contracciones expulsivas, y en los casos en que el alumbramiento no se produce espontáneamente por las contracciones del útero, como cuando se recurre a la cesárea, por ejemplo, el comienzo del suceso está marcado por el inicio de la operación, es decir, por la práctica de la incisión en el abdomen, no siendo necesario aguardar hasta la apertura quirúrgica del útero. Asimismo, en los supuestos en que las contracciones expulsivas son inducidas por algunas de las técnicas médicas al respecto, el comienzo del nacimiento será el de la ejecución de la técnica concreta de inducción – Bacigalupo. Óp. cit., pp. 16 a 17 – Otros autores fijan también ese hecho desde el comienzo de los dolores o desde el proceso del parto hasta el momento de la completa separación, o bien desde el proceso del parto, incluyendo a aquel sin dolor o artificial – Varela, Bernardo C.. Homicidio Simple. Buenos aires. Lerner 1968, página 19 – De allí que podamos concluir que *las acciones ejercidas contra el feto durante el proceso del parto constituyen Homicidio* y *las acciones ejercidas contra el feto, con anterioridad a ese proceso, constituyen aborto,* en ambas situaciones estaremos frente a una persona, protegida constitucional y legalmente. En consecuencia, la protección de la vida de las personas, sancionable desde la óptica de la figura penal del Homicidio, principia desde el comienzo del nacimiento, no resultando necesario que la criatura sea viable, ni que incluso haya sido separada del seno materno, pues ese es precisamente el período comprendido en la expresión "durante el nacimiento...", voto n° 791-01, de las 10:10 horas del 20 de agosto de 2001. Así las cosas, es claro que el planteamiento de fondo que se esboza en el presente recurso, no resulta novedoso, pues esta Sala ya ha tenido la oportunidad de pronunciarse en cuanto al tema debatido. Se comprende, entonces, que el fallo de instancia, al estimar que en este caso los hechos que se tuvieron por plenamente demostrados configuran un delito de homicidio culposo, no incurrió en el supuesto yerro de fondo que se denuncia, pues si bien el niño falleció dentro del seno materno, también debe tenerse claro que ello sucedió una vez que su madre ingresó al hospital, cuando el proceso de alumbramiento ya había dado inicio. Así las cosas, se declara sin lugar el reclamo.[22]

En esta resolución, la Sala Tercera de la Corte, que es quien orienta la jurisprudencia patria en materia penal, nos indica, para entender la diferencia entre un Homicidio y un aborto, que si la muerte del feto se produce durante el proceso de parte, es homicidio y que si se produce antes de eso es aborto; teniendo como premisa que en ambas situaciones se trata de una persona o lo que es lo mismo, la Sala sigue el criterio que recoge nuestro código civil y considera persona al feto hasta trescientos días antes de su nacimiento, lo que equivale al momento de la concepción; puesto que existe acuerdo en la comunidad científica que el embarazo dura aproximadamente doscientos ochenta días, de lo que se concluye fácilmente que nuestra jurisprudencia siguiendo el código civil protege y concibe al feto como persona desde su fecundación.

Desde el punto de vista de la caracterización, la sala se presenta en su resolución, como una sala conservadora y con criterios civilistas muy fuertes, desconociendo los avances científicos, que permitirían en el campo penal, poder aplicar algunas herramientas de la teoría del delito, que hagan más proporcional y razonable la decisión.

En otra resolución relevante, nos dice nuestra Sala Penal lo siguiente:

"El primer motivo de fondo replantea el tema acerca de si la muerte del niño se trató de un homicidio o de un aborto culposo, porque lo extraído fue un producto gestacional con "Apgar 00-00", lo que implica que antes de nacer (es decir, aun siendo feto), ese producto estaba

---
[22] Exp: 00-200086-0456-PE. Res: 2004- 00442. SALA TERCERA DE LA CORTE SUPREMA DE JUSTICIA. San José, a las once horas del siete de mayo de dos mil cuatro.

muerto. Como se explicó en el primer considerando de esta resolución, el punto carece de interés, para la demandada civil, pues lo cierto es que el Tribunal concluyó que en el presente asunto no había mediado culpa por parte del médico imputado, por lo que procedió a absolverlo de toda pena y responsabilidad. En consecuencia, desde la perspectiva penal, si el hecho se calificó como un homicidio o un aborto culposo, es intrascendente, salvo por lo que se dirá en el segundo reparo de fondo. Luego, en lo que respecta a la responsabilidad civil, ámbito de interés de la entidad recurrente, tampoco es importante, pues el daño (moral y material) causado debía ser indemnizado, con independencia de la calificación típica que hubiera recibido ese hecho.

VII.-

Para concluir, en el segundo motivo de fondo, se arguye que, al haberse tratado de un aborto culposo, la causa estaría prescrita en lo que concernía a la acción penal. No le asiste razón al recurrente: Como es sabido, los hechos a que se refiere esta causa tuvieron lugar el día 20 de febrero del 2001, cuando la señora Muñoz Alfaro estaba siendo atendida hospitalariamente ante el alumbramiento inminente de su hijo, el aquí ofendido. (folio 596). Es decir, ya se encontraba en marcha el proceso de parto. En tales casos, como ya lo ha señalado la jurisprudencia de esta Sala, no se está ante un feto, sino ante una persona, por lo que la muerte que se le cause no constituye un aborto, sino un homicidio. En cuanto al tópico, en el voto 442, de las 11:00 horas del 7 de mayo de 2004, tuvo la oportunidad de establecer que:

"De acuerdo con el contenido del fallo de instancia, si bien es cierto –tal y como se alega en el recurso– se tuvo por demostrado que la conducta culposa del acusado produjo como resultado que el menor ofendido muriese *dentro* del seno materno, es decir, *antes* de su expulsión, no podría perderse de vista que ello ocurrió cuando ya había dado inicio el proceso de parto, es decir, cuando el producto de la gestación ya había adquirido la madurez necesaria para nacer". En cuanto a dicho aspecto, el fallo refiere lo siguiente: "... El veintitrés de febrero del año dos mil a eso de las veintidós horas, la señora Sidey Navarro Mora ingresó al hospital de Ciudad Neilly con cuarenta y un semana (sic) de embarazada y dolores de parto, siendo remitida a la sección de emergencia de dicho hospital por parte del doctor Pizarro para que fuera atendida por Albino Patricio Cruz Cruz, enfermero obstetra de dicho nosocomio, de la sala de partos, y a quien le correspondía la valoración de la paciente, haciéndole saber la señora Navarro que su primer parto había sido por cesárea y en el segundo habían tenido muchas complicaciones, solicitándole su atención médica debida para que el parto presente fuera satisfactorio. 2.- El imputado Cruz Cruz, incumpliendo con los deberes de cuidado debidos como enfermero obstetra, no hizo valoración adecuada de los riesgos con base en los antecedentes por cesárea previa, ni tomó en cuenta el riesgo acerca del tamaño de la pelvis de la madre con respecto del feto ... realizando incluso maniobras de expulsión contraindicadas en estos casos. 3.- Resultando del actuar culposo del imputado Cruz Cruz, la señora Navarro Mora sufrió una ruptura uterina con muerte de quien llevaría por nombre Innominado Navarro Mora, (sic) al darse una desproporción cefalopélvica (entre la cabeza del feto y el canal del parto materno). 4.- El día siguiente, veinticuatro de febrero de 2001 (sic) a eso de las siete de la mañana, nace el producto por medio de una cesárea practicada a su madre, realizándose maniobras médicas de resucitación, con resultados negativos ya que el acusado había remitido a la paciente a sala de maternidad donde pasó toda la noche sin su debida supervisión, siendo que cuando comunicó lo sucedido ya era demasiado tarde para salvar la vida del menor ... Esto hace que las conclusiones de la autopsia tengan aún más trascendencia en el sentido de que hubo ruptura uterina con muerte de feto ... Quien fallece cuenta con cuarenta y un semanas de gestación y muere en el seno materno ..." (cfr. folio 167, línea 14 en adelante; folio 195, líneas 2 y 3; y folio 196, líneas 17 y 18). Como se colige de lo transcrito, es claro que en la sentencia de mérito se tuvo por acreditado, a partir de la prueba testimonial y de las conclusiones que se plasmaron en la pericia médico legal (autopsia), que a consecuencia de la conducta violatoria del deber de cuidado en la que incurrió el acusado, el menor ofendido falleció durante el proceso de parto, ello *antes* de salir del claustro materno. Tan cierto es lo anterior, que en la sección del fallo destinada al análisis de derecho y tipicidad, el propio tribunal expuso las razones jurídicas a partir de las cuales estimaron que, no obstante tal circunstancia, en este caso el ofendido debe ser considerado como "persona" y, por ello, la acción calificaría entonces como un delito de homicidio culposo. Al respecto, el órgano de mérito señaló: "... El nasciturus en nuestro medio es considerado persona. Para dejar claro este punto hay que hacer referencia al concepto de persona y de vida. Dentro de nuestro ordenamiento y con un rango superior a la ley, la Convención Interamericana de Derechos Humanos dispone en su artículo 4.1: ... toda persona tiene derecho a que se respete su vida. Este derecho estará protegido por la ley y, en general, a partir del momento de la concepción. Nadie puede ser privado de la vida arbitrariamente ...". La consideración del no nacido como persona, a efectos de determinar la presencia de ese elemento de la tipicidad objetiva, no sólo deriva de dicha norma del derecho Internacional de los Derechos Humanos, sino de la contemplada en otros instrumentos de igual rango, sino también de la jurisprudencia vinculante de la Sala Constitucional. Concretamente del voto 2306-2000 de quince y veintiuna horas del quince de marzo de dos mil, luego de concluir que todo concebido es persona y por tanto la tutela del derecho a la vida le cubre, sostiene: "El ser humano tiene derecho a que nadie atente contra su vida, a que no se le prive de ella –formulación negativa-, pero también a exigir de otros conductas positivas para conservarla. Esta conducta puede ser reclamada a profesionales o instituciones dedicadas al cuidado de la salud y a quien tenga incluso un deber genérico de asistencia..." (cfr. folio 1967, línea 18 en adelante). Conforme se puede inferir de lo expuesto, en el presente caso se plantea la discusión entre el concepto de "persona" que por un lado maneja la Convención Interamericana de Derechos Humanos, y la que a su vez incorpora el Código Penal (y la doctrina que lo informa), siendo claro que con respecto a la primera, el segundo es una norma de rango inferior. En este sentido se advierte que los artículos 111, 117, y 118 a 122, todos del Código Penal, parten de una clara distinción entre los conceptos de "persona" (sujeto pasivo de la figura de homicidio, ya sea doloso o culposo), y de "feto" (sujeto pasivo de las figuras de aborto, en sus distintas modalidades). La diferencia entre ambos conceptos no fue resuelta por el legislador, de tal manera que a dichos efectos el operador jurídico deberá echar mano a varias herramientas herméuticas, entre las cuales obviamente se encuentra la doctrina que informa esas normas penales sustantivas. Ésta, por su parte, establece dicha distinción a partir de varios criterios, todos los cuales indican que el feto (que no por ello pierde la calidad de "ser humano") no va a adquirir la condición de persona sino a partir del nacimiento. En realidad, este último concepto es el que no resulta pacífico en la doctrina, pues al respecto existen varias posiciones. En este sentido se ha dicho: "... En lo atinente al sujeto pasivo del delito, la doctrina ha discutido sobre a partir de cuándo es que se puede decir que existe un ser humano, lo que es importante para determinar si se está ante un homicidio o ante un aborto. Al respecto existen varios criterios. Unos indican que es homicidio, y no aborto, la muerte de la criatura durante el nacimiento, sea cuando comienzan los dolores del parto; se inicia el procedimiento artificial para inducirlo, o se extrae quirúrgicamente al niño (así Peña Cabrera ... Cuello Calón ... Ranieri ... Breglia y Gauna ... Núñez ... Maggiore ... Soler ... Fontán ... Creus ... Laje Anaya ... Manigot ... Acevedo Blanco ... Martínez Brenes ... Rojas Sánchez y otros. Debe tenerse en cuenta que las dos últimas investigaciones citadas son de autores costarricenses). Esta posición es dominante en Argentina ... Una segunda posición exige para la existencia de homicidio la total separación del claustro materno evidenciada por el corte del cordón umbilical (así: Muñoz Conde ...). Una tercera señala que lo decisivo es que la criatura haya salido totalmente del claustro materno, independientemente de que se haya cortado el cordón umbilical ... El bien jurídico protegido en los delitos de aborto es la vida del producto de la concepción. La protección a través del delito de aborto se extiende desde la concepción hasta la expulsión del seno materno, a partir de este último momento la protección es por medio del delito de homicidio ..." (Rivero Sánchez (Juan Marcos) u otro, *"Comentarios al Código Penal"*, editorial Juriscentro, San José. 1ª edición, 1989, págs. 1, 2, 71 y 72). Esta sería la posición que parece defender el impugnante, quien argumenta que en vista de que el ofendido falleció dentro del seno materno (cuando aún no había sido expulsado ni separado completamente de la cavidad uterina), no llegó a adquirir la condición de "persona", de tal manera que por tratarse de un "feto" no estaríamos ante un delito de homicidio culposo sino a lo sumo ante la figura del aborto culposo. Si bien dicho planteamiento (seguido también por los autores citados) es respetado por esta Sala, la misma no lo comparte, pues más bien se ha inclinado por la tesis que impera en Argentina, la que lleva la protección jurídico penal un poco más atrás, al entender que –a efectos de determinar la correcta calificación jurídica del hecho– existe *nacimiento* desde aquel momento en que, habiendo adquirido el producto de la gestación la madurez necesaria, se da inicio al proceso de alumbramiento. En este sentido debe aclararse que el nacimiento no es un acto único, concreto y determinado, sino todo un *proceso* que da inicio cuando el infante ha adquirido la madurez necesaria y se presentan las contracciones uterinas; cuando éstas se inducen artificialmente; o cuando se da inicio al proceso de extracción quirúrgica. Lo anterior implica que la figura del infanticio que prevé el artículo 113 inciso c) del Código Penal no tiene por qué partir de un análisis teórico diverso a éste, como el que propugnan los autores que se comentan (cfr. ibid, pág. 2), ya que esta última ilicitud no establece ni exige que el cómputo de los tres días dentro de los cuales debe haberse producido la muerte del infante, deba empezar a correr a partir de que el proceso de alumbramiento haya finalizado (con la expulsión del claustro materno), pues los mismos corren a partir del momento en que dio inicio el nacimiento. Es ésta la tesis ha sido aceptada por la jurisprudencia de la Sala Penal: "... Se reprocha en este motivo que para que surja a la vida jurídica el delito de Homicidio culposo, se debe de matar a *una persona* y los hechos tenidos por probados – ahogamiento del producto de la concepción que estaba en el útero de la ofendida – no acreditan que la conducta desplegada por el doctor (...) ocasionara la muerte de una persona, por lo que el resultado causado está fuera del ámbito de protección del artículo 117 del Código Penal. En este caso no se mató a una persona, sino al producto de la concepción – feto – que no tuvo vida independiente, por lo que no había adquirido la categoría jurídico penal de persona, resultando los hechos atípicos ... la norma contenida en el numeral 122 ejusdem se refiere al que por culpa causare un aborto, entendiendo por ello la muerte de un feto, como producto de la concepción, desde que pasa el período embrionario *hasta el momento del parto*. No cabe en consecuencia duda alguna, contrario a lo que señalan los recurrentes, que en la especie, el actuar culposo del imputado, *segó la vida de una persona, de un niño*, desconociéndose en los motivos invocados, la personalidad jurídica del menor ..., pese a que su muerte, ciertamente, se dio dentro del útero de su madre, de allí que no resulten de recibo los alegatos expuestos en cuanto a la pretendida atipicidad en la conducta desplegada. Si bien es cierto, la doctrina diferencia el concepto de Aborto, desde la óptica penal, de la concepción meramente médica, para los efectos penales, el aborto puede definirse como la interrupción violenta e ilegítima de la preñez, mediante la muerte de un feto inmaduro, dentro o fuera del útero materno – ver Maggiore, Giusseppe. Derecho Penal. Parte Especial. Tomo IV. Reimpresión de la tercera edición. Editorial Temis. Bogotá, Colombia, 1989, página 140 – Esta definición es importante para comprender los alcances de la figura penal de aborto, a efecto de poder distinguirlo del homicidio; así, el primer elemento que caracteriza al delito de aborto es *la interrupción del embarazo o gestación*, en donde la mujer pare *antes del tiempo en que el feto puede vivir*, de modo que si el embarazo está completo, el proceso gestativo ha concluido, el feto está maduro e inicia el proceso de parto, su muerte con relevancia penal, no puede ser considerada como aborto, sino que constituye un homicidio, ya sea de carácter doloso o culposo. La doctrina, entre la que se incluye la italiana, argentina y parte de la española, perfectamente aplicable en nuestro medio contrario a lo que señalan los recurrentes, establece que la línea que divide el ámbito de protección entre el homicidio y el aborto, debe trazarse *en el comienzo del nacimiento*, extendiéndose en consecuencia la protección del homicidio y las lesiones a aquellas acciones que producen su resultado durante el nacimiento, es decir, que la protección de la vida de las personas después de ese hecho es más amplia – Bacigalupo, Enrique. Los delitos de Homicidio. Monografías Jurídicas. Editorial Temis. Bogotá. Colombia, 199. Reimpresión, pp. 6 y 7 – El inicio del nacimiento principia con las contracciones expulsivas, y en los casos en que el alumbramiento no se produce espontáneamente por las contracciones del útero, como cuando se recurre a la cesárea, por ejemplo, el comienzo del suceso está marcado por el inicio de la operación, es decir, por la práctica de la incisión en el abdomen, no siendo necesario aguardar hasta la apertura quirúrgica del útero. Asimismo, en los supuestos en que las contracciones expulsivas son inducidas por algunas de las técnicas médicas al respecto, el comienzo del nacimiento será el de la ejecución de la técnica concreta de inducción – Bacigalupo. Op cit, pp16 a 17 – Otros autores fijan también ese hecho desde el comienzo de los dolores o desde el proceso del parto hasta el momento de la completa separación, o bien desde el proceso del parto, incluyendo a aquel sin dolor o artificial – Varela, Bernardo C.. Homicidio Simple. Buenos aires. Lerner 1968, página 19 – De allí que podamos concluir que *las acciones ejercidas contra el feto durante el proceso del parto constituyen Homicidio y las acciones ejercidas contra el feto, con anterioridad a ese proceso, constituyen aborto*, en ambas situaciones estaremos frente a una persona, protegida constitucional y legalmente. En consecuencia, la protección de la vida de las personas, sancionable desde la óptica de la figura penal del Homicidio, principia desde el comienzo del nacimiento, no resultando necesario que la criatura sea viable, ni que incluso haya sido separada del seno materno, pues ese es precisamente el período comprendido en la expresión "durante el nacimiento...", voto n° 791-01, de las 10:10 horas del 20 de agosto de 2001. Así las cosas, es claro que el planteamiento de fondo que se esboza en el presente recurso, no resulta novedoso, pues esta Sala ya ha tenido la oportunidad de pronunciarse en cuanto al tema debatido. Se comprende, entonces, que el fallo de instancia, al estimar que en este caso los hechos que se tuvieron por plenamente demostrados configuran un delito de homicidio culposo, no incurrió en el supuesto yerro de fondo que se denuncia, pues si bien el niño falleció dentro del seno materno, también debe tenerse claro que ello sucedió una vez que su madre ingresó al hospital, cuando el proceso de alumbramiento ya había dado inicio. Así las cosas, se declara sin lugar el reclamo". Siendo así, no es cierto, entonces, que el hecho conocido en esta causa fuera eventualmente constitutivo de una aborto culposo, sino en realidad de un homicidio culposo, cuya pena mayor es, de acuerdo con el artículo 117 del Código Penal, de ocho años de prisión, los cuales no se habrían cumplido en su modalidad ordinaria, ni en el plazo reducido a la mitad (de acuerdo a lo postulado por el artículo 33 del Código Procesal Penal), pues la indagatoria tuvo lugar el 19 de septiembre de 2001 (folio 46) y el señalamiento de la audiencia preliminar el 18 de marzo de 2003 (folio 95), para desembocar en la sentencia del 16 de marzo de 2005 (folios 588 y siguientes). Por ende, ni el plazo ordinario de ocho años, ni el reducido de cuatro años, habrían transcurrido entre cada una de las causas interruptoras de la prescripción.

Por Tanto:

Se declara sin lugar la casación interpuesta.[23]

Muy importante en esta jurisprudencia que la Sala Tercera hace una separación entre vida y persona, indicando que el nasciturus es considerado persona y que hay que diferenciar el concepto de persona y de vida. Para ello igualmente que la sentencia anteriormente comentada, se señala la Convención Interamericana de Derechos Humanos dispone en su artículo 4.1: "... toda persona tiene derecho a que se respete su vida. Este derecho estará protegido por la ley y, en general, a partir del

---

[23] Exp: 01-200114-0414-PE. Res: 2005-01267. SALA TERCERA DE LA CORTE SUPREMA DE JUSTICIA. San José, a las ocho horas cuarenta y cinco minutos del catorce de noviembre de dos mil cinco.

momento de la concepción. Nadie puede ser privado de la vida arbitrariamente...". Por lo que a partir de ahí considera al no nacido como persona. La resolución también se apoya en la jurisprudencia vinculante de la Sala Constitucional. Concretamente del voto 2306-2000 de quince y veintiuna horas del quince de marzo de dos mil, que señala que todo concebido es persona y por tanto la tutela del derecho a la vida le cubre, sostiene: "El ser humano tiene derecho a que nadie atente contra su vida, a que no se le prive de ella –formulación negativa–, pero también a exigir de otros conductas positivas para conservarla.

Toda esta argumentación a mi juicio se construye a partir del concepto civilista y de la interpretación constitucional que hace la Sala Constitucional costarricense, que como ya dijimos arriba se caracteriza por ser conservadora al hacer una interpretación tan restrictiva.

C. CARACTERÍSTICAS.

Sin lugar a dudas la caracterización de los criterios jurisprudenciales, de la Sala Tercera de la Corte Suprema de Justicia, son construidos, elaborados a partir del concepto de persona que tiene el código civil y además interpretado a partir también de la decisión de la Sala Constitucional de persona, que descansa en ese mismo artículo legal.

Así podemos caracterizar la jurisprudencia de la Sala Penal:

1. Conservadora.

Porque sigue la línea civil del concepto de persona y no explora en otras posibilidades de construcción lógica. En este sentido hay que señalar, que el derecho civil siendo rigurosos, declara persona a una "persona" ni siquiera concebida, o sea a alguien inexistente, pues si la ciencia señala que el periodo del embarazo son doscientos ochenta días y el código civil dice que una persona se le concibe como tal hasta trescientos días antes de su nacimiento, está declarando persona a alguien que eventualmente no existe. Entendemos que esta es una ficción del derecho civil, pero trasplantarla al derecho penal sin cuestionamientos es lo que no compartimos.

2. Contiene una visión desfasada de la ciencia, pues actualmente con la información que se posee sobre todos y cada uno de los momentos del embarazo, no ha sido considerado por las decisiones de esta rama del derecho. Por el contrario sus apreciaciones son que la vida inicia desde la fecundación del óvulo por el espermatozoide; con el agravante de la visión civilista que hemos referido.

3. EL análisis de los casos médicos – jurídicos sometidos a la jurisdicción penal, han sido resueltos con criterios conservadores, estimando que el aborto como conducta típica, antijurídica y culpable, no puede ser

solventada en esa sede, sino en sede del ejecutivo con un perdón judicial. Y esto sucede en la minoría de los casos. No se ha aplicado adecuadamente la antijuricidad, pues pese a existir permisos, autorizaciones para casos determinados, peligro para la madre o feto con deformaciones, la sede penal no aplica ni la antijuricidad forma, mucho menos la material, lo cual ha provocado muchas veces situaciones injustas, para los intervinientes y el derecho ha quedado como una herramienta inútil en dar respuesta a estos problemas sociales.

Seccion III – El aborto desde la perspectiva médica

Un elemento novedoso sin lugar a dudas, resultan ser los avances científicos, en este particular caso, sobre como de desarrolla el embarazo en la mujer, y muchas preguntas que ahora la ciencia con más información detallada, analiza con nuevos paradigmas, que hacen desde el punto de vista del derecho, más complejo su análisis, pretendemos en este pequeño acápite, poner información relevante de cómo ven ahora las ciencias el embarazo y el aborto, para tenerla como material de análisis para la construcción de la presente opinión.

D. NATURALEZA

Sabemos que la discusión principal en el tema que nos ocupa, el inicio de la vida de un nuevo ser humano, tanto desde el punto de vista biológico de que es un organismo con una determinada conformación y órganos que le permiten un funcionamiento como ser vivo, a partir de esta definición es que cobra gran importancia y trascendencia, pues permeara muchas de las instituciones jurídicas de nuestro país; además abre en el tema de la vida que refiere nuestra constitución y los derechos humanos de nuestra Convención Americana de derechos humanos, polémicos choques de derechos que hay que resolver, concretamente en lo relativo a la intervención sobre embriones humanos, un tema que para nosotros resulta ser novedoso y hasta insospechado hace muy poco. Por ejemplo, los avances biomédicos relacionados con la fertilización in vitro, el diagnóstico prenatal, la ingeniería genética, la clonación humana, el uso de las células madre embrionarias y la anticoncepción de emergencia, todos ellos procedimientos científicos que van a resultar impactados de la definición que se adopte y que motivan un debate sobre los más esenciales derechos humanos, la vida, la procreación, la dignidad, la salud entre otros.

Son varios los argumentos que se han esgrimido a favor y en contra de este nuevo enfoque de cuando inicia la vida humana, que se hace necesario al menos enlistar:

Así un autor nos refiere los argumentos de carácter bioético y científico señalando que:

1. Debe tenerse presente que vida y vida humana son conceptos y realidades diversos. Poseen vida los animales, las plantas, las bacterias, los óvulos y los espermatozoides y, desde luego, los seres humanos, pero vida humana la tienen sólo estos últimos.

2. La ciencia, especialmente la neurobiología, ha realizado avances prodigiosos en los últimos años. Para los siguientes cuatro argumentos me baso en un trabajo del eminente científico mexicano Ricardo Tapia.

La diferencia entre el genoma humano y el genoma del chimpancé es sólo de aproximadamente un 1%. Otros científicos precisan que tal diferencia puede alcanzar el 2, pero, en todo caso, no más del 4% [6]. La información genética que se encuentra en ese 1 ó 2% es lo que diferencia el cerebro humano del de otros primates; es decir, el sistema nervioso central, en especial la corteza cerebral.

3. En consecuencia, lo que distingue al ser humano es su corteza cerebral, la cual en el embrión de 12 semanas no está formada, razón por la que dentro de ese lapso el embrión no es un individuo biológico caracterizado, ni una persona, ni un ser humano.

El embrión no tiene las condiciones que particularizan al ser humano, en virtud de que carece de las estructuras, las conexiones y las funciones nerviosas necesarias para ello y, desde luego, es incapaz de sufrir o de gozar. Biológicamente no puede considerársele un ser humano.

4. La neurobiología ha determinado con cierta precisión en qué etapa del embarazo, el feto desarrolla la corteza cerebral. Para el objeto de este ensayo tal conocimiento no es trascendente; sí lo es que a las doce semanas del embarazo no la ha desarrollado, sino será hasta varias semanas después.

5. Ricardo Tapia precisa que mientras estén vivas, todas las células del organismo humano pueden vivir fuera de aquél del que son parte. Lo anterior es lo que hace posible la reproducción sexual a través del coito, el trasplante de órganos, la fertilización in vitro, que es la intervención tecnológica fundamental para la reproducción asistida que se inicia precisamente con la inseminación artificial. En estos casos, los espermatozoides y el óvulo actúan como células vivas fuera de las gónadas que les dieron origen; todas las células tienen el genoma humano completo. Sin embargo, no por estar vivas y poseer el genoma humano, esas células son seres humanos. Es decir, no es posible afirmar que el espermatozoide o el óvulo sean personas humanas.

Al avanzar el desarrollo ontogénico, las células humanas se van diferenciando y organizando "para formar los tejidos y los órganos, pero no por eso los tejidos y los órganos –los músculos, los huesos, la piel, el riñón, el hígado, el páncreas, los pulmones, el corazón, las glándulas, los ojos, etcétera– son personas. Si fuera así, la extirpación de un órgano, y aun de un tumor benigno o canceroso, equivaldría a matar miles de millones de personas dentro del cuerpo de otros millones de personas".

6. Quienes proponen que el inicio de la vida humana corresponde al momento de la fecundación, desconocen u olvidan los conocimientos que en la actualidad ofrecen la biología de la reproducción, la información genética y la inviabilidad del embrión antes de su implantación.

7. No es posible ignorar los avances científicos de la neurobiología. Sería tanto como sostener que nuestro planeta es plano o que el sol gira alrededor de él, como se creyó durante miles de años y, por sostener lo contrario, Galileo fue denigrado y perseguido. No pasarán muchos años para que sea de conocimiento generalizado, y los niños lo aprendan en la escuela, que es de la semana 24 a la 26 en que el feto se hace viable; es decir, que sus pulmones empiezan a funcionar por primera vez y el cerebro comienza a cablearse, situación en la que con mayor certidumbre puede aceptarse la presencia de actividad nerviosa humana.

8. Las más diversas legislaciones, e incluso la mayoría de las religiones, admiten que cuando existe muerte cerebral, es factible desconectarle a la persona los aparatos que la sostienen en estado vegetativo, en virtud de que ha fallecido. Lo anterior resulta especialmente importante para los trasplantes de órganos.

Dicha situación, en sentido contrario, coincide con la de la interrupción del embarazo antes de las doce semanas. En ambos casos no puede afirmarse que exista vida humana.

Podemos señalar entonces, que desde el punto de vista científico, no se puede afirmar que exista vida, antes de las doce semanas, el punto central en este estadio que estamos haciendo una interpretación ajustada a la realidad de los conocimientos actuales, y que lo que reza nuestra normativa, debe de ser interpretado con el auxilio de la ciencias que nos ayudan a identificar cuando se puede decir que existe vida humana.

Haciendo el análisis de acuerdo a lo que reza nuestra Constitución nos dice: Artículo 21. *La vida humana es inviolable.* Del texto se colige que lo que se protege es la vida humana, no cualquier clase de vida, sino la que tenga las características de humana, o dicho en sentido negativo, no se protege el derecho a la vida. Hay que apuntar además que el concepto *vida* resulta ser un concepto anfibológico, puede admitir muchas interpretaciones, dependiendo desde cual disciplina se quiera definirse, así desde la genética, médica, filosófica, jurídica o teológica, encontrara su definición particular. Nuestra Carta Magna sí se expone de forma explícita la inviolabilidad de la vida humana.

Sobre cuando inicia la vida humana desde la perspectiva científica, nos indica otro autor, un criterio similar, en el sentido de que lo que determina este hito lo es la formación de la corteza cerebral, concretamente nos dice:

La Biología Celular, la Embriología y la Genética actuales nos informan que luego de fusionarse las membranas del espermatozoide con la del óvulo comienza una serie de eventos biológicos que desencadenan el desarrollo embrionario y que empieza con una serie de interacciones entre el óvulo y el espermatozoide, que ingresa al citoplasma materno. Entre estas interacciones conviene señalar a las aportadas por el proteoma (conjunto de proteínas celulares) materno y su efecto sobre las estructuras derivadas del espermatozoide. Cabe mencionar que en la fecundación ingresa el espermatozoide completamente, es decir, cabeza (conteniendo pronúcleo y centríolo), segmento intermedio (conteniendo las mitocondrias paternas) y cola (conteniendo el flagelo). Las mitocondrias paternas son destruidas en el citoplasma del cigoto, de allí que todas las mitocondrias humanas (y el genoma mitocondrial) sean de origen materno.

Luego de la fecundación y durante la fase de "transición materna-cigótica" (MZT) se degradan los transcritos maternos (ARNm) para dar paso a la transcripción del genoma del embrión, el que ya puede comenzar a expresarse a tan sólo pocas horas de la fecundación. La activación del genoma del cigoto (embrión) es consecuencia de la reprogramación del patrón de expresión de los genes en el cigoto, es decir, generación de cambios en el estado epigenético a nivel de metilación del ADN y de modificaciones químicas de las histonas. Todas estas evidencias científicas confirman que en el momento de la fecundación se inicia el funcionamiento de un nuevo organismo humano.

Posteriormente, alrededor de 30 horas post fecundación, ocurre la primera división del cigoto que genera las dos primeras células que se denominan blastómeros, cada una con 46 cromosomas. Cada blastómero tiene la capacidad de reprogramarse y originar un ser humano completo, si es separado del embrión ya sea artificialmente in vitro o espontáneamente como ocurre en el caso de gemelos idénticos (o mellizos monocigóticos). Luego, cada blastómero se divide mitóticamente de dos en dos. En el estado de 4 u 8 células el genoma del embrión comienza a expresarse más masivamente, es decir, se configura un epigenoma –un genoma con una serie de cambios en el patrón de expresión y que se hereda a lo largo de las divisiones embrionarias. Al cabo de 3 días el embrión está lleno de células (blastómeros) y semeja una mora (mórula). Al cuarto-quinto día el embrión crece y se produce una cavidad generando un blastocito. En el blastocito aparecen territorios celulares comprometidos con funciones específicas. La masa celular interna del blastocito posee las células troncales pluripotenciales ("stem"), que son las encargadas de producir cada una de las células de los diferentes tejidos propios del embrión humano. Al 7° día post fecundación el embrión llega al útero donde se implanta (anida) y comienza la producción de hormonas que, detectadas en tests de laboratorio, permiten identificar clínicamente la presencia de embarazo. En ello se sustenta la definición de embarazo según la Organización Mundial de la Salud. Es importante destacar que la mujer ha estado embarazada sin saberlo con un embrión en desarrollo durante 7 días. Durante estos 7 días se produce un intercambio de señales entre el embrión y su madre. Éstas modulan el desarrollo del embrión y preparan el endometrio para la implantación. Es el primer diálogo (biológico) entre la madre y su hijo.

Posteriormente el embrión al estado de blastocito continúa su desarrollo y alrededor de los días 14-16 se produce la gastrulación, que originará los diferentes órganos del feto. Es interesante notar que hasta el día 16 es posible que el embrión se divida y genere siamesas. Otro hito embriológico importante es la aparición del surco neural, considerado el primer indicio del futuro sistema nervioso central en el día 14.

Este autor considera que el día catorce, después de la fecundación es cuando se podría hablar de que existe vida humana, porque es cuando aparece el surco neural; sin embargo yo me encuentro de acuerdo con el autor anterior que nos refiere que es entre la semana 24 y la 26 del embarazo, cuando el feto se hace viable, o sea que podemos ya hablar de que existe vida, básicamente por dos razones, porque sus pulmones empiezan a funcionar y su sistema nervioso igualmente empieza a funcionar; a partir de ahí a mi juicio es que inicia la vida.

Así que como lo dijimos supra, esta definición de la que vamos a partir va a generar en adelante todo nuestro razonamiento con relación a la protección jurídica de la vida.

Capitulo II – El aborto desde la perspectiva de la Sala Constitucional costarricense y la Corte Interamericana de Justicia

En este capítulo analizaremos cual ha sido el tratamiento que le ha dado la jurisprudencia constitucional patria al tema del aborto, que desde ya adelantamos en nuestra caracterización como conservadora y apegada a los conceptos civilistas de persona; esto sin lugar a duda pondrá realce a nuestro segundo análisis y es el de la jurisprudencia de la Corte Interamericana de Derechos Humanos, con sede igualmente en Costa Rica, la cual ha emitido una resolución innovadora a mi juicio que nos permitirá analizar el tema del aborto, pues en esa resolución se decide sobre la necesidad de regular el procedimiento de fecundación in vitro, que de paso nos lleva al tema del aborto.

Las posiciones de ambos Tribunales de la más alta envergadura son totalmente disimiles y abren el espacio necesario para detallar el ¿Cómo? deben de efectuarse los procedimientos sin que incurramos en violaciones a los Derechos Humanos.

Esta decisión de la Corte Interamericana también podrá sobre el tapete, en el ámbito del derecho penal, el ¿Cuáles? Son las conductas que el Estado debería de sancionar y preguntarnos si quedaran dichos tipos penales, sin vigencia en atención a dicha decisión.

Seccion I – La posicion de la Sala Constitucional Costarricense

Como ya lo reseñamos, la posición de la Sala Constitucional Costarricense ha sido muy conservadora, su análisis fundamentalmente ha partido de lo que señala nuestro código civil en su artículo 31 en donde se define como persona al feto desde el momento mismo de su fecundación. Dicha posición la ha mantenido durante mucho tiempo, en primer lugar cuando declaró con lugar una acción de inconstitucionalidad, contra el decreto ejecutivo, que permitía la fertilización in vitro a aquellas parejas que no pudiesen procrear por los medios naturales, argumentando que como ese cuerpo legal protegía al feto desde su concepción, no era posible tal procedimiento, pues se utilizaban muchos óvulos fecundados para tal remedio médico y ello constituía un trato degradante para esa "persona".

A. ANTECEDENTES.

Veamos cómo nace desde la jurisprudencia constitucional este paradigma, que ya se encontraba en el derecho civil, exactamente la Sala Constitucional resolviendo una acción de inconstitucionalidad contra los artículos 118, 119, 120, 121 y 122 del Código Penal y el artículo 31 del Código Civil, dijo:

"Redacta el Magistrado Mora Mora; y,

Considerando: II. Objeto de impugnación. El accionante discute la normativa del Código Penal relacionada con el delito de aborto (artículos 118 a 121), y además el numeral 31 del Código Civil. En concreto los textos discutidos son los siguientes:

De los citados artículos el accionante se limita a señalar que resultan contradictorios con la resolución número 2306-2000 de la Sala Constitucional que estableció que los no nacidos se consideran personas, de modo que la distinción que las normas sancionatorias establecen en cuanto a la pena, son contrarias al artículo 33 Constitucional por tratar de manera distinta a una misma categoría de sujetos. Similar problema se plantea frente al artículo 31 del Código Civil en tanto establece una distinción inconstitucional cuando ya la Sala señaló que nacidos y no nacidos tienen el mismo estatus de persona. III.-

Sobre el Fondo. El reclamo del accionante tiene su fundamento en la sentencia de esta Sala número 2306-2000 de las quince horas veintiún minutos del quince de marzo del dos mil. Resulta importante entonces comenzar con una transcripción de lo que allí se dijo en relación con el tema en discusión:

"[…] V.-La protección constitucional del Derecho a la Vida y la Dignidad del ser humano: El inicio de la vida humana. Los derechos de la persona, en su dimensión vital, se refieren a la manifestación primigenia del ser humano: la vida. Sin la existencia humana es un sin sentido hablar de derechos y libertades, por lo que el ser humano es la referencia última de la imputación de derechos y libertades fundamentales. Para el ser humano, la vida no sólo es un hecho empíricamente comprobable, sino que es un derecho que le pertenece precisamente por estar vivo. El ser humano es titular de un derecho a no ser privado de su vida ni a sufrir ataques ilegítimos por parte del Estado o de particulares, pero no sólo eso: el poder público y la sociedad civil deben ayudarlo a defenderse de los peligros para su vida (sean naturales o sociales), tales como la insalubridad y el hambre, sólo por poner dos ejemplos. La pregunta ¿cuándo comienza la vida humana? tiene trascendental importancia en el asunto que aquí se discute, pues debe definirse desde cuándo el ser humano es sujeto de protección jurídica en nuestro ordenamiento. Existen divergencias entre los especialistas. Algunos consideran que los embriones humanos son entidades que se encuentran en un estado de su desarrollo donde no poseen más que un simple potencial de vida. Describen el desarrollo de la vida en este estadio inicial diciendo que el gameto –célula sexual o germinal llegada a la madurez, generalmente de número de cromosomas haploide, con vistas a asociarse con otra célula del mismo origen para formar un nuevo vegetal o animal– se une con uno de sexo opuesto y forma un cigoto (que después se dividirá), luego un pre-embrión (hasta el día catorce tras la fecundación) y por último, un embrión (más allá del día catorce y en el momento de la diferenciación celular). Señalan que antes de la fijación del pre-embrión éste se compone de células no diferenciadas, y que esa diferenciación celular no sucede sino después de que se ha fijado sobre la pared uterina y después de la aparición de la línea primitiva –primer esbozo del sistema nervioso–; a partir de ese momento se forman los sistemas de órganos y los órganos. Quienes sostienen esta posición afirman que no es sino hasta después del décimo a decimocuarto día posterior a la fecundación que comienza la vida, y que no está claro que un embrión humano sea un individuo único antes de ese momento. Por el contrario, otros sostienen que todo ser humano tiene un comienzo único que se produce en el momento mismo de la fecundación. Definen al embrión como la forma original del ser o la forma más joven de un ser y opinan que no existe el término pre-embrión, pues antes del embrión, en el estadio precedente, hay un espermatozoide y un óvulo. Cuando el espermatozoide fecunda al óvulo esa entidad se convierte en un cigoto y por ende en un embrión. La más importante característica de esta célula es que todo lo que le permitirá evolucionar hacia el individuo ya se encuentra en su lugar; toda la información necesaria y suficiente para definir las características de un nuevo ser humano aparecen reunidas en el encuentro de los veintitrés cromosomas del espermatozoide y los veintitrés cromosomas del ovocito. Se ha dicho que por inducción científica se tuvo conocimiento de la novedad de la "criatura única" desde hace más de cincuenta años, pero como la información escrita en la molécula ADN del cromosoma era diminuta, fue aproximadamente hasta 1987 que esa suposición pasó a ser una realidad científicamente demostrable. Al describir la segmentación de las células que se produce inmediatamente después de la fecundación, se indica que en el estadio de tres células existe un minúsculo ser humano y a partir de esa fase todo individuo es único, rigurosamente diferente de cualquier otro. En resumen, en cuanto ha sido concebida, una persona es una persona y estamos ante un ser vivo, con derecho a ser protegido por el ordenamiento jurídico, según se demuestra de seguido. Esta segunda posición es acorde con las normas del Derecho Internacional de los Derechos Humanos vigentes en Costa Rica.

VI.-La protección del derecho a la vida y la dignidad del ser humano en los instrumentos internacionales vigentes en Costa Rica y en nuestra Constitución Política. Del principio de inviolabilidad de la vida se derivan varios corolarios y derechos anexos. Entre ellos, cabe destacar que, como el derecho se declara a favor de todos, sin excepción, –cualquier excepción o limitación destruye el contenido mismo del derecho–, debe protegerse tanto en el ser ya nacido como en el por nacer, de donde deriva la ilegitimidad del aborto o de la restitución de la pena de muerte en los países en que ya no existe. La normativa internacional, sin ser muy prolija, establece principios rectores sólidos en relación con el tema de la vida humana. A modo de enumeración, podemos decir que el valor vida humana encuentra protección normativa internacional en el artículo I de la Declaración Americana de los Derechos y Deberes del Hombre, –adoptada en la IX Conferencia Internacional Americana, Bogotá, 1948 que afirma: *"Todo ser humano tiene derecho a la vida, a la libertad y a la seguridad de su persona"* –, el artículo 3 de la Declaración Universal de los Derechos Humanos, el artículo 6 del Pacto Internacional de Derechos Civiles y Políticos y el artículo 4 del Pacto de San José, en el que el derecho a la vida tiene un reconocimiento y una protección mucho más elaborada. Persona es todo ser humano (artículo 1.2) y toda persona *"tiene derecho al reconocimiento de su personalidad jurídica"* (artículo 3), ambas normas del Pacto de San José. No existen seres humanos de distinta categoría jurídica, todos somos personas y lo primero que nuestra personalidad jurídica reclama de los demás es el reconocimiento del derecho a la vida, sin la cual la personalidad no podría ejercerse. Señala textualmente el Pacto de San José en su artículo 4.1:

"Toda persona tiene derecho a que se respete su vida. Este derecho estará protegido por la ley y, en general, a partir del momento de la concepción. Nadie puede ser privado de la vida arbitrariamente."

Este instrumento internacional da un paso decisivo, pues tutela el derecho a partir del momento de la concepción. Se prohíbe tajantemente imponer la pena de muerte a una mujer en estado de gravidez, lo que constituye una protección directa y, por ende, un reconocimiento pleno, de la personalidad jurídica y real del no nacido y de sus derechos. Por su parte, la Convención sobre los Derechos del Niño, aprobada por ley N°7184 del 18 de julio de 1990, tutela el derecho a la vida en el artículo 6. Reconoce la personalidad del no nacido y en el párrafo 2 del Preámbulo señala que no se puede hacer distinción por razón alguna, entre las que menciona *"el nacimiento"*. Más adelante cita la Declaración de los Derechos del Niño de 1959, que otorga *"debida protección legal, tanto antes como después del nacimiento"*. Nuestro ordenamiento contempla en el artículo 21 de la Constitución Política que *"la vida humana es inviolable"*.

VII.-La protección del derecho a la vida y la dignidad del ser humano en la legislación costarricense: Legalmente, el artículo 31 del Código Civil establece que la existencia de la persona física comienza al nacer viva, pero inmediatamente indica que se le considera *"nacida para todo lo que la favorezca, desde 300 días antes de su nacimiento"*, con lo cual se le está reconociendo desde ese momento (la concepción) su status de persona. El Código de la Niñez y la Adolescencia, Ley n° 7739 de 6 de enero de 1998, se refiere los derechos que se estudian de la siguiente manera:

"Artículo 12. Derecho a la Vida. La persona menor de edad tiene el derecho a la vida desde el momento mismo de la concepción (…)"

El concepto de menor abarca tanto al niño como al adolescente, y la misma ley señala que "niño" se es "desde su concepción hasta sus 12 años".

"Artículo 13. Derecho a la protección estatal. La persona menor de edad tendrá el derecho de ser protegida por el Estado contra cualquier forma de abandono o abuso intencional o negligente, de carácter cruel, inhumano, degradante o humillante que afecte el desarrollo integral".

El derecho a la vida es la esencia de los derechos humanos, pues sin vida no hay humanidad, ahora bien, como todo derecho, lo es en tanto que es exigible ante terceros. El ser humano tiene derecho a que nadie atente contra su vida, a que no se le prive de ella –formulación negativa–, pero también a exigir de otros conductas positivas para conservarla. Esta conducta puede ser reclamada a profesionales o instituciones dedicadas al cuidado de la salud y a quien tenga incluso un deber genérico de asistencia. De las normas citadas y especialmente de los artículos 21 constitucional, 4.1 de la Convención Americana sobre Derechos Humanos y 6.1 de la Convención sobre los Derechos del Niño se deriva claramente que la vida humana se protege desde la concepción, lo cual ya ha sido afirmado por esta Sala desde su jurisprudencia más temprana (voto 647-90). Esta es la segunda premisa con base en la cual se analizará la constitucionalidad de la Técnica de Fecundación In Vitro y Transferencia Embrionaria (FIVET). Las normas citadas imponen la obligación de proteger al embrión contra los abusos a que puede ser sometido en un laboratorio y, especialmente del más grave de ellos, el capaz de eliminar la existencia" IV.-

Para lo que interesa en este caso, el pronunciamiento anterior, realmente no produce innovación alguna, puesto que más bien, su autoridad deriva de las fuentes normativas vigentes que cita, a saber: el artículo 4.1 de la Convención Americana sobre Derechos Humanos, el Preámbulo y el artículo 6.1 de la Convención de Derechos del Niño, así como los artículos 12 y 13 Código de la Niñez y la Adolescencia, Ley n° 7739 de seis de enero de mil novecientos noventa y ocho. De la conjunción y sistematización de todas ellas se concluye (como lo hizo el pronunciamiento citado) que nuestro ordenamiento no hace diferencia entre nacidos y no nacidos para efectos de darles el estatus de ser humano, equivalente al de persona, a efectos de reconocerles la protección de su derecho a la vida. En igual sentido, no existe ninguna contradicción con las normas punitivas contra las que se dirige el accionante (el reclamo contra el artículo 31 del Código Civil se analiza más adelante), pues ellas tienen como objeto la criminalización de conductas que, desde la perspectiva del legislador, atentan contra el derecho a la vida; existe así hasta este punto, plena congruencia en nuestro ordenamiento jurídico el cual, en el ámbito constitucional y convencional dispone la protección del derecho a la vida de los seres humanos nacidos o no, lo cual se repite dentro del ordenamiento jurídico penal que penaliza las conductas que atentan contra ese derecho a lo largo de todo el tiempo que dura la vida del ser humano. No existe entonces ninguna infracción al derecho a la vida que quepa reclamar y el propio accionante así lo entiende al reclamar no contra una infracción a ese derecho, sino una lesión a derecho a la igualdad de trato. V.-

La argumentación central del accionante en lo que se refiere al principio de igualdad, radica en señalar que previamente a la emisión de la resolución número 2306-2000, existía en nuestro ordenamiento una distinción entre feto y persona, la cual fue superada al emitirse dicho pronunciamiento, de manera que las normas jurídicas que tienen como fundamento dicha distinción, como las normas penales discutidas o bien que produzcan la diferenciación entre nacidos y no nacidos –como el artículo 31 del Código Civil– se han convertido en inconstitucionales por contradecir el principio de igualdad, al distinguir donde la resolución de la Sala prohíbe distinguir. No obstante, ese razonamiento contiene un error que ya se hizo ver anteriormente, y es que en realidad la sentencia 2306-2000 citada no vino a innovar en nada la situación jurídica de las personas en nuestro ordenamiento; de tal manera, no es cierto que antes del citado pronunciamiento al feto no se le considerase persona para efectos de proteger su derecho a la vida en sede penal, pues como se vio el tratamiento penal del aborto específicamente parte de la consideración de que estos delitos lesionan la vida de seres humanos. Por otra parte, el segundo elemento del razonamiento del accionante también resulta incorrecto en el tanto en que parte de la base de que para la penalización de conductas relacionadas con el derecho a la vida, el legislador no puede tomar en cuenta otras circunstancias diferentes de la calidad de persona de quien sufre la acción. Para esta Sala lo cierto es más bien lo contrario, dado que un simple vistazo por todo el elenco de penalizaciones asignadas a la comisión de delitos contra la vida, se observa una diversidad de montos que responde a gran cantidad de circunstancias distintas que son sumadas al hecho singularmente considerado de acabar con la vida de un ser humano. De esa manera al núcleo central de una acción consistente en dar muerte a una persona, se agregan muchas otras circunstancias diferentes que se suman para reprimirla en forma diferente según la naturaleza y relevancia de tales particularidades. Así, por ejemplo se toma en cuenta la voluntad del sujeto activo para distinguir el caso del homicidio culposo; la relación entre autor y víctima en el parricidio o del infanticidio o la particular condición y título del sujeto pasivo en el magnicidio, para mencionar solo algunas de las variantes. Todo esto sirve para concluir que es perfectamente factible rescatar y tomar en cuenta diferentes circunstancias y aspectos que, sumados al núcleo básico de la acción lesiva del bien jurídico vida, sirvan para el establecimiento de penas que sean el reflejo de la mayor y más ajustada proporcionalidad posible entre el disvalor que representa para la sociedad cada concreta acción delictiva en cada una de sus variantes, por un lado, y por otro, la pena con que se le ha de sancionar.

VI.-En tal sentido, cabe indicar que esa labor de ordenación y particular tasación de los valores y disvalores como antecedente para la delimitación de una mayor o menor intensidad con que la que vayan a castigarse las conductas calificadas de criminales así como la plasmación de todo ello en normas jurídicas, es el producto de concretas percepciones, sentimientos y creencias de una sociedad en un momento histórico determinado, y le corresponde al legislador como parte de una sus funciones primarias cual es la determinación de la política criminal, tal y como esta Sala ha tenido oportunidad de señalar en diferentes ocasiones (véase al respecto la sentencia número 10543-2001 del diecisiete de octubre de dos mil uno). Ahora bien, y aunque no existe ninguna alegación en ese sentido por parte del accionante, es innegable que en el ejercicio de esa labor legislativa existen límites infranqueables derivados tanto de la Constitución Política como del derecho internacional vigente; no obstante, en este caso particular, no encuentra la Sala que se haya dado un franqueo de esos límites por parte del legislador, en el acto de establecer normativamente una diferencia entre la situación de un ser humano nacido y la de un ser humano que aún no ha nacido, para, con base en dicha distinción, imponer sanciones diferentes para cada una de las modalidades de lesión que se produce al derecho a la vida de ambos. En primer lugar, reconoce la Sala que aunque en los dos casos se trata de seres humanos, es también verdad que se encuentran en etapas de desarrollo claramente diferenciadas, no solo desde el punto de vista médico, sino desde una perspectiva social, de modo que existe una base objetiva y perceptible para diferenciar. En segundo lugar, se presenta en el caso de la persona no nacida una particular relación de absoluta dependencia con una segunda persona, la cual incluso se traduce en que en los primeros estadios de su desarrollo no podría incluso sobrevivir de otra forma y en los últimos estadios del desarrollo antes de nacer, esa relación de dependencia es, si no vital, por lo menos considerada la ideal y apropiada; esto acarrea una nueva circunstancia diferenciadora con otras situaciones que puede y debe ser válidamente tomada en consideración (de una u otra manera) en el tanto en que se hacen presentes y deben tenerse en cuenta, los derechos fundamentales de la madre, cosa que no ocurre en el caso de los homicidios en donde falta esa específica relación con otras personas y sus derechos fundamentales. En tercer lugar, cabe agregar a favor de la validez de la diferenciación en la intensidad de la sanción, el hecho de que ella responde, como se indicó, a una concreta percepción, vivencia y sentimiento existente no solo de nuestra sociedad sino, en todas aquellas que componen nuestro entorno cultural, como puede apreciarse de la simple revisión de la forma en que otros países latinoamericanos y europeos han legislado sobre el punto, siempre optando por una disminución en la reacción penal del Estado ante la lesión del derecho a la vida del no nacido. Con relación a este último argumento sin embargo, cabe aclarar que, por su naturaleza relativista, resulta evidente que no podría nunca colocarse sobre otros argumentos ni desbancar otros principios que la Sala ha reconocido como fundamento de nuestro ordenamiento y –en particular– no podría privar por sobre el respeto y consideración a la dignidad humana por ejemplo. Pero en cambio, es válido admitirlo y sumarlo cuando se trata –como en este caso– de juzgar sobre la proporcionalidad y adecuación de la reacción penal legislativamente establecida por el Estado, labor para la cual la particular conciencia social e histórica que la sociedad tenga sobre el tema debe, necesariamente emplearse como guía. Con otros términos, y esto es importante destacarlo aquí, la aceptación por parte de este órgano constitucional de los tres recién citados criterios de diferenciación como pertinentes y aplicables en este caso, toma en consideración de manera esencial, el hecho de que se está ante diferenciaciones que no van a producir ninguna víctima que deba sufrir o que vaya a sufrir alguna disminución o restricción en el disfrute actual o potencial de sus derechos fundamentales, como producto de la diferenciación realizada y, por esa misma razón, no puede decirse que exista afectación de su dignidad humana. Al no estar en juego ese extremo, sino más bien simplemente un tema de ajuste y proporción entre la gravedad que para la sociedad tienen las diferentes conductas a fin de castigar a los culpables de ellas, los argumentos arriba citados parecen suficientes a la Sala para reconocer la validez de la diferenciación hecha por el legislador para la pena a imponer con lo cual no debe entenderse que esta Sala se manifiesta de acuerdo o en desacuerdo con los montos específicos establecidos sino, más bien, que no encuentra que esa distinción que se ha hecho entre un grupo y otro de conductas según se aplique a personas nacidas y no nacidas, no alcanza a ser inconstitucional, sino que se ubica dentro del marco de legítima discrecionalidad del que goza el legislador en estos aspectos.

VII.-Otro punto discutido por el accionante es el relacionado con la figura contenida en el artículo 121 del Código Penal que recoge lo que en doctrina se conoce como el aborto terapéutico y que señala que no será punible el aborto que se practique con el consentimiento de la mujer por un médico –o por una obstétrica autorizada, cuando no hubiere sido posible la intervención del primero– si dicha acción se realiza con el fin de evitar un peligro para la vida o la salud de la madre y dicho peligro no pudo ser evitado por otros medios. El recurrente solamente se limita a reclamar la inconstitucionalidad de aquella parte que deja sin punir el aborto practicado para evitar un peligro en la salud de la mujer, de manera que solo sobre ella se pronuncia la Sala. Al respecto, tal y como lo señala la Procuraduría en su informe, lo que está en juego aquí es la corrección de la decisión tomada por el legislador en lo referente a la penalización de una conducta y el eje de la tesis del accionante es que se ha preferido un bien jurídico de menor jerarquía como la salud frente a otro de mayor jerarquía como lo es la vida. Sin embargo, y en consonancia con la doctrina y legislación comparada sobre el tema, debe anotarse que cuando se habla de un peligro para la salud de la madre, se trata de una amenaza grave y seria que aun cuando no pone directamente en riesgo su vida (caso en que sería de aplicación el otro supuesto normativo), representa un peligro de lesión a su dignidad como ser humano de tal magnitud que –por ello mismo– el cuerpo social no está en situación de exigirle que la soporte, bajo la amenaza de una penalización. Es necesario entender entonces que la exclusión de penalidad operará entonces en el caso de darse una confrontación de dos bienes jurídicos y dos valores constitucionales, no de diferente rango, sino de rango equivalente. En tal supuesto –cuyas variables concretas la Sala no puede ni debe enlistar en abstracto sino que corresponde verificar y declarar a las autoridades judiciales competentes– no resulta en absoluto desacertado ni menos aún inconstitucional que el legislador se haya abstenido de sancionar la preferencia que se haga por la salud la mujer, si esta va a resultar gravemente lesionada por el embarazo al grado de verse afectado, también de forma grave, su dignidad como ser humano y eventualmente su vida. Con esta perspectiva, para la Sala resultan conciliados el texto normativo impugnado y las nociones de derecho constitucional aplicables a la función punitiva del Estado, tal y como ésta fueron descritas más arriba, de tal manera que no existe ninguna colisión irreconciliable que amerite la anulación de la norma discutida.

VIII.-Finalmente, se reclama la inconstitucionalidad del artículo 31 del Código Civil, en tanto señala que contraviene el principio de igualdad al tratar de forma diferente a las personas en razón de si han nacido o no, lo cual contraviene la sentencia 2306-2000. Sin embargo para la Sala basta citar ese mismo texto para desvirtuar lo dicho por el accionante. Dice la sentencia recién citada en lo conducente:

"VII.-La protección del derecho a la vida y la dignidad del ser humano en la legislación costarricense: Legalmente, el artículo 31 del Código Civil establece que la existencia de la persona física comienza al nacer viva, pero inmediatamente indica que se le considera "nacida para todo lo que la favorezca, desde 300 días antes de su nacimiento", con lo cual se le está reconociendo desde ese momento (la concepción) su estatus de persona."

Así las cosas, el tema de la congruencia del artículo 31 del Código Civil y el derecho de la Constitución, fue analizado por parte de la Sala que interpretó, de manera parca pero suficiente, que es justamente con la segunda frase del artículo, que al no nacido se le está reconociendo su estatus de persona tal y como lo requieren las normas y principios constitucionales. Por otra parte, no existe ninguna razón para cambiar ahora de criterio en relación con lo dicho en esa sentencia y tampoco sería congruente hacerlo en esta acción en la que más bien el accionante pretende justamente que se indique por parte de la Sala que la persona no nacida tiene derechos desde que es concebida tal y como se expuso en el pronunciamiento citado. Por todo ello también en este aspecto la acción debe declararse sin lugar. Salva el voto el Magistrado Volio Echeverría y rechaza de plano la acción.-

Por tanto: Se declara sin lugar la acción".[24]

La resolución de la Sala Constitucional, para definir cuando inicia la vida, toma de referencia básicamente el día catorce luego de la fecundación, pero advierte que la vida inicia desde la fecundación, asumiendo con ello la posición conservadora que hemos apuntado. En ese sentido llama la atención, que la sala para hacer la defensa del derecho a la vida desde la fecundación, no toma de referencia la misma constitución, sino que lo que hace es tomar la Declaración americana de derechos humanos, suscrita en Bogotá, el Pacto de derechos políticos y civiles entre otros instrumentos internacionales, para decir que los artículos cuestionados de inconstitucionales no lo son. Me parece que la sala no asumió su rol de analizar qué es lo que dice nuestra constitución con relación a la vida, en donde sin lugar a dudas se presenta un gran problema y es que nuestra carta lo que garantiza es *la vida humana*; no la vida como enuncian los instrumentos en que se apoya la Sala. Desde ese punto de vista su labor, que es interpretar la Constitución no se realizó. Lo sano científicamente hubiese sido, señalar lo que indicaba la constitución, lo que señalaban los instrumentos internacionales y explicar porque el concepto de vida es más amplio en esos instrumentos y porque nuestra carta magna lo prescribe para la vida humana; no existe un derecho a la vida en la Constitución costarricense como tal.

Desde esa perspectiva la resolución de la Sala, se ajusta más a las creencias religiosas que a la misma norma superior, porque reconoce un derecho que no existe y a mi juicio el derecho a la vida que plantean los instrumentos internacionales citados, se circunscriben a cuando ya la vida como tal ha brotado, cuando estamos en el ejercicio de ese derecho fundamental.

En otra resolución que sigue la línea apuntada la sala constitucional en un recurso de amparo promovido por una madre con un embarazo de un niño con problemas cardiacos, para que le autorizaran el aborto, entratándose de los supuestos de excepción, nos dice lo siguiente:

"Redacta el Magistrado Rueda Leal; y,

Considerando:

I. Objeto del recurso. La recurrente estima lesionado su derecho a la salud pues a pesar de los padecimientos que sufre como consecuencia de

---

[24] Exp: 02-007331-0007-CO. Res: 2004-02792. SALA CONSTITUCIONAL DE LA CORTE SUPREMA DE JUSTICIA. San José, a las catorce horas con cincuenta y tres minutos del diecisiete de marzo del dos mil cuatro.-

un embarazo en el que el feto sufre del síndrome de abdomen pared, las autoridades recurridas se niegan a adelantar su parto.

II. Hechos probados. De importancia para la decisión de este asunto, se estiman como debidamente demostrados los siguientes hechos:

a) la amparada inició control prenatal en el Servicio de Ginecoobstetricia del Hospital Calderón Guardia el 4 de setiembre de 2012 (hecho incontrovertido);

b) la criatura producto del embarazo de la recurrente tenía diagnóstico de patología fetal denominado Síndrome Abdomen-Pared ±sin pared abdominal-. Se indicó que estaba con vida, no tenía problemas cardíacos pero se trataba de un producto no compatible con la vida (ver manifestaciones rendidas bajo fe de juramento y el expediente médico);

c) la recurrente ha sido atendida en el Servicio de Ginecoobstetricia del nosocomio accionado en seis ocasiones (ver prueba documental adjunta);

d) la paciente amparada recibió control médico en la consulta externa del Servicio de Psiquiatría desde el 9 de noviembre de 2012, donde se le diagnosticó Síndrome de Estrés Agudo, y el de reacción adaptativa de tipo depresivo ante la inviabilidad de su hijo (ver manifestaciones rendidas bajo fe de juramento);

e) al momento en que la amparada interpuso este recurso, no existía riesgo de alguna patología física que complicara el estado de salud de la paciente amparada en comparación con embarazos de curso normal (ver manifestaciones bajo juramento);

f) la evolución de estos embarazos está determinada de acuerdo con la severidad de las mismas, donde algunos casos presentan muerte antes de finalizar el embarazo y otros pueden llegar muy cerca de término o a término. En lo que respecta a los riesgos para la salud materna, estos son los mismos inherentes a un embarazo normal (ver manifestaciones bajo juramento);

g) En nota médica de 3 de diciembre de 2012, se indica que la amparada presentaba síndrome de estrés agudo, síndrome de estrés postraumático en desarrollo y fondo depresivo, a la vez que se calificó a la paciente como no sicótica y no suicida (ver expediente médico); h) a las 6:00 horas del 30 de diciembre de 2012, la amparada ingresó al Hospital Max Peralta Jiménez de Cartago con diagnóstico de ruptura prematura de membranas (ver manifestaciones bajo juramento); i) dada la situación, los médicos indicaron parto por cesárea, que se le efectuó a la amparada a las 19:35 horas del 30 de diciembre de 2012 en el Hospital Max Peralta Jiménez de Cartago, con resultado de muerte neonatal temprana (ver prueba documental adjunta).

III. Hechos no probados. No se estiman demostrados los siguientes hechos de relevancia para esta resolución:

a) Que la amparada hubiera aportado un dictamen psiquiátrico privado ante las autoridades médicas de la CCSS.

IV. Sobre el fondo. El derecho a la salud, como derivación del derecho a la vida tutelado en el artículo 21 constitucional, ha sido entendido por la jurisprudencia de este Tribunal, como uno de los derechos fundamentales que merecen protección especial y oportuna. En ese sentido, las distintas dependencias establecidas para tutelar dicho derecho, se encuentran en la obligación de otorgar una atención pronta y eficaz en aquellos casos en que la salud de una persona se vea afectada. Ahora bien, en el sub examine, la amparada expone como petitoria que 'se ordene de inmediato una intervención de urgencia para adelanto del parto´. Al respecto, se advierte que estando en curso este amparo, a las 6:00 horas del 30 de diciembre de 2012, la amparada ingresó al Hospital Max Peralta Jiménez de Cartago con diagnóstico de ruptura prematura de membranas. Dada esa situación, los médicos indicaron parto por cesárea, que se le efectuó a la amparada a las 19:35 horas del 30 de diciembre de 2012 en el Hospital Max Peralta Jiménez de Cartago, con resultado de muerte neonatal temprana. Por consiguiente, este Tribunal concluye que lo pretendido por la accionante, efectivamente le fue concedido, motivo por el cual este asunto carece de interés actual, toda vez que sin importar su resultado, la pretensión de la amparada ya ha sido satisfecha (obsérvese que este recurso solo fue interpuesto a su favor). Independientemente de lo anterior, en el sub iudice tampoco se advierte que los médicos del Hospital Calderón Guardia no le hubieran prestado atención médica oportuna a la tutelada.

Por el contrario, la recurrente fue atendida en seis ocasiones en el Servicio de Ginecoobstetricia del nosocomio accionado. Además, la paciente amparada recibió control médico en el Servicio de Consulta Externa del Servicio de Psiquiatría del Hospital Calderón Guardia desde el 9 de noviembre de 2012, donde se le diagnosticó Síndrome de Estrés Agudo, y el de reacción adaptativa de tipo depresivo ante la inviabilidad de su hijo; a la vez se calificó a la paciente como no sicótica y no suicida. Ciertamente, resulta evidente la lamentable situación de la amparada, toda vez que la criatura producto de su embarazo tenía diagnóstico de patología fetal denominado Síndrome Abdomen-Pared ±sin pared abdominal±; se indicó que estaba con vida y no tenía problemas cardíacos, pero se trataba de un producto no compatible con la vida, es decir que moriría luego del parto. Por otra parte, el criterio técnico médico, según el informe rendido bajo juramento por las autoridades médicas de la CCSS, fue que al momento de interposición de este recurso, no existía riesgo de alguna patología física que complicara el estado de salud de la paciente amparada en comparación con embarazos de curso normal; en cuanto a su salud mental, el criterio médico de la psiquiatra tratante de la CCSS fue que la paciente, quien no tenía historia de ningún padecimiento psiquiátrico previo, presentaba diagnóstico Síndrome de Estrés Agudo y de reacción adaptativa de tipo depresivo ante la inviabilidad de su hijo; sin embargo, a la vez se calificó a la paciente como no sicótica y no suicida. Por ello, se le ajustó su tratamiento y se le programó nueva cita de control para enero de 2013 con el fin de brindarle acompañamiento emocional de naturaleza terapéutica, así como estabilización farmacológica hasta la remisión o alivio de su malestar. Es decir, de lo anterior no se advierte que la amparada, al momento propio de interposición de este recurso, se hubiera encontrado en un estado tal que estuviese en peligro su vida o salud (física o mental), al punto que dicho peligro no hubiera podido ser evitado por otros medios, como por ejemplo a través de los fármacos suministrados a la paciente. Por consiguiente, cuando se presentó este amparo, no existía el criterio técnico médico requerido para la realización del adelanto del parto pretendido por la tutelada. Adviértase que de la prueba aportada, tampoco se extrae que hubiera habido criterios opuestos de médicos ni en lo relativo a la salud física, ni con respecto a la mental. Además, la amparada siempre fue atendida. Luego, estando en curso el amparo y cuando sí se dio el criterio técnico médico requerido para la realización del adelanto del parto pretendido por la amparada, se procedió con una cesárea a las 19:35 horas del 30 de diciembre de 2012 en el Hospital Max Peralta Jiménez de Cartago, perteneciente también a la Caja Costarricense de Seguro Social. Ahora bien, se extrae del alegato de la amparada, que ella está disconforme con los criterios médicos expuestos, por cuanto estima que su salud y vida sí estuvieron seriamente afectadas. Empero, la jurisprudencia del Tribunal ha sido clara y conteste al señalar que no corresponde mediante la vía sumaria del amparo determinar por sí misma cuál debe ser el procedimiento o tratamiento más adecuado para un paciente, pues en ello prima el criterio del médico tratante, y al respecto la posición de la psiquiatra del Hospital Calderón Guardia es clara, como ha quedado expuesto en este voto.

V. La Magistrada Calzada y el Magistrado Jinesta salvan el voto y declaran con lugar el recurso, con base en las siguientes consideraciones: Coincidimos con el voto de mayoría de la Sala, en el sentido de que el Constituyente de 1949 dio amplia protección al derecho a la vida, el cual debe ser especialmente protegido en todo Estado de Derecho. Sin embargo, como también se indica, nuestra normativa en el Código Penal prevé lo que la doctrina denomina aborto terapéutico, señalando que no será punible el aborto que se practique con el consentimiento de la mujer por un médico –o por una obstétrica autorizada, cuando no hubiere sido posible la intervención del primero– si dicha acción se realiza con el fin de evitar un peligro para la vida o la salud de la madre y dicho peligro no pudo ser evitado por otros medios. Según la doctrina y legislación comparada sobre el tema, cuando se habla de un peligro para la salud de la madre, se trata de una amenaza grave y seria que aun cuando no pone directamente en riesgo su vida, representa un peligro de lesión a su dignidad como ser humano de tal magnitud que –por ello mismo– el cuerpo social no está en situación de exigirle que la soporte, bajo la amenaza de una penalización. Lo anterior implica, necesariamente, que en primer término los médicos deban informar a la mujer con exactitud, cuál es la situación médica que está atravesando, así como la viabilidad del feto y las consecuencias que pueden derivar de continuar con un embarazo irregular, así como también procurar que su salud tanto física como mental no corra peligro. En el caso concreto, la recurrente inició el control del embarazo ante las autoridades recurridas el 4 de setiembre de 2012, pero manifestó que durante varias semanas de gestación no recibió la información detallada de su estado, lo que agravó su inestabilidad emocional, pues indica que desde la semana No. 8 del embarazo, lo único que le dieron fue el diagnóstico de 'síndrome de abdomen pared´, junto con una breve descripción de las múltiples malformaciones del feto, sin embargo se le indicó que debía esperar a la semana No. 12 para tener dicha seguridad. Durante 6 consultas posteriores le confirmaron el mismo diagnóstico y le daban certeza absoluta de la inviabilidad del embarazo, pero no se le informó de los que ello implicaría. Padeció de dolores en el vientre y los médicos reconocieron que era objeto del estrés propio de la amparada de saber que desde la semana 8 llevaba en su vientre un embarazo inviable, y que además conforme avanzara el líquido amniótico se reduciría, provocando una sensación de asfixia, lo que le agravó la depresión que venía sufriendo desde que se le dio el diagnóstico. Por ello, acudió el 1 de noviembre con su abogada para que se le informara con más detalle su situación y es cuando la doctora de turno le indica, que sus dolores no eran producto de una causa orgánica, sino mental y al indagarle sobre las malformaciones del feto, se le indicó que eran: onfalocele, extracelómico, múltiples quistes funiculares, escoliosis, costillas cortas, síndrome de abdomen pared con presencia de órganos internos tales como hígado e intestinos fuera del cuerpo y presentaba disminución de líquido amniótico. Hasta ese momento es remitida a psiquiatría, donde inicia con medicamentos y terapia. Los médicos en el informe rendido aceptan que la amparada presentó un dictamen médico de un psiquiatra privado en el que se señalaba que era tal la depresión por la que atravesaba, que podía incurrir incluso en suicidio, no obstante ante tal afirmación los recurridos manifestaron que debía protegerse la vida del menor en gestación, aunque sus posibilidades de vida eran remotas o nulas. De lo señalado, los suscritos también aceptamos que en efecto debe tutelarse la vida desde el momento de la concepción y que incluso una depresión respecto a un embarazo, no está contemplado en nuestro ordenamiento jurídico como única razón válida para autorizar un aborto. No obstante, en este caso las autoridades ya habían diagnosticado y confirmado de forma fehaciente en la semana 12 de gestación, que el embarazo era inviable por las malformaciones señaladas y que desde la semana 8 que se le adelantó el diagnóstico a la amparada, aún sin indicarle lo que el diagnóstico implicaba y sus secuelas, empezó a deteriorarse su salud mental a causa del fuerte sufrimiento de llevar en su vientre un feto mal formado que no llegaría a sobrevivir, como en realidad ocurrió el pasado 30 de diciembre de 2012, fecha en la que se le tuvo que practicar la cesárea. Es evidente que este asunto presenta un tema de difícil tratamiento en el que están en juego la vida de dos seres, la madre y el feto, pero en el que tampoco puede dejarse de considerar la integralidad de la salud, ya que por un lado tenemos la salud mental de una persona y por el otro, la salud física, ambas capaces de poner en riesgo a la persona. Por ello, no basta con que los médicos descarten un criterio únicamente por tratarse de un dictamen privado, o porque así lo contradiga solamente otro médico, sino que estando de por medio el derecho la salud y a la vida, la actuación dirigida a proteger esos derechos debió darse con análisis pertinentes que les permitiera valorar, si la vida de la amparada también sufría un serio riesgo por la situación mental que atravesaba. Sin embargo, de los informes rendidos, lo que se denota es que la relevancia siempre fue dada únicamente a la condición física de la amparada, tan es así que fue después de dos meses de darle dicho diagnóstico que se consideró la ayuda psiquiátrica. Dicha omisión, aunado al hecho de que médicamente ya se había descartado la viabilidad del embarazo y a que la carga impuesta a la amparada convirtió su situación en un trato cruel y degradante que afectó su salud, consideramos que el amparo debe estimarse con sus consecuencias.

Por tanto: Se declara sin lugar el recurso. La Magistrada Calzada y el Magistrado

Jinesta salvan el voto y declaran con lugar el recurso".[25]

A pesar de que en esta resolución se sigue manteniendo la posición de la sala, de proteger el feto aunque sea un feto que va a morir luego del nacimiento. Pero lo relevante, es que aunque sea en las situaciones límites, ya la sala en su voto de minoría que recoge el apartado V, empieza a cuestionarse la autorización para aborta, aun cuando finalmente no accede. Dice la sala que este asunto presenta un tema de difícil tratamiento

---

[25] Exp: 12-017233-0007-CO. Res. N° 2013002331. SALA CONSTITUCIONAL DE LA CORTE SUPREMA DE JUSTICIA. San José, a las nueve horas veinte minutos del veintidós de febrero de dos mil trece. Recurso de amparo interpuesto por R.F.A., cédula de identidad xxxxxxxxx, contra EL HOSPITAL DR. RAFAEL ÁNGEL CALDERÓN GUARDIA.

en el que están en juego la vida de dos seres, la madre y el feto, pero en el que tampoco puede dejarse de considerar la integralidad de la salud, ya que por un lado tenemos la salud mental de una persona y por el otro, la salud física, ambas capaces de poner en riesgo a la persona. Por ello, no basta con que los médicos descarten un criterio únicamente por tratarse de un dictamen privado, o porque así lo contradiga solamente otro médico, sino que estando de por medio el derecho la salud y a la vida, la actuación dirigida a proteger esos derechos debió darse con análisis pertinentes que les permitiera valorar, si la vida de la amparada también sufría un serio riesgo por la situación mental que atravesaba.

Con esa argumentación siempre se declaró sin lugar el amparo, pero lo positivo de esto es que dos de los magistrados votaron por declarar con lugar el recurso de amparo y ordenar el aborto, lo cual hace que al menos el tema ya entre en discusión en la sala de cuando autorizarlo y cuando no.

B. ANÁLISIS JURISPRUDENCIAL

La jurisprudencia de la Sala Constitucional, ha tenido un comportamiento homogéneo en estos años, su posición ha sido que la vida humana se debe de proteger desde la concepción, con ello se encuentra dentro de la tendencia pro life. Sin embargo estimo que el fundamento que ha tenido para arribar a esa conclusión empieza a desmoronarse; desde el punto de vista jurídico como ya lo señalamos, porque nuestra constitución, no reconoce el derecho a la vida, como lo ha interpretado la sala a mi juicio erradamente, además el artículo 21 de la carta magna es claro en cuanto a que lo que es inviolable es la vida humana, no cualquier clase de vida. Así que desde la perspectiva de cuando inicia la vida humana, me inclino por la concepción científica que ésta inicia entre la semana veinticuatro a la semana veintiséis, cuando ya los pulmones y el sistema nervioso se encuentran funcionando y que podemos decir que esa vida que hay dentro de una mujer ya tiene la condición de humana.

La sala al asumir que la vida humana hay que protegerla desde su concepción, protege con la ficción del código civil, hasta trescientos días antes del nacimiento, a un ser inexistente, lo que constituye a mi juicio un exceso de la legislación, que no tiene asidero en criterios de racionalidad y proporcionalidad, pues el embarazo dura en promedio doscientos ochenta días, así que tenemos veinte días de más para proteger desde el punto de vista jurídico a esta "persona".

En resumen podemos decir que la posición de la Sala Constitucional no analizó verdaderamente el artículo 21 de nuestra máxima norma, sino que asumió la posición civilista y se apoyó a su vez en instrumentos internacionales, que si bien es cierto son muy fuertes, como la declaración de Bogotá, el pacto de derechos políticos y civiles entre otros, que tienen otro escenario para el derecho a la vida y es que esta efectivamente ya exista como tal, para garantizarla y hacerla muy provechosa para la persona y que esta encuentre su realización como ser humano; no se refiere a la vida durante el proceso del embarazo, ni tampoco a sus diversas etapas, que es el error en el cual la Sala incurrió. De alguna manera la Sala dice en su resolución que los embriones tienen derecho a la vida y que por tanto se cometería un aborto si la práctica se autorizara, pero la sala se veló mucho de no decir que tienen derecho a la vida humana, sino solamente decir que tienen derecho a la vida; con ello en mi opinión puso en manos de la Corte Interamericana de Derechos Humanos, la resolución del asunto, como en efecto en noviembre del 2012 sucedió.

Seccion II – La posición de la Corte Interamericana de Derechos Humanos

El 28 de noviembre del 2012, se produjo un hecho relevante, significativo en el ámbito del derecho interno costarricense y de los derechos humanos, específicamente en el ámbito de los derechos reproductivos, cuando la Corte Interamericana dicto la sentencia Artavia Murillo vs Costa Rica, en donde se condenó al Estado Costarricense y se le obliga a Regular la Fecundación in vitro. A pesar de que a los costarricenses no nos gusta mucho, la Corte Interamericana de Derechos Humanos es, la referencia Obligada en Derechos Humanos para todos los Estados miembros que han ratificado la Convención Americana de Derechos Humanos y por ende un tema que debe ser atendido prioritariamente.

El caso "Artavia Murillo y otros c/ Costa Rica", fue planteado a la Corte porque, en 1997, el Poder Ejecutivo de Costa Rica reguló la práctica de la fecundación in vitro (FIV); sin embargo, en el año 2000, el decreto del Ejecutivo fue declarado inconstitucional por la Sala Constitucional; que consideró que los embriones in vitro tienen derecho a la vida, y la técnica de la fertilización in vitro, de manera consciente y voluntaria, causa una elevada pérdida de embriones, incompatible con ese derecho a la vida. El resultado de esa decisión judicial fue la prohibición de la práctica. En 2001, un grupo de ciudadanos costarricenses se presentó ante la Comisión Interamericana de Derechos Humanos. La Comisión sostuvo que la prohibición costarricense constituía una injerencia arbitraria en los derechos a la vida privada, a la vida familiar, al derecho a conformar una familia, y una violación al derecho de igualdad. Por lo tanto, recomendó a Costa Rica levantar la prohibición de la FIV y asegurar que la futura regulación sea acorde con la Convención. Ante el incumplimiento de la recomendación, luego de tres prórrogas, el 29-07-2011, la Comisión sometió el caso a la jurisdicción de la Corte. El 28-11-2012, ese tribunal condenó a Costa Rica; dijo que prohibir la fertilización in vitro viola el derecho a la privacidad, a la libertad, a la integridad personal, a la no discriminación y el derecho a formar una familia. Con esta decisión se abren un nuevo camino en el concepto de la vida, ¿Cuándo inicia?, ¿Cuándo existe un aborto?, ¿Cuándo se es persona? Y otros temas que abordaremos en el estudio de la sentencia, la cual por su importancia transcribimos en resumen de seguido:

A. **Sentencia Caso Artavia murillo y otros ("fecundación in vitro")** *vs.* **Costa Rica. De 28 de noviembre de 2012.**

CORTE INTERAMERICANA DE DERECHOS HUMANOS

Integrada por los siguientes jueces: Diego García-Sayán, Presidente; Leonardo A. Franco, Juez; Margarette May Macaulay, Jueza; Rhadys Abreu Blondet, Jueza, Eduardo Vio Grossi, Juez, y Alberto Pérez Pérez, Juez. El Juez, Manuel E. Ventura Robles, de nacionalidad costarricense, no participó en el presente caso de conformidad con el artículo 19.1 del Reglamento de la Corte. El Secretario del Tribunal es Pablo Saavedra Alessandri y la Secretaria Adjunta es Emilia Segares Rodríguez.

El presente caso se relaciona los efectos de la sentencia emitida por la Sala Constitucional de la Corte Suprema de Costa Rica de 15 de marzo de 2000, mediante la cual se declaró inconstitucional el Decreto Ejecutivo No. 24029-S, en el cual se regulaba la técnica de Fecundación In Vitro (FIV) en el país. Esta sentencia implicó que se prohibiera la FIV en Costa Rica, y en particular, generó que algunas de las víctimas del presente caso debieran interrumpir el tratamiento médico que habían iniciado, y que otras se vieron obligadas a viajar a otros países para poder acceder a la FIV.

El 28 de noviembre de 2012 la Corte Interamericana de Derechos Humanos (en adelante "la Corte Interamericana", "la Corte" o "el Tribunal") emitió la Sentencia, en la cual desestimó las excepciones preliminares interpuesta por el Costa Rica (en adelante el "Estado"). Asimismo, la Corte declaró a Costa Rica responsable internacionalmente por haber vulnerado el derecho a la vida privada y familiar y el derecho a la integridad personal en relación con la autonomía personal, a la salud sexual, el derecho a gozar de los beneficios del progreso científico y tecnológico y el principio de no discriminación, consagrados en los artículos 5.1, 7, 11.2 y 17.2 en relación con el artículo 1.1 de la Convención Americana en perjuicio de Grettel Artavia Murillo, Miguel Mejías Carballo, Andrea Bianchi Bruna, German Alberto Moreno Valencia, Ana Cristina Castillo León, Enrique Acuña Cartín, Ileana Henchoz Bolaños, Miguel Antonio Yamuni Zeledón, Claudia María Carro Maklouf, Víktor Hugo Sanabria León, Karen Espinoza Vindas, Héctor Jiménez Acuña, Maria del Socorro Calderón P., Joaquinita Arroyo Fonseca, Geovanni Antonio Vega, Carlos E. Vargas Solórzano, Julieta González Ledezma y Oriester Rojas Carranza.

I. Excepciones preliminares

El Estado interpuso tres excepciones preliminares: i) la falta de agotamiento de recursos internos; ii) la extemporaneidad de la petición presentada por Karen Espinoza y Héctor Jiménez, y iii) la incompetencia de la Corte Interamericana para conocer de hechos sobrevinientes a la presentación de la petición.

Al analizar su procedencia, la Corte desestimó las tres excepciones preliminares interpuestas por Costa Rica: i) respecto a la excepción preliminar de previo agotamiento de los recursos internos, el Tribunal manifestó que era irrazonable exigir a las víctimas que tuvieran que seguir agotando recursos de amparo si la más alta instancia judicial en materia constitucional se había pronunciado sobre los aspectos específicos que controvierten las presuntas víctimas;, y que la función de dicho recurso en el ordenamiento jurídico interno no era idónea para proteger la situación jurídica infringida y, en consecuencia, no podía ser considerado como un recurso interno que debió ser agotado; ii) con relación a la excepción de extemporaneidad de la petición presentada por Karen Espinoza y Héctor Jiménez, el Tribunal destacó que el presente caso exigía una interpretación del requisito de los 6 meses establecido en el artículo 46.1.b, por cuanto una pareja podía tomar meses o años en decidir si acude a una determinada técnica de reproducción asistida o a otras alternativas, de manera que no era posible generar en las presuntas víctimas una carga de tomar una decisión de presentar una petición ante el Sistema Interamericano en un determinado periodo de tiempo, y iii) por último, sobre la excepción de la incompetencia de la Corte Interamericana para conocer de hechos sobrevinientes a la presentación de la petición, el Tribunal consideró que no correspondía pronunciarse de forma preliminar sobre el marco fáctico del caso, ya que dicho análisis correspondía al fondo del caso.

II. Fondo

a) Síntesis de los hechos principales

La infertilidad puede ser definida como la imposibilidad de alcanzar un embarazo clínico luego de haber mantenido relaciones sexuales sin protección durante doce meses o más. Las técnicas o procedimientos de reproducción asistida son un grupo de diferentes tratamientos médicos que se utilizan para ayudar a las personas y parejas infértiles a lograr un embarazo, las cuales incluyen "la manipulación, tanto de ovocitos como de espermatozoides, o embriones [...] para el establecimiento de un embarazo". Por su parte, la FIV es "un procedimiento en el cual los óvulos de una mujer son removidos de sus ovarios, ellos son entonces fertilizados con esperma en un procedimiento de laboratorio, una vez concluido esto el óvulo fertilizado (embrión) es devuelto al útero de la mujer". Esta técnica se aplica cuando la infertilidad se debe a la ausencia o bloqueo de las trompas de Falopio de la mujer, es decir, cuando un óvulo no puede pasar hacia las trompas de Falopio para ser fertilizado y posteriormente implantado en el útero, o en casos donde la infertilidad recae en la pareja de sexo masculino, así como en los casos en que la causa de la infertilidad es desconocida. Las fases que se siguen durante el la FIV son las siguientes: i) inducción a la ovulación; ii) aspiración de los óvulos contenidos en los ovarios; iii) inseminación de óvulos con espermatozoides; iv) observación del proceso de fecundación e incubación de los embriones, y v) transferencia embrionaria al útero materno.

El primer nacimiento de un bebe producto de la FIV ocurrió en Inglaterra en 1978. En Latinoamérica, el nacimiento del primer bebe producto de la FIV y la transferencia embrionaria fue reportado en 1984 en Argentina. Desde que fuera reportado el nacimiento de la primera persona como resultado de Técnicas de Reproducción Asistida (en adelante "TRA"), "cinco millones de personas han nacido en el mundo gracias a los avances de esta [tecnología]". Asimismo, "[a]anualmente, se realizan millones de procedimientos de TRA. Las estimaciones para 2008, comprenden 1.600.000 tratamientos que dieron origen a 400.000 personas nacidas entre 2008 y septiembre de 2009" en el mundo. En Latinoamérica "se estima que entre 1990 y 2010 150.000 personas han nacido" de acuerdo con el Registro Latinoamericano de Reproducción Asistida.

En Costa Rica, el Decreto Ejecutivo No. 24029-S de 3 de febrero de 1995, emitido por el Ministerio de Salud, autorizaba la práctica de la FIV para parejas conyugales y regulaba su ejecución. En su artículo 1° el Decreto Ejecutivo regulaba técnicas de reproducción asistida entre cónyuges, y establecía reglas para su realización. La FIV fue practicada en Costa Rica entre 1995 y 2000 y en ese lapso nacieron 15 costarricenses.

El 7 de abril de 1995 se presentó una acción de inconstitucionalidad contra dicho Decreto Ejecutivo, utilizando diversos alegatos sobre violación del derecho a la vida. El 15 de marzo de 2000, la Sala Constitucional de la Corte Suprema emitió sentencia, mediante la cual declaró "con lugar la acción [y] se anula por inconstitucional [...] el Decreto Ejecutivo No. 24029-S". Las razones esgrimidas por la Sala Constitucional para motivar su decisión fueron, en primer lugar, la "infracción del principio de reserva legal", debido a que concluyó que el Decreto Ejecutivo regulaba el "derecho a la vida y a la dignidad del ser humano", razón por la cual "[l]a regulación de estos derechos por el Poder Ejecutivo resulta[ba] incompatible con el Derecho de la Constitución", por cuanto "solamente mediante ley formal, emanada del Poder Legislativo por el procedimiento previsto en la Constitución para la emisión de las leyes, es posible regular y, en su caso, restringir los derechos y libertades fundamentales". En segundo lugar, la Sala Constitucional determinó que las prácticas de FIV "atentan claramente contra la vida y la dignidad del ser humano", por cuanto: i) "[e]l ser humano es titular de un derecho a no ser privado de su vida ni a sufrir ataques ilegítimos por parte del Estado o de particulares, pero no sólo eso: el poder público y la sociedad civil deben ayudarlo a defenderse de los peligros para su vida"; ii) "en cuanto ha sido concebida, una persona es una persona y estamos ante un ser vivo, con derecho a ser protegido por el ordenamiento jurídico", y iii) "como el derecho [a la vida] se declara a favor de todos, sin excepción, debe protegerse tanto en el ser ya nacido como en el por nacer".

Finalmente, la Sala Constitucional concluyó:

El embrión humano es persona desde el momento de la concepción, por lo que no puede ser tratado como objeto, para fines de investigación, ser sometido a procesos de selección, conservado en congelación, y lo que es fundamental para la Sala, no es legítimo constitucionalmente que sea expuesto a un riesgo desproporcionado de muerte. [...] La objeción principal de la sala es que la aplicación de la técnica importa una elevada pérdida de embriones, que no puede justificarse en el hecho de que el objetivo de ésta es lograr un ser humano, dotar de un hijo a una pareja que de otra forma no podría tenerlo. Lo esencial es que los embriones cuya vida se procura primero y luego se frustra son seres humanos y el ordenamiento constitucional no admite ninguna distinción entre ellos. [...] Según la Sala ha podido constatar, la aplicación de la Técnica de Fecundación in Vitro y Transferencia Embrionaria, en la forma en que se desarrolla en la actualidad, atenta contra la vida humana. Este Tribunal sabe que los avances de la ciencia y la biotecnología son tan vertiginosos que la técnica podría llegar a ser mejorada de tal manera, que los reparos señalados aquí desaparezcan. Sin embargo, las condiciones en las que se aplica actualmente, llevan a concluir que cualquier eliminación o destrucción de concebidos – voluntaria o derivada de la impericia de quien ejecuta la técnica o de la inexactitud de ésta – viola su derecho a la vida, por lo que la técnica no es acorde con el Derecho de la Constitución y por ello el reglamento cuestionado es inconstitucional por infracción al artículo 21 de la Constitución Política y 4 de la Convención Americana sobre Derechos Humanos. Por contravenir la técnica, considerada en sí misma, el derecho a la vida, debe dejarse expresa constancia de que, ni siquiera por norma de rango legal es posible autorizar legítimamente su aplicación, al menos, se insiste, mientras su desarrollo científico permanezca en el actual estado y signifique el daño consciente de vidas humanas. (Añadido fuera del texto original)

De la prueba que obra en el expediente, Costa Rica es el único Estado en el mundo que prohíbe de manera expresa la FIV.

Por otra parte, la Corte realizó un recuento de la situación particular de las nueve parejas que son víctimas en el presente caso, en el cual se evidenció: i) las causas de infertilidad de cada pareja; ii) los tratamientos a los cuales recurrieron para combatir dicha condición; iii) las razones por las cuales acudieron a la FIV; iv) los casos en que se interrumpió el tratamiento para realizar la FIV debido a la sentencia de la Sala Cuarta, y v) los casos en que las parejas debieron viajar al exterior para realizarse dicho procedimiento.

b) Conclusiones y determinaciones de la Corte

1. Alcance de los derechos a la integridad personal, libertad personal y vida privada y familiar en el presente caso

El artículo 11 de la Convención Americana requiere la protección estatal de los individuos frente a las acciones arbitrarias de las instituciones estatales que afectan la vida privada y familiar. Prohíbe toda injerencia arbitraria o abusiva en la vida privada de las personas, enunciando diversos ámbitos de la misma como la vida privada de sus familias. Además, esta Corte ha interpretado en forma amplia el artículo 7 de la Convención Americana al señalar que éste incluye un concepto de libertad en un sentido extenso como la capacidad de hacer y no hacer todo lo que esté lícitamente permitido. En otras palabras, constituye el derecho de toda persona de organizar, con arreglo a la ley, su vida individual y social conforme a sus propias opciones y convicciones. Asimismo, la Corte ha resaltado el concepto de libertad y la posibilidad de todo ser humano de auto-determinarse y escoger libremente las opciones y circunstancias que le dan sentido a su existencia, conforme a sus propias opciones y convicciones. La vida privada incluye la forma en que el individuo se ve a sí mismo y cómo decide proyectarse hacia los demás, y es una condición indispensable para el libre desarrollo de la personalidad. Además, la Corte ha señalado que la maternidad forma parte esencial del libre desarrollo de la personalidad de las mujeres. Teniendo en cuenta todo lo anterior, la Corte considera que la decisión de ser o no madre o padre es parte del derecho a la vida privada e incluye, en el presente caso, la decisión de ser madre o padre en el sentido genético o biológico.

Además, la Corte señaló que el artículo 17 de la Convención Americana reconoce el papel central de la familia y la vida familiar en la existencia de una persona y en la sociedad en general. La Corte ya ha indicado que el derecho de protección a la familia conlleva, entre otras obligaciones, a favorecer, de la manera más amplia, el desarrollo y la fortaleza del núcleo familiar. Por su parte, el Comité de Derechos Humanos ha señalado que la posibilidad de procrear es parte del derecho a fundar una familia.

Asimismo, el Tribunal indicó que el derecho a la vida privada se relaciona con: i) la autonomía reproductiva, y ii) el acceso a servicios de salud reproductiva, lo cual involucra el derecho de acceder a la tecnología médica necesaria para ejercer ese derecho. Por tanto, los derechos a la vida privada y a la integridad personal se hallan también directa e inmediatamente vinculados con la atención de la salud. La falta de salvaguardas legales para tomar en consideración la salud reproductiva puede resultar en un menoscabo grave del derecho a la autonomía y la libertad reproductiva. Respecto a los derechos reproductivos, se indicó que dichos derechos se basan en el reconocimiento del derecho básico de todas las parejas e individuos a decidir libre y responsablemente el número de hijos, el espaciamiento de los nacimientos y el intervalo entre éstos y a disponer de la información y de los medios para ello y el derecho a alcanzar el nivel más elevado de salud sexual y reproductiva.

Finalmente, el derecho a la vida privada y la libertad reproductiva guarda relación con el derecho de acceder a la tecnología médica necesaria para ejercer ese derecho. Del derecho de acceso al más alto y efectivo progreso científico para el ejercicio de la autonomía reproductiva y la posibilidad de formar una familia se deriva el derecho a acceder a los mejores servicios de salud en técnicas de asistencia reproductiva, y, en consecuencia, la prohibición de restricciones desproporcionadas e innecesarias *de iure* o *de facto* para ejercer las decisiones reproductivas.

La Corte consideró que el presente caso se trata de una combinación particular de diferentes aspectos de la vida privada, que se relacionan con el derecho a fundar una familia, el derecho a la integridad física y mental, y específicamente los derechos reproductivos de las personas.

2. Efectos de la prohibición absoluta de la FIV

El Tribunal constató que la Sala Constitucional consideró que si la técnica de la FIV podía realizarse respetando un concepto de protección absoluta de la vida del embrión, ésta podría ser practicada en el país. Sin embargo, la Corte consideró que si bien en la sentencia de la Sala Constitucional se utilizaron palabras condicionantes para admitir la práctica de la FIV en el país, lo cierto es que doce años después de emitida la sentencia, dicha técnica no se realiza en Costa Rica. Por ello, el Tribunal estimó que la "condición suspensiva" establecida en la sentencia, hasta el momento, no ha producido efectos prácticos reales. Por ello, sin entrar a catalogarla como prohibición "absoluta" o "relativa", fue posible concluir que la decisión de la Sala Constitucional ocasionó como hecho no controvertido que la FIV no se practique en el territorio costarricense y que, por tanto, las parejas que deseen a acudir a dicha técnica, no pueden llevarla a cabo en su país. Además, debido a que la Sala Constitucional condicionó la posibilidad de realizar la técnica a que no hubiera pérdida embrionaria alguna en la aplicación de la misma, esto implica, en la práctica, una prohibición de la misma, toda vez que la prueba en el expediente indicó que, hasta el momento, no existe una opción para practicar la FIV sin que exista alguna posibilidad de pérdida embrionaria.

Asimismo, dicha sentencia generó la interrupción del tratamiento médico que habían iniciado algunas de las presuntas víctimas del presente caso, mientras que otras se vieron obligadas a viajar a otros países para poder acceder a la FIV. Estos hechos constituyeron una interferencia en la vida privada y familiar de las víctimas, quienes debieron modificar o variar las posibilidades de acceder a la FIV, lo cual constituía una decisión de las parejas respecto a los métodos o prácticas que deseaban intentar con el fin de procrear un hijo o hija biológicos. La Corte precisó que la injerencia en el presente caso no se encuentra relacionada con el hecho de que las familias hayan o no podido tener hijos, pues aún si hubieran podido acceder a la técnica de la FIV, no es posible determinar si dicho objetivo se hubiera podido alcanzar, por lo que la injerencia se circunscribe a la posibilidad de tomar una decisión autónoma sobre el tipo de tratamientos que querían intentar para ejercer sus derechos sexuales y reproductivos.

3. Interpretación del artículo 4.1 de la Convención Americana en lo relevante para el presente caso

La decisión de la Sala Constitucional consideró que la Convención Americana exigía prohibir la FIV tal como se encontraba regulada en el Decreto Ejecutivo, por lo que la Sala interpretó el artículo 4.1 de la Convención en el entendido de que dicho artículo exigía una protección absoluta del embrión. Sin embargo, esta Corte es la intérprete autorizada de la Convención, por lo cual estimó relevante analizar si la interpretación de la Convención que sustentó las injerencias ocurridas era admisible a la luz de dicho tratado y teniendo en cuenta las fuentes de derecho internacional pertinentes. En particular, la Corte examinó el alcance de los artículos 1.2 y 4.1 de la Convención Americana respecto a las palabras "persona", "ser humano", "concepción" y "en general". Para ello, se realizó una interpretación: i) conforme al sentido corriente de los términos; ii) sistemática e histórica; iii) evolutiva, y iv) del objeto y fin del tratado.

3.1. Interpretación conforme al sentido corriente de los términos

En el presente caso, la Corte observó que el concepto de "persona" es un término jurídico que se analiza en muchos de los sistemas jurídicos internos de los Estados Parte. Sin embargo, para efectos de la interpretación del artículo 4.1, la definición de persona está anclada a las menciones que se hacen en el tratado respecto a la "concepción" y al "ser humano", términos cuyo alcance debe valorarse a partir de la literatura científica.

El Tribunal hizo notar que la prueba en el expediente evidenciaba como la FIV transformó la discusión sobre cómo se entendía el fenómeno de "la concepción". En efecto la FIV refleja que puede pasar un tiempo entre la unión del óvulo y el espermatozoide, y la implantación. Por tal razón, la definición de "concepción" que tenían los redactores de la Convención Americana ha cambiado.

La Corte observó que en el contexto científico actual se destacan dos lecturas diferentes del término "concepción". Una corriente entiende "concepción" como el momento de encuentro, o de fecundación, del óvulo por el espermatozoide. De la fecundación se genera la creación de una nueva célula: el cigoto. Cierta prueba científica considera al cigoto como un organismo humano que alberga las instrucciones necesarias para el desarrollo del embrión. Otra corriente entiende "concepción" como el momento de implantación del óvulo fecundado en el útero. Lo anterior, debido a que la implantación del óvulo fecundado en el útero materno faculta la conexión de la nueva célula, el cigoto, con el sistema circulatorio materno que le permite acceder a todas las hormonas y otros elementos necesarios para el desarrollo del embrión.

Por otra parte, respecto a la controversia de cuándo empieza la vida humana, la Corte considera que se trata de una cuestión valorada de diversas formas desde una perspectiva biológica, médica, ética, moral, filosófica y religiosa, y coincide con tribunales internacionales y nacionales, en el sentido que no existe una definición consensuada sobre el inicio de la vida. Sin embargo, para la Corte es claro que hay concepciones que ven en los óvulos fecundados una vida humana plena. Algunos de estos planteamientos pueden ser asociados a concepciones que le confieren ciertos atributos metafísicos a los embriones. Estas concepciones no pueden justificar que se otorgue prevalencia a cierto tipo de literatura científica al momento de interpretar el alcance del derecho a la vida consagrado en la Convención Americana, pues ello implicaría imponer un tipo de creencias específicas a otras personas que no las comparten.

No obstante lo anterior, la Corte consideró que es procedente definir, de acuerdo con la Convención Americana, cómo debe interpretarse el término "concepción". Al respecto, la Corte resaltó que la prueba científica concuerda en diferenciar dos momentos complementarios y esenciales en el desarrollo embrionario: la fecundación y la implantación. El Tribunal observó que sólo al cumplirse el segundo momento se cierra el ciclo que permite entender que existe la concepción. Teniendo en cuenta la prueba científica presentada por las partes en el presente caso, el Tribunal constató que, si bien al ser fecundado el óvulo se da paso a una célula diferente y con la información genética suficiente para el posible desarrollo de un "ser humano", lo cierto es que si dicho embrión no se implanta en el cuerpo de la mujer sus posibilidades de desarrollo son nulas. Si un embrión nunca lograra implantarse en el útero, no podría desarrollarse pues no recibiría los nutrientes necesarios, ni estaría en un ambiente adecuado para su desarrollo. En este sentido, la Corte entendió que el término "concepción" no puede ser comprendido como un momento o proceso excluyente del cuerpo de la mujer, dado que un embrión no tiene ninguna posibilidad de supervivencia si la implantación no sucede. Prueba de lo anterior, es que sólo es posible establecer si se ha producido o no un embarazo una vez se ha implantado el óvulo fecundado en el útero, al producirse la hormona denominada "Gonodatropina Coriónica", que sólo es detectable en la mujer que tiene un embrión unido a ella. Antes de esto es imposible determinar si en el interior del cuerpo ocurrió la unión entre el óvulo y un espermatozoide y si esta unión se perdió antes de la implantación.

Teniendo en cuenta lo anterior, el Tribunal entendió que el término "concepción" desde el momento en que ocurre la implantación, razón por la cual consideró que antes de este evento no procede aplicar el artículo 4 de la Convención Americana. Asimismo, la expresión "en general" permite inferir excepciones a una regla, pero la interpretación según el sentido corriente no permite precisar el alcance de dichas excepciones.

3.2. Interpretación sistemática e histórica

La Sala Constitucional y el Estado sustentaron sus argumentos a partir de una interpretación de la Declaración Universal de Derechos Humanos, el Pacto Internacional de Derechos Civiles y Políticos, la Convención sobre los Derechos del Niño y la Declaración de los Derechos del Niño de 1959. En particular, el Estado afirmó que otros tratados distintos a la Convención Americana exigen la protección absoluta de la vida prenatal. Por tanto, la Corte analizó alegato a partir de una valoración general de lo dispuesto por los sistemas de protección respecto a la protección del derecho a la vida, en particular: i) el Sistema Interamericano; ii) el Sistema Universal; iii) el Sistema Europeo, y iv) el Sistema Africano. Asimismo, la Corte estudió los trabajos preparatorios de dichos tratados.

3.2.1. Sistema Interamericano de Derechos Humanos

De los antecedentes de la Declaración Americana, la Corte consideró que los trabajos preparatorios no ofrecían una respuesta definitiva sobre el punto en controversia. Respecto a la Convención Americana, la Corte observó que durante los trabajos preparatorios se utilizaron los términos "persona" y "ser humano" sin la intención de hacer una diferencia entre estas dos expresiones. El artículo 1.2 de la Convención precisó que los dos términos deben entenderse como sinónimos. Por tanto, la Corte concluyó que los trabajos preparatorios de la Convención indican que no prosperaron las propuestas de eliminar la expresión "y, en general, desde el momento de la concepción", ni la de las delegaciones que pedían eliminar solo las palabras "en general".

Por otra parte, la Corte indicó que la expresión "toda persona" es utilizada en numerosos artículos de la Convención Americana y de la Declaración Americana. Al analizar todos estos artículos no es factible sostener que un embrión sea titular y ejerza los derechos consagrados en cada uno de dichos artículos. Asimismo, teniendo en cuenta lo ya señalado en el sentido que la concepción sólo ocurre dentro del cuerpo de la mujer, se puede concluir respecto al artículo 4.1 de la Convención que el objeto directo de protección es fundamentalmente la mujer embarazada, dado que la defensa del no nacido se realiza esencialmente a través de la protección de la mujer. Por todo lo anterior, la Corte concluyó que la interpretación histórica y sistemática de los antecedentes existentes en el Sistema Interamericano, confirma que no es procedente otorgar el estatus de persona al embrión.

3.2.2. Sistema Universal de Derechos Humanos

La Corte señaló que la expresión "ser humano", utilizada en la Declaración Universal de Derechos Humanos, de acuerdo con los trabajos preparatorios, no fue entendida en el sentido de incluir al no nacido. Asimismo, indicó que los trabajos preparatorios del artículo 6.1 del PIDCP indican que los Estados no pretendían tratar al no nacido como persona y otorgarle el mismo nivel de protección que a las personas nacidas. Igualmente, manifestó que las decisiones Comité de Derechos Humanos permiten afirmar que del PIDCP no se deriva una protección absoluta de la vida prenatal o del embrión.

Respecto a la Convención sobre la Eliminación de Todas las Formas de Discriminación Contra la Mujer, la Corte señaló que los informes del Comité para la Eliminación de la Discriminación Contra la Mujer (en adelante Comité de la "CEDAW" por sus siglas en inglés) dejan en claro que los principios fundamentales de igualdad y no discriminación exigen privilegiar los derechos de la mujer embarazada sobre el interés de proteger la vida en formación.

Por último, indicó que los artículos 1 y 6.1 de la Convención sobre los Derechos del Niño no se refieren de manera explícita a una protección del no nacido. El Preámbulo hace referencia a la necesidad de brindar "protección y cuidado especiales […] antes […] del nacimiento". Sin embargo, los trabajos preparatorios indican que esta frase no tuvo la intención de hacer extensivo al no nacido lo dispuesto en la Convención, en especial el derecho a la vida.

3.2.3. Sistema Europeo de Derechos Humanos

La antigua Comisión Europea de Derechos Humanos y el Tribunal Europeo de Derecho Humanos (en adelante el "TEDH") se han pronunciado sobre el alcance no absoluto de la protección de la vida prenatal en el contexto de casos de aborto y de tratamientos médicos relacionados con la fecundación in vitro. Así, por ejemplo en el *Caso Paton vs. Reino Unido* la Comisión Europea de Derechos Humanos sostuvo que los términos en que está redactada el CEDH "tienden a corroborar la apreciación de que [el artículo 2] no incluye al que está por nacer". Agregó que reconocer un derecho absoluto a la vida prenatal sería "contrario al objeto y propósito de la Convención".

Por su parte, en el *Caso Vo. Vs. Francia*, el Tribunal Europeo señaló que "se puede considerar que los Estados están de acuerdo que el embrión/el feto es parte de la raza humana[, pero l]a potencialidad de este ser y su capacidad de convertirse en persona [...] requiere protección en el nombre de la dignidad humana, sin hacerlo una "persona" con el "derecho a la vida". Respecto a casos relacionados con la práctica de la FIV, el TEDH se pronunció en el caso *Evans Vs. Reino Unido*, en el cual confirmó que "los embriones creados por el peticionario [y su pareja] no tienen el derecho a la vida dentro del significado del artículo 2 de la Convención y que no ha, por lo tanto, habido una violación a tal provisión". Mientras que en los *Casos S.H. Vs. Austria, y Costa y Pavan Vs. Italia*, que trataron, respectivamente, de la regulación de la FIV respecto a la donación de óvulos y espermatozoides por terceros, y del diagnóstico genético preimplantacional, el TEDH ni siquiera se refirió a una presunta violación de un derecho propio de los embriones.

3.2.4. Sistema Africano de Derechos Humanos

La Corte indicó que el Protocolo de la Carta Africana de Derechos Humanos y de los Pueblos Relativo a los Derechos de la Mujer (Protocolo de Maputo), no se pronuncia sobre el inicio de la vida, y además establece que los Estados deben tomar medidas adecuadas para "proteger los derechos reproductivos de la mujer, permitiendo el aborto con medicamentos en casos de agresión sexual, violación e incesto y cuando la continuación del embarazo ponga en peligro la salud mental y física de la embarazada o la vida de la embarazada o del feto".

3.2.5. Conclusión sobre la interpretación sistemática

La Corte concluyó que la Sala Constitucional se basó en el artículo 4 de la Convención Americana, el artículo 3 de la Declaración Universal, el artículo 6 del Pacto Internacional de Derechos Civiles y Políticos, la Convención sobre los Derechos del Niño y la Declaración de los Derechos del Niño de 1959. No obstante, de ninguno de estos artículos o tratados era posible sustentar que el embrión pueda ser considerado persona en los términos del artículo 4 de la Convención. Tampoco era posible desprender dicha conclusión de los trabajos preparatorios o de una interpretación sistemática de los derechos consagrados en la Convención Americana o en la Declaración Americana.

3.3. Interpretación evolutiva

En el presente caso, la interpretación evolutiva era de especial relevancia, teniendo en cuenta que la FIV es un procedimiento que no existía al momento en el que los redactores de la Convención adoptaron el contenido del artículo 4.1 de la Convención. Por tanto, la Corte analizó dos temas: i) los desarrollos pertinentes en el derecho internacional y comparado respecto al status legal del embrión, y ii) las regulaciones y prácticas del derecho comparado en relación con la FIV.

3.3.1. El estatus legal del embrión

La Corte hizo referencia al Convenio de Oviedo, a varios casos del Tribunal Europeo y a una sentencia del Tribunal de Justicia de la Unión Europea para concluir que las tendencias de regulación en el derecho internacional no llevan a la conclusión que el embrión sea tratado de manera igual a una persona o que tenga un derecho a la vida. Asi, por ejemplo, en el en el *Caso Costa y Pavan Vs. Italia*, el TEDH, en sus consideraciones previas sobre el derecho europeo relevante para el análisis del caso, resaltó que en "el caso Roche c. Roche y otros [...], la Corte Suprema de Irlanda ha establecido que el concepto del niño por nacer ("unborn child") no se aplica a embriones obtenidos en el marco de una fecundación in vitro, y estos últimos no se benefician de la protección prevista por el artículo 40.3.3 de la Constitución de Irlanda que reconoce el derecho a la vida del niño por nacer".

3.3.2. Regulaciones y prácticas sobre la FIV en el derecho comparado

La Corte consideró que, a pesar de que no existen muchas regulaciones normativas específicas sobre la FIV en la mayoría de los Estados de la región, éstos permiten que la FIV se practique dentro de sus territorios. Ello significa que, en el marco de la práctica de la mayoría de los Estados Parte en la Convención, se ha interpretado que la Convención permite la práctica de la FIV. El Tribunal consideró que estas prácticas de los Estados se relacionan con la manera en que interpretan los alcances del artículo 4 de la Convención, pues ninguno de dichos Estados ha considerado que la protección al embrión deba ser de tal magnitud que no se permitan las técnicas de reproducción asistida o, particularmente, la FIV. En ese sentido, dicha práctica generalizada está asociada al principio de protección gradual e incremental –y no absoluta– de la vida prenatal y a la conclusión de que el embrión no puede ser entendido como persona.

3.4. El principio de interpretación más favorable y el objeto y fin del tratado

Los antecedentes que se han analizado hasta el momento permiten inferir que la finalidad del artículo 4.1 de la Convención es la de salvaguardar el derecho a la vida sin que ello implique la negación de otros derechos que protege la Convención. En ese sentido, la cláusula "en general" tiene como objeto y fin el permitir que, ante un conflicto de derechos, sea posible invocar excepciones a la protección del derecho a la vida desde la concepción. En otras palabras, el objeto y fin del artículo 4.1 de la Convención es que no se entienda el derecho a la vida como un derecho absoluto, cuya alegada protección pueda justificar la negación total de otros derechos.

En consecuencia, no es admisible el argumento del Estado en el sentido de que sus normas constitucionales otorgan una mayor protección del derecho a la vida y, por consiguiente, procede hacer prevalecer este derecho en forma absoluta. Por el contrario, esta visión niega la existencia de derechos que pueden ser objeto de restricciones desproporcionadas bajo una defensa de la protección absoluta del derecho a la vida, lo cual sería contrario a la tutela de los derechos humanos, aspecto que constituye el objeto y fin del tratado.

Por tanto, la Corte concluyó que el objeto y fin de la cláusula "en general" del artículo 4.1 es la de permitir, según corresponda, un adecuado balance entre derechos e intereses en conflicto. En el caso que ocupa la atención de la Corte, basta señalar que dicho objeto y fin implica que no pueda alegarse la protección absoluta del embrión anulando otros derechos.

3.5. Conclusión de la interpretación del artículo 4.1

La Corte utilizó los diversos métodos de interpretación, los cuales llevaron a resultados coincidentes en el sentido de que el embrión no puede ser entendido como persona para efectos del artículo 4.1 de la Convención Americana. Asimismo, luego de un análisis de las bases científicas disponibles, la Corte concluyó que la "concepción" en el sentido del artículo 4.1 tiene lugar desde el momento en que el embrión se implanta en el útero, razón por la cual antes de este evento no habría lugar a la aplicación del artículo 4 de la Convención. Además, es posible concluir de las palabras "en general" que la protección del derecho a la vida con arreglo a dicha disposición no es absoluta, sino es gradual e incremental según su desarrollo, debido a que no constituye un deber absoluto e incondicional, sino que implica entender la procedencia de excepciones a la regla general.

4. Proporcionalidad de la medida de prohibición

Este Tribunal ha establecido en su jurisprudencia que un derecho puede ser restringido por los Estados siempre que las injerencias no sean abusivas o arbitrarias; por ello, deben estar previstas en ley en sentido formal y material, perseguir un fin legítimo y cumplir con los requisitos de idoneidad, necesidad y proporcionalidad. En el presente caso, la Corte resaltó que el "derecho absoluto a la vida del embrión" como base para la restricción de los derechos involucrados, no tiene sustento en la Convención Americana, razón por la cual no fue necesario un análisis en detalle de cada uno de dichos requisitos, ni valorar las controversias respecto a la declaración de inconstitucionalidad en sentido formal por la presunta violación del principio de la reserva de ley.

Sin perjuicio de lo anterior, el Tribunal estimó pertinente exponer la forma en que el sacrificio de los derechos involucrados en el presente caso fue desmedido en relación con las ventajas que se aludían con la protección del embrión. Para esto, la restricción tendría que lograr una importante satisfacción de la protección de la vida prenatal, sin hacer nugatorio los derechos a la vida privada y a fundar una familia. La Corte efectuará una ponderación en la que analizará: i) la severidad de la interferencia ocurrida en los derechos a la vida privada y familiar. Asimismo, esta severidad es analizada desde el impacto desproporcionado relacionado con: ii) la discapacidad, iii) el género y iv) la situación socioeconómica. Finalmente se evaluarán v) los alegados logros alcanzados en la persecución de la finalidad buscada con la interferencia.

4.1. Severidad de la limitación de los derechos involucrados en el presente caso

La Corte consideró que una de las injerencias directas en la vida privada se relaciona con el hecho de que la decisión de la Sala Constitucional impidió que fueran las parejas quienes decidieran sobre si deseaban o no someterse en Costa Rica a este tratamiento para tener hijos. La injerencia se hace más evidente si se tiene en cuenta que la FIV es, en la mayoría de los casos, la técnica a la que recurren las personas o parejas después de haber intentado otros tratamientos para enfrentar la infertilidad (por ejemplo, el señor Vega y la señora Arroyo se realizaron 21 inseminaciones artificiales) o, en otras circunstancias, es la única opción con la que cuenta la persona para poder tener hijos biológicos, como en el caso del señor Mejías Carballo y la señora Calderón Porras.

El Tribunal estableció que dicha injerencia implicaba una severidad en la limitación, por cuanto, en primer lugar, la prohibición de la FIV impactó en la intimidad de las personas, toda vez que, en algunos casos, uno de los efectos indirectos de la prohibición ha sido que, al no ser posible practicar esta técnica en Costa Rica, los procedimientos que se impulsaron para acudir a un tratamiento médico en el extranjero exigían exponer aspectos que hacían parte de la vida privada. En segundo lugar, respecto a la afectación de la autonomía personal y del proyecto de vida de las parejas, la Corte observó que la FIV suele practicarse como último recurso para superar graves dificultades reproductivas. Su prohibición afecta con mayor impacto los planes de vida de las parejas cuya única opción de procrear es la FIV. En tercer lugar, se vio afectada la integridad psicológica de las personas al negarles la posibilidad de acceder a un procedimiento que hace posible desplegar la libertad reproductiva deseada. De manera que, por las razones señaladas, las parejas sufrieron una interferencia severa en relación con la toma de decisiones respecto a los métodos o prácticas que deseaban intentar con el fin de procrear un hijo o hija biológicos.

4.2. Severidad de la interferencia como consecuencia de la discriminación indirecta por el impacto desproporcionado respecto a discapacidad, género y situación económica

La Corte ha señalado que el principio de derecho imperativo de protección igualitaria y efectiva de la ley y no discriminación determina que los Estados deben abstenerse de producir regulaciones discriminatorias o que tengan efectos discriminatorios en los diferentes grupos de una población al momento de ejercer sus derechos. El concepto de la discriminación indirecta implica que una norma o práctica aparentemente neutra, tiene repercusiones particularmente negativas en una persona o grupo con unas características determinadas. Es posible que quien haya establecido esta norma o práctica no sea consciente de esas consecuencias prácticas y, en tal caso, la intención de discriminar no es lo esencial y procede una inversión de la carga de la prueba. La Corte consideró que el concepto de impacto desproporcionado está ligado al de discriminación indirecta, razón por la cual se analizó si en el presente caso existió un impacto desproporcionado respecto a discapacidad, género y situación económica.

4.2.1. Discriminación indirecta en relación con la condición de discapacidad

La Corte tomó nota que la Organización Mundial por la Salud (OMS) ha definido la infertilidad como "una enfermedad del sistema reproductivo definida como la incapacidad de lograr un embarazo clínico después de 12 meses o más de relaciones sexuales no protegidas". Por su parte, la Convención sobre los Derechos de las Personas con Discapacidad establece que las personas con discapacidad "incluyen a aquellas que tengan deficiencias físicas, mentales, intelectuales o sensoriales a largo plazo que, al interactuar con diversas barreras, puedan impedir su participación plena y efectiva en la sociedad, en igualdad de condiciones con las demás". La discapacidad resulta de la interacción entre las limitaciones funcionales de una persona y las barreras existentes en el entorno que impiden el ejercicio pleno de sus derechos y libertades.

Con base en estas consideraciones y teniendo en cuenta la definición desarrollada por la OMS según la cual la infertilidad es una enfermedad del sistema reproductivo, la Corte consideró que la infertilidad es una limitación funcional reconocida como una enfermedad y que las personas con infertilidad en Costa Rica, al enfrentar las barreras generadas por la decisión de la Sala Constitucional, debían considerarse protegidas por los derechos de las personas con discapacidad, que incluyen el derecho de acceder a las técnicas necesarias para resolver problemas de salud reproductiva. Dicha condición demandaba una atención especial para que se desarrollara la autonomía reproductiva.

4.2.2. Discriminación indirecta en relación con el género

La Corte consideró que la prohibición de la FIV pudo afectar tanto a hombres como a mujeres y les pudo producir impactos desproporcionados diferenciados por la existencia de estereotipos y prejuicios en la sociedad. En este sentido, si bien la infertilidad puede afectar a hombres y mujeres, la utilización de las tecnologías de reproducción asistida se relaciona especialmente con el cuerpo de las mujeres. Aunque la prohibición de la FIV no está expresamente dirigida hacia las mujeres, y por lo tanto aparece neutral, tiene un impacto negativo desproporcional sobre ellas.

Al respecto, el Tribunal resaltó que se interrumpió el proceso inicial de la FIV (inducción a la ovulación) en varias de las parejas, tuvo un impacto diferenciado en las mujeres porque era en sus cuerpos donde se concretizaba esta intervención inicial destinada a realizar el proyecto familiar asociado a la FIV. Dado que en todo procedimiento de FIV las mujeres reciben una estimulación hormonal para la inducción ovárica, ello generaba un fuerte impacto en los casos donde se interrumpía el tratamiento como consecuencia de la prohibición y en aquellos casos donde los procedimientos realizados fuera del país exigieron cargas adicionales. Por otra parte, se hizo referencia a los estereotipos que tuvieron impacto en los casos de infertilidad masculina. La Corte resaltó que estos estereotipos de género son incompatibles con el derecho internacional de los derechos humanos y se deben tomar medidas para erradicarlos. El Tribunal no validó dichos estereotipos y tan solo los reconoció y visibilizó para precisar el impacto desproporcionado de la interferencia generada por la sentencia de la Sala Constitucional.

4.2.3. Discriminación indirecta en relación con la situación económica

Finalmente, el Tribunal destacó que la prohibición de la FIV tuvo un impacto desproporcionado en las parejas infértiles que no contaban con los recursos económicos para practicarse la FIV en el extranjero.

4.3. Controversia sobre la alegada pérdida embrionaria

La Corte observó que el Decreto declarado inconstitucional por la Sala Constitucional contaba con medidas de protección para el embrión, por cuanto establecía el número de óvulos que podían ser fecundados. Además, prohibía "desechar o eliminar embriones, o preservarlos para transferencia en ciclos subsecuentes de la misma paciente o de otras pacientes". En este sentido, existían medidas para que no se generara un "riesgo desproporcionado" en la expectativa de vida de los embriones. Por otra parte, de acuerdo a lo establecido en dicho Decreto, la única posibilidad de pérdida de embriones que era viable, era si estos no se implantaban en el útero de la mujer una vez se realizara la transferencia embrionaria.

La Corte consideró necesario profundizar en este último aspecto a partir de la prueba producida en el proceso ante el Tribunal en relación con las similitudes y diferencias respecto a la pérdida de embriones tanto en los embarazos naturales como en la FIV. Para el Tribunal fue suficiente constatar que la prueba obrante en el expediente era concordante en señalar que tanto en el embarazo natural como en el marco de la FIV existe pérdida de embriones. Asimismo, tanto el perito Zegers como el perito Caruso concordaron en señalar que las estadísticas sobre pérdida embrionaria en los embarazos naturales son poco medibles a comparación con la medición de las pérdidas en la FIV, lo cual limita el alcance que se procura dar a algunas de las estadísticas que se han presentado ante la Corte.

Teniendo en cuenta que la pérdida embrionaria ocurre tanto en embarazos naturales como cuando se aplica la FIV, el argumento de la existencia de manipulación consciente y voluntaria de células en el marco de la FIV sólo puede entenderse como ligado al argumento desarrollado por la Sala Constitucional en torno a la protección absoluta del derecho a la vida del embrión, el cual ha sido desvirtuado en secciones anteriores de la presente Sentencia. De manera que la Corte encontró desproporcionado pretender una protección absoluta del embrión respecto a un riesgo que resulta común e inherente incluso en procesos donde no interviene la técnica de la FIV.

El Tribunal reiteró que, precisamente, uno de los objetivos de la FIV es contribuir con la creación de vida, lo cual se evidencia con las miles de personas que han nacido gracias a este procedimiento. En suma, tanto en el embarazo natural como en técnicas como la de la inseminación artificial existe pérdida embrionaria. La Corte observó que existen debates científicos sobre las diferencias entre el tipo de pérdidas embrionarias que ocurren en estos procesos y las razones de las mismas. Pero lo analizado hasta el momento permite concluir que, teniendo en cuenta las pérdidas embrionarias que ocurren en el embarazo natural y en otras técnicas de reproducción que se permiten en Costa Rica, la protección del embrión que se buscaba a través de la prohibición de la FIV tenía un alcance muy limitado y moderado.

4.4. Conclusión sobre el balance entre la severidad de la interferencia y el impacto en la finalidad pretendida

Una ponderación entre la severidad de la limitación de los derechos involucrados en el presente caso y la importancia de la protección del embrión, permite afirmar que la afectación del derecho a la integridad personal, libertad personal, vida privada, la intimidad, la autonomía reproductiva, el acceso a servicios de salud reproductiva y a fundar una familia es severa y supone una violación de dichos derechos, pues dichos derechos son anulados en la práctica para aquellas personas cuyo único tratamiento posible de la infertilidad era la FIV. Asimismo, la interferencia tuvo un impacto diferenciado en las víctimas por su situación de discapacidad, los estereotipos de género y, frente a algunas de las presuntas víctimas, por su situación económica. En contraste, el impacto en la protección del embrión es muy leve, dado que la pérdida embrionaria se presenta tanto en la FIV como en el embarazo natural con análogo grado de posibilidad. La Corte resaltó que el embrión antes de la implantación no está comprendido en los términos del artículo 4 de la Convención y recuerda el principio de protección gradual e incremental de la vida prenatal.

Por tanto, la Corte concluyó que la Sala Constitucional partió de una protección absoluta del embrión que, al no ponderar ni tener en cuenta los otros derechos en conflicto, implicó una arbitraria y excesiva intervención en la vida privada y familiar que hizo desproporcionada la interferencia. Asimismo, la interferencia tuvo efectos discriminatorios.

III. Reparaciones

La Corte estableció que su Sentencia constituye per se una forma de reparación y, adicionalmente, ordenó al Estado: i) tomar las medidas apropiadas para que quede sin efecto con la mayor celeridad posible la prohibición de practicar la fecundación in vitro y para que las personas que deseen hacer uso de dicha técnica de reproducción asistida puedan hacerlo sin encontrar impedimento al efecto; ii) el Estado deberá, a la brevedad, regular los aspectos que considere necesarios para su implementación y establecer sistemas de inspección y control de calidad de las instituciones o profesionales calificados que desarrollen este tipo de técnica de reproducción asistida, y iii) la Caja Costarricense de Seguro Social deberá incluir gradualmente la disponibilidad de la Fecundación in Vitro dentro de sus programas y tratamientos de infertilidad en su atención de salud, de conformidad con el deber de garantía respecto al principio de no discriminación.

Además, el Estado como reparación deberá: i) otorgar gratuitamente el tratamiento psicológico a las víctimas que así lo requieran; ii) publicar el resumen oficial elaborado por la Corte en el diario oficial, en un periódico de amplia circulación nacional y tenerlo disponible en un sitio web de la rama judicial; iii) implementar programas y cursos permanentes de educación y capacitación en derechos humanos, derechos reproductivos y no discriminación dirigidos a funcionarios judiciales, y iv) pagar indemnizaciones compensatorias por daño material e inmaterial a las víctimas.

La Corte Interamericana de Derechos Humanos supervisará el cumplimiento íntegro de la Sentencia y dará por concluido el caso una vez que el Estado haya dado cabal cumplimiento a lo dispuesto en la Sentencia.[26]

B. Análisis jurisprudencial.

Luego de analizada la sentencia de la Corte interamericana podemos decir que avaló, que el acceso a la reproducción humana asistida debe estar garantizado legalmente, hay que tener en cuenta que esto lo aprueba la corte para las parejas que no pueden por algún motivo procrear, pero para lo que nos interesa que es el aborto, la Corte Interamericana dicto una resolución de avanzada pues al analizar el artículo 4.1 de la Convención americana que establece:

> Toda persona tiene derecho a que se respete su vida. Este derecho estará protegido por la ley y, en general, a partir del momento de la concepción. Nadie puede ser privado de la vida arbitrariamente.

La corte entró a definir qué se entiende por concepción, cuál es la naturaleza del embrión, cuando se da la interrupción del embarazo y a partir de cuándo inicia la vida, para dar con ello lugar a la Fertilización in vitro.

Nos interesa caracterizar la resolución de la Corte Interamericana de Derechos humanos, para poder comprender los alcances de dicha decisión que sin lugar a dudas, impactará toda la región, a nuestro juicio lo característico de la decisión es:

---

[26] Resumen oficial emitido por la corte interamericana de la sentencia de 28 de noviembre de 2012. Caso Artavia Murillo y otros ("fecundación in vitro") vs. Costa Rica. (excepciones preliminares, fondo, reparaciones y costas). http://www.corteidh.or.cr/docs/casos/articulos/resumen_257_esp.pdf

1. Desarrolla profusamente que los derechos reproductivos integran los derechos humanos: hay un derecho a procrear y un derecho a no procrear.

2. Interpretó el término "concepción", señalado en el art. 4 de la Convención Americana de Derechos Humanos y lo asimiló a "anidación". Reconoció que un óvulo fecundado da paso a una célula diferente, con la consecuente información genética suficiente para el posible desarrollo de un "ser humano". "Concepción" presupone, pues, existencia dentro del cuerpo de una mujer. Prueba de esta conclusión es que solo es posible establecer si se ha producido o no un embarazo una vez que el óvulo fecundado se ha implantado en el útero y se produce una hormona detectable únicamente en una mujer que tiene un embrión anidado. La Corte en su decisión afirma que el término "concepción" al que alude la Convención Americana se refiere al momento en que se produce la anidación.

Esta afirmación es importante no solo en el campo de la reproducción humana asistida sino también en el de los derechos sexuales y reproductivos, ya que legitima los métodos anticonceptivos, en especial, los hormonales de emergencia, tales como la pastilla del día después. Con esta decisión se puede afirmar que los métodos antes dichos, no atentan contra el derecho a la vida consagrado en la Convención Americana de Derechos Humanos ni son abortivos, debido a que no hay embarazo mientras no hay anidación.

3.-La Sentencia también concluye que un embrión no implantado, o sea, un embrión in vitro, no es persona y agregó que las tendencias en el derecho internacional y comparado no conducen a considerar que el embrión deba ser tratado de igual manera que una persona nacida, ni que titularice un derecho a la vida. El embrión y el feto gozan de una protección gradual e incremental, no absoluta. Es decir, la protección del derecho a la vida "desde la concepción", mencionado en el art. 4 de la Convención, se vincula al mayor o menor desarrollo de ese embrión.

4. La Sentencia de la Corte afirma que el embrión humano concebido fuera del seno materno no sería persona si no está implantado, porque fuera del seno materno no tiene posibilidad de vida. De aquí deriva la importancia de la anidación, asimilado por la corte a fecundación.

5. La Corte sostiene que el derecho a la vida del ser humano antes del nacimiento tiene carácter relativo ante la vida privada y familiar

6. La Sentencia igualmente afirma que la negación del acceso a la Fecundación in Vitro, es una forma de discriminación indirecta por discapacidad, género y condición socioeconómica.

Con la decisión se introduce un tema muy importante, la relatividad y gradualidad de la protección al embrión y al feto, esto es muy importante para Costa Rica, pues actualmente se conoce en el Parlamento la ley de Fertilización in vitro, que de acuerdo a esta sentencia debe ser coherentes con la nueva regla de que, el embrión no tiene derechos absolutos, o sea debe definirse muy adecuadamente para cada fase del embrión la protección que debe de darle el Estado. Esto consecuentemente, nos permite hacer también otra conclusión y es que no puede existir una prohibición absoluta de la interrupción del embarazo, porque esa ley del Estado Costarricense violaría la Convención Americana de Derechos Humanos e igualmente debe de regularse muy adecuadamente en cuales supuestos es que procede la interrupción del embarazo, sin violentar la Convención.

Resulta muy ilustrador para lo que nos interesa, transcribir el considerando 264, en donde la Corte interpreta que es lo que dice la convención en su artículo 4.1 cuando habla de concepción, exactamente dijo:

> La Corte ha utilizado los diversos métodos de interpretación, los cuales han llevado a resultados coincidentes en el sentido de que el embrión no puede ser entendido como persona para efectos del artículo 4.1 de la Convención Americana. Asimismo, luego de un análisis de las bases científicas disponibles, la Corte concluyó que la "concepción" en el sentido del artículo 4.1 tiene lugar desde el momento en que el embrión se implanta en el útero, razón por la cual antes de este evento no habría lugar a la aplicación del artículo 4 de la Convención. Además, es posible concluir de las palabras "en general" que la protección del derecho a la vida con arreglo a dicha disposición no es absoluta, sino es gradual e incremental según su desarrollo, debido a que no constituye un deber absoluto e incondicional, sino que implica entender la procedencia de excepciones a la regla general.

La transcripción es elocuente, hay hoy por decisión del máximo órgano de Justicia de los derechos humanos, como lo es la Corte Interamericana, nuevos conceptos de ¿Qué es un embrión?, ¿Cuándo inicia la vida?, ¿Cuándo se da la Fecundación? , todo ello transformara la forma en que tengamos que usar la herramientas jurídicas para resolver los conflictos y en esto los Estados suscriptores, deben de cumplir con lo que la Corte interpretó que señala la Convención.

Y en específico para nuestro país Costa Rica, las Obligaciones que adquiere con la decisión de la Corte resultan claras, inclusive deje sin efecto la interpretación que la Sala Constitucional hizo de la Constitución Política en nuestro artículo 21, lo caracteriza de protección absoluta y condena al Estado Costarricense, por la prohibición de la FIV. Exactamente dice la Corte Interamericana en su considerando 316 para Costa Rica y la Sala Constitucional lo siguiente:

> Por tanto, la Corte concluye que la Sala Constitucional *partió de una protección absoluta del embrión* que, al no ponderar ni tener en cuenta los otros derechos en conflicto, implicó una arbitraria y excesiva intervención en la vida privada y familiar que hizo desproporcionada la interferencia. Asimismo, la interferencia tuvo efectos discriminatorios. Además, teniendo en cuenta estas conclusiones sobre la ponderación y lo ya señalado respecto al artículo 4.1 de la Convención (supra párr. 264), la Corte no considera pertinente pronun-

ciarse sobre los alegatos del Estado respecto a que contaría con un margen de apreciación para establecer prohibiciones como la efectuada por la Sala Constitucional.

Particularmente me encuentro en total acuerdo con la resolución de la Corte Interamericana de derechos humanos, en nuestro medio el problema va a ser en la práctica, la retardación en la adopción de los nuevos conceptos en el ámbito de la justicia y con mucha más razón en el ámbito político costarricense en donde el parlamento acaba de incumplir nuevamente los plazos que se le asignaron para regular la Fertilización in vitro, lo que pone de manifiesto que no hay aún voluntad política para aceptar el fallo y regular específicamente sobre esos aspectos.[27]

Conclusiones

Como lo hemos venido refiriendo el tema del "Aborto", no es un tema sencillo porque involucra una serie de aspectos, desde los valores culturales, hasta los sentimientos, emociones, valores religiosos, sobre los cuales como seres humanos, tenemos posiciones, solamente que son posiciones muchas veces encontradas, que no nos permiten avizorar la mejor solución para los conflictos humanos que es lo que al fin del derecho debe de solventar.

La primera conclusión importante que podemos señalar luego de la presente investigación, es que el aborto como instituto del derecho penal, está cambiando sustancialmente y en Costa Rica el cambio está en camino de ser realidad. Tenemos en nuestro país un Código Penal conservador, que parte de la protección absoluta del feto, desde su concepción; entendiendo nuestra Sala Constitucional como concepción la unión del espermatozoide con el óvulo. Por ello se regula muy ampliamente el tema del aborto, desde el aborto doloso, el aborto culposo y los partícipes son ampliamente comprendidos como sujetos que desarrollan esa acción, el médico, la mujer, y cualquiera que de alguna manera colabore en que el aborto se dé. Además los tipos permisivos lo son para la situaciones extremas y aún en tales situaciones extremas, peligro para la vida

---

[27] En sentido contrario se esgrimen argumentos como: 1.No se niega que la vida comienza desde la concepción, pero se recurre a un artilugio para sostener que la concepción no equivale a la fecundación sino que la concepción se produce con la implantación. 2. De esta forma, no se considera al embrión humano en sí mismo, sino en relación a la forma en que es concebido y al lugar en que se encuentra.3.Se desconocen los datos científicos innegables que indican que la vida humana comienza con la fecundación, de modo que los jueces pretenden arrogarse el poder de decidir cuándo comienza la vida humana. 4. Si bien dice que el embrión humano no es persona antes de la implantación, no dice nada sobre qué es ese embrión humano. 5.Se postergan los derechos de los niños en función de los intereses de los adultos y de los intereses de los laboratorios biotecnológicos. 6. Se introduce una peligrosa distinción entre ser humano y persona, de manera tácita. 7. Se relativiza el derecho a la vida durante la etapa prenatal, de modo que se señala que el mismo no tendría carácter absoluto, con lo que se hace un guiño al aborto.

de la madre por ejemplo, o malformaciones en el feto, no se obtienen autorizaciones para abortar; la única herramienta jurídica con que cuentan quienes se encuentran en esa situación lo es el Perdón judicial, siempre y cuando sea la recomendación tanto de los jueces que conocen de la causa, como del Instituto Nacional de Criminología, lo que hace que éste no sea utilizado en la práctica.

Otra conclusión importante, es que tanto los tribunales penales, como la Sala Constitucional, han seguido el criterio civilista para definir a partir de cuándo es que se inicia la vida, para los tribunales penales de nuestro país y para la Sala Tercera que conoce en última instancia las decisiones penales, la vida inicia desde su concepción, entendiendo por concepción la fecundación y la fecundación como la unión del espermatozoide con el óvulo. Igual criterio ha sostenido nuestra Sala Constitucional, en donde se ha considerado que la vida inicia desde el momento de su concepción y la concepción inicia desde la fecundación, la unión del espermatozoide y el óvulo. Es más nuestra sala Constitucional va más allá que los tribunales penales y digo más allá porque sus decisiones son de acatamiento obligatorio –erga omnes–, pues recoge la definición de persona que nos da el Código Civil Costarricense, que dice que se considera persona al feto para todo lo que le favorezca hasta trescientos días antes de su nacimiento, lo cual pone de manifiesto la protección absoluta, pues es notorio y público que el embarazo dura aproximadamente doscientos ochenta días, o sea que nos encontramos con veinte días de mas, en los cuales con esta ficción jurídica se protege casi que los espermatozoides y los óvulos de los ciudadanos costarricenses. Eso sin lugar a dudas es un absurdo y demuestra la posición a ultranza para prohibir el aborto, aún en condiciones extremas de urgencia.

Tanto la posición de los Tribunales penales, como la posición de la Sala Constitucional, han ido labrando en el imaginario colectivo una sensación de la prohibición muy arraigada, que se pone de manifiesto el uno de los votos estudiados, en donde el menor tenía mal formaciones, la madre tenía problemas psiquiátricos y aun así mediante un recurso de amparo que se presentó a la Sala Constitucional se denegó el permiso para abortar.

El avance científico ha proporcionado información relevante, sobre cómo ocurre el embarazo paso a paso, desagregando muy detalladamente cada uno de los pasos, esto se ha hecho con investigaciones científicas que han permitido establecer claramente a partir de cuándo inicia la vida, lo que es trascendental para poder hacer ejercicio de la protección que debe de dársele a la vida. Particularmente me inclino por la tesis médica que indica que la vida inicia entre la semana veinticuatro y veintiséis, cuando ya el sistema nervioso empieza a funcionar al igual que los pulmones. No estoy de acuerdo con la tesis que indica que es a partir del día 14 luego de la fecundación, porque ahí a penas inicia a formarse el sistema nervioso incipientemente.

Con esa información científica novedosa, la Corte Interamericana de Derechos Humanos he emitido la sentencia en el caso Artavia Murillo contra Costa Rica, por la prohibición de la Fecundación In Vitro, en donde desarrolla profusamente que los derechos reproductivos integran los derechos humanos y que hay un derecho a procrear y un derecho a no procrear; la FIV como técnica médica para las personas que han tenido problemas en procrear y conociendo el postulado del artículo 4.1 de la Convención Americana de Derechos Humanos, hacer realidad ese derecho. La sentencia interpretó el término "concepción", señalado en el art. 4 de la Convención Americana de Derechos Humanos y lo asimiló a "anidación". Reconoció que un óvulo fecundado da paso a una célula diferente, con la consecuente información genética suficiente para el posible desarrollo de un "ser humano". "Concepción" presupone, pues, existencia dentro del cuerpo de una mujer. Prueba de esta conclusión es que solo es posible establecer si se ha producido o no un embarazo una vez que el óvulo fecundado se ha implantado en el útero y se produce una hormona detectable únicamente en una mujer que tiene un embrión anidado. La Corte en su decisión afirma que el término "concepción" al que alude la Convención Americana se refiere al momento en que se produce la anidación.

Esta afirmación es importante no solo en el campo de la reproducción humana asistida sino también en el de los derechos sexuales y reproductivos, ya que legitima los métodos anticonceptivos, en especial, los hormonales de emergencia, tales como la pastilla del día después. Con esta decisión se puede afirmar que los métodos antes dichos, no atentan contra el derecho a la vida consagrado en la Convención Americana de Derechos Humanos ni son abortivos, debido a que no hay embarazo mientras no hay anidación.

Otra conclusión importante con la cual me encuentro de acuerdo, es que la Sentencia concluye que un embrión no implantado, o sea, un embrión in vitro, no es persona y agrega que las tendencias en el derecho internacional y comparado no conducen a considerar que el embrión deba ser tratado de igual manera que una persona nacida, ni que titularice un derecho a la vida. De ahí se deriva que el embrión y el feto gozan de una protección gradual e incremental, no absoluta. Es decir, la protección del derecho a la vida "desde la concepción", mencionado en el art. 4 de la Convención, se vincula al mayor o menor desarrollo de ese embrión. La Sentencia de la Corte afirma que el embrión humano concebido fuera del seno materno no sería persona si no está implantado, porque fuera del seno materno no tiene posibilidad de vida. De aquí deriva la importancia de la anidación, asimilado por la corte a fecundación.

Finalmente una conclusión muy importante, vista desde el punto de vista general, no solo para Costa Rica, sino para toda la región , lo es que La Corte Interamericana afirma que la negación del acceso a la Fecundación in Vitro, es una forma de discriminación indirecta por discapacidad, género y condición socioeconómica.

Esta interpretación que hace la Corte Interamericana de Derechos Humanos, sin lugar a duda impactara todo los sistemas de justicia que están enlazados con el Sistema interamericano de Justicia, pues se ha obligado ya al Estado de Costa Rica a legislar sobre la Fecundación in Vitro, los parlamentarios no han visto con buenos ojos esta obligación y no le han dado tramite aún al proyecto de ley.

Pero es también muy destacable, que en un futuro no muy lejano, se verá afectado el sistema de justicia interno de Costa Rica, pues habrá que legislar para incorporar los nuevos conceptos que sobre la vida ha dicho la Corte Interamericana rigen, esperamos que sean pronto una realidad y que celebremos que en un abordaje de un conflicto, se ha podido resolver interdisciplinariamente, con el auxilio de otras ciencias el derecho, ha dado respuesta a mi juicio acertada al tema del aborto.

Bibliografia

BARRETO NIETO (Luis Hernando) y RIVERA (Sneider). Una mirada a la impunidad en el marco del Sistema Penal Oral Acusatorio en Colombia. Ministerio del Interior y de Justicia, primera edición: agosto de 2009. Editorial Milla Ltda.

BUSQUETS (José Miguel) Análisis comparado del poder judicial electrónico en América Latina. Este artículo es una versión corregida de la ponencia que presentara en el Primero Encontro Ibero latino americano de Governo Electrónico e de 2007.

BRIOZZO (Leonel) y Otros. El aborto provocado en condiciones de riesgo emergente sanitario en la mortalidad materna en Uruguay. Revista Médica del Uruguay, Volumen 18, Uruguay, 2002.

CANTON RODRIGUEZ (José). El Aborto. Introducción a la Antropología criminal. Tesis doctoral. Universidad Complutense de Madrid. Facultad de CCPP y Sociología. Madrid, mayo de 1994.

CASTAÑEDA ABASCAL (Ileana) y MOLINA ESTÉVEZ (Miriam). Factores Biosociales que influyen en la aparición del aborto provocado. Revista Cubana Obstetricia y Ginecología, N° 25, 1999.

CASTILLO-VARGAS (R) Y GONZALES-CARDENAS (L). El aborto: Problema fundamental de la Bioética. Archivo de Medicina Familiar. Volumen 6, número 2, 2004.

CARPIZO (Jorge). La interrupción del embarazo antes de las doce semanas. En Derechos Humanos, aborto y eutanasia. México. VLEX-21950758. 2013.

DE MIGUEL (Amando) La polémica sobre el aborto en Estados Unidos: Lecciones de una experiencia. Revista Reis 21/83.

DIDES C (Claudia) Aportes al debate sobre el aborto en Chile: Derechos, Género y Bioética. Acta Bioethica. N.12. 2006

DINIZ (Débora). Aborto e inviabilidad fetal: El debate brasileño. Rio de Janeiro. Instituto de Bioética, Derechos Humanos y Género, Brasilia, Brasil. Cad. Saúde Pública, 21(2):634-639, mar-abr, 2005.

ESCOBAR GARCIA (Claudia). Aborto, derecho e ideología. México. Ius Humani. Revista de Derecho. Vol. 1 (2008/2009), enero 2008, págs. 9-49.

FEYERMUTH (Graciela) y TRONCOSO (Erika). El Aborto Acciones médicas y estrategias sociales. Revista Experiencias en Salud Sexual y reproductiva mujeres y hombres del siglo XXI. México. Ipas México A.C. 2008.

GOMEZ (Claudia) Visibilizar, influenciar y modificar: Despenalización del aborto en Colombia. Universidad Central de Colombia. Nómadas, N° 24, Abril 2006.

GOMEZ MARTINEZ (Carlos) Las razones de la formación inicial de un juez.

GOMEZ RAMIREZ (Cristian) Estimación del aborto inducido en Costa Rica, 2007.1 edición, San José, Costa Rica. Asociación demográfica costarricense, 2008.

GONZALEZ LABRADOR (Ignacio) y Otros. Algunas consideraciones sobre el Aborto. La Educación sexual como una alternativa para su prevención. Revista Cubana de Medicina general integral. Volumen 17, 2001.

GONZALEZ SOLANO, Gustavo. El delito de aborto son inconstitucionales (los abortos son homicidios). *Medicina legal. Costa Rica.* 2002, vol.19, n.2.

GROGAN Pat y REED Evelyn. El Aborto: derecho fundamental de la mujer. Folleto.

HARDY (Ellen) y REBELLO (Ivanise). La discusión sobre el aborto provocado en el Congreso Nacional Brasileño: el papel del movimiento de mujeres. Rio de Janeiro. Cad. Saúde Públ. 12(2):259-266, abr-jun, 1996.

LANGER-GLAS (Ana). Embarazo no deseado y el aborto inseguro: su impacto sobre la salud en México. Gaceta medica de México. Academia Nacional de Medicina. Volumen 139, Suplemento 1, julio-agosto 2003.

LAMUS (Francisco) y Otros. Ética y científicamente despenalizar el aborto es un desacierto. Revista Persona y Bioética N° 1, Volumen 10. 2006.

MAROTO VARGAS (Adriana) Al amparo de la noche. La ruta crítica de las mujeres que se realizan abortos clandestinos en Costa Rica. 1a. ed. San José, C.R. Asociación Colectiva por el Derecho a Decidir, 2010.

MAROTO VARGAS (Adriana) Despenalización del aborto en Costa Rica: argumentos para los supuestos de violencia sexual y malformación incompatible con la vida extrauterina. San José: Asociación Colectiva por el Derecho a Decidir, 2008.

MAYO ABAT (Digna) Algunos aspectos histórico-sociales del aborto. Revista Cubana de Obstetricia y Ginecología. Volumen 28 número 2 Ciudad de la Habana Mayo-ago. 2002.

NUÑEZ (Leopoldo) y PALMA (Yolanda). El Aborto en México, problema social y de Salud Pública. Revista Demos. México.

PAVIA (María Carolina) Consecuencias Psicológicas del aborto en la mujer a corto plazo. Buenos Aires Argentina.

PRECHT PIZARRO (Jorge E.) Consideraciones ético-jurídicas sobre el aborto terapéutico. Revista Chilena de Derecho, Volumen 19 N°3, 1992.

SAGOT RODRIGUEZ (Monserrat) y CARCEDO CABAÑAS (Ana) Aborto inducido: ética y derechos. Revista de Medicina Legal de Costa Rica, Volumen 19, N°2, 2002.

RAMOS (Silvina) y Otros. Los Médicos frente a la anticoncepción y el aborto: ¿Una transición ideológica? CEDES, Buenos Aires Argentina.

REY MARTINEZ (Fernando) ¿Es el aborto un derecho en Europa? Comentario a la sentencia "A, BY C V. Irlanda", del Tribunal Europeo de Derechos Humanos. Centro de Estudios Constitucionales de Chile Universidad de Talca. Año 9, N° 2, 2011.

REY MARTINEZ (Fernando). La protección jurídica de la vida ante el Tribunal de Estrasburgo: Un derecho en Transformación y expansión. Centro de Estudios Constitucionales de Chile, Universidad de Talca. Estudios Constitucionales, Año 7, N°1, 2009.
ROSERO (Luis) Notas acerca del aborto en Costa Rica. N.9.
RUIZ, (Miguel Alfonso). El Aborto: Problemas Constitucionales. Madrid, España. Centro de Estudios Constitucionales. 1990.
SCALA (Jorge). El Aborto en preguntas y respuestas. San José, Costa Rica. 5° edición. Ediciones Promesa. 2005.
WARREN (Mary Anne) El Aborto. Compendio de Ética. Alianza editorial, Madrid, España 1995.
ZAMBERLIN (Nina). El Aborto en la Argentina. Buenos Aires. Despenalización.org.ar. Volumen 3, Junio 2007.

OTROS DOCUMENTOS:
SITIOS DE INTERNET:
1.- http://www.fadm.org.ar/biblioteca/familia/aborto/aborto12.htm
2.- http://infoaborto.blogspot.com/2008/11/algunos-efectos-sociales-del-aborto.html
3.- http://seccionabortiva.blogspot.com/2008/09/implicaciones-legales-del-aborto.html

JURISPRUDENCIA RELEVANTE
1.- Res: 2000-02306. SALA CONSTITUCIONAL DE LA CORTE SUPREMA DE JUSTICIA. San José, de las quince horas con veintiuno minutos del quince de marzo del dos mil. Acción de inconstitucionalidad contra el decreto ejecutivo N° 24029-S de 3 de marzo de 1195.
2.- EXPEDIENTE N° 07-007740-0007-CO. PROCESO: RECURSO DE AMPARO RESOLUCIÓN N° 2007007958. SALA CONSTITUCIONAL DE LA CORTE SUPREMA DE JUSTICIA. San José, a las diez horas y treinta minutos del siete de junio del dos mil siete. Recurso de amparo interpuesto por M.R.C., a favor de V.N.R. contra la JEFATURA DEL SERVICIO DE OBSTETRICIA DEL HOSPITAL MÉXICO.
3.- SALA CONSTITUCIONAL DE LA CORTE SUPREMA DE JUSTICIA. San José, a las catorce horas con cincuenta y tres minutos del diecisiete de marzo del dos mil cuatro. Resolución 2004-02792.
4.- Sentencia 2794-04. SALA CONSTITUCIONAL DE LA CORTE SUPREMA DE JUSTICIA. Acción de Inconstitucionalidad contra los artículos 118, 119,120, 121 y 122 del Código Penal y 31 del Código Civil. Declarado Sin Lugar.
5.- Sentencia 7958-07. SALA CONSTITUCIONAL DE LA CORTE SUPREMA DE JUSTICIA. Recurso de Amparo contra la C.C.S.S. por no practicar un aborto a pesar de los problemas del feto. Rechazado de Plano.
6.- Res. N° 2013002331 SALA CONSTITUCIONAL DE LA CORTE SUPREMA DE JUSTICIA. San José, a las nueve horas veinte minutos del veintidós de febrero de dos mil trece. Recurso de amparo que se tramita en expediente número 12-017233-0007-CO, interpuesto por R.F.A., cédula de identidad xxxxxxxxx, contra EL HOSPITAL DR. RAFAEL ÁNGEL CALDERÓN GUARDIA. Exp: 12-017233-0007-CO.
7.- VOTO 737. Sentencia 2013-02331. SALA CONSTITUCIONAL DE LA CORTE SUPREMA DE JUSTICIA. A las nueve horas con veinte minutos. Recurso de amparo contra el Director General del Hospital Doctor Rafael Ángel Calderón Guardia. Se declara sin lugar el recurso. La Magistrada Calzada y el Magistrado Jinesta salvan el voto y declaran con lugar el recurso. Expediente 12-017233-0007-CO.
8.- Sentencia: 01493. SALA TERCERA DE LA CORTE SUPREMA DE JUSTICIA. A las quince horas con veinticinco minutos del veintidós de diciembre del año dos mil cin-

co. Se condena al acusado a cuatro años de prisión por el delito de aborto sin consentimiento. Expediente: 00-012820.042-PE.
9.- Sentencia: 01267. SALA TERCERA DE LA CORTE SUPREMA DE JUSTICIA. A las ocho y cuarenta y cinco minutos del catorce de noviembre del año dos mil cinco. Análisis del concepto de persona y feto y momento de configuración del delito. Expediente N° 01-200114-0414-PE.
10.- Sentencia: 00442. SALA TERCERA DE LA CORTE SUPREMA DE JUSTICIA. A las once horas del siete de mayo del dos mil cuatro. Posición de la sala en cuanto a la definición del aborto. Expediente N°: 00-200086-456-PE.
11.- CORTE INTERAMERICANA DE DERECHOS HUMANOS. Caso Artavia Murillo y otros (Fertilización in vitro) Vs. Costa Rica. Excepciones Preliminares, Fondo, Reparaciones y Costas Sentencia de 28 noviembre de 2012 Serie C No. 257.

Anexos

1.- PROYECTO DE LEY SOBRE FECUNDACIÓN IN VITRO Y TRANSFERENCIA EMBRIONARIA. PODER EJECUTIVO. EXPEDIENTE 17.900.

ASAMBLEA LEGISLATIVA:

El Poder Ejecutivo somete a su consideración el proyecto de "Ley sobre fecundación in vitro y transferencia embrionaria".

Lo anterior, como parte de las medidas a que se compromete el Estado costarricense al responder el Informe de Fondo N.° 85/10 (Fecundación in vitro, Caso 12.361) de la Comisión Interamericana de Derechos Humanos (CIDH).

El citado informe fue notificado al Estado costarricense el 23 de agosto de 2010, por medio de comunicación escrita hecha al Dr. René Castro Salazar, Ministro de Relaciones Exteriores y Culto.

En cuanto a su contenido, la CIDH consideró que Costa Rica, tras el dictado de la Resolución de la Sala Constitucional nº 2306 de las 15 horas con 24 minutos de 15 de marzo de 2000, violó los artículos 11.2, 17.2 y 24, en relación con las obligaciones establecidas en los artículos 1.1 y 2 de la Convención Americana sobre Derechos Humanos (CADH) o Pacto de San José.

Como se establece en el informe, la CIDH inicia su análisis señalando que con la citada restricción, contenida en la resolución de cita, las parejas infértiles afectadas no disfrutan plenamente de su derecho a la salud. Además, la CIDH consideró que para las parejas cuya infertilidad hacía inviable otro método de reproducción asistida, dicha prohibición representó una supresión de la identidad personal y de la autonomía individual para decidir tener hijos biológicos y desarrollar su proyecto de vida.

Asimismo, dicha instancia internacional consideró que los derechos involucrados fueron afectados de manera severa, destacando que el Estado costarricense estuvo facultado y se encuentra aún en la capacidad de adoptar medidas proporcionales para proteger los embriones humanos, de modo que no haya tratamientos incompatibles con la CADH, tales como la destrucción arbitraria, la venta o el tráfico de embriones.

En relación con el artículo 11.2 de la CADH, la CIDH estimó que la decisión de tener hijos biológicos pertenece a la esfera más íntima de su vida privada y familiar pues, a *su* criterio, para atributos tales como el respeto a la vida privada, el derecho a la autonomía y desarrollo personal relacionado con el derecho de convertirse en padre o madre, el margen de injerencia que pueden tener los estados es restringido.

En cuanto al artículo 17.2 de la CADH, la CIDH determinó que –relacionado con el análisis anterior– dicha decisión judicial representó una limitación desproporcional y arbitraria al derecho de la pareja de tomar sus decisiones en cuanto a fundar una familia. En esta línea de razonamiento, la CIDH cita los ejemplos de Alemania, Argentina, Chile, Colombia, Guatemala, Ecuador, Panamá, entre otros, en donde, a criterio de dicha Comisión, se han logrado armonizar los intereses de las parejas infértiles con el interés de proteger la vida por parte de los Estados, concluyendo que existen formas menos restrictivas para satisfacer el objetivo buscado por el Estado y acomodar los intereses en juego como, por ejemplo, a través de otras formas de regulación que podrían asimilarse más al proceso natural de concepción, tal como una regulación que disminuya el número de óvulos fecundados. Sobre este punto, la CIDH concluye que la Sala Constitucional no consideró otras alternativas para proteger la vida y que respetarán, a su vez, los derechos de las parejas infértiles.

Por último, en cuanto al derecho a la igualdad ante la ley y la no discriminación (artículo 24 de la CADH), la CIDH sostiene en el informe que la prohibición declarada por la Sala Constitucional violentó el citado artículo, en atención a sus dos efectos: a) Impidió a las víctimas superar la situación de desventaja en la que se encontraban a través del beneficio del progreso científico, en particular, de un tratamiento médico. En este punto se considera que, si bien la infertilidad de las víctimas no es atribuible al Estado, la permanencia de la misma, a pesar de que existían medios para superarla o disminuirla, sí es atribuible al Estado, obligando a que las parejas tuvieran que salir del país; de ahí que resulta desproporcional y discriminatorio; b) Tuvo un impacto específico y desproporcionado frente a las mujeres, pues al estar más relacionada con el tratamiento y cuerpo de la mujer, la prohibición tuvo un efecto más diferenciado en ellas, incidiendo sobre su autonomía en un grado mayor que la de los hombres infértiles.

Analizado lo anterior, la CIDH recomienda al Estado costarricense: 1) Levantar la prohibición de la fecundación in vitro en el país por medio de los procedimientos legales correspondientes; 2) Que dicha regulación sea compatible con las regulaciones establecidas en los artículos 11.2, 17.2 y 24 de la Convención Americana; 3) Que las personas o parejas que lo requieran puedan acceder a las técnicas de la fecundación in vitro y 4) Reparar integralmente a las víctimas del presente caso (material y moralmente), incluyendo medidas de satisfacción por los daños ocasionados.

En vista del informe, el Ministerio de Relaciones Exteriores y Culto procedió a realizar una serie de reuniones con personas, órganos u organismos, estatales o no estales, incluso con el representante legal de los peticionarios, en procura de construir una posición de Estado, siendo el presente proyecto parte de la respuesta que el Estado dará a la CIDH.

El proyecto ha sido elaborado por el Poder Ejecutivo y han participado en él, principalmente, el Ministerio de Relaciones Exteriores y Culto y el Ministerio de Salud. Fueron consultados otros órganos estatales y actores no estatales.

Si bien, conforme con el Pacto de San José, Costa Rica ha aceptado voluntariamente la jurisdicción contenciosa de la Corte Interamericana de Derechos Humanos, por lo que el informe de la CIDH, en lo que se refiere a sus conclusiones de fondo, es susceptible de ser rebatido y cuestionado en un procedimiento posterior, de naturaleza judicial, ante aquella Corte, y aunque las recomendaciones de dicho informe no poseen un carácter jurisdiccional, es deseo del Estado dar atenta, seria y formal respuesta a la CIDH en esta etapa del proceso.

Por otra parte, la resolución de la Sala Constitucional de la Corte Suprema de Justicia se basó, fundamentalmente, en que la técnica de la fecundación in vitro regulada en el Decreto Ejecutivo N.° 24029-S de 3 de febrero de 1995 era inconstitucional porque implicaba la eliminación o un altísimo riesgo de eliminación o muerte de embriones humanos.

Consecuentemente, la posición del Estado de Costa Rica a lo largo de todo este proceso ante la CIDH ha sido la de sostener que la Sala Constitucional de la Corte Suprema de Justicia, lejos de procurar un daño a los peticionarios en cuanto a sus derechos fundamentales, en el fallo cuestionado quiso preservar el más fundamental de los derechos que es el derecho a la vida, tesis que, al mismo tiempo, ha sido reconocida por la misma CIDH en el propio Informe de Fondo número 85/10 al señalar que: *"En efecto, la Comisión nota que la Sala Constitucional invocaba como fin la protección de la vida según el alcance otorgado a dicho derecho en su ordenamiento legal. En ese sentido, la Comisión estima que el Estado tenía un fin legítimo en términos generales consistente en proteger un bien jurídico tutelado como es la vida".* (Párrafo 96)

El momento es propicio para afrontar el tema y atender las recomendaciones de la CIDH, órgano de protección y promoción de los derechos humanos de la Organización de los Estados Americanos (OEA), cuyo mandato surge de la Carta de la OEA y de la Convención Americana sobre Derechos Humanos.

La misma Sala Constitucional en la resolución de cita expresamente previó que la ciencia y la tecnología podrían avanzar hasta lograr que ese inconveniente fuese obviado. Dijo textualmente: *"Según la Sala ha podido constatar, la aplicación de la Técnica de Fecundación In Vitro y Transferencia Embrionaria, en la forma en que se desarrolla en la actualidad, atenta contra la vida humana. Este Tribunal sabe que los avances de la ciencia y la biotecnología son tan vertiginosos que la técnica podría llegar a ser mejorada de tal manera, que los reparos señalados aquí desaparezcan"*.

En efecto, hoy es posible legislar para permitir la práctica de una técnica de fecundación in vitro y transferencia embrionaria que concilie los derechos a la salud, a fundar una familia, a tomar decisiones de pareja en un ambiente de intimidad y a procrear respetando, al mismo tiempo, el valor absoluto de la vida y la dignidad humanas, tal y como la misma CIDH subrayó en su Informe de Fondo número 85/10. Las regulaciones que este proyecto comprende sobre una serie de aspectos y requisitos asegurarán que no haya eliminación de embriones o tratos contrarios a la vida y dignidad humanas. Lo anterior, tal y como lo han logrado países como Chile y Alemania, los cuales han promovido regulaciones en esta misma línea, gracias a los avances de la ciencia y la tecnología. Ese es el propósito de este proyecto de ley.

Cabe destacar que la jurisprudencia reiterada de la Sala Constitucional a partir del Voto Nº 3550-92 de las 16:00 horas de 24 de noviembre de 1992, ha reafirmado el principio de reserva de ley cuando se trata de regular (o, en su caso, restringir) los derechos y libertades fundamentales. Así, ha sostenido uniforme y constantemente que "solamente mediante ley formal emanada del Poder Legislativo por el procedimiento previsto en la Constitución para la emisión de las leyes", es posible regular o restringir esos derechos dentro de las limitaciones constitucionales aplicables y únicamente en la medida en que la naturaleza y el régimen de estos lo permitan. Por ello, de acuerdo con sus potestades y atribuciones constitucionales, corresponde a la Asamblea Legislativa, para esos mismos fines, discutir y aprobar el presente proyecto de *"Ley sobre Fecundación in Vitro y Transferencia Embrionaria"*.

El proyecto está estructurado en cuatro capítulos, a saber: Disposiciones generales, Protección de la persona humana, Requisitos y procedimientos, y Delitos y sanciones.

En el **capítulo I –Disposiciones generales–** se define la fecundación in vitro y transferencia embrionaria para efectos de esta Ley, con lo que se establece una base técnica para la aplicación e interpretación futura de la normativa. Se declara autorizada la fecundación in vitro a partir de la vigencia de esta Ley. Establecen además normas generales para la determinación del ámbito de aplicación activa y pasiva de la norma y se indica el órgano competente para fiscalizar la debida aplicación de la ley.

Precisamente, uno de los ejes principales del proyecto se encuentra en el artículo 5 al asignarle al Ministerio de Salud la función de supervisar los establecimientos que se dediquen a aplicar la fecundación in vitro, asegurándose de que lo hagan conforme con los principios médicos, técnicos, deontológicos y legales que la rigen y facultándolo a tomar medidas sancionatorias en caso de incumplimiento. Este artículo 5 es complementado por el artículo 18 en cuanto este último otorga a las autoridades del Ministerio de Salud la facultad de consultar el expediente confidencial que incluye la historia clínica completa y exhaustiva de los beneficiarios de la fecundación, y por el artículo que establece las sanciones que acarrea el hecho de hacer a los pacientes firmar formularios sin que las personas involucradas reciban efectivamente la información requerida por el artículo 13. Está claro, además, que el artículo 5 en su primer párrafo no solamente otorga al Ministerio de Salud la potestad de consultar el expediente sino una amplia facultad de inspeccionar el establecimiento.

En el **capítulo II –Protección de la persona humana–** se establecen las condiciones sine qua non para la práctica legal de la fecundación in vitro. La protección de la persona por nacer que se establece en este proyecto no se limita a proteger el derecho a la vida sino que, de manera integral y completa, abarca todos los demás derechos fundamentales de los que es titular la persona por nacer, tal y como se contempla en el artículo 6.

En el capítulo se establecen, además, las prohibiciones o límites de dicha práctica, prohibiendo en el artículo 8 la "reducción o destrucción de embriones, la experimentación, su preservación mediante congelamiento o cualquiera otra técnica, su comercio, donación y cualquier otro trato lesivo que atente contra la vida y la dignidad humanas". Este artículo, en su párrafo primero, es el eje principal de todo el proyecto porque es el que prohíbe que los embriones sean tratados como objetos de comercio y susceptibles de ser destruidos y es lo que concilia los derechos a tener una familia y a procrear, con el derecho superior –como lo ha definido la propia Corte Interamericana de Derechos Humanos al calificarlo de "primigenio" – a la vida de la persona por nacer desde su fecundación. Ese mismo derecho a la vida, tutelado por el artículo 4.1 del Pacto de San José, nos obliga a evitar la proliferación de bancos y de un comercio de embriones.

El artículo 9 establece la obligación de que tanto los embriones como la madre reciban los cuidados necesarios para asegurar su salud y garantizar su nacimiento (párrafo 1), con la salvedad del aborto terapéutico (párrafo 2).

En el **capítulo III –Requisitos y procedimientos–** se establecen las normas para un adecuado procedimiento en la práctica de la fecundación in vitro. Se incluyen ahí una serie de requisitos adicionales a los del artículo 8 como son la necesidad de que las personas que se van a someter al procedimiento médico otorguen previamente su consentimiento escrito, libre, expreso e informado, otorgado personalmente y por separado.

El proyecto distingue en el artículo 2 los dos tipos de fecundación in vitro conocidos como son: la homóloga, cuando los gametos proceden de los cónyuges o convivientes que integran la pareja beneficiaria, y la heteróloga, cuando uno de los gametos ha sido donado por un tercero. Sin embargo, el proyecto contiene una innovación y es la de permitir la fecundación in vitro de una mujer sin pareja y la equipara a la fecundación heteróloga. El fundamento de esta disposición es la de evitar la discriminación de las mujeres que no están en una relación de pareja, como las solteras, divorciadas o viudas, quienes estarían en una situación disminuida respecto de otras mujeres con su mismo estado civil que pueden procrear con un tercero ya sea por vía natural o por otros métodos de fecundación asistida, como la inseminación artificial, que no les están prohibido En el caso de la mujer sin pareja que solo puede resolver su infertilidad mediante la fecundación in vitro, el prohibirle el acceso a esta técnica sería claramente discriminatorio en razón de su estado civil y de su propia infertilidad.

En su búsqueda de asegurar la protección de los derechos de la persona por nacer así como la salud de la propia madre, el proyecto establece la práctica de exámenes exhaustivos físicos y sicológicos de las personas que van a aportar su material genético y la constitución de un expediente con su historia médica completa y exhaustiva. A este expediente tendrá acceso el hijo nacido mediante esta técnica cuando haya alcanzado la mayoría de edad o, mientras sea menor, por quien ejerza la patria potestad (artículo 18, párrafo segundo); esto permitirá evitar la situación de desventaja en la que se encuentran los hijos cuando, para someterse a tratamientos médicos o quirúrgicos, no cuentan con los antecedentes clínicos de sus progenitores, como puede ser la existencia de enfermedades hereditarias.

En el **capítulo IV –Delitos y sanciones–** se incluyen cinco figuras penales con las que se pretende sancionar la violación de las prohibiciones establecidas en la ley en protección de la integridad y supervivencia de los embriones, así como de los derechos de la o los beneficiarios de los procedimientos de fecundación asistida. Con esto se pretende una mayor garantía de acatamiento de la normativa por parte de quienes practiquen el procedimiento regulado en la ley.

Todos estos delitos serán sancionados con penas de prisión, excepto la forma culposa prevista en el artículo 20, que es susceptible de una sanción de días multa. Todas las sanciones han sido establecidas guardando una proporcionalidad entre sí y, en conjunto, con respecto a las penas previstas por el Código Penal para el delito de aborto. Todos ellos son delitos de acción pública (artículo 24).

Por las razones expuestas, se somete a consideración de la Asamblea Legislativa el siguiente proyecto de ley: "**Ley sobre fecundación in vitro y transferencia embrionaria**" con la expresa solicitud de que, si a bien lo tienen los señores diputados, se le otorgue la aplicación del trámite rápido o dispensa de trámites previsto en el Reglamento de la Asamblea Legislativa, atendiendo la necesidad de dar pronto cumplimiento a los compromisos adquiridos por el Estado ante la Comisión Interamericana de Derechos Humanos.

LA ASAMBLEA LEGISLATIVA DE LA REPÚBLICA DE COSTA RICA
DECRETA:
LEY SOBRE FECUNDACIÓN IN VITRO Y TRANSFERENCIA EMBRIONARIA

CAPÍTULO I
DISPOSICIONES GENERALES

ARTÍCULO 1.-Fecundación in vitro (FIV)

La fecundación in vitro y transferencia embrionaria, en adelante denominada "fecundación in vitro", es una técnica de reproducción asistida que involucra la reproducción extracorpórea, y que consiste en la extracción de óvulos de los ovarios de la mujer y la fertilización de estos óvulos fuera de su cuerpo para ser posteriormente reimplantados en él.

La práctica de la fecundación in vitro queda autorizada a partir de la vigencia de esta Ley.

ARTÍCULO 2.-Fecundación homóloga y fecundación heteróloga

La fecundación in vitro podrá aplicarse en forma homóloga o heteróloga. La primera es aquella que resulta de la unión de gametos procedentes de los cónyuges o convivientes que integran la pareja beneficiaria; la segunda se dará cuando uno de los gametos ha sido donado por un tercero. La fecundación in vitro heteróloga solo podrá realizarse cuando alguno de los cónyuges o convivientes no esté en capacidad biológica de aportar gametos propios. En el caso de la mujer sin pareja, la fecundación in vitro es equiparable a la heteróloga, para los efectos de esta Ley.

En todos los casos, por lo menos uno de los cónyuges o convivientes deberá aportar su materia genético. Igualmente deberá hacerlo la mujer sin pareja.

ARTÍCULO 3.-Sujeto pasivo de la práctica de la FIV

La fecundación in vitro se aplicará en mujeres mayores de edad, con plena capacidad cognoscitiva y volitiva, que se encuentren en buen estado de salud física y psíquica, y que la hayan aceptado libre, consciente, voluntariamente y por escrito.

ARTÍCULO 4.-Sujetos y establecimientos autorizados para la práctica de la FIV

La fecundación in vitro solo podrá ser realizada por equipos profesionales interdisciplinarios debidamente capacitados, que cumplan los requisitos académicos exigidos por cada colegio profesional para laborar en esta área, a juicio de esos colegios profesionales, y en establecimientos de salud debidamente autorizados por el Ministerio de Salud.

ARTÍCULO 5.-Vigilancia del Ministerio de Salud

Todo establecimiento de salud dedicado a la fecundación in vitro estará sujeto a la inspección del Ministerio de Salud, con el propósito de verificar que cumpla los requerimientos médicos y técnicos, así como los principios deontológicos y legales que la rigen.

El incumplimiento de las anteriores disposiciones faculta al Ministerio de Salud para cancelar el permiso sanitario de funcionamiento y, por ende, la autorización otorgada al establecimiento en que se cometió la infracción, debiendo remitirse el asunto en forma inmediata al Ministerio Público y al colegio profesional respectivo, para establecer las sanciones correspondientes.

CAPÍTULO II
PROTECCIÓN DE LA PERSONA HUMANA

ARTÍCULO 6.-Derechos fundamentales de la persona humana

La persona humana gozará de todos los derechos fundamentales a partir de la fecundación, en particular a:

a) La vida.

b) La salud.

c) La integridad física.

d) La identidad genética, biológica y jurídica.

e) La gestación en el seno materno.

f) El nacimiento.

g) La familia.

h) La igualdad.

La enumeración precedente no excluye otros derechos y garantías que puedan beneficiar a la persona por nacer.

ARTÍCULO 7.-Prohibición de toda discriminación

La persona por nacer no será objeto de ninguna práctica discriminatoria en virtud de su patrimonio genético, sexo o raza o cualquier otro motivo, ni de técnica alguna para modificar sus características.

ARTÍCULO 8.-Protección de los embriones

Podrá practicarse la fecundación in vitro, a condición de que todos los óvulos fertilizados en un ciclo de tratamiento sean transferidos a la misma mujer que los produjo. Consiguientemente, queda prohibida la reducción o destrucción de embriones, la experimentación, su preservación o almacenamiento mediante congelamiento o cualquiera otra técnica, su comercio, donación y cualquier otro trato lesivo que atente contra la vida y la dignidad humanas.

La transferencia de los óvulos fertilizados al cuerpo de la mujer deberá hacerse tan pronto como técnicamente sea posible.

ARTÍCULO 9.-Protección del embrión transferido

Cuando los embriones sean transferidos a la madre recibirán, lo mismo que ella, los cuidados necesarios para asegurar su salud y garantizar su nacimiento.

El embarazo no podrá interrumpirse, salvo que por razones terapéuticas demostradas resulte imprescindible para preservar la vida de la madre.

ARTÍCULO 10. Interrupción del procedimiento

La mujer receptora de la técnica de fecundación in vitro podrá pedir que se interrumpa, siempre que no se haya producido la fecundación. Deberá hacerlo por escrito y ante uno de los profesionales encargados de aplicar el procedimiento de fecundación in vitro. En el mismo sentido y de la misma manera, podrá proceder la pareja en conjunto.

CAPÍTULO III

REQUISITOS Y PROCEDIMIENTOS

ARTÍCULO 11. Consentimiento informado

La fecundación in vitro solo podrá aplicarse previo consentimiento escrito, libre, expreso e informado, otorgado personalmente y por separado, de las personas que se someterán a ella.

ARTÍCULO 12. Información debida a los participantes

A la mujer o a la pareja que solicita el tratamiento de fecundación in vitro se le deberá informar, de manera clara y detallada, sobre los siguientes aspectos:

a) El contenido y los alcances de esta Ley, especialmente de lo dispuesto en las normas en materia de protección al embrión, así como del o los reglamentos que la desarrollen.

b) Los posibles resultados del procedimiento que se piensa seguir y riesgos previsibles que podrían correr la madre o el hijo al aplicar la técnica o el tratamiento posterior, así como de la posibilidad, si la hubiere, de un embarazo múltiple y de sus consecuencias.

c) Los aspectos éticos, biológicos, jurídicos y económicos relacionados con la técnica que se piensa aplicar.

d) Otras alternativas posibles.

ARTÍCULO 13. Documentación del acto de información

La información referida en el artículo anterior deberá ser suministrada y explicada a la mujer o a la pareja beneficiaria por los profesionales que estén directamente a cargo de su tratamiento. En un documento se hará constar que se dio y recibió esta información.

El hecho de emplear formularios que se hacen firmar sin que las personas involucradas reciban efectivamente la información requerida, acarreará al autor, al establecimiento de salud y a la persona encargada de este, las responsabilidades legales que en derecho correspondan, según el artículo 4 de la presente Ley.

ARTÍCULO 14. Acreditación de patologías o disfunciones que impiden la procreación

La mujer sin pareja o la pareja beneficiaria deberán acreditar que la mujer o, en el caso de las parejas, al menos uno de los integrantes, padece de patologías o disfunciones médicamente comprobadas que impiden la procreación de un hijo en forma natural.

ARTÍCULO 15. Necesidad de exámenes físicos y psíquicos

Previamente, como requisito para recibir el tratamiento de fecundación in vitro homóloga, la pareja beneficiaria deberá someterse a exámenes físicos y psíquicos completos realizados por profesionales especializados que no pertenezcan a la unidad asistencial que realizará el tratamiento de fecundación in vitro.

Cuando se trate de fecundación in vitro heteróloga, los estudios requeridos deberán ser efectuados a la mujer beneficiaria y al tercero donador de gametos.

Esos exámenes tendrán como fin garantizar la protección de los derechos de la persona por nacer contemplados en el artículo 6 de la presente Ley.

ARTÍCULO 16. Posibilidad de enfermedad hereditaria o mal congénito

Cuando del examen requerido en el artículo anterior para la fecundación in vitro homóloga resulte la posibilidad de que uno o ambos miembros de la pareja beneficiaria transmitan enfermedades hereditarias o de que se produzcan males congénitos, los cónyuges o convivientes que solicitan el tratamiento deberán ser informados detalladamente acerca de la naturaleza de la enfermedad hereditaria o del mal congénito y de los riesgos razonablemente previsibles de continuar con la fecundación in vitro hasta el nacimiento.

Después de recibir esa información, la mujer sin pareja o la pareja beneficiaria decidirá si continúa o no con el tratamiento. Su decisión deberá quedar consignada por escrito en el expediente respectivo.

ARTÍCULO 17. Expediente clínico

Independientemente de que se trate de la fecundación in vitro homóloga o heteróloga, de la mujer sin pareja o de la pareja beneficiaria se llevará un expediente con su historia clínica completa y exhaustiva, el cual contendrá.

a) La constancia médica de la patología o disfunción padecida por la mujer sin pareja o por uno o ambos miembros de la pareja, capaz de impedir la procreación natural o que la haga desaconsejable.

b) La indicación de la técnica escogida y las razones que la justifiquen.

c) Los resultados del examen y del estudio realizado según sea el caso, así como los del tercer donante en la fecundación in vitro heteróloga.

d) Los datos médicos y antecedentes personales de la mujer o de la pareja que se consideren necesarios, así como los del tercer donante en la fecundación in vitro heteróloga.

e) El documento donde consta la información, la solicitud y el consentimiento.

f) La información concerniente a la evolución del embarazo y a la salud de la madre gestante y del embrión o feto, hasta su nacimiento.

ARTÍCULO 18. Confidencialidad del expediente clínico

El expediente citado en el artículo anterior tendrá carácter confidencial y solo podrá ser consultado por los especialistas responsables del tratamiento específico de fecundación in vitro, por la mujer o la pareja beneficiaria en la que se practicó, y por las autoridades del Ministerio de Salud encargadas de inspeccionar el centro o establecimiento de salud.

También podrá ser consultado en cualquier momento por el hijo nacido mediante la fecundación in vitro, cuando este haya alcanzado la mayoría de edad o, mientras sea menor, por quien ejerza la patria potestad.

CAPÍTULO IV
DELITOS Y SANCIONES

ARTÍCULO 19. Destrucción de embriones humanos

Quien, en la aplicación de la técnica de la fecundación in vitro, destruyere o redujere o de cualquier modo diere muerte a uno o más embriones humanos, será sancionado con prisión de uno a seis años.

ARTÍCULO 20. Destrucción culposa de embriones humanos

Quien produjere, en la aplicación de la técnica de la fecundación in vitro, el resultado previsto y sancionado en el artículo anterior por imprudencia, impericia o negligencia, será sancionado con cincuenta a cien días multa.

ARTÍCULO 21. Manipulación prohibida de embriones humanos

Quien aplicare técnicas sobre un embrión humano para modificar sus características, lo dañare, lo sometiere a experimentación, lo preservare mediante congelamiento o cualquiera otra forma de almacenamiento, comercio, donación o transferencia a otra mujer distinta de la que produjo el óvulo, será sancionado con prisión de uno a cuatro años.

ARTÍCULO 22. Fecundación artificial sin consentimiento

Quien fecundare artificialmente un óvulo sin que la mujer de quien proviene, ni el hombre cuyo esperma fue utilizado, hubieran dado su consentimiento por escrito, libre, expreso e informado, otorgado personalmente o por separado, será sancionado con prisión de diez meses a cuatro años.

ARTÍCULO 23. Fecundación in vitro sin consentimiento

Quien practicare a una mujer la fecundación in vitro sin su consentimiento y, en el caso de las parejas, sin el consentimiento de ambos cónyuges o convivientes, dado de forma escrita, libre, expreso e informado, otorgado personalmente y por separado, será sancionado con prisión de uno a cuatro años.

ARTÍCULO 24. Delitos de acción pública

Los delitos previstos en los artículos anteriores son todos de acción pública.

ARTÍCULO 25. Reglamentación

La presente Ley será reglamentada por el Poder Ejecutivo en un plazo no mayor de tres meses a partir de su entrada en vigencia.

Rige a partir de su publicación.

Dado en la Presidencia de la República, a los veintiún días del mes de octubre del dos mil diez.

Laura Chinchilla Miranda
PRESIDENTA DE LA REPÚBLICA
Marta Núñez Madriz
MINISTRA A.I. DE RELACIONES EXTERIORES Y CULTO
María Luisa Ávila Agüero
MINISTRA DE SALUD
22 de octubre de 2010.

NOTA: Este proyecto pasó a estudio e informe de la Comisión Permanente de Asuntos Jurídicos.[28]

---

[28] <http://www.asamblea.go.cr/Centro_de_informacion/biblioteca/Centro_Dudas/Lists/Formule%20su%20pregunta/Attachments/570/proyecto%2017900,LEY%20SOBRE%20FECUNDACI%C3%93N%20IN%20VITRO%20Y.doc>.

— 12 —

El buen morir y la protección constitucional de la vida

SERGIO MÚNERA CHAVARRÍA[1]

Sumario: Introducción; Objetivo general; Objetivos específicos; Hipótesis; I) Consideraciones teóricas sobre la eutanasia; II) El Estado Liberal de Derecho frente a la calidad de la vida; III) La experiencia en el Derecho comparado; Conclusiones; Nuestra posición personal; Bibliografía.

Introducción

"La vida humana es inviolable", establece con certeza el artículo 21 de la Constitución Política Costarricense. Tal declaración abstracta, de evidente raigambre liberal, resulta claramente transgredida en el plano fáctico y jurídico. Y no nos referimos solamente a aquellas conductas que, como el homicidio, lesionan el ordenamiento jurídico, sino también a todas las disposiciones emanadas del mismo Derecho positivo que autorizan una disminución, o bien, una anulación completa de este derecho a la vida. Desde la legítima defensa contemplada en el Código penal, hasta la impunidad de la eutanasia indirecta y la eutanasia pasiva, nos encontramos con estipulaciones jurídicas que hacen tambalear o ponen en entredicho aquella emotiva proclama constitucional.

Dentro de este orden de ideas, surge con fuerza el cuestionamiento ¿debe el Tribunal Constitucional anular aquellas disposiciones en aras de tutelar una dimensión de la vida fundada en su *santidad*? O bien, ¿convendrá mantenerlas (y si es del caso reforzarlas) bajo la convicción de que la *inviolabilidad* admite gradaciones y por ende excepciones? La opinión mayoritaria se inclina por la segunda opción. Sin embargo, esa respuesta conduce igualmente a otras interrogantes: ¿por qué, entonces, conductas con semejanzas cualitativas importantes reciben respuestas tan diversas por parte de nuestro orden jurídico? Verbigracia: ¿Por qué la aplicación

---

[1] Egresado de la maestría en Ciencias Penales de la Universidad de Costa Rica, licenciado en Derecho por la Universidad de Costa Rica. Posee una especialidad en justicia constitucional y tutela jurisdiccional de los derechos por la Universidad de Pisa (Italia) y una especialidad en justicia constitucional, interpretación y aplicación de la constitución por la Universidad de Toledo (España). Abogado y profesor universitario.

de medidas paliativas que pueden tener como efecto posible un acortamiento de la vida del paciente (eutanasia indirecta) son admisibles? y ¿Por qué aquellas que partiendo de una base teleológica similar, pero acortando indudablemente la vida (eutanasia directa) implican una conducta delictiva? A la respuesta de estas y otras preguntas nos dedicaremos en el presente trabajo.

Las elucubraciones teóricas y los cuestionamientos éticos relativos a la eutanasia, han ocupado a los pensadores desde la antigüedad. Forman parte de aquellos grandes temas de la filosofía que parecen no tener respuesta segura. Así, el debate ha trascendido por más de dos milenios, y ello por sí solo es prueba de la imposibilidad de arribar a un terreno de certidumbre.

Dentro de la sociedad actual, los avances de las ciencias de la salud y el denominado proceso de la "tecnologización" de la medicina, han conducido a que la muerte humana sea un proceso altamente manipulable por los profesionales de la salud. Las personas cuentan con mayores oportunidades de extender su supervivencia biológica, lo cual en no pocas ocasiones apareja condiciones de vida altamente onerosas cuando está de por medio un padecimiento grave e irreversible. En virtud de ello, el debate sobre el "derecho" al "buen morir" se ha venido intensificando desde la segunda mitad del siglo XX.

Pretendemos con este ensayo "desmitificar" la discusión y la vía principal para lograrlo consistirá en trasladar el plano de la discusión del Derecho penal hasta el Derecho Constitucional. Dicho de otro modo, la fascinación por la cuestión penal (con la evidente carga emotiva que acompaña a este sector de la ciencia jurídica) suele desviar la atención del núcleo de la cuestión, a saber, cuál debe ser la postura a partir de un texto constitucional que indudablemente debe ser interpretado según el contexto histórico en el cual se aplique, habida cuenta del carácter programático y rígido de las disposiciones constitucionales.

La estructura del trabajo iniciará con una primera sección en la cual se efectuará un breve repaso histórico de la cuestión, seguido de un marco conceptual en donde se suministrarán algunas nociones claves. Esto tiene por objetivo: (1) delimitar el sentido con el cual se emplearán los términos, habida cuenta de que en Derecho los vocablos padecen siempre de una polisemia que dificulta la labor de interpretación y (2) erigirse en un insumo de conocimiento a partir del cual se comprenda con mayor otros aspectos abordados con posterioridad.

En el segundo apartado, se realizará una sucinta mención de los modelos filosóficos que han orientado el enfoque jurídico desde el cual se contemple el derecho a la vida; a saber, la *calidad* o *la santidad*. Esto es vital, toda vez que el debate de la eutanasia tiene sentido una vez que damos por sentado que la protección absoluta, radical y abstracta de la vida, no se corresponde con los problemas cotidianos a los cuales nos enfrentamos en la realidad.

En el tercer capítulo haremos uso de una de las herramientas más valiosas con las cuales contamos en la investigación jurídica: el Derecho comparado. Esto nos permitirá entender, en primer lugar, que la eutanasia a diferencia de lo que ocurre con otro tema "emparentado" como lo es el aborto, no ha logrado una aceptación generalizada en la cultura occidental. Es decir; a diferencia de una tendencia que viene manifestándose desde los países de primer mundo a favor de la despenalización del aborto, ello no ha ocurrido de forma paralela con la eutanasia. Son relativamente pocos los Estados que han entendido al "buen morir" como un ejercicio de libertad del ciudadano.

Pondremos especial énfasis en los modelos vigentes en el Estado de Oregon (Estados Unidos de América) y aquel que se ha implementado (primero por vía jurisprudencial y luego por vía legal) en el Reino de los Países Bajos (Holanda). Señalaremos las bondades del primero y los riesgos del segundo. También examinaremos el caso de naciones que, como Colombia, mantienen un modelo de criminalización de la eutanasia (semejante al costarricense) pero que han brindado respuestas desde la sede jurisdiccional para flexibilizar la protección absoluta de la vida.

Finalmente, estudiaremos un reciente pronunciamiento del Tribunal Europeo de Derechos Humanos (con sede en Estrasburgo) el cual reviste especial interés, pues coloca el tema en la discusión de las Cortes Internacionales de protección de los derechos humanos. Se trata del caso *Gross vs Suiza*, resuelto el pasado catorce de mayo de dos mil trece y cuya resolución definitiva pende de la decisión que adopte la Gran Cámara del Tribunal, como consecuencia de una impugnación interpuesta por el Estado Suizo.

Objetivo general

Examinar las principales respuestas que pueden brindarse al fenómeno de la Eutanasia desde el Derecho, partiendo para ello de una interpretación constitucional de la protección jurídica de la vida, que la comprenda en su dimensión cualitativa, estrechamente vinculada con la dignidad de la persona humana.

Objetivos específicos

1- Realizar un breve repaso histórico de las variables éticas y filosóficas que han estado presentes en el debate de la eutanasia, así como la influencia que éstas han ejercido sobre el pensamiento jurídico.

2- Analizar las principales consideraciones teóricas existentes sobre la eutanasia, así como las clasificaciones que de ella se han realizado.

3- Indagar en la protección constitucional del derecho a la vida, comprendiendo que éste se enmarca dentro de un contexto en el cual se desenvuelven otros derechos y garantías igualmente fundamentales.

4- Examinar los principales modelos de tratamiento jurídico de la eutanasia, acudiendo para ello al estudio del Derecho comparado.

5- Proponer una serie de alternativas que, con vista en el texto constitucional, permitan al legislador ordinario ponderar los intereses en juego en aquellos conflictos existentes entre una valoración absoluta del derecho a la vida y una interpretación que admita gradaciones.

Hipótesis

La criminalización de la eutanasia como regla general por parte del legislador costarricense, se fundamenta en una interpretación constitucional del derecho a la vida que lo aísla de su necesaria interdependencia con otros derechos igualmente fundamentales (entre ellos, la integridad corporal y la dignidad de la persona humana).

I) Consideraciones teóricas sobre la eutanasia

a) Breve repaso histórico

El vocablo *eutanasia* proviene del griego *eu* (buena) y *thanatos* (muerte), lo cual revela que desde su misma construcción lingüística alude (como lo titulamos en este trabajo) al *buen morir*. Se contrapone, entonces, a la *cacotanasia* que refiere a la *mala muerte*.

Se dice que la eutanasia es uno de los temas de mayor vigencia en el mundo de la bioética. Los cuestionamientos que plantea se han intensificado en las últimas décadas, conforme ha iniciado un tímido avance en pos de un abordaje jurídico que comienza a alejarse del enfoque *penal* (que la observa como un fenómeno criminal) y se aproxima a uno que entiende el problema como uno de *salud pública* y de dimensiones *constitucionales*.

Si bien la cuestión genera arduas discusiones en la actualidad, debe indicarse que sus aristas controvertidas han estado presentes desde la antigüedad. En la Grecia antigua tanto Séneca como Sócrates (quien, paradójicamente, tuvo una "mala muerte") la favorecían, mientras que el "padre de la medicina" (Hipócrates) la adversaba por lo menos en su modalidad activa. Precisamente, una frase atribuida a Hipócrates llegaría a configurar un paradigma dentro de las ciencias de la salud, las cuales arrastrarían por siglos la idea de que las artes médicas deben estar al servicio del diagnóstico y la curación, generando en el médico un deber de extender hasta donde sea posible la vida del paciente. La frase en cuestión, pasó a formar parte de la deontología de la profesión médica, incorporándose en el conocido juramento hipocrático, el cual prescribe: "A nadie daré una droga mortal aún cuando me sea solicitada, ni daré consejo con este fin".

Dicha concepción de la medicina ha gozado de aceptación global. Lo contrario, por ejemplo, las prácticas eugenésicas de científicos nacional socialistas alemanes, como Josef Mengele, ha sido digno de oprobio e indignación. No obstante, ambas visiones antagónicas del rol de las ciencias de la salud han desatendido una cuestión altamente espinosa: la posición que deba adoptarse ante el inminente acaecimiento de una muerte dolorosa y rodeada de sufrimiento por parte de una persona humana.

La eutanasia como problema irresuelto de la filosofía no mereció mayor atención durante la Edad Antigua y el Medioevo, lo cual se explica en razón del incipiente desarrollo de la medicina y la farmacología. Ciertamente, en aquellos períodos históricos la expectativa de vida de la generalidad de la población era baja y la ancianidad (como la entendemos hoy) quedaba reservada para las élites con acceso a mejores servicios.

Con la modernidad, el tema pasa a ser abordado por el poder político a través de la escogencia de una opción que habría de mantenerse hasta nuestros días: la solución desde la esfera criminal. En este orden de ideas, en el Sacro Imperio Romano Germánico y en su famosa codificación, la Constitutio Criminalis Carolina, emitida en 1532 bajo el reinado de Carlos V, la muerte a petición fue punible como cualquier homicidio. Este cuerpo normativo dedicó un tipo penal especial a la muerte provocada por el suministro de fármacos.

Dos siglos más tarde, en Prusia con el Código de Leyes Generales de 1794 ("Allgemeines Landrecht für die Preußischen Staaten", abreviado como ARL) se dio un paso importante y decisivo en el tratamiento jurídico de la muerte causada bajo un móvil de piedad. En esta normativa se contempló una *atenuación* de la pena para el caso de quien daba muerte a otro inspirado en un móvil piadoso. La tendencia, sin embargo, no se generalizó en los años subsiguientes y es así como en el famoso Código Penal de Baviera de 1813 el legislador no consagró el modelo de disminución de la sanción.

Fue gracias Código penal de Württemberg de 1839 que se reincorporó la opción del atenuante de la pena y se definieron finalmente los contornos del que llegaría a llamarse *homicidio piadoso o eutanásico*. El tipo penal se conservó en el Código penal alemán, cuya norma contemplada en el parágrafo 216 sería marco de referencia e inspiración de las legislaciones penales de la mayoría de ordenamientos jurídicos de tradición romano germánica.

Entrando el siglo XX, las discusiones sobre la eutanasia se intensificaron como consecuencia del llamado fenómeno de la "tecnologización" de la medicina. En este punto, fueron esenciales los avances en la creación de anestésicos.

En general, se suscitaron impresionantes avances en las ciencias médicas, los cuales modificaron las pautas de comportamiento usuales en el tratamiento de las personas con padecimientos graves e incurables. Las nuevas técnicas permitieron prolongar no sólo la expectativa de vida de las poblaciones en general, sino también la de aquellos en fases terminales.

En el continente americano resalta el caso del Estado de Ohio en los Estados Unidos de América, en donde en 1906 se aprobó una legislación legalizando la eutanasia. La ley, no obstante, fue rápidamente anulada.

En la segunda mitad del siglo XX el tema recobraría importancia principalmente a raíz de casos concretos, los cuales sin duda conmocionarían a la opinión pública. Particularmente llamativo fue el caso de Karen Ann Quinlan. Karen era una joven del Estado de New Jersey, Estados Unidos, quien sufría importantes trastornos de personalidad y alimenticios. En 1976 sufrió severas lesiones cerebrales como consecuencia de la ingesta de alcohol combinado con sustancias psicotrópicas. Después de permanecer en un estado de inconsciencia persistente, sus padres debieron librar una fuerte disputa legal con el fin de obtener la autorización para retirar la ventilación artificial que la mantenía "con vida". Dicha autorización (que en realidad pretendía fundar una eutanasia pasiva) provino en última instancia de la Corte Suprema del Estado de New Jersey.

El tema, como hemos indicado, recobró importancia durante los años ochenta y noventa, lapso en el cual surgieron algunos pronunciamientos judiciales de interés. Estos precedentes se emitieron principalmente en Holanda y sobre ellos volveremos más adelante. Interesa indicar que el abordaje en favor de una reforma *legal* inició en Australia con la primera legislación que despenalizó la eutanasia activa. Así, el 16 de junio de 1995 se aprobó la *Ley de Derechos de los Enfermos Terminales* en el Territorio Norte de Australia. Se trataba de una ley ampliamente despenalizadora, la cual, no obstante, fue derogada por el Parlamento federal australiano en menos de un año.

Un punto de giro importantísimo lo representó la aprobación de la *Death With Dignity Act* aparecida en el Estado de Oregon, Estados Unidos de América, en 1994. La ley marca un hito, no sólo porque implicó la legalización del suicidio médicamente asistido en el mencionado Estado del noroeste estadounidense (convirtiéndolo en el primer Estado de la Unión en hacerlo), sino porque lo hizo mediante una regulación impregnada de una gran legitimación democrática. Ello por cuanto el texto fue sometido a un *referéndum* celebrado el 8 de noviembre de 1994. Los votos favorables a la propuesta representaron un 51%.

El referéndum en cuestión significó la aprobación directa de la ley, sin ser necesaria la intervención del órgano legislativo estatal; todo de conformidad con lo preceptuado por el ordinal cuarto, sección I, de la Constitución del Estado de Oregon de 1857. El empleo de esta técnica (llamada *initiative*) permitió colocar el tema en la discusión a través de un mecanismo participativo.

La legislación de Oregon fue ampliamente criticada e impugnada por la vía judicial, permaneciendo inaplicable durante dos años, hasta que el 27 de octubre de 1997, la Corte de Apelaciones del Noveno Distrito Federal anuló una orden de suspensión emitida previamente por un Tribunal inferior. Aún después de su entrada en vigor surgieron nuevos intentos por anularla. Incluso el gobierno federal estadounidense, bajo el mandato de George W. Bush, cuestionó la ley ante la Suprema Corte de Justicia de los Estados Unidos, la cual confirmó su constitucionalidad mediante la sentencia *González vs Oregon* de 2006.

Un punto llamativo de este cuerpo legal consiste en que opta por el concepto de *Physician assisted death* (PAD) o *suicidio asistido*, habida cuenta de que es el paciente quien ingiere directamente los medicamentos prescritos por su médico. Quizá el interés por elegir el término "suicidio asistido" y a su vez evitar el de "eutanasia", pretende eludir las disputas que la fuerte carga emotiva de este concepto genera. En todo caso, tal y como lo veremos más adelante, el hecho de desarrollar a nivel legal un procedimiento en el cual es el paciente quien acaba con su propia vida, implica la adopción de un paradigma mediante el cual se concibe a la "buena muerte" como el ejercicio de una libertad constitucional por parte del ciudadano.

La ley oregoniana ha sido emulada por otros Estados de corte "progresista", como el vecino Estado de Washington, Montana y Vermont. Sobre ella volveremos más adelante.

Otra Nación cuya regulación suele entenderse como paradigma en la materia es Holanda. Allí se regula la eutanasia activa directa a través de la ley *de Verificación de la terminación de la Vida a Petición Propia y Auxilio al Suicidio* (1° de abril de 2002). Esta ley vino a sistematizar en un texto legal una serie de criterios que ya habían sido previamente definidos por los altos Tribunales Holandeses desde mediados de la década de los setenta.

Finalmente, no podemos concluir esta sección sin efectuar por lo menos una brevísima referencia a la situación existente en el ordenamiento jurídico costarricense. En nuestro medio, la respuesta brindada a la problemática se resume en la noción de *criminalización*. Ciertamente, la respuesta del legislador costarricense, la cual traza sus orígenes hasta la codificación prusiana del siglo XVIII, apunta a la existencia de una conducta punible pero con una reacción sancionatoria atenuada. El Código Penal costarricense de 1941 (Ley N° 368 del 30/08/1941) estipulaba en su artículo 189:

> Artículo 189-Será reprimido con prisión de dos a cinco años, el que instigare a otro al suicidio o le ayudare a efectuarlo si el suicidio se consuma inmediatamente después de la ayuda o la instigación.
> Se impondrá prisión de seis a diez años al que diere muerte a otro, accediendo a expreso y formal ruego suyo.
> En los casos anteriores, los jueces, apreciando las circunstancias personales del culpable, los móviles de piedad o compasión de su conducta y las circunstancias del hecho, quedan facultados para disminuir la pena a su prudente arbitrio, sin que ésta pueda en ningún caso ser inferior a un año.

El homicidio a ruego se contempló como conducta punible en el párrafo segundo de la norma, sin embargo, no se hizo referencia expresa al *móvil piadoso* del autor (elemento subjetivo del tipo penal). Esta valoración se incorporó en el párrafo tercero, entendiéndose – según la tradición prusiana – como un atenuante de la pena. La redacción de la norma no era la más atinada, por cuanto podía prestarse para equívocos interpretativos, como por ejemplo, concluir en un homicidio atenuado cuando la víctima solicitaba la conducta homicida, pero sin estar presentes en el sujeto activo "los móviles de piedad o compasión de su conducta".

Con la codificación penal de 1970 el legislador costarricense, ajeno a las incipientes discusiones sobre la eutanasia, continuó con la tradición conservadora y estatuyó en el ordinal 116 del nuevo Código Penal el llamado *homicidio por piedad*. La norma estableció:

> Se impondrá prisión de seis meses a tres años al que, movido por un sentimiento de piedad, matare a un enfermo grave o incurable, ante el pedido serio e insistente de éste aún cuando medie vínculo de parentesco.

Si bien a nivel de criminalización primaria mantuvo la punición de la conducta, debe indicarse que en las más de cuatro décadas de vigencia de la norma, no se reporta ningún caso de aplicación judicial. Es decir, la criminalización no se ha verificado en su faceta *secundaria*. Esto evidencia claramente el velo de misticismo que permea a la sociedad costarricense en cuestiones relativas a la eutanasia.

Destaca que en el tipo penal sí se introduce específicamente el móvil de piedad y se exige que el sujeto pasivo de la acción sufra una enfermedad grave *o* incurable. Esta "o" (disyuntiva) se muestra problemática, habida cuenta de que hoy día existen múltiples patologías incurables que, no obstante esa condición, no implican para el sujeto que las sufre un padecimiento insoportable. Antes bien, gracias a los avances de la ciencia, le permiten vivir por períodos prolongados y en condiciones relativamente estables (piénsese en la diabetes o en los casos de portación del virus del VIH).

b) ¿Qué entendemos por eutanasia?

La polisemia que suelen padecer los conceptos con los cuales nos manejamos en el mundo del Derecho constituye el germen de numerosas disputas académicas y normativas. Por ello, toda investigación requiere de un primer intento por delinear el contexto lingüístico en el cual se desarrolla. En los avatares de la bioética esta premisa cobra aún mayor relevancia. Por ello, nos disponemos a brindar un marco teórico que pretende servir de base para las discusiones que se presentarán más adelante.

Antes de ofrecer al lector las definiciones que servirán como punto de partida, conviene una aclaración elemental: si en la eutanasia está comprendido el concepto de *thanatos* (o muerte), resulta ineludible entender a partir de qué momento ocurre la muerte de un ser humano. Tradicionalmente se entendió que la muerte sobrevenía con el cese de las funciones vitales.[2] Dicho concepto se mostró insuficiente para dar respuesta a casos suscitados a partir de la segunda mitad del siglo XX. Por ejemplo, en 1959 un grupo de neurólogos franceses reportaron los primeros casos de pacientes con daño cerebral masivo que continuaban "vivos" sin signos de actividad cerebral. Esto se lograba gracias a la ventilación mecánica y fue denominado *"coma depassé"* (más allá del coma).

Estos nuevos hallazgos plantearon la necesidad de dotar a la comunidad científica de un nuevo concepto que permitiera resolver desde una perspectiva bioética las interrogantes que se generaban. Estas interrogantes surgían principalmente en el campo del trasplante de órganos, pero también, en alguna medida, en los casos de eutanasia (principalmente en su modalidad pasiva).

Así las cosas, en la vigésimo segunda Asamblea Médica Mundial, celebrada en Sydney, Australia, en 1968, se emitió la *Declaración de Sydney de la Asociación Médica Mundial sobre la muerte*. En dicha ocasión, entre otras cosas, se re definió el concepto de muerte, indicándose precisamen-

---

[2] *"La muerte se definía como el cese de las funciones nerviosa, circulatoria, respiratoria y termorreguladora, estando así el concepto de muerte determinado por la detención de las funciones cardiorrespiratorias"*. Soto Pérez Damaris (2002). Donación de órganos y materiales anatómicos humanos en Costa Rica. En Soto Pérez, Damaris y otros (2002). *Ensayos de Derecho Penal accesorio*. San José, Costa Rica. Primera edición, Editorial Jurídica Continental. P.61.

te que los avances modernos de la medicina *"han hecho necesario un estudio más detenido de la cuestión relativa al momento de la muerte"*. Se referían, claramente, a *"la capacidad de mantener, por medios artificiales, la circulación de la sangre oxigenada a través de los tejidos del cuerpo que pueden haber sido dañados irreversiblemente."* De ese modo, se terminó brindando un concepto que apuntaba a que:

> Es esencial determinar la cesación irreversible de todas las funciones de todo el cerebro, incluido el bulbo raquídeo. Esta determinación se basará en el juicio clínico con la ayuda, si es necesaria, de otros medios de diagnóstico.

Pues bien, efectuada esta aclaración previa, conviene ofrecer al lector algunas definiciones sobre la eutanasia. Así, la autora española Marina Gascón Avellán, refiere:

> En concreto, la eutanasia tiene que ver con provocar (por acción u omisión) la muerte de alguien en consideración a él mismo; es decir, por su bien, tanto si se actúa a petición suya como si se actúa sin su consentimiento. En suma, estamos ante una conducta de eutanasia cuando el móvil que la anima es la piedad, compasión, humanidad o como quiera llamársele.[3]

En un sentido similar, Eduardo Rivera López la entiende como:

> Una conducta llevada a cabo por un agente de salud, una de cuyas consecuencias previsibles por él es la muerte de un paciente que padece una enfermedad grave e irreversible, y que es llevada a cabo con la justificación de que la muerte del paciente no es un daño para él, todas las cosas consideradas.[4]

Ambas definiciones se enmarcan en una concepción dada desde la filosofía y constituirán nuestro punto de partida. Como común denominador, encontramos que la muerte producida al paciente *no debe ser un mal para él*. Rivera López introduce el aditamento "todas las cosas consideradas", lo cual deviene pertinente, ya que permite relacionar el estado de salud que enfrenta la persona enferma con un contexto que toma en cuenta otros valores, especialmente la dignidad de la persona y la *calidad* de su vida. Para explicar el punto, el autor plantea el ejemplo de la acción consistente en cortar una pierna a alguien. Dicha acción, vista aisladamente, representa claramente un *daño* para esa persona. Empero, si esa acción la inscribimos en un contexto en el cual la persona sufre de una infección grave que ha gangrenado su pierna, entonces la acción de cortársela ya no implica un daño, sino una acción valiosa. Aplicando el razonamiento analógico, si un sujeto enfrenta un padecimiento irreversible que lo coloca en una fase terminal, en donde no existe prognosis de

---

[3] Gascón Abellán, Marina (2003). *¿De qué estamos hablando cuando hablamos de Eutanasia?* En: Humanitas, Humanidades Médicas. Volumen 1, Número 1. Enero-Marzo 2003. En: <http://universitas.idhbc.es/n15/15-06.pdf>. p. 7.

[4] Rivera López, Eduardo (2011). *Problemas de vida o muerte. Diez ensayos de bioética.* Madrid, España. Editorial Marcial Pons. P. 48.

mejoría y se encuentra sufriendo terribles dolores, la muerte sería para él un bien *todas las cosas consideradas*.

En las dos definiciones transcritas, no obstante, existe una diferencia sutil. En el caso de la española Gascón Avellán se recalca la importancia del móvil piadoso y es posible concluir que lo entiende como la nota definitoria de la eutanasia. Esta pauta interpretativa parece útil para esquivar las trampas argumentativas tan comunes en las discusiones de los grandes temas de la bioética. Efectivamente, poner un énfasis en el móvil piadoso permite excluir del concepto algunos "tipos" de eutanasia que se inspiran en ideales altamente ignominiosos y distantes de un ánimo piadoso. Tal es el caso de la *eutanasia eugenésica o social*. En la primera, se pretende eliminar a aquellos sujetos que en virtud de sus condiciones físicas, mentales o étnicas, no se consideran dignos de vivir en una colectividad dada; es decir, partiendo del ideal de una etnia pura y de una organización social superior no representan vidas valiosas. Ejemplos de estas prácticas fueron comunes en la Alemania Nazi, en donde sistemáticamente se eliminó a los enfermos mentales y a personas pertenecientes a determinadas etnias. En el caso de la segunda (eutanasia social o económica) la muerte de los enfermos se inspira en términos de la carga económica que imponen a la sociedad.

Concluye en una definición Gascón Avellán al indicar:

(...) bajo el término eutanasia se comprenden aquellas acciones u omisiones (generalmente de carácter médico) que provocan la muerte de otra persona en atención a ella (es decir, por su bien, por compasión, para poner fin o evitar un padecimiento insoportable), lo que tiene sentido cuando su vida ha alcanzado tales cotas de indignidad de manera irreversible que la convierten en un mal.[5]

Acá es posible determinar otro punto de confluencia en los puntos de vista de ambos autores. Ambos aluden a padecimientos "insoportables" o "graves e irreversibles". Sin embargo, no exigen que la dolencia se enmarque en una fase terminal. Así, por ejemplo, más que al carácter terminal, Gascón Avellán le otorga preeminencia a la noción de *indignidad irreversible*. Con ello, se comprenden situaciones en las cuales la muerte no es inminente, pero no obstante la persona enfrenta graves dolores y ve truncada la calidad de su vida (caso de las personas tetrapléjicas).

Sin duda la condición de indignidad irreversible supone necesariamente una valoración que debe correr a cargo, en primer lugar, de la misma persona que enfrenta la situación. Por ello sería errado (y aventurado también) establecer reglas generales. Ciertamente, un paciente tetrapléjico podría considerar que su vida no es digna de ser vivida (como en el caso verídico del español Ramón San Pedro), pero otro en idénticas circunstancias podría considerar, aferrado a sus íntimas convicciones,

---

[5] Gascón Avellán, Marina. Op cit., p. 8.

que su vida sí merece ser vivida. Este argumento, debo confesarlo desde ahora, es el que me conduce a inclinarme por una noción de la eutanasia como *ejercicio de libertad individual* de la persona humana. Y precisamente un corolario de esto es la preferencia por una temática ampliamente relacionada, como lo es la del *suicidio médicamente asistido*.

Ahora bien, los conceptos que hemos venido estudiando también enfatizan en una acción a cargo de un agente médico. Así lo establece Rivera López. En el caso de Gascón Avellán se deja abierto a conductas *generalmente de carácter médico*.

Finalmente, el marco conceptual debe complementarse a partir de las definiciones que se han brindado desde el Derecho penal. Tal y como fue posible advertir en el repaso histórico, la reacción política frente a la eutanasia ha procedido fundamentalmente desde su punición a nivel jurídico penal. Pasando por las amenazas de incriminación penal que esgrimían las autoridades fiscales de Nueva Jersey hacia los médicos a cargo de Karen Ann Quinlan, hasta la punibilidad de la eutanasia activa en la mayoría de legislaciones penales, la eutanasia tiende a valorarse desde la óptica del ordenamiento represivo. Sobre esa fascinación por la cuestión penal volveremos en la sección segunda. Basta ofrecer por el momento una definición comprensiva de lo que hemos venido analizando a cargo de Claus Roxin:

> Por eutanasia se entiende la ayuda prestada a una persona gravemente enferma, por su deseo o por lo menos en atención a su voluntad presunta, para posibilitarle una muerte humanamente digna en correspondencia con sus propias convicciones. Además, se puede diferenciar entre eutanasia en sentido amplio y estricto. La eutanasia en sentido estricto existe cuando la ayuda es suministrada después de que el suceso mortal haya comenzado, por lo que la muerte está próxima con o sin tal ayuda. En un sentido amplio puede hablarse también de eutanasia cuando alguien colabora a la muerte de una persona que, en realidad, podría vivir todavía más tiempo, pero que quiere poner fin – real o presuntamente – a una vida que le resulta insoportable por causa de una enfermedad.[6]

c) Tipos de eutanasia

Las tipologías (en plural) sobre la eutanasia son bastas en la literatura. Para los efectos del presente trabajo presentamos las que en nuestro criterio son más relevantes y útiles para los propósitos que nos hemos trazado. Una aclaración es fundamental: siempre que nos refiramos a la eutanasia (en cualquiera de las clasificaciones propuestas) estaremos dando por sentado que en la conducta de aquel que causa la muerte de otro, está presente el elemento psicológico que hemos designado bajo el nombre de *móvil piadoso o compasivo*. De este modo, las conductas fun-

---

[6] Roxin, Claus. *Tratamiento jurídico – penal de la eutanasia*. En: Mantovani Ferrando, Barquín Sanz Jesús y Olmedo Cardenete (2001). *Eutanasia y Suicidio. Cuestiones dogmáticas y de política criminal*. Granada, España. Editorial Comares., p.3.

dadas *exclusivamente* en criterios económicos estarán excluidas del concepto. La misma suerte correrán las acciones basadas en aspiraciones eugenésicas. Ninguna de ellas es merecedora de cobijarse bajo la etiqueta lingüística "eutanasia".[7]

c.1) Eutanasia activa (directa e indirecta)

Siguiendo a Gascón Avellán, la distinción entre eutanasia activa y pasiva alude a los:

> (...) actos ejecutivos que provocan la muerte o producen un acortamiento de la vida, generalmente mediante la administración de un fármaco. Dentro de esta modalidad suele distinguirse aún entre la eutanasia *activa directa*, cuando la actuación tiene la intención de poner fin a la vida de otra persona, y la eutanasia *activa indirecta*, cuando la actuación no persigue poner fin a la vida de otra persona pero asume este resultado como posible. Esta última es generalmente un acto médico que busca aliviar el dolor, por ejemplo aplicando lo que en la jerga médica se denomina un cóctel lítico, una mezcla de sustancias químicas que calman el dolor pero que a la vez pueden adelantar la muerte porque afectan al sistema nervioso central (...)"

Como vemos, el punto clave estriba en la forma del comportamiento, que en este caso es activo. La mayor trascendencia práctica radica en la distinción entre la modalidad *directa* y la *indirecta*. Esta última presupone que la muerte del sujeto no es el fin directo buscado, pero se acepta como una consecuencia posible. La intención va dirigida a aliviar el dolor mediante el suministro de fármacos o la aplicación de algún tratamiento. En esta empresa la muerte es concebida como un resultado previsto y aceptado. En lenguaje jurídico penal, el sujeto actúa con *dolo eventual*.[8]

La eutanasia *indirecta* es práctica común en la medicina y goza de aceptación social y jurídica. Roxin señala que el Tribunal Supremo Federal Alemán se pronunció en ese sentido en noviembre de 1996 (BGHSt 42, 301).

No obstante lo dicho, el tema es polémico por cuanto un acortamiento doloso de la vida ajena (así sea con dolo eventual) constituiría normalmente un delito de homicidio. La doctrina penal ha elaborado diversos intentos de respuesta para justificar aquí la ausencia de punibilidad. Roxin concluye que la eutanasia indirecta es impune por cuanto entra en consideración que en determinados casos el deber de extender la vida (máxima de la medicina orientada en los postulados hipocráticos) cede ante la obligación de minimizar el sufrimiento. *"Una vida algo*

---

[7] Gascón Avellán indica que esa es "la verdadera" eutanasia, la eutanasia piadosa o eutanasia en sentido estricto. *"consiste en provocar la muerte de otro con el fin de aliviar sus dolores y sufrimientos: es decir, por piedad o compasión. Consiste pues, en lo que hemos definido como eutanasia, sin más"*. Gascón Avellán. Op. cit. P. 9.

[8] Apunta Roxin: *"Se habla de eutanasia indirecta cuando sobre un enfermo terminal se aplican medidas paliativas del dolor, a pesar de que éstas pueden acelerar el acaecimiento de la muerte."* Ibíd., p. 7.

más corta sin graves dolores puede ser más valiosa que otra no mucho más larga acompañada de un sufrimiento apenas soportable".[9]

Incluso una de las instituciones que ha censurado con mayor acritud la eutanasia (la Iglesia Católica, Apostólica y Romana), ha aceptado la conformidad de la eutanasia indirecta con la moral cristiana Así lo expresó el papa Pío XII en 1957 y fue confirmado (esta vez con mayores reservas) en la Declaración "iura et bona" sobre la Eutanasia emitida por la Sagrada Congregación para la Doctrina de la Fe (mayo de 1980).

Vemos como ingresa aquí en la discusión la dimensión de la *calidad* de la vida, de forma tal que es aceptado el acortamiento intencional de ésta cuando el deseo que lo acompaña es el de atenuar el sufrimiento del enfermo. Esto se traduce en la aprobación que brindan los grandes órdenes de control social (Derecho, religión, usos sociales) a esta modalidad eutanásica.

En otro orden de ideas, en el caso de la *eutanasia activa directa* al paciente se le administra alguna droga o veneno con la intención de terminar con su vida. La muerte, en este caso, es un medio para acabar con el sufrimiento del paciente.[10]

Es precisamente la eutanasia *activa directa* la que tradicionalmente se ha entendido como una conducta delictiva. A ella se refieren las codificaciones penales de la mayoría de los países occidentales bajo el *nomen iuris* de homicidio pietístico o eutanásico.[11] En una interesante sentencia sobre la cual regresaremos con posterioridad, la Corte Constitucional Colombiana lo definió de la siguiente manera:

> El homicidio por piedad, según los elementos que el tipo describe, es la acción de quien obra por la motivación específica de poner fin a los intensos sufrimientos de otro. Doctrinariamente se le ha denominado homicidio pietístico o eutanásico.(...)
>
> Es además, el homicidio pietístico, un tipo que precisa de unas condiciones objetivas en el sujeto pasivo, consistentes en que se encuentre padeciendo intensos sufrimientos, provenientes de lesión corporal o de enfermedad grave o incurable, es decir, no se trata de eliminar a los improductivos, sino de hacer que cese el dolor del que padece sin ninguna esperanza de que termine su sufrimiento.[12]

Surge en este punto un debate interesante, ¿por qué dos acciones similares en el plano ontológico (dar muerte como fin inmediata y causar

---

[9] Ibíd., p. 7 y 8.
[10] Rivera López, Eduardo. Op. cit., p. 53.
[11] Roxin lo define así: "… *de acuerdo con la opinión dominante, el homicidio a petición es punible bajo cualquier circunstancia en tanto que se dirija a un acortamiento de la vida consistente en un hecho comisivo en el que posee dominio del acto que inmediatamente conduce a la muerte. El paciente puede estar padeciendo todavía graves sufrimientos, encontrarse la muerte próxima y estar suplicando la inyección letal: en cualquier caso, a quien se la inyecta se le castiga de acuerdo con el 216 StGB*". Roxin, Claus. Op. cit., p. 30
[12] Corte Constitucional de Colombia, Sentencia C-239/97.

la muerte cuando se la ha representado como una consecuencia aceptada), ambas guiadas por un móvil piadoso, reciben respuestas tan diversas desde una óptica valorativa? ¿Qué conduce a entender una como un pecado y a otra como una conducta moralmente aceptable? ¿Por qué una implica un delito y la otra una acción impune? Estas interrogantes se intentarán disipar (y sin duda surgirán otras) conforme avance nuestra exposición.

c.2) Eutanasia pasiva (directa e indirecta)

La eutanasia *pasiva* es en realidad una variante fenomenológica. La *forma* de la conducta es la que varía, ya que acá se realiza mediante omisión. En ella también están presentes las modalidades directa e indirecta. Apunta Gascón Abellán:

> (...) cuando *se suprimen* [directa] o *simplemente no se adoptan* [indirecta] las medidas que prolongarían la vida pero que sólo proporcionarían padecimientos inútiles, pues la vida está abocada ya al final; su ámbito es, por tanto, el de la práctica médica de contenido tecnológico, la posibilidad (y la obstinación) de alargar inútilmente la vida de un sujeto que se encuentra en fase terminal o en coma irreversible. Constituyen supuestos de este tipo: 1) desconectar el respirador u otros instrumentos vitales para el enfermo, 2) no emprender actos reanimatorios y 3) interrumpir un tratamiento o terapia.[13]

La eutanasia *pasiva* será *indirecta* si el paciente consiente en que *no* se realicen ciertas acciones, esto es, rechaza un tratamiento. Con la decisión del rechazo acepta como previsible el hecho de que su muerte sobrevenga prontamente. Se ha entendido que la posibilidad de oponerse a un tratamiento está íntimamente ligada con el ejercicio de la libertad personal. Así lo entiende el legislador costarricense cuando lo consagra como un derecho en el ordinal 46 del Código Civil.[14] Casos interesantes y ejemplificativos de esta realidad se han presentado en diversas naciones con personas pertenecientes a la denominación religiosa Testigos de Jehová, quienes objetan enfáticamente el empleo de transfusiones sanguíneas como medio para salvar sus vidas.

Debe aclararse que algunas conductas que tradicionalmente entenderíamos como activas (por ejemplo, desconectar un respirador artificial) se interpretan como omisivas y por ello resultan comprendidas por esta clase de eutanasia.[15]

---

[13] Gascón Avellán, Marina. Op. cit., p. 9.

[14] Dispone la norma: "Artículo 46 – Toda persona puede negarse a ser sometida a un examen o tratamiento médico o quirúrgico, con excepción de los casos de vacunación obligatoria o de otras medidas relativas a la salud pública, la seguridad laboral y de los casos previstos en el artículo 98 del Código de Familia..."

[15] *"La frontera entre una eutanasia activa punible y la pasiva impune no debe extraerse del criterio naturalístico consistente en el desarrollo o no de movimientos corporales. Más bien depende de si normativamente*

Luego, la eutanasia *pasiva directa* supone que un determinado tratamiento médico ya está en curso, pero el paciente decide suspenderlo con el fin de acelerar el proceso mortal.

Quizá las consideraciones más interesantes sobre la eutanasia pasiva, las encontramos en aquellos supuestos en los cuales el paciente se encuentra en tal estado de deterioro de su salud, que no puede directamente consentir en uno u otro sentido. Ello nos conduce necesariamente a plantear la clasificación de la eutanasia voluntaria, no voluntaria e involuntaria.

c.3) Eutanasia voluntaria, no voluntaria e involuntaria

Suelen existir confusiones entre las nociones de eutanasia *involuntaria* y eutanasia *no voluntaria*. La cuestión debe zanjarse de forma precisa: la eutanasia *involuntaria* en realidad no ingresa dentro de los alcances del concepto "eutanasia" pues implica la negativa claramente manifestada por el paciente en el sentido de que no desea arribar al proceso mortal. Manifiesta Rivera López: *"el paciente no consiente, o bien porque es consultado y rechaza, o bien porque, pudiéndosele consultar, no se le consulta"*.[16] En caso de que se induzca un proceso que lleve a la muerte en estas condiciones, su autor incurriría en una conducta homicida pura y simple (artículo 111 del Código penal costarricense).

Por el contrario, la eutanasia *no voluntaria* es aquella en la cual el paciente no consiente porque no tiene capacidad para hacerlo. El caso tradicional es el de aquel paciente que ha perdido irreversiblemente la conciencia afectado por una enfermedad grave. En estos supuestos se habla de un "síndrome pálico" (o coma profundo). Precisamente aquí aparece un terreno fértil para las discusiones sobre la eutanasia pasiva (supra c.2), toda vez que contamos con pacientes que no pueden externar por sí mismos su voluntad.

El caso de la eutanasia *voluntaria* es el más sencillo, ya que simplemente el paciente consiente en que se practique la eutanasia. Si el acto que produce la muerte lo produce un tercero, estaremos en el campo de la eutanasia. Si, por el contrario, es el propio paciente quien realiza el acto que conduce a su muerte, ingresamos en el ámbito del *suicidio asistido*.

Retomando el caso de la eutanasia pasiva, hemos ya manifestado que por regla general resulta impune, máxima que debemos extender también a aquellos casos en donde se materializa en su modalidad *no* voluntaria. Tal es su aceptación generalizada que incluso la Iglesia Ca-

---

es interpretable como un cese del tratamiento, pues entonces existe una omisión en sentido jurídico que, al apoyarse en la voluntad del paciente, resulta ser impune." Roxin, Claus. Op. cit., p. 15.

[16] Rivera López, Eduardo. Op. cit., p. 51.

tólica la admite (eso sí, sin referir para ella el término "eutanasia"). Acá la aceptación – a diferencia de lo que ocurría con la eutanasia indirecta – se produce sin ambages. Dispone la Declaración "iura et bona" sobre la Eutanasia:

> Ante la inminencia de una muerte inevitable, a pesar de los medios empleados, es lícito en conciencia tomar la decisión de renunciar a unos tratamientos que procurarían únicamente una prolongación precaria y penosa de la existencia, sin interrumpir sin embargo las curas normales debidas al enfermo en casos similares.

Tratándose de hipótesis de eutanasia pasiva *no voluntaria* han acontecido en la realidad casos sin duda interesantes. En Alemania, el Tribunal Supremo Federal ha establecido criterios rigurosos para resolver el dilema que supone la *voluntad* presunta del paciente. Ha afirmado que deben tomarse en consideración las manifestaciones previas del enfermo (orales o escritas), su expectativa de vida, valores personales y religiosos, entre otros. De acuerdo con esta tesis, sería razonable pensar que una persona devota católica estaría interesada en continuar con su vida hasta donde lo imponga la naturaleza. Distinto el caso de aquel quien ha manifestado previamente que no desea extender el proceso mortal que ya se encuentra en marcha.

Quizá una forma inequívoca de resolver la controversia podría hallarse en una regulación precisa de la figura del *testamento vital* (también denominado *living will*), instrumento empleado en algunas latitudes, por medio del cual una persona en pleno uso de sus facultades mentales y físicas, establece libremente cuál es su deseo en relación con la aplicación de tratamientos médicos para el caso de que en un evento futuro no sea física o mentalmente capaz de expresar su voluntad. Un precepto en ese sentido se introdujo en España a través del numeral once de la Ley número 41/2002, de 14 de noviembre de 2002 (*Ley Básica reguladora de la autonomía del paciente y de derechos y obligaciones en materia de información y documentación clínica*). Prescribió el legislador español:

> Artículo 11. Instrucciones previas.
> 1. Por el documento de instrucciones previas, una persona mayor de edad, capaz y libre, manifiesta anticipadamente su voluntad, con objeto de que ésta se cumpla en el momento en que llegue a situaciones en cuyas circunstancias no sea capaz de expresarlos personalmente, sobre los cuidados y el tratamiento de su salud o, una vez llegado el fallecimiento, sobre el destino de su cuerpo o de los órganos del mismo. El otorgante del documento puede designar, además, un representante para que, llegado el caso, sirva como interlocutor suyo con el médico o el equipo sanitario para procurar el cumplimiento de las instrucciones previas.

Si bien la posición del Tribunal Supremo Federal Alemán se muestra sin duda conservadora y favorable a la conservación de la vida, y en esa medida es plausible, no puede alejarnos del núcleo central alrededor del cual hemos construido el concepto de eutanasia; es decir, aquel postulado según el cual, todas las cosas consideradas, la muerte *no es un mal* para el paciente. O dicho de otro modo, representa un bien o por lo menos una acción indiferente.[17] En ese orden de ideas, en caso de omitir la continuación de tratamientos a todas luces fútiles, a los fines de extensión de la vida, la ausencia de una voluntad expresa del paciente pasa a un segundo plano. Con todo, conviene pensar en la pertinencia de una regulación del testamento vital, toda vez que sus bondades en punto a la seguridad jurídica son indiscutidas.

II) El Estado Liberal de Derecho frente a la calidad de la vida

Desde el título mismo del presente trabajo, hicimos referencia a un análisis cuyo vértice parte del Estado Constitucional de Derecho. Describir los rasgos que definen a esta forma de organización política no vendría a la ocasión. Basta indicar por el momento que partimos de una concepción heteropoyética, de base contractualista, en la cual los seres humanos se asocian creando esa ficción jurídica llamada "Estado". Asimismo, atribuyen a éste ente la misión fundamental de asegurar el espectro de derechos individuales que pre existen al poder político.[18]

Si bien en su versión inicial el Estado Moderno fue un Estado absoluto (así, en la obra de Hobbes), con el transcurso del tiempo y especialmente inspirado en la ideología ilustrada terminó de perfilarse como un Estado *de Derecho*. El proceso se acentuaría con la promulgación de las primeras constituciones escritas, entre ellas la Constitución estadounidense adoptada en 1787, y otras emitidas a lo largo del siglo XIX. Con la sujeción del poder a la Constitución, y en el entendido de que ésta marcaría los límites, tanto formales como sustanciales, al ejercicio del poder, exigencia que además, habría de ser desarrollada por la ley, nacería el Estado de Derecho.

Siglos después (concretamente en la segunda mitad del siglo XX), luego de tomar conciencia sobre los excesos a los cuales había conducido el positivismo normativista, es cuando emergió con claridad la noción de Estado *Constitucional* de Derecho. Así se designó aquella corriente (tam-

---

[17] Roxin se orienta en ese sentido cuando afirma: "*...debe existir en algún momento un límite para la prolongación artificial de la vida, más allá del cual ya no sea decisiva la voluntad del paciente, sobre todo si esta última se expresa en un estadio temprano de la enfermedad. De un lado, porque los recursos técnicos y también financieros de la sanidad pública no son inagotables. Pero, sobre todo, porque el retraso continuo del incontenible proceso mortal con ayuda de modernos instrumentos médicos no se corresponde con nuestra idea de una muerte digna*". Roxin. Op. cit., p. 17.

[18] Con brillantez, la Declaración de Virginia de 1776, acreditada como el primer instrumento declarativo de derechos, inspirada en la filosofía ilustrada del siglo de las luces, estipuló en su preámbulo: "*Que todos los hombres son creados iguales; que son dotados por su Creador de ciertos derechos inalienables; que entre éstos están la vida, la libertad y la búsqueda de la felicidad; que para garantizar estos derechos se instituyen entre los hombres los gobiernos, que derivan sus poderes legítimos del consentimiento de los gobernados.*" (La negrita no pertenece al original).

bién llamada neo constitucionalista) en la cual el fenómeno del poder resultaba esencialmente limitado por el marco constitucional.[19]

Así las cosas, el Estado de Derecho deviene tan sólo en una creación artificial instituida con el propósito de garantizar el elenco de derechos naturales que posee la persona. En dicha función protectora, el soberano – a diferencia de lo que ocurría en época del Absolutismo – se encuentra jurídicamente imposibilitado para intervenir abusivamente sobre estos derechos.[20]

Algunos de esos derechos originalmente garantizados por el Estado son la *vida* y la *libertad*. Se habla así de los llamados derechos de *primera generación*, los cuales tienen un contenido negativo, ya que establecen obligaciones omisivas para el poder público. Dicho de otro modo, implican un límite para la actividad estatal y garantizan al individuo una esfera de libertad inmune a las injerencias arbitrarias de parte del soberano.[21] Pues bien, son justamente estos dos derechos, la vida y la libertad (entendiendo incorporada aquí la autonomía personal) quienes entran en tensión en materia de eutanasia. A las posibles soluciones a la aparente antinomia nos dedicaremos en seguida.

a) La protección constitucional de la vida. ¿Sacralidad o calidad de vida?

En las discusiones de los grandes temas de la bioética (eutanasia, aborto, experimentación en seres humanos, reproducción asistida, entre

---

[19] Explica Ferrajoli: "*El constitucionalismo, tal como resulta de la positivización de los derechos fundamentales como límites y vínculos sustanciales a la legislación positiva, corresponde a una segunda revolución en la naturaleza del derecho que se traduce en una alteración interna del paradigma positivista clásico (...) Esta segunda revolución se ha realizado con la afirmación del que podemos llamar principio de estricta legalidad (o de legalidad sustancial). O sea, con el sometimiento también de la ley a vínculos ya no sólo formales sino sustanciales impuestos por los principios y los derechos fundamentales contenidos en las constituciones.*" Ferrajoli Luigi (2001). *Derechos Fundamentales*. En *Los fundamentos de los derechos fundamentales*. Madrid, España. Editorial Trotta., p. 53.

[20] El ius filósofo italiano Luigi Ferrajoli, lo expone con meridiana claridad: "*Lo natural de por sí no es en efecto el estado o el poder, sino las personas y sus necesidades vitales; mientras que lo artificial no es la libertad y la vida, sino sus garantías jurídicas y en general los deberes y los poderes instituidos por las normas positivas para tutelarlos y/o limitarlos. Derechos innatos o naturales, más allá de las metafísicas iusnaturalistas en cuyo marco fueron concebidos, significan precisamente derechos "pre-estatales" o "pre-políticos", en el sentido de no haber sido fundados por esa criatura que es el estado, sino que son "fundamentales" o "fundantes" de su razón de ser, como parámetros externos y objetivos de su organización, delimitación y disciplina funcional.*" Ferrajoli, Luigi (2006). *Derecho y Razón. Teoría del garantismo penal*. Madrid, España. Octava edición, Editorial Trotta., p. 882.

[21] La Sala de Casación Penal costarricense parece tener claro este punto (por lo menos a nivel abstracto), cuando indica: "*Un Estado Democrático de Derecho es aquel que reconoce los derechos fundamentales de los individuos y que a su vez encuentra un límite a su poder en esos derechos. Con miras a prevenir los abusos por parte del aparato estatal, la Constitución Política indica expresamente que las restricciones a los derechos fundamentales son excepcionales y están sometidas a varios requisitos*". Sentencia número 1213-06, de las nueve horas, cincuenta minutos, del veintinueve de noviembre de dos mil seis, de la Sala Tercera de la Corte Suprema de Justicia de Costa Rica.

otros) se halla implícita una interrogante, a saber, ¿cuál es la dimensión de la vida humana que empleamos como punto de arranque para el debate? La respuesta normalmente se reconduce hacia dos alternativas. Por un lado, se privilegia una noción de la vida humana orientada hacia su *santidad*. Se interpreta la vida como un como un *valor* absoluto que da pie (ya en el marco del Estado de Derecho) al reconocimiento de un *derecho* también absoluto e inviolable por terceros, el cual debe encontrarse exento de injerencias *en todo momento y en toda condición*.

Por otro lado, existe una segunda tendencia que presta mayor atención a una dimensión cualitativa de la vida humana; es decir, que atiende a su *calidad* y prefiere cuestionarse el ¿cómo? se está desarrollando la vida en un contexto determinado. A esta orientación le interesa preguntarse por algunos adjetivos que deben acompañar al sustantivo "vida". Es decir; muestra interés por aspectos tales como la dignidad, la satisfacción de necesidades básicas, entre otros. Se preocupa también por entender que la vida, como derecho, se encuentra ínsita en un entramado en el cual coexiste con otros derechos fundamentales (la libertad y la autonomía personal, la dignidad de la persona humana, la salud, entre otros).

Es frecuente encontrar estos dos niveles de análisis en los libros y ensayos relacionados con la eutanasia.[22] Su popularidad se debe, en parte, gracias a la pequeña obra del profesor alemán Albin Eser.[23] En ella el autor realiza un repaso histórico que nos permite arribar a las siguientes conclusiones:

Primero: la orientación hacia una visión santa o sacra de la vida, usualmente proviene de valoraciones metafísicas que la entienden como un *don* asignado al hombre por parte de un ente superior (Dios), de manera tal que es indisponible para el hombre. Por ello, este enfoque está intensamente relacionado con pautas teológicas. Un excelente ejemplo de esto lo encontramos en los dogmas de la Iglesia Católica, la cual en la ya referida Declaración "Iura et Bona" indica:

> La vida humana es el fundamento de todos los bienes, la fuente y condición necesaria de toda actividad humana y de toda convivencia social. Si la mayor parte de los hombres

---

[22] A nivel de pronunciamientos jurisdiccionales, la Corte Constitucional Colombiana tuvo presente esta concepción dual, cuando refiriéndose a la protección constitucional de la vida manifestó que ésta: "...*es vista desde dos posiciones: 1) La que asume la vida como algo sagrado y 2) aquella que estima que es un bien valioso pero no sagrado, pues las creencias religiosas o las convicciones metafísicas que fundamentan la sacralización son apenas una entre diversas opciones. En la primera, independientemente de las condiciones en que se encuentra el individuo, la muerte debe llegar por medios naturales. En la segunda, por el contrario, se admite que, en circunstancias extremas, el individuo pueda decidir si continúa o no viviendo, cuando las circunstancias que rodean su vida no la hacen deseable ni digna de ser vivida, v. gr., cuando los intensos sufrimientos físicos que la persona padece no tienen posibilidades reales de alivio, y sus condiciones de existencia son tan precarias, que lo pueden llevar a ver en la muerte una opción preferible a la sobrevivencia.*" Corte Constitucional de Colombia, Sentencia C-239/97.

[23] Esser, Albin (1984). *Entre la calidad y la santidad de la vida*. En: http://www.freidok.uni-freiburg.de/volltexte/4086/pdf/Eser_Entre_la_santidad.pdf

creen que la vida tiene un carácter sacro y que nadie puede disponer de ella a capricho, los creyentes ven a la vez en ella un don del amor de Dios, que son llamados a conservar y hacer fructificar.

1. Nadie puede atentar contra la vida de un hombre inocente sin oponerse al amor de Dios hacia él, sin violar un derecho fundamental, irrenunciable e inalienable, sin cometer, por ello, un crimen de extrema gravedad.

De este extracto se desprende el entendimiento de la vida como un don divino de carácter absoluto. Albin Eser afirma que: "Así, la «santidad» es el rasgo distintivo de todas aquellas tendencias que pretenden proteger la vida humana como tal, sin atender a eventuales deficiencias físicas o mentales o a su utilidad social".[24]

Segundo: también se deduce que la aparente antinomia "santidad" – "calidad" no es más que eso: una contradicción *aparente*, habida cuenta de que históricamente ninguno de estos modelos se ha materializado de forma pura. Ni siquiera las posiciones teológicas han alcanzado esa dimensión absoluta e invariable que sí predican hoy día para la vida. Por ejemplo, la consideración de la vida a partir del momento de la fecundación del óvulo (que sirve de fundamento para el rechazo, entre otros, del aborto y la fertilización in vitro) no ha sido una constante histórica. Antes bien, durante siglos se excluyó la condición de persona para el denominado "monstruo" y se negó contenido anímico al feto.

b) Interrelación con otros derechos fundamentales: dignidad humana y libertad personal

Cuando ponderamos a la vida en relación con otros valores como la dignidad humana y la libertad personal, insalvablemente estamos tomando partido por una orientación *cualitativa*, es decir; que se preocupa por la *calidad* de la vida humana en situaciones concretas y se muestra escéptica frente a generalizaciones de orden absoluto.

Si miramos el artículo 21 de la Constitución Política costarricense (*"la vida humana es inviolable"*), podría pensarse que nuestro constituyente pretendió el diseño de un Estado orientado hacia la *santidad* de la vida. No obstante, en el mismo marco jurídico que impera en el Estado, es posible encontrar disposiciones que ponen en entredicho tal proclama constitucional. Así, por ejemplo, el aborto terapéutico impune regulado por el artículo 121 del Código penal y la ya referida no punibilidad de la eutanasia en sus modalidades indirecta y pasiva. Lo mismo puede predicarse de las autorizaciones que el propio ordenamiento brinda a los ciudadanos para acabar con la vida de otros en determinados supuestos (así, la legítima defensa prevista por el ordinal 28 del Código penal).

---

[24] Ibíd., p. 748.

Elementales principios de honestidad intelectual nos conducen a inclinarnos hacia argumentaciones presididas por un ideal de *calidad de la vida*. Esto no sólo porque el ordenamiento jurídico patrio ya de por sí admite gradaciones en la ponderación del derecho a la vida humana, sino porque creemos firmemente que ésta no debe examinarse de forma aislada, sino más bien en un contexto armónico en el cual están ínsitos la autonomía y la libertad personales. Y sobre todo porque el Estado, que no es una realidad ontológica, sino más bien una creación humana, debe cumplir siempre una *función instrumental garantizadora* de los derechos del individuo, en donde éstos pueden verse limitados sólo de forma excepcional, aspecto que pareciera no respetarse en los modelos que penalizan drásticamente el derecho a disponer de la propia vida cuando ésta ha alcanzado cuotas de indignidad. Siguiendo a Albin Eser:

> Bajo el «aspecto cualitativo» por el contrario, es posible agrupar todos aquellos valores y factores cuya pérdida (real o supuesta) hace que la vida aparezca ante el sujeto individual como indigna de ser vivida, inclinándolo consecuentemente al suicidio o a la eutanasia. En la pretensión de autodeterminación sobre la vida y la muerte, reside la radical postulación de una concepción «cualitativa» de la vida.[25]

Ahora bien, el aspecto cualitativo también encuentra asidero en normas de Derecho positivo, las cuales normalmente se hallan dispuestas en instrumentos normativos que ostentan rango superior a la legislación ordinaria. Precisamente, un nuevo paradigma en la valoración (cualitativa) de la eutanasia lo hallamos en el reciente pronunciamiento del Tribunal Europeo de Derechos Humanos, con sede en Estrasburgo, el cual al fallar el caso Gross vs Suiza (aplicación 67810/10) se inclinó en su sentencia del 14 de mayo de 2013 por establecer que el Estado Suizo había incurrido en una violación del artículo 8 del Convenio Europeo de Derechos Humanos[26] (respeto por la vida privada y familiar) al negar a una mujer mayor la posibilidad de contar con una orientación segura en punto a obtener un medicamento letal (de conformidad con la legislación suiza) y proceder así con el suicidio médicamente asistido.

Este caso, si bien aún no ha sido fallado de forma definitiva (ante la Gran Cámara del Tribunal pende una apelación interpuesta por el Estado Suizo) reviste particular interés, toda vez que introduce las discusiones sobre la eutanasia y el suicidio médicamente asistido en el ámbito del Sistema Europeo de protección de los Derechos Humanos. Si bien

---

[25] Ibíd., p. 776.
[26] *Derecho al respeto a la vida privada y familiar.* 1. Toda persona tiene derecho al respeto de su vida privada y familiar, de su domicilio y de su correspondencia. 2. No podrá haber injerencia de la autoridad pública en el ejercicio de este derecho sino en tanto en cuanto esta injerencia esté prevista por la ley y constituya una medida que, en una sociedad democrática, sea necesaria para la seguridad nacional, la seguridad pública, el bienestar económico del país, la defensa del orden y la prevención de las infracciones penales, la protección de la salud o de la moral, o la protección de los derechos y las libertades de los demás.

la sentencia evadió pronunciarse sobre el aparente *derecho* a obtener un suicidio asistido, al menos introdujo en la discusión el componente de la autodeterminación y la vida privada.

En el marco del Sistema Interamericano de protección de los Derechos Humanos (del cual Costa Rica forma parte) encontramos disposiciones semejantes, las cuales deberían operar como marcos de referencia para la ponderación de los intereses en juego. Así, el numeral quinto de la Convención Americana de Derechos Humanos (CADH) dispone, en lo que interesa:

Artículo 5. Derecho a la Integridad Personal
1. Toda persona tiene derecho a que se respete su integridad física, psíquica y moral.
2. Nadie debe ser sometido a torturas ni a penas o tratos crueles, inhumanos o degradantes (...)

Interesa para los efectos de nuestro trabajo plantear la siguiente inquietud: ¿equivale a un *trato cruel y degradante* imponer a una persona la obligación de vivir cuando median condiciones de evidente indignidad? ¿Cuál es el fundamento de la posición de los Estados que limitan la libertad personal de sus ciudadanos en un momento tan íntimo como lo es la terminación de la propia vida cuando median padecimientos graves e irreversibles? ¿Por qué, pese a que el suicidio y la tentativa de suicidio son, por regla general, conductas impunes, sí se criminaliza la eutanasia activa voluntaria?

La prohibición de los tratos crueles y degradantes normalmente se ha asociado a conductas estatales vinculadas con la represión de las conductas ilícitas. Constituye así el fundamento axiológico que ha motivado, entre otras, la eliminación paulatina de las penas corporales. Sin embargo, de frente a nuestra temática consideramos que en determinas circunstancias la imposición de criterios de protección absolutos, orientados hacia la "santidad" de la vida podrían equivaler a un trato cruel y degradante. Ello sucedería fundamentalmente cuando entendemos que el Estado no se encuentra legitimado para habilitar su competencia prohibitiva cuando se encuentra ante una persona, quien en condiciones de plena libertad, decide poner fin a una situación de sufrimiento físico y mental que le resulta insostenible.

Claro está, una regulación precisa y determinada deviene en imperativo, por cuanto en líneas generales, es claro que existe un interés general en la conservación de las vidas humanas. Por ello, en la sección siguiente analizaremos algunos casos que nos ofrece el Derecho comparado, a través de los cuales mostraremos nuestra predilección por aquellos modelos que entienden el "buen morir" como un ejercicio de libertad la personal (Oregon, EEUU) y no como un mero acto médico (Holanda), o bien una conducta netamente criminal (Costa Rica).

III) La experiencia en el Derecho comparado

A modo de preámbulo, debemos indicar que tal y como lo denotan las regulaciones legales de diversas naciones (entre ellas: España, Colombia, Costa Rica y Alemania), la respuesta jurídica a la problemática de la "buena muerte" se ha pronunciado tradicionalmente *desde el Derecho penal*. Ha existido (al igual que sucede con tantos otros temas) una fascinación por la cuestión penal, lo cual, en nuestro criterio, ha obnubilado un correcto entendimiento del verdadero dilema, a saber; la tensión existente entre la santidad de la vida y la libertad y autonomía personales. Por esto, como lo plantea Mercedes Alonso Álamo *"el problema penal de la eutanasia puede y debe ser abordado desde la Constitución"*.[27]

Lograr que la discusión emigre hacia el análisis constitucional permitirá colocarla en el lugar que verdaderamente merece, y de forma concomitante, disminuirá el carácter dramático y estigmatizante que usualmente revisten las conductas criminalizadas.

a) España

El legislador español de 1995 mantuvo una actitud conservadora, la cual encuentra sus orígenes en el Código de Leyes Generales Prusiano de 1794. Así, vislumbra a la eutanasia activa como una conducta delictiva. A pesar de ello, la considera merecedora de un reproche menor y por ello apareja una sanción sustancialmente menos drástica en comparación con aquella que correspondería en caso de un homicidio simple. Dispone la norma contenida en el artículo 143:

4. El que causare o cooperare *activamente* con actos necesarios y directos a la muerte de otro, *por la petición expresa, seria e inequívoca de éste*, en el caso de que la víctima sufriera una *enfermedad grave que conduciría necesariamente a su muerte, o que produjera graves padecimientos permanentes y difíciles de soportar*, será castigado con la pena inferior en uno o dos grados a las señaladas en los números 2 y 3 de este artículo." (La negrita no corresponde al original).

De una lectura atenta de la norma es posible obtener las siguientes conclusiones:

Primero: La norma circunscribe la conducta prohibida a quien causa o coopera con la muerte de otro de forma *activa*. Con ello se despeja toda duda en relación con la no punibilidad de la eutanasia *pasiva*. De la misma manera, se introducen elementos de modo según los cuales la acción

---

[27] Alonso Álamo, Mercedes (2008). *Sobre "Eutanasia y Derechos Fundamentales"*. Recensión del libro de Fernando Rey Martínez. En: Revista Electrónica de Ciencia Penal y Criminología ISSN 1695-0194. En: <http://criminet.ugr.es/recpc/10/recpc10-r3.pdf>.

debe ejecutarse mediante *actos necesarios y directos* tendientes a lograr la muerte. Así, también se excluye a la eutanasia *indirecta*.

Segundo: Se exige de parte del sujeto pasivo la existencia, ya sea de un padecimiento grave que conduciría necesariamente a su muerte, o bien, de *padecimientos permanentes y difíciles de soportar*. De esta manera se supera la concepción del paciente "terminal" dándose cabida a dolencias graves que no necesariamente conducen a una muerte cercana (acá el ejemplo tradicional es el de los pacientes tetrapléjicos).

Tercero: Se conserva el elemento del consentimiento del sujeto pasivo, quien debe consentir de forma *expresa, seria e inequívoca*.

Cuarto: al brindar un mismo tratamiento jurídico a quien "causa" o "coopera", pareciera que el legislador equipara (para los efectos de la punibilidad) al autor y a los partícipes en sentido estricto. Es decir; al cómplice se aplicaría la misma respuesta, de acuerdo con esta estipulación de la parte especial.

Al comparar esta norma con el numeral 116 del Código penal costarricense,[28] destaca que el legislador español no consagró expresamente un aspecto fundamental del homicidio eutanásico; a saber, el ánimo piadoso que debe guiar la actuación del autor. Quizá una enmienda legal que introduzca este elemento sería conveniente. Con esto se evitarían situaciones en las cuales, no obstante el consentimiento del propio paciente, el móvil perseguido por el sujeto activo es patrimonial, o en general de un orden distinto al piadoso.

b) Colombia

El caso de la nación sudamericana, en principio, es similar al español y al costarricense. Es decir; contempla un régimen general de criminalización. El ordinal 106 del Código Penal del año 2000 dispone:

"Artículo 106. Homicidio por piedad.

El que matare a otro *por piedad*, para poner fin a intensos sufrimientos provenientes de *lesión corporal o enfermedad grave e incurable*, incurrirá en prisión de dieciséis (16) a cincuenta y cuatro (54) meses."

Aquí sí se introduce, con atino, el elemento subjetivo del tipo consistente en el *móvil piadoso*. Asimismo, se menciona que el sujeto pasivo debe sufrir una enfermedad grave e incurable. El imperativo de que ambos adjetivos concurran es también acertado. En el caso costarricense, la norma señala "grave *o* incurable", lo cual podría dar pie a situaciones no deseadas, habida cuenta de que – tal y como se mencionó líneas arriba

---

[28] Arículo 116 Código Penal costarricense: "Se impondrá prisión de seis meses a tres años al que, movido por un sentimiento de piedad, matare a un enfermo grave o incurable, ante el pedido serio e insistente de éste aún cuando medie vínculo de parentesco."

– existen padecimientos incurables, pero que son tratables por la medicina moderna (la diabetes y el VIH constituyen buenos ejemplos).

Lo verdaderamente llamativo de la norma es que no incorpora como un requisito de tipicidad el consentimiento de la víctima. Dicho de otro modo, no se exige (como sí lo hacen las normas española y costarricense) que exista un pedido *expreso e inequívoco* del paciente. Basta el ánimo de piedad en la pisque del autor. Esta regulación estaba presente también en el Código penal derogado en el año 2000. En aquel conglomerado normativo existía un artículo 326 que de forma prácticamente idéntica a la norma hoy vigente disponía:

> Homicidio por piedad. El que matare a otro por piedad, para poner fin a intensos sufrimientos provenientes de lesión corporal o enfermedad grave o incurable, incurrirá en prisión de seis meses a tres años.

Lo interesante del Derecho colombiano no reside tanto en la norma antes transcrita, sino más bien en el abordaje que se le ha dado al tema por parte de la Corte Constitucional. Colombia cuenta con un Tribunal Constitucional fiel al modelo kelseniano, el cual ostenta el control concentrado de constitucionalidad de las leyes. De ese modo, en 1997 un ciudadano de nombre José Eurípides Parra planteó una acción de inconstitucionalidad en contra de la norma contenida en el artículo 326 del Código penal. En su criterio, la norma desobedecía el mandato constitucional según el cual el Estado debe brindar protección a la vida humana (artículo 11 de la Constitución de 1991). Según el accionante, la norma desprotegía las vidas de los más vulnerables y constituía una suerte de "licencia para matar".[29]

Pues bien, mediante sentencia C-239/97, por mayoría de votos, la Corte no sólo confirmó la constitucionalidad de la disposición impugnada, sino que estimó que en aquellos supuestos de homicidio piadoso en los cuales hubiese mediado consentimiento del paciente, habría operado una *causa de justificación* en la conducta del autor. Por ser de sumo interés, se transcriben acá dos importantes extractos de la sentencia:

> Por todo lo anterior, la Corte concluye que el Estado no puede oponerse a la decisión del individuo que no desea seguir viviendo y que solicita le ayuden a morir, cuando sufre una enfermedad terminal que le produce dolores insoportables, incompatibles con su idea de dignidad. Por consiguiente, si un enfermo terminal que se encuentra en las condiciones objetivas que plantea el artículo 326 del Código Penal considera que su vida debe concluir, porque la juzga incompatible con su dignidad, puede proceder en consecuencia, en

---

[29] Conviene destacar el planteamiento del Fiscal General de la Nación, quien en defensa de la norma cuestionada arguyó: "*El homicidio pietístico no tiene una motivación perversa, sino altruista, no es ayudar para el morir, sino ayudar en el morir. En este orden de ideas, el juicio de reproche que se le hace a un homicida motivado por la piedad debe ser mucho menor que el que se le hace a un homicida que mata por otras razones. Es un tratamiento desigual para una situación desigual, lo cual nos acerca más a la justicia que a su negación.*"

ejercicio de su libertad, sin que el Estado esté habilitado para oponerse a su designio, ni impedir, a través de la prohibición o de la sanción, que un tercero le ayude a hacer uso de su opción. No se trata de restarle importancia al deber del Estado de proteger la vida sino, como ya se ha señalado, de reconocer que esta obligación no se traduce en la preservación de la vida sólo como hecho biológico.
(...)
En el caso del homicidio pietístico, consentido por el sujeto pasivo del acto, el carácter relativo de esta prohibición jurídica se traduce en el respeto a la voluntad del sujeto que sufre una enfermedad terminal que le produce grandes padecimientos, y que no desea alargar su vida dolorosa. *La actuación del sujeto activo carece de antijuridicidad, porque se trata de un acto solidario que no se realiza por la decisión personal de suprimir una vida, sino por la solicitud de aquél que por sus intensos sufrimientos, producto de una enfermedad terminal, pide le ayuden a morir.*" (La negrita no pertenece al original).

El fallo, redactado por el magistrado ponente, Dr. Carlos Gaviria, realiza un extenso planteamiento sobre el *derecho a morir en forma digna*.[30] Además, expresa con acierto que el concepto de *vida indigna* debe valorarse a la luz de los deseos y convicciones del propio paciente y nunca a partir de las valoraciones del médico u otro sujeto. Esto permite centrar el análisis en la persona que enfrenta el padecimiento, quien es considerada *titular del derecho a la muerte digna*. Justamente a raíz de ello es que existiendo consentimiento de la víctima, la acción típica no alcanza el injusto penal.

Como era de suponer, la sentencia fue ampliamente criticada. Sus detractores denunciaron un excesivo activismo judicial. De hecho, la resolución exhortó al Congreso a que *"en el tiempo más breve posible, y conforme a los principios constitucionales y a elementales consideraciones de humanidad, regule el tema de la muerte digna"*, lo cual se interpretó como una invasión en el ámbito de competencias del Poder Legislativo y como una afrenta a la separación de poderes.

La solución de la ausencia de antijuridicidad ha sido apoyada también por algún sector de la doctrina jurídico penal. En Alemania defienden esta tesis Herzberg y Merkel, quienes aducen que una vez proporcionado el consentimiento de la víctima opera un estado de necesidad justificante a favor del autor.[31] Igualmente ha sido esbozada en algunos pronuncia-

---

[30] Refiere en concreto: *"El Estado no puede oponerse a la decisión del individuo que no desea seguir viviendo y que solicita le ayuden a morir, cuando sufre una enfermedad terminal que le produce dolores insoportables, incompatibles con su idea de dignidad. Por consiguiente, si un enfermo terminal que se encuentra en las condiciones objetivas que plantea el Código Penal considera que su vida debe concluir, porque la juzga incompatible con su dignidad, puede proceder en consecuencia, en ejercicio de su libertad, sin que el Estado esté habilitado para oponerse a su designio, ni impedir, a través de la prohibición o de la sanción, que un tercero le ayude a hacer uso de su opción. No se trata de restarle importancia al deber del Estado de proteger la vida sino, de reconocer que esta obligación no se traduce en la preservación de la vida sólo como hecho biológico."*

[31] En Alemania, refiere Roxin: *"Otros autores como Herzberg y Merkel estiman en verdad realizado el tipo del 216 en el caso de una muerte directa causada por deseo del enfermo que sufre gravemente, pero llegado el caso optan por aplicar al autor un estado de necesidad justificante con el 34 StGB"* (...) Merkel afirma: *"También está justificado el homicidio a petición activo como acción realizada bajo un estado de necesidad en*

mientos judiciales emanados de altos Tribunales (particularmente interesante es el caso de Holanda, sobre el cual volveremos más adelante).

Otro sector de la doctrina alemana, liderado por Hoerster propone una enmienda legal al artículo 216 del Código penal alemán (homicidio piadoso) con el fin de incluir en el mismo tipo una mención a la exclusión de la antijuridicidad en caso de que el interesado solicite expresamente la acción homicida.[32]

Con lo apuntado, se plantea una nueva dimensión en la valoración jurídica de la vida. Si bien, ésta ha sido entendida como el bien jurídico "supremo" a partir de los postulados de la tradición liberal clásica, aquí se parte de una gradación directamente vinculada a su calidad. La concepción puramente biológica cede ante el interés por garantizar el deseo del sujeto pasivo, quien tiene un claro interés en morir y no prolongar el sufrimiento.

Si nos mantenemos fieles al pensamiento clásico, sería jurídicamente improcedente pensar en un estado de necesidad justificante que excluya la ilicitud de aquel que acorta (o lo que es lo mismo, que acaba) con una vida humana. Recuérdese que la base epistemológica que reside en esta causa de justificación, parte de la premisa del sacrificio de un bien jurídico de menor rango (partiendo de la ponderación axiológica que efectúa el ordenamiento jurídico) para salvaguardar otro de mayor valor. ¿Qué – dice el pensamiento liberal – es más valioso que la vida humana? La respuesta de los autores alemanes y de la Corte Constitucional Colombiana contesta con firmeza: ¡una vida humana armoniosa con la dignidad de la persona!

Años después de emitida esta sentencia (sin duda un hito en América Latina) el Congreso Colombiano tuvo en sus manos un proyecto de ley que pretendía la reglamentación de la eutanasia activa. Si bien el texto logró su aprobación en primer debate, no logró alcanzar la votación requerida en el Senado, fracasando en su intento por convertirse en Ley de la República.[33]

Pasamos ahora al análisis de dos realidades (Holanda y Oregon, EEUU) que en su comprensión del tema de la "muerte digna" se alejan paulatinamente del modelo de penalización, acercándose a uno que mira

---

virtud del 34, en los casos en lo que el interés (manifestado) de una persona en el cese de su sufrimiento predomina claramente sobre el interés que representa su vida". Roxin. Op. cit. P. 31 y 32.

[32] Ibíd., p. 32.

[33] Véase: *Polémica ley de eutanasia fue declarada muerta por Armando Benedetti*. En Periódico *El Colombiano*, 16 de mayo de 2013. Disponible en: <http://www.elcolombiano.com/BancoConocimiento/P/polemica_ley_de_eutanasia_fue_declarada_muerta_por_armando_benedetti/polemica_ley_de_eutanasia_fue_declarada_muerta_por_armando_benedetti.asp>.

con atención la autodeterminación del paciente. También veremos que existen notables diferencias entre ambos modelos.

c) Holanda

Holanda parece haber asumido la posición de abanderado mundial en materia de despenalización de la eutanasia activa. Si bien, como ya se ha mencionado, no se puede hablar aún de una tendencia mundial hacia la despenalización, Holanda es usualmente la nación sobre la cual se fija la mirada cuando se analiza este tema en perspectiva comparada.

En el breve análisis histórico desarrollado al inicio de este trabajo, apuntamos que el primer país en regular la eutanasia a nivel legal fue Australia. Concretamente, se trató del Territorio Norte de Australia, cuyo Parlamento ratificó el 16 de junio de 1995 la Ley de Derechos de los Enfermos Terminales. Se trató de un cuerpo normativo que preveía tanto la eutanasia activa (efectuada por el médico) como el suicidio médicamente asistido, dando preeminencia a éste por encima de aquella. El modelo australiano (de efímera vigencia) serviría más de base a aquel implementado en Oregon, EEUU, que al desarrollado por el legislador Holandés.

En Holanda, la ley que entró a disciplinar la materia fue la *Ley de Verificación de la terminación de la Vida a Petición Propia y Auxilio al Suicidio*, la cual entró en vigor el 1° de abril de 2002. Sin embargo, ello no significa que hasta esa fecha se haya introducido el debate sobre la eutanasia en el Derecho holandés. Todo lo contrario, para el momento de aprobación del texto legal, el país contaba con una experiencia de más de treinta años lidiando con casos que habían sido abordados a través de las decisiones de los Tribunales.

Quizá uno de los primeros procesos de interés fue el de la Dra. Geertruda Postma, quien puso fin a la vida de su madre enferma mediante una inyección letal de morfina. En este caso, si bien se dictó una condena, la lenidad del castigo, aunado al debate que generó, sentó las bases para la discusión que vendría pocos años después.

Seguidamente, el *caso Schoonheim* fue uno de los más paradigmáticos. Una anciana mujer de 93 años, llamada María Barendregt, sufría de una grave enfermedad que la tenía sumida en un estado de inconsciencia. En un breve instante, tras recuperar el conocimiento, solicitó de su médico la eutanasia activa directa. El médico actuó conforme a la petición de su paciente y fue sometido a un proceso penal. El Tribunal Supremo Holandés en sentencia del 27 de noviembre de 1984, expresó la existencia de una excepción a la regla general prohibitiva de la eutanasia activa directa. El análisis se centró no tanto en la autonomía del paciente, sino en un caso de *fuerza mayor*, habida cuenta de que el médico se veía enfrentado a un conflicto valorativo en el cual debía ponderar la obediencia a la ley por un lado, y los cuidados debidos al paciente por el otro. La consideración acerca de la calidad de vida del paciente habría de prevalecer en estos supuestos *justificando* la conducta del médico.

Vemos como el caso Schoonheim reviste importancia por varias razones. En primer lugar, partió (años antes que el pronunciamiento de la Corte Constitucional Colombiana) de la existencia de una conducta *justificada*. Además, dentro de su argumentación el Tribunal dejó entrever que en estos supuestos la muerte *no es un mal* para el paciente. Finalmente, en una consideración que se convertiría en rasgo distintivo del modelo holandés, centró el análisis más en el médico que en la paciente.

Otro caso que normalmente hallamos en la literatura sobre la materia es el *caso Chabot*. Una mujer de cincuenta años que sufría de depresión fue asistida por su médico psiquiatra con el propósito de suicidarse.[34] Acá el punto controvertido residía en que la paciente, pese a que enfrentaba un padecimiento significativo (depresión) no se hallaba en una fase terminal. Además, su trastorno mental era capaz de ser combatido a través de una combinación de fármacos con terapia cognitiva. El médico involucrado fue absuelto inicialmente y el caso entró en conocimiento del Tribunal Supremo Holandés, el cual resolvió en definitiva aduciendo que podía estimarse *justificada* la conducta del profesional en medicina. Asimismo, la sentencia indicó que para tener por configurado el *estado de necesidad justificante* en casos de esta naturaleza (al tenor del precedente Schoonheim) no era imperativo que el sufrimiento fuera físico, sino que podía tratarse de sufrimiento a nivel psicológico. Del mismo modo, señaló que no era necesario que el paciente estuviera en fase terminal. Por ello, se afirma con razón que a partir de este precedente se ampliaron sensiblemente los supuestos que podían dar pie a la validez del suicidio médicamente asistido y a la eutanasia.

En este contexto aparece la Ley *de Verificación de la terminación de la Vida a Petición Propia y Auxilio al Suicidio* (1° de abril de 2002), la cual vino a sistematizar en un cuerpo legal una serie de pautas que ya habían sido previamente definidas por la jurisprudencia. La normativa no descriminaliza de modo general la conducta de la eutanasia activa directa, toda vez que el ordenamiento conserva un homicidio por piedad "clásico" en el artículo 293 del Código penal holandés. Sin embargo, establece una exclusión de la norma *"en el caso de que haya sido cometido por un médico que haya cumplido con los requisitos de cuidado recogidos en el art. 2 de la Ley sobre comprobación de la terminación de la vida a petición propia y del auxilio al*

---

[34] Una reseña del caso puede encontrarse en: Mateu Juan A. (2008). *Eutanasia. Una batalla por ganar*. Editorial Libros en red. Disponible en: <http://books.google.co.cr/books?id=c42nt8y9vaYC&printsec=frontcover&source=gbs_ge_summary_r&cad=0#v=onepage&q&f=false>.

suicidio, y se lo haya comunicado al forense municipal".[35] Como se deduce de lo anterior, la ley entiende la eutanasia como un problema esencialmente *médico*, pues sólo el profesional en medicina puede hacerse merecedor de la impunidad consagrada en la norma.

A nivel de procedimiento, la ley autoriza la eutanasia y el suicidio asistido cuando el médico adquiere la convicción de que el paciente le ha dirigido una petición voluntaria y bien razonada. La enfermedad debe ser de tal entidad que apareje un sufrimiento insoportable sin que exista expectativa de mejora. El médico tiene la obligación de informar al paciente sobre su situación y prognosis y debe elevar una consulta ante un segundo médico independiente, el cual debe externar su criterio profesional por escrito. No obstante, no se exige ninguna calificación o atestado especial en este segundo médico.

Llama la atención que la ley no exige ninguna formalidad específica en lo relativo a la petición del paciente. Tampoco se requiere de algún lapso de espera comprendido entre el momento de la solicitud de eutanasia y su práctica efectiva.[36]

En cuanto a la legitimación para solicitar la "buena muerte", el legislador holandés habilita a los menores de edad con edades comprendidas entre los dieciséis y los dieciocho años que gocen de capacidad de comprensión. En estos casos no se requiere del consentimiento de sus padres, aunque la ley sí dispone que a éstos deba involucrárseles en el proceso de toma de decisión. En tratándose de menores de doce a dieciséis años, de los cuales también pueda considerarse que tienen una adecuada capacidad para entender los intereses en juego, pueden solicitar la eutanasia o el homicidio asistido, pero aquí sí es imprescindible el acuerdo de sus padres o tutores.

La ordenanza de los Países Bajos concede una importancia cardinal a la figura del *testamento vital*. Se reputa válida incluso la declaración de voluntad previamente externada en un instrumento de esta naturaleza brindada por un joven mayor de dieciséis años, quien luego por motivo

---

[35] Así citado por Rey Martínez, Fernando (2007). *El debate de la eutanasia y el suicidio asistido en perspectiva comparada. Garantías de procedimiento a tener en cuenta ante su eventual despenalización en España*. En: UNED. Revista de Derecho Político N° s 71-72, enero-agosto 2008, págs. 439-477. En: <http://e-spacio.uned.es/fez/eserv.php?pid=bibliuned:DerechoPolitico2008-12&dsID=pdf>.

[36] Como veremos, esta es una de las principales críticas esgrimidas en contra de la ley holandesa. Cuando la comparamos con la normativa otrora vigente en el Territorio Norte de Australia, es fácil colegir que ésta contenía una regulación más rigurosa, lo cual redundaba en una mayor seguridad jurídica. Afirma Rey Martínez que en el modelo australiano: "*...el paciente debía pedir la eutanasia por escrito («certificado de petición»), que no podía ser firmado hasta que hubieran transcurrido siete días desde la declaración del deseo de morir del paciente (art. 7.1.i). Debían transcurrir al menos 48 horas entre la firma del certificado de petición y la «asistencia», sin que el paciente hubiera dado al médico indicaciones contrarias al deseo de poner fin a la propia vida (art. 7.1.n)*". Ibíd. P. 443.

de su condición física no es capaz de externar su deseo. En estos casos, el médico puede atender la petición esbozada en el testamento.

Posiblemente uno de los puntos más controvertidos de la ley bajo estudio, radica en que adopta un enfoque orientado a verificar la regularidad de una eutanasia *ya practicada*. Desde el mismo nombre adoptado ("Ley de Verificación") se revela que su contenido se dirige a plantear un control *a posteriori*.

¿Cómo opera este control? El Capítulo tercero de la Ley regula lo atinente a las *Comisiones regionales de comprobación de la terminación de la vida a petición propia y del auxilio al suicidio*. Dichas comisiones cumplen las funciones de los llamados comités de bioética y están compuestas (según prescribe el artículo 3.2) por un número impar de miembros, de los cuales por lo menos uno deberá ser abogado (es, además, quien preside), un médico y un experto en cuestiones éticas. Su nombramiento compete a los ministros de Justicia y Salud y alcanza un término de seis años con posibilidad de una única reelección.

La Comisión determina si el médico que ha participado en un proceso eutanásico, o en uno de suicidio asistido, ha actuado conforme a los requisitos de cuidado del artículo 2 de la Ley (ordinal 8.1). El médico que ha tratado al paciente no emite ningún certificado de defunción. Antes bien, debe informar al forense municipal inmediatamente a través de la presentación de un formulario en donde consigna las causas del fallecimiento, junto con un informe motivado sobre el cumplimiento de los requisitos de cuidado, a los que alude el numeral 2 de la Ley. El forense debe enviar este informe al Fiscal, quien es el encargado en última instancia de otorgar el permiso para enterrar a la persona.

d) Estados Unidos de América. El caso paradigmático del Estado de Oregon

El caso del Estado de Oregon es sin duda uno de los más interesantes. El abordaje del tema ha gozado de una gran legitimación democrática, pues como lo mencionamos previamente, la *"Oregon's Death with Dignity Act"* (DWDA) fue aprobada directamente por el electorado estatal a través de un referéndum. Su vigencia data del año 1997, y pese a que ha enfrentado numerosos obstáculos a nivel judicial, su aplicación se ha desarrollado en una atmósfera de relativa tranquilidad.

El aspecto más relevante de este cuerpo legal radica en que no introduce propiamente un modelo de eutanasia activa directa, sino que más bien desarrolla una regulación del *suicidio médicamente asistido*. La diferencia central entre ambos modelos reside en que mientras la eutanasia supone una conducta heterónoma o externa en relación con el paciente (normalmente es un profesional en salud quien interviene para dar muerte), en el suicidio médicamente asistido es el propio paciente quien, en ejercicio de su autonomía y con el auxilio brindado por el médico, ejecuta la acción que produce su muerte.

El suicidio médicamente asistido es denominado en la literatura estadounidense como *"Physician aid in dying"* (PAD), lo cual se entiende como "asistencia médica en el morir". Importa una forma de entender el problema de la muerte digna que guarda una mayor congruencia ideológica con el paradigma que en nuestro criterio debe imperar en las discusiones, a saber; que el tema de fondo se relaciona con un ejercicio de libertad personal. En este sentido, creemos que no hay mejor manera de ligar la cuestión con la libertad personal que dejando en manos del paciente (literalmente) la decisión sobre el destino final de su existencia.

La ley establece en su numeral 127.805 §2.01 los supuestos que pueden dar cabida para solicitar el suicidio asistido. Además, deja en claro quiénes podrían tener legitimación para solicitarlo. Así, dispone:

> Aquel adulto con capacidad, residente del estado de Oregon, y a quien su médico tratante y un médico consultor hayan determinado que sufre de una enfermedad terminal, y que haya expresado voluntariamente su deseo de morir, podrá hacer una solicitud por escrito para obtener la medicación con el propósito de poner fin a su vida de una manera humana y digna... (Traducción libre del texto original en inglés).[37]

A partir de esta disposición se pueden extraer algunos principios importantes, que a su vez, vienen desarrollados en otros preceptos del mismo texto legal. A continuación examinamos los más importantes:

Primero: La ley estipula que el solicitante debe ser un *adulto*. El artículo 127.800 §1.01 (reservado para las definiciones) establece en su punto primero que adulto es todo individuo que cuenta con por lo menos dieciocho años de edad. Aquí encontramos una diferencia sensible en relación con el modelo holandés, ya que en los Países Bajos era válida la solicitud que realizare de forma independiente un menor de dieciocho años y mayor de dieciséis.

Segundo: Debe tratarse de una persona *con capacidad*. Nuevamente, el artículo 127.800 §1.01 en su inciso tercero define la capacidad indicando que está presente cuando en la opinión de un Tribunal, del médico tratante, de un médico consultor, de un psiquiatra o de un psicólogo, *el paciente tiene la habilidad para tomar y comunicar decisiones relativas a su salud y ponerlas en conocimiento de los proveedores de los servicios de salud*.[38]

---

[37] La versión original de la norma, en inglés, dispone: "127.805 §2.01. Who may initiate a written request for medication. (1) An adult who is capable, is a resident of Oregon, and has been determined by the attending physician and consulting physician to be suffering from a terminal disease, and who has voluntarily expressed his or her wish to die, may make a written request for medication for the purpose of ending his or her life in a humane and dignified manner in accordance with ORS 127.800 to 127.897."

[38] La versión original dispone: "(3) "Capable" means that in the opinion of a court or in the opinion of the patient's attending physician or consulting physician, psychiatrist or psychologist, a patient has the ability

Acá observamos un punto importante y es que el paciente debe contar con capacidad mental y también con movilidad, habida cuenta de que la petición se debe realizar por escrito (esto requiere insalvablemente de un control sobre la motora fina). Por ello se excluyen aquí aquellos pacientes quienes a raíz de su padecimiento se hallan postrados en un estado de inconsciencia. A diferencia del modelo de Holanda el suicidio médicamente asistido, por decirlo de alguna forma, "no está pensado" para esos pacientes, en relación con los cuales tiene sentido más bien pensar en la *eutanasia indirecta activa o pasiva* (que en todo caso es impune).

Tercero: Debe tratarse de un residente del Estado de Oregon. Dicha disposición guarda relación con el hecho de entender el ejercicio de esta libertad como una cuestión *estatal*, y no federal (recuérdese la modalidad que presidió su aprobación). Es una dimensión más de la añeja disputa entre el Federalismo y la autonomía de los Estados, la cual data de la época de la fundación misma de la Unión. De la misma forma, es posible que el legislador oregoniano haya querido desincentivar alguna suerte de turismo médico similar al que ocurre en cuestiones de aborto.

Cuarto: El ámbito de aplicación de la ley se circunscribe a aquellos casos en los cuales el paciente enfrenta una *enfermedad terminal*. De inmediato quedan excluidas las enfermedades que pese a entrañar situaciones de dolor e incomodidad para el paciente, algunas veces irreversibles (piénsese en el caso de las enfermedades mentales), no implican un estado terminal. Aquí también se denota una diferencia importantísima en relación con el sistema holandés, en el cual, desde la doctrina desarrollada por el *caso Chabot*, es admisible la eutanasia activa en padecimientos no terminales.

El legislador define de forma clara y taxativa lo que debe entenderse por enfermedad terminal: "enfermedad terminal significa una enfermedad incurable e irreversible que ha sido confirmada médicamente y que, dentro de un juicio médico razonable, producirá la muerte dentro de un período de seis meses".[39]

Quinto: La solicitud debe efectuarse por *escrito*. Ya mencionamos que esto implica la imposibilidad de optar por el suicidio médicamente asistido en aquellos pacientes que enfrenten estados de inconsciencia. En esos casos debemos atenernos a lo dicho respecto de las formas no punibles de eutanasia piadosa (indirecta, activa o pasiva o directa en su vertiente pasiva).

---

to make and communicate health care decisions to health care providers, including communication through persons familiar with the patient's manner of communicating if those persons are available."

[39] "Terminal disease" means an incurable and irreversible disease that has been medically confirmed and will, within reasonable medical judgment, produce death within six months."

La solicitud *escrita* cumple una función de *garantía* que está ausente en el modelo holandés. Según el artículo 127.810 §2.02 (el cual desarrolla el tema) la petición debe ser firmada y fechada en presencia de por lo menos dos testigos. *Uno* de esos testigos *no* debe encontrarse en alguna de estas situaciones:

1. Ser pariente del solicitante por vía sanguínea, matrimonio adopción.

2. Ser una persona que al momento de la solicitud se encuentre legitimada para heredar bienes del paciente.

3. Ser dueño o empleado de una compañía de seguros de salud con la cual el paciente tenga relación.

También se prohíbe que el médico tratante sea testigo de la firma de la petición escrita (inciso cuarto de la norma).

Sexto: La petición escrita (que como veremos debe acompañarse de una petición oral) lo que pretende es *"obtener la medicación con el propósito de poner fin a su vida de una manera humana y digna"*. Precisamente en esta idea reside la noción central del suicidio médicamente asistido: el paciente *solicita* la medicación letal con el fin de *poner él mismo término a su vida*.

La Ley dispone claramente que bajo ningún supuesto faculta al médico o a un tercero a terminar con la vida de un paciente. Es decir, se conserva la punibilidad de la eutanasia activa.

El numeral 127.840 §3.06 regula lo atinente a las *peticiones orales y escritas*. La regla establece que el paciente deberá haber realizado una petición oral y una solicitud por escrito (cuyas formalidades vimos líneas arriba). Luego de efectuar la petición escrita, debe realizar una segunda solicitud oral a su médico. Esta segunda solicitud oral debe efectuarse no menos de quince días después de haber hecho la solicitud oral inicial. En esta segunda solicitud oral el médico debe informar al paciente acerca de su derecho a rescindir la petición.[40]

En el mismo orden de ideas, el ordinal 127.850 §3.08 establece los *períodos de espera*. No menos de 48 horas deben mediar entre la petición escrita del paciente y la redacción de la receta por parte del médico.

En el artículo 127.845 §3.07 se consagra el *derecho a rescindir la petición*, el cual puede ejercerse en cualquier momento y de cualquier manera, independientemente del estado mental del paciente.

---

[40] *"127.840 §3.06. Written and oral requests. In order to receive a prescription for medication to end his or her life in a humane and dignified manner, a qualified patient shall have made an oral request and a written request, and reiterate the oral request to his or her attending physician no less than fifteen (15) days after making the initial oral request. At the time the qualified patient makes his or her second oral request, the attending physician shall offer the patient an opportunity to rescind the request."*

Como vemos, las garantías procedimentales de la ley son amplias y han permitido que el modelo goce de gran aceptación, siendo emulado por otros Estados de la Unión Americana. Por ejemplo, en 2008 Washington aprobó también por la vía del referéndum la *Washington Death with Dignity Act*.

En relación con la aplicación práctica de la ley, desde 1998, hasta enero de 2013 se han recetado medicamentos a 1050 personas. De ellas, han muerto 673 como consecuencia de los medicamentos prescritos. La diferencia entre una cifra y la otra se explica por aquellos casos de pacientes a los cuales, aún habiéndoseles prescrito el medicamento, no han querido ingerirlo. O bien, aquellos casos en los cuales la muerte sobrevino por otra causa.[41]

Otro punto llamativo radica en que las autoridades de Salud Pública de Oregon suelen registrar de una manera muy precisa las estadísticas que contemplan estos y otros rubros. Es algo que se ha criticado al modelo holandés, en el cual los datos no son claros y existe una resistencia estatal a someterlos al escrutinio público (lo cual, por lo menos en nuestro caso, se constituye como una razón adicional para mostrar escepticismo frente a dicho modelo).

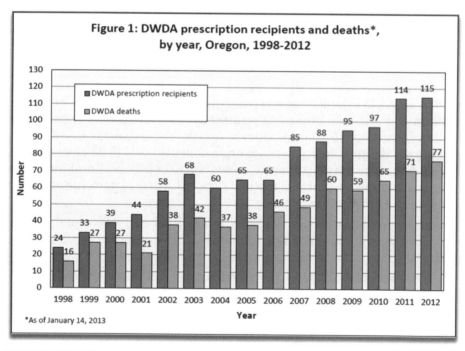

---

[41] Estos datos se han obtenido de la página oficial del Departamento de Salud Pública de Oregon. <http://public.health.oregon.gov/ProviderPartnerResources/EvaluationResearch/DeathwithDignityAct/Documents/year15.pdf>.

Como se desprende del gráfico anterior, el número de suicidios asistidos ha permanecido en ascenso a lo largo de los quince años de vigencia de la ley. Mientras que en 1998 fallecieron 16 personas, en el 2013 el número de decesos alcanzó los 77. No obstante, tomando en cuenta que el Estado de Oregon tiene una población de unos 4 millones de habitantes (3. 899. 353 en 2012), las cifras no se muestran particularmente altas. Se ha concluido, por ejemplo, que para el año 2002 las muertes por suicidio asistido representaron el 12,2 por cada 100 mil muertes (en 2005 fueron 12,1).[42]

Ahora bien, lo verdaderamente interesante de estos datos consiste en observar la diferencia entre la cantidad de medicamentos prescritos y las muertes efectivas. Por ejemplo, el año anterior (2012) fueron emitidas 115 recetas, pero sólo se reportaron 77 muertes. Como ya se mencionó antes, esta diferencia se explica mayormente por el caso de personas que decidieron finalmente no hacer uso del medicamento. Ello evidencia el acento que el suicidio médicamente asistido posee en la noción de *ejercicio de una libertad constitucional*. Siendo la libertad un derecho de *no injerencia*, es natural que sea el individuo quien pronuncia la última palabra en punto a la terminación de su vida. En última instancia, la decisión la toma el paciente, no un agente del servicio de salud. Esta es precisamente una de las razones por las cuales nos inclinamos más por el esquema vigente en Oregon y dudamos de aquel establecido en Holanda.

Conclusiones

Llegados a la etapa conclusiva del presente trabajo, creemos posible tener por verificada la hipótesis que nos planteamos al inicio. La decisión del legislador costarricense tendiente a legitimar un modelo de criminalización absoluta del *buen morir*, atiende a una concepción de la vida que la entiende como valiosa en su dimensión biológica (*santidad de la vida*) y deja de lado su dimensión *cualitativa*. Asimismo, importa un abordaje del problema caracterizado con su fascinación con la cuestión penal y desatento de la dimensión constitucional.

La introducción de la noción de *calidad* se realiza de forma tímida con la sola atenuación del homicidio piadoso, designado en nuestro Código penal como un *homicidio por piedad* (artículo 116 del Código penal costarricense). Se trata de una figura que no fue novedosa para el legislador de 1970, habida cuenta de que se encontraba prevista en el Código

---

[42] Rey Martínez, Fernando (2007). *El debate de la eutanasia y el suicidio asistido en perspectiva comparada. Garantías de procedimiento a tener en cuenta ante su eventual despenalización en España.* En: UNED. Revista de Derecho Político n° s 71-72, enero-agosto 2008, págs. 439-477. En: <http://e-spacio.uned.es/fez/eserv.php?pid=bibliuned:DerechoPolitico2008-12&dsID=pdf>. p. 468.

penal de 1941 y que en todo caso procedía de la codificación prusiana de 1794.

Las modificaciones en el paradigma de la vida y la muerte, deberían impulsar a los Estados a *re pensar* sus viejos modelos de regulación jurídica anquilosados en el conservadurismo de raigambre judeo – cristiana. El mundo valorativo es esencialmente cambiante, y el contexto en el cual tiene lugar la muerte hoy día es diverso de aquel que imperó en los períodos históricos que vieron nacer los modelos prohibitivos.

En la actualidad la expectativa de vida de las poblaciones que habitan el primer mundo ronda las ocho décadas. Es una realidad presente también en algunas naciones periféricas que, como Costa Rica, Chile o Cuba, se caracterizan por contar con sólidos sistemas de salud. De la misma manera, los científicos pronostican que una gran mayoría de los niños que nacen mientras escribimos estas líneas vivirán más allá de los cien años. Ciertamente esta inusitada longevidad se consigue muchas veces con un alto coste, pues la conservación biológica de la vida requiere de la asistencia de tratamientos largos y dolorosos que plantean serios cuestionamientos en relación con la dignidad de la persona humana (garantizada como derecho fundamental por diversos instrumentos normativos).

Consideramos que la vida humana como valor digno de tutela jurídica debe enmarcarse dentro de un contexto más amplio en el cual se interrelacione con otros derechos fundamentales que se han venido perfilando desde la posguerra adquiriendo positividad gracias a su incorporación en el Derecho Internacional. Así, el derecho a no sufrir "*…tratos crueles, inhumanos o degradantes…*" (Artículo 5 de la Convención Americana Sobre Derechos Humanos) debe entenderse hoy día no sólo como una norma prohibitiva para el Estado, quien se encuentra vedado para infligir esos tratos cuando impone sanciones, sino que también se erige como un derecho de la persona, a quien asiste el derecho a rechazar procedimientos (incluidos los médicos) que impliquen tratos de esta naturaleza. Desde un plano ontológico no existe mucha diferencia entre la obligación a soportar una prolongación de la vida en condiciones de indignidad y el sometimiento a una pena corporal.

Conviene recordar también el parentesco existente entre los tratos crueles y degradantes que históricamente se han dirigido dentro del sistema penal, y el régimen en el cual se desarrollan las relaciones de los pacientes con los sistemas de salud (en algún sentido los hospitales y las prisiones se parecen más de lo que quisiéramos). Por ello, no es aventurado afirmar que el paciente muchas veces se encuentra frente al sistema de salud en un contexto semejante al de otras *institucionales totales*. La hospitalización, afirma por ejemplo Zaffaroni, implica el sometimiento a una institución totalizante (o *institución de secuestro*, en la nomenclatura de Foucault).[43] Esta conclusión abona a la tesis aquí sostenida, en el tanto la orientación liberal que pretende limitar al Estado cuando ejerce el poder penal, debe aplicarse también al paciente en su sometimiento jurídico frente los agentes del sistema de salud.

La bioética discute hoy día grandes temas, los cuales discurren entre la experimentación en seres humanos, la manipulación de embriones con fines eugenésicos, el aborto y, por supuesto, la eutanasia. La apología de un debate sobre el tema (que es lo que pretendemos con este breve ensayo) no significa una invitación a la adopción apresurada de modelos "progresistas". Precisamente, hemos sugerido la inconveniencia de acoger un modelo de eutanasia activa directa como el holandés, pues creemos que no está dotado de garantías procedimentales suficientes, lo cual se evidencia en un yerro mayúsculo, como lo es la regulación de un control *a posteriori*.

La reflexión a la cual se invita debería considerar, como punto de partida, que la eutanasia debe examinarse *desde la Constitución*. Un análisis de esta naturaleza ha sido efectuado por el profesor español Fernando Rey Martínez,[44] quien señala con precisión que a partir de los textos constitucionales liberales se consagra una protección constitucional de la vida, la cual admite (aunque resulte paradójico) distintos y hasta contradictorios modelos de regulación jurídica sobre la eutanasia.

Existe una primera tesis (dominante en el Derecho comparado) que Rey Martínez denomina *modelo tradicional de la eutanasia constitucionalmente prohibida*. En él, la vida se entiende como un valor absoluto (cognitivismo axiológico) y por ello se le protege en su dimensión *santa*. Como corolario, emplea al Derecho penal para criminalizar cualquier atentado contra la vida sin entrar a considerar su dimensión cualitativa ni tampoco la voluntad del titular.[45] Se interpreta que existe una obligación del individuo a vivir.

El modelo de prohibición ha inspirado a diversas disposiciones del ordenamiento jurídico costarricense, lo cual se evidencia a partir de la

---

[43] Véase: Zaffaroni, Eugenio Raúl (1998). *En Busca de las Penas Perdidas. Deslegitimación y Dogmática Jurídico Penal*. Buenos Aires, Argentina. Segunda reimpresión, Editorial Ediar. p. 26.

[44] Nos basamos acá en: Rey Martínez, Fernando (2009). *Eutanasia y Derechos Fundamentales*. En: Revista DIREITO E JUSTIÇA – Reflexões Sociojurídicas – Ano IX – N° 13- Novembro 2009.

[45] Para este modelo es difícil explicar el límite entre la eutanasia punible y aquellas otras formas que tradicionalmente se consideran impunes. Afirma Rey Martínez:"*La distinción de régimen jurídico entre eutanasia activa, de un lado, y pasiva e indirecta, de otro, sería capital, ya que la primera estaría constitucionalmente prohibida en todo caso, mientras que las otras dos formas (que, en puridad, no deberían denominarse "eutanasia") serían válidas con carácter general (la versión más pura de este modelo no entendería, empero, conforme a Constitución algunas modalidades de eutanasia pasiva, aquellas que supongan una acción, como la desconexión del respirador; de modo que, por ejemplo, el caso de Inmaculada Echevarría lo identificaría –de modo incorrecto, a mi juicio– como eutanasia activa directa prohibida)*." Ibíd., p. 19.

valoración realizada en materia de suicidio. Así, el legislador originario que emitió el Código penal de 1970 sancionó la tentativa de suicidio en el artículo 114 de dicho texto legal, contemplando como consecuencia jurídica la imposición de una medida de seguridad para el infractor. La norma, no obstante, fue anulada por nuestro Tribunal Constitucional mediante resolución número 14192-2008, del 24 de setiembre del 2008. La sentencia es sin duda relevante, pues pone en entredicho el paradigma clásico prohibitivo que veía en la vida una obligación a cargo de su titular. Empero no ha generado la ansiada discusión concerniente a la eutanasia.[46]

Como segundo modelo se piensa en la *eutanasia como derecho fundamental*. Es la excepción en el Derecho comparado y posiblemente el lugar en donde se le ha acogido en su versión más pura es en Holanda (emulado en alguna medida por Bélgica). Concibe a la muerte digna como un derecho fundamental del individuo y no tiene reparo en aceptar que para su adecuado ejercicio se pueda requerir la intervención activa de un tercero. De acuerdo con esta forma de entender el problema no existe una obligación de vivir, de forma tal que el suicidio y la eutanasia activa serían simples manifestaciones de la libertad personal. Una criminalización de la eutanasia y del suicidio devendrían inconstitucionales.

El esquema de la eutanasia como derecho fundamental no nos convence, toda vez que de la constatación de que no existe una *obligación a vivir* (la cual suscribimos) no podemos colegir que exista un derecho fundamental al suicidio. Si así fuese, el Estado adquiriría de forma correlativa algunas obligaciones tendientes a facilitar el ejercicio de ese derecho. En consecuencia, se daría pie a que el Estado facilite el suicidio de cualquier persona, en cualquier condición, lo cual pareciera descabellado. El suicidio debe entenderse como un ejercicio de la libertad personal, frente al cual el Estado no debería alentarlo, sino más bien prevenirlo a través de la promoción de la salud mental de la población.

La incorporación de variables como la autonomía personal y la dignidad en la apreciación de la vida, representa sin duda el mayor aporte del modelo de la eutanasia como derecho fundamental. Ello brinda un fundamento epistemológico para la introducción de los dos últimos modelos teorizados por Rey Martínez: *la eutanasia como libertad constitucional legislativamente limitable* y *la eutanasia como excepción legítima, bajo ciertas condiciones, de la protección estatal de la vida.*

---

[46] Otro aspecto que evidencia la preeminencia del modelo prohibitivo en Costa Rica lo encontramos en la sentencia número 2306-2000 de la Sala Constitucional, la cual enfatizó en la protección dirigida a la dimensión *santa* de la vida. Se trata de la publicitada sentencia que declaró inconstitucionales las normas que regulaban en aquel momento las prácticas de fertilización *in vitro* con pluralidad de embriones.

Nuestra posición personal

En nuestra opinión, la eutanasia debe entenderse a la luz de la interrelación de la vida con otros valores constitucionales igualmente importantes. Entre ellos, la cláusula de libertad derivada del artículo 28 constitucional, el cual debe interpretarse en relación con el numeral quinto de la CADH. El *quid* del asunto reside en constatar el interés legítimo que habría de tener el Estado al imponer límites al ejercicio de una libertad tendiente a obtener un *buen morir*. Una vez que se analiza la cuestión, queda la sensación de que no existe fundamento razonable alguno que justifique un modelo de restricción absoluta como el que, con ciertos matices atenuantes, impera en el ordenamiento costarricense. Tal y como lo quisimos sugerir desde el título mismo del trabajo, se impone una valoración desde el ordenamiento constitucional, recordando en todo momento que la razón de ser del Estado de Derecho reside en *facilitar* la vida y el ejercicio de los derechos de las personas. Dicha noción fue estatuida por el propio constituyente estadounidense en la Declaración de Virginia de 1776.

Es evidente que la eutanasia deberá siempre observarse (y regularse) con ojos de escepticismo. Por ello un modelo como el holandés nos parece peligroso, por cuanto concentra la atención en la figura del médico que causa la muerte y desatiende la posición del paciente, dejando así una laguna que permite la aparición de modalidades de eutanasia *no voluntaria*, las cuales muchas veces se diferencian de la eutanasia *involuntaria* por apenas una delgada línea.

El modelo estadounidense de Oregon es indudablemente el que consideramos ajustado a un correcto entendimiento del problema. La sola razón de poner el acento en el paciente (y no en el médico u otro tercero) habla bien del diseño del sistema. Es el paciente quien ejerce un dominio absoluto sobre su propia vida. Las garantías procedimentales que prescriben estrictas formas para ejercer la petición, así como aquellas que permiten en todo momento desplegar un derecho a rescindir la solicitud (ausentes en Holanda) resultan insalvables si se pretende evitar abusos.

Una regulación como la oregoniana, preocupada por la calidad de vida del paciente que se encuentra ante una muerte inminente, es entonces la que debería considerar el legislador costarricense como marco de referencia para legislar en la materia.

La introducción de un modelo de eutanasia activa directa sería admisible siempre y cuando el paciente se encuentre consciente y cuente con capacidad de dominio en relación con el momento de su muerte. Se entendería como válido para aquellos casos en los cuales la persona no pueda, a raíz de un impedimento físico, tomar por sí mismo el medicamento letal. Dicho de otro modo, el suicidio asistido se complementaría con esta modalidad de eutanasia, viable solamente para el evento de que el paciente se encuentre impedido para acabar con su vida por sí mismo. Además, el sujeto que solicita su muerte debe contar con capacidad para expresar su voluntad de forma libre.

En relación con la figura del testamento vital, podría constituir un insumo dirigido a verificar la voluntad previamente manifestada del paciente. No obstante, devendría insuficiente para autorizar la eutanasia, puesto que el paciente podría haber cambiado de parecer modificando el contenido de su testamento vital. La razón de ello es sencilla: siendo la vida un derecho de contenido básicamente negativo, es decir; de no injerencia, su titular tiene que gozar en todo momento de capacidad de decisión. Por ello en casos de inconsciencia deberíamos atenernos a las regulaciones ya existentes sobre eutanasia indirecta y pasiva.

En suma, un modelo como el oregoniano al cual se le añada la posibilidad excepcionalísima de introducir la eutanasia activa a cargo del médico en casos de impedimento físico del paciente para ingerir la medicación, serían opciones válidas desde la óptica de la Constitución Política costarricense. Su adopción tendría que suponer estrictos controles de procedimiento y el Derecho penal habría de conservar algún rol, habida cuenta de los intereses en juego. La penalización de la eutanasia que no se ajuste a los cánones propuestos sería razonable en la medida en que se consienta una disminución del reproche en aquellos casos en los cuales el móvil es claramente piadoso.

Bibliografía

Libros

Ferrajoli, Luigi (2006). *Derecho y Razón. Teoría del garantismo penal.* Madrid, España. Octava edición, Editorial Trotta.

Niño, Luis Fernando (2005) *Eutanasia: morir con dignidad.* Buenos Aires, Argentina. Primera edición, primera reimpresión; Editorial Universidad.

Roxin, Claus, Mantovani Ferrando, Barquín Sanz Jesús y Olmedo Cardenete (2001). *Eutanasia y Suicidio. Cuestiones dogmáticas y de política criminal.* Granada, España. Editorial Comares.

Rivera López, Eduardo (2011). *Problemas de vida o muerte. Diez ensayos de bioética.* Madrid, España. Editorial Marcial Pons.

Soto Pérez, Damaris y otros (2002). *Ensayos de Derecho Penal accesorio.* San José, Costa Rica. Primera edición, Editorial Jurídica Continental.

Mateu Juan A. (2008). Eutanasia. Una batalla por ganar. Editorial Libros en red. Disponible en: http://books.google.co.cr/books?id=c42nt8y9vaYC&printsec=frontcover&source=gbs_ge_summary_r&cad=0#v=onepage&q&f=false

Zaffaroni, Eugenio Raúl (1998). *En Busca de las Penas Perdidas. Deslegitimación y Dogmática Jurídico Penal.* Buenos Aires, Argentina. Segunda reimpresión, Editorial Ediar.

Artículos especializados

Gascón Abellán, Marina (2003). *¿De qué estamos hablando cuando hablamos de Eutanasia?* En: Humanitas, Humanidades Médicas. Volumen 1, Número 1. Enero-Marzo 2003. En: http://universitas.idhbc.es/n15/15-06.pdf.

Alonso Álamo, Mercedes (2008). *Sobre "Eutanasia y Derechos Fundamentales". Recensión del libro de Fernando Rey Martínez*. En: Revista Electrónica de Ciencia Penal y Criminología ISSN 1695-0194. En: http://criminet.ugr.es/recpc/10/recpc10-r3.pdf

Rey Martínez Fernando (2009). *Eutanasia y Derechos Fundamentales*. En: Revista DIREITO E JUSTIÇA – Reflexões Sociojurídicas – Ano IX – N° 13- Novembro 2009.

Rey Martínez, Fernando (2007). El debate de la eutanasia y el suicidio asistido en perspectiva comparada. Garantías de procedimiento a tener en cuenta ante su eventual despenalización en España. En: NED. Revista de Derecho Político N°s 71-72, enero-agosto 2008, págs. 439-477. En: http://e-spacio.uned.es/fez/eserv.php?pid=bibliuned:DerechoPolitico2008-12&dsID=pdf

Esser, Albin (1984). Entre la calidad y la santidad de la vida. En: http://www.freidok.uni-freiburg.de/volltexte/4086/pdf/Eser_Entre_la_santidad.pdf

Informes estadísticos de la Autoridad de Salud Pública del Estado de Oregon, Estados Unidos de América. *Oregon's Death with Dignity Act–2012*. En: http://public.health.oregon.gov/ProviderPartnerResources/EvaluationResearch/DeathwithDignityAct/Documents/year15.pdf

Declaración de Sydney de la Asociación Médica Mundial sobre la muerte. Adoptada por la 22ª Asamblea Médica Mundial, Sydney, Australia, 1968. En: http://www.unav.es/cdb/ammsydney1.html

Jurisprudencia

Tribunal Europeo de Derechos Humanos (Estrasburgo). D. GROSS vs. SWITZERLAND. Sentencia del 14/05/2013. Disponible en: http://hudoc.echr.coe.int/sites/eng/pages/search.aspx?i=001-119703

Sala Constitucional de la República de Costa Rica. Sentencia N° 2306-2000 de las 15 horas, 21 minutos del 15 de marzo de 2003.

Sala Constitucional de la República de Costa Rica. Sentencia N° 14192-2008, del 24 de setiembre del 2008

Sala Tercera de la Corte Suprema de Justicia de Costa Rica. Sentencia N° 1213-2006, de las 09 horas, 50 minutos, del 29 de noviembre de dos mil 2006.

Corte Constitucional de Colombia. Sentencia N° C-239/97.

Normativa

Constitución Política de la República de Costa Rica

Código Penal de la República de Costa Rica. Ley N° 4 573.

Código Penal y de Policía de la República de Costa Rica. Ley N° 368 del 30/08/1941

Código Penal de Colombia. Ley N° 599 de 2000.

Código Penal de España. En: http://www.ub.edu/dpenal/CP_vigente_2013_01_17.pdf

The Oregon Death With Dignity Act. Oregon Revised Statutes. En: http://public.health.oregon.gov/ProviderPartnerResources/EvaluationResearch/DeathwithDignityAct/Documents/statute.pdf

Ley 41/2002 de 14 de noviembre (España). Básica reguladora de la autonomía del paciente y de derechos y obligaciones en materia de información y documentación clínica. En: https://www.boe.es/boe/dias/2002/11/15/pdfs/A40126-40132.pdf

La Declaración de Derechos de Virginia, adoptada el 12 de junio de 1776.

— 13 —

La vinculatoriedad de la jurisprudencia y precedentes de la Sala Constitucional en caso de sentencias contradictorias: estudio de resoluciones sobre la firmeza de la sentencia penal

XIOMARA GUTIÉRREZ CRUZ[1]

Sumario: Introducción; Capítulo I. La Sala Constitucional costarricense; Sección I. Funciones de la Sala Constitucional; Sección II. Resoluciones que emite la Sala Constitucional; a. Resolución de Recurso de Hábeas Corpus; b. Resolución de Recurso de Amparo; c. Resolución de Acción de Inconstitucionalidad; Sección III. Vinculatoriedad de las resoluciones de la Sala Constitucional; a. Definición; b. ¿Qué es vinculante?; c. ¿Para quién es vinculante?; d. ¿Durante cuánto tiempo es vinculante?; Sección IV. El cambio de criterio de la Sala Constitucional; Capítulo II. Firmeza de la sentencia penal en Costa Rica; Sección I. Situación legal anterior a la ley de creación del recurso de apelación de la sentencia, otras reformas al régimen de impugnación e implementación de nuevas reglas de oralidad en el proceso penal (Ley n° 8837); Sección II. Situación actual, con la ley de creación del recurso de apelación de la sentencia, otras reformas al régimen de impugnación e implementación de nuevas reglas de oralidad en el proceso penal (Ley n° 8837); Sección III. Importancia de la determinación de la firmeza de la sentencia para la prisión preventiva; Capítulo III. Resoluciones de la Sala Constitucional, posteriores a la Ley n° 8837, sobre la firmeza de la sentencia; Sección I. Sentencia n° 13065-2012, dieciocho de setiembre del 2012: la sentencia penal queda en firme al resolverse el recurso de apelación de sentencia; Sección II. Sentencia n° 13283-2012, veintiuno de setiembre del 2012: La sentencia penal no está firme mientras se resuelve recurso de casación; Sección III. Sentencia n°13721-2012, dos de octubre del 2012: la sentencia penal no está firme mientras se resuelve recurso de casación.; Sección IV. Sentencia n°13916-2012, tres de octubre del 2012: La sentencia penal queda en firme al resolverse el recurso de apelación de sentencia; Sección V. Sentencia n°16613-2012, once de noviembre del 2012: La sentencia penal no está firme mientras se resuelve recurso de casación.; Sección VI. Sentencia n° 16848-2012, treinta de noviembre del 2012: cambio expreso de criterio: firmeza hasta que se resuel-

---

[1] Máster en Administración de Justicia, Enfoque Sociojurídico, Énfasis Penal (Universidad Nacional, Costa Rica), con Especialización en Justicia Constitucional y Derechos Fundamentales (Universidad de Pisa, Italia). Posee Diplomado El nuevo derecho público del siglo XXI y la protección multinivel de los derechos humanos, Universidad para la Paz y Universidad de Heidelberg-Heidelberg Center para América Latina, Diplomado en Investigación Criminal y Seguridad Organizacional (CUC, Costa Rica). Licenciada en Derecho (Universidad de Costa Rica); Doctoranda en Ciencias Jurídicas (UCI, México). Jueza Penal.

va recurso de casación; Sección VII. Sentencian° 17722-2012, doce de diciembre del 2012: La sentencia penal queda en firme al resolverse el recurso de apelación de sentencia; Sección VIII. Sentencia n° 18831-2012, diecinueve de diciembre del 2012: aclaración del voto n° 17722-2012: firmeza hasta que se resuelva recurso de casación; Sección IX. Problemática que se desprende de las resoluciones analizadas; Conclusiones y recomendaciones; bibliografía.

Introducción

La investigación se enfoca en un análisis sobre la problemática de la vinculatoriedad de la jurisprudencia y los precedentes de la Sala Constitucional, cuando existen pronunciamientos contradictorios, análisis que se efectúa a partir de varias sentencias que ésta emitió sobre la firmeza de la sentencia penal en un lapso de tres meses, entre el dieciocho de setiembre y el diecinueve de diciembre del dos mil trece.

El artículo 13 de la Ley de Jurisdicción Constitucional de Costa Rica establece que *"La jurisprudencia y los precedentes de la jurisdicción constitucional son vinculantes erga omnes, salvo para sí misma."* Una conclusión evidente de dicha disposición es que la Sala Constitucional puede variar la posición emitida en un precedente, dado que éste no la vincula. Ahora bien: ¿qué es lo que resulta vinculante, es decir, qué debe entenderse por jurisprudencia y precedentes? y ¿cómo proceder ante sentencias contradictorias? La inquietud sobre el tema surgió en virtud de lo que, en mi criterio, resultan precedentes contradictorios de nuestra Sala Constitucional sobre cuál es el momento en que, dentro del proceso penal, debe entenderse que se encuentra firme la sentencia que le pone fin. Para una mejor comprensión del tema es importante señalar que en Costa Rica, hasta el año 2012, solamente era posible interponer contra la sentencia dictada en un proceso penal, recurso de casación, el cual se entendía como "segunda instancia". Sin embargo, a raíz de una condenatoria emitida por la Corte Interamericana de Derechos Humanos contra Costa Rica (Sentencia de 2 de julio del 2004, caso Herrera Ulloa vs Costa Rica), se creó el recurso de apelación de sentencia, mediante ley vigente desde el 9 de diciembre del 2011 (Ley N°8837 del 3 de mayo del 2010: Ley de Creación del Recurso de Apelación de la Sentencia, otras Reformas al Régimen de Impugnación e Implementación de Nuevas Reglas de Oralidad en el Proceso Penal), cuyo conocimiento corresponde al Tribunal de Apelación de Sentencia, manteniéndose la posibilidad de interponer recurso de casación ante la Sala Tercera de la Corte Suprema de Justicia, en contra de la sentencia que emita dicho Tribunal.

Con la legislación anterior no se planteaba cuestionamiento alguno sobre el momento en que debía entenderse que se hallaba firme la sentencia penal, pues ésta solamente podía ser objeto de un tipo de recurso en alzada, que era el de casación. Resuelto éste sin ordenarse el reenvío, quedaba firme la sentencia. En cambio, la nueva legislación trajo consigo un vacío respecto al tema, puesto que en ésta no se definió si el recurso de casación, que cabe contra la sentencia que resuelve el de apelación, debe ser considerado un recurso extraordinario, como doctrinalmente es entendido, con lo cual la sentencia quedaría en firme al resolverse el recurso de apelación, o si se trata de un recurso ordinario cuya resolución debe ser esperada para determinar la firmeza de la sentencia. La confusión deriva de varias normas, principalmente del artículo 258 del Código Procesal Penal, que regula la posibilidad de prórroga del plazo de prisión preventiva y cuyos dos últimos párrafos, también reformados mediante la Ley N°8837, disponen *"El Tribunal de Apelación de Sentencia, excepcionalmente y de oficio, podrá autorizar una prórroga de la prisión preventiva superior a los plazos anteriores y hasta por seis meses más, cuando dispongan el reenvío para un nuevo juicio./ De manera excepcional, la Sala de Casación Penal podrá ampliar, en los asuntos de su conocimiento, la prisión preventiva hasta por seis meses más allá de los términos de ley autorizados con anterioridad".*

Si bien es cierto al adentrarnos en el estudio de los temas que pueden resolverse mediante el recurso de casación, pueden surgir otros argumentos sobre la discusión en torno a si se trata de un recurso ordinario o de un recurso extraordinario y, en consecuencia, sobre el momento de la firmeza de la sentencia, basta para los efectos de este trabajo mencionar el tema de la prisión preventiva, pues se trata precisamente del que dio origen a los pronunciamientos de la Sala Constitucional que se estudiarán, para determinar cuándo debe entenderse que se encuentra firme la sentencia dentro de un proceso penal.

Al respecto, se analizarán las siguientes resoluciones, emitidas entre el dieciocho de setiembre y el diecinueve de diciembre del dos mil doce: Voto N°13065-2012 en el cual se determinó la firmeza del fallo penal a partir de sentencia del Tribunal de Apelación de Sentencia; Voto N°16848-2012 que constituye un cambio expreso de criterio, pues establece que la sentencia penal se considera firme hasta que se resuelve el recurso de casación; Voto N°17722-2012, en el que se retorna al primer criterio sobre la firmeza a partir de sentencia del Tribunal de Apelación de Sentencia, sin explicar los motivos de dicho cambio; Voto N°18831-2012, constituye una aclaración del Voto N°17722-2012, en el cual se señala nuevamente que la sentencia penal adquirirá firmeza hasta que se resuelva recurso de casación. Sin embargo, aunque la conclusión que parece derivar del análisis de esta última resolución implica que supuestamente la Sala Constitucional nunca varió lo criterio, lo cierto es que el estudio de la fundamentación de la sentencia N°17722-2012, relacionado con el de la fundamentación de la sentencia N°18831-2012, se podrá concluir lo contrario y es, entonces, que surge el cuestionamiento que sirve como base a esta investigación: cómo hablar de que las resoluciones de la Sala Constitucional son vinculantes, si sobre el mismo tema existen sentencias entre sí, de modo que no hay claridad sobre lo que debe acatarse. Además, se analizarán las sentencias N°13283-2012, 13721-2012, 13916-2012 y 16613-2012, dictadas en el periodo intermedio entre las que fueron referidas líneas atrás, para evidenciar que también allí se encuentran importantes contradicciones en la posición de la Sala Constitucional sobre la firmeza de la sentencia penal, lo que agrava el panorama sobre qué debe entenderse como vinculante para los aplicadores de la ley sobre este aspecto si en tres meses y un día dicha cámara emitió diversos criterios inconciliables entre sí sobre dicho tema.

Los votos que se pretende analizar son recientes y no se hallaron, en la revisión bibliográfica, estudios sobre el tema de la vinculatoriedad de las sentencias de la Sala Constitucional con base en dichas resoluciones. Como marco teórico del trabajo se hará una sucinta referencia a la Sala Constitucional costarricense, sus funciones, las resoluciones que emite y la vinculatoriedad de sus precedentes y jurisprudencia, así como a distintos autores que han estudiado el tema de la vinculatoriedad de las sentencias constitucionales, tanto en Costa Rica, como en otros países. Es importante indicar que, dentro del marco teórico, no se ahondará en los cuestionamientos que en la doctrina se encuentran sobre algunos temas, por ejemplo sobre el control concentrado de constitucionalidad, la interpretación o la misma vinculatoriedad, sino que brevemente se hará una exposición sobre los conceptos de los cuales se parte en la investigación.

A partir de lo anterior, se plantea como hipótesis de investigación, la siguiente: Del estudio de la fundamentación de las sentencias de la Sala Constitucional N°s 13065-2012, 13283-2012, 13721-2012, 13916-2012, 16613-2012, 16848-2012, 17722-2012 y 18831-2012 se desprenden contradicciones sobre cuál es el momento en que adquiere firmeza la sentencia penal, lo que impide la vinculatoriedad de esos precedentes y jurisprudencia de la jurisdicción constitucional, ante la falta de un criterio uniforme para los operadores del sistema, durante el periodo en que dichas resoluciones se dictaron, lo que provoca inseguridad jurídica.

Se plantea como objetivo general de la investigación establecer la existencia de contradicciones en la jurisprudencia y precedentes de la Sala Constitucional sobre el tema de la firmeza de la sentencia penal que impiden su vinculatoriedad en el periodo analizado, a partir del estudio de la fundamentación de las sentencias N°s 13065-2012, 13283-2012, 13721-2012, 13916-2012, 16613-2012, 16848-2012, 17722-2012 y 18831-2012, lo que provoca inseguridad jurídica.

Los objetivos específicos consisten en:
- Describir las funciones y los tipos de resoluciones que emite la Sala Constitucional costarricense.
- Establecer en qué consiste la vinculatoriedad de los precedentes y jurisprudencia de la Sala Constitucional, su importancia para la seguridad jurídica y cómo deben emitirse los cambios de criterio.
- Exponer la situación sobre la firmeza de la sentencia en el proceso penal, anterior y posterior a la vigencia de la Ley de Creación del Recurso de Apelación de la Sentencia, otras Reformas al Régimen de Impugnación e Implementación de Nuevas Reglas de Oralidad en el Proceso Penal.
- Analizar la fundamentación de los votos de la Sala Constitucional N°s 13065-2012, 13283-2012, 13721-2012, 13916-2012, 16613-2012, 16848-2012, 17722-2012 y 18831-2012, sobre la firmeza de la sentencia penal.
- Evidenciar la existencia de contradicciones en dichas sentencias de la Sala Constitucional que impiden la vinculatoriedad de sus precedentes y jurisprudencia sobre el tema, durante el periodo en que éstas se dictaron y ocasiona inseguridad jurídica.

Para alcanzar dichos objetivos se hará un estudio descriptivo en relación con el tema de la Sala Constitucional, sus funciones, resoluciones que emite y la vinculatoriedad de sus precedentes, así como con respecto a la exposición sobre la firmeza de la sentencia penal antes y después de la Ley de Creación del Recurso de Apelación de la Sentencia, otras Reformas al Régimen de Impugnación e Implementación de Nuevas Reglas de Oralidad en el Proceso Penal, pues se hace un desarrollo teórico y legal de los indicadores identificados, para establecer en qué consisten y cómo se regulan en nuestro ordenamiento. Además, se trata de un estudio cualitativo de casos, pues el análisis se limita a las ocho sentencias de la Sala Constitucional costarricense que han sido mencionadas, las cuales son representativas del tema bajo estudio, es decir, no necesariamente incluyen todas las que durante el periodo se dictaron sobre éste. El método que se va a seguir para el desarrollo de todos los indicadores es la revisión documental: de doctrina, jurisprudencia, legislación y de las ocho sentencias bajo estudio.

El trabajo está estructurado en tres Capítulos. En el primero de ellos se exponen las generalidades relacionadas con la Sala Constitucional costarricense, para lo cual se ha dividido en cuatro secciones: I. Funciones, II. Resoluciones, III. Vinculatoriedad de las resoluciones de la Sala Constitucional y IV. El cambio de criterio de la Sala Constitucional.

En el segundo capítulo se desarrolla el tema de la Firmeza de la Sentencia Penal en Costa Rica y está dividido en Tres Secciones: I. Situación legal anterior a la Ley de Creación del Recurso de Apelación de la Sentencia, otras Reformas al Régimen de Impugnación e Implementación de Nuevas Reglas de Oralidad en el Proceso Penal; II. Situación actual, con la Ley de Creación del Recurso de Apelación de la Sentencia, otras Reformas al Régimen de Impugnación y III. Implementación de Nuevas Reglas de Oralidad en el Proceso Penal e Importancia de la determinación de la firmeza de la sentencia para la prisión preventiva.

El tercer y último capítulo contiene el análisis de las ocho sentencias de la Sala Constitucional posteriores a la Ley de Creación del Recurso de Apelación de la Sentencia, otras Reformas al Régimen de Impugnación e Implementación de Nuevas Reglas de Oralidad en el Proceso Penal, sobre firmeza de la sentencia penal y la exposición de la problemática que surge ante las contradicciones que derivan de su confrontación, está dividido en nueve secciones que tratan los siguientes temas: I. Sentencia N° 13065-2012, dieciocho de setiembre del 2012: Firmeza a partir de sentencia del Tribunal de Apelación de Sentencia; II. Sentencia N° 13283-2012, veintiuno de setiembre del 2012: Sugiere que la prisión preventiva se entiende prorrogada de oficio, sin resolución, mientras se resuelve el recurso de casación. Ergo, la sentencia no está firme mientras se encuentre en casación; III. Sentencia N°13721-2012, dos de octubre del 2012: Expresamente dispone que la prisión preventiva se entiende prorrogada de oficio, sin resolución, mientras se resuelve el recurso de casación. Ergo, la sentencia no está firme mientras se encuentre en casación; IV. Sentencia N°13916-2012, tres de octubre del 2012: Prisión preventiva debe disponerse mediante resolución fundada. La sentencia penal queda en firme al resolverse el recurso de apelación; V. Sentencia N°16613-2012, once de noviembre del 2012: Prisión preventiva debe disponerse mediante resolución fundada. La sentencia penal no está firme mientras se resuelve recurso de casación; VI. Sentencia N° 16848-2012, treinta de noviembre del 2012: Cambio expreso de criterio: Firmeza hasta que se resuelva recurso de casación; VI. Sentencia N° 17722-2012, doce de diciembre del 2012: Firmeza a partir de sentencia del Tribunal de Apelación de Sentencia; VIII. Sentencia N° 18831-2012, diecinueve de diciembre del 2012: Aclaración del voto N°17722-2012: Firmeza hasta que se resuelva recurso de casación; IX. Problemática que se desprende de las resoluciones analizadas. Finalmente, surgen las conclusiones y recomendaciones derivadas de la investigación que se realizó, en las que se evidenciará la demostración de la hipótesis planteada.

Capítulo I. La Sala Constitucional costarricense

En Costa Rica está constitucionalmente establecido que el Poder Judicial lo ejercen la Corte Suprema de Justicia y los tribunales creados por ley para ello (artículo 152 de la Constitución Política). La Corte Suprema de Justicia está constituida por la cantidad de magistrados que se considere necesaria para el ejercicio adecuado del Poder Judicial, quienes integrarán distintas "salas" que se ocuparán de las materias que por ley se determine. Actualmente la componen veintidós magistrados, distribuidos en cuatro salas. Una de éstas, es la Sala Constitucional, que es la única compuesta por siete magistrados, pues las tres restantes están integradas por cinco.

Sección I. Funciones de la Sala Constitucional

Desde 1989, por ley N° 7128 de 18 de agosto, mediante el ejercicio del poder constituyente derivado por parte de la Asamblea Legislativa, se reformaron varios artículos de la Constitución Política para crear la jurisdicción constitucional. A partir de entonces, el artículo 10 dispone específicamente que una sala especializada de la Corte Suprema de Justicia está a cargo del control de constitucionalidad de las normas y los actos de sujetos de Derecho Público. Como parte de dicha creación, se reformaron también los artículos 48 (competencia de la Sala para resolver recursos de amparo y hábeas corpus), 105 (se eliminó el referéndum como mecanismo para reformar parcialmente la Constitución Política) y 128 (consulta de constitucionalidad de proyectos de ley) de la Carta Magna y se incluyó un transitorio (para regular la elección de los magistrados de dicha Sala y su entrada en vigencia). Todo lo referente a esta sala, denominada Sala Constitucional, se encuentra normado mediante la Ley de Jurisdicción Constitucional, Ley N°7135 de 11 de octubre de 1989. La jurisdicción constitucional ejercida por la Sala, de conformidad con el artículo 1° de la Ley de Jurisdicción Constitucional, tiene como objeto "(...) *garantizar la supremacía de las normas y principios constitucionales y del Derecho Internacional o Comunitario vigente en la República, su uniforme interpretación y aplicación, así como los derechos y libertades fundamentales consagrados en la Constitución o en los instrumentos internacionales de derechos humanos vigentes en Costa Rica*", cometido que realiza principalmente al resolver recursos de hábeas corpus, de amparo, acciones de inconstitucionalidad, conflictos de competencia entre los poderes del Estado y de éstos con otras personas de Derecho Público.

La Sala Constitucional se constituye así en guardiana de la Constitución Política y de los principios que de ella derivan y que deben permear la totalidad del ordenamiento jurídico nacional. Al mismo tiempo, toda su actuación se encuentra delimitada por las disposiciones de esa Carta Fundamental, que pueden denominarse "Derecho de la Constitución".

Se produce "(...) la legitimación de la Constitución como norma jurídica suprema, con carácter vinculante para los ciudadanos y para los poderes públicos, lo que supone la elevación del plano programático al mundo de las normas jurídicas vinculatorias, es decir, de una carta política programática a una Ley Fundamental de aplicación directa no sólo a los órganos del poder público sino a los propios ciudadanos." (Rivera, 2003, p.60)

La Constitución deja de ser una mera declaración de principios, para convertirse en guía de las actuaciones de todas las personas, físicas o jurídicas, privadas o públicas, dentro del Estado, pues, antes de la creación de dicha Sala, si bien es cierto existían mecanismos para atacar la inconstitucional de normas y actos, éstos no resultaban realmente efectivos.

SEcción II. Resoluciones que emite la Sala Constitucional

La Sala Constitucional, en pleno, es decir, integrada por la totalidad de sus miembros, resuelve a través de sentencias y autos con carácter de sentencia. También resuelve por medio de autos y providencias, que corresponden al Presidente o al magistrado designado para la instrucción, de conformidad con el artículo 11 de la Ley de Jurisdicción Constitucional. Contra sus sentencias sólo procede solicitud de aclaración y adición, que pueden plantear las mismas partes dentro del tercer día posterior a la notificación, o bien puede ser efectuada de oficio en la etapa de ejecución cuando ello sea necesario para comprender lo resuelto; no hay otro tipo de impugnación que pueda ejercerse. Estas resoluciones son emitidas a partir de la interposición de distintos tipos de recursos contemplados en los artículos 15 a 70 de dicha ley, los más comunes se describen de seguido, brevemente, tomando como base la citada regulación.

a. Resolución de recurso de hábeas corpus

A través de éste se garantiza la libertad personal, contra actos u omisiones de las autoridades que la amenacen, afecten o restrinjan, incluyendo el derecho a trasladarse de un lugar a otro en Costa Rica, así como el derecho a permanecer, salir o ingresar al territorio nacional. El artículo 24 de la Ley de Jurisdicción Constitucional, dispone los aspectos que debe analizar la Sala al momento de resolver este tipo de recurso:

a) Si la autoridad tenía competencia para dictar la restricción de la libertad o la medida impuesta.
b) Si la detención se ordenó ilegítimamente o contra lo dispuesto en el artículo 37 de la Constitución Política.

c) Si existe auto de detención o prisión preventiva legalmente decretada, o si la pena que se está descontando es la impuesta por sentencia firme.
ch) Si, en caso de estar suspendidas las garantías constitucionales, la resolución se dictó dentro de las limitaciones de la Constitución Política, y de las razonablemente derivadas de la misma declaratoria.
d) Si por algún motivo fuere indebida la privación de la libertad o la medida impuesta.
e) Si efectivamente hubo o existe amenaza de violación de los derechos protegidos por el recurso.
f) Si la persona hubiere sido ilegítimamente incomunicada, o si la incomunicación legalmente decretada se mantiene por un plazo mayor al autorizado en el artículo 44 de la Constitución Política.
g) Si la detención, prisión o medida acordada se cumple en condiciones legalmente prohibidas.
h) Si el hecho que se le imputa está o no previsto por ley preexistente.

Precisamente, las resoluciones que se analizarán en este trabajo, corresponden a recursos de hábeas corpus interpuestos contra autoridades judiciales en procesos penales en los que las personas en cuyo favor se recurre se encuentran privadas de libertad mediante la medida cautelar de prisión preventiva, en cuyo conocimiento los magistrados han debido analizar, en lo aplicable, los distintos aspectos allí enumerados.

b. Resolución de recurso de amparo

A través de éste, cualquier persona puede solicitar que se garantizan los demás derechos y libertades no contemplados en el recurso de hábeas corpus. *"Procede el recurso contra toda disposición, acuerdo o resolución y, en general, contra toda acción, omisión o simple actuación material no fundada en un acto administrativo eficaz, de los servidores y órganos públicos, que haya violado, viole o amenace violar cualquiera de aquellos derechos. El amparo procederá no sólo contra los actos arbitrarios, sino también contra las actuaciones u omisiones fundadas en normas erróneamente interpretadas o indebidamente aplicadas."* (artículo 29, Ley de la Jurisdicción Constitucional) La misma ley plantea, en el artículo 30, algunas excepciones a la posibilidad de interponer este tipo de recurso, por ejemplo no procede el amparo contra leyes o normas en sí mismas, salvo que sus preceptos resulten obligatorios para el perjudicado con su sola promulgación, tampoco contra las resoluciones y actuaciones del Poder Judicial o bien contra los actos que las autoridades administrativas realicen en ejecución estricta de estas resoluciones o contra los actos del Tribunal Supremo de Elecciones en materia electoral. Si la persona que se considera agraviada consintió legítimamente el acto por el que plantea el alegato, tampoco puede recurrir.

También se prevé el recurso de amparo contra sujetos de derecho privado, contra las acciones u omisiones que realicen en ejercicio de potestades públicas, o bien *"(...) cuando éstos actúen o deban actuar en ejercicio de funciones o potestades públicas, o se encuentren, de derecho o de hecho, en una posición de poder frente a la cual los remedios jurisdiccionales comunes resulten claramente insuficientes o tardíos para garantizar los derechos o libertades fundamentales"* (artículo 57, Ley de la Jurisdicción Constitucional), salvo que se trate de conductas legítimas de éstos.

c. Resolución de acción de inconstitucionalidad

A través de ésta se garantizan también, las normas o principios constitucionales que se consideren infringidos por acción u omisión, en diversos casos: por una ley o disposición general de sujetos de derecho público o de derecho privado, en el procedimiento de formación de las leyes o de las reformas constitucionales, así como por actos subjetivos de las autoridades públicas no tutelables a través de los otros recursos; o por inercia, omisión o abstención de éstas. También procede en los casos en que las leyes contraríen tratados o convenios internacionales, o cuando éstos por su contenido o por el procedimiento de aprobación o ratificación seguido, infrinjan normas o principios constitucionales.

Así, "(...) luego del reconocimiento de la Constitución como norma jurídica dotada de coercitividad, es claro que la ley quedó sometida a una relación de adecuación, y por tanto de subordinación, de un estrato más alto del derecho establecido por la Norma Fundamental. Lo anterior sin duda supuso la existencia de una serie de garantías para salvaguardar esa relación y el principio de supremacía constitucional" (Orozco, 2008, p.99)

No procede, la acción de inconstitucionalidad, en contra de los actos jurisdiccionales del Poder Judicial ni contra los actos o disposiciones relacionados con la función electoral del Tribunal Supremo de Elecciones. Para su interposición, es necesario que exista un asunto pendiente en el que se pretenda la aplicación de la norma cuestionada, salvo en el caso de la defensa de intereses difusos, intereses que atañen a la colectividad en su conjunto o situaciones en las que no exista lesión individual y directa; o bien, si el accionante es el Contralor General de la República, el Procurador General de la República, el Fiscal General de la República o el Defensor de los Habitantes.

Además de dichos recursos, la Sala puede resolver consultas de constitucionalidad como control previo de proyectos legislativos, consultas de los jueces sobre normas o actos que deban aplicar o bien actos que deba juzgar, así como los conflictos de competencia constitucionales, sobre los cuales no se ahonda en este trabajo, por no tratarse del tema objeto de investigación.

*Sección III. Vinculatoriedad de las resoluciones
de la Sala Constitucional*

En Costa Rica, la Ley de Jurisdicción Constitucional establece que la vinculatoriedad de lo resuelto por la Sala Constitucional, excepto para sí misma. En este sentido, dispone el artículo 13 *"La jurisprudencia y los precedentes de la jurisdicción constitucional son vinculantes erga omnes, salvo para sí misma"*.[2] Otra excepción a dicha vinculatoriedad está relacionada con las resoluciones que deniegan una acción de inconstitucionalidad, pues el artículo 87 de la misma ley, expresamente dispone que únicamente surtirán efecto entre las partes en el caso concreto y no producirán cosa juzgada. Es decir, puede presentarse este tipo de acción contra normas o actos declarados constitucionales de previo, pero en casos distintos a los que generaron el pronunciamiento existente.

Para Hernández (2004, p. 53), el artículo 13 debe interpretarse en relación con el artículo 42 de la Constitución Política costarricense,[3] en el sentido de que se trata del reconocimiento de la cosa juzgada para las resoluciones dictadas por la Sala Constitucional en los procesos que le corresponde conocer. Por otra parte, la Ley Orgánica del Poder Judicial en el artículo 8 inciso 1 establece, en lo que interesa, que los funcionarios que administran justicia no podrán *"Aplicar leyes ni otras normas o actos de cualquier naturaleza, contrarios a la Constitución Política o al derecho internacional o comunitario vigentes en el país (...) Tampoco podrán interpretarlos ni aplicarlos de manera contraria a los precedentes o jurisprudencia de la Sala Constitucional"*, con lo cual se complementa el mandato de la Ley de Jurisdicción Constitucional al establecer en forma expresa dicha prohibición para los jueces.

La Sala se erige, entonces, como la intérprete más importante de la Constitución Política. "Desde esa condición privilegiada de "súper" poder e intérprete supremo de la Constitución, la Sala conduce la vida jurídica y política del Estado, sometiendo a la fuerza vinculante de sus decisiones a todos los poderes y actos sujetos al derecho público. De esta forma, en la práctica jurídica y política, los pronunciamientos del Tribunal Constitucional adquieren la eficacia y el rango del propio derecho constitucional, el cual interpreta y aplica." (Solís, 2009, pp.70 y 71) Ello

---

[2] Barrios (2003) hace una crítica sobre las dificultades que se presentan para la interpretación de este artículo, al señalar que, revisado el expediente legislativo sobre la Ley de Jurisdicción Constitucional, no se encuentra discusión alguna al respecto, lo que impide conocer cuál fue la voluntad del legislador al utilizar los términos "jurisprudencia", "precedente" y "erga omnes", que han debido ser delineados por la doctrina y la propia Sala Constitucional. (p. 142-143).

[3] Dicho artículo 42 dispone: "Un mismo juez no puede serlo en diversas instancias para la resolución de un mismo punto. Nadie podrá ser juzgado más de una vez por el mismo hecho punible. Se prohíbe reabrir causas penales fenecidas y juicios fallados con autoridad de cosa juzgada, salvo cuando proceda el recurso de revisión."

deriva de la existencia de un control concentrado de constitucionalidad (denominado Sistema Europeo, Europeo Occidental, Europeo Continental), según el cual, si bien es cierto los jueces ordinarios se encuentran sometidos a la Constitución y deben aplicarla, cuando tengan dudas sobre la constitucionalidad de una norma o acto relacionado con el proceso en el que intervienen, no pueden hacer la declaratoria directamente, sino que deben acudir a la Sala Constitucional para evacuarla, con lo cual se busca garantizar la aplicación uniforme de la Carta Magna. En otras palabras, la posibilidad de declarar la inconstitucionalidad de las normas o actos de los poderes públicos está concentrada en la Sala Constitucional, solamente ésta tiene dicha facultad.

a. Definición

La vinculatoriedad se puede definir, en términos generales, como la sujeción por parte de las personas, físicas o jurídicas, principalmente de las autoridades públicas, pero, también de las personas privadas cuando corresponde, a los precedentes y jurisprudencia de la Sala Constitucional. Más adelante se desarrollarán las distintas aristas que contempla dicha conceptualización. *"(…) la Sala Constitucional cuando es requerida, debe emitir una sentencia, la cual resulta de acatamiento obligatorio y vinculante para todos los sujetos de derecho público y privado, independientemente del procedimiento que ante ella se hubiese incoado (….)."* (Solís, 1999, p.226) El último aspecto que menciona este autor debe ser resaltado. Las resoluciones de la Sala resultan vinculantes a futuro, sin importar el tipo de recurso que les dio origen, siempre que los presupuestos de hecho del caso permitan utilizar la interpretación establecida por ésta.[4]

A partir de lo anterior, los jueces, al resolver, deben entonces ajustarse a lo que la Sala Constitucional haya dispuesto en el tanto resulte aplicable a la situación particular sobre la que le corresponde pronunciarse. Se trata entonces de una característica de las resoluciones constitucionales que implica, en lo sustantivo *"(…) una expresión de fuente normativa que impone una solución al caso concreto. En este caso, salvo que las circunstancias fácticas del caso en discusión no sean similares a la previsión normativa del precedente vinculante, el juez no puede sino aplicar el mencionado precedente."* (Figueroa, 2011, pp.60 y 61)

Tiene como principal fundamento el principio de seguridad jurídica, que permite determinada previsibilidad sobre la forma en que deben resolverse las situaciones sobre las cuales ya ha existido pronunciamiento de la jurisdicción constitucional. La vinculatoriedad propicia también el respeto al principio de igualdad en la resolución de casos a futuro, que

---

[4] Sobre este aspecto se pronunció la Sala Constitucional en la sentencia n° 927-1994.

resulten idénticos, o muy similares, al ya conocido por la Sala. Genera en los destinatarios de las normas confianza en que las reglas que se aplicarán en casos análogos serán las mismas. Permite, asimismo, economía procesal y ahorro de recursos, pues implica que sea innecesario acudir ante los jueces constitucionales, si ya existe una posición clara de éstos sobre la forma en que se debe proceder. También propicia la coherencia en la aplicación del ordenamiento jurídico y, principalmente, la uniformidad en la interpretación y aplicación de los principios que derivan de la Carta Magna.

Nogueira (2006, p.99) la ha caracterizado como una función "pacificadora", mediante la cual se busca evitar una espiral de discusiones sobre un mismo tema, una repetición sin fin de conflictos sin solución, al existir un pronunciamiento constitucional vinculante que determina cómo debe resolverse la controversia planteada, sin necesidad de esperar una nueva decisión al respecto. En fin, se pretende que las actuaciones, en sentido amplio, de los destinatarios de las resoluciones emitidas por la Sala Constitucional, estén ajustadas a la Carta Magna, a partir del acatamiento de las interpretaciones que ésta efectúe en el marco de sus atribuciones, logrando que aquellos actos y normas que hayan sido declarados inconstitucionales, no se reiteren.

b. ¿Qué es vinculante?

Como ya se ha señalado, el numeral 13 de la Ley de la Jurisdicción Constitucional establece que resultan vinculantes los precedentes y jurisprudencia de la jurisdicción constitucional.

Debe definirse entonces ¿qué es jurisprudencia? y ¿qué es un precedente? En cuanto al primer aspecto, el artículo 9 del Código Civil establece *""La jurisprudencia contribuirá a informar el ordenamiento jurídico con la doctrina que,* de modo **reiterado***, establezcan las Salas de Casación de la Corte Suprema de Justicia y la Corte Plena al aplicar la ley, la costumbre y los principios generales del Derecho."* El término jurisprudencia alude entonces a la existencia de varios pronunciamientos en el mismo sentido sobre un tema. En cuanto a la cantidad de sentencias, se ha interpretado que deben existir dos o más dictadas por los Tribunales allí señalados, en las que se exponga el mismo criterio. Sobre este aspecto la Sala Primera de la Corte Suprema de Justicia definió: "(…) *debe existir reiteración. Un fallo no crea jurisprudencia, necesariamente deberán existir dos o más sentencias con la misma interpretación (Artículo 9 del Código Civil). Cuando ello acontece la jurisprudencia adquiere el mismo rango de la norma interpretada, integrada o delimitada (Artículo 5º de la Ley Orgánica del Poder Judicial)."* (Sentencia Nº 62-1994)

En materia contencioso-administrativa existe norma expresa sobre dicho tema, desde la entrada en vigencia del Código Procesal Contencioso Administrativo el 1° de enero del 2008, pues el artículo 185 dispone: *"Los efectos de la jurisprudencia contenida al menos en dos fallos de casación, ya sean del Tribunal o de la Sala Primera de la Corte Suprema de Justicia, que haya reconocido una situación jurídica, podrán extenderse y adaptarse a otras personas, mediante los mecanismos y procedimientos regulados por el presente capítulo, siempre que, en lo pretendido exista igualdad de objeto y causa con lo ya fallado."* Como puede observarse, este artículo recoge la posición de la Sala Primera, en el sentido de que dos o más fallos constituyen jurisprudencia.

La propia Sala Constitucional ha definido la jurisprudencia como la existencia de "pronunciamientos judiciales reiterados".[5] Entonces se puede indicar que cuando se dice que la jurisprudencia de la Sala Constitucional es vinculante, debe entenderse por ésta la existencia de, al menos, dos sentencias que resuelvan un mismo tema de la misma manera.

No se halló una definición de la palabra "precedente" en la legislación nacional. Sin embargo, la utilización de este término por parte de la propia Sala Constitucional, permite derivar del contexto su significado, por ejemplo: *"En ese sentido, dado que ya existe una sentencia marco que define el contenido, alcances y principios del debido proceso, un amplio desarrollo jurisprudencial que los ha confirmado durante diez años de ejercicio de la jurisdicción constitucional, se estima que las condiciones permiten que el juez común aplique esos precedentes directamente, y sólo remita la consulta a que se refiere la ley, en los temas sobre los que no exista jurisprudencia previa, o se trate de temas distintos al debido proceso. (...)"* (Sala Constitucional, Sentencia N° 7958-2005) Es claro que se utiliza precedente como referencia al contenido de una resolución o de una sentencia, aunque en este caso también se hace referencia también al término jurisprudencia, como conjunto de precedentes que resuelven de la misma manera el tema que en ellos se plantea.

Cuando se utiliza la palabra precedente, no se trata propiamente de un sinónimo de la palabra resolución, sino que la primera reviste un significado más amplio, pues implica la consideración del contenido de eso que se resolvió con anterioridad y su aplicación en un caso análogo que se presenta en un momento posterior, desde este punto de vista no toda resolución es un precedente, pero todo precedente es una resolución vinculante. Tomando en cuenta estos mismos aspectos, Fernández (2006, p.135) define el precedente constitucional como *"(...) la obligación de resolver un asunto de la misma manera como ya se decidió otro anterior igual o semejante, es decir, aplicar la misma decisión; y, de otra, el deber de mantener*

---

[5] Sala Constitucional, sentencia N°6489-1993. En el mismo sentido sentencia n° 185-1995.

y respetar la interpretación dada a una norma constitucional cuando debe aplicársela nuevamente a otro asunto, o sea, aplicar la misma razón que se tuvo para decidir aunque se trate de algo distinto". Desde este punto de vista, todas las resoluciones sobre el fondo que dicta la Sala Constitucional, son precedentes, vinculantes *erga omnes.*

Entonces, mientras el término jurisprudencia implica la existencia de dos o más resoluciones, el término precedente puede hacer referencia a una sola resolución, de modo que, sean resoluciones reiteradas o se trate solamente de una sentencia en referencia a un tema, lo que haya dispuesto la Sala Constitucional resulta vinculante.

Ahora bien ¿qué parte de la jurisprudencia o el precedente de la Sala se constituye como vinculante? Las sentencias de la Sala Constitucional, aparte del encabezado mediante el que se identifican, se estructuran en tres partes: Resultando, Considerando y Por tanto. Con ello, se ajustan, con las diferencias del caso, a lo establecido por el artículo 155 del Código Procesal Civil,[6] al no existir norma expresa al respecto para la materia constitucional sobre la estructura de la sentencia. Para determinar lo que se considera vinculante se ha hecho una distinción entre tres conceptos derivados del latín: *"ratio decidendi", "obiter dicta" y "decisum".*

La *"ratio decidendi"* que textualmente se traduce como "razón de la decisión", se refiere a la fundamentación o los motivos que explican el fallo, y está incluida en el considerando de la sentencia. Sin estos moti-

---

[6] ARTICULO 155.- Requisitos de las sentencias. Las sentencias deberán resolver todos y cada uno de los puntos que hayan sido objeto del debate, con la debida separación del pronunciamiento correspondiente a cada uno de ellos, cuando hubiere varios. No podrán comprender otras cuestiones que las demandadas, ni conceder más de lo que se hubiere pedido. Se formularán con los siguientes requisitos: 1) Los nombres y calidades de las partes y sus apoderados, y el carácter con que litiguen. 2) En párrafos separados y debidamente numerados que comenzarán con la palabra "resultando", se consignará con claridad un resumen de las pretensiones y de la respuesta del demandado. En el último "resultando" se expresará si se han observado las prescripciones legales en la substanciación del proceso, con indicación, en su caso, de los defectos u omisiones que se hubieren cometido, y si la sentencia se dicta dentro del plazo legal. Las sentencias de segunda instancia deberán contener un extracto lacónico y preciso de las sentencias anteriores. 3) También en párrafos separados y debidamente numerados que comenzarán con la palabra "considerando", se hará: a) Un análisis de los defectos u omisiones procesales que merezcan corrección, con expresión de la doctrina y los fundamentos legales correspondientes. b) Un análisis sobre incidentes relativos a documentos cuya resolución deba hacerse en el fallo. c) Un análisis sobre la confesión en rebeldía, cuando la parte no compareció a rendirla dentro del proceso. ch) Una declaración concreta de los hechos que el tribunal tiene por probados, con cita de los elementos de prueba que los demuestren y de los folios respectivos del expediente. d) Cuando los hubiere, una indicación de los hechos alegados por las partes, de influencia en la decisión del proceso, que el tribunal considere no probados, con expresión de las razones que tenga para estimarlos faltos de prueba. e) Un análisis de las cuestiones de fondo fijadas por las partes, de las excepciones opuestas y de lo relativo a costas, con las razones y citas de doctrina y leyes que se consideran aplicables. 4) La parte dispositiva, que comenzará con las palabras "por tanto", en la que se pronunciará el fallo, en lo que fuere posible, en el siguiente orden: a) Correcciones de defectos u omisiones de procedimiento. b) Incidentes relativos a documentos. c) Confesión en rebeldía. ch) Excepciones. d) Demanda y contrademanda, y en caso de que se acceda a todas o a algunas de las pretensiones de las partes, se hará indicación expresa de lo que se declare procedente. e) Costas (...)" Código Procesal Civil, Costa Rica.

vos o esta fundamentación, no sería posible entender por qué el Tribunal resolvió de la manera en que lo hizo. Al cambiar ésta, cambiaría la parte dispositiva del fallo.

Los *"obiter dicta"*, o "dijo de paso", consisten en los argumentos o temas que se exponen en la sentencia, pero que no constituyen la explicación para la decisión tomada, sino que se trata de aspectos periféricos a los que hace referencia el Tribunal, los expone de manera tangencial por tener relación con el tema principal, también están incluidos en la parte considerativa, no resultan indispensables para comprender el sentido de lo resuelto, el Tribunal hasta podría prescindir de ellos.

La *"decisum"* o decisión, constituye propiamente lo que se dispone con la sentencia, el mandato que se da, la conclusión a la que llega el Tribunal, lo que el Tribunal resuelve, es el "Por Tanto".

Sobre estos conceptos, el profesor Hartwig (2011) ha señalado: "Para el cumplimiento del cometido expuesto, el Tribunal Constitucional en el caso de la Municipalidad Distrital de Lurín [Expediente n° 0024-2003-AI/TC] consideró necesario estipular que la estructura interna de sus decisiones se compone de los elementos siguientes: la razón declarativa-axiológica, la razón suficiente (ratio decidendi) la razón subsidiaria o accidental (obiter dicta), la invocación preceptiva y la decisión o fallo constitucional (decisum). La razón declarativa-axiológica es aquella parte de la sentencia que ofrece reflexiones referidas a los valores y principios políticos contenidos en las normas declarativas y teleológicas insertas en la Constitución. (…) expone una formulación general del principio o regla jurídica que se constituye en la base de la decisión específica, precisa o precisable, que adopta el tribunal. Se trata, en consecuencia, del fundamento directo de la decisión (…) puede encontrarse expresamente formulada en la sentencia o puede ser inferida por la vía del análisis de la decisión adoptada, las situaciones fácticas y el contenido de las consideraciones argumentativas. (…) La razón subsidiaria o accidental es aquella parte de la sentencia que ofrece reflexiones, acotaciones o apostillas jurídicas marginales o aleatorias que, no siendo imprescindibles para fundamentar la decisión se justifican por razones pedagógicas u orientativas, según sea el caso en donde se formulan. (…) Dicha razón coadyuva in genere a proponer respuestas a los distintos aspectos problemáticos que comprende la materia jurídica objeto de examen. Ergo, expresa una visión más allá del caso específico; por ende, plantea una óptica global acerca de las aristas de dicha materia. (…) La decisión o fallo constitucional es la parte final de la sentencia constitucional que, de conformidad con los juicios establecidos a través de la razón declarativa axiológica, la razón suficiente, la invocación normativa y, eventualmente, hasta en la razón subsidiaria o accidental, precisa las consecuencias jurídicas establecidas para el caso." (pp. 1-4)

Actualmente existe consenso para considerar que no solo la parte dispositiva de las sentencias de la Sala Constitucional resulta vinculante, sino, principalmente, la *"ratio decidendi"*, pues es a través de ésta que se explica la decisión a que ha llegado el Tribunal y en la que se exponen los argumentos a partir de los cuales los sujetos interesados pueden determinar a qué se encuentran vinculados. Además, esa parte dispositiva de la sentencia usualmente es muy escueta y, principalmente, contiene los datos del caso específico resuelto, que para efectos del carácter vinculante de la resolución para terceros, revisten poca importancia. En cambio, no se entiende que sean vinculantes los argumentos periféricos que se expongan, al no tratarse del tema principal sobre el que el Tribunal constitucional ha emitido su decisión. Es decir, sólo aquello que resulta decisivo para fundar el criterio del Tribunal, es vinculante, los otros aspectos tomados en cuenta de forma complementaria en la sentencia no revisten este carácter. *"(...) el concreto conflicto jurídico planteado posee frente a la correcta interpretación constitucional del Tribunal y a su futura utilización uniforme por todos los órganos estatales, una menor significación, lo que conduce a la necesidad de extender la vinculatoriedad de las sentencias del Tribunal Constitucional también a la ratio decidendi. (...) El fundamento de tal posición se encuentra en la función de la jurisdicción constitucional como intérprete supremo del Derecho de la Constitución, que consiste en crear claridad y seguridad jurídicas, para lo cual requiere vincular la conducta futura de los órganos estatales y de los particulares, indicándoles precisamente el marco dentro del cual puede discurrir su conducta futura y estableciendo, de manera concomitante, la prohibición de que se repitan actos y conductas previamente declaradas en esa vía como inconstitucionales. Como los fallos de las sentencias miran siempre hacia el pasado, no al futuro, se requiere que la parte considerativa de aquéllas esté siempre dotada de vinculatoriedad, a condición de que constituya el soporte fáctico y jurídico de la parte dispositiva."* (Hernández, 2004, p.48 y 57)

Ello es importante también, porque permite establecer, al presentarse un nuevo caso, si los presupuestos de éste se asimilan a los del precedente y, si, en consecuencia, éste debe aplicarse, lo cual no se lograría si solamente se estudiara la parte dispositiva del fallo.

Así lo ha dejado claramente establecido la propia Sala Constitucional costarricense desde vieja data, sin que haya existido variación al respecto *"Se hace la indicación, conforme a lo que ya ha dispuesto la Sala, que la vinculatoriedad que caracteriza la jurisprudencia constitucional, se refiere tanto a la parte considerativa como dispositiva de la sentencia, en el tanto que aquélla claramente condiciona y determina ésta (artículo 13 de la Ley de la Jurisdicción Constitucional)"* (Sentencia N°7062-1995).[7] En resumen, entonces, no solamente resulta vinculante la *"decisum"* o parte dispositiva de las sen-

---

[7] En el mismo sentido las sentencias de la Sala Constitucional n° 13-1995 y n° 2448-1995

tencias que emite la Sala Constitucional sino, principalmente, la *"ratio decidendi"* que permite explicar los motivos por los cuales se llegó a esa decisión.

c. ¿Para quién es vinculante?

Hemos visto que la norma que regula la vinculatoriedad, la establece *erga omnes* que significa "respecto de todos" o "frente a todos", salvo para la propia Sala Constitucional. Es decir, los pronunciamientos de la Sala no solamente vinculan a las partes de un proceso concreto, sino a todos. Implica que, cuando se presente una situación igual a otra sobre la que existe pronunciamiento de la Sala, debe procederse en los términos en que ya ésta ha resuelto. Por ello, cualquier autoridad judicial o administrativa que deba aplicar una norma o realizar un acto respecto del que existe uno o varios precedentes, debe procederse conforme los lineamientos fijados por la jurisdicción constitucional. Al respecto, Hernández (2004) aclara *"(...) la vinculatoriedad de las resoluciones de la Sala Constitucional es más amplia que la de la cosa juzgada en los procesos civiles, dado que vinculan tanto al recurrente, a los coadyuvantes, a las demás partes si las hubiere, así como a la Administración recurrida y demás órganos y entes estatales. Es decir, tales resoluciones tienen efectos erga omnes. Debe aclararse, sin embargo, que tan conclusión no es válida respecto de los amparos contra sujetos de Derecho Privado, en cuyos procesos, por no intervenir directa ni inmediatamente un órgano estatal, los efectos de la respectiva sentencia no puede vincularlos en forma diferente a como lo hace la cosa juzgada en los procesos civiles ordinarios."* (p. 55) Este razonamiento se entiende, tomando en cuenta que la mayor parte de las sentencias que emiten la Sala Constitucional obedecen al control de actos, decisiones o normas a cargo de autoridades administrativas o judiciales.

Los sujetos de derecho privado pocas veces son destinatarios de las órdenes de la Sala Constitucional, pues aún el amparo previsto para estos casos, se refiere a situaciones en las que actúen en ejercicio de potestades públicas, en cuyo caso lo que resuelva será vinculante solamente para el sujeto interesado. Sin embargo, de presentarse un caso similar, aunque quien se considere afectado sea una persona distinta de la que debió recurrir a la jurisdicción constitucional, si la situación es análoga a la ya resuelta, el sujeto de derecho privado se encuentra vinculado a lo que la Sala Constitucional le haya ordenado.

d. ¿Durante cuánto tiempo es vinculante?

La jurisprudencia y precedentes de la Sala Constitucional son vinculantes mientras no exista un cambio de criterio de la misma Sala, debido a que sus propias resoluciones no la vinculan. *"Si cada fallo condujese a la autovinculación del tribunal, la jurisprudencia constitucional terminaría con la petrificación completa de la Constitución. Una vez decidida una cuestión nunca podría encontrar otra posible solución y los órganos estarían para siempre vinculados por la jurisprudencia del tribunal constitucional. Por esa razón tanto la doctrina mayoritaria así como el propio tribunal constitucional no reconocen el principio de la autovinculación del tribunal."* (Hartwig, 2011, p.4) De seguido analizaremos qué características debe revestir este cambio de criterio.

Sección IV. El cambio de criterio de la Sala Constitucional

El cambio de criterio no puede ser arbitrario, pues generaría la inseguridad jurídica que con la vinculatoriedad se trata de combatir, ya que la existencia de pronunciamientos contradictorios sobre un mismo tema, sin que se encuentre debidamente justificada, causaría que todos los que se encuentran obligados por el fallo desconozcan las razones para proceder en uno u otro sentido. En todo caso, dentro de un Estado democrático de derecho como el costarricense, toda resolución judicial debe estar debidamente fundamentada. Esta afirmación se justifica más en el caso de la jurisdicción constitucional, pues, siendo de acatamiento obligatorio las resoluciones que emite la Sala Constitucional, deben estar siempre motivadas en forma amplia, más aún, cuando se asume una posición distinta a otra ya expuesta. *"(…) el cambio de doctrina siempre debe justificarse, lo contrario constituiría una evidente violación de la igualdad en la aplicación del ordenamiento jurídico, una vulneración de la prohibición de actos arbitrarios e inconsistentes, como asimismo, se afectaría gravemente la seguridad jurídica propia de todo Estado Constitucional de Derecho. El juez constitucional junto con seguir los principios de la dogmática constitucional, si quiere apartarse de los precedentes está obligado a desarrollar la fundamentación o argumentación de la posición incorrecta del precedente en la situación actual o ante un nuevo contexto, ya que la evolución jurisprudencial debe ser explícita y razonada, prudente y equilibrada, con el objeto de no generar un grado inadecuado de inseguridad jurídica o incertidumbre."* (Nogueira, 2006, p.109)

Ante el cambio de criterio, debe quedar claro para todos por qué se dejará de proceder de la manera en que la Sala había ordenado y justificado y se tendrá que asumir y aplicar una posición nueva. Esto es importante, pues ante casos en los que se pueden presentar distintas interpretaciones, es necesario fundamentar ampliamente los motivos por los que se deja de lado una primera interpretación para asumir otra, de no hacerse así, quedaría sin explicación por qué se obligó *erga omnes*, a asumir un criterio, cuando existía posibilidad de admitir otro en su lugar, lo cual podría verse como una arbitrariedad del Tribunal constitucional.

Capítulo II. Firmeza de la sentencia penal en Costa Rica

El cambio de legislación sobre la doble instancia en materia penal trajo consigo, no sólo la creación de un nuevo recurso contra la sentencia penal dictada por el tribunal de juicio, sino también, de forma expresa o tácita, cambios en relación con otros aspectos del proceso, como el tema de la medida cautelar de prisión preventiva, estrechamente relacionado con el de la firmeza de la sentencia. De seguido se analiza en qué consistió esta modificación.

Sección I. Situación legal anterior a la ley de creación del recurso de apelación de la sentencia, otras reformas al régimen de impugnación e implementación de nuevas reglas de oralidad en el proceso penal (Ley n° 8837)

El Código Procesal Penal de 1996 (CPP), que ha estado en vigencia desde 1998 hasta la actualidad (aunque ha sufrido una serie de reformas incluyendo la relativa a la impugnación de sentencia que se analiza en la próxima sección), siguiendo la línea del Código de Procedimientos Penales de 1973 y la estructura recursiva contenida en éste, disponía –previo a dicha reforma– que, contra la sentencia penal dictada en fase de juicio, procedía la interposición del recurso de casación, a partir de varios presupuestos taxativamente establecidos por el artículo 369 CPP en relación con el artículo 458 CPP. El procedimiento para su interposición y resolución se regulaba en los artículos 458 a 466 bis. Su resolución correspondía a los Tribunales de Casación o la Sala Tercera de la Corte Suprema de Justicia, según las competencias previamente definidas en la Ley Orgánica del Poder Judicial.

Éste era considerado un recurso ordinario dentro del proceso y constituía, en ese sentido, la única posibilidad de impugnación que tenían las partes contra la resolución que definía, en juicio, la situación de la persona imputada, era la segunda instancia en materia penal. Resuelto dicho recurso, en caso de no disponerse el reenvío de la causa a juicio, se consideraba que la sentencia adquiría firmeza. Firme la sentencia, solamente existía (y existe) una posibilidad de realizar un nuevo examen de ésta y del proceso, que es el procedimiento de revisión, el cual no constituye un recurso propiamente dicho, sino que se trata de un procedimiento independiente, a disposición solamente de la persona condenada y por causales claramente delimitadas en la ley, regulado en los artículos 408 a 421 del Código Procesal Penal.

Durante la tramitación de ese recurso ordinario, procedía la imposición o continuación de las medidas cautelares de cualquier naturaleza, incluyendo la prisión preventiva. Sobre ello, el artículo 258 CPP disponía, en lo que interesa: *"Si se dicta sentencia condenatoria que imponga pena privativa de libertad, el plazo de prisión preventiva podrá ser prorrogado mediante resolución fundada, por seis meses más (...) La Sala Tercera o el Tribunal de Casación, excepcionalmente y de oficio, podrán autorizar una prórroga de la prisión preventiva superior a los plazos anteriores y hasta por seis meses más, cuando dispongan el reenvío a un nuevo juicio."* Es decir, si no se ordenaba el reenvío a juicio, la sentencia quedaba firme y con ello, cesaban las medidas cautelares, pues su naturaleza implica su vigencia mientras esté pendiente el proceso. Si la persona se hallaba privada de libertad y se confirmaba la sentencia condenatoria, iniciaba la ejecución de la pena, por lo que era puesta a la orden de las autoridades penitenciarias. En caso de ordenarse el reenvío, evidentemente la sentencia no adquiría firmeza y había que esperar que se efectuara un nuevo debate, se dictara la respectiva sentencia que podía, nuevamente, ser objeto de recurso de casación (excepto por el Ministerio Público en caso de tratarse de una segunda sentencia absolutoria, al existir para ese momento el instituto de la doble conformidad). Así las cosas, no existía, en la práctica, discusión respecto del momento en que adquiría firmeza la sentencia, ni sobre la vigencia de las medidas cautelares de previo o con posterioridad a la resolución del recurso de casación.

Sección II. Situación actual, con la ley de creación del recurso de apelación de la sentencia, otras reformas al régimen de impugnación e implementación de nuevas reglas de oralidad en el proceso penal (Ley n° 8837)

El régimen de impugnación contra la sentencia penal que acaba de describirse brevemente, fue cuestionado en virtud de que se consideró que el recurso de casación no permitía un amplio ejercicio al imputado de la posibilidad de recurrir la sentencia condenatoria en su contra, de modo que no podía hablarse, en sentido estricto, de la existencia de una segunda instancia. Esto motivó una condenatoria internacional emitida por la Corte Interamericana de Derechos Humanos contra Costa Rica (Sentencia de 2 de julio del 2004, caso Herrera Ulloa vs Costa Rica), por violación al 8, punto 2 inciso h) de la Convención Americana sobre Derechos Humanos, que garantiza que un Tribunal Superior al que dicta la sentencia condenatoria en contra de una persona imputada, la revise en segunda instancia.

Como consecuencia de esta condenatoria, con la finalidad de cumplir lo ordenado por la Corte Interamericana, se creó en nuestro país el recurso de apelación de sentencia, mediante ley vigente desde el 9 de diciembre del 2011 (Ley N°8837 del 3 de mayo del 2010). Este recurso de apelación es resuelto por los antiguos Tribunales de Casación, que ahora se denominan Tribunales de Apelación de Sentencia y tienen competencia para resolver todos los recursos de apelación contra las sentencias dictadas en fase de juicio, según el territorio, manteniéndose la posibilidad de interponer recurso de casación ante la Sala Tercera de la Corte Suprema de Justicia, en contra de la sentencia que emita dicho Tribunal de Apelación, con muchas restricciones en cuanto a su admisibilidad.[8] Ello se justifica al señalar que el examen exhaustivo de la sentencia corresponde hacerlo en sede de apelación, ya que este recurso es amplio, de conformidad con lo dispuesto por el artículo 459 CPP: *"El recurso de apelación de sentencia permitirá el examen integral del fallo, cuando la parte interesada alegue inconformidad con la determinación de los hechos, la incorporación y valoración de la prueba, la fundamentación jurídica o la fijación de la pena. El tribunal de alzada se pronunciará sobre los puntos que le sean expresamente cuestionados, pero declarará, aun de oficio, los defectos absolutos y quebrantos al debido proceso que encuentren en la sentencia".*

Lo que no quedó claro en la reforma legislativa, fue la naturaleza del recurso de casación dentro de esta nueva estructura impugnaticia, en el sentido de si debe considerarse un recurso ordinario, como hasta antes de la reforma, o si se trata más bien de un recurso extraordinario, como se contempla tradicionalmente en doctrina. Esto es de suma importancia al momento de abordar el tema del momento en que debe entenderse que se encuentra firme la sentencia penal y, paralelamente, la situación de las medidas cautelares relacionadas a ese proceso en que se dictó la sentencia, aspecto que se abordará de seguido.

Sección III. Importancia de la determinación de la firmeza de la sentencia para la prisión preventiva

En un Estado Democrático de Derecho, la Constitución Política garantiza una serie de derechos fundamentales para los ciudadanos. Sin embargo, estos derechos no son irrestrictos, es decir, pueden ser objeto de limitaciones por parte del mismo Estado. *"(...) el Estado social y democrático de Derecho debe tender a la máxima libertad entendida en el sentido material, para lo que son necesarios, lógicamente, unos ciertos grados de igualdad y de justicia. Se trata, pues, de, restringiendo las mínimas libertades posibles, alcanzar el mayor estado de bienestar y, por ello, de libertad para todos."* (Carbonell: 1999, p.200). Algunas limitaciones vienen establecidas en la propia Constitución Política, como la posibilidad de allanar el domicilio privado o de privar de libertad a la persona. En general, esas limitacio-

---

[8] Posiciones a favor y en contra de la reforma pueden estudiarse en González Álvarez, D. –compilador- (2013) *El recurso contra la sentencia penal en Costa Rica*. San José: Editorial Jurídica Continental, Colegio de Abogados y Asociación de Ciencias Penales de Costa Rica.

nes solamente pueden determinarse por ley o norma de rango superior (principio de reserva de ley), en aquellos casos y en la medida en que sean estrictamente indispensables, de modo que los mismos derechos y los principios que de ellos derivan juegan un papel relevante en esta determinación. También es importante lo relacionado con los bienes jurídicos que pueden ser objeto de protección estatal y la forma de lograr esa protección, pues se requiere que, en la búsqueda de protección de bienes jurídicos, el Estado limite los derechos de los individuos lo mínimo posible. La prisión preventiva se enmarca dentro de esta facultad estatal de limitar los derechos de una persona, en específico su libertad.

La prisión preventiva es una de las medidas cautelares de carácter personal que pueden imponerse en el proceso penal. Una *medida*, según el Diccionario de la Real Academia de la Lengua Española, puede definirse como una *"disposición"*, concepto que a su vez tiene como acepción *"orden y mandato de la autoridad"*. *Cautelar* significa preventivo, precautorio, el Diccionario de la Lengua Española (2001) señala *"adj. Der. Dicho de una medida o de una regla: Destinada a prevenir la consecución de determinado fin o precaver lo que pueda dificultarlo"*. El carácter personal de este tipo de medida cautelar significa que lo que se busca es la sujeción *del imputado* al proceso, de modo que se incide principalmente sobre su libertad de distintas maneras; en contraposición a las de carácter real que recaen sobre *objetos o bienes* y buscan asegurar una indemnización.

Ha sido definida como "(...) la privación de libertad ordenada antes de la existencia de sentencia firme, por el tribunal competente en contra del imputado" (Llobet: 2010, p. 31).

Dentro del marco constitucional que se ha planteado, la prisión preventiva debe ajustarse a una serie de principios para ser legítima, entre ellos los principios de inocencia, *pro libertate*, proporcionalidad, legalidad, inviolabilidad de la defensa, debido proceso, independencia judicial, que en forma amplia desarrolla la Sala Constitucional en el siguiente extracto: *"De acuerdo con la Convención Americana de Derechos Humanos y el Pacto Internacional de derechos Civiles y Políticos, la prisión preventiva solo puede imponerse y aplicarse como "medida cautelar" para asegurar la acción de la justicia, no como medida de carácter "retributivo" o sancionatorio. Ello supone, en primer lugar, que, a pesar de la existencia de "indicios comprobados de haber cometido delito" (fumus boni iuris), el estado y la presunción de inocencia siguen rigiendo su aplicación. En segundo lugar, que se trata de una medida excepcional y, por tanto, de aplicación restrictiva, porque la regla es la libertad. En tercer lugar, al tratarse de una medida cautelar y excepcional, la prisión preventiva solo puede decretarse bajo los criterios de "necesidad" (no simplemente "utilidad"), de instrumentabilidad (no de finalidad), de judicialidad (de constante sujeción y revisión judicial), de provisionalidad (no permanencia y, por tanto, sujeta a permanente "revisión"), y de "temporalidad" (es decir, sujeta a un plazo razonable en función de los criterios que la justifican).*

A partir de esos principios deben los tribunales competentes analizar la justificación prevista en los tratados internacionales de derechos humanos sobre la prisión preventiva: asegurar la presencia del acusado al juicio. Es decir, evitar el riesgo de fuga (periculum in mora) o la afectación de la justicia. Solamente el riesgo –cierto, objetivo y razonable– de que el sujeto va a abstraerse o que va a afectar seriamente la acción de la justicia; justifica la prisión preventiva en el orden internacional, y solo en la medida en que se ponga en peligro esa acción de la justicia, aquella se justifica." (Sentencia n°11975-2010)

La resolución que impone la prisión preventiva debe cumplir varios presupuestos, entre los cuales destaca, por su importancia, la debida fundamentación, en la que el juez debe exponer de manera clara el razonamiento conforme al cual estima que en el caso concreto se cuenta con el indicio comprobado de la presunta participación del encausado en un hecho punible, que es sancionado con prisión y que se da alguno o varios de los peligros procesales o de las causales que autorizan la medida. Para determinar qué entendemos por fundamentación, resulta ilustrativa la siguiente resolución de la Sala Constitucional, en que se dijo *"Cuando se exige fundamentar debidamente la resolución que restringe la libertad de un imputado, tanto por imperativo constitucional, como por mandato específico del numeral 20 de la Ley de Jurisdicción Constitucional, lo que se exige en la resolución es la existencia y exposición del respaldo fáctico concreto existente en la causa, y respecto de cada imputado, así como el respaldo normativo que sustenta y justifica la adopción de la medida, pues sólo de esa forma se logran individualizar las razones que motivaron la decisión, y sólo así surge la posibilidad de controlar en alzada esa disposición. Es decir, el juez ha de expresar las razones que existen en la causa que tramita, y respecto del imputado concreto, para decidir restringir su libertad como medida cautelar indispensable para asegurar la sujeción del acusado al proceso, la averiguación de la verdad y la eventual aplicación de la ley penal. Repetir en abstracto y como frases vacías, los supuestos que legalmente autorizan la privación de libertad, no es fundamentar. Fundamentar, motivar, significa documentar la decisión en el caso concreto, exponer y razonar por qué se estima en ese momento procesal, que los objetivos antes señalados están en peligro, y cuáles son los elementos de juicio que permiten sustentar la existencia de ese peligro y en consecuencia, justificar la medida adoptada. El juez no puede contentarse con decir que sospecha de la fuga del acusado, o sospecha que contaminará la prueba, sino que debe exponer en concreto en qué se basan esas sospechas, y para hacerlo debe referirse indefectiblemente a las pruebas existentes en la causa y a cualquier otra evidencia derivada del comportamiento procesal del acusado que respalde ese juicio emitido, sin que con ello se lesione el principio de inocencia, dado que como medida cautelar, la detención provisional debe encontrar pleno respaldo y justificación en el proceso. No son apreciaciones subjetivas del juez las que permiten limitar la libertad, son razones objetivas, amparadas legalmente y debidamente respaldadas en la causa y ello debe traducirlo y exponerlo el juez al resolver sobre la libertad."* (Sentencia N° 5396-1995)

Además de lo dicho, es necesario que dentro de la fundamentación se analice la procedencia de la medida dispuesta de conformidad con el principio de proporcionalidad, atendiendo razones de necesidad, idoneidad y proporcionalidad en sentido estricto. Así entendida, la debida fundamentación de la resolución de prisión preventiva es mucho más que un simple requisito formal, se constituye en una garantía procesal para el imputado, en tanto al exigir del juez la tarea de brindar las razones que motivan su decisión restringe las posibilidades de que incurrir en el abuso, la arbitrariedad y el error.

Se puede entonces señalar, que la prisión preventiva es la medida cautelar que se ordena durante el desarrollo del proceso penal, hasta la firmeza de la sentencia, mediante la que se limita la libertad de la persona. Previo a ello, se mantiene vigente el principio de inocencia, según el cual, precisamente toda persona debe ser considerada inocente mientras por sentencia firme no se demuestre lo contrario, de modo que la privación de libertad se justifica sólo por razones procesales y requiere ser dispuesta por resolución motivada y por el tiempo que sea estrictamente necesaria, debe ser continuamente revisada por el juez y disponerse por periodos claramente fijados mediante resolución fundada, pues ella implica que una persona que es inocente mientras una sentencia firme no determine lo contrario, se encuentre privada de libertad. Cuando adquiere firmeza la sentencia condenatoria, el privado de libertad pasa a la orden de autoridades de distinta naturaleza, que pertenecen inclusive a otro Poder de la República, deja de estar a cargo del Poder Judicial y pasa a estar a la orden del Poder Ejecutivo.

A partir de la firmeza de la sentencia, inicia la etapa de ejecución de la pena de prisión impuesta, cesa el estado de inocencia de la persona sometida al proceso, quien se convierte en una persona condenada por un delito a una pena de prisión, que debe cumplir de conformidad con lo que disponga la normativa penitenciaria. Por ello, es indispensable que se pueda determinar la fecha exacta en la cual el privado de libertad deja de ser una persona sometida al proceso penal y se convierte en una persona condenada mediante sentencia firme a pena prisión que debe ejecutarse. De ahí surge la importancia de los pronunciamientos de la Sala Constitucional que son objeto de análisis en esta investigación, pues su intervención está directamente relacionada con la necesidad de determinar, luego de la reforma procesal penal que introdujo el recurso de apelación contra la sentencia penal, cuándo queda firme ésta.

Capítulo III. Resoluciones de la Sala Constitucional, posteriores a la Ley n° 8837, sobre la firmeza de la sentencia

Como se adelantó en la última sección, ante la imprecisión que surge de la interpretación de las normas vigentes sobre el momento en que debe considerarse firme la sentencia penal, atendiendo a que se trata de una situación que afecta directamente la libertad personal como derecho inherente al ser humano, tutelado por la Constitución Política, es que ha sido necesaria la intervención de la Sala Constitucional, con la finalidad de establecer la interpretación acorde con los parámetros constitucionales, a través de la resolución de recursos de hábeas corpus que han sido planteados.

En este orden de ideas es importante resaltar que "(…) la interpretación que realizan los jueces constitucionales tiene un contenido muy extenso de valoración jurídica, si se toma en consideración que las disposiciones fundamentales poseen un alto grado de abstracción, que llega a su máxima amplitud respecto de las normas de principio o de carácter programático, y por ello las decisiones judiciales integran el contenido de estas disposiciones, que su mayor parte formalizan principios y valores que el órgano constituyente (originario o reformador) ha considerado esenciales para la comunidad política." (Piza, 1993, pp. 107-108). Sin embargo, como se verá, las sentencias emitidas por la Sala Constitucional sobre el tema, lejos de aclarar la cuestión durante el periodo que se analiza, contribuyeron a la confusión existente y, ante tan ambigua posición, se plantea el problema de cómo entender la vinculatoriedad de los precedentes y jurisprudencia de la jurisdicción constitucional. De seguido se analiza cada una de las sentencias objeto de estudio.

Sección I. Sentencia n° 13065-2012, dieciocho de setiembre del 2012: la sentencia penal queda en firme al resolverse el recurso de apelación de sentencia

La primera de las sentencias de la Sala Constitucional que es objeto de análisis en este trabajo es la N° 13065-2012 de las nueve horas cinco minutos del dieciocho de setiembre de dos mil doce. Se trata de la resolución de un recurso de hábeas corpus en el cual se alegó que, las personas en favor de las cuales se interpuso, fueron ubicadas en el área de condenados dentro del sistema penitenciario, aunque su sentencia no estaba firme por encontrarse pendiente de resolución un recurso de casación, por lo que deberían continuar en el área de indiciadas. Mediante la resolución de este recurso, la Sala Constitucional se pronunció por primera vez, desde la entrada en vigencia de la ley que creó el recurso de apelación de la sentencia penal, sobre el momento en que debe considerarse firme la sentencia dentro del proceso penal, tomando en cuenta que se mantuvo la posibilidad de interponer recurso de casación en contra de lo resuelto en sede de apelación.

Para el análisis del caso concreto, la Sala partió de las siguientes premisas, esbozadas en el apartado V de la parte considerativa del fallo en estudio *"Sobre la firmeza de las sentencias en materia penal. Las instancias recursivas del proceso penal, a partir de la Ley 8837 de "Creación del Recurso de Apelación de la Sentencia, otras Reformas al Régimen de Impugnación e Implementación de Nuevas Reglas de Oralidad en el Proceso Penal", han variado, de conformidad con lo que se establece en el citado cuerpo normativo. Por esta razón, es imprescindible establecer el momento jurídico en el cual adquiere firmeza una resolución en dicha materia, pues, únicamente, a partir de ahí, se podrían ejecutar los actos jurídicos posteriores o derivados de la sentencia, entre los que destaca la restricción o la libertad del sometido al proceso. De esta manera y, en atención a los mandamientos de la Convención Americana sobre Derechos Humanos, específicamente, del artículo 8.2.h), así como el artículo 14.5) del Pacto Internacional de Derechos Civiles y Políticos, es que nuestro sistema procesal penal se adecuó al respeto de dichas garantías. Es un principio general de derecho que las sentencias adquieren su firmeza, una vez agotados los recursos ordinarios dispuestos por el ordenamiento jurídico para combatirlas, por lo que siendo la casación un recurso extraordinario, se puede indicar que la sentencia en materia penal adquiere firmeza y, por ende, es ejecutable, una vez resuelto el caso por el Tribunal de alzada, confirmando la sentencia del a quo, o bien, vencido el plazo para la apelación."*

A partir de lo anterior, se resolvió declarar sin lugar el recurso, aclarándose además que los temas relacionados con la condición jurídica de los sentenciados y la ubicación que les corresponde en el sistema penitenciario, no son aspectos que deban conocerse mediante el recurso de hábeas corpus. Entonces, en este primer acercamiento, de la parte considerativa de la resolución constitucional (*ratio decidendi*) deriva claramente que la sentencia penal se considera firme con la resolución del recurso de apelación de la sentencia penal, que se clasifica como ordinario, aunque se encuentre pendiente el recurso de casación, por ser extraordinario según el análisis de los magistrados. Los jueces y autoridades encargadas de resolver algún caso en el que fuese éste parte del tema en discusión, se encuentran vinculados a dicho criterio y deben considerar que la sentencia penal queda en firme, de ser recurrida, una vez resuelto el recurso de apelación que la confirme, aunque haya un recurso de casación pendiente.

Sección II. Sentencia n° 13283-2012, veintiuno de setiembre del 2012: la sentencia penal no está firme mientras se resuelve recurso de casación

La segunda sentencia que se analiza, N°13283-2012 de las nueve horas cinco minutos del veintiuno de setiembre del dos mil doce, corresponde a la resolución de un recurso de hábeas corpus en el cual se alegó que la persona en favor de la cual se interpuso se mantenía privada de libertad con posterioridad al vencimiento de la prisión preventiva dispuesta en su contra, pese a que no se había dictado prórroga de esa medida cautelar y que la sentencia no se encontraba firme, pues aunque se había resuelto el recurso de apelación de la sentencia penal, no había vencido el plazo para presentar recurso de casación. El alegato que se plantea es muy similar al del caso anterior.

Partiendo del criterio que la misma Sala Constitucional había emitido tres días antes, y que fue expuesto en el apartado anterior, era de esperar que se indicara que no había afectación a la libertad, pues la sentencia estaba firme desde la fecha en que se resolvió el recurso de apelación presentado contra ésta. Sin embargo, la argumentación se dirigió en otro sentido: *"De este modo, esta Sala advierte que en la especie, como en los antecedentes jurisprudenciales mencionados, existe una manifiesta necesidad procesal de asegurar la sujeción del imputado al proceso, toda vez que al existir una sentencia condenatoria confirmada por el ad quem, se ha dado una variación medular de las circunstancias que aumentan el peligro de fuga y acrecientan la posibilidad de que el amparado rehúya los resultados del proceso penal. Tal situación justifica que la prisión preventiva impuesta al amparado se tuviera por prorrogada más allá del 21 de agosto de 2012, puesto que al solicitar la autoridad recurrida la libertad del amparado el 4 de setiembre de 2012, dentro del plazo para interponer el recurso de casación correspondiente sea antes del 5 de setiembre de 2012-, inexorablemente se requería de ello para que el asunto, entrase a conocimiento de la Sala de Casación Penal contar con la presencia asegurada del imputado. Una interpretación contraria no se justifica porque la situación de este último frente al proceso ha cambiado de manera esencial a partir del dictado de la sentencia condenatoria, lo que altera sustancialmente la relación de aquel con los fines del proceso, esto desde el punto de vista constitucional. De esta suerte, independientemente de los reparos que pueda tener la recurrente con la medida en cuestión, lo cierto es que, de conformidad con el artículo 153 de la Carta Fundamental, estos deben plantearse en sede de legalidad. En consecuencia, como no existe un quebranto directo de los artículos 20, 22 y 37 de la Constitución Política susceptible de ser conocido en la vía del hábeas corpus, se impone declarar improcedente este recurso."*

Se abandonó, en esta motivación, el criterio sobre la firmeza o no de la sentencia penal y sobre la distinción entre recursos ordinarios y extraordinarios. Y, pareciera –pues no se indica en forma expresa pero se infiere-, que la decisión de la Sala está basada en considerar que, al existir una sentencia condenatoria que ya ha sido objeto del recurso de apelación, debe entenderse como "prorrogada de oficio" la prisión preventiva por ser necesario asegurar que el imputado esté presente en el proceso, partiendo de que existe una sentencia condenatoria en su contra y que ello "altera sustancialmente" su relación con el proceso. Se culmina indicando que la discusión sobre la medida cautelar es un asunto de mera legalidad.

El argumento planteado tenía relación con que entre el 21 de agosto del 2012 y el 5 de setiembre del 2013 no existió resolución judicial que dispusiera la prórroga de la prisión preventiva, aunque la sentencia, en criterio de la recurrente, no había adquirido firmeza por estar corriendo el plazo de casación, aspecto de que ningún modo aborda la Sala Constitucional en su voto de mayoría.

La conclusión que surge de la fundamentación de esta resolución, en relación con el tema de la firmeza de la sentencia penal, implica que ésta no queda firme al resolverse el recurso de apelación, pues la Sala entiende prorrogada de oficio la prisión preventiva mientras se resuelve el recurso de casación. Es decir, subsiste la medida cautelar, lo que significa que el proceso no ha culminado, pues, por su naturaleza, como se expuso en el apartado respectivo, las medidas cautelares solamente rigen durante el desarrollo del proceso, resuelto éste en forma definitiva dejan de existir.

En este caso, se considera que la *ratio decidendi* incluye dos temas fundamentales: en primer lugar, que la Sala Constitucional, en abierta contradicción con los principios del proceso penal, considera innecesario que exista una resolución fundada que prorrogue la prisión preventiva cuando ya existe sentencia condenatoria conocida en apelación, aunque esté pendiente la casación, pues ésta debe entenderse prorrogada de oficio y, en segundo lugar, que la sentencia penal no está firme hasta que se resuelve el recurso de casación, esta última conclusión se infiere de los argumentos que constan en la sentencia, pues no está expresamente expuesta.

En cuanto al primer tema, se admite la vigencia de la medida cautelar de prisión preventiva sin resolución fundada de juez competente y, en cuanto al segundo, se contradice la resolución emitida tres días antes, sin explicación ni referencia alguna a los temas tratados en ésta y sin reconocimiento expreso de que se trata de un cambio de criterio, que debió explicarse para conocer las razones de la emisión de una segunda interpretación sobre el mismo tema.

Entonces ¿deben considerar innecesario dictar resolución de prórroga de prisión preventiva después de resuelto el recurso de apelación, atendiendo a lo señalado por la Sala Constitucional? y ¿qué deben entender los operadores jurídicos que es vinculante, si después de esta resolución, deben emitir criterio en un caso concreto sobre el momento de firmeza de la sentencia penal, al existir dos precedentes vinculantes con conclusiones opuestas sobre este punto?

Sección III. Sentencia n° 13721-2012, dos de octubre del 2012:
la sentencia penal no está firme mientras se resuelve recurso de casación

En esta sentencia, emitida a las catorce horas treinta minutos del dos de octubre del dos mil doce, nuevamente se aborda el tema objeto de este trabajo y se concluye en el mismo sentido que en la anterior, es decir, que la sentencia penal no está firme mientras se resuelve el recurso de casación, con la diferencia de que expresamente se admite la posibilidad de tener por prorrogada una prisión preventiva sin resolución judicial que así lo disponga, lo que en la resolución que recién se analizó estaba implícito.

Se retoman los argumentos de la sentencia N°13283-2012, en el sentido de que la Sala parecía admitir la posibilidad de que una persona estuviese, dentro del proceso penal, privada de libertad sin resolución fundada que así lo dispusiera, aspecto sobre el que no quedan dudas en esta sentencia. Lo paradójico es que, al inicio de la exposición de lo resuelto, se señala *"(...) esta Sala tuvo por acreditado que la sentencia penal dictada en contra del amparado había adquirido firmeza luego de que el Tribunal de Apelación de Sentencia del Segundo Circuito Judicial de San José por resolución de las 10:44 horas del 30 de agosto de 2012-, declarara sin lugar el recurso presentado por la defensa del amparado (sea antes del vencimiento de la prisión preventiva dictada en contra del amparado, 20 setiembre de 2012).",* con lo que parecía hacer referencia al criterio ya vertido en el voto N°13065-2012 sobre la firmeza de la sentencia una vez resuelto el recurso de apelación, aunque se encuentre pendiente el de casación; pero de seguido, se agrega *"Respecto este último punto, esta Sala ha indicado que en tales casos existe una manifiesta necesidad procesal de asegurar la sujeción del imputado al proceso, toda vez que al existir una sentencia condenatoria confirmada por el ad quem, se ha dado una variación medular de las circunstancias que aumentan el peligro de fuga y acrecientan la posibilidad de que el amparado rehúya los resultados del proceso penal.* Tal situación justifica que la prisión preventiva impuesta a los administrados se prorrogue incluso sin resolución dictada por autoridad judicial competente, *dentro del plazo para interponer el recurso de casación correspondiente –sea en este caso hasta el 24 de setiembre de 2012-, ello por cuanto inexorablemente se requiere de ello para que el asunto, sí entrase en conocimiento de la Sala de Casación Penal pudiera contar con la presencia asegurada del imputado. Una interpretación contraria no se justifica porque en tales casos la situación de los imputados frente al proceso ha cambiado de manera esencial a partir del dictado de la sentencia condenatoria, lo que altera sustancialmente la relación de aquellos con los fines del proceso, esto desde el punto de vista constitucional."* (el subrayado no es del original)

Si la sentencia está firme, ya no se requieren medidas cautelares, porque el proceso ya no está pendiente. Se trata precisamente de medidas de aseguramiento procesal, de modo que, si el proceso ya está "seguro", por hallarse firme el fallo condenatorio, éstas ya no proceden. Entonces, no se entiende cómo, por una parte –en el primer extracto citado-, se argumenta que la sentencia ha quedado firme y, por otra, al mismo tiempo se considera que mientras se resuelve el recurso de casación las medidas cautelares se entienden prorrogadas. De la *ratio decidendi* de esta sentencia nuevamente se extrae que es innecesario dictar resolución fundada para prorrogar la prisión preventiva después del recurso de apelación y que la sentencia queda en firme hasta que se resuelve el recurso de casación. Según lo que vimos, al existir dos precedentes que resuelven el tema en el mismo sentido, tenemos jurisprudencia.

Se mantiene el cuestionamiento sobre la existencia de resoluciones contradictorias, para efectos de la vinculatoriedad a lo dispuesto por la Sala Constitucional, pues aún no se ha explicado a qué obedece el cambio de criterio en relación con el voto 13065-2012, de modo que el cuestionamiento es ¿se está vinculado a ambos criterios?, lo cual, evidentemente no es posible por ser contradictorios.

Sección IV. Sentencia n° 13916-2012, tres de octubre del 2012: la sentencia penal queda en firme al resolverse el recurso de apelación de sentencia

La necesidad de que exista una resolución fundada que disponga la imposición y prórroga de la prisión preventiva es mencionada por la misma Sala en la sentencia N°13916-2012, de las catorce horas treinta minutos del tres de octubre del dos mil doce (o sea sólo un día después de la anterior), aunque no se trata de un tema al que se dé énfasis, sí se señala la importancia de que, en el caso concreto, el recurrente estuvo privado de libertad por resolución del juez competente en el momento procesal en que se dispuso y se prorrogó cuando fue necesario.

De mayor relevancia para los objetivos de este trabajo, resulta el hecho de que se retoma el criterio vertido en el voto N°13065-2012, en cuanto a que la sentencia se reputa firme a partir de la fecha en que es resuelto el recurso de apelación. A pesar de que entre ambas sentencias se dictaron otras con una posición distinta, no existe algún tipo de fundamentación o justificación con respecto a estos cambios de criterio.

En lo medular, la resolución indica lo siguiente: "De lo expuesto, la Sala constata que el tutelado ha permanecido privado de su libertad en forma legítima. En primer lugar, por cuanto *antes del dictado de la sentencia condenatoria dispuesta en su contra, al amparado se le impuso la medida cautelar de prisión preventiva, misma que fue prorrogada oportunamente y por autoridad competente, cada vez que así se estimó necesario para asegurar las resultas del proceso* y, en segundo lugar, por cuanto, luego de que la última prórroga de la prisión preventiva venciera, el pasado 24 de agosto, ya el petente se encontraba a la orden del Tribunal de Juicio de Puntarenas, con sentencia condenatoria firme en su contra y únicamente a la espera de ser puesto a la orden de la Dirección General de Adaptación Social, en virtud de que el Tribunal de Apelación de Sentencia del Tercer Circuito Judicial de Alajuela, Sede San Ramón, ya había declarado desde el 26 de julio anterior, sin lugar el recurso de apelación interpuesto a su favor, motivo por el cual, entiende esta Sala que la sentencia condenatoria dictada en contra del amparado ya adquirió firmeza y por ende, el juicio de culpabilidad del tutelado no varió. En consecuencia, no se lesiona la libertad del tutelado debido a que su libertad se encuentra legítimamente restringida con base en una sentencia condenatoria dictada por autoridad judicial competente y únicamente resta, su casación." (El subrayado no es original)

Este precedente vincula entonces, a quienes deban decidir sobre la prisión preventiva, a considerar que la sentencia penal queda firme con la resolución del recurso de apelación presentado en su contra, aunque esté pendiente el recurso de casación, por lo que cesa la medida cautelar e inicia la ejecución de la pena. Sin embargo, no se trata de una sentencia aislada, por lo que nuevamente se presenta la disyuntiva sobre cuál posición asumir, dado que los dos precedentes anteriores a éste, que ya han sido analizados, establecen lo contrario, es decir, que la sentencia no queda firme con la resolución del recurso de apelación y que, por ello, de haberse dictado la prisión preventiva y ser necesario su mantenimiento, ésta debe prorrogarse hasta que se resuelva el recurso de casación. Hay, claramente, dos criterios contradictorios y las resoluciones de la Sala Constitucional, asumen uno y otro de manera intermitente y sin explicación.

Sección V. Sentencia n° 16613-2012, once de noviembre del 2012:
la sentencia penal no está firme mientras se resuelve recurso de casación

Transcurrió poco más de un mes, para que nuevamente se presentara un cambio de criterio sobre el mismo tema y se volviese a la segunda interpretación, sin motivación o fundamentación expresa sobre las razones que generaron la variación, al igual que en los otros casos. Dicho cambio se produjo en la sentencia N°16613-2012, de las catorce horas treinta minutos del once de noviembre del dos mil doce, en la cual, en lo que interesa, se expuso: *"En este caso, el 12 de junio de 2012 la defensora pública de García Salazar interpuso recurso de casación contra la sentencia dictada por el Tribunal de Apelación de Sentencia del Segundo Circuito Judicial de San José, el cual fue admitido para su trámite por resolución #2012-01028 de las 9:58 horas del 27 de julio de 2012 de la Sala Tercera. Esa misma Sala, mediante resolución #2012-1443 de las 9:44 horas del 14 de setiembre de 2012, dictó una prórroga de la prisión preventiva del tutelado, por dos meses, que venció el 14 de noviembre. Por sentencia #2012-00165 de las 10:13 horas del 16 de noviembre de 2012 la Sala Tercera declaró sin lugar el recurso de casación de la recurrente. Lo anterior quiere decir que el recurso se resolvió dos días después del vencimiento de la prórroga de la prisión preventiva y que durante ese lapso el tutelado estuvo privado de libertad sin ninguna resolución jurisdiccional que respaldara esa circunstancia. Con ello se configuró la infracción de su derecho a la libertad personal (...)"*

Con esta resolución la Sala retoma el tema de que la prórroga de prisión preventiva solamente procede mediante resolución fundada, es decir, no puede asumirse que por existir una sentencia condenatoria, se tiene prorrogada automáticamente la prisión preventiva una vez vencido el plazo, con lo cual contradice lo que había señalado en los votos N°13283-2012 y N°13721-2012 y es compatible con lo establecido en el voto N°13916-2012. Y al plantearse otra vez ante la Sala el tema de la necesidad o no de que se prorrogue la prisión preventiva mientras se resuelve el recurso de casación, se deja de lado, nuevamente, lo que se indicó en la sentencia N°13065-2012 y en la recién analizada sentencia N°13916-2012, para retomar el criterio expuesto en las sentencias N°13283-2012 y N°13721-2012, disponiéndose ahora, como parte de la *ratio decidendi*, que la sentencia no se considera firme con la resolución del recurso de apelación, al estar pendiente el recurso de casación. Es decir, hay un nuevo cambio de criterio que produce total desorientación sobre lo que vincula a quienes deban aplicar estos conceptos y disposiciones. Si se hubiese mantenido el criterio emitido por la Sala Constitucional en el primer voto analizado acá sobre el tema (N°13065-2012), no tendría que haberse declarado con lugar el recurso en contra de la Sala Tercera, encargada de conocer el recurso de casación, ya que éste, de conformidad con dicho precedente, es un recurso extraordinario, de modo que cuando entró en conocimiento del asunto, la sentencia ya estaba firme y no era necesario disponer ningún tipo de medida cautelar.

Además es necesario resaltar acá, que este cambio de criterio tampoco se encuentra fundamentado, siendo que la falta de uniformidad en lo que se resuelve sobre un mismo tema y, más aún, la inexistencia de razonamientos que permitan entender las variaciones, genera inseguridad jurídica.

Sección VI. Sentencia n° 16848-2012, treinta de noviembre del 2012: cambio expreso de criterio: firmeza hasta que se resuelva recurso de casación

Mediante la sentencia N°16848-2012 de las once horas y treinta minutos del treinta de noviembre de dos mil doce, la Sala Constitucional varió expresamente el criterio que, según la fundamentación de dicha sentencia, venía aplicando sobre la firmeza de la sentencia en materia penal (aunque, como ya vimos, lo cierto es que existían ya de por sí dos criterios contrapuestos). Se trata de la resolución de un recurso de hábeas corpus en el cual se alegó que la persona en favor de la cual se interpuso se mantenía privada de libertad con posterioridad al vencimiento de la prisión preventiva dispuesta en su contra, pese a que no se había dictado prórroga de esa medida cautelar y que la sentencia no se encontraba firme, pues estaba pendiente de resolver un recurso de casación interpuesto contra la sentencia del Tribunal de Apelación.

La Sala introduce la modificación de su criterio indicando: *"bajo una mejor ponderación de los diferentes aspectos planteados"* (no explica cuál es esa mejor ponderación, por qué es mejor este criterio que el otro, qué motivó el cambio) y se seguido refiere que *"(…) la sentencia no puede reputarse firme hasta que sean superadas las fases de apelación y casación, ya sea por haberse interpuesto dichos recursos o por haberse superado los plazos de ley para plantearlos"*, por lo cual, para que el imputado se encuentre privado de libertad mientras se resuelven estos recursos, debe existir una resolución que así lo disponga como medida cautelar. Ello a partir del análisis del artículo 9 del Código Procesal Penal sobre el estado de inocencia del imputado en todas las etapas del procedimiento penal, mientras no se declare su culpabilidad en sentencia firme.

Sobre la orden de prisión preventiva dispone la Sala en este voto *"(…) que corresponde, según lo dispuesto en el artículo 258 del Código Procesal Penal al tribunal de juicio, al tribunal de apelación y a la Sala de Casación Penal respectivamente, según la fase en que se encuentre el proceso, valorar la procedencia, mantenimiento o no de una medida cautelar, mediante una resolución debidamente fundamentada, atendiendo a las circunstancias particulares de cada caso concreto, para garantizar que si resulta necesario que la persona juzgada permanezca en prisión, siempre exista una resolución jurisdiccional en que ello se disponga y se señalen los motivos en que se fundamenta lo resuelto. Es entendido que cada uno de los tribunales que tiene a su encargo el proceso, al disponer sobre la cesación o mantenimiento de la medida, deberá tomar en consideración no sólo el plazo por él requerido para cumplir con la etapa procesal a su cargo, sino también la eventual del recurso que pudiera ser interpuesto. En todo caso en el párrafo último del señalado artículo, en lo que a la Casación se refiere, se dispone "la Sala de Casación Penal podrá ampliar, en los asuntos de su conocimiento, la prisión preventiva hasta por seis meses más allá de los términos de ley autorizados con anterioridad", no sólo si fuere necesario para resolver, sino también en caso de disponer el reenvío."*

A partir de estas consideraciones declara con lugar el recurso de hábeas corpus, por constatar que la persona en favor de quien se planteó, está privada de libertad sin que exista una resolución que dispusiera la prórroga de la prisión preventiva.

Como ya se indicó, no se establecen expresamente las razones por las cuales cambia su criterio. Originalmente, en el voto en el que fijó su primera posición (N°13065-2012), se había hecho una distinción entre recursos ordinarios y extraordinarios para considerar que el recurso de casación pertenecía a esta última clasificación y que, por ello, la sentencia ya estaba firme previo a su interposición. Este aspecto no se aborda en la nueva sentencia, a pesar de haber sido el tema medular que generó la consideración de que no era necesario prorrogar la prisión preventiva después de resuelto el recurso de apelación de la sentencia, que es la que ahora se modifica.

Más allá de eso, la Sala omite referir que en realidad esta no es una postura nueva, aunque sí es la primera vez que se fundamenta ampliamente, ya en los votos N°13283-2012, N°13721-2012 y N°16613-2012 se había resuelto conforme a esta posición, toda vez que el análisis de la *ratio decidendi* en cada una de esas sentencias permite establecer que la prisión preventiva debía mantenerse en el tanto estuviese pendiente el recurso de casación. Interesa de esta resolución el reconocimiento de la emisión de una posición distinta, aunque en el caso concreto, dicho reconocimiento resulta tardío. Al establecer la Sala un nuevo criterio de manera explícita, resulta vinculante lo allí resuelto para los funcionarios públicos a los que les corresponda actuar y resolver conforme a este tema, con lo que, en principio, se rectificaba el camino seguido hasta ese momento, quedando clara cuál era la posición vinculante, pero de seguido veremos cómo la confusión regresó poco tiempo después, específicamente, doce días más tarde.

Sección VII. Sentencia n° 17722-2012, doce de diciembre del 2012: la sentencia penal queda en firme al resolverse el recurso de apelación de sentencia

En la sentencia N°17722-2012, de las catorce horas cincuenta minutos del doce de diciembre de dos mil doce, a pesar de que la Sala Constitucional ya había variado expresamente su criterio, se resolvió con base en el anterior, lo que planteó un serio conflicto con respecto a cuál era, para ese momento, el criterio vigente y vinculante. En este caso, nuevamente se propuso como alegato que, a pesar de encontrarse pendiente la resolución de un recurso de casación, el imputado estaba privado de libertad sin haberse dispuesto la prórroga de la prisión preventiva.

En la resolución del recurso la Sala hizo expresa referencia al voto 13065-2012, sobre la firmeza de las sentencias en materia penal y resolvió: *"Tomando en cuenta lo anterior, que se resume afirmando que la sentencia en materia penal adquiere firmeza y, por ende, es ejecutable, a partir de la resolución del recurso de apelación, o bien, vencido el plazo para su interposición. En el presente caso de las pruebas que constan en autos se acredita que por resolución 314-2012 de las once horas del 27 de marzo del dos mil once, el Tribunal Penal del Primer Circuito Judicial de San José dictó sentencia condenatoria contra el amparado a quién se le impuso la pena de 11 años de prisión por el delito de prisión y se ordenó la prórroga de la prisión preventiva por el plazo de 6 meses, lo cuáles vencen el 10 de noviembre del dos mil doce. En contra de lo anterior, el amparado interpuso recurso. Posteriormente, mediante voto 2012-1492 de las diez horas treinta y seis minutos del 21 de julio del dos mil doce, el Tribunal de Apelación del II Circuito Judicial de San José declaró sin lugar el recurso de apelación interpuesto por el amparado. En resolución de las quince horas siete minutos del 5 de noviembre del dos mil doce, el Tribunal de Juicio en cuestión rechazó la solicitud de prórroga de prisión preventiva presentada en contra de la sentencia por parte del Ministerio Público y en su lugar teniendo conocimiento de la resolución del Tribunal de Apelación puso a la orden del Instituto Nacional de Criminología, en virtud de que la sentencia condenatoria se encontraba en firme. Nótese que lo anterior, se llevó a cabo con anterioridad a que la medida cautelar de prisión preventiva que existía en contra del amparado venciera el 10 de noviembre del dos mil doce, motivo por el cual se descarta cualquier infracción a su libertad personal, pues la misma ha sido limitada por decisión de una autoridad jurisdiccional. Así las cosas, en el presente caso no existe la trasgresión alegada a los derechos fundamentales del amparado pues la sentencia condenatoria que fue dictada en su contra se encuentra en firme."*

Como se desprende del análisis de dicho extracto, la Sala deja de lado que ya se había pronunciado en la sentencia N°16848-2012 con una nueva interpretación, y retoma la primera que había emitido, otra vez, sin explicación alguna.

Sección VIII. Sentencia n° 18831-2012, diecinueve de diciembre del 2012: aclaración del voto n°17722-2012: firmeza hasta que se resuelva recurso de casación

Debido a la contradicción planteada, el recurrente presentó solicitud de aclaración y adición de la sentencia N°17722-2012, advirtiendo que la Sala Constitucional había aplicado un precedente que, en principio, no estaba vigente por haber sido variado en forma expresa. La Sala, en la sentencia N°18831-2012 de las catorce horas con treinta minutos del diecinueve de diciembre del dos mil doce, se limitó a señalar que existía un error en la parte considerativa de la sentencia y que el precedente aplicable era el contenido en la sentencia n°16848-2012 y que dicho error no afectaba la situación del recurrente por cuanto en su caso no se había interpuesto recurso de casación, lo cual es falso según se indicará. El razonamiento expuesto fue el siguiente: *"Así las cosas, en la resolución del presente caso procede la aplicación de lo dispuesto por éste Tribunal en la sentencia supra-citada y no como por error se consignó el voto número 2012-16848 de las once horas y treinta minutos del treinta de noviembre de dos mil doce. Por otra parte de las pruebas que constan en autos dentro del expediente se descarta que el amparado haya interpuesto recurso de casación contra la sentencia condenatoria, motivo por el cual la misma se encuentra en firme, motivo por el cual se ordenó ponerlo a la orden del Instituto Nacional de Criminología, tal y como lo dispuso el Tribunal de Juicio recurrido en resolución de las quince horas siete minutos del 5 de noviembre del dos mil doce, el Tribunal de Juicio. Así las cosas, lo procedente es ordenar la corrección del citado error, como en efecto se hace."*

El problema que surge radica en que, en la sentencia N°17722-2012 se señaló que había un recurso de casación pendiente y, a pesar de ello, se consideró que no existía vulneración a la libertad del imputado al no haberse dispuesto la prórroga de prisión preventiva, porque la sentencia estaba firme desde la resolución del recurso de apelación. De modo que, no se trataba simplemente de un error de cita sobre la resolución aplicable sino que, por el fondo, es decir, en la *ratio decidendi* de esta resolución, el argumento tenía que ver con la firmeza o no de la sentencia penal al resolverse el recurso de apelación estando aún pendiente la casación. Este aspecto se deja de lado y se "disfraza" como un mero error material, cuando en realidad toda la fundamentación de la sentencia se basaba en el primer precedente y no en el segundo, de modo que la aclaración viene a modificar el sentido completo de lo que se había resuelto, indicándose solamente que no hubo recurso de casación.

Este aspecto que es contradictorio con la primera sentencia y no se ajusta a la realidad, pues según consulta efectuada en la Sala Tercera, en este caso, tramitado bajo el expediente número 02-000755-609-PE, sí se presentó recurso de casación, el cual fue declarado sin lugar mediante sentencia de dicha Sala, N°1925-2012, de las 10:45 del 7 de diciembre del 2012, es decir, para la fecha en que se interpuso el recurso de hábeas corpus analizado por la Sala Constitucional, el día 5 de diciembre del 2012, la sentencia penal no estaba firme, además, lo alegado por el recurrente era que desde el 10 de noviembre del 2012 se hallaba privado de libertad de manera ilegítima pues estaba pendiente la resolución del recurso de casación y no se dictó prórroga de la prisión preventiva que existía en su contra. Si la decisión de la Sala Constitucional implicaba la aplicación del precedente vigente en ese momento, N°16848-2012, según el cual la sentencia penal queda en firme hasta que se resuelve el recurso de casación, el recurso de hábeas corpus debió declararse con lugar. Esta situación evidencia aún más las contradicciones existentes sobre el tema, y plantea un grave cuestionamiento sobre el papel de la Sala Constitucional, la vinculatoriedad de sus criterios y la inseguridad jurídica que surge como consecuencia de todas las resoluciones analizadas.

Sección IX. Problemática que se desprende de las resoluciones analizadas

La exposición precedente, en la que se analiza cada una de las resoluciones objeto de esta investigación, deja en evidencia que la Sala Constitucional costarricense, en un corto periodo, emitió criterios incompatibles entre sí sobre el tema de la firmeza de la sentencia penal. Esto evidentemente ocasiona inconvenientes tanto para los destinatarios de las normas, como para quienes deben aplicarlas, al no existir certeza sobre la interpretación existente. Al respecto, se ha señalado en la doctrina *"(...) debemos distinguir dos efectos sustantivos inmediatos de las sentencias contradictorias: uno, primero, referido a la reducción de los márgenes de la predictibilidad de las decisiones judiciales como mecanismo de legitimación de los jueces; y, de otro lado, un inconveniente desandamiaje de la construcción del baremo confianza en las tareas de los juzgadores."* (Figueroa, 2011, p.57)

El tema reviste mayor relevancia en el caso de la Sala Constitucional costarricense, pues el control concentrado de constitucionalidad implica, como se vio, que los jueces se encuentran vinculados a la interpretación emitida por dicha Sala, de modo que, la inexistencia de un criterio claro genera inseguridad en la aplicación de las normas. *"(...) hemos de referirnos al ámbito de la naturaleza de las decisiones contradictorias del Tribunal Constitucional, más aún cuando las sentencias sobre casos similares con distintas respuestas crean natural confusión entre los intérpretes llamados a desentrañar los contenidos jurídicos que representan las sentencias, mucho más cuando se trata de derechos fundamentales y asumimos que estos exigen una cuidadosa interpretación de los principios, valores y directrices de la Carta Fundamental."* (Figueroa, 2011, p. 59) Las observaciones de este autor se ajustan en un todo al caso que se viene analizando, pues la falta de una definición clara sobre el momento en que se considera firme la sentencia penal, está directamente relacionada con la posibilidad de que una persona se encuentre privada de su libertad, que es un derecho fundamental, en forma ilegítima.

Más grave aún resulta el hecho de que, al analizar ese tema sobre la firmeza de la sentencia penal, los argumentos de la Sala Constitucional transitaron por caminos inesperados, al punto de admitir, en dos de las resoluciones estudiadas, la privación de libertad mediante prisión preventiva sin resolución judicial que así la dispusiera. Dicho razonamiento formó parte de la *ratio decidendi* de esas sentencias y, en consecuencia, teóricamente, es vinculante para las autoridades públicas. Evidentemente, dicha vinculatoriedad es cuestionable no sólo porque en el mismo lapso se encontraron sentencias con el razonamiento contrario, sino porque, en sí mismo, este argumento es insostenible en nuestro Estado democrático de Derecho, donde, como se expuso en la sección anterior, la privación del derecho humano a la libertad consagrado en diversos convenios internacionales, requiere la resolución fundada de un juez, por disposición de la propia Constitución Política en su artículo 37.[9]

Además, como se vio, solamente en el caso de la sentencia N°16848-2012 la Sala Constitucional señaló en forma expresa que procedía a variar el criterio, a pesar de que, tanto antes, como después de dicha resolución, se emitieron resoluciones con diversas interpretaciones sobre el tema, incompatibles entre sí. Ello, sin dejar de lado, que el cambio de criterio no fue debidamente fundamentado, por lo que no hay explicación sobre las razones por las que la primera interpretación ya no se consideraba admisible y la nueva sí, con lo que la resolución se convierte en un mero ejercicio de autoridad a partir del carácter vinculante de ésta, en que las autoridades encargadas de la aplicación tendrán que asumir el nuevo criterio y dejar de lado el anterior, aunque no quede claro por qué el nuevo sí es ajustado a la Constitución Política y el anterior ya no. Adicionalmente, dicha resolución no vino a solucionar la inseguridad existente sobre el tema en el periodo bajo análisis, no sólo porque entre ésta y la primera que se emitió hubo un "vaivén" de criterios contradictorios, sino porque aún después de ésta surgió una nueva resolución contradictoria que mantuvo la confusión existente, la cual, además se basó en una premisa falsa como fue la supuesta inexistencia de un recurso de casación. La existencia criterios contradictorios sobre el tema evidentemente, por aplicación de una regla lógica elemental, hizo imposible considerar que, durante ese lapso, todas las resoluciones dictadas por la Sala Constitucional pudieran que ser aplicadas por las autoridades, lo cual generó, principalmente, inseguridad jurídica y desconfianza en la labor de la jurisdicción constitucional.

Conclusiones y recomendaciones

La investigación efectuada ha permitido establecer la relevancia de la función de la Sala Constitucional como contralora principal de la uniforme aplicación e interpretación de los principios constitucionales y del respeto los derechos y libertades fundamentales en el territorio costarricense. A partir de lo estudiado, se puede afirmar que la vinculatoriedad

---

[9] Nadie podrá ser detenido sin un indicio comprobado de haber cometido delito, y sin mandato escrito de juez o autoridad encargada del orden público, excepto cuando se trate de reo prófugo o delincuente infraganti; pero en todo caso deberá ser puesto a disposición de juez competente dentro del término perentorio de veinticuatro horas.

de sus resoluciones es el pilar sobre el que descansa la efectividad de esa función que ejerce, pues sin ésta, se tornaría difícil exigir a los destinatarios de sus resoluciones el cumplimiento de lo dispuesto por la Sala. Por ello, es indispensable que no exista duda sobre lo que se ha resuelto por parte de la jurisdicción constitucional, de forma que, quienes deban atender sus mandatos, conozcan con claridad en qué consisten.

Como consecuencia de esta vinculatoriedad, y de manera particular como parte de su función, los jueces, al resolver, deben ajustarse a lo que la Sala Constitucional haya dispuesto en el tanto resulte aplicable a la situación específica sobre la que le corresponde pronunciarse. Esa vinculatoriedad se extiende a los precedentes y jurisprudencia de la dicha Sala, entendiendo por precedente cualquier resolución de fondo y por jurisprudencia, la existencia de dos o más resoluciones concordantes sobre un mismo tema. De dichas resoluciones vincula no sólo su parte dispositiva o *decisum*, sino también aquellos argumentos que explican la decisión, que están incluidos en la parte considerativa de la sentencia y se conocen como *ratio decidendi* o razón de la decisión.

A partir de lo estudiado, se ha podido establecer que esa vinculatoriedad tiene como fundamento más importante el principio de seguridad jurídica, que permite la posibilidad de prever la forma en que se resolverán situaciones similares a otras sobre las que ya existe pronunciamiento de la jurisdicción constitucional. Con ella se propicia el respeto del principio de igualdad en la resolución de casos a futuro, que resulten idénticos, o muy similares, al ya conocido por la Sala. Coadyuva para que los destinatarios de las normas tengan confianza en que las reglas que se aplicarán las mismas reglas en casos análogos. Permite, asimismo, economía procesal y ahorro de recursos, pues es innecesario acudir ante los jueces constitucionales, si ya existe una posición clara de éstos sobre la forma en que se debe proceder. También favorece la coherencia en la aplicación del ordenamiento jurídico y, principalmente, la uniformidad en la interpretación y aplicación de los principios que derivan de la Carta Magna.

Sólo la Sala Constitucional no está vinculada a sus propias resoluciones, a partir del mandato establecido en la Ley de la Jurisdicción Constitucional. Ello no implica que la Sala pueda resolver de manera ambivalente los temas expuestos a su conocimiento, por lo que, establecido por parte de ésta un criterio, su variación no puede ser arbitraria, pues con ello se generaría la inseguridad jurídica que con la vinculatoriedad se trata de combatir.

La existencia de pronunciamientos contradictorios sobre un mismo tema, sin que se encuentre debidamente justificada, ocasionaría que todos los que se encuentran vinculados desconozcan las razones para proceder en uno u otro sentido. En todo caso, dentro de un Estado democrático de derecho como el costarricense, toda resolución judicial debe estar debidamente fundamentada. Esta afirmación se justifica más en el caso de la jurisdicción constitucional, pues, siendo de acatamiento obligatorio las resoluciones emitidas, deben estar siempre motivadas en forma amplia, más aún, cuando se asume una posición distinta a otra ya expuesta en algún fallo anterior.

Fue precisamente la inexistencia de justificación para cambios de criterio plasmados en distintas resoluciones de la Sala Constitucional sobre el tema de la firmeza de la sentencia en materia penal –que ha sido objeto de controversia a raíz de una reforma legislativa sobre el régimen de impugnación– lo que, como ha quedado explicado, dio origen a esta investigación, tomando en cuenta que, a partir de la firmeza de la sentencia, cesa el estado de inocencia de la persona que fue sometida al proceso e inicia la etapa de ejecución de la pena de prisión impuesta, por lo que es importante determinar específicamente la fecha en que dicha firmeza se produce.

Concluida la investigación, se puede afirmar que el principal detonante de las diferencias de criterio lo constituyó que el tema de la firmeza de la sentencia penal fue contemplado desde distintas aristas, con lo que, a primera vista, se pudo pensar que no se estaban emitiendo pronunciamientos contradictorios, aunque su análisis detallado ha permitido derivar lo contrario. Esta afirmación se fundamenta en el hecho de que, de las sentencias analizadas, en alguna se dio énfasis a la diferenciación entre recursos ordinarios y extraordinarios, en otras sencillamente se definió el momento de la firmeza de la sentencia con el recurso de apelación o bien con el de casación sin teorizar al respecto, mientras, en otras más, el tema primordial fue el de la necesidad de que existiera o no una resolución que fundamentara la prórroga de prisión preventiva. Esto implicó la existencia de precedentes y jurisprudencia contradictoria, pues, así como hubo al menos dos resoluciones que definieron la firmeza de la sentencia penal con la resolución del recurso de apelación, también hubo al menos dos que consideraron la necesidad de que se resolviera el recurso de casación para reputar firme la sentencia, coexistiendo unas resoluciones con otras en un mismo periodo y sin explicación por parte de la Sala Constitucional sobre la existencia de tales contradicciones, con lo que los encargados de aplicar las normas atinentes a este tema quedaron vinculados a dos posiciones inconciliables.

Las sentencias que se analizaron fueron dictadas por la Sala Constitucional en un periodo ubicado entre el dieciocho de setiembre y el diecinueve de diciembre del dos mil doce, es decir, tres meses. En la sentencia N°13065-2012 la Sala definió que el recurso de apelación es ordinario y que, al resolverse éste, si se confirma la sentencia recurrida, queda en firme, aunque esté pendiente el recurso de casación, que se define como extraordinario. Es el primer precedente hallado con respecto al tema, luego de la reforma legal que introdujo el recurso de apelación de sentencia. Tres días más tarde, el veintiuno de setiembre, se dictó la sentencia N°13283-2012, en la se dejó de lado la distinción entre recursos ordinarios y extraordinarios para establecer la firmeza o no de la sentencia con el recurso de apelación. El análisis de la argumentación principal de la Sala permite inferir que, al existir una sentencia condenatoria que ya ha sido objeto del recurso de apelación, debe entenderse como "prorrogada de oficio" la prisión preventiva por ser necesario asegurar que el imputado esté presente en el proceso, partiendo de que existe esa sentencia condenatoria en su contra y que ello "altera sustancialmente" su relación con el proceso. En esta sentencia se dejaron de lado los más elementales principios protectores de la libertad personal, pues se admite el mantenimiento de la prisión preventiva sin resolución judicial fundada que la justifique. Al mismo tiempo, con ello se dejó ver que, al considerarse prorrogada la medida cautelar después de que se ha resuelto el recurso de apelación, la sentencia aún no está firme, pues, de estarlo, no procedería ninguna medida cautelar, lo que constituye una contradicción con el primer precedente analizado y generó la primera crisis para el tema de la vinculatoriedad.

Pocos días después, el dos de octubre del dos mil doce, se emitió otro criterio similar al recién expuesto, en el que se concluye en el mismo sentido que en la anterior, es decir, que la sentencia penal no está firme mientras se resuelve el recurso de casación, con la diferencia de que expresamente se admite la posibilidad de tener por prorrogada una prisión preventiva sin resolución judicial que así lo disponga, lo que en la resolución que recién se analizó estaba implícito. Con ello se ha dictado jurisprudencia (dos resoluciones en el mismo sentido), sobre el tema, aunque subsistió la situación de éste criterio es contradictorio con el primero que se emitió, sin que se evidenciara ni justificara por parte de la Sala, el cambio.

La confusión se acrecentó al día siguiente, tres de octubre, con la sentencia N°13916-2012, en la que resulta importante el tema de la necesidad de que exista una resolución fundada que disponga la imposición y prórroga de la prisión preventiva, contrario a lo que se había expuesto en las dos resoluciones anteriores y, adicionalmente, retoma el criterio vertido en el voto N°13065-12, en cuanto a que la sentencia se reputa firme a partir de la fecha en que es resuelto el recurso de apelación. A pesar de que entre ambas sentencias se dictaron las otras dos recién mencionadas, con un criterio distinto, no hubo algún tipo de fundamentación o justificación con respecto a estos cambios de criterio. No fue una sentencia aislada, por lo que nuevamente se presenta la disyuntiva sobre cuál posición asumir, dado que los dos precedentes anteriores a éste, establecían lo contrario. Hay, claramente, dos criterios contradictorios y las resoluciones de la Sala Constitucional, asumen uno y otro de manera intermitente y sin explicación. ¿Cuál de estos criterios debía considerar vinculante el juez al momento de resolver un caso en el que se le planteara la disyuntiva sobre la firmeza o no de una sentencia penal, para efectos de determinar si era necesario o no el dictado de una resolución sobre la prisión preventiva?

En la sentencia N°16613-2012, del once de noviembre, se retornó al criterio, según el cual, la sentencia penal no se considera firme con la resolución del recurso de apelación, al estar pendiente el recurso de casación. En apariencia, el caos existente encontraba solución en la sentencia N°16848-2012, del treinta de noviembre, pues la Sala Constitucional emitió un cambio expreso de criterio, indicando que la sentencia penal debe entenderse firme hasta que se resuelva el recurso de casación, en virtud del principio de inocencia. Dos aspectos son criticables en esta resolución: que no se reconoció que el criterio no era nuevo, pues ya había estado presente en dos de las resoluciones analizadas en el trabajo y que el cambio no fue debidamente fundamentado, pues no se hizo referencia a los fundamentos que originaron el primer criterio y por qué dejaron de ser legítimos y tampoco se explicaron las razones para asumir una posición distinta que ya había sido alegada por personas que habían recurrido ante la Sala Constitucional y a las que les habían sido rechazados sus argumentos, lo que socava la legitimidad de su decisión dentro de un sistema democrático que pretende que los destinatarios de las normas y las resoluciones puedan controlar sus fundamentos.

Se ha dicho que sólo en apariencia el caos sobre lo que resultaba vinculante cesaba con la resolución anterior, pues con la sentencia N°17722-2012, del doce de diciembre, éste regresa, ya que a pesar de que la Sala Constitucional había cambiado expresamente su criterio, se resuelve con base en el primero que había sido emitido, lo que plantea un serio conflicto con respecto a cuál es el criterio vigente y vinculante. En este caso, nuevamente se planteó como alegato que, a pesar de encontrarse pendiente la resolución de un recurso de casación, el imputado estaba privado de libertad sin haberse dispuesto la prórroga de la prisión preventiva, argumento que se rechazó, señalándose que la sentencia penal estaba firme con el recurso de apelación.

Ante una solicitud de aclaración y adición de esta sentencia, en la que se advertía la aplicación de un precedente que, en principio, no estaba vigente por haber sido variado en forma expresa, se emitió la N°18831-2012, el diecinueve de diciembre, la Sala se limitó a señalar que existía un error en la parte considerativa de la sentencia, que el precedente aplicable era el contenido en la sentencia N°16848-12 y que dicho error no afectaba la situación del recurrente por cuanto en su caso no se había interpuesto recurso de casación, a pesar de que, no fue solamente un error de cita, pues en la sentencia aclarada se había tomado como hecho cierto que había un recurso de casación pendiente (lo cual además, era un hecho cierto) y, a pesar de ello, se consideró que no existía vulneración a la libertad del imputado al no haberse dispuesto la prórroga de prisión preventiva, de modo que con esta aclaración se cambia por completo el sentido de lo resuelto. Adicionalmente, en ese caso sí se había presentado recurso de casación, por lo que, bajo el criterio vigente en ese momento según la misma Sala, el recurso debió declararse con lugar.

Las contradicciones evidenciadas originaron inseguridad jurídica, principalmente tomando en cuenta el control concentrado de constitucionalidad en el sistema costarricense, que supone que los jueces se encuentran vinculados a la interpretación emitida por la Sala Constitucional, imposible en este caso por la variación constante e injustificada de sus criterios. Esta inseguridad afectó directamente la libertad personal como derecho básico reconocido en Costa Rica, pues implicó que se falló de forma distinta a casos idénticos, con lo que a algunas personas se les mantuvo en prisión preventiva sin resolución judicial fundada que así la dispusiera.

Finalizado el análisis de las ocho sentencias recién referidas, se ha comprobado la hipótesis plateada en este trabajo, pues son claras las contradicciones que derivan de todas estas resoluciones de la Sala Constitucional, lo que impide considerar que hubo un criterio vinculante para los operadores del sistema, principalmente para los jueces a cargo de resolver sobre la prisión preventiva con posterioridad al recurso de apelación, en fase de casación, aplicable durante el periodo ubicado entre el dieciocho de setiembre y el diecinueve de diciembre del dos mil trece, sobre la firmeza de la sentencia penal, lo que produjo inseguridad jurídica, según lo analizado.

Es importante que este tipo de situaciones no se presenten en la jurisdicción constitucional, que todas las resoluciones que se emitan sean coherentes entre sí, que los cambios de criterio se hagan de forma fundada, para lograr la verdadera uniformidad en la aplicación de la Constitución Política y el Derecho Internacional, en un sistema concentrado, en el que todas las autoridades vinculadas por los precedentes y la jurisprudencia de la Sala Constitucional tengan claros sus parámetros de interpretación y aplicación y las personas en general conozcan y puedan prever cómo les serán resueltas sus peticiones y, principalmente, puedan conocer de antemano cuál es el contenido del bloque de constitucionalidad sobre el que descansa la vida democrática.

Bibliografía

Barrios Rodríguez, S. (2003). La jurisprudencia y los precedentes de la Sala Constitucional como fuente primera de derecho y sus consecuencias en el ordenamiento jurídico nacional (Tesis inédita de Licenciatura) Universidad de Costa Rica, San José, Costa Rica.

Carbonell Mateu, J.C. (1999). *Derecho Penal: Concepto y principios constitucionales.* Valencia: Editorial Tirant lo Blanch.

Fernández González, M.A. (2006) La sentencia del Tribunal Constitucional, su eventual carácter vinculante y la inserción en las Fuentes del Derecho. *Estudios Constitucionales* Año 4, N° 1, Santiago: Centro de Estudios Constitucionales, pp. 125-149.

Figueroa Gutarra, E. (2011). Vinculatoriedad de las categorías interpretativas constitucionales. Un acercamiento conceptual a las sentencias contradictorias del Tribunal Constitucional. *Gaceta Constitucional*, No. 39. Marzo, Lima, Perú, pp. 57-67 (En www.gacetaconstitucional.com.pe/sumario-cons/doc-sum/Edwin%20Figueroa%20Gutarra.pdf)

González Álvarez, D. –compilador– (2013) *El recurso contra la sentencia penal en Costa Rica.* San José: Editorial Jurídica Continental, Colegio de Abogados y Asociación de Ciencias Penales de Costa Rica.

Hartwig, M. (2001). *La vinculatoriedad de las sentencias constitucionales.* Ponencia expuesta en el Seminario: Jurisdicción Constitucional del Siglo XXI, Setiembre 2011, Costa Rica. (En http://sitios.poder-judicial.go.cr/salaconstitucional/documentos%20varios/seminario2011/Hartwig%20Vinculatoriedad%20de%20las%20sentencias1.pdf)

Hernández Valle, R. (2004) La vinculatoriedad de las resoluciones de la Sala Constitucional. *Revista Iberoamericana de Derecho Procesal Constitucional. Proceso y Constitución*, N°1, Enero-Junio, México: Instituto Iberoamericano de Derecho Procesal y Porrúa, pp.45-60. (En http://www.iidpc.org/revistas/1/pdf/57_72.pdf)

Hess Araya, C. y Brenes Esquivel, A. (2012) *Ley de la Jurisdicción Constitucional: Anotada, concordada y con jurisprudencia procesal.* San José, Costa Rica: Editorial Juricentro S.A.

Llobet, Rodríguez, J. (2010) *La Prisión Preventiva (Límites constitucionales).* San José: Editorial Jurídica Continental.

Nogueira Alcalá, H. (2006) La sentencia constitucional en Chile: aspectos fundamentales sobre su fuerza vinculante. *Estudios Constitucionales*, Año 4 N° 1, Universidad de Talca, pp. 97 a 124.

Orozco Solano, V. (2008) *La fuerza normativa de la Constitución.* San José, Costa Rica: Investigaciones Jurídicas S.A.

Piza E, R. (1993). Conferencia Justicia Constitucional y Derecho de la Constitución. La jurisdicción constitucional, Seminario sobre justicia constitucional, III aniversario de la creación de la Sala Constitucional, San José, Costa Rica: Editorial Juricentro.

Real Academia Española. (2001). *Diccionario de la lengua española* (22.ª ed.). Consultado en http://www.rae.es/rae.html

Rivera Santivañez, J.A. (2003). La interpretación constitucional y su vinculatoriedad. *Justicia Constitucional y Estado de Derecho*, VI Seminario Internacional, Memoria N°7, Sucre, Bolivia: Tribunal Constitucional de Bolivia.

Solís Fallas, A. (1999). La dimensión política de la justicia constitucional. *Separata de la Revista Parlamentaria,* Vol. 7, N°2, Agosto, San José: Asamblea Legislativa de Costa Rica.

Solís Fallas, A. (2009). La Constitución es lo que los jueces dicen: El problema de la interpretación constitucional. San José, Costa Rica: Investigaciones Jurídicas S.A.

NORMATIVA

Código Civil, Ley N° 63 del 28 de setiembre de 1887.
Código Procesal Civil, Ley N° 7130 del 16 de agosto de 1989.
Código Procesal Contencioso Administrativo, Ley N°8508, del 28 de abril del 2006.
Código Procesal Penal, Ley N° 7594, del 10 de abril de 1996.
Constitución Política, República de Costa Rica, Asamblea Nacional Constituyente, 7 de noviembre de 1949.
Ley de Creación del Recurso de Apelación de la Sentencia, otras Reformas al Régimen de Impugnación e Implementación de Nuevas Reglas de Oralidad en el Proceso Penal, Ley N° 8837 del 3 de mayo del 2010.
Ley de la Jurisdicción Constitucional, Ley N° 7135 del 11 de octubre de 1989.
Ley Orgánica del Poder Judicial, Ley N° 7333 del 5 de mayo de 1993.
Reforma Constitucional (Creación de la Sala Constitucional), Ley N° 7128 del 18 de agosto de 1989.

SENTENCIAS

Corte Interamericana de Derechos Humanos, Caso Herrera Ulloa vs Costa Rica, Sentencia del 2 de julio de 2004.
Sala Constitucional, Sentencia n° 6489-1993, a las 10:24 del 9 de diciembre de 1993.
Sala Constitucional, Sentencia n° 927-1994, a las 15:30 del 15 de febrero de 1994.
Sala Constitucional, Sentencia n° 13-1995, a las 15:30 del 3 de enero de 1995.
Sala Constitucional, Sentencia n° 185-1995, a las 16:35 del 10 de enero de 1995.
Sala Constitucional, Sentencia n° 2448-1995, a las 15:30 del 16 de mayo de 1995.
Sala Constitucional, Sentencia n° 5396-1995, a las 15:45 del 3 de octubre de 1995.
Sala Constitucional, Sentencia n° 7062-1995, a las 10:45 del 22 de diciembre de 1995.
Sala Constitucional, Sentencia n° 7958-2005, a las 17:47 del 21 de junio del 2005.
Sala Constitucional, Sentencia n° 11975-2010, a las 11:55 del 9 de julio del 2010.
Sala Constitucional, Sentencia n° 13065-2012, a las 09:05 del 18 de setiembre del 2012.
Sala Constitucional, Sentencia n° 13283-2012, a las 09:05 del 21 de setiembre del 2012.
Sala Constitucional, Sentencia n° 13721-2012, a las 14:30 del 2 de octubre del 2012.
Sala Constitucional, Sentencia n° 13916-2012, a las 14:30 del 3 de octubre del 2012.
Sala Constitucional, Sentencia n° 16613-2012, a las 14:30 del 11 de noviembre del 2012.
Sala Constitucional, Sentencia n° 16848-2012, a las 11:30 del 30 de noviembre del 2012.
Sala Constitucional, Sentencia n° 17722-2012, a las 14:50 del 12 de diciembre del 2012.
Sala Constitucional, Sentencia n° 18831-2012, a las 14:30 del 19 de diciembre del 2012.
Sala Primera, Sentencia n° 62-1994, a las 14:15 del 11 de agosto de 1994.
Sala Tercera, Sentencia n° 1925-2012, a las 10:45 del 7 de diciembre del 2012.